中國詩話의 精髓

懷麓堂詩話(회록당시화)

푸른사상 학술총서 12

중국시화의 정수

懷麓堂詩話
회록당시화

李東陽 著
柳晟俊 譯解

目次

引論 李東陽과 그의 詩學理論
    Ⅰ. 李東陽의 生平과 그의 詩風   15
    Ⅱ.『懷麓堂詩話』의 시론 요점   20

『懷麓堂詩話』 136則 譯解

凡例   50
序   51
1. 詩在六經中 육경 중의 시   54
2. 古詩與律不同體 고시와 율시의 체제   57
3. 詩貴意 시의 의취   60
4. 柳子厚「漁翁」 유자후의 「어옹」 시   63
5. 古律詩各有音節 고율시의 음절   66
6. 詩必有具眼 시의 구안   69
7. 唐人不言詩法 당인의 시법   73
8. 宋詩深却去唐遠 송시와 당시   77
9. 孟浩然王摩詰足稱大家 맹호연과 왕마힐   81
10. 觀『樂記』論樂聲處 『樂記』의 악성   88
11. 作詩不可以意循辭 작시의 어사   90
12. 詩貴不經人道語 시의 구어   94

懷麓堂詩話

13. 溫庭筠「商山早行」 온정균의 「상사조행」 시		96
14. 詩與文不同體 시와 문의 차이		99
15. 賈島「寫留行道影」 句 가도의 시구		101
16. 長篇中須有節奏 장편시의 절주		103
17. 邵雍「月到梧桐上」 句 소옹의 시구		105
18. 陳公父論詩專取聲 진공보의 성조론		109
19. 國初諸詩人結社爲詩 명초 시인의 결사		114
20. 林子羽『鳴盛集』 임자우의 『명성집』		116
21. 律詩對偶最難 율시의 대우		120
22. 詩有三義 시의 삼의		124
23. 宋緒『元詩體要』 송서의 『원시체요』		127
24. 質而不俚 질박하면서 속되지 않음		129
25. 古歌辭貴簡遠 고가사의 간원 풍격		136
26. 劉會孟名能評詩 유회맹의 평시		140
27. 國初稱高楊張徐 명초 4대 시인		143
28. 詩用實字易 시의 實字		148
29. 晦翁深於古詩 회옹의 고시		150
30. 律詩起承轉合 율시의 기승전합		153
31. 選詩誠難 선시의 난점		156
32. 古詩歌之聲調節奏 고가사의 성조와 절주		159

33. 唐詩多於聯上著工夫 당시의 聯句		162
34. 杜子美「漫興」諸絶句 두자미의「만흥」절구		181
35. 文章固關運氣 문장의 運氣		184
36. 昔人作詩之法 고인의 작시법		192
37. 詩之爲妙 시의 오묘		195
38. 文章如精金美玉 문장의 정수		197
39. 詩韻貴穩 시운의 온정		203
40. 詩有別材 시의 별재		204
41. 今之歌者其聲調有輕重 가사의 성조		212
42. 陶詩質厚近古 도연명 시의 풍격		216
43. 李杜詩唐以來無和者 이두 시의 탁월		221
44. 唐士大夫擧世爲詩 당인의 작시		223
45. 劉長卿集悽婉淸切 유장경 시의 풍격		225
46. 樂意相關禽對語 시의 음악성		228
47. 詩太拙則近於文 시의 졸열		230
48. 楊士弘『唐音遺響』양사홍의『당음유향』		232
49. 胡文穆『澹菴集』호문목의『담암집』		234
50. 元季國初東南人士重詩社 원말명초의 詩社		237
51. 劉原博 詩 유원박의 시		240
52. 顧祿爲宮詞 고록의 궁사		242

懷麓堂詩話

53. 紅梅詩押牛字韻 홍매 시의 압운	244
54. 國初人有作九言詩 명초인의 구언시	246
55. 羅明仲謂三言詩 나명중의 삼언시론	248
56. 燕京琥珀 연경호박	250
57. 虞伯生詩 우백생의 시	252
58. 李長吉詩 이장길의 시	255
59. 作詩必使老嫗聽解 작시의 평이성	258
60. 張滄洲陸靜逸詩 장창주와 육정일 시	259
61. 謝方石詩 사방석의 시	262
62. 夏正夫劉欽謨詩 하정부와 유흠모의 시	264
63. 轉語之難 전어의 난해	267
64. 詩有純用平仄 시의 평측 사용	270
65. 徐竹軒論詩 서죽헌의 논시	273
66. 漢魏六朝唐宋元詩 한위육조당송 각 시대의 시체	276
67. 六朝宋元詩各有興致 육조, 송원 시의 흥취	287
68. 長歌之哀過於痛哭 장가의 비애	290
69. 秀才作詩不脫俗 수재 시의 세속성	291
70. 韓退之雪詩 한퇴지의 설시	293
71. 陳白沙詩 진백사의 시	296
72. 莊定山詩 장정산의 시	299

目次

73. 詩文之傳繫於所付託 시문의 기탁 … 302
74. 楊文貞學杜詩 양문정의 두시풍 … 306
75. 蒙翁才甚高 몽옹의 시재 … 309
76. 劉文安詩 유문안의 시 … 312
77. 五七言古詩仄韻 오칠언고시의 측운 … 314
78. 昔人論詩韓不如柳 한유와 유종원 시 비교 … 317
79. 歐陽永叔深於爲詩 구양영숙의 시 … 320
80. 熊蹯雞跖 시의 격식과 흥취 … 323
81. 楊廷秀學李義山 양정수와 육무관의 시풍 … 325
82. 陳無己詩有古意 진무기와 진여의 고의 … 328
83. 『中州集』所載金詩 『중주집』의 금대 시 … 352
84. 詩在卷冊中易看 서권 속의 시 … 354
85. 輓詩始盛於唐 만가시의 성행 … 356
86. 作山林詩易 산림시와 대각시 … 359
87. 天文惟雪詩最多 天文 중의 雪詩 … 361
88. 王古直以歌擅名 왕고직의 시가 … 364
89. 吾楚人多不好吟 이동양의 시음송 … 367
90. 兆先嘗見予「祀陵」詩 조선의 詩才 … 370
91. 張弼詩淸健有風致 장필시의 풍격 … 371
92. 予嘗有「岳陽樓」詩 이동양의 「악양루」 시 … 374

懷麓堂詩話

93. 蘇子瞻才甚高 소자첨의 재능	376
94. 留心體製 시의 체제	378
95. 方石自視才不過人 사방석의 재주	390
96. 予嘗作「漸臺水」詩 이동양의「점대수」시	392
97. 彭民望始見予詩 팽민망의 시평	394
98. 潘南屛時用深於詩 반남병의 시	396
99. 陸鼎儀言詩 육정의의 시	399
100. 韓蘇詩雖俱出入規格 한유와 소식 시의 규율	403
101. 聯句詩 연구시	405
102. 集句詩 집구시	409
103. 杜甫「登高」詩 두보의「등고」시	412
104. 詩中有僧 시 속의 승려	415
105. 李長吉詩有奇句 이장길 시의 奇句	420
106. 風雨字最入詩 시의 風雨 시어 다용	423
107. 論古人詩句 고인의 시구	430
108. 『李太白集』七言律止二三首『이태백집』의 칠언율시	432
109. 太白天才絶出 태백의 천재성	435
110. 作涼冷詩易 양냉시	458
111. 族祖雲陽先生以詩名 왕운양의 시명	460
112. 國初王子讓作「鐵拄杖歌」명초 왕자양의「철주장가」	462

目次

113.	吳文定原博有詩名 오문정의 시명	465
114.	詩用倒字倒句法 시의 도자와 도구법	469
115.	嚴滄浪詩句 엄창랑의 시구	471
116.	謂其簡而盡 시의 간결성	473
117.	夢字詩中用者極多 시의 夢자 활용	477
118.	吳文定善蘇書 오문정의 소식서체	479
119.	邵文敬善書 소문경의 서예	481
120.	趙子昂詩律亦淸麗 조자앙 시율	483
121.	惟謝方石最得古意 사방석의 고의	487
122.	國朝武臣能詩者 명대 무신의 시	489
123.	維揚周岐鳳多藝能 주기봉의 예능	491
124.	莊定山評詩句 장정산의 시평	493
125.	予北上時得句 이동양의 시구	494
126.	王介甫點景處 왕개보의 경물시	495
127.	凡聯句推長者爲先 연구	498
128.	閉戶作詩 작시의 자세	501
129.	古雅樂不傳 고아악	504
130.	矯枉之過 작시의 교정	506
131.	僧最宜詩 승려의 시	508
132.	予嘗有詩 이동양의 시	514

懷麓堂詩話

133. 杜甫集詩家之大成者 집대성가로서의 두보　515
134. 張式之詩 장식지의 시　522
135. 巧遲不如拙速 작시의 교지와 졸속　523
136. 元詩所謂簡板對耳 원대 시에 대한 평가　525
跋 Ⅰ　529
跋 Ⅱ　531

- 『懷麓堂詩話』譯解의 主要參考資料 目錄　533
- 索引　541
- 譯解者 後記　547

引論 李東陽과 그의 詩學理論

引論
李東陽과 그의 詩學理論

Ⅰ. 李東陽의 生平과 그의 詩風

　明代 文人 李東陽(1447~1516)의 字는 賓之, 號는 西涯, 謚號는 文正이며 祖籍은 茶陵(지금 湖南)으로서 京師(지금 北京)에서 출생하여 京師에서 卒하였다. 어려서 聰明하여 神童이라 불리어 4세, 6세, 8세 세 번이나 代宗에게 召見하였다. 英宗 天順 8년(1464) 18세에 進士 及第하여 이때부터 50년간 朝廷의 관리생활을 하면서 翰林編修, 翰林院侍講, 翰林院侍講學士 등을 역임하였다. 孝宗 弘治 5년(1492)에는 禮部右侍郎 겸 侍讀學士에 발탁되고 弘治 8년에는 本官直文淵閣으로 機務에 참예하였고 만년에는 權宦 劉瑾이 조정을 專橫하니 은거하여 학문에 매진하였다. 明代 中期 저명한 정치가로서 賢相에 오르고, 成化 후기부터 正德 초기까지의 문단의 領袖로서 數多한 저술활동을 하였으니 文集으로는 『懷麓堂集』, 『懷麓堂續稿』, 『懷麓堂詩話』 등이 있고 『大明會典』, 『歷代通鑑纂要』, 『明孝宗實錄』 등의 편찬에 참여하였다. 이동양은 茶陵派의 領袖로서 唐宋문학의 회복을 주창하여 明代文壇의 復古主義運動을 活性化시키는 역할을 하였다. 淸代 張廷玉 등의 『明史』 卷181의 李東陽傳에 [명조가 일어난 이후로 재상으로 문장의 영수인 관리는 양사기 이후에 동양뿐이다.(自明興以來, 宰臣以文章領袖縉紳者, 楊士奇後, 東陽而已.)]라 하고 同卷286 李夢陽

傳에는 〔홍치 이후에 재상 이동양이 문단을 주도하여 천하가 일치하여 그를 따랐다.(弘治後, 宰相李東陽主文柄, 天下歙然從之.)〕라고 하여 그 當時의 문단을 主導하였음을 알 수 있다. 그의 詩風格은 典雅流麗하여 그의 시론은 格調를 내세우고 李白과 杜甫, 韓愈, 그리고 蘇軾을 推崇하여 후에 李夢陽과 何景明 등의 詩論의 先河를 열었다. 그리고 시의 淡遠味를 주장하여 王維와 孟浩然을 가까이 하여 淸代 王漁洋의 神韻說의 근거를 제시하였다.

이동양의 시는 高官職을 지낸 관계로 深厚雄渾하되 臺閣風을 지닌 문단의 사조를 벗어나 盛唐風格을 추구하고 있는데 그의 「贈彭民望三首」 중에서 제1수와 제2수를 본다.

> 그대의 시는 만당한 좌객들을 놀라게 하니
> 기세는 넓은 바다처럼 활짝 열렸네.
> 술을 마시고 서둘러 종이를 펴서
> 붓을 드리우니 샘낼 수 없도다.
> **君詩驚滿座, 氣與滄溟開.**
> **酒酣疾伸紙, 下筆無嫌猜** (제1수)

> 나의 집이 비록 쓸쓸해도
> 즐거이 그대와 같이 지내고 싶네.
> 좋은 날 더불어 긴 저녁을 보내며
> 술잔을 들고 함께 읊어나 보세.
> **我屋雖蕭條, 欣與子同居.**
> **嘉辰與永夕, 觴詠得相俱.** (제2수)

우정을 진솔하게 토로한 이 시는 氣道가 雍容하고 聲調와 對仗이 공정하다. 그리고 그의 시는 민생의 疾苦와 官吏의 惡行을 반영하는 현실고발의식을 보여주고 있으니 그의 「偶成四絶」의 일단을 보면,

> 유주와 계주 남쪽엔 한 조각 눈조차 내리지 않아
> 쓸쓸하게 밭과 들판이 모두 가시덤불이 되었네.

물론 내년엔 봄싹이 익어서
황폐한 마을에 얼어죽는 이 없으리라.
幽薊以南無片雪, 蕭然田野盡荊榛.
未論來歲春苗熟, 且免荒村凍殺人. (其一)

서울에 백만이나 새 곡식 사들이니
관가 값은 싸고 시장 값은 비싸네.
듣건대 고간은 큰 집이 많다 하니
수레바퀴 굴리며 노역의 고생이 없게 되길.
京城百萬開新糴, 官價空低市價高.
聞道達官多大屋, 轉輸無乃役夫勞. (其二)

라고 하여 현실 속의 黑暗현상을 吐露하기에 주저하지 않았다. 한편, 그의 시는 민족의식이 담겨 있어서 武德을 찬미하여 國魂을 불러일으키니 古詩「花將軍歌」는 그 대표적인 작품으로서 그 一段을 본다.

화장군은 키가 팔 척이며 용기가 대단한데
용따라 강을 건너니 강물이 출렁이네.
칼을 잡고 말 몰아 벌판을 달리니
적병이 감히 가까이 못하고 적장이 감히 성내지 못하네.
죽이기를 삼베가 산골에 가득한 것 같아 온몸에 칼과 창 흔적 하나 없네.
……
장군이 노하여 외치니 결박이 다 끊기고
적군을 꾸짖음이 마치 개들이 으르렁대는 듯.
담장에 많은 화살 모이기 고슴도치 같으니
장군은 죽기 바라며 살아서 남의 신하되기 원치 않네.
……
뗏목으로 배를 삼고 연꽃으로 먹이 삼으니
공중의 아비가 나루터를 알 것이라.
손씨가 와서 아이 안고 행재로 가니
통곡하는 소리가 하늘에 들리리라.
……
왕이 화운아를 부르니 풍모가 꽃구름 같네.
손으로 무릎을 만지며 흐느끼고 탄식하니

화운아 그대는 죽지 않고 살아있네.
　　화운아 나이 열다섯에 만호를 다스리니
　　천하가 군왕의 은택을 다시 기리네.
　　……
　　花將軍, 身長八尺勇絶倫, 從龍渡江江水渾.
　　提劍躍馬走平陸, 敵兵不敢逼, 主將不敢嗔.
　　殺人如麻滿山谷, 徧體無一刀槍痕.
　　……
　　將軍怒呼縛盡絶, 罵賊如狗狗不猖.
　　牆頭萬箭集如蝟, 將軍願死不願生作他人臣.
　　……
　　浮槎爲舟蓮爲食, 空中父老能知津.
　　孫來抱兒達行在, 哭聲上徹天能聞.
　　……
　　帝呼花雲兒, 風骨如花雲.
　　手摩膝置泣復歎：雲汝不死猶兒存.
　　兒年十五官萬戶, 九原再拜君王恩.
　　……

이 시에 대해서 淸代 潘德興는 『養一齋詩話』(卷6)에서 평하기를,

　　이서애의 화장군가는 격조가 크고 격분적이며 음절이 신의 경지에 드니 진정 가행시의 오묘함을 터득하였다. 뒷절에서 더욱 오묘하니：[왕이 화운아를 부르니 풍모가 꽃구름 같네. 손으로 무릎을 만지며 흐느끼고 탄식하니 화운아 그대는 죽지 않고 살아있네. 화운아 나이 열다섯에 만호를 다스리니 천하가 군왕의 은택을 다시 기리네.] 여러 구가 물일 듯 힘차고 우뚝하여 모두 간절하니 진정 사기와 한서의 필력을 지니고 있어서 지어진 어느 영사악부도 이에 미치지 못한다.
　　李西涯花將軍歌, 縱橫激壯, 音節入神, 眞得歌行之奧, 尤妙後幅, [帝呼花雲兒. 風骨如花雲. 手摩膝置泣復歎：雲汝不死猶兒存. 兒年十五官萬戶, 九原再拜君王恩.] 數句縈洄峭健, 面面懇到, 眞有史記漢書筆力, 所作論史樂府, 轉不逮此

라고 하여 이 시의 가치를 『史記』와 『漢書』의 筆力에 비교하여 칭찬하였고, 淸代 陸鑾은 『問花樓詩話』(卷2)에서 [나는 그 화장군가 한 수를 좋아

하니 풍격이 흘러넘치고 힘차니, 동시에 견줄 수 없다.(余愛其花將軍一首, 淋漓馳驟, 一時無兩.)]라고 하여 그 시풍을 雄麗하다고 평하고 있다. 이후에 茶陵派의 문인으로서 石珤, 邵寶, 顧淸, 羅玘, 魯鐸, 何孟春 등을 錢謙益이 『列朝詩集』에서 '蘇門六君子'라고 칭하고 있다. 李東陽의 시에 대해서 여러 詩話에서 평을 하는데 그 예를 들면,

　　이문정 빈지의 학문이 이미 해박하고 문사가 자못 매우 아름다우며 전례를 맡은 벼슬아치보다 더 노련하다. 그 영사악부는 곧 빼어나다.
　　明代 顧起綸 『國雅品』:〔李文正賓之學旣該博, 詞頗弘麗, 且老於掌故. 其詠史樂府, 乃所優也.〕

　　성화 이후에 당대 시인의 풍격은 거의 다 사라졌다. 오직 이문정만이 크게 통달하여 격율이 엄정하여 높은 경지가 한 시대를 이끌어서 하경명과 이몽양을 나게 하니 그 공로가 매우 위대하다.
　　明代 胡應麟 『詩藪』 續篇 卷1:〔成化以還, 唐人風致, 幾於盡隳. 獨李文正才具宏通, 格律嚴整, 高步一時, 興起何李, 厥功甚偉.〕

　　이동양의 악부는 곧 당대 장단가행이니, 예를 들어 말하면 음율의 활용이 적당히 짓는 시 같지 않다.
　　明代 方以智 『通雅』 卷29:〔李東陽樂府, 直是唐長短歌行, 若言入樂, 不如塡詞.〕

　　문정은 대아의 으뜸으로서 후진을 도왔으니 학문이 이미 해박하고 사어가 또한 매우 아름답다.
　　淸代 朱彛尊 『明詩綜』 卷26:〔文正以大雅之宗推轂後進, 學旣該博, 詞亦宏麗.〕

　　그 문장은 마침내 명대 한 세대의 으뜸이 되었으니 이몽양과 하경명이 홍치년간에 우뚝 일어나서부터 학문을 복고하기를 주창하여 이에 문장은 반드시 진한대를 따르고 시는 반드시 성당대를 따라야 하거늘 그 재주와 학문이 한 세대를 덮기에 족하며 천하가 또한 메아리치듯 그를 따랐는데 다릉의 불꽃이 거의 식어갔다.
　　『四庫全書總目提要』 卷170 『懷麓堂集』一百卷:〔其文章則究爲明代一代宗. 自李夢陽, 何景明崛起弘正之間, 倡復古學, 於是文必秦漢, 詩必盛唐, 其才學足以籠罩一世, 天下亦響然從之, 茶陵之焰幾燼.〕

이서애는 시로 육예의 음악으로 삼아서 오로지 성율에서 시를 강구하고 시와 음악이 조화되게 하고자 하였다.
淸代 潘德輿 『養一齋詩話』 卷4 : 〔李西涯以詩爲六藝之樂, 是專於聲律求詩, 而使詩與樂混者也〕

칠자 이전에는 이다릉의 회록당집시는 이미 그 당시의 대각풍격을 변화시켜서 소릉을 따르고 성당을 본받아서 격조가 고상하여 처음으로 선도자가 되었다.
淸代 朱庭珍 『筱園詩話』 卷2 : 〔七子以前, 李茶陵懷麓堂集詩, 已變當時臺閣風氣, 宗少陵, 法盛唐, 格調高爽, 首開先派〕

Ⅱ. 『懷麓堂詩話』의 시론 요점

이동양의 詩話에서 다양하게 詩論을 전개하고 있는데 다음에 本詩話의 내용을 몇 가지 관점에서 본문과 그 해설을 인용하면서 살펴본다.

1) 詩의 格律聲調

본시화는 律詩 作詩上의 構成에 대해서 제30칙에서 다음과 같이 서술하고 있다.

율시의 기승전합은 구법이 없는 것은 아니지만, 얽매여서는 안 된다. 구법에 얽매여 짓게 되면, 곧 버팀목처럼 굳어져서, 사방팔방으로 원활한 생동감이 없게 된다. 그러나 반드시 법도에 정한 대로 해서, 조용하며 한가로운 기풍으로 하여 혹은 흘러넘쳐서 물결이 일고, 혹은 변화하여 기이하게 되면 곧 자연의 오묘함을 지니게 되니 이것은 억지로 이루어질 수 없는 것이다. 만약 율법을 없앤다면 또 무엇으로 율격을 삼을 것인가?
律詩起承轉合, 不爲無法, 但不可泥, 泥於法而爲之, 則撐拄對待, 四方八角, 無圓活生動之意. 然必待法度旣定, 從容閑習之餘, 或溢而爲波, 或變而爲奇, 乃有自然之妙, 是不可以强致也. 若幷而廢之, 亦奚以律爲哉?

율시에서 起承轉合(일명 首頷頸尾, 起承轉結)의 구법은 매2구마다 단계적으로 시구의 묘사와 내용을 규칙적으로 전개해 나가는 절차로서 그 발단은 元代 楊載와 范德機에서 시작하였다. 양재의 『詩法家數』 「律詩要法」에는 그 단계별 작법을 다음과 같이 상세하게 제시하고 있다.

> 시의 기승전합. 시의 첫 연인 수연 : 혹은 경물에 대해서 감흥이 일어나거나, 혹은 비유하거나, 혹은 사물을 인용하거나, 혹은 시의 요지를 제시한다. 우뚝 높고 원대하여 마치 광풍이 물결을 말아 올리고 기세가 하늘에 넘치려는 것 같다. 함연 : 혹은 뜻을 묘사하거나, 혹은 경물을 묘사하거나, 혹은 사실을 쓰거나 고사를 인용하고 증거를 댄다. 이 연은 시의 내용을 설명하는 것이 마치 검은 용의 구슬이 매여 있어도 벗어나지 않는 것 같다. 경연 : 혹은 뜻을 묘사하거나, 경물을 묘사하거나, 사실을 쓰고 고사를 인용하고 증거를 댄다. 앞 연의 뜻과 서로 어울리면서 서로 피한다. 변화를 주는데 마치 빠른 번개가 산을 부수면, 보는 자가 매우 놀라는 것 같다. 결구 : 혹은 시의 내용을 끝맺어 주거나, 혹은 한 걸음 열어주거나, 혹은 앞 연의 뜻을 이어주거나, 혹은 고사를 쓰거나 하되, 반드시 한 구를 풀어서 끝맺는 것이, 마치 섬계의 노가 절로 갔다 절로 오는 것처럼 하여 어사로 표현은 다했으나 담긴 뜻은 그지없다.
> 起承轉合. 破題 : 或對景興起, 或比起, 或引事起, 或就題起, 要突兀高遠, 如狂風捲浪, 勢欲滔天. 頷聯 : 或寫意, 或寫景, 或書事, 用事引證. 此聯要詠破題, 要如驪龍之珠, 拘而不脫. 頸聯 : 或寫意, 寫景, 書事, 用事引證, 與前聯之意相應相避. 要變化, 如疾雷破山, 觀者驚愕. 結句 : 或就題結, 或開一步, 或繳前聯之意, 或用事, 必放一句作散場, 如剡溪之棹, 自去自回, 言有盡而意無窮.

매 聯(두 개의 시구를 '一聯'이라 함)마다 나름의 표현해야 할 대상과 내용이 있어야 하며 멋대로 시를 짓는 것이 아님을 명시하고 있다. 이같은 엄격한 규율에 너무 얽매이면 시의 생명력이 半減되는 難點이 있으므로 이동양은 그 조화를 강조한 것이다. 여기서 '조화'란 宋代 劉克莊이 제시한 시의 '活法'과 상통한다. 구법을 지키되 '融通性' 즉 변화를 발휘하여야 한다는 것이다. 유극장의 「江西詩派小序」의 일단을 본다.

시를 배우는데 마땅히 활법을 알아야 한다. 소위 활법이란 규칙이 갖추어지되 규칙 밖으로 나올 수 있고 변화가 무쌍하되 또한 규칙에 어긋나지 않는다. 이것이 도리이다. 대개 정해진 법도가 있으면서 정해진 법도에 얽매이지 않고, 정해진 법도가 없는데 일정한 법도를 지킬 것이니 이것을 알면 더불어 활법을 말할 수 있다.

學詩當識活法. 所謂活法者, 規矩備具而能出於規矩之外, 變化不測而亦不背於規矩也. 是道也. 蓋有定法而無定法, 無定法而有定法, 知是者則可以與語活法矣.

이 논리는 이동양의 말과 상통하니 상호승계관계가 없다고 할 수 없을 것이다. 清代에 와서 馮班이 〔장시에는 순서를 배치하는 것이 있는데, 기승전합을 알지 않으면 안 되는 것이니, 오히려 거기에 얽매이지 않고, 모름지기 변화시켜 날아 움직이듯 해야 좋은 것이다.(長詩有敍置次第, 起承轉合不可不知, 却拘不得, 須變化飛動爲佳.)〕(『御選唐宋詩醇』 卷22)라고 기록한 것은 이동양에게서 영향 받은 이론일 수 있다. 그리고 작시상의 聲調法인 平仄에 대해서도 본시화 제64칙에서 논하기를,

시에는 순수하게 평측(平仄)자를 써서 서로 조화하는 것이 있다. 예컨대 〔가벼운 옷자락이 바람 따라 휘돌다〕구는 다섯 자가 모두 평성이고, 〔복사꽃과 배꽃이 우뻣주뻣 피었네〕구는 일곱 자가 모두 평성이며, 〔달이 낭떠러지 가에 나오네〕구는 다섯 자가 모두 측성이다. 오직 두자미만이 측성자를 잘 썼으니, 예컨대 〔나그네가 있는데 나그네의 자는 자미라네〕구는 일곱 자가 모두 측성자이고, 〔한밤에 일어나 앉으니 만감이 일어 나네〕구는 여섯 자가 측성인 것이 더욱 많다. 〔돌벽의 색이 쇠를 쌓은 듯 검네〕구와 〔업보가 선한 몸 석벽을 나서네〕구는 다섯 자가 모두 입성인데도 그 막힘을 느끼지 못한다. 이런 것은 배우기 어려워도 또한 알지 않으면 안 된다.

詩有純用平仄字而自相諧協者. 如〔輕裾隨風還〕, 五字皆平;〔桃花梨花參差開〕, 七字皆平;〔月出斷岸口〕一章, 五字皆仄. 惟杜子美好用仄字, 如〔有客有客字子美〕, 七字皆仄,〔中夜起坐萬感集〕, 六字仄者尤多.〔壁色立積鐵〕,〔業白出石壁〕, 至五字皆入而不覺其滯. 此等雖難學, 亦不可不知也.

시에서 平仄法은 시의 韻律上 聲調의 高低長短을 조화하여 시의 음악

미를 풍부하게 하는 작법이다. 平聲은 四聲에서 平聲(上平, 下平)을 지칭하고, 仄聲은 上聲, 去聲, 入聲을 지칭한다. 현재 國語(普通話)에서는 入聲이 다른 성조에 흡수되어 없으니, 國(guo), 入(ru) 등과 같은 경우이다. 시의 平仄은 조화 있게 배열되어 전개되는 것이 正道인데, 본문은 5언시에서 平聲으로만 배열된 五平式, 仄聲으로만 배열한 五仄式, 7언시도 七平式, 七仄式 등의 정상적인 규칙으로 보면 變則的 방법을 講究한 詩句의 예를 들면서 나름의 시적 價値와 風格을 유지한 특수한 경우를 거론하고 있다. 三平式이나 三仄式 같은 방식은 흔히 볼 수 있어서, 전자의 경우에 杜甫의「月下獨酌」시에서 '對影成三人'구(밑줄 친 3자 전부 평성), 후자의 경우는 蘇軾의「石鼓」에서 '竟使秦人有九有'구(밑줄 친 3자가 전부 측성)를 들 수 있다. 그런데 五平式이니, 七仄式 같은 방식은 극히 드물고 대단한 변칙이므로 常用되지 않으나 시인이라면 작시활용의 준비는 되어 있고 그 필요성을 인식해야 할 것이다. 본문에서 거론한 예로 조식의「美女篇」의 시구인 '輕裾隨風還'은 〔qing ju sui feng huan〕라고 발음되어 5자 성조가 전부 평성이고, 두보의「乾元中寓居同谷縣作歌」의 시구인 '有客有客字子美'는 〔you ke you ke zi zi mei〕라고 발음되어 7자 성조가 전부 측성인 것이다.

한편 본시화는 古詩의 聲調와 節奏에 대해서도 거론하는데 제32칙을 보면,

> 고시가의 성조와 절주는 전해지지 않은 지 오래 되었다. 일찍이 사람들이「관저」와「녹명」등 여러 시를 노래하는 것을 들으니, 단지 넉 자의 평성으로 긴 소리를 끌어내는데 그리 높고 낮거나 느리거나 급한 절주가 없다. 옛사람을 생각하면 그저 그렇지 않을 것이다. 오늘날의 시는 오직 오월 지방에만 노래가 있다. 오가는 맑고 아름다우며 월가는 길면서 격렬한데, 그러나 사대부도 다 능히 하지 못한다. 내가 들은 바로는, 오가는 장형보, 월가는 왕고직 인보를 명가라고 칭할 수 있다. 형보는 남을 위해 노래하지 않고 매양 스스로 지은 시를 노래하는데 진실로 손으로 춤추고 발로 밟는 뜻을 담고 있다. 인보는 성격이 또한 기벽하여 아무 때나 노래를 부른다. 내가 마침 득의한 시가 있어서 가끔 그것을 노래 부르게 하여서, 내가 지은 것을 시험해 보았다. 비록 반드시 스스로 노래할 수 없다 해도, 때때로

음률에 맞았으니, 억지로 해서 되는 것이 아니고 또 억지로 받아들여지는 것도 아니다.

> 古詩歌之聲調節奏, 不傳久矣. 比嘗聽人歌「關雎」「鹿鳴」諸詩, 不過以四字平引爲長聲, 無甚高下緩急之節. 意古之人, 不徒爾也. 今之詩, 惟吳越有歌, 吳歌淸而婉, 越歌長而激, 然士大夫亦不皆能. 予所聞者, 吳則張亨父, 越則王古直仁輔, 可稱名家. 亨父不爲人歌, 每自歌所爲詩, 眞有手舞足蹈意. 仁輔性亦僻, 不時得其歌. 予値有得意詩, 或令歌之, 因以驗予所作, 雖不必能自爲歌, 往往合律, 不待强致, 而亦有不容强者也.

고시가라면 詩經의 작품을 지칭한다. 이들 詩經의 詩篇이 지닌 聲調와 節奏는 실지로는 樂經인 것이다. 曲調가 있는 歌詞가 『시경』의 작품이란 말이다. 이들 작품의 곡조가 원형대로 전해지지 않고 秦始皇의 焚書坑儒로 대부분 逸失되었으니 梁代 沈約의 『宋書』에는 〔진대에 이르러 전적을 태워서 악경이 망실되었다.(及秦焚典籍, 樂經用亡.)〕(卷19 志樂)라고 하였고 唐代 徐堅의 『初學記』에서는 〔옛날엔 주역, 서경, 시경, 예기, 악경, 춘추를 육경으로 삼았는데 진대에 와서 책을 태워서 악경이 없어졌다.(古者以易書詩禮樂春秋爲六經, 至秦焚書, 樂經亡.)〕(卷21)라고 하였다. 이처럼 『시경』의 노래 가락은 보전되지 못하고, 南北朝시대에 성행한 江南의 民歌인 吳歌와 浙江 일대의 민가인 越歌가 전래되어 왔으니, 이것은 樂府의 淸商曲辭의 하나이다. 宋代 郭茂倩의 『樂府詩集』(卷44) 淸商曲辭에 대한 기록에 의하면, 〔오가의 잡곡은 함께 강남에서 나왔다. 동진 이래로, 조금 증가되었다. 그 처음은 모두 속된 노래인데 이미 관현을 입히었다. 대개 영가의 도강 이후에 양대와 진대까지 모두 건업에 도읍을 정하여 오성가곡이 여기에서 일어난 것이다.(吳歌雜曲, 並出江南. 東晉以來, 稍有增廣. 其始皆徒歌, 旣而被之管絃. 蓋自永嘉渡江之後, 下及梁陳, 咸都建業, 吳聲歌曲起於此也.)〕라고 하여 오가가 江南의 建業을 발원지로 하였음을 밝혔고, 오가의 풍격에 대해서는 宋代 范成大의 『吳郡志』(卷2 風俗)에서 〔정관년간에 조사라는 사람이 거문고 잘 타기가 독보적이어서 일찍이 말하기를 오성은 맑고 아름다워서 마치 장강이 넓게 흘러 이어서 서서히 흘러가는 것 같으니 국사의 풍모이다.(貞觀中, 有趙師者, 善琴獨步, 嘗云 : 吳聲淸婉, 若長江廣流, 綿綿徐游, 國士之風.)〕라고 하니, 이동양이 오가를 '淸而婉'라고 평한 유래를 알 수 있다.

2) 詩의 詩敎論

本詩話에서 李東陽은 시의 근원을 詩經에 두고 儒家의 시경사상인 溫柔敦厚를 지향하는 『시경』의 詩敎를 作詩의 기본사상으로 인식하고 있으니 본시화 제1칙을 본다.

> 시는 육경에 들어있는 것으로서 특별히 하나의 교화가 되며, 무릇 육예 가운데에서 음악이 된다. 음악은 시에서 시작하여 음율에서 끝난다. 사람의 음성이 온화하면 음악의 소리가 온화하다. 또한 그 소리의 온화함을 얻음으로써 감정을 잘 묘사하고, 마음의 뜻을 느끼어 표현하며, 혈맥이 잘 통하여 정신을 막힘없이 통하게 하여, 손으로 춤추고 발로 밟으면서도 스스로 느끼지 못하는 경지에 이르게 된다. 후세에 시와 음악이 나뉘어 둘이 되었는데 비록 격율이 있어도 음운이 없으면, 이것은 서로 대구를 맞추는 문장에 지나지 않을 따름이다. 만일 단지 문장만으로도 된다면, 옛 성현의 교화를 어찌 반드시 시율로 할 필요가 있겠는가?
> 詩在六經中, 別是一教. 蓋六藝中之樂也. 樂始於詩, 終於律. 人聲和則樂聲和. 又取其聲之和者, 以陶寫情性, 感發志意, 動盪血脈, 流通精神, 有至於手舞足蹈而不自覺者. 後世詩與樂判而爲二, 雖有格律, 而無音韻, 是不過爲排偶之文而已. 使徒以文而已也, 則古之教何必以詩律爲哉.

여기서 시는 儒家經傳의 하나인 『詩經』을 말한다. 『시경』은 周代의 16 諸侯國의 음악의 가사를 風雅頌으로 분류하여 305편을 수록한 시집이다. 『시경』 이전에도 전해지는 시들이 있지만 완전한 시집으로는 『시경』이 처음이고, 『論語』에서 孔子는 『시경』을 〔담긴 내용이 사악함이 없다.(思無邪)〕라고 평하고 있다. 『시경』에 수록된 시는 『楚辭』와 함께 중국문학의 두 기둥이 되어서 문학 장르와 그에 속한 작품이 오늘날까지 형성되고 축적된 것이다. 따라서 시라 하면 『시경』을, 『시경』이라 하면 시를 의미하게 된 것이다. 시는 文과 구별하여 시를 제외한 韻이 없는 문체를 총칭하여 왔다. 그러나 좁은 의미로는 文을 산문체의 글에 국한시키는 것이 합당하다. 장르 개념상 散文, 小說과 戲曲이 있고 소위 有韻文 즉 韻이 있는 散文인 辭賦類의 작품이 있기 때문이다. 시는 韻律을 동반하므로 음악과 不可分의 관계가 있다. 음악의 소리(樂聲)와 사람의 소리(人聲)가 동일한 근원을 지니고 있으므로 그 조화에 의해 다양한 감정표출이 가능한 것이다. 같은 뿌리인 시와 음악이 구분되면서 音律이 있느냐 하는 與否에 따라 詩와 文으로 나뉘고 지금은 다양한 문학 장르로 세분화된 것이다. 그러므로 중국문학의 시초를 詩에 두는 것이다. 공자는 『시경』의 시를 '시를 통한 敎化' 즉 詩敎的 차원에서 중시하여 '온유돈후(溫柔敦厚)'를 교화의 바탕으로 삼았다. 본문에서 '別是一敎'구는 『시경』의 시가 지닌 교화를 말하는 것이다. 공자는 제자들에게 『시경』의 시를 배울 것을 권면하고 있으니 『論語』陽貨篇에 이르기를 : 〔여러분은 왜 시를 배우지 않느냐? 시는 마음을 불러일으킬 수 있고, 사물의 득실을 살필 수 있고, 교우와 처세의 방법을 밝혀 줄 수 있고, 원망하면서도 성내지 않는 살핌을 얻게 할 수 있다. 가까이는 부모를 모시고 멀리는 임금을 섬기게 되며, 새와 짐승, 초목의 이름을 많이 알게 된다.(小子何莫學夫詩? 詩可以興, 可以觀, 可以群, 可以怨. 邇之事父, 遠之事君, 多識於鳥獸草木之名.)〕라고 하여 『시경』의 효용성을 밝혀 설명하고 있다. 시의 창작동기와 그 가치는 단순한 문학작품으로서의 의미에 한정되는 것이 아니라, 人性을 순화하고 도야하는 포괄적인 개념을 지닌다. 이동양은 이 제1칙에서 바로 이 시화의 기본논조를 밝히고 있는 것이다. 이동양이 〔사람이 시를 배울 수 있으면 사리가 통달되고, 심기가 화평하여 말할 수 있다.(人能學詩, 則事理通達, 心氣和平而能言.)〕(『李東陽集』卷3 文後稿)라고 한 말은 그 자신의 일관된 論詩觀을 말해 주는 것이라 할 것이다. 朱熹는 『詩集傳』에서 시의 六義論을 展開한 바, 이동양은 본시화에서 그 중에 作法과 연관된 比賦興 즉 三義論을 거론하여 전통적인 詩觀을 강조하고 있다. 그래

서 본시화 제22칙을 보면,

　　시(詩經)는 세 가지 뜻(三義)이 있는데, 賦는 단지 그 하나에 해당하고 比와 興은 그 둘에 해당한다. 이른바 비와 흥은 모두 사물에 기탁하여 性情을 실어 만든 것이다. 대개 바르게 말하고 직설적으로 서술하면 곧 시의 뜻을 다 표현하기는 쉬우나, 감흥을 드러내기에는 어려운 것이다. 오직 기탁함이 있어서, 표현하여 본받아 쓰고, 반복하여 읊으며, 사람이 스스로 터득하기를 기다려서, 말은 다 하였으나 흥취가 그지없는 경지에 이르면, 곧 정신이 날 듯이 상쾌하여, 손과 발이 절로 움직이면서도 자각하지 못하는 것이다. 이것이 시에서 성정을 귀히 여기고 사실을 가벼이 여기는 이유이다.
　　詩有三義, 賦止居一, 而比興居其二. 所謂比與興者, 皆託物寓情而爲之者也. 蓋正言直述, 則易于窮盡, 而難於感發. 惟有所寓託, 形容摹寫, 反復諷詠, 以俟人之自得, 言有盡而意無窮, 則神爽飛動, 手舞足蹈而不自覺, 此詩之所以貴情思而輕事實也.

　　시의 六義는 『詩經』의 作法인 比賦興과 體裁인 風雅頌을 지칭하므로, 이중에 三義를 比賦興이라고 하면, 이것은 『시경』의 작법이며, 나아가서 시의 전통적인 작법이라고 할 것이다. 三義論을 詩論에 연관시킨 梁代 鍾嶸의 『詩品』序를 보면,

　　시에는 세 가지 뜻이 있으니 하나는 흥이며, 둘은 비이며, 셋은 부이다. 글이 이미 다 표현되었는데 뜻은 여운이 있으면, 흥이다. 사물로 뜻을 비유하니, 비이다. 직접 그 사실을 쓰고 말로 사물을 묘사하니 부이다. 이 세 가지 뜻을 펴서 헤아려 쓰는데 바람의 힘으로 말리고, 붉은 채색으로 윤색하여 읊는 자로 그지없게 하고, 듣는 자로 마음을 움직이게 하면, 이것이 시의 극치인 것이다. 오로지 비흥만을 쓰면 뜻이 깊은 데 단점이 있으니 뜻이 깊으면 일이 어긋난다. 다만 부체만을 쓰면 뜻이 부허한데 단점이 있으니, 뜻이 부허하면 글이 산만해져서 흘러 옮기게 되어 글이 굳게 자리매김함이 없으니 거칠고 산만한 허물이 있게 된다.
　　詩有三義焉 : 一曰興, 二曰比, 三曰賦 文已盡而意有餘, 興也 : 因物喩志, 比也 : 直書其事, 寓言寫物, 賦也. 弘斯三義, 酌而用之, 幹之以風力, 潤之以丹彩, 使詠之者無極, 聞之者動心, 是詩之至也. 若專用比興, 患在意深, 意深則事躓. 若但用賦體, 患在意浮, 意浮則文散, 嬉成流移, 文無止泊, 有蕪漫之累矣.

라고 하여 詩文의 표현수법에 대한 구체적인 특성을 서술하고 있다. 이동양이 性情을 귀히 여기고 事實을 가벼이 여기는 작시상의 관점을 지니고 있으므로 〔말은 다 하였으나 흥취가 그지없는 경지(言有盡而意無窮)〕의 논리를 주창하게 되고 자연히 賦보다는 比興을 강조한 것이다.

3) 唐宋詩論

明代 茶陵派는 盛唐詩를 추종하는 擬古的 復古사상을 바탕으로 한 詩派이므로 그 領袖인 이동양은 唐宋詩에 대한 崇慕의식이 강하였다. 그리하여 본시화는 詩風과 作家論을 서술하면서 唐宋詩風과 詩人論이 중점적인 내용이 되며 이동양 자신의 明詩에 대해서 副次的으로 거론하고 있다. 唐詩人으로 李白과 杜甫의 시를 비교하여 평한 예문으로 제109칙을 보면,

> 태백은 타고난 재능이 특출하니, 진정 〔가을 물에 연꽃이 솟아나서, 자연스러이 다듬어 꾸며있네.〕라고 말한 대로이다. 이제 돌에 새겨서 전해지는 것으로 〔세상에 사는 것이 큰 꿈과 같네〕라는 시의 서문에는 〔크게 술에 취하여 지으니, 하생이 나를 위해 읽는다.〕라고 적고 있다. 이런 시는 모두 손 가는 대로 붓을 휘둘러 지은 것이며 다른 작품도 미루어 알 수 있다. 전대에 전해지는 자미의 〔복사꽃이 잔잔히 날리고 버들 꽃은 지네〕라는 손수 쓴 시에는 고친 글자가 있다. 이 두 분의 명성이 함께 높아서 우열을 가릴 수 없다. 좀 이의가 있는 것으로 퇴지에게 문득 〔세상의 뭇 아이들 어리석은데, 어찌하여 이유를 들어 헐뜯어 아프게 하는가?〕구가 있다. 그러니 시를 어찌 반드시 작시에 있어서의 느리고 빠른 것으로 논하겠는가?
>
> 太白天才絶出, 眞所謂〔秋水出芙蓉, 天然去雕飾〕. 今所傳石刻〔處世若大夢〕一詩, 序稱:〔大醉中作, 賀生爲我讀之〕此等詩, 皆信手縱筆而就, 他可知已. 前代傳子美〔桃花細逐楊花落〕, 手稿有改定字. 而二公齊名並價, 莫可軒輊. 稍有異議者, 退之輒有〔世間羣兒愚, 安用故謗傷.〕之句. 然則詩豈必以遲速論哉?

李白과 杜甫 시의 優劣논리는 천여 년을 두고 끊임없이 제기되고 있지만, 그 결론은 상호 존중의 칭찬으로 매듭지어 왔으니 어쩌면 당연한 歸

結이라 할 것이다. 본문도 그 맥락에서 거론하고 있는데 한편 작시의 태도 상 卽興詩인가 아니면 장시간 刻苦의 시인가에 따라서 시의 가치를 논하는 一角의 논리를 덧붙여서 부정하고 있다. 그리하여 그 예로 이백 시에서는 古詩「經亂離後天恩流夜郞憶舊遊懷贈江夏韋太守良宰」에서 '秋水'구와「春日醉起言志」에서 '處世'구를 각각 인용하였고, 두보시에서는「曲江對酒」에서 '桃花'구를 인용하여 비교하고 있다. 본래 李杜優劣論을 처음 제기한 자는 中唐代 白居易와 元稹이라 할 것이니, 백거이는「與元九書」에서 상호의 장점을 서술하기를,

> 시에서 호방한 것으로 세상에서 이백과 두보를 부른다. 이백의 시는 재기있고 기특하여 사람이 따라가지 못한다. 그 풍아와 비흥의 면을 찾아보면 열에서 하나도 없다. 두보 시는 가장 많아서 전해지는 것이 천여 수나 된다. 고금을 다 꿰뚫어 포괄하여서 격율을 자세히 다듬고 공교하고 잘 지은 점에서 또한 이백보다 뛰어나다.
> 詩之豪者, 世稱李杜. 李之作, 才矣奇矣, 人不逮矣. 索其風雅比興, 十無一焉. 杜詩最多, 可傳者千餘首. 至於貫穿今古, 儷縷格律, 盡工盡善, 又過於李. (『白居易集』 卷28)

라고 하였으며, 원진은「唐檢校工部員外郞杜君墓係銘幷序」에서 역시 두 시인의 풍격을 비교하기를,

> 진실로 생각하건대 할 수 없는 것을 할 수 있고 하지 않으면 안 되는 것을 안 해도 되는 것을 한 사람으로 시인이 있고부터 자미만한 사람이 아직 없다고 하겠다. 이 시기에 산동인 이백도 기인한 문장으로 칭찬을 받아서 그 때 사람들은 李杜라고 하였다. 내가 보건대 그 장대한 물결이 출렁이는 기풍은 구속을 벗어나서 사물을 묘사한 것과 악부시는 진실로 또한 자미에 비해 뛰어나다. 두보 시는 처음과 끝을 묘사해 나가는데 있어서 성운을 다듬고 수많은 말을 순서 있게 나열하고 지어나면서 어사의 기세가 호탕하고 뛰어나며 풍조가 맑고 심원하고 율격에 잘 대응하고 용렬함을 벗어버린 점에서는 이백이 아직은 그 울타리를 넘을 수 없을 것이니, 하물며 집안 즉 두보 시의 깊은 경지에 이를 수 있겠는가?

苟以爲能所不能, 無可無不可, 則詩人以來, 未有如子美者. 是時山東人李白, 亦以奇文取稱, 時人謂之李杜. 余觀其壯浪縱恣, 擺去拘束, 模寫物象及樂府歌詩, 誠亦差肩於子美矣. 至若鋪陳終始, 排比聲韻, 大或千言, 次猶數百, 辭氣豪邁而風調淸深, 屬對律切而脫棄凡近, 則李白尙不能歷其藩翰, 況堂奧乎?(仇兆鰲『杜詩詳注』附編)

라고 하여 두보를 이백보다 다소 優位에 놓으려 하였다. 그리고 韓愈는 「調張籍」(『韓愈集』 卷5)에서,

　　　　이백과 두보의 문장이 있는 곳에는
　　　　찬란한 빛이 만장만큼 길도다.
　　　　여러 아이들이 어리석은 줄 모르고
　　　　어찌 구실 삼아 헐뜯고 아프게 하나?
　　　　하루살이가 큰 나무를 흔들고 있으니
　　　　가소롭게도 스스로를 헤아리지 못 하도다.
　　　　李杜文章在, 光焰萬丈長.
　　　　不知群兒愚, 那用故謗傷.
　　　　蚍蜉撼大木, 可笑不自量.

라고 하여 李杜優劣을 논하기를 自制하려 하였다. 그리고 宋代 蘇轍은 杜甫優位論(『欒城集』 卷8)을, 宋代 劉攽은 李白優位論(『中山詩話』)을, 그리고 黃庭堅은 두보우위론(『預章黃先生文集』 卷26)을 각각 주장하였으며, 嚴羽는 [이백과 두보 두 사람은 정말 우열을 따지지 못한다. 태백에는 한 둘의 오묘한 곳이 있어 자미가 말할 수 없으며, 자미에게도 한 둘의 오묘한 곳이 있어 태백이 지어낼 수 없는 것이다.(李杜二公, 正不當優劣. 太白有一二妙處, 子美不能道. 子美有一二妙處, 太白不能作.)](『滄浪詩話』詩評)라고 하여 李杜衡平論을 제기하였다.
　　이동양은 특히 杜甫詩에 대해서 集中的인 評價를 하여 본시화 제133칙은 시의 集大成家로서의 杜甫의 詩風을 20종으로 세분하여 거론하였는데 이런 구체적인 논평은 前無後無하다고 본다.

두보 시는 매우 맑으니(淸絶), 〔오랑캐 기마는 한 밤에 북으로 달리니, 무릉 한 곡은 남쪽 원정을 생각케 하네.〕구 같은 것이다. 부귀하니(富貴), 〔날 따뜻한데 깃발이 용뱀처럼 펄럭이고, 궁전에 산들바람 이니 제비 참새가 높이 나네.〕구 같은 것이다. 고고하니(高古), 〔이윤과 여상과 맞먹을만하고, 지휘력은 소하와 조참보다 낫도다.〕구와 같은 것이다. 화려하니(華麗), 〔꽃 지고 아지랑이 자욱한데 밝은 해는 고요하고, 비둘기와 어린 제비 우는데 푸른 봄이 깊구나.〕구와 같은 것이다. 벤 듯 산뜻하니(斬絶), 〔되비치어 강에 들어 돌벽에 날리고, 돌아가는 구름이 나무를 안고 산마을에 드네.〕구와 같은 것이다. 기괴하니(奇怪), 〔돌이 솟은 곳에 단풍잎이 지는 소리 들리고, 배 노가 등을 흔드는데 국화가 피누나.〕구와 같은 것이다. 맑고 밝으니(瀏亮), 〔초땅 하늘에 끊임없이 사계절 비 내리고, 무협에는 길게 만 리 바람이 부네.〕구와 같은 것이다. 섬세하니(委曲), 〔다시 뒤에 만남에 어디인지 알지니, 문득 만남이 이별 자리로다.〕구와 같은 것이다. 준일하니(俊逸), 〔짧은 복사꽃이 강 언덕에 서 있고, 가벼운 버들 솜은 옷을 건드네.〕구와 같은 것이다. 온화하고 윤택하니(溫潤), 〔봄물에 배는 하늘 위에 앉은 것 같고, 노년에 꽃을 안개 속에 보는 것 같네.〕구와 같은 것이다. 감개하니(感慨), 〔왕후의 집에는 모두 새 주인이요, 문무의 의관은 옛날과 다르네.〕구와 같은 것이다. 격렬하니(激烈), 〔오경의 북과 피리 소리 비장한데, 삼협의 은하수 그림자는 흔들거리네.〕구와 같은 것이다. 쓸쓸하니(蕭散), 〔멋대로 자는 어부는 둥둥 떠 있고, 맑은 가을의 제비는 빙빙 나네.〕구와 같은 것이다. 침착하니(沈著), 〔어렵게 고생하여 짙게 서리 낀 귀밑털을 원망하니, 늙어 느리게 막걸리 잔을 드네.〕구와 같은 것이다. 잘 다듬어지니(精鍊), 〔나그네 문에 드니 달이 밝은데, 누구 집 비단 다듬이 소리에 바람이 쓸쓸하네.〕구와 같은 것이다. 비참하니(慘戚), 〔삼년 피리 속에 관산에 달이 뜨고, 온 나라 병사 앞 초목에 바람 부네.〕구와 같은 것이다. 충실하고 중후하니(忠厚), 〔주의 선왕과 한의 무왕은 지금의 왕의 지침이며, 효자와 충신은 후대에 본보기라네.〕구와 같은 것이다. 신묘하니(神妙), 〔직녀의 베틀 실은 달밤에 텅 비고, 돌고래의 비늘은 추풍에 움직이네.〕구와 같은 것이다. 웅장하니(雄壯), 〔몸을 부추기니 절로 신명이 나니, 마침 조화옹의 공 때문이네.〕구와 같은 것이다. 노련하니(老辣), 〔어찌해야 신선의 구절 지팡이를 얻어서, 부추겨 옥녀의 머리 감는 동이에 이를 건가?〕구와 같은 것이다. 이런 것들로 논하자면, 두보는 진정 시가의 집대성이라고 말할 수 있다.

杜詩淸絶如〔胡騎中宵堪北走, 武陵一曲想南征.〕 富貴如〔旌旗日煖龍蛇動, 宮殿風微燕雀高.〕 高古如〔伯仲之間見伊呂, 指揮若定失蕭曹.〕 華麗如〔落花遊絲白日靜, 鳴鳩乳燕靑春深.〕 斬絶如〔返照入江翻石壁, 歸雲擁樹失山

村.〕奇怪如〔石出倒聽楓葉下, 櫓搖背指菊花開.〕瀏亮如〔楚天不斷四時雨, 巫峽長吹萬里風.〕委曲如〔更爲後會知何地, 忽漫相逢是別筵〕俊逸如〔短短桃花臨水岸, 輕輕柳絮點人衣.〕溫潤如〔春水船如天上坐, 老年花似霧中看.〕感慨如〔王侯第宅皆新主, 文武衣冠異昔時.〕激烈如〔五更鼓角聲悲壯, 三峽星河影動搖.〕蕭散如〔信宿漁人還汎汎, 清秋燕子故飛飛〕沉著如〔艱難苦恨繁霜鬢, 潦倒眞停濁酒杯.〕精鍊如〔客子入門月皎皎, 誰家擣練風淒淒.〕慘戚如〔三年笛裏關山月, 萬國兵前草木風.〕忠厚如〔周宣漢武今王是, 孝子忠臣後代看.〕神妙如〔織女機絲虛夜月, 石鯨鱗甲動秋風〕雄壯如〔扶持自是神明力, 正直元因造化功.〕老辣如〔安得仙人九節杖, 拄到玉女洗頭盆.〕執此以論, 杜眞可謂集詩家之大成者矣.

杜甫를 詩家의 集大成이라고 평가하는 근거는 다양한 格式과 風格을 포괄하는 詩聖다운 詩格을 지니고 있기 때문이다. 中唐代의 元稹은 이미 杜甫를 尊崇하여 「唐故工部員外郞杜君墓係銘並序」(『元稹集』卷56)에서 논하기를,

> 자미에 이르러서, 대개 소위 위로는 국풍과 이소를 가까이 하고 아래로는 심전기와 송지문을 두루 갖추었으며, 예로 소무와 이릉을 옆에 두고, 기풍은 조식과 유정을 머금고, 안연지와 사령운의 고고함을 덮었으며 서릉과 유신의 유려함을 섞어서 고금의 체세를 다 얻고 지금 사람의 독창적인 것을 겸비하였다.
> 至於子美, 蓋所謂上薄風騷, 下該沈宋, 古傍蘇李, 氣吞曹劉, 掩顏謝之孤高, 雜徐庾之流麗, 盡得古今之體勢, 而兼今人之所獨專矣.

라고 하여 두보 시를 시대를 아우르는 詩史的 位相에 놓았고, 嚴羽는 두보 시를 직접 시의 集大成者라고 평가하여 『滄浪詩話』詩評에서 논하기를,

> 소릉의 시는 한위대를 본받고 육조에서 제재를 얻어 그 자신만이 터득한 오묘한 경지에 이르러서 전대의 사람들의 것을 소위 집대성한 사람인 것이다.
> 少陵詩, 憲章漢魏, 而取材於六朝, 至其自得之妙, 則前輩所謂集大成者也.

라고 하였다. 그리고 明代의 張宇初도 〔집대성한 사람은 반드시 소릉 두씨라고 말할 것이다.(集大成者, 必曰少陵杜氏)〕(『峴泉集』 卷2 雲溪詩集序)라고 다시 강조하고 있다. 두보 시는 集大成者로서의 위대한 風格을 지녔기에 중국문학의 詩聖으로 평가받고 古今東西의 詩家中 詩家로 추앙된다.

본시화의 宋詩에 대한 평으로 王安石의 景物詩에 대한 논술로 제126칙을 보면,

> 왕개보가 경치를 묘사한 것을 스스로 마음에 든다고 말하지만, 송대 사람의 풍격을 벗지 못하고 있다. 그의 영사 절구시는 매우 문장의 힘이 있어서 특별히 시 창작의 안목을 가지고 보아야 한다. 「상앙시」같은 것은 곧 평범하지 않은 시어를 표현하고 있으며 이치상으로 답답하게 느껴지지 않는다.
> 王介甫點景處, 自謂得意, 然不脫宋人習氣. 其詠史絶句, 極有筆力, 當別用一具眼觀之. 若「商鞅」詩, 乃發洩不平語, 於理不覺有礙耳.

介甫 王安石은 景物 묘사에 佳句가 많다. 그래서 宋代 後人은 〔형공이 산림에 거처한 후의 시는 정밀하고 심오하며 화려하고 오묘하다.(荊公定林後詩, 精深華妙.)〕(『漫叟詩話』)라고 하여 경물시의 極致라고 평하였고, 한편 楊萬里는 그의 경물시를 唐詩와 비교하여 「讀唐人及半山詩」에서 이르기를,

> 당인과 반산을 분간하지 못하겠나니,
> 뜻밖에 시단을 완전히 장악하였네.
> 반산은 곧 깊이 스며드는 맛을 주니,
> 마치 당인의 관건을 지닌 것 같네.
> 不分唐人與半山, 無端橫欲割詩壇.
> 半山便遣能參透, 猶有唐人是一關.(『誠齋集』 卷8)

라고 하였고, 嚴羽는 〔공의 절구는 격조가 가장 높아서 그 뛰어난 곳은 소식, 황정견, 진사도 위에 높이 올라 있으나, 당인과는 아직 문빗장 하나 차

이가 난다.(公絶句最高, 其得意處高出蘇黃陳之上, 而與唐人尙隔一關.)〕(『滄浪詩話』詩體)라고 하여 이동양이 본문에서 '宋人習氣'를 벗지 못하고 있다고 평한 論調와 상통한다. 王安石의 詠史絶句는 백여 수가 넘고 古人을 題材로 한 시가 오십 수에 달하며 人物의 사건을 直說的으로 묘사하고, 客觀的인 公平한 品評를 가하고, 愛憎이 鮮明하여 創新한 면모를 보여주고 있다. 詠史에 있어 때론 自身을 比喩하기도 하고 憂國憂民의 정서와 富國强兵의 원대한 抱負를 寄託하기도 하였다. 淸代 顧嗣立은 그의 시를 평가하기를, 〔증산은 왕반산의 영사절구를 가장 좋아하여, 번안법을 많이 사용하여 옥계생의 필치를 깊이 얻었다고 여겼다. …… 송인의 기풍에 점점 물들었는데, 시 중에는 부가 많고 비흥이 적으며 의논이 많고 전고의 인용도 많으나 정감이 부족한 작품이 있다.(證山最喜王半山詠史絶句, 以爲多用翻案法, 深得玉溪生筆意.……受宋人習氣浸染, 亦不乏賦多比興少, 議論多, 用典多, 情韻不足之作.)〕(『寒廳詩話』)라고 하여 영사절구의 장단점을 적절히 서술하고 있다. 이동양은 본문에서 영사절구의 대표적인 예로 왕안석의 「商鞅」(『王文公文集』卷73) 시를 제시하고 있다.

> 예부터 백성을 신실하게 인도하여
> 말 한 마디 중히 여기고 백금을 가벼이 하였네.
> 지금 사람이 상앙을 나무랄 수 없나니,
> 상앙은 정치를 행하여 반드시 이루었네.
> **自古驅民在信誠, 一言爲重百金輕.**
> **今人未可非商鞅, 商鞅能令政必行.**

이 시는 王安石이 戰國 시기 정치개혁가인 商鞅(390~338 BC)을 자신에 비유하고 있다. 상앙이 變法으로 백성에게 信義와 강력한 權力을 얻으려 하였는데 왕안석 자신이 新法으로 정치개혁을 실현하는 典範으로 삼고자 한 것이다. 상앙은 어려서 刑名學을 좋아하여 李悝와 吳起 등의 영향을 받아 秦孝公 시기(BC 359)에 變法을 진행하여 軍功爵을 개혁하고 世卿世祿을 폐지하였으며 井田制를 폐지하고 度量衡을 통일하는 대혁신을 감행한 인물이다. 왕안석은 상앙을 본받고자 한 것이다. 아울러 宋詩人으로 朱熹의 古詩에 대해서 제29칙을 보면,

> 회옹은 고시에 깊이가 있으니, 그것은 한위를 본받아서, 글자마다 시구마다, 평측과 성조의 고하에 이르기까지 본받아 닮았다. 뜻을 따르고 흥취를 기탁한 것은, 곧 시경 삼백 편에서 얻는 것이 많다. 그가 지은 시전을 보면, 간결하면서 정밀하여 거의 아쉬움이 없으니 이것으로 알 수 있다. 감흥이 있는 작품은 대개 경서와 사서의 사리로써 시에 넣어 읊었으니, 어찌 일반적인 후세 시인들의 부류로 논할 수 있겠는가?
> 晦翁深於古詩, 其效漢魏, 至字字句句, 平側高下, 亦相依倣. 命意託興, 則得之『三百篇』者爲多. 觀所著『詩傳』, 簡當精密, 殆無遺憾, 是可見已. 感興之作, 蓋以經史事理, 播之吟詠, 豈可以後世詩家者流例論哉?

여기서 晦翁은 朱熹의 號인데 그는 文人이자, 儒家經傳의 주석연구가이며, 楚辭주석가, 聲韻학자, 性理학자로서 宋代의 학술을 주도하였다. 그는 남송 高宗 紹興 18년(1148)에 진사 급제하여 武學博士, 秘書郞, 監察御使 등을 역임하면서 관리로서 봉직하면서도 평생 好學하여 만년에는 考亭學派의 영수로 수다한 저술을 남겼다. 대표적인 저서로 『周易本義』, 『詩集傳』, 『太極圖』, 『楚辭集注』, 『通鑑綱目』, 『宋明臣言行錄』, 『近思錄』 등이 있다. 그는 文이 道를 해친다고 주장하여 문학작품의 예술 가치를 폄하하면서, 그의 시는 詩言志와 性情感發을 중시하여 浮華한 시풍을 반대하였다. 그의 시풍은 淸新簡淡하여 淸代 吳之振은 그의 시를 평하기를, 〔비록 시에 뜻을 두지 않았지만, 중용과 조화가 일관되고 만물을 다 포함하고 있으며 모방을 일삼지 않고 자연스럽게 소리가 펼쳐 나오니, 얕은 학식으로는 엿볼 수 없는 것이다.(雖不役志於詩, 而中和條貫, 渾涵萬有, 無事模鐫, 自然聲振, 非淺學之所能窺.)〕(『宋詩鈔』文公集)라고 하였다. 이동양이 본문에서 朱熹 시의 장점에 대해 대개 네 가지 면에서 거론하고 있다. 첫째는 古詩가 漢魏를 본받은 점인데, 이것은 주희의 시가 嚴羽가 말한 漢魏晉代와 盛唐의 시를 '第一義'(『滄浪詩話』詩辨)라고 하여 중

국시의 본보기로 평가한 것과 연관시켜서 보아야 한다. 한위대의 고시와 악부를 본받은 주희의 시는 정통성을 지닌다는 의미이다. 둘째로 『詩經』의 比興法을 多用하고 있는 점이다. 『詩經』의 六義에서 比賦興은 作法으로서 『시경』을 주석한 주희는 『시경』의 託物寓情의 특성을 그의 시에 적용하고 있다. 그래서 이동양은 '命意託興'이라는 용어를 써서 주희 시의 비흥 작법을 강조한 것이다. 셋째는 『詩傳』 저술의 정신으로 시를 창작한 점이다. 『詩傳』의 내용을 보면, 그 詩旨의 詮解가 博學하고 일관성이 있으며, 創新한 견해가 많고, 辨析이 精細하여서 宋代 『시경』 연구의 대표작이다. 넷째는 性情爲主의 感興詩가 經書와 史書의 이치를 바탕으로 시를 창작한 점이다. 그의 感興詩는 1300여 수의 시에서 대다수를 차지하는데, 時世를 感憂하여 애국정신이 넘치는 시로서 「次子有聞捷韻」를 들 수 있고, 자신의 삶을 怡然自得하는 시로서 「曾點」이 있고, 「觀書有感」 같은 시는 意境이 雋永하고 理趣가 넘치는 흥취를 보여준다. 이런 시들은 이동양이 지적한 經史事理에 근거한 창작태도에서 표현된 산물이다.

4) 明詩論

本詩話는 明初詩에 대해서 상당량의 論評을 記述하고 있으니, 본시화에서 明詩를 거론한 則數와 明代 시인의 목록을 보면 다음과 같다.

> 第18, 71則; 陳獻章, 第20, 50則; 明初 詩社
> 第27則; 明初 吳中四傑 高啓, 楊基, 張羽, 徐賁
> 第51則; 劉溥, 第52則; 顧祿
> 第55則; 羅璟, 第60則; 張泰
> 第61, 95, 121則; 謝鐸, 第62則; 夏寅
> 第65則; 徐本, 第72, 124則; 莊昶
> 第74則; 楊士奇, 第75則; 岳正
> 第91則; 張砎, 第97則; 彭民望
> 第98則; 潘辰, 第99則; 陸釴

第112則; 王禮, 第113, 118則; 吳寬,
第119則; 邵珪, 第123則; 周岐鳳, 第136則; 張楷

이같이 明代人인 이동양이 國朝人의 시를 褒貶的 偏見을 自制하면서 객관적으로 평가한 점을 주목할 필요가 있다. 본시화 제19칙을 보면 明代 초기의 詩壇의 潮流인 詩社에 대해서 서술하고 있다.

> 명나라 초에 여러 시인들이 詩社를 조직하여 시를 지었는데, 포장원이 시사에의 가입을 자청해, 사람들이 작품을 소개해 줄 것을 부탁했다. 처음 몇 수를 읊을 땐 모두 반응이 신통치 않았는데, 〔구름가의 길은 파산의 경치를 감돌고, 나무 속에 흐르는 강물은 한수의 소리로다.〕구에 이르자 모두 찬탄을 하며 마침내 받아들였다.
> 國初, 諸詩人結社爲詩, 浦長源請入社, 衆請所作. 初誦數首, 皆未應. 至〔雲邊路繞巴山色, 樹裏河流漢水聲.〕, 並加賞歎, 遂納之

明代 초에 詩社를 結成하여 詩文활동을 전개하는 풍조가 유행하였다. 宋代 馬令의 『南唐書』 孫魴傳에 〔문학하는 선비들이 모여서 드디어 심빈, 이건훈과 시사를 만들었다.(文雅之士騈集, 遂與沈彬, 李建勛爲詩社.)〕라고 기록한 것으로 보아 宋代에 이미 시사가 유행하였음을 알 수 있다. 浦源은 高啓, 楊基 등과 같은 시기의 문인으로 상당한 영향력을 가진 위치에 서 있었는데도 詩社에 가입하기가 쉽지 않았던 것이다. 明代 초에 吳派詩人에 속하여 활동한 포원이 그의 「送人之荊門」을 지어 겨우 입사한 故事를 기술하여 明代 초기의 문단동향을 알게 한다. 포원이 입사한 과정을 都穆의 『南濠詩話』에 다음과 같이 기술하고 있어서 본문을 이해하는 데 참고가 된다.

> 무석의 포원이 …… 민남 사람 임자우가 시학에 정통하다는 말을 듣고, 찾아가려 하였으나 도리가 없었다. 하루는 서적을 사러 민남에 가는데, 때마침 자우가 그 고향사람 정선, 왕원 등과 시사를 결성하여 시를 지으며 스스로 천하에 사람 없다고 여겼다. 장원이 그를 만나보니 자우가 그 지은

시를 듣고 어떤지 보고 싶었다. 자원이 곧 「송인지형문」 시를 읊는데 그 중에 〔구름가의 길은 파산의 경치를 감돌고, 나무 속에 흐르는 강물은 한수의 소리로다.〕구가 있거늘, 자우가 매우 칭찬하여 드디어 시사에 들어오기를 허락하니, 장원이 함께 시를 주고받았다.

　　無錫浦源……聞閩人林子羽老於詩學, 欲往訪之而無由. 一日以收買書籍至閩, 時子羽方與其鄕人鄭瑄, 王元輩結社作詩, 自以天下爲無人. 長源謁之, 子羽欲聞其所作, 以觀如何長源乃誦送人之荊門詩, 中有〔雲邊路繞巴山色, 樹裏河流漢水聲.〕之句, 子羽甚加歎賞, 遂許入社, 長源與之唱酬.

浦源이 읊어서 입사된 「送人之荊門」 시를 다음에 본다.

　　　장강에 바람이 부니 돛대가 가벼이 날리고
　　　서쪽으로 형문에 드니 나그네 마음이 일도다.
　　　삼국은 이미 망하고 옛 보루만 남았고
　　　서너 집이 여전히 황폐한 성에 서 있네.
　　　구름 가의 길은 파산의 경치를 감돌고,
　　　나무속에 흐르는 강물은 한수의 소리로다.
　　　술집을 지나며 술에 많이 취한다면
　　　옛날 일 생각하며 벽에 이름 적지 못하리라.
　　　長江風颭布帆輕, 西入荊門感客情.
　　　三國已亡遺舊壘, 幾家猶在住荒城.
　　　雲邊路繞巴山色, 樹裏河流漢水聲.
　　　若過旗亭多買醉, 不須弔古漫題名.

본시화는 明代 시인을 다수 거론하였는데 그 중에서 다음 몇 사람의 예를 들어본다. 먼저 林鴻과 袁凱의 시에 대해 제20칙에서 논하기를,

　　　임자우의 명성집은 오로지 당시를 배우고, 원개의 재야집은 오로지 두보를 배웠는데, 모두 힘을 다해 닮으려 하여 문자와 구법뿐만 아니라, 그 제목까지도 본받았다. 책을 펴서 보니, 완연히 옛 판본 같았으나 자세히 음미하며, 폐부에서 우러나(온 탁월한 것을)오는 빼어난 것을 찾아보니, 손가락으로 한두 개도 꼽을 수가 없었다. 선덕 년간에 안탁이란 사람이 있는데 명나라 시를 선정하여 명성시집이라고 이름을 붙였다. 그 첫 수인 임홍의 「응제

시」에 말하기를 : 〔둑의 버들이 잠자려 하니 꾀꼬리가 불러 깨우고, 궁궐의 꽃이 문득 떨어지니 새가 물어 오네.〕구는 대개 임자우의 가장 득의만만한 시가 아니니, 그 나머지 선정한 것을 알만하다. 거기에서 선정한 원개의 「백연」시에 말하기를 : 〔달 밝은 한수에 본디 그림자 없고, 눈 가득한 양원에는 아직 (제비)돌아오지 않네.〕구와 이어서 : 〔조가의 자매는 꺼리는 것 많으니, 소양전을 향해 날지 마오.〕구는 또한 아름답다. 예컨대, 「소리읍별도」에 말하기를 : 〔아직 서로의 정분으로 두 줄기 눈물 흘리니, 서풍이 한나라 신하의 옷에 불어오네.〕구가 선정되지 않은 것은, 어찌된 일인가?

　　林子羽『鳴盛集』專學唐, 袁凱『在野集』專學杜, 蓋皆極力摹擬, 不但字面句法, 並其題目亦效之, 開卷驟視, 宛若舊本, 然細味之, 求其流出肺腑卓爾有立者, 指不能一再屈也. 宣德間, 有晏鐸者, 選本朝詩, 亦名『鳴盛詩集』. 其第一首林子羽「應制」曰 : 〔堤柳欲眠鶯喚起, 宮花乍落鳥銜來〕蓋非林最得意者, 則其它所選可知. 其選袁凱 「白燕」 詩曰 : 〔月明漢水初無影, 雪滿梁園尙未歸.〕曰 : 〔趙家姊妹多相忌, 莫向昭陽殿裏飛〕亦佳. 若「蘇李泣別圖」曰 : 〔猶有交情兩行淚, 西風吹上漢臣衣〕而選不及, 何也?

　　明代 초기의 詩壇은 시인들이 각 地域 출신에 따라서 詩派를 형성하는 경향이 있었는데 林鴻(字가 子羽)은 福淸人으로 閩南지방(지금 福建 일대) 출신으로 구성된 閩中十才子의 首領으로서 閩中의 시인들에게 영향력이 매우 컸다. 明初에 吳中詩人은 風骨을 중시한 반면, 閩中詩人은 格調의 강구를 역설한 점도 유의할 필요가 있다. 李曰剛은 임홍의 論詩觀를 인용하여 기록하기를, 〔한위대의 골기가 비록 웅혼하지만, 화려함이 부족하다. 진대는 현허한 문풍이고, 송대는 조밀함을 받들며 제양 이후에는 단지 봄꽃이 피는데 가을열매가 적은 면에 힘썼다. 오직 唐代 작가만이 대성했다고 말할 수 있으나 정관년간에는 고루함을 받들어 익히고, 신룡년간에는 점차 격조가 변하다가 개원천보년간에 성율이 크게 갖추어지니 배우는 자들이 이것으로 원칙으로 삼는다.(漢魏骨氣雖雄, 而菁華不足. 晉祖玄虛, 宋尙條暢, 齊梁以下, 但務春華少秋實. 惟唐作者可謂大成, 然貞觀尙習故陋, 神龍漸變常調, 開元天寶間, 聲律大備, 學者當以是爲楷式.)〕(李曰剛『中國詩歌流變史』卷下 p.211)라고 하여 개원천보 시기 즉 盛唐代 시를 推崇한 점을 알 수 있고, 이 경향은 淸代 沈德潛이 『明詩別裁』에서

〔민중시파는 자우를 수령으로 하여 당인을 본받았다.(閩中詩派, 以子羽爲首, 宗法唐人.)〕라고 기술한 내용을 보충설명하고 있다. 그리고 袁凱는 北郭十友의 하나로 그의 시에서 古詩는 漢魏詩를 배우고, 律詩는 杜甫를 추종하였으니, 明代 何景明이 『海叟集』 原序에서 〔해수의 가행과 근체는 두보를 본받고 고시는 다 이러하지 않으나 그 법도는 반드시 한위대 이후의 것을 취하였다.(叟歌行近體法杜甫, 古作不盡是, 要其取法亦必自漢魏以來者.)〕라고 하여 원개시의 淵源을 漢魏詩와 杜甫詩에 두고 있다고 하였다. 그리고 淸代 朱彝尊의 『明詩綜』(卷18)에서 원개의 시풍을 자세히 서술하기를, 〔원경문의 고시는 문선을 배웠고 근체시는 두보를 본받아서 격조가 매우 바르다. 해수의 시는 기골이 고묘하며 조탁과 수식을 제거하여 자연스런 풍모를 지니니 곧 맑다. 송원 이래로 두보를 배운 자로서 해수만큼 자연스런 풍을 지닌 자를 본적이 없다.(袁景文古詩學選, 近體宗杜, 格調最正. 海叟詩氣骨高妙, 絶去雕飾, 天然道貌, 卽之泠然. 自宋元來, 學杜未有如叟之自然者.)〕라고 하여 원개 시풍이 杜甫에 치중되어 있음을 확인할 수 있다. 본문의 『在野集』은 원개의 문집인 『海叟集』에서 朱應祥과 張璞이 선별하여 꾸민 문집이므로 원개 사후에 재편집한 것이다. 이동양의 평가기준상 明代 초기의 문단에서 文名을 날리던 임홍과 원개의 시를 후에 안탁이 선정하여 『鳴盛詩集』이라는 문집에 넣은 것은 당연한데, 그 중에 임홍의 「蘇李泣別圖」 시를 열입한 것은 詩品格上 동의하기 곤란하다는 논지는 그의 評詩眼目에서 객관적 평가가 요구된다는 것이다. 다음에 이동양이 4구나 인용한 원개의 「白燕」 시를 본다.

> 고향은 시들어 떨어지고 일은 이미 그르치니
> 옛날 왕사를 만나보기 힘들겠네.
> 달 밝은 한수에 본디 그림자 없고,
> 눈 가득한 양원에는 아직 돌아오지 않네.
> 버들솜 날리는 연못에 향기가 꿈에 들고,
> 배꽃 핀 정원에 찬 기운이 옷에 스며드네.
> 조가의 자매는 꺼리는 것 많으니,
> 소양전을 향해 날지 마오.

故國飄零事已非, 舊時王謝見應稀.
月明漢水初無影, 雪滿梁園尙未歸.
柳絮池塘香入夢, 梨花庭院冷侵衣.
趙家姊妹多相忌, 莫向昭陽殿裏飛.

이 시는 원개가 得名한 대표작으로서 '袁白燕'이라는 별칭을 얻기도 하였다. 明代 文豪인 李夢陽이 이 시에 대해 [일찍이 백연시를 지었는데 해수의 작을 보니 놀랍고 감탄스러우니 그를 따라가지 못한다고 생각한다. 해수는 자미(杜甫의 字)를 본받았다.(嘗作白燕詩, 及覽叟作, 驚歎, 以爲不及, 叟詩法子美.)]라고 평하였다.

그리고 張泰(1436~1480)와 陸釴(1439~1489)의 시에 대해서 제60칙을 보면,

창주 장형보와 정일 육정의는 젊어서 글 짓는 문필에 같이 종사하면서 아직 급제하지 않았을 때 모두 시로 명성이 있었다. 형보는 타고난 재능이 매우 영민하여 시에 있어 정련하고, 기이한 생각과 굳센 어사가 간혹 거듭 드러나서, 사람들이 그 예리한 기세를 가까이 할 수 없었다. 정의는 조금 뒤에 시를 지었는데 시의 의취가 매우 뛰어나고 시풍이 고원하고 속세의 먼지를 털어내어, 필력이 미친 곳에 형용할 수 없는 오묘함이 있다. 비록 간혹 시를 다듬고 고친 것이 있어도 가엾이 여기지 않는다. 두 사람이 수명이 길었더라면 그 성취한 시의 품격이 고인의 어느 경지에 이르렀을지 모르겠는데 모두 오래 못 살고 죽으니 어찌 거듭 애석하지 않겠는가?

張滄洲亨父, 陸靜逸鼎儀, 少同筆硯, 未第時, 皆有詩名. 亨父天才敏絶, 而好爲精鍊, 奇思硬語, 間見疊出, 人莫攖其鋒. 鼎儀稍後作, 而意識超詣, 凌高徑趣, 擺落塵俗, 筆力所至, 有不可形容之妙. 雖或矯枉過正, 弗卹也. 二人者, 若天假之年, 其所成就, 不知到古人何等地步, 而皆不壽以死, 豈不重可惜哉?

이동양은 茶陵派의 領袖이다. 茶陵은 明代 州名인데 고대 茶王城으로 漢代 茶陵侯가 세워서 茶鄕이라고도 부르며 炎帝가 이곳에서 죽었다. 한대에 縣이었다가 隋代에 湘潭에 흡수되어서 지금은 湖南省 茶陵縣이 되

어있다. 이동양이 閣老로서 다릉시파를 영도하매, 문인들 중에는 詩客이 많아서 晝夜로 藝文을 담론하며 시단을 주도해 나간 것이다. 그들 중에는 이동양의 제자인 石瑤, 顧淸 외에도 楊一淸(?~1530), 吳寬(1435~1504), 程敏政(1445~1500), 馬仲錫(?~1512) 등과 張弼(1425~1487), 謝鐸(1435~1510), 그리고 婁東三鳳인 張泰(1436~1480), 陸釴(1441~1490), 陸容(1436~1494) 등이 모두 이동양의 友執들이었다. 이 중에서 이동양은 특히 장태와 육익의 시를 높이 평가하여 가까이 交往하는 사이였다. 장태는 英宗 天順 8년(1464)에 진사 급제하고 庶吉士와 簡討를 거쳐서 修撰을 지냈다. 그리고 문집으로는 『滄州集』 12권이 있으며 성품이 坦率하고 淡白하여, 이동양은 그의 文集序에서 이르기를,

> 선생은 文에 있어 능하지 못한 것이 없고 시에는 반드시 공교하였다. 손에 붓 놀림이 재빨라서 아무도 따르지 못하였다. 그의 정신을 모으고 생각을 다듬는 데 있어 깊이 들어가고 원대하여 자구 하나라도 차라리 모자랄지언정 구차히 쓰지 않았고 만년에는 곧 더욱 침착하고 고아하고 간결한 어사를 쓰고, 그 우뚝 빼어나고 흘러넘치는 기세를 다 모았다.
> 先生於文, 無所不能, 而必工於詩. 縱手迅筆, 衆莫及. 及其凝神注思, 窮深驚遠, 一字一句, 寧闕然而不苟用, 晚乃益爲沈着高簡之辭, 而盡斂其峭拔奔洶之勢.

라고 그의 시풍의 豪放하고 超脫的인 면을 칭찬하고 있다. 그리고 楊愼은 〔시구가 맑고 빼어나서 한 시대에 이름을 떨쳤다. (詩句淸拔, 名於一時.)〕(『升菴集』 卷55)라 하여 시가 淸逸하다고 하였고, 徐泰는 〔장태는 손오의 병법처럼, 기이함이 마침 겹쳐서 나오니 사람들이 그 칼을 잡지 못한다.(張泰如孫吳之法, 奇正疊出, 人莫攖其鋒.)〕(『詩談』)라 하여 격정적인 풍격을 지적하였다. 다음에 육익의 「正月十六日」 시를 예로 들어본다.

> 장안의 보름날 저녁에 등불이 적은데
> 이 밤 즐거움에 더욱 들뜨네.
> 십리 동풍이 푸른 소매에 불고

구문의 은촛불이 붉은 행장을 비추네.
무지개 다리의 궁궐 이랑에서 봄 밟기 겨루고
운각의 어느 집에는 저녁 향기 누리네.
취하여 읊으며 채찍하여 급히 돌아가면
노인은 항상 젊은이의 광기를 피한다네.
長安元夕少燈光, 此夜歡娛覺更忙.
十里東風吹翠袖, 九門銀燭照紅粧.
虹橋御陌爭春步, 雲閣誰家關晚香.
醉著吟鞭急歸去, 老夫常避少年狂.

陸釴은 성품이 好學하고, 春秋에 능하고 시에 工巧하였다. 天順 8년에 장태와 同年 진사 급제하고 編修와 修撰, 右春坊右諭德을 거쳐서, 太常侍讀과 翰林侍讀을 지냈으며 『春雨堂稿』 30권을 지었다. 그의 시풍에 대해서 본문에서 이동양이 기술한 평어가 가장 적절하며 그 외에 이동양의 『春雨堂稿』 序에는 〔대개 처음에는 시는 두보를 주로 본받고, 문은 주로 한유를 본받았는데, 후에는 오로지 이백과 구양수만을 숭상하였다.(蓋其初, 詩主少陵, 文主昌黎, 後則專尙太白, 六一間.)〕라 하고, 王世貞은 〔그의 문은 간결하고 굳건하여 법도가 있으며 덧붙이고 기름진 것을 좋아하지 않았다. 시 또한 그러하였다.(其爲文, 簡勁有法, 而不喜爲敷腴. 詩亦如之.)〕(『弇州續鼓』 卷147)라고 하여 시문이 간결함을 평하고 있다.
이동양은 그의 절친한 詩友 謝鐸(1435~1510)의 시에 대해서 제61칙에서 평하기를,

사방석은 동남 지방 출신이어서, 사람들이 그를 잘 알지 못한다. 한림서길사로 있을 때 그의 「送人兄弟」 시를 보니 말하기를 : 〔앉아서 비바람에 밤인 줄 모르고, 꿈속에 연못에 드니 온통 봄이로다.〕구는 다투어 전하면서 칭찬하였다. 매월 시를 한 체씩 배우는 月課의 「京都十景」 율시는 모두 세밀하고 깊어서 구차하지 않다. 유문안 공은 비평하여 말하기를 : 〔근래 장형보의 「十景」 고시를 보니, 매우 아름답다.〕라고 하였다. 이 두 친구는 각각 서로 그 오묘함을 추구하고 있어서 좋다.

> 謝方石鳴治出自東南, 人始未之知. 爲翰林庶吉士時, 見其 「送人兄弟」詩
> 曰:〔坐來風雨不知夜, 夢入池塘都是春〕爭傳賞之 及月課京都十景律詩, 皆
> 精鑿不苟. 劉文安公批云:〔比見張亨父 「十景」古詩, 甚佳.〕二友者各相叩其
> 妙, 可也.

위에서 月課란 翰林에서 시를 배울 때 과정에 의해 매월 한 詩體를 배워서 익히는 제도이다. 예컨대 그 달에 古詩를 읽으면 官課와 應答하는 작품은 모두 古詩인 것이다. 이동양과 사탁의 친분은 莫逆하여서 그 관계를 吳寬은 서술하기를,〔두 분 공은 평생 도의로 서로 존중하여 지절이 서로 높았으니 다만 문장으로 서로 유명함만이 아니다. 그러므로 시로 지어 내면 화평하고 심원하여 시를 보면서 읊고, 읊으면서 듣는 사이였다.(二公平生以道義相重, 志節相高, 非特以詞章相盛者. 故發之於詩, 和平深遠, 覽之可誦, 誦之可聽)〕(『匏翁家藏集』卷41)라고 각별한 우정을 나누었음을 알 수 있다. 사탁의「京都十景」에 대한 이동양의「경도십경」序를 보면,

> 경도에는 옛날에 팔경이 있었으니, 경치의 제재를 말하자면, '경도의 봄 구름', '태액의 맑은 물결', '서산의 개인 눈', '옥천의 드리운 무지개', '노구의 새벽달', '계문의 안개 낀 나무', '금대의 저녁노을', '거용의 겹겹 푸른 기운' 등이다. 대개 원대에 소위 '금대팔경'이란 것이 정해진 것이다. 영락년 간에 한림의 여러 유신들이 모두 시를 지었더니 영종 예황제가 '남유의 가을바람', '동교의 철따라 오는 비' 두 제재를 보태어 무릇 십경으로 하였다.
> 京都舊有八景, 景有題曰瓊島春雲, 曰太液晴波, 曰西山霽雪, 曰玉泉垂虹, 曰盧溝曉月, 曰薊門煙樹, 曰金臺夕照, 曰居庸疊翠. 蓋卽元所謂金臺八景者, 頗更定之. 永樂間, 翰林諸儒臣皆有詩, 英宗睿皇帝增其二題 曰南囿秋風, 曰東郊時雨. 於是爲景凡十.(『李東陽集』卷2)

라고 하여 京都 즉 燕京의 십대 경치를 제목으로 한 詩會에는 다릉파의 사탁과 이동양, 장태 등이 참여한 것이다. 본시화에 수록된 明代 문인은 대부분이 明代文壇을 주도한 시인들이어서 본시화가 明詩話임에도 불구하고 明初期의 시를 구명하는데 유익한 자료라고 할 수 있다.

5) 本詩話의 版本

李東陽의 『懷麓堂詩話』가 編定된 시기는 대개 明代 正德 元年(1506)에서 동 7년(1512)간에 王鐸이 揚州에서 처음 간행한 것으로 본다. 王鐸의 서문을 보면,

> 이 책은 곧 지금 큰 선비 서애 이 선생의 수필로서 집안 상자에 보관하여 일찍이 꺼내어 남에게 보인 적이 없었는데 내가 얻어서 그것을 기록하였다. 그 속에 담긴 논리는 모두 선생이 홀로 터득한 것으로 진실로 이전 사람이 아직 발표하지 않은 것이 담겨 있다. 선생의 시는 이 세대에 독보적이어서 마치 두보가 당대에 있었고 소식이 송대에 있었으며 우백생이 원대에 있었던 것처럼 여러 시인의 장점을 모아서 대성시킨 것이다. 그러므로 그 비평이 매우 온당하여 마치 나이든 관리가 법대로 결단하여 그 판단이 자세하지 않음이 없는 것 같으니, 사람이 윗자리에 있으면 그 아래에 있는 사람의 곧고 굽음을 분별할 수 있다는 것을 나는 여기에서도 말하고 싶다. 의탁한 목각본이 창랑의 시화와 함께 전해질 것이다.
> 是編乃今少師大學士西涯李先生公餘隨筆, 藏之家笥, 未嘗出以示人, 鐸得而錄焉. 其間立論, 皆先生所獨得, 實有發前人之所未發者. 先生之詩獨步斯世, 若杜之在唐, 蘇之在宋, 虞伯生之在元, 集諸家之長而大成之. 故其評騭折衷, 如老吏斷律, 無不曲當. 人在堂上, 方能辨堂下人曲直, 予於是亦云. 用託之木, 與滄浪並傳.

라고 하여 이동양이 그 시기에 少師 兼 太子太師 吏部尙書 花蓋殿大學士에 임명된 것을 알 수 있다. 그리고 陳大曉의 발문을 보면,

> 녹당시화는 진실로 서애옹이 지었고 요양의 왕공이 비로소 유양에서 인쇄하였다. 나의 집에서 식사할 때마다 손수 베낀 책 한 권을 들어 오래도록 애독하였다. 비록 내가 시를 모르는 사람이지만 그것이 시교에 많이 유익할 것이라는 것은 알고 있다. 장차 인쇄하여 전해야겠다고 하면서도 아직까지 실행하지 못하다가, 이제 이런 초지를 펴고자하는데 마침 장인이 동네에서 오매, 나의 동료인 송계 섭파남, 장주 진비정이 모두 출간에 찬성하니, 이에 서로 더불어 그 틀리고 어긋난 것을 바로 잡아서 관리학교의

상관정에서 본래와 똑같이 다시 각인하여 천하의 시인들에게 바른 그릇으로 삼고자 한다. 가정 임인년 십일 월 보름 다음날, 반우(광동성 지역)에서 후학으로 양지에서 햇볕 쬐며 한가로이 지내는 경서 부친 진대효가 발문을 쓰다.

麓堂詩話, 實涯翁所著, 遼陽王公始刻於維揚. 余家食時, 手鈔一帙, 把玩久之. 雖然, 予非知詩者, 知其有益於詩敎爲多也. 將載刻以傳而未果. 玆欲酬斯初志, 適匠氏自坊間來, 予同寅松溪葉子坡南, 長洲陳子棐庭咸贊成之, 迺相與正其訛舛, 翻刻於縉庠之相觀庭, 爲天下詩家公器焉. 時嘉靖壬寅十一月旣望, 番禺後學負暄陳大曉景曙父跋

라고 하여 嘉靖 壬寅年(1542)에 王鐸의 刊本에 의거하여 詩話가 翻刻된 것을 확인할 수 있고 鮑廷博의 다른 발문을 보면,

문정공은 성화 홍치 연간에 시로 명성이 있었으니 올바른 시법을 힘써 추구하여 한 세대의 출중한 사람이 되었다. 지은 『회녹당집』은 오늘에 이르러 大雅에 오르게 되었고 시화 한 권은 의논이 공평하여 모두 본래 고락을 겪으면서 나온 것이니, 단지 세월을 보내며 놀면서 필묵을 휘둘린 것만이 아니다. 인화 예건중이 손수 베낀 초본을 보내오매, 급히 다듬어 간행하게 되었다. 창랑시법 및 백석시설과 함께 문단의 세 곳에 우뚝 세워서 풍아의 지침으로 삼는다. 건융 을미 중추 상순 지부족재 후인 포정박이 쓰다.

李文正公以詩鳴成弘間, 力追正始, 爲一代宗匠. 所著懷麓堂集, 至今爲大雅所歸. 詩話一編, 折衷議論, 俱從閱歷甘苦中來, 非徒游掠光影娛弄筆墨而已. 仁和倪君建中, 手鈔見贈, 亟爲開雕 俾與滄浪詩法白石詩說鼎峙騷壇, 爲風雅指南云. 乾隆乙未仲秋上浣知不足齋後人鮑廷博識

라고 하여 乾隆 乙未年(1776)에 『知不足叢書』本으로 다시 출간되었음을 보게 된다. 그 이후에 乾隆 47년(1782)에 紀昀 등이 『四庫全書』本을 纂修하고 光緖 11년(1885)에는 王啓原이 『談藝珠叢』本을 간행하였다. 그리고 1910년에는 上海國學扶輪社가 『古今說部叢書』本, 1916년에는 上海醫學書局이 丁福保가 편집한 『歷代詩話續編』本을, 그리고 1935년에는 上海商務印書館이 王雲五 主編 『叢書集成初編』本을 각각 간행하였다. 최근에는 1985년에는 岳麓書社가 周寅賓이 嘉靖 8년(1803)에 隴下學易堂에서 刻印한 『懷麓堂全集』중에

수록된 本詩話를 포함하여 『李東陽集』本을 출판하고 1997년에는 江蘇古籍出版社가 吳文治 주편의 『明詩話全編』本에 수록하고, 2005년에는 齊魯書社가 周維德 集校의 『全明詩話』本을 출판하여 본시화가 중국 시론 연구에 중요한 가치를 지니고 있음을 立證하고 있다.

  본시화는 宋代 嚴羽의 『滄浪詩話』와 宋代 姜夔의 『白石道人詩說』과 함께 三大 시론서로서 평가되고 있으니 이들 시화는 淸代 四大 詩論인 王士禎의 神韻, 袁枚의 性靈說, 沈德潛의 格調說, 그리고 翁方綱의 肌理說 등을 낳게 한 기본 시론서가 되기 때문이다. 본시화 명칭을 간혹 『麓堂詩話』라고 簡稱하는 경우를 보는데, 예컨대 陳大曉의 跋文에서 『麓堂詩話』라든가, 邵寶가 『麓堂續稿』라고 사용한 것은 正式書名이 아니므로 의당히 『懷麓堂詩話』라고 해야 할 것이다.

『懷麓堂詩話』136則 譯解

凡 例

1. 本詩話(本譯解本)는 『文淵閣四庫全書』에 載錄된 『懷麓堂詩話』를 底本으로 하고 校勘本으로는 宛委山堂 刊本인 陶珽 편집의 『說郛續』本 『麓堂詩話』(淸代 順治 3년 1646), 鮑廷博 편집의 『知不足齋叢書』本 『麓堂詩話』, 그리고 丁福保 편집의 『歷代詩話續編』本 『麓堂詩話』을 참고한다.

2. 本詩話의 注釋과 解說은 李慶立 校釋의 『懷麓堂詩話校釋』本(人民文學出版社 2009)에 전적으로 依據하고 각종 原典과 詩話類, 辭典類, 그리고 필자의 著書類 등에 의해서 根據한다.

3. 李慶立 校釋의 『懷麓堂詩話校釋』本(人民文學出版社 2009)은 本詩話를 138則으로 編輯分類하였으나, 本詩話의 體制는 丁福保 편집의 『歷代詩話續編』本의 體裁를 따라서 총 136則으로 分類한다.

4. 本詩話 各則의 目次는 本詩話 原文의 일부나 內容의 論旨를 題目으로 定하고, 順序는 詩話 原文, 原文의 韓譯과 注釋, 解說 順으로 한다.

5. 原文의 韓譯은 가능한 한 原文에 充實하게 直譯을 原則으로 하고 意譯을 最少化하며, 人名과 作品名, 書名, 地名 등도 原文대로 쓰고, 注釋과 解說에서 考證과 補充 說明을 加한다.

6. 本詩話의 引論부분에서는 著者의 生涯와 本詩話의 詩論을 서술하여 讀者의 이해를 돕고 本文의 內容을 보다 容易하게 熟知토록 한다.

7. 解說은 該當原文에 대한 補充說明과 譯解者의 中國詩學的 分析을 主된 內容으로 하여 讀者의 中國詩論에 대한 理解의 幅을 넓히기 위해 可能한 限 충분히 서술한다.

8. 讀者의 이해를 돕기 위해서 參考資料의 提示라는 입장에서 本詩話 譯解 및 解說과 연관된 各種 原典, 文集, 詩話類의 書目을 나열하고 아울러 譯解者의 關聯著書目錄을 첨부한다.

『懷麓堂詩話』 136則 譯解

序

 近世所傳詩話, 雜出蔓辭1), 殊不强人意。惟嚴滄浪詩談2), 深得詩家三昧, 關中3)旣梓行4)之。是編乃今少師大學士西涯5)李先生公餘隨筆, 藏之家笥6), 未嘗出以示人, 鐸7)得而錄焉。其間立論, 皆先生所獨得, 實有發前人之所未發者。先生之詩獨步斯世, 若杜8)之在唐, 蘇9)之在宋, 虞伯生10)之在元, 集諸家之長而大成之。故其評騭11)折衷, 如老吏斷律, 無不曲當12)。人在堂上, 方能辨堂下人曲直, 予於是亦云。用託之木, 與滄浪並傳。雖非先生意, 亦天下學士大夫意也。於戲13)! 先生人品行業, 有耳目者皆能知之。文章乃其

---

1) 蔓辭(만사) : 쓸데없는 말
2) 嚴滄浪詩談 : 宋代 嚴羽의 『滄浪詩話』를 지칭.
3) 關中 : 지금의 陝西 지방
4) 梓行(재행) : 간행하다
5) 西涯 : 李東陽의 號
6) 家笥(가사) : 집안의 책 등을 담아두는 상자.
7) 鐸(탁) : 서문을 쓴 王鐸 자신.
8) 杜 : 唐代 시인 杜甫(712~770)
9) 蘇 : 宋代 시인 蘇軾(1037~1101)
10) 虞伯生 : 元代 虞集(1272~1348), 字는 伯生, 號는 道園, 諡號는 文靖. 독서실 이름을 邵菴이라 하여 邵菴先生이라고 칭한다. 奎章閣侍書學士을 지냄. 『道園學古錄』을 지음.
11) 評騭(평즐) : 비평. 평하여 정함.
12) 曲當 : 자세하다
13) 於戲(오희) : 아아. 감탄사

餘事, 詩話云乎哉? 姑識鄙意14)於後。遼陽王鐸15)識。

　근래에 전해지는 시화는 쓸데없는 말을 어지러이 적어서, 별로 사람의 마음을 이끌어내지 못한다. 다만 엄창랑의 시 이야기는 시인의 심오한 경지를 깊이 터득하고 있어서 관중에서 이미 그것을 출간하였다. 이 책은 곧 지금 큰 선비 서애 이 선생의 수필로서 집안 상자에 보관하여 일찍이 꺼내어 남에게 보인 적이 없었는데 내가 얻어서 그것을 기록하였다. 그 속에 담긴 논리는 모두 선생이 홀로 터득한 것으로 진실로 이전 사람이 아직 발표하지 않은 것이 담겨 있다. 선생의 시는 이 세대에 독보적이어서 마치 두보가 당대에 있었고 소식이 송대에 있었으며 우백생이 원대에 있었던 것처럼 여러 시인의 장점을 모아서 대성시킨 것이다. 그러므로 그 비평이 매우 온당하니 마치 나이든 관리가 법대로 결단하여 그 판단이 자세하지 않음이 없는 것 같다. 사람이 윗자리에 있으면 그 아래에 있는 사람의 곧고 굽음을 분별할 수 있다는 것을 나는 여기에서도 말하고 싶다. 의탁한 목각본이 창랑의 시화와 함께 전해질 것이다. 비록 선생의 뜻은 아니라 해도 또한 천하의 공부하는 선비들의 뜻이 될 것이다. 아아! 선생의 인품과 행적을 귀와 눈이 있는 사람은 모두 알 수 있을 것이다. 문장은 곧 그의 여분의 일이거니 시화는 더 말할 나위 있겠는가? 잠시 말미에 보잘 것 없는 생각을 적는다. 요양 왕탁 씀

◎ 해설

　서문에서 王鐸은 李東陽의 詩話集을 구하여 세상에 알린 동기와 시화의 내용이 宋代 嚴羽의 『滄浪詩話』와 비교할만한 가치를 지녔음을 밝히고 있다.

---

14) 鄙意(비의) : 낮고 속된 뜻, 생각. 자기 견해의 謙稱.
15) 王鐸 : 淸代 孟津人. 字는 覺斯, 明代 天啓年間에 進士. 明代에 禮部尙書를 거쳐서, 淸代에도 예부상서를 지내고 諡號는 文安. 詩文에 能하고 山水와 四君子를 잘 그려서 擬山園帖이 있음.

『창랑시화』는 시의 興趣를 주장하고 [참선하는 마음으로 시 창작의 세계에 몰입함(以禪入詩)]의 시 창작정신을 강조하고 漢魏晉과 盛唐의 시를 第一義라고 推崇한 시론을 전개하여 明淸代의 시론을 주도한 시화로서 淸代 王士禎의 神韻說 등 四大 詩論을 제기한 詩學의 바탕이 되었고 이동양의 이 시화는 그 중간 교량적 역할을 한 시론인 점을 알 수 있다.

1. 詩在六經中 육경 중의 시

詩在六經[1]中, 別是一敎[2], 蓋六藝[3]中之樂也。樂始於詩, 終於律[4]。人聲和則樂聲和。又取其聲之和者, 以陶寫[5]情性, 感發[6]志意, 動盪血脈[7], 流通精神, 有至於手舞足蹈而不自覺者。後世詩與樂判而爲二, 雖有格律, 而無音韻, 是不過爲排偶之文[8]而已。使徒以文而已也, 則古之敎何必以詩律爲哉。

시는 육경에 들어있는 것으로서 특별히 하나의 교화가 되며, 무릇 육예 가운데에서 음악이 된다. 음악은 시에서 시작하여 음율에서 끝난다. 사람의 음성이 온화하면 음악의 소리가 온화하다. 또한 그 소리의 온화함을 얻음으로써 감정을 잘 묘사하고, 마음의 뜻을 느끼어 표현하며, 혈맥이 잘 통하여 정신을 막힘없이 통하게 하여, 손으로 춤추고 발로 밟으면서도 스스로 느끼지 못하는 경지에 이르게 된다. 후세에 시와 음악이 나뉘어 둘이 되었는데 비록 격율이 있어도 음운이 없으면, 이것은 서로 대구를 맞추는 문장에 지나지 않을 따름이다. 만일 단지 문장만으로도 된다면, 옛 성현의 교화를 어찌 반드시 시율로 할 필요가 있겠는가?

---

1) 六經 : 儒家의 詩, 書, 禮, 樂, 易, 春秋. 樂은 漢代 이후 亡失되었다가 후인에 의해 보충된 것이다.
2) 敎 : 政敎, 敎化.
3) 六藝 : 고대교육의 6과목. 즉 禮, 樂, 射, 馭, 書, 數.
4) 律 : 樂律, 音律.
5) 陶寫(도사) : 즐거이 쓰다, 묘사하다.
6) 感發(감발) : 느끼어 표현하다.
7) 動盪血脈(동탕혈맥) : 몸에 혈맥이 잘 통한다는 뜻으로, 문장의 뜻이 앞뒤로 연결이 잘된다. 血脈貫通.
8) 排偶之文(배우지문) : 시가 음악성을 상실하면 단지 對句형식의 산문이다.

❋ 해설

시는 儒家經傳의 하나인 『詩經』을 말한다. 『시경』은 周代의 16諸侯國의 음악의 가사를 風雅頌으로 분류하여 305편을 수록한 시집이다. 『史記』의 기록에 의하면 孔子가 3,000여 편 중에서 刪詩했다는 설이 있다. 『시경』 이전에도 전해지는 시들이 있지만 완전한 시집으로는 『시경』이 처음이고, 『論語』에서 공자는 『시경』을 〔담긴 내용이 사악함이 없다.(思無邪)〕라고 평하고 있다. 『시경』에 수록된 시는 『楚辭』와 함께 중국문학의 두 기둥이 되어서 문학 장르와 그에 속한 작품이 오늘날까지 형성되고 축적된 것이다. 따라서 시라 하면 『시경』을, 『시경』이라 하면 시를 의미하게 된 것이다. 시는 文과 구별하여 시를 제외한 운이 없는 문체를 총칭하여 왔다. 그러나 좁은 의미로는 文을 산문체의 글에 국한시키는 것이 합당하다. 장르 개념상 산문, 소설과 희곡이 있고 소위 有韻文 즉 韻이 있는 산문인 辭賦類의 작품이 있기 때문이다. 시는 운율을 동반하므로 음악과 불가분한 관계가 있다. 음악의 소리(樂聲)와 사람의 소리(人聲)가 동일한 근원을 지니고 있으므로 그 조화에 의해 다양한 감정표출이 가능한 것이다. 같은 뿌리인 시와 음악이 구분되면서 음율이 있느냐하는 여부에 따라 詩와 文으로 나뉘고 지금은 다양한 문학 장르로 세분화된 것이다. 그러므로 중국문학의 시초를 詩에 두는 것이다. 공자는 『시경』의 시를 '시를 통한 敎化' 즉 詩敎的 차원에서 중시하여 '溫柔敦厚'를 敎化의 바탕으로 삼았다. 본문에서 '別是一敎'구는 『시경』의 시가 지닌 교화를 말하는 것이다. 공자는 제자들에게 『시경』의 시를 배울 것을 권면하고 있으니 『論語』 陽貨篇에 이르기를 : 〔여러분은 왜 시를 배우지 않느냐? 시는 感興을 불러일으킬 수 있고, 사물의 득실을 살필 수 있고, 교우와 처세의 방법을 밝혀 줄 수 있고, 원망하면서도 성내지 않는 살핌을 얻게 할 수 있다. 가까이는 부모를 모시고 멀리는 임금을 섬기게 되며, 새와 짐승, 초목의 이름을 많이 알게 된다. (小子何莫學夫詩? 詩可以興, 可以觀. 可以群, 可以怨. 邇之事父, 遠之事君, 多識於鳥獸草木之名.)〕라고 하여 『시경』의 효용성을 밝히 설명하고 있다. 시의 창작동기와 그 가치는 단순한 문학작품으로서의 의미에 한정되는 것이 아니라, 人性을 醇化하고 陶

冶하는 포괄적인 개념을 지닌다. 이동양은 이 제1칙에서 바로 이 시화의 기본 논조를 밝히고 있는 것이다. 이동양이〔사람이 시를 배울 수 있으면 사리가 통달되고, 심기가 화평하여 말할 수 있다.(人能學詩, 則事理通達, 心氣和平而能言.)〕(『李東陽集』 卷3 文後稿)라고 한 말은 그 자신의 일관된 論詩觀을 말해 주는 것이라 할 것이다.

2. 古詩與律不同體 고시와 율시의 체제

　　古詩[1] 與律不同體, 必各用其體, 乃爲合格。然律猶可間出古意[2], 古不可涉律。古涉律調, 如謝靈運〔池塘生春草〕[3], 〔紅藥當堦翻〕[4], 雖一時傳誦, 固已移於流俗而不自覺。若孟浩然〔一杯還一曲, 不覺夕陽沈〕[5], 杜子美〔獨樹花發自分明〕[6], 〔春渚日落夢相牽〕[7], 李太白〔鸚鵡西飛隴山去, 芳洲之樹何靑靑〕[8], 崔顥〔黃鶴一去不復返, 白雲千載空悠悠〕[9], 乃律間出古, 要自不厭也。予少時嘗曰:〔幽人不到處, 茆屋自成村。〕[10] 又曰:〔欲往愁無路, 山高溪水深。〕[11] 雖極力摹擬, 恨不能萬一已。

　　고시와 율시는 서로 다른 체제로서 반드시 자기 나름의 형식을 써야 곧 율격에 맞게 된다. 그러나 율시는 또한 간혹 고체시의 격식을 써서 율격의 속박에서 벗어날 수 있으나, 고체시는 율시 격식을 써선 안 된다. 고체시로서 율시 격조를 지닌 것으로 예를 들면, 사령운의

---

1) 古詩; 近體詩가 아닌 古詩, 樂府, 歌行詩. 古는 古詩를 지칭.
2) 古意; 고시적인 意趣, 특징 즉 句法, 字法. 선현의 시 감흥. 시의 빼어난 세계.
3) 謝靈運(385~433); 南朝 宋人. 康樂公에 封해져서 謝康樂. 지금 河南 太康人. 저서로 『晉書』, 『謝康樂集』. 五言詩에 能하고 山水詩는 鮮麗하고 淸新하다.「登池上樓」;〔연못에 봄풀이 돋고, 뜰의 버들엔 새소리 나네.(池塘生春草, 園柳變鳴禽.)〕
4) 謝朓의「直中書省」;〔붉은 작약은 층계에 한들거리고, 푸른 이끼는 돌층계 위에 기대어 있네.(紅藥當堦翻, 蒼苔依砌上.)〕 본문에서 謝靈運詩로 誤記. 紅藥은 작약의 별칭.
5) 孟浩然(689~740); 襄州 襄陽人, 世稱 孟襄陽.『孟浩然集』. 본문의 詩句 詩題는 「聽鄭五愔彈琴」
6) 杜子美; 杜甫, 子美는 字. 獨樹句; 杜甫의 詩題「愁」
7) 杜甫의 詩題「晝夢」
8) 李太白; 李白(700~760) 鸚鵡句; 李白 詩題「鸚鵡洲」
9) 崔顥(?~745); 汴州人.『全唐詩』에 詩1卷. 詩句의 詩題는「黃鶴樓」.
10) 李東陽『李東陽集』卷1의「題許廷冕職方畵」.
11) 『李東陽集』卷1의「中元調陵遇雨」二十首의 제13수.

〔연못에 봄풀이 나네〕, 〔붉은 작약은 층계에 한들거리네〕구는 한 때에 전해져 읊어져서 진실로 이미 세상에 퍼졌으나, 스스로 (그 빼어남을) 깨닫지 못하였다. 그리고 예컨대, 맹호연의 〔술 한 잔에 한 곡조를 타다가, 어느새 석양이 저물었네.〕, 두자미의 〔홀로 선 나무에 핀 꽃이 절로 뚜렷하네〕, 〔봄 물가에 해가 지니 꿈에 젖네〕, 이태백의 〔앵무새가 서쪽 농산으로 날아가고, 향기로운 물섬의 나무는 참으로 푸르구나.〕, 최호의 〔황학이 떠나가고 다시 돌아오지 않고, 흰 구름이 천년 두고 공허하게 떠도누나.〕구들은 곧 율시에서 고체시의 의취를 드러내고 있어서, 절로 싫지가 않다. 내가 어린 시절에 일찍이 이르기를; 〔숨어 지내는 이는 어디를 가지 않으니, 초가집이 절로 마을이라네.〕 또 이르기를; 〔가려하니 갈 길이 없음이 걱정되니, 산이 높고 냇물은 깊구나.〕 등 구들은 비록 힘을 다하여 선인의 것을 본받으려 했지만, 만에 하나도 그들의 경지에 이르지 못함을 한탄한다.

❂ 해설

 古詩와 近體詩인 律詩는 그 차이점이 있으나, 율시의 作法에서 고시의 破格을 사용할 수 있다. 엄격한 율격에 얽매어 시의 興趣를 다 표현하기에 부족한 점이 있기 때문이다. 고시는 율시에 비해 平仄이나 對句에 구속되지 않고 用韻도 비교적 자유로워서 하나의 韻으로 押韻해야 하는 一韻到底가 아니라 換韻과 叶韻이 가능하다. 그러나 이동양은 고시에서도 율시의 격식을 사용한 예로서 謝靈運의 「登池上樓」와 謝朓의 「直中書省」의 시구를 들고 있다. 그리고 율시로서 고시의 격식을 차용한 예로, 맹호연의 「聽鄭五愔彈琴」과 두보의 「愁」·「晝夢」, 이백의 「鸚鵡洲」와 최호의 「黃鶴樓」의 시구 등 唐詩를 인용하여 이해를 돕고 있다. 明代의 시가 唐詩를 본받는 풍조이었으나 그 수준에 미치지 못함을 이동양 자신의 시를 통해서 비교하고 있다. 고시와 율시의 작법상 상호혼용의 장단점에 대해서 이동양의 주장에 동조한 예로서 淸代 仇兆鰲의 『杜詩詳注』를 보면, 〔고시로 율시를 지으면, 그 격조가 절로 높으니 이백과 맹호연이 뛰어나고, 저광희도 이런 체식이 많다. 율시로 고시를 지으면 그 격조가 평이하고 낮아서 두보라도 면치 못한다.(以古詩爲律詩, 其調自高, 太白浩然所長, 儲侍郞亦多此體. 以律詩爲古詩, 其格易卑, 雖子美不免也.)]라고 하였고 施補華의 『峴傭說詩』를 보면, [제량진수 육조시대에 사조와 강엄 외에는 고시가 모두 율시형식을 지니면 기세가 약하고 골격이 미약하여 사조가 지나치고 소리가 슬프니 망국의 소리이다.(齊梁陳隋間, 自謝玄暉江文通外, 古詩皆帶律體, 氣弱骨靡, 思淫聲哀, 亡國之音也.)]라고 한 것에서 알 수 있다. 작시에 있어서 고시든 율시든 그 格式을 지키면서 시의 뜻을 적절히 표현하기가 용이하지 않음을 강조하고 있다.

3. 詩貴意 시의 의취

　　詩貴意, 意貴遠不貴近, 貴淡不貴濃。濃而近者易識, 淡而遠者難知。如杜子美〔鉤簾宿鷺起, 丸藥流鶯囀。〕1), 〔不通姓字麁豪甚, 指點銀甁索酒嘗。〕2) 〔銜泥點涴琴書內, 更接飛蟲打著人。〕3), 李太白〔桃花流水杳然去, 別有天地非人間。〕4) 王摩詰〔返景入深林, 復照靑苔上。〕5), 皆淡而愈濃, 近而愈遠, 可與知者道, 難與俗人言。王介甫得之曰：〔坐看蒼苔色, 欲上人衣來。〕6) 虞伯生得之曰：〔不及淸江轉柂皷, 洗盞船頭沙鳥鳴。〕7) 曰：〔繡簾美人時共看, 堦前靑草洛花多。〕8) 楊廉夫得之曰：〔南高峰雲北高雨, 雲雨相隨惱殺儂。〕9) 可謂閉戶造車, 出門合轍者矣。

　　시는 지닌 뜻 즉 이미지를 귀히 여기며, 그 뜻은 원대함을 귀히 여기고 비근함을 귀히 여기지 않으며, 담백함을 귀히 여기고 농염함을 귀히 여기지 않는다. 농염하면서 비근한 것은 알기 쉬우나, 담백하면서 원대한 것은 알기 어렵다. 예컨대, 두자미의 〔발을 고리에 거니 자

---

1) 鉤簾구 : 杜甫의 「水閣朝霽奉簡雲安嚴明府」. 流鶯(유앵) : 이리 저리 날며 우는 꾀꼬리.
2) 不通구 : 두보의 「少年行」 麁豪(추호) : 매우 거칠고 사납다. 麁, 麤(추)의 古字.
3) 銜泥구 : 두보의 「絶句漫興」 九首의 제3수. 點涴(점완) : 점점이 더럽히다.
4) 桃花句 : 李白의 「山中問答」 杳然(묘연) : 아득히 멀다
5) 王摩詰(701~761) : 王維. 字 摩詰. 太原 祁縣人. 詩佛. 詩句 詩題는 「鹿柴」.
6) 王介甫 : 王安石(1021~1086), 字 介甫. 半山老人. 荊國公에 봉해져서 세칭 王荊公. 본문의 시구는 본래 王維의 「書事」인데 誤記.
7) 虞伯生 : 虞集(1272~1348), 字는 伯生, 號는 道園, 시호는 文靖. 독서실 이름을 邵菴(소암)이라 하여 邵菴선생이라 칭한다. 관직은 奎章閣侍書學士를 지내고 『道園學古錄』이 있음. 不及구 : 虞集「次韻竹枝歌答袁伯長」의 시구.
8) 虞集의 「子昂人馬圖」
9) 楊廉夫 : 楊維楨(1296~1370), 字 廉夫, 號 鐵崖『東維子文集』,『鐵崖先生古樂府』. 南高句 : 양유정의 「西湖竹枝歌」 九首의 其四. 惱殺 : 매우 고민하다. 儂(농) : 나, 我

던 백로가 일어나고, 알약을 먹는데 꾀꼬리가 이리 저리 날며 우네.〕, 〔이름도 통하지 않고 너무도 거친데, 은 항아리를 가져다가 술을 찾아 맛보네.〕, 〔진흙을 물어 거문고와 책에 이리저리 더럽히고, 더구나 날아가는 벌레마저 나에게 달라붙네.〕, 이태백의 〔복사꽃 진 냇물이 아득히 흘러가니, 별다른 천지이며 인간세상이 아니네.〕, 왕유의 〔되비치는 햇빛이 깊은 숲에 깃들고, 다시 푸른 이끼 위에 비추네.〕 등은 모두 담백하면서 더욱 농염하고, 비근하면서 더욱 원대하여 이해하는 자와는 말할 수 있으나, 속인들과는 말하기 어렵다. 왕안석이 이것을 터득하여 말하기를 : 〔앉아서 푸른 이끼 빛을 보니, 나의 옷 위로 올라오려 하네.〕 우집이 그것을 터득하여 말하기를 : 〔맑은 강에 이르지 못하여 키를 돌리고 북을 치며, 뱃머리에서 술잔을 씻으니 모래 위의 물새가 우네.〕 또 말하기를 : 〔수를 놓은 발 사이로 미인이 때때로 바라보고, 층계 앞의 푸른 풀엔 떨어진 꽃이 많네.〕 양유정이 그것을 터득하여 말하기를 : 〔남쪽 높은 봉우리에 구름이 일고 북쪽 높은 곳에는 비 내리니, 구름과 비가 서로 어울려 나를 수심에 차게 하네.〕 이 시구들은 문을 닫고 수레를 만드는 것처럼 남몰래 공을 들여 창작해서, 문밖을 나서니 수레바퀴에 맞는 것처럼 시의 격식이 맞고 의취가 뛰어나다고 말할 수 있다.

❋ 해설

시의 淡遠 風格과 시의 意趣, 興趣, 性情에 대해서 논한다. 본문의 '意'는 시의 의미와 境象을 의미하며 이동양은 시의 의취에서 '近'과 '濃'을 배척하기 보다는 '淡而愈濃, 近而愈遠' 즉 담백하면서 더욱 농염하고 가까우면서 더욱 원대한 풍격을 주장한 것이다. 시에서 '近'이란 눈앞의 경치와 身邊의 일이 진실하고 자연스러운 면이며 '遠'이란 境象이 幽深하고 深遠하여 '言有盡而意無窮' 즉 표현은 다 하였으나 담긴 의취는 그지없는 경지를 말한다. 그리고 '淡'은 세상일에 담백하여 초탈한 情趣이며 '濃'이란 경상이 현란하여 풍만한 모습인 것이다. 이동양의 논지는 위의 풍격이 각기 달리 작용하는 것이 아니라 서로 조화되어야 좋은 시라는 것이다. 이 논리는 淸代의 袁枚가 〔시문이 현란하면 평담으로 돌아간다.(詩文絢爛歸入平淡)〕(『續詩品』)라고 한 논거와 方東樹가 〔현란이 극에 달하면 평담으로 돌아간다.(絢爛之極, 歸於平淡.)〕(『昭昧詹言』 卷14)라고 한 이론과 연결되어서 淸代 시론의 정립에 영향을 주고 있다. 본문에서 淡遠한 흥취를 지닌 시구의 예로 성당의 두보와 이백, 왕유, 그리고 元代의 양유정과 우집의 시구를 들고 있는데, 그 객관적 논점의 예를 찾아보면 두보의 '鉤簾'구에 대해서 宋代 葉少蘊이 〔시의 의취가 고아하고 기묘하다.(用意高妙)〕(『石林詩話』 卷上)라고 하였고, 왕유의 '返景'구에 대해서는 明代 高棅이 〔말은 없으면서 그림의 뜻이 있다.(無言而有畵意)〕(『唐詩品彙』 卷39)라 하고, 이백의 '桃花'구에 대해서는 淸代 潘德輿가 〔똑같이 담원한 오묘함을 지녀서 평어가 유심하여 사람들로 아득히 꿈꾸듯 하게 한다.(同一淡遠之妙, 評語幽深, 令人昏然如夢.)〕(『養一齋詩話』 卷4)라고 평가하고 있다.

4. 柳子厚「漁翁」 유자후의 「어옹」 시

　柳子厚〔廻看天際下中流, 巖上無心雲相逐〕1), 坡翁2)欲削此二句, 論詩者類不免矮人看場2)之病. 予謂若止用前四句, 則與晚唐何異? 然未敢以語人. 兒子兆先3)一日過庭, 輒自及此, 予頗訝之. 又一日, 忽曰: 〔劉長卿『白馬翩翩春草細, 邵陵西去獵平原』4), 非但人不能道, 抑恐不能識〕. 因誦予「桔橰亭」曰: 〔閒行看流水, 隨意滿平田.〕5)「響閘」曰: 〔津吏河上來, 坐看靑草短.〕「海子」曰: 〔高樓沙口望, 正見打魚船.〕「夜坐」曰: 〔寒燈照影獨自坐, 童子無語對人閒.〕以爲三四年前, 尙疑此語不可解, 今灑然6)矣. 予乃顧而笑曰: 〔有是哉.〕

　유자후의〔고개 돌려 하늘 저 끝 바라보니 강물이 흘러가고, 바위 위에는 무심한 구름이 서로 쫓는다.〕구가 있는데, 동파가 이 두 구를 지우고 싶어 하였으니, 시를 논하는 자들이 대부분 난쟁이가 극장에서 사람 틈에 끼어서 연극을 직접 보지 못하는 것처럼 자신의 판단과 소견이 없이 부화뇌동함을 면치 못하고 있는 것이다. 내가 말하노니 단

---

1) 柳子厚 : 柳宗元(773~819), 字 子厚, 河東人, 世稱 柳河東. 柳州刺史를 지내어서 柳柳州라 한다. 中唐代 문인으로 韓愈와 古文運動을 선도하여 韓柳라 부른다. 『柳河東集』45권이 있다. 山水詩가 많고 은일낭만적인 풍격을 지니고 있으며 蘇軾은 陶淵明 이후에 淡白한 시로 유명하다고 하였다. 回看句 :「漁翁」
2) 坡翁 : 蘇軾, 호가 東坡로서 일명 坡翁이라 함.
2) 矮人看場 : 키가 작은 난장이가 사람 틈에 끼어서 겨우 연극을 본다는 말로 자신의 주관과 판단이 없이 대충 사물을 보는 경우를 비유.
3) 兆先 : 李東陽의 子, 字 徵伯. 國子生을 지내고 27세에 卒.
4) 劉長卿(714~790) : 字 文房, 宣州人.『劉隨州文集』. 白馬句 : 유장경의 「獻淮寧軍節度李相公」
5) 「桔橰亭」이하 詩句들 : 李東陽의 詩句(李東陽集 卷6), 前3首는 「西涯雜咏」 십이수, 夜坐구는 「答奚元啓四首次韻」 其三. 桔橰(길고) : 두레박틀
6) 灑然(쇄연) : 시원한 모양. 분명하다. 깨끗하다.

지 앞의 4구만을 사용하였다면 만당시와 무엇이 다르겠는가? 그러나 감히 남에게 말하지 못하였다. 아들 조선이 하루는 마당을 지나다가 문득 스스로 이 시를 지적하거늘, 나는 자못 그것을 의아해 하였다. 또 하루는 문득 말하기를 : 〔유장경의 '백마가 가벼이 달리니 봄풀이 가늘고, 소릉 서쪽으로 가서 평원에서 사냥하네.'구는 남이 말할 수도 없을 뿐 아니라, 아마도 알 수도 없을 것입니다.〕 그리고서 나의 「길고정」 시를 읊어서 말하기를 : 〔한가로이 걸으며 흐르는 물을 보니, 편한 마음이 넓은 밭을 채우네.〕 「향갑」에 말하기를 : 〔나루터 관리가 강 위로 올라와, 앉아서 보니 푸른 풀이 짧구나.〕 「해자」에 말하기를 : 〔높은 누대에서 모래터를 바라보니, 마침 고기잡이배가 보이네.〕 「야좌」에 말하기를 : 〔찬 등불에 그림자를 드리우는데 홀로 외로이 앉고, 동자는 말없이 한가로이 대하고 있네.〕 생각하건대 삼사 년 전에도 이 말이 의아하여 이해할 수 없었는데 이제야 시원하게 알게 되었다. 나는 곧 돌아보고 웃으며 말하기를 : 〔그렇구나〕라고 하였다.

❂ 해설

柳宗元의 「漁翁」 칠언고악부시의 말연을 인용하여 그 가치를 평가하고 있다. 말연에 대해서 대문호 蘇軾은 물론, 그 이후의 논평자의 견해를 아쉬워하면서 이 시구가 아니라면 晚唐風의 수준을 벗어나지 못했을 것이라는 점을 지적하여 매우 적절한 평어라 본다. 시 전체를 보면,

> 어부가 밤에 서산 바위 곁에 머물고
> 새벽에 맑은 상수의 물을 떠서 초땅 대나무 불 피우네.
> 안개 사라지고 해 돋으니 아무도 보이지 않고
> 철썩 노 젓는 소리에 산과 물이 푸르구나.
> 고개 돌려 하늘 끝 바라보니 강물은 멀리 흘러가고
> 바위 위에는 무심한 구름만 쫓고 있구나.
> 漁翁夜傍西巖宿, 曉汲淸湘燃楚竹.
> 烟銷日出不見人, 欸乃一聲山水綠.
> 廻看天際下中流, 巖上無心雲相逐

이 시는 시인이 永州司馬로 좌천되어서 지은 시로서 어부의 한가로운 생활을 묘사한다. 시인의 마음에 맺힌 좌절감과 우울한 심회를 은근히 토로하고 있다. 古樂府體의 시이지만 律詩처럼 一韻到底로 押韻하여 肅, 竹, 逐은 入聲 屋韻이며, 綠은 入聲 沃에 속하니 屋과 沃은 古詩에서 通韻한다. 이 시에 대해서 淸代 王文祿은 [시의 기풍이 맑으면서 표일하다.(氣淸而飄逸)](『詩的』)라고 평하였다. 제3구의 '欸乃'는 노 젓는 소리의 擬聲語이지만 唐代에 유행하던 어부가「欸乃曲」을 가리킨다. 이동양의 아들 兆先은 어려서 총명하여 27세에 요절하였지만 문집『李徵伯存稿』13卷을 남겼고 字가 徵伯, 國子生을 지냈다.『四庫全書總目提要』(卷176)에 [회록당시화에 조선의 시를 논한 말을 담고 있는데 일찍부터 총명하였다고 말할 수 있다. 동양이 지은 아들 兆先에 대한 志文에도 애석한 마음이 매우 짙다.(懷麓堂詩話載兆先論詩之語, 可云夙慧. 東陽所作兆先志文, 亦悼惜特甚.)]라고 기록하고 있으니 이 글에서도 이동양 자신의 시구를 열거하면서 조선의 詩評을 기특하게 여기고 있으니 아들에 대한 그 맺힌 슬픔을 엿볼 수 있다.

5. 古律詩各有音節 고율시의 음절

古律詩各有音節, 然皆限於字數, 求之不難。惟樂府長短句, 初無定數 最難調疊[1]：然亦有自然之聲。古所謂聲依永者[2], 謂有長短之節, 非徒永也。故隨其長短, 皆可以播之律呂：而其太長太短之無節者, 則不足以爲樂。今泥古詩之成聲, 平側長短, 句句字字, 摹倣而不敢失, 非惟格調有限, 亦無以發人之情性。若往復諷咏, 久而自有所得。得於心而發之乎聲, 則雖千變萬化, 如珠之走盤, 自不越乎法度之外矣。如李太白「遠別離」[3], 杜子美「桃竹杖」[4], 皆極其操縱[5], 曷嘗按古人聲調? 而和順委曲[6]乃如此。固初學所未到, 然學而未至乎是, 亦未可與言詩也。

고시와 율시는 각각 음절이 있는데, 모두 글자의 수가 제한되어 있어서, 음절을 강구하는데 어렵지 않다. 단지 악부, 장단구만은 처음에

---

1) 調疊(조첩)：음운의 조화
2) 聲依永：聲은 5聲으로 宮·商·角·徵(치)·羽이다. 永은 5聲이 長言에 의거해서 내는 소리. 聲은 樂聲, 永은 人聲.『虞書』舜典 第二：〔음악은 소리의 올라가고 내려가는 절주로서 사람의 소리가 도달할 수 있는 것을 중성이라 한다. …… 길게 내는데 긴 말 속에 높고 낮고 빠르고 느린 것이 있으니 그것에 의해서 다섯 소리가 이루어진다.(樂聲昇降之節, 視人聲之所能至則爲中聲……依永, 長言之中有高下疾徐, 依之而五聲成焉.)〕
3) 이백의「遠別離」에 대해서 明代 胡應麟의『詩藪』：〔악부시는 이태백이 고금을 두고 기특하니, …… 촉도난, 원별리 등 시는 신출귀몰하여 실의에 차기가 그지없다.(樂府則太白擅奇古今……蜀道難, 遠別離等篇, 出鬼入神, 惝恍莫測.)〕
4) 桃竹杖：原題「桃竹杖引贈章留後」.『唐詩鏡』卷24：〔기이한 의취와 노련한 필치가 흘러넘치고 어지럽다. 그 가장 빼어난 곳은 다 표현하였데 그 흥취가 그지없는데 있으니 이것으로 그 노련한 수법에 감복한다.(奇意老筆, 橫溢紛披. 其最佳處在有而不盡, 以此服其老手.)〕
5) 操縱(조종)：작시상의 능력과 묘사.
6) 委曲(위곡)：시풍이 섬세함.

는 정한 글자의 수가 없어서 음운의 조화를 이루기가 가장 어렵지만, 거기에도 자연의 소리가 있는 것이다. 옛날 이른바〔소리를 길게 낸다.(聲依永)〕라는 것은 장단의 절주가 있되 단지 길게 하는 것만이 아님을 말한다. 그러므로 그 장단을 따르면 모두 음률에 맞출 수 있다. 너무 길거나 너무 짧아서 절주가 없는 것은 음악이라 하기에 부족하다. 지금 고시의 형성된 성조에 빠져서 평측과 장단, 시구와 글자마다 모방을 하면 나쁘지는 않겠으나 격조가 한정될 뿐 아니라 사람의 성정을 표현할 수 없을 것이다. 예컨대, 반복하여 시 읊기를 오래 하면 스스로 얻는 것이 있게 된다. 마음에 얻어서 그것을 소리로 표현하면, 비록 변화무쌍하여 마치 구슬이 쟁반에 굴러가듯 한다 해도, 스스로 법도 밖으로 벗어나지 않게 된다. 예컨대 이태백의「원별리」, 두자미의「도장죽」같은 것은 모두 그 작시상의 운용묘사를 다한 것이니, 어찌 일찍이 고인의 성조에 의거했겠는가? 그럼에도 이렇듯 조화롭고 온순하면서 상세한 것이다. 본디 초학자가 도달하지 못할 경지인데, 그러나 배워서 이 경지에 이르지 못하면, 또한 더불어 시를 논할 수 없다.

✪ 해설

시는 자연스러운 節奏를 이루어 內心에 흥취를 얻어서 소리로 표현되는 경지에 들어야(得於心而發乎聲) 좋은 시인 것을 지적한다. 이동양의 明代 시단은 송시를 배척하고 성당시를 존숭하는 尊唐의 사조가 팽배하였기 때문에 전통시론적 입장에서『시경』의 시를 평한 시의 음악성 즉〔소리를 길게 낸다.(聲依永)〕를 중시한다. 그래서 고시를 모방하는 경향이 대두되고 그 단점도 있는 점을 지적하여서 무조건적인 답습을 반대하고 시인 자신의 志意와 性情을 따라서 표현해야 함을 강조한다. 그 대표적인 예로 이백의「遠別離」와 두보의「桃竹杖引贈章留後」시를 들면서 고체시의 형식을 지니면서도 단순히 모방하지 않고〔작시상의 능력과 묘사를 극대화하다.(極其操縱)〕이라 하면서 그 독창적인 詩情을 높이 평하고 있다.「遠別離」의 일단을 보면,

멀리 떠난 옛날에 아황과 여영 두 여인이 있었으니
곧 동정호 남쪽 소수와 상수의 물가에 살았다네.
그 한이 만 리 바닷물 깊이에 있으니
누구라서 이별의 괴로움 말하지 않으리오.
해는 쓸쓸히 지고 구름은 자욱한데
성성이는 안개 속에 울고 귀신은 빗속에 휘파람 부네.
遠別離, 古有皇英之二女.
乃在洞庭之南, 瀟湘之浦.
海水直下萬里深, 誰人不言此離苦.
日慘慘兮雲冥冥, 猩猩啼烟兮鬼嘯雨.

이 시구에서 시인의 생동감 넘치는 기풍이 보인다. 그래서 明代 高棅이 이 시를 두고〔말 달리는 기세가 거의 남산의 가을 기운과 높이를 다툴만하다.(驅駕氣勢, 殆與南山秋氣爭高可也.)〕(『唐詩品彙』 敍目)라고 평했을 것이다. 이동양 자신도 악부시 150수를 지은 이백만큼「擬古樂府」102수와「長短句」19수를 지어서 본보기가 된다. 이동양은 그의「擬古樂府引」(『李東陽集』卷1 詩前稿)에서 이르기를 :〔나는 일찍이 한위대 악부가사를 보았는데, 그 질박하면서 속되지 않고 기름지면서 야하지 않는 것을 좋아하니 고시의 생각을 말하고 길게 읊는 뜻을 지니고서, 온 나라에 퍼지니 각각 마땅한 바가 있는 것이다. 그 이후부터 작가가 이어서 나왔으나 때론 옛것을 거듭 답습하고 때론 본의를 회복하지 못하여 갈라져 흩어져서 돌아갈 곳을 알지 못하게 된 것이다. 설사 뜻이 드러낸 바가 있다 해도, 또한 곡이 끝났는데 연주가 우아하다는 부질없는 비난을 면치 못한다. 唐代 이태백은 재능이 높아도 제목과 뜻이 구태의연하다. 장적과 왕건 이후로는 비판할 것도 없다. …… 지금에 이르러서 이마저 배우지 않은 지가 또한 오래되었다.(予嘗觀漢魏間樂府歌辭, 愛其質而不俚, 腴而不艷, 有古詩言志依永之遺意, 播之鄕國, 各有攸宜. 嗣是以還, 作者代出, 然或重襲故常, 或無復本意, 支離散漫, 莫知適歸. 縱有所發, 亦不免曲終奏雅之誚. 唐李太白才調雖高, 而題與義仍舊. 張籍王建以下, 無譏焉. …… 延至於今, 此學之廢, 蓋亦久矣.)〕라고 하여 그 당시의 시단의 풍조를 엿볼 수 있다.

6. 詩必有具眼 시의 구안

詩必有具眼[1], 亦必有具耳[2]。眼主格, 耳主聲[3]。聞琴斷知爲第幾絃, 此具耳也：月下隔窓五色綫, 此具眼也。費侍郞廷言[4]甞問作詩, 予曰：〔試取所未見詩, 卽能識其時代格調, 十不失一, 乃爲有得。〕費殊不信。一日與喬編修維翰[5]觀新頒中秘書[6], 予適至, 費卽掩卷問曰：〔請問, 此何代詩也？〕予取讀一篇, 輒曰：〔唐詩也。〕又問：〔何人？〕予曰：〔須看兩首。〕看畢, 曰：〔非白樂天乎？〕[7] 於是二人大笑, 啓卷視之, 蓋長慶集[8], 印本不傳久矣。

시는 반드시 사물을 감별하는 안목 즉 具眼이 있어야 하고 또한 반

---

1) 具眼：佛學 用語. 宋代에 詩文書畵 등 예술적 감상과 평론에 사용하는 용어. 사물을 감별하는 안목. 嚴羽의 『滄浪詩話』 考證：〔두보 주석 중에 스승이 말하기를 또 동파가 말하기를 같은 것이 있다. 그러나 그 속에 반은 거짓이고 반은 진짜여서 더욱 어지러이 사람을 미혹한다. 이것이 매우 한탄스러우나 사물을 감별하는 안목이 있는 자는 스스로 조용히 그것을 알 따름이다.(杜注中 '師曰', 亦 '坡曰'之類. 但其間半僞半眞, 尤爲殽亂惑人. 此深可歎, 然具眼者自默識之耳.)〕
2) 具耳：音韻을 감별하는 聽力. 시가평론과 감상에 사용, 李東陽이 처음 내세운 용어. 시의 음악미를 중시한 말.
3) 格：풍격. 聲：음운.
4) 費侍郞廷言：費誾(1436~1493), 鎭江 丹徒人(지금 江蘇). 字 廷言, 號 補菴. 官은 禮部右侍郞에 이름. 明代 焦竑의 『獻徵錄』 卷35 禮部右侍郞費誾傳：〔비은은 키가 크고 위용이 있으며 논의가 근면하고 일을 함에 매우 자세하고 강개하면서 공손하고 근신함을 지켰다. …… 시문이 청건하고 원칙이 있었다. 지은 것으로 자고, 이소, 보암 등 문집이 있다.(誾長身偉貌, 論議亹亹, 臨事通辯慷慨, 且恭謹自持……爲詩文淸健有則. 所著有自考·詒笑·補菴諸集.)〕
5) 喬編修維翰：편수관 교유한. 李東陽과 동시대인으로 成化 8년에서 11년(1472~1475) 사이에 편수를 지냈음.
6) 中秘書：宮廷藏書. 中秘는 宮廷珍藏圖書文物의 장소.
7) 白樂天：중당시인 白居易(772~846)의 字가 樂天.
8) 長慶集：白居易의 『白氏長慶集』

드시 음운을 감별하는 聽力 즉 具耳가 있어야 한다. 안목은 풍격을 주로 하고, 청력은 음운을 주로 한다. 거문고 줄이 끊어진 소리를 들어서 제 몇 현인지를 알면 이것은 具耳인 것이고 달 아래에서 창문을 사이에 두고 오색실을 구분하면 이것은 具眼인 것이다. 시랑 비정언이 일찍이 作詩에 대해 물어, 내가 이르기를 : [아직 보지 못한 시를 가져다 읽어 보고서, 즉시 그 시대의 격조를 알아내어 열에서 하나도 틀리지 않는다면 곧 터득한 것이다.]라고 하니 그가 전혀 믿지 않았다. 하루는 그가 교편수 유한과 새로 반포한 중비서를 보고 있는 즈음에, 내가 마침 오자, 비정언이 바로 책을 덮으며 내게 묻기를 : [이것은 어느 시대의 시입니까?]라고 하여, 내가 한 편을 가져다 읽고서 [당시입니다]라고 했다. 그가 다시 [누구의 작품입니까?]라고 물어, 내가 [두 수 정도는 봐야 합니다]라고 한 뒤 다 보고 나서 말하기를 : [백락천이 아닙니까?]라고 했다. 그리하여 두 사람이 껄껄 웃었고, 책을 펼쳐서 보니 『장경집』이었으며, 오랫동안 전하지 않은 인쇄본이었다.

❋ 해설

시를 감상하는 능력에는 사물을 감별하는 안목인 具眼과 音韻을 감별하는 聽力인 具耳라는 두 가지 감상력이 있어야 한다는 것이다. 전자는 佛學의 학습 용어로서 宋代에 이미 詩文과 書畵를 감상하고 평론하는 용어로 흔히 사용하였다. 具眼을 처음으로 시론에 도입한 嚴羽의 후세에 시단에 끼친 영향을 보면, 엄우가 남송 말 문인이므로 그 당시에는 영향이 적었으나, 宋代 魏慶之가 『詩人玉屑』에서 「詩辨」・「詩法」・「詩評」・「詩體」등으로 분류하여 편찬하고 [느긋이 노닐며 급박하지 않는다.(優游而不迫切)]라고 評詩한 점으로 보아 첫 번째의 영향 받은 자라 하겠다. 元代는 戴表元의 唐音說『剡源集』,「洪潛甫詩序」)이 창랑에 접근하고, 明代 초에는 貝瓊(『淸江集』二十九)의 [뜻으로 그 정감을 표달한다.(意以達其情)]는 논리(『鳬藻集』)와 高棅이 四唐說을 주창하여 엄우의 唐詩五期分인 唐初・盛唐・大曆・元和・晩唐을 四期로 분류하여 창랑파로 분류할 수 있으며 이어서 李東陽과 前七子, 後七子의 李攀龍과 명말 청초의 沈德潛은 『明詩別裁』에서 「有神無跡」를 주창하여 엄우의 맥락에 속한다. 그리고 淸代의 神韻說을 내세운 漁洋 王士禎과 『談龍錄』에서〔시로 뜻을 표현함(詩以言志)〕을 주장한 趙執信, 性靈說의 袁枚 등을 親滄浪派의 핵심인물로 본다. 具眼을 지닌 시론이 엄우가 소위 '第一義'라고 하여 漢魏晉과 盛唐의 시에 초점을 둔 이후에 明淸代를 거치면서 시 평가의 差等 개념이 설정되었는데 그 개념에 의해서 이동양의 시화도 서술되어 있음을 간과할 수 없다. 그 차등은 悟得을 어느 정도 하고 있는 시인가를 평가하는 데 있다. 그 悟得의 차등을 도표화하면 다음과 같다.

悟＼義	제1의	제2의	제2의 이하
一味妙悟	孟襄陽學力……一味妙悟而已.		
不假悟	漢魏尙矣, 不假悟也.		
透徹之悟	謝靈運至盛唐諸公, 透徹之悟也.		
一知半解之悟		大曆以還之詩, 則小乘禪也, 已落第一義矣.	晚唐之詩, 則聲聞辟支果也.

위에서 '悟得'의 단계에서 완전한 경지에 이른 오득 즉 透徹之悟가 최고의 가치를 지닌 시 세계로서 謝靈運과 성당의 李白과 杜甫의 시를 예로 들 수 있고, 大曆시대인 중당 이후 만당시는 低評價 되는 단계인 第二義 이하로 구분한 것이다. 이처럼 이동양의 시에 대한 具眼은 엄우의 시론에 근거한 것이다. 이동양은 시 창작에서 韻律 즉 시의 음악적 예술미를 중시한다. 그래서 '具耳'라는 신개념을 주창하게 되고 그 직후에 王世貞이 전적으로 그 이론을 추종하여〔이동양이 말하기를: 시는 반드시 구안이 있고 구이가 있어야 한다. 구안은 격식이 위주가 되며 구이는 성조가 위주가 된다.(李東陽曰 : 詩必有具眼, 亦必有具耳. 眼主格, 耳主聲.)〕(『藝苑卮言』卷1)라고 반복 서술한 것이다. 이 具耳의 시론은 明代 茶陵派에서 具眼과 함께 주된 이론으로 정립되어 主格과 主聲을

근거로 이백과 두보를 추숭하고 韓愈와 蘇軾을 따르면서 明代 李夢陽과 何景明의 시론을 열어준다. 그래서 具眼과 具耳의 이론은 이동양의 시론의 핵심이라고 할 수 있다. 동료 문인들인 費誾과 喬維翰은 이동양보다 십 년 전후 연배로서 문학을 논하는 관계인데 이동양의 文才를 흠모하는 심정이 본문에 드러나 있어서 茶陵派의 사조를 따랐음을 엿볼 수 있다.

7. 唐人不言詩法 당인의 시법

　唐人不言詩法[1], 詩法多出宋：而宋人於詩無所得。所謂法者, 不過一字一句對偶彫琢之工, 而天眞興致, 則未可與道。其高者失之捕風捉影[2], 而卑者坐於粘皮帶骨[3], 至於江西詩派[4]極矣。惟嚴滄浪[5]所論, 超離塵俗, 眞若有所自得：反覆譬說, 未嘗有失。顧其所自爲作, 徒得唐人體面, 而亦少超拔警策[6]之處。予嘗謂識得十分, 只做得八九分, 其一二分乃拘於才力, 其滄浪之謂乎？若是者往往而然。然未有識分數少而作分數多者, 故識先而力後。

　唐人은 詩法을 말하지 않았고, 시법은 송나라에서 대부분 나왔는데, 宋人은 시에 있어서 높은 경지를 얻은 것이 없다. 소위 시법이라는 것은 단지 한 글자와 한 시구의 대우와 수식에 대한 기교에 지나지 않는 것으로서, 천진스러운 성정의 흥치에 대해서는 말하고 있지 않다. 그 시법이 높은 것은 바람과 그림자를 잡는 것 같이 헛된 것이며 그 낮은 것은 껍질을 붙이고 뼈를 대는 것 같이 깨끗하지 않고 속된 것이어서, 강서시파에 이르러서 극에 달하였다. 오직 엄창랑의 논리는

---

1) 詩法：詩歌創作의 審題, 立意, 佈局, 造語, 遣詞, 協律, 押韻 등 방법. 淸 吳喬의 『圍爐詩話』：〔당인은 시에 기교를 다하고 시화는 적은데, 송인은 시에 기교를 다하지 않고 시화가 많으니, 말하는 것이 항상 자구 속에 있다.(唐人工於詩而詩話少, 宋人不工詩而詩話多, 所說常在字句間.)〕
2) 捕風捉影(포풍착영)：바람과 그림자를 잡는다. 헛된 일을 비유.
3) 粘皮帶骨(점피대골)：禪家語. 不灑脫(깨끗하고 초탈적이 아니다)을 비유.
4) 江西詩派：北宋末年에서 南宋前期까지의 詩歌流派. 呂本中이 『江西詩社宗派圖』에서 기인. 黃庭堅, 陳師道 등을 추종하여 遣詞造句를 중시하고, 典故와 奇字의 기교를 운용. 西崑體 시풍을 부정하고 崎險硬澁한 풍격을 추구하여 奪胎換骨, 點鐵成金을 제창.
5) 嚴滄浪：宋代 嚴羽(생졸미상). 字가 儀卿, 號는 滄浪逋客. 邵武人(지금 福建). 『滄浪詩話』, 『滄浪集』
6) 超拔警策(초발경책)：우뚝 빼어나며 생동하는 요점.

속된 것을 초탈하여 진실로 스스로 터득한 바가 있으며, 반복하여 예를 들어 설명한 것에는 일찍이 오류가 없다. 하지만 자신이 저작한 것은 단지 당인의 면모만을 얻었을 뿐 빼어나고 생동적인 면은 적다. 내 일찍이, '지식으로 열을 터득해도 여덟, 아홉만을 쓸 수 있고 한, 둘은 재능과 연관된다'라고 말한 적이 있는데 창랑을 두고 말한 것일 거다. 이러한 것은 늘상 그러하다. 지식의 비중이 적으면서 창작의 비중이 많은 것은 결코 없으니, 지식이 먼저이고 재능은 그 다음인 것이다.

❂ 해설

지식(識)이 시가 창작에 중요한 점을 강조하면서 동시에 지식과 천부적인 재능(才力)이 겸비되어야 함을 언급한다. 그 겸비에는 지식을 먼저 갖추고 더하여 재능이 있어야 창작력을 極大化할 수 있다는 것이다. 이 이론은 엄우의 영향이 至大한 것으로 소위 〔지식이 위주가 됨(以識爲主)〕을 내세운 것을 이동양은 재차 서술하고 열의 하나 정도의 타고난 재력을 가미하면 창작력이 높아진다는 것이다. 엄우는 그 지식만으로 극복할 수 없는 詩境, 즉 선현의 지식을 바탕으로 하여 선경(禪境) 즉 시의 경지에 들어서는 단계까지를 禪의 妙悟에 비유하였는데, 그 근저로 '以識爲主'를 내세웠다. 다음 『滄浪詩話』 詩辨의 일단을 보기로 한다.

> 무릇 시를 배우는 자는 선인의 정화를 위주로 할 것이다. 입문은 바르게 해야 하고 입지는 높아야 할 것이다. 한위진·성당을 사표로 삼아 개원 천보 이하의 인물을 따르지 않는다. 만일 스스로 물러나 굽히면, 곧 하열의 시마가 폐부에 스며들어서 입지가 높지 않게 된다. 행하여 미치지 못함이 있으면, 더욱 공력을 가해야 한다. 길이 조금 어긋나면 달릴수록 멀어져서 입문이 바르지 않게 된다. 따라서 그 위 것을 배우려 해도 단지 그 중간만큼만 얻고, 그 중간을 배우려면 아래 것이 되고 만다고 말하는 것이다, 또 지혜가 스승보다 나으면 전수하기에 가할 것이나, 지혜가 스승과 같으면 스승의 덕을 반감한다고 말하는 것이다. 공부는 모름지기 위에서부터 아래로 해 가야지 아래에서 위로 해 나가서는 안 된다. 먼저 초사를 숙독하여

조석으로 풍영을 그 근본으로 할 것이며, 고시 19수를 읽고, 악부 4편, 이릉·소무 및 한위의 오언시를 모두 숙독해야 하며 이백과 두보의 시집을 이리저리 두루 보아 지금 사람들이 경서를 연구하듯 한 연후에 성당의 명가를 널리 배워서 가슴에 잘 새겨 오래 간직하면 자연히 깨달아 들게 된다. 그러면 비록 배움이 미치지 못해도 정도를 잃지 않는다. 이것이 바로 머리 이마로부터 해 내려오는 것이니 이를 향상일로라 하고 직절근원이라 하며 돈문이라 하고 단도직입이라 한다.

夫學詩者以識爲主, 入門須正, 立志須高. 以漢魏晋盛唐爲師, 不作開元天寶以下人物. 若自退屈, 卽有下劣詩魔入其肺腑之間, 由立志之不高也. 行有未至, 可加工力, 路頭一差, 愈鶩愈遠, 由入門之不正也. 故曰, 學其上, 僅得其中, 學其中, 斯爲下矣. 又曰, 見過於師, 僅堪傳授, 見與師齊, 減師半德也. 工夫須上做下, 不可從下做上. 先須熟讀楚辭, 朝夕諷詠以爲之本: 及讀古詩十九首, 樂府四篇, 李陵蘇武漢魏五言皆須熟讀, 卽以李杜二集枕藉觀之, 如今人之治經, 然後博取盛唐名家, 醞釀胸中, 久之自然悟入. 雖學之不至, 亦不失正路. 此乃是從頂上做來, 謂之向上一路, 謂之直截根源, 謂之頓門, 謂之單刀直入也.

엄우가 말하는 '識'은 先人의 精華로서 學詩에 있어 선인의 문학세계를 잘 익혀야 한다. 宋代 呂居仁은 [학시는 모름지기 삼백 편과 초사, 한위간의 시를 위주로 해야만 고인의 좋은 곳을 보게 된다.(學詩須以三百篇楚辭及漢魏間人詩爲主, 方見古人好處.)](『童蒙詩訓』)라고 하였고, 宋代 張戒는 말하기를,

그 처음에 따라 배우기만 하면 그 나중엔 어찌 능가할 수 있겠는가. 지붕아래 지붕처럼 부질없는 일이니 더욱 그 작은 것을 보게 된다.(모방하여 원작에 미치지 못함) 후에 작자가 나와서 필히 이백과 두보와 어깨를 나란히 하려면 응당 한위시에서부터 해내야 할 것이다.

其始也學之, 其終也豈能過之, 屋下架屋, 愈見其小, 後有作者出, 必欲與李杜爭衡, 當復從漢魏詩中出爾. (『歲寒堂詩話』 卷上)

라고 하여 엄우가 學詩를 위해서는 [입문은 모름지기 올발라야 하고 입지는 모름지기 높아야 하니 한위진과 성당을 사표로 하여 개원천보 이하의 인물을 따르지 않을 것이다.(入門須正, 立志須高, 以漢魏晋盛唐爲師, 不作開元天寶以下人物.)]라는 견해를 보충해 주고 있다. 그러나 시 삼백까지 올라가지

않은 것은 엄우가 순수문학적인 風格에 主眼点을 두고 한 말이니, 그는 시의 근본에는 주의하지 않은 것 같다. 근본보다는 학시의 立志를 如何히 두느냐에 따라 수준이 결정되는 것으로 주장하여 〔열등의 시마가 폐부에 드는 것은 입지가 높지 않기 때문이다.(有下劣詩魔入其肺腑之間, 由立志之不高也.)〕라고 하였고 〔그 위를 배우면 다만 그 중간만을 얻게 되고 그 중간을 배우면 이에 하등이 된다.(學其上, 僅得其中, 學其中, 斯爲下矣.)〕라고 하여 學詩의 기준을 제한하고자 했다. 그는 이것을 위해서 〔공부는 모름지기 위에서 아래로 해 나가야 하나니 아래에서부터 위로 해나가서는 안 된다.(工夫須從上做下, 不可從下做上.)〕의 견해를 엄격히 강조하여 다음과 같은 필수독서목(須讀之目)을 열거하였다.

항목＼단계	1	2	3	4	5
필수독목	楚辭	古詩十九首	樂府 四篇	李陵, 蘇武, 漢魏詩	李白, 杜甫

엄우는 이와 같은 단계를 밟아 내려와서 向上一路를 걸어서 悟得의 경지인 頓門에 이르면 妙悟를 터득하는 詩境을 낳는다고 하여 學詩를 위한 刻苦를 중시하였다.

8. 宋詩深却去唐遠 송시와 당시

宋詩深, 却去唐遠, 元詩淺, 去唐却近。顧元不可爲法, 所謂〔取法乎中, 僅得其下耳。〕1) 極元之選, 惟劉靜修2)虞伯生3)二人, 皆能名家, 莫可軒輊4)。世恒爲劉左袒5), 雖陸靜逸鼎儀6)亦然。予獨謂高牙大纛7), 堂堂正正, 攻堅而折銳, 則劉有一日之長: 若藏鋒斂鍔8), 出奇制勝, 如珠之走盤, 馬之行空, 始若不見其妙, 而探之愈深, 引之愈長, 則於虞有取焉。然此非爲道學名節論9), 乃爲詩論也。與予論合者, 惟張滄洲亨父10), 謝方石鳴治11)。亨父已矣, 方石亦歸老數千里外。知我罪我, 世固有君子焉, 當何如哉.

---

1) 取法구 : 唐太宗『帝範後序』: 取法乎上, 僅得乎中, 取法乎中, 祗爲其下。
2) 劉靜修 : 劉因(1249~1293) 字 夢吉, 號 樵菴. 元初詩人. 詩題가 광범하니 고체는 韓愈, 李賀에게서 영향받고, 상상이 奇特하고, 色澤이 濃烈하다. 七律은 沈鬱하고 豪邁하며, 늦게 陶淵明을 배우고서, 풍격이 淡雅해졌다.
3) 虞伯生 : 虞集. 翁方綱의『石洲詩話』卷5 : 〔백생의 칠언고시는 고묘하고 심혼하니 더 말할 것이 없다. 오언고시에 있어서는 함축되어 있는 중에 풍격 있는 시를 취하고 있으니 왕창령, 두목 이후에 아직 그만한 사람을 보지 못했다.(伯生七古, 高妙深渾, 所不待言. 至其五古, 於含蓄中取吐藻韻, 乃王龍標杜牧之以後所未見也.)〕
4) 軒輊(헌지) : 높고 낮음. 우열을 가리다.
5) 左袒(좌단) : 왼쪽 웃통을 벗다는 뜻으로 한쪽을 편듦, 하나의 역할을 비유. 右袒
6) 陸靜逸鼎儀 : 陸釴(1439~1489) 字 鼎儀, 號 靜逸. 시에 기교가 있으며 張泰, 陸容과 함께 婁東三鳳이라 한다. 『春雨堂稿』
7) 高牙大纛(고아대독) : 장군의 본진에 세우는 높은 아기와 큰 독기. 군을 통솔하는 장군의 지위. 여기서는 시풍이 豪放함을 비유.
8) 藏鋒斂鍔(장봉렴악) : 창은 감추고 칼을 거두어들이다. 즉 은유적이면서 심오하고 절제적인 시풍을 비유. 張泰의 시풍을〔恬淡自守(조용하고 담백하며 절로 분수를 지킨다)〕라고 평함.
9) 道學名節論 : 道學은 도의와 학문, 유가나 도가의 학문, 性理學. 名節論은 명예와 절개의 이론. 여기서는 사상이론적인 말을 지칭.
10) 張滄洲亨父 : 張泰(1436~1480) 字 亨父, 號 滄洲. 『滄洲集』.
11) 謝方石鳴治 : 謝鐸(1435~1510) 字 鳴治, 號 方山. 『桃溪淨稿』.

송시는 깊으나 오히려 당시에서 멀고 : 원시는 옅으나 오히려 당시에 가깝다. 다만 원시는 본받을 만하지 않으니, 소위 〔중간을 본받으면 겨우 아래만을 얻을 뿐이다.〕라는 것이 되겠다. 원대에서 골라볼만한 시인으로는 오직 유정수와 우백생 두 사람으로 모두 명가라 할 수 있으며 우열을 가릴 수 없다. 세상에서는 항상 유좌단이라 하는데, 정일 육정의도 또한 그렇다고 하였다. 나는 말하건대 군을 지휘하는 장군의 큰 깃발을 높이 들고 정정당당하게 견고한 것을 치고 예리한 것을 꺾는 면에서는 곧 유정수가 一日之長이 있고 : 창을 감추고 칼을 거두어서 기특하게 압승함이 마치 구슬이 쟁반에 굴러가고, 말이 공중으로 달리는 것같이 하여 처음에는 마치 그 오묘함을 보지 못하는 듯하나 추구할수록 더욱 깊어지고, 끌수록 더욱 길어지는 면에 있어서는 곧 우백생에게서 취할 것이다. 그러나 이것은 道學이나 名節論을 말하는 것이 아니고, 곧 詩論인 것이다. 나와 의론이 맞는 자는 오직 창주 장형보와 방석 사명치뿐이다. 형보는 이미 죽었고, 방석도 늙어서 천리 밖으로 귀향하였다. 나를 이해하거나 나를 탓할만한 사람은 세상에 진실로 이들 두 군자만 있을 뿐이니 어찌하면 좋단 말인가?

❋ 해설

明代 시풍은 尊唐派가 주도하였으니, 茶陵派의 수령인 이동양으로서는 송시를 원시보다 풍격상 폄하한 듯하다. 송시가 난삽하고 格律 위주의 논리성을 강조하여 性情표현에 멀리 있는 추세인데 원시는 唐詩風으로 회귀하는 경향을 보인 점을 높이 본 것이다. 그렇다고 원시를 본받으려 하지는 않았으니 그것은 '取法乎中, 僅得其下耳.'라는 관념으로 당시로 근본을 삼고자 한 원칙을 지니고 있었기 때문이다. 그러나 몽고족에 의해 세운 元代이지만 이 시기에도 元好問을 위시하여 초기에는 楊奐(1186~1255), 耶律楚材(1190~1243), 王磐(1202~1293), 方回(1227~1306), 劉因(1249~1293) 등과 중기에는 儒林四傑인 虞集(1272~1348), 揭傒斯(1274~1344), 黃溍(1277~1357), 柳貫(1270~1342)

등, 그리고 말기에는 柯九思(1290~1343), 楊維禎(1296~1370), 倪瓚(1301~1374) 등이 나름의 문학을 형성하여 후대에 영향을 주었다. 본문에서 이동양은 元代 시인 중에 劉因과 虞集을 으뜸으로 평가하여 그 장점을 서술하고 있다. 劉因은 역대 詩變遷에 대해서 스스로 말하기를 :

> 위진대 이후에 시학이 날로 성행하여 조식, 유정, 도잠, 사령운이 그 높은 경지에 이른 사람들이다. 수당대 이후에는 시학이 날로 변천하여, 정도를 얻어서 이백, 두보, 한유가 그 높은 경지에 이른 사람들이다. 송대 이후에는 시학이 날로 약하여졌다가 강해지니 구양수, 소식, 황정견이 그 높은 경지에 이른 사람들이다.
> 魏晉而降, 詩學日盛. 曹劉陶謝其至者矣. 隋唐而降, 詩學日變, 變而得正, 李杜韓其至者矣. 宋而降, 詩學日弱, 弱而後強, 歐蘇黃其至者矣(『靜修先生文集』卷.30)

라고 하여 시 창작에는 師承的 연계성을 강조하였다. 近人 李曰剛은 劉因의 시를 서술하기를,

> 시의 재능이 탁월하고 호방하면서 얽매이지 않는 기풍이 많고 비흥이 깊고 미묘하며 고시가 충담하여 자못 도잠과 유종원에 가깝고 가행과 율시는 곧 성당에 미치니 아름다운 시가 매우 많다.
> 詩才超卓, 多豪邁不羈之氣. 而比興深微, 古詩沖淡, 頗近陶柳, 歌行律詩直遡盛唐, 佳構甚多. (『中國詩歌流變史』卷下 p.108)

라고 하여 豪邁不羈한 시풍이 이동양이 시화에서 '高牙大纛, 堂堂正正.'라고 평한 것과 상통한다. 그의 「觀梅花有感」 시를 보면,

> 동풍이 불어 전쟁의 먼지모래 날리니
> 꿈에 서호의 처사 집을 생각하네.
> 오직 강남의 봄기운이 덜어지려니
> 이 마음 본래 매화 때문이 아니네.
> 東風吹落戰塵沙, 夢想西湖處士家.
> 只想江南春意減, 此心原不爲梅花.

라고 하여 詩情이 沖澹하면서 침통한 맛을 준다. 元代 초 문인 중에 비교적 遺民사상을 토로하는 시를 많이 남기고 있는 유인의 이 시는 梅花를 興托하여 함축적으로 思鄕의 심정을 표현하고 나아가서 避世的 의식이 깃들어 있다. 그리고 우집에 대해서는 『四庫全書總目提要』에 보면, 〔원대 작가들이 구름처럼 출현하여 대덕과 연우 이후에 더욱 극성하였는데 문단의 원로는 마땅히 우집을 으뜸으로 삼아야 할 것이다.(有元一代作者雲興, 大德延祐而還, 尤爲極盛, 而詞壇宿老, 要必以集爲大宗.)〕라고 하여 元初四大家의 하나로 평가하는데 우집의 시가 도연명을 배워서 風骨이 淡遠하고 肌神이 충족한 점은 이동양이 '珠之走盤'라고 비유한 것과 상관된다. 우집의 「京師秋夜」 시를 보면,

> 바람 이는 대나무에 가을 소리 나고
> 하늘이 기우뚱하니 꿈을 못 이루네.
> 오늘 밤달은 어떠한가
> 오직 나그네 창가에만 밝게 비추네.
> **風竹撼秋聲, 天蹇夢不成.**
> **爲何今夜月, 偏照客窓明.**

라고 하여 시가 淡遠한 정감을 주고 있다. 이동양은 張泰와 謝鐸을 가장 의논이 맞는 文友로 거명하였는데 이들은 모두 茶陵派의 시인들로서 臺閣風의 문단을 盛唐風으로 회복시킨 주동자들이다. 장태는 陸釴, 陸容과 함께 婁東三鳳의 하나로서 沈着高簡한 시풍을 지니고, 사탁은 古樂府에 능하여 古意를 터득한 시인으로 평가된다.

9. 孟浩然王摩詰足稱大家 맹호연과 왕마힐

    唐詩, 李杜之外, 孟浩然王摩詰足稱大家。王詩豊縟而不華靡[1], 孟却專心古淡, 而悠遠深厚, 自無寒儉枯瘠之病。由此言之, 則孟爲尤勝。儲光羲[2]有孟之古, 而深遠不及 : 岑參[3]有王之縟, 而又以華靡掩之。故杜子美稱〔吾憐孟浩然〕[4], 稱〔高人王右丞〕[5], 而不及儲岑, 有以也夫.

    당시는 이백과 두보 이외에도, 맹호연과 왕유를 대가라고 부르기에 충분하다. 왕유의 시는 語辭가 풍부하고 다채로우면서도(豊縟) 화려하지(華靡) 않은데, 맹호연은 오히려 예스럽고 담백(古淡)함에 마음을 다하여 그윽하고 원대하면서(悠遠) 깊고 두터운(深厚) 점이 있어 절로 빈한하고 검박하며(寒儉) 메마른(枯瘠) 단점이 없다. 이것으로 보면, 곧 맹호연이 더 뛰어나다. 저광희는 맹호연의 고담(古淡)함을 지니고 있으

---

1) 豊縟(풍욕) : 어사가 豊富하고 多彩롭다. 華靡(화미) : 어사가 화려하다.
2) 儲光羲(706~763) : 唐詩人. 潤州延陵人, 開元 14년 崔國輔와 같이 진사급제하고 天寶 말년에 監察御使를 지냄. 『儲光羲集』 70권이 있고 『全唐詩』에 시 4권 수록. 『河嶽英靈集』 卷下 : 〔저광희는 시격이 높고 풍격이 빼어나며 흥취가 원대하고 감정이 깊어서 일상적인 언어를 다 없애고 풍아의 도를 지니어 호연지기를 얻었다. 그 시는 원래 도잠에서 나와서 질박한 중에 고아한 맛이 있으니 왕유와 맹호연 사이에 놓아도 거의 손색이 없다.(儲公詩格高藻逸, 趣遠情深, 削盡常言, 挾風雅之道, 得浩然之氣。其詩原出陶潛, 質朴之中有高雅之味, 位置於王維孟浩然間, 殆無愧色。)〕
3) 岑參(715~770) : 唐詩人. 江陵人. 天寶 3년에 진사급제하고 節度判官, 右輔闕,嘉州刺史를 역임. 『岑嘉州集』 7권과 『全唐詩』에 시 4권 수록. 『滄浪詩話』 : 〔시어가 청아함을 좋아하고 용의가 절실함을 좋아하여 그 터득한 바가 다분히 아름다운 경지에 들고 멀리 고고하고 준수함이 빼어나서 일상적인 성정을 벗어나 있다. 비장하여 읽으면 감개케 한다.(屬辭尙淸, 用意尙切, 其有所得, 多入佳境, 迥拔孤秀, 出於常情。悲壯, 讀之使人感慨。)〕
4) 吾憐句 : 杜甫「遣興」五首의 제5수
5) 高人句 : 杜甫「解悶」十二首의 제8수

면서 深遠함에는 못 미치고 : 잠삼은 왕유의 豊縟함은 지니면서 또한 華靡함으로 덮고 있다. 그러므로 두보가 〔나는 맹호연을 아끼고 사랑한다〕라 하고 〔높은 사람 왕우승〕이라고 칭찬하면서 저광희와 잠삼을 언급하지 않은 것은 이유가 있는 것이다.

✪ 해설

詩仙 李白, 詩佛 王維, 그리고 詩聖 杜甫가 전부 성당 시인들이다. 孟浩然(689~740)은 이들보다 시기적으로 앞서지만 역시 산수전원풍의 시풍을 가지고 初唐과 盛唐의 교량적 역할을 한 시인이다. 이동양이 이들을 동격에 놓고 평가함은 어느 정도 타당하다. 이같이 시 문학이 황금기를 이룬 요인이 있는 것이다. 중국시가의 발달이 음악과 함께 삼천 년이나 끊이지 않고 전개되어 오면서 유난히 당나라에 와서 近體詩(律詩와 絶句)가 정착되고 시를 지칭하면 곧 당시를 가리킬 만큼 인식하게 된 것이다. 그 당시엔 인쇄술이 개발되지 않았고 단지 筆寫만으로 전해되는 상황이었는데, 지금까지 그 양이나 질적인 면에서 찬란한 문학적 聲價를 독차지하다시피 하게 된 연유가 어디에 있었는지 다음 몇 가지 측면으로 살필 수 있다.

첫째로 唐代에는 학술 사조가 다양하게 발달하여 성행하였다는 것이다. 당나라는 道敎를 국교로 하여 『太玄眞經』으로서 老子의 『道德經』을 추숭하고 도교의 長嘯나 鍊丹이 매우 일반화되어 일상생활의 중요한 일이 되어 있었다. 그리고 전통적인 儒家 사상을 견지하고 있었고 東漢 시대에 전래된 불교가 南北朝시대에 성행하면서 당나라에 유입되어 비록 도교를 국교로 정했지만, 당나라의 초기인 太宗이나 高宗 때에는 玄奘 法師나 懿貞 禪師 같은 이들이 佛經을 번역하여 선교하는 일을 도와주는 풍토가 지속되고 있었다. 이러한 현상은 마치 춘추전국시대에 諸子百家들이 할거하던 것과 비슷하였으니 종교사상의 흥성은 즉 문학의 질적인 면이나 양적인 면에서 비례하여 발전하는 요인이 되었던 것이다.

둘째로 정치와 사회의 변화무쌍한 배경이 당시 발달의 큰 요인이 되었다. 太宗 때에(627~649) 文治를 중시하여 어진 신하를 등용하고 세금과 부역을 감면하면서 태평성세의 시대를 열었으며 玄宗(712~755) 때에는 物情이 풍부하여 唐代의 황금시대를 맞게 되었다. 따라서 백 년간의 정치와 경제의 안정으로 문화가 자연스럽게 발전하게 된 것이다. 동시에 대외적인 영토 확장이나 외교적 측면에서도 성공을 거둔 시기라 할 것이다. 초반 40년 동안에 突厥・吐藩・龜玆・新羅・日本 등에 都護部를 두어 감독하고 남방으로는 동남아의 월남・버마 지역까지 朝貢케 하여 중국영토에 있어 역사상 가장 광대한 영역을 확보하였으며 문화의 교류 또한 빈번하여 국내외의 學人들의 왕래가 사방 객지로부터 활발하였다. 여기서 그 예로써 우리 삼국시대의 신라와 당의 시인들의 교류 관계를 살펴보면, 唐代의 崇文의식을 확인하게 될 것이다.

　신라가 당나라와 교류하기 시작한 시기는 초당 시기인(621년 전후) 신라 眞平王 43년 전후로 추정되는데(『삼국사기』卷4), 신라인으로 당의 賓貢科에 급제한 사람만도 金雲卿, 金可紀 등 58인이나 되었다고 한다. 구체적인 예를 들어보면 『全唐詩』에 수록된 신라인의 시가 王巨仁・崔致遠・金立之・金雲卿・金可紀 등 9인의 시 9수가 있으며 唐代 文人에게 준 贈酬詩로 최치원의 9수와 朴仁範의 5수가 남아 있다. 그리고 『全唐詩』에서 당인이 신라인에게 준 증수시도 李涉・張籍・皮日休・鄭谷・貫休 등의 시 41수나 수록되어 있는 것이 발견되었다.(졸저 『新羅・渤海漢詩의 唐詩論的 考察』 참조, 푸른사상, 2009) 그리고 그들 상호간의 우의도 두터워서 온화한 인정을 읽을 수 있으며 元稹의 「白氏長慶集序」에 보면 신라의 경주에서는 백거이의 시가 돈 백량에 교환될 만큼 문물의 교류가 풍성하였다고 기록되어 있다. 이와 같은 당나라의 문화적 역할이 당의 문화수준을 더욱 높이고 긍지심을 북돋아 주었으리라고 본다.

　셋째로 문학운동에 진력할 수 있는 환경이 조성되어 있었다는 것이다. 문학의 발달에는 음악과 미술 등 예술의 발달이 수반되는 것이다. 당의 玄宗 때에 음악을 관장하는 敎坊을 두고 관직에 太樂丞이 있었으며 전대의 궁중 및 민간의 악곡을 정리케 하였다. 中唐代에 신악부가 다시 성행한 것이며 당 중엽부터 점차 파생하기 시작한 '詞'의 등장도 바로 이러한 바탕 위에 가능하였던 것이다. 미술도 唐代에 와서 王維에 의해 南宗畵가 파생하여 그림의 입체감과 함께 문인화의 등장이 가능하였으며 예술의 규격화된 굴레를 자유로이 벗어날 수 있는 풍토가 조성되게 된 것이다. 특히 漢代에 성행하던 악부가 唐代에 와서

新樂府로서 더욱 성행하고 체계화된 것은 단순한 음악적인 연관 이상의 사회 구조상의 낭만적이며 토속적인 풍조의 영향도 많이 작용하였다고 본다. 唐詩의 발달은 일시적이거나 정책적인 人爲에 의한 요인 때문이 아니고 오랜 시간 쌓여진 복합적인 이유들 때문에 唐代라는 시기에 이르러서 창출된 중국문학사에 있어서 피할 수 없는 순리적인 결과에 의해서 나타났다고 보는 견해가 보다 더 합리적일 것이다. 孟浩然과 王維를 흔히 비교하는데 맹호연이 연상이지만 王維詩派에 열입시킨다. 두보가 맹호연을 높인 시구는 「遣興」 제5수의 시구로서 그 시를 보면 다음과 같다.

>나는 맹호연을 사랑하니
>홑적삼으로 긴 밤을 지새네.
>지은 시가 어찌 많을 필요 있겠나,
>늘 포조와 사령운을 능가하네.
>맑은 강에는 공허이 옛 물고기 놀고,
>봄비는 사탕수수를 적시네.
>매양 동남쪽 구름을 바라보니
>이 내 마음 슬퍼지네.
>吾憐孟浩然, 短褐卽長夜. 賦詩何必多, 往往凌鮑謝.
>淸江空舊魚, 春雨餘甘蔗. 每望東南雲, 令人幾悲咤.

그리고 두보가 왕유를 칭찬한 시구는 「解悶」 제8수의 〔높은 이 왕우승을 못 보나 남전의 골짜기엔 찬 등나무 무성하네.(不見高人王右丞, 藍田丘壑蔓寒藤.)〕로서 草野에서 安史亂 등의 난리를 겪으면서 右丞이란 고관에 오른 왕유와 삶의 격이 다르지만 隱逸浪漫의 풍격을 높이 평가한 것이고, 평생 襄陽의 處士인 맹호연에 대해서는 同志的 의식이 있었던 것이다. 이동양이 두보가 왕유와 맹호연은 거론하면서 저광희와 잠삼은 언급하지 않은 이유가 있다고 한 것은 다음 그 전후 시기의 다른 詩評과 상통한다. 그 예로 『唐詩歸』를 보면 : 〔저광희 시는 맑은 골격과 신령한 심성을 담아서 왕유와 맹호연에 뒤지지 않는다.(儲詩淸骨靈心, 不減王孟.)〕라 하고 『詩藪』에서는 〔저광희는 한가롭고 아름다우며 진실하여서 농촌에 관한 면에서 늘상 왕유와 맹호연보다 낫다.(儲光羲閒婉眞

至, 農家者流, 往往出王孟上.)]라 하였으며, 『詩筏』의 평을 보면 : 〔저광희의 오언고시는 비록 왕유의 오언고시와 격조를 같이 하지만, …… 저광희는 온후한 중에 섬세함이 있고 왕유는 섬세한 중에 온후함이 있으며 저광희가 심원 중에 담백함을 지녔다면, 왕유는 담백한 중에 심원함을 지니고 있어 왕유와 짝수가 되어 저광희가 앞서는 것 같지만, 우연작시를 보면 알게 된다. 그러나 왕유를 홀로 대가라 칭하는 이유는 왕유의 여러 체제가 모두 오묘해서이고 저광희는 단지 오언고시만이 뛰어날 뿐이다.(儲光羲五言古詩, 雖與摩詰五言古同調, ……儲于厚中有細, 而王于細中有厚, 儲于遠中含淡, 而王于淡中含遠, 與王着着敵手, 而儲似爭得一先. 觀偶然作篇知之. 然王所以獨稱大家者, 王之諸體悉妙, 而儲獨以五言古勝場耳.)〕라고 하여 왕유에 우위를 둔 점을 알 수 있다. 그리고 岑參 詩는 『近體秋陽』에 〔잠삼집의 시가 많지 않아도 모두 우뚝 빼어나니 정련된 생각이 우뚝 솟아나서 반드시 남과 다른 것이다.(參集詩雖不多, 然篇皆峭倬, 精思矗起, 必逈不同于人.)〕라고 호평하며 흔히 高適과 같이 평가하는데 『唐宋詩擧要』에서 〔성당의 고풍시는 이백과 두보 이외에 왕유와 잠삼이 걸출한 사람들이다.(盛唐古風, 李杜以外, 右丞嘉州其杰出者.)〕라고 논평한 점을 참고할 만하다.

　詩風으로 孟浩然을 王維詩派에 列入하면서 아울러 두 시인의 交遊관계도 살펴볼 필요가 있다. 『舊唐書』 卷190(下) 文苑傳을 보면,

　　일찍이 태학에서 시회를 열었는데 〔맹호연이 시를 읊자〕 모두 탄복할 뿐 감히 대항하지 못했다. 장구령과 왕유는 평소 그를 칭찬하던 터였는데 한번은 왕유가 사적으로 그를 집무실로 초청하였다. 그런데 잠시 후 현종이 당도하자 맹호연은 상 밑에 숨었다. 왕유가 사실대로 대답하자 황제는 즐거워하면서 "짐은 그대에 대해 들어서 알고 있었으나 아직 만나지 못했을 뿐이구료. 어찌 두려워 숨으시오?" 하고는 맹호연을 불러 나오게 했다. 황제는 맹호연에게 그의 시에 대해 묻자 맹호연은 두 번 절을 올리면서 자신의 시를 읊었는데, 〔재능없다고 현명한 군주에게서 버림받았네〕라는 시구에 이르러 황제가 "경이 벼슬을 구하지 않았던 것이지 짐이 일찍이 버리지 않았거늘 어째서 나를 무고하느냐?"고 하면서 쫓아서 돌려보냈다.
　　　嘗於太學賦詩, 一座嗟伏, 無敢抗. 張九齡・王維雅稱道之. 維私邀入內署, 俄而玄宗至, 浩然匿牀下, 維以實對. 帝喜曰;『朕聞其人而未見也, 何懼而匿』

詔浩然出. 帝問其詩, 浩然再拜, 自誦所爲. 至『不才明主棄』之句, 帝曰:『卿不
求仕, 而朕未嘗棄卿卿, 奈何誣我』因放還.

라고 하였는데, 이 글에서 다음 두 가지 왕유와 맹호연과의 관련된 문제를 생각할 수 있으니, 그 하나는 왕유가 長安으로 復歸한 年代와 다른 하나는 왕유와 맹호연의 詩交 연대인 것이다. 왕유는 開元 9년(721)에 科擧及第하여 同年에 太樂丞을 제수하고 개원 10년 전후(723)에 齊州로 被貶된다. 이어서 개원 15년(727)에 관직에 나가고 嵩山에 은거하다가 개원 22년(734) 5월 이전에 張九齡이 中書令이 되어 왕유를 右拾遺에 발탁한다. 왕유가 장안으로 귀환한 연대는 장구령이 우습유로 기용한 개원 16년에서 개원 22년간이라고 추정해야 하는데, 왕·맹의 시교년대는 맹호연이 京師로 나오던 개원 16년(728)으로 보는 것이다. 왕유와 맹호연이 시교한 후의 장안에서의 교유사정은 추정하기 어렵다. 그 이유는 왕·맹 양인의 시문집에서 유관자료가 없기 때문인데, 단지 맹호연이 현종 앞에서 '不才明主棄'라 한 죄로 즉시 경사를 떠나 襄陽으로 환향할 때 왕유가 「送孟六歸襄陽」(『王摩詰全集箋注』卷15)를 지어 歸田園을 위로해 준 일만 확인할 수 있을 뿐이다.

> 문을 닫고 밖에 나서지 않고
> 오랫동안 세상과 소원하게 지내는군.
> 이를 뛰어난 방책으로 삼을지니
> 그대에게 권하건대 옛 집으로 돌아가기를.
> 전원의 집에서 술 취해 노래하고
> 웃으며 고인의 책이나 읽게나.
> 마침 일생에 할만한 일이려니
> 수고로이 사마상여처럼 자허부를 바치진 말기를.
> 杜門不欲出, 久與世情疎.
> 以此爲長策, 勸君歸舊廬.
> 醉歌田舍酒, 笑讀古人書.
> 好是一生事, 無勞獻子虛.

그러면 맹호연이 왜 양양을 떠나 경사로 나왔던가, 또 그는 정말 공명에 대한 희망과 기원이 없었던가 하는 의문에의 해답을 玄宗과의 不和로 인한 官路

의 꿈의 좌절로 부득이 歸鄕할 수밖에 없는 상황에서 찾아야 할 것이다. 즉 왕유의 「送孟六歸襄陽」에는 맹호연이 귀향하는데 대해 전혀 석별이나 정감이 표현되지 않고 있으며, 오히려 名譽에의 虛荒한 마음을 애초에 생각조차 않는 것이 타당했다는 의미가 내포되고 있어 단지 送別 속에 勸告와 安慰만을 제시하고 있다. 이것은 왕유가 맹호연의 오언시에 능한 것을 투기한 때문이라는 설도 있으나, 여하튼 왕·맹 양인의 交情은 두텁지 않았던 것 같다. 맹호연이 양양으로 돌아간 후 12년간 왕유를 상면하지 못하고 病故하였는데, 개원 28년 즉 맹호연이 病逝하던 그 해에 왕유가 殿中侍御史로 襄州 일대의 선거사무를 주관차 양양에 가서 亡友를 애도하며, 「哭孟浩然」(上同 卷20) 시를 지으니,

  옛 친구를 만나 볼 수 없는데
  한수는 날로 동으로 흐르누나.
  양양의 노인을 물으니
  채주의 그대 놀던 강산은 공허하기만 하구나.
  故人不可見, 漢水日東流.
  借問襄陽老, 江山空蔡州.

이 시에서 본래 깊지 않았던 友情인 데다가, 이미 식어진 왕유에의 情感이 드러나 있어서, 전혀 哀悼詩로서의 감동을 주지 않고 있다.

10. 觀『樂記』論樂聲處 『樂記』의 악성

觀樂記[1] 論樂聲處, 便識得詩法.

『樂記』를 보면 음악의 소리(樂聲)에 관한 점을 서술하고 있는데 곧 시법을 알 수 있다.

✿ 해설

詩와 樂의 조화관계를 강조한다. 『樂記』에는 聲에 대한 서술이 여섯이 있다 : 1) 樂聲의 발생. 樂聲은 心과 物이 交融하여 하나된 結晶. 〔무릇 음악의 기원은 사람의 마음에서 나온 것이다. 사람의 마음이 움직이는 것은 사물이 그렇게 하는 것이다. 사물에 느끼어서 움직이고 소리로 나타난다.(凡音之起, 由人心生也. 人心之動, 物使之然也. 感於物而動, 故形於聲.)〕 2) 樂聲은 정치와 世情을 반영.〔무릇 소리란 사람의 마음에서 생긴 것이다. 감정이 속에서 움직이어 소리로 나타난다. 소리가 글이 되니 그것을 음악이라 한다. 이런 고로 세상을 다스리는 음악은 평안하고 즐겁고, 그 정치는 화평하다. 세상을 어지럽히는 음악은 원망하고 노하여 그 정치가 어긋난다. 망국의 음악은 슬프고 근심스러워 그 백성이 고생한다.(凡音者, 生人心者也. 情動於中, 故形於聲. 聲成文, 謂之音. 是故, 治世之音安以樂, 其政和 : 亂世之音怨以怒, 其政乖 : 亡國之音哀以思, 其民困.)〕 3) 樂聲의 교화작용.〔음악을 성인이 즐거워하는 것이어서 민심을 선하게 할 수 있고, 그 인심을 감동시키며, 그 풍속을 좋게 옮기니 선왕은 그 교화를 드러낸다.(樂也者, 聖人之所樂也, 而可以善民心, 其感人心, 其移風易俗, 故先王著其敎焉.)〕 4) 樂聲의 中和.〔음악은 천지의 조화이다.(樂者天地

---

1) 樂記 :『禮記』第19篇名

之和也.)〕〔큰 음악과 천지는 같이 조화한다.(大樂與天地同和.)〕 5) 樂聲은 감정의 진실한 流露. 6) 樂聲의 함축 등이다. 시와 음악적 音律은 불가분의 관계로서, 시의 平仄과 押韻을 위시하여 각종 格律의 기본이 된다. 그리고 창시법이 작시에서 중시된 근거도 시는 性情의 함축된 언어표현이기 때문이다. 여기서 논하는 요점은 시의 음악성도 있지만, 그보다는 시의 창작의 근원이 인간의 심정에 역점을 둔 것이다.

11. 作詩不可以意循辭 작시의 어사

　作詩不可以意循辭[1], 而須以辭達意[2]。辭能達意, 可歌可詠, 則可以傳。王摩詰[3]〔陽關無故人〕[4]之句, 盛唐以前所未道。此辭一出, 一時傳誦不足, 至爲三疊[5]歌之。後之詠別者, 千言萬語, 殆不能出其意之外。必如是, 方可謂之達耳。

　시를 짓는데 있어서 시인의 뜻(생각, 감정)이 시의 어사에 따르게 해서는 안 되고, 모름지기 어사로써 뜻을 잘 표현하도록 해야 한다. 어사로 뜻을 잘 표현할 수 있으면, 노래하고 읊을 수 있으니 곧 전해질 수 있다. 왕유의 〔양관으로 가니 옛 친구가 없네〕구는 성당 이전에는 말한 적이 없다. 이 어사가 나오자마자, 일시에 퍼져서 읊어지는 것으로도 부족하여 세 번 반복하는 삼첩곡으로 노래하기까지에 이르렀다. 후에 이별을 노래하는 자가 수많은 말을 하였어도 거의 그 뜻 외의 더 뛰어난 표현을 할 수 없었다. 반드시 이와 같아야 비로소 뜻을 잘 표현한다고 말할 수 있을 것이다.

✿ 해설

　시인의 뜻을 정확히 표현하는 능력이 중요하고 시를 묘사하는데 치우쳐서

---

1) 以意循辭 : 시인의 뜻이 어사(시어)에 끌려가다.
2) 以辭達意 : 어사로 시인의 뜻을 잘 표현하다.
3) 王摩詰 : 摩詰은 王維(701~761)의 字.
4) 陽關句 : 王維의 「送元二使安西」 제4구(『王右丞集箋注』 卷14)
5) 三疊(삼첩) : 옛 연주법. 시의 어느 句를 세 번 반복하여 노래하는 법. 王維의 「送元二使安西」 詩는 제4구 '西出陽關無故人'구를 세 번 반복하여 唱하므로 일명 '陽關三疊曲'이라 한다.

는 좋은 시라고 할 수 없다. '以辭達意'해야 한다는 것이다. '辭達'이란 말은 『論語』衛靈公의〔선생님이 말씀하시기를 : 어사를 잘 표현할 따름이라.(子曰 : 辭達而已矣.)〕에서 연원한다. 漢代 孔安國은 이 말을 풀이하기를〔무릇 일은 사실보다 더 좋은 것이 없으니 어사를 잘 표현하기만 하면 족하고, 문장에 있어 꾸미는 말을 하지 않는다.(凡事莫過於實, 辭達則足矣, 不煩文艶之辭.)〕(『論語注疏』)라고 하여 작자의 뜻을 글로 잘 묘사해 주는 것이 '辭達'의 本義임을 알 수 있다. 그래서 『儀禮』聘禮에〔말이 많으면 꾸미게 되고, 적으면 표현을 잘 못한다. 말은 단지 표현하여 뜻이 잘 드러나면 족한 것이다.(辭多則史, 少則不達, 辭苟足以達, 義之至也.)〕라고 그 효용의 적절성을 이미 밝히고 있다. 이 말이 시대를 거치면서 대개 두 가지 논리로 집약되는데 그 하나는 어사와 내용 즉 辭와 意의 비중을 동등하게 두는 설이다. 明代 謝榛의 말을 빌리면,

무릇 뜻을 세우고 어사를 쓰는데 그 둘을 다 공교롭게 구사하기가 아주 쉽지 않다. 어사에는 짧고 긴 것이 있고, 뜻에는 크고 작은 것이 있으니, 모름지기 끌어당겨서 단단히 하고, 묶어서 굳게 하여 어사를 졸렬하게 하고 뜻이 어긋나게 해서는 안 된다. …… 무릇 어사가 짧고 뜻이 많으면 때때로 깊고 어둔 데로 빠지고, 뜻이 적고 어사가 길면, 때때로 지루하게 늘어지게 된다. 명가는 이런 두 가지 병폐가 없는 것이다.
凡立意措辭, 欲其兩工, 殊不易得. 辭有短長, 意有大小, 須搆而堅, 束而勁, 勿令辭拙意妨.……夫辭短意多, 或失之深晦 : 意少辭長, 或失之敷演. 名家無此二病.(『詩家直說』卷3)

라고 하여 그 竝用을 강조하고 있다. 그리고 다른 하나는 意가 爲主이고, 辭는 보조적인 역할을 한다는 설이다. 즉〔의취가 주가 되고, 어사는 보조가 된다.(以意爲主, 辭爲輔.)〕인 것이다. 金代 趙秉文은 이 점을 서술하기를,

문장은 뜻을 표현함이 근본이 되고, 어사로는 뜻을 잘 표현할 뿐이다. 옛사람은 헛되이 꾸미는 것을 바라지 않고 사실을 보고 글로 표현하여 자기 마음에 말하고자 하는 것을 표현했을 따름이다.
文以意爲主, 辭以達意而已. 古之人不尙虛飾, 目事遣詞, 形吾心之所欲言者耳.(『閑閑老人滏水文集』卷15)

라고 하였고, 금대 周昻은 보다 더 강조하기를,

> 문장에서 뜻을 주인으로 삼고 어사는 일꾼으로 삼으니, 주인이 강하고 일꾼이 약하면, 순종치 않는 것이 없게 된다. 지금 사람들은 왕왕 교만하여 져서 날뛰어서 제지하기 어렵게 되고, 심한 것은 오히려 그 주인을 부리니, 비록 어사가 아무리 기교로워도, 어찌 글이 바르게 되겠는가?
> 文章以意爲主, 以言語爲役, 主强而役弱, 則無令不從. 今人往往驕其所役, 至跋扈難制, 甚者反役其主, 雖極辭語之工, 而豈文之正哉.(元脫脫『金史』卷126 周昻傳)

라고 하였는데 이동양이 후자의 입장에 서서 논리를 전개한 배경은 宋代에 江西詩派를 중심으로 典故와 奇語를 다용하는 작법이 유행하여 난해하고 工巧한 창작의식을 唐代로 복고시키고자 하는데 있었다고 본다. 그 예로 王維의「送元二使安西」시를 萬古의 絶唱으로 평가하고 있다.

> 위성의 아침 비가 가벼운 먼지 적시니
> 객사에 파릇한 버들 빛이 새롭구나.
> 그대에게 술 한 잔 더 권하고서
> 서쪽 양관으로 떠나니 옛 벗은 없다네.
> 渭城朝雨浥輕塵, 客舍靑靑柳色新.
> 勸君更進一杯酒, 西出陽關無故人.

이 시는 陽關三疊曲이라 하여 蘇軾에 의해 그 唱法이 정리되는데『東坡志林』에 기재된 내용을 보면,

> 스스로 말하기를 : 고본 양관을 얻으니, 그 소리가 곱고 처량하여 전에 듣던 것과 다르매, 매구를 재차 창하는데 제1구는 중첩하지 않으니 곧 당 본삼첩이 대개 이런 줄 알겠다. 황주에서 우연히 백낙천의 對酒시를 얻었는데 : '서로 만나서 더 말 않고 술에 취하여 양관 제4성을 창하는 소리 듣네.'라 하고 주에 이르기를 : '제4성 勸君更進一杯酒' 이것이라.
> 自云得古本陽關, 其聲宛轉凄斷, 不類向之所聞, 每句再唱, 而第一句不疊, 乃知唐本三疊蓋如此 及在黃州, 偶得樂天對酒詩云 : '相逢且莫推辭醉, 聽唱陽關第四聲.' 注云 : '第四聲, 勸君更進一杯酒' 是也.

여기서 소식은 3종 唱法을 제시하는데 그 중에 제3종 창법을 보면 제1구는 一唱, 제2구는 一疊, 제3구는 二疊, 제4구에서 三疊을 하는 방식이다. 그러나 오늘날은 제4구에만 三疊하여 '渭城朝雨浥輕塵, 客舍靑靑柳色新. 勸君更進一杯酒, 西出陽關無故人, 西出陽關無故人, 西出陽關無故人.'라고 唱하여 陽關三疊의 명칭과 맞춘다.

12. 詩貴不經人道語 시의 口語

詩貴不經人道語[1]。自有詩以來, 經幾千百人, 出幾千萬語, 而不能窮。是物之理無窮, 而詩之爲道亦無窮也。今令畵工畵十人, 則必有相似而不能別出者, 蓋其道小而易窮。而世言詩者, 每與畵幷論[2], 則自小其道也。

시는 세속적인 평범한 말을 하지 않는 것을 귀히 여긴다. 시가 나온 후부터 수천 사람을 거치면서 수천만의 말을 써냈지만 깊은 경지에 도달할 수 없었다. 이것은 사물의 이치가 무궁한데 시의 이치도 무궁해서인 것이다. 지금 화가로 하여금 열 명의 사람을 그리게 하면, 반드시 서로 비슷한데 특별히 빼어나지 못한 것은, 대개 그 도리가 작아서 경지에 도달하지 못하고 쉽게 막히기 때문이다. 그리고 세상에 시를 논하는 자들이 매번 그림(畵)과 함께 논하는데, 스스로 그 도량이 작기 때문이다.

❂ 해설

시의 높은 경지는 脫俗的이다. 이 경지에 도달할 수 있는 시인은 흔치 않다. 중국시에서는 이 점을 특히 많이 강조하는데 이동양도 같은 路線에 서서 논하고 있다. 詩經의 詩敎는 '溫柔敦厚'에 있으니, 『論語』에서 詩三百을 두고 평가하기를 '思無邪'라고 한 것에서부터 전통적으로 시의 本領을 세속적인 人道語를 구사하는 데 두지 않고 시인의 성정이 고아한 경지에 있는 데에 초점을 맞

---

1) 人道語 : 세속적인 語辭. 入禪의 경지가 아닌 평범한 어사.
2) 與畵幷論 : 蘇軾이 詩와 畵의 관계를 주장. 「書鄢陵王主簿所畵折枝」 二首之其一 : 〔시와 화는 본래 하나의 율격이니 자연스레 기교롭고 청신하네.(詩畵本一律, 天工與淸新.)〕

추고 있다. 그래서 시인과 화가의 창작의식을 비교적으로 병론하여 詩畵論一致를 주장하게 된 것이다. 이 논리는 蘇軾이 王維의 그림을 보고서 〔마힐의 시를 맛보면, 시 속에 그림이 있고, 마힐의 그림을 보면, 그림 속에 시가 있다.(味摩詰之詩, 詩中有畵, 觀摩詰之畵, 畵中有詩.)〕(『蘇東坡全集』 卷98 書摩詰藍田煙雨圖)라고 평한 말에서 구체화되어 그 영향이 明淸代의 시론에 도입되기도 하였는데 이동양이 여기서 거론한 것도 그 맥락에서 볼 수 있다. 소식은 「次韻吳傳正枯木歌」에서 〔고래로 화가는 속된 선비가 아니니 오묘한 생각이 실로 시와 함께 나오네.(古來畵師非俗士, 妙想實與詩同出.)〕(上同 卷14)라고까지 詩畵의 同構關係를 역설한 것이다. 이런 논리에 입각해서 元代 楊維禎은 〔동파는 시를 소리 있는 그림으로 여기고, 그림을 소리 없는 시로 여겼으니, 대개 시라는 것은 마음의 소리이며, 그림이라는 것은 마음의 그림이어서 둘은 같은 몸이다.(東坡以詩爲有聲畵, 畵爲無聲詩, 蓋詩者心聲, 畵者心畵, 二者同體.)〕(『東維子文集』 卷11 無聲詩意序)라고 추종하고 있다. 그러나 詩와 畵의 경지를 비교함에 있어서 이동양은 다소간 부정적인 견해를 보이고 있어서, 말미에 〔세상에 시를 말하는 자들이 매양 그림(畵)과 함께 논하는데, 곧 스스로 그 도량이 작기 때문이다.(世言詩者, 每與畵幷論, 則自小其道也.)〕라고 하였으니 이 점은 어느 정도 객관적인 眼目이라고 볼 수 있다.

13. 溫庭筠「商山早行」 온정균의 「상사조행」 시

〔雞聲茅店1)月, 人跡板橋霜.〕2), 人但知其能道羈愁3)野況於言意之表, 不知二句中不用二閒字, 止提掇4)出緊關物色字樣, 而音韻鏗鏘5), 意象6)具足, 始爲難得. 若强排硬疊, 不論其字面之淸濁, 音韻之諧舛7), 而云我能寫景用事, 豈可哉?

〔닭 우는 소리 나는데 초가집에 달이 떠 있고, 인적이 드문데 나무 다리에는 서리가 내리네.〕구에 대해서 사람들은 단지 말과 뜻만으로 나그네의 수심과 들판의 모습을 표현할 줄만 알지, 두 구 중에 한두 개의 한가로운 글자를 쓰지 않고 다만 연관된 경물의 글자만을 끌어 모았는데도, 음운이 옥 같이 울리고 의상이 풍족하게 갖추고 있다는 것을 모르니, 이 점은 배워 터득하기 어렵다. 만일 딱딱한 첩어를 억지로 배열한다면, 그 글자의 청탁과 음운의 조화여부는 물론이거니와, 내가 경물을 묘사하고 고사를 사용할 수 있다는 말을 어찌 할 수 있겠는가?

✿ 해설

溫庭筠(813~870), 字는 飛卿, 山西 祁縣人이다. 晩年에 겨우 國子助敎를 지

---

1) 茅店(모점) : 띠를 지붕에 이은 집. 초가집.
2) 雞聲句 : 溫庭筠「商山早行」
3) 羈愁(기수) : 나그네의 근심, 걱정.
4) 提掇(제철) : 끌어 모으다.
5) 鏗鏘(갱장) : 옥이 울리는 소리.
6) 意象 : 劉勰의 『文心雕龍』 神思篇에 처음 나옴.
7) 諧舛(해천) : 어울림과 어그러짐

냈지만 그의 文才는 曹植에 비길 만하여 晚唐의 唯美詩風의 極致를 보였다. 詩詞에 모두 特出하고 화려한 애정시는 있으되 民間의 疾苦를 노래한 시가 없는 것은 李商隱과 다른 면이다. 그의 「商山早行」 시의 두 구를 인용하여 시의 음악성을 서술하고 있다.

  새벽에 일어나 길가는 목탁을 움직이니
  나그네 가는 길에 고향 생각 슬프네.
  닭 우는 소리 나는데 초가집에 달이 떠 있고,
  인적이 드문데 나무다리에는 서리가 내리네.
  떡갈나무 잎이 산길에 떨어지고
  탱자나무 꽃은 역의 담에 밝게 피었네.
  두릉의 꿈을 생각하노라니
  오리와 기러기가 온통 연못에 날아도네.
  晨起動征鐸, 客行悲故鄕.
  雞聲茅店月, 人跡板橋霜.
  槲葉落山路, 枳花明驛牆.
  因思杜陵夢, 鳧雁滿廻塘. (『全唐詩』 卷581)

위의 시를 보면 제2연에서 동사나 형용사, 부사 등 일체의 수식어를 사용하지 않고 단지 名詞語의 羅列만 있으니, '雞聲-茅店-月, 人跡-板橋-霜.'에서 각 구가 세 단어의 명사어로 구성하여 시구를 이해하는 데 독자의 添言을 필요로 한다. 宋代 歐陽修는 이 시구에 대해서 평하기를 : 〔나는 일찍이 당인의 시를 좋아하니, 이르기를 : '닭 우는 소리 나는데 초가집에 달이 떠 있고, 인적이 드문데 나무다리에는 서리가 내리네.'구는 곧 하늘이 찬 세모에 바람은 쓸쓸하고 나뭇잎 지는데 여행의 근심이 몸소 그것을 겪는 것 같다. 시의 기교는 마치 화공의 세심한 붓과 같다. 이것으로 문장과 조화가 기교를 다툼이 가한 것을 알겠다.(余嘗愛唐人詩云 : 雞聲茅店月, 人跡板橋霜, 則天寒歲暮, 風凄木落, 羈旅之愁, 如身履之…… 詩之爲巧, 猶畫工小筆爾. 以此知文章與造化爭巧, 可也.)〕(『歐陽文忠公文集』 卷130 試筆)라고 하여 극찬하였다. 이동양은 이 시구를 세 가지 면으로 논술하고 있으니, 첫째는 '閒字' 즉 한가로운 글자, 중요하지 않은 글자, 명사 외의 수식어 같은 시어의 활용 없이 오직 명사어만을 구사하여 시구를 형성해도 연관된 景物묘사가 탁월할 만큼 造語上의 彈性과 張力이 있다는 점, 둘째는 音律上으로 음악성이 풍부하여 格調가 높은 점이니, 淸代 王士禎은 〔이것은 만당시이면서도 초당의 기세를 지니고 있어서 격조가 가장 높다.(此晚唐而有初唐氣格者, 最爲高調.)〕(『古夫于亭雜錄』 卷5 溫庭筠詩) 라고 평가하였다. 그리고 셋째는 '意象'이 넘친다는 점으로 일찍이 劉勰이 처음으로 거론한 용어로서 문학예술의 가치와 관련된 시의 심미의식이다. 시구의 여섯 단어가 모두 아침 行路인 早行의 景物이니, 새벽에 닭이 울고(鷄聲), 달이 아직 떠있고(月), 이른 아침에 인적이 드물고(人跡), 새벽에 해뜨기 전이니 서리가(霜) 내려 있는 광경이 詩題와 상통한다. 이 모두가 처량한 감정과 旅程의 客愁를 충분히 토로하는 非凡한 이미지를 구성하고 있다. 이동양의 詩評이 매우 적절하게 서술된 글이라 하겠다.

14. 詩與文不同體 시와 문의 차이

詩與文不同體。昔人¹⁾謂杜子美²⁾以詩爲文, 韓退之³⁾以文爲詩, 固未然。然其所得所就, 亦各有偏長⁴⁾獨到之處。近見名家大手以文章自命者, 至其爲詩, 則毫釐千里⁵⁾, 終其身而不悟。然則詩果易言哉?

詩와 文은 체제가 같지 않다. 옛사람이 말하기를, 두자미는 시로 문을 삼고, 한퇴지는 문으로 시를 삼았다고 하였는데 정말 그런 것은 아니다. 그러나 그 나름의 얻은 것과 나아간 것(문학의 주관과 취향)이 또한 각각 앞장서서 독특하게 얻은 점이 있다. 근래에 유명한 대가로서 문장으로 이름을 떨친 사람들을 보면, 그 시를 짓는데 있어서는 끝내 크게 어긋나서 평생토록 깨닫지 못하곤 한다. 그러니 시를 과연 쉽게 말하겠는가?

❂ 해설

詩는 韻律이 있고 文은 韻律을 중시하지 않는다. 시는 有韻文이며, 문은 無韻文이라고 구분한다. 散文體이면서 韻이 있는 辭賦나, 碑銘文 등을 지금은 시에 분류하지 않는다. 蕭統이 편찬한 『文選』에는 楚辭, 漢賦 등을 시로 구분하고 근래에도 陸侃如의 『中國詩史』에 楚辭를 시에 列入하고 있다. 그러나 엄격히 말해서 辭賦類는 장르 개념상 散文으로 분류하든지 별도로 중국문학의

---

1) 昔人句 : 昔人은 宋代 陳師道로서 그의 『後山詩話』에 〔한유는 문으로 시를 삼고, 두보는 시로 문을 삼는다.(韓以文爲詩, 杜以詩爲文.)〕라고 함.
2) 杜子美 : 杜甫(712~770). 子美는 杜甫의 字.
3) 韓退之 : 韓愈(768~825). 退之는 韓愈의 字.
4) 偏長(편장) : 우두머리.
5) 毫釐千里(호리천리) : 처음에 조금 틀리면 나중에 큰 차이가 난다.

특성상 '辭賦'라는 장르를 설정하여 분류해도 가능하다. 昔人 즉 宋代 陳師道가 『後山詩話』에서 말한 [한유는 문으로 시를 삼고, 두보는 시로 문을 삼는다.(韓以文爲詩, 杜以詩爲文.)]라는 글의 의미는 한유는 특히 산문에 能하고 두보는 특히 시에 능한데 결국 두 문호가 詩文에 모두 특출한 점을 역설한 것으로 풀이할 수도 있다. 진사도는 더 설명하기를, [황노직이 말하기를 : …… 두보의 시 기법이며, 한유의 문 기법이다. 시문은 각각 체재가 있으니, 한유는 문으로 시를 삼고, 두보는 시로 문을 삼아서 따라서 기교를 부리지 않을 따름이다.(黃魯直云 : …… 杜之詩法, 韓之文法也. 詩文各有體, 韓以文爲詩, 杜以詩爲文, 故不工爾.)]라고 하여 시문의 相生을 제시하였고, 宋代 陳善은 『捫蝨新話』에서 [한유는 문으로 시를 삼고 두보는 시로 문을 삼는다라는 말이 세상에 놀이삼아 전해진다. 그러나 문에는 절로 시가 있어야 하고 시에는 절로 문이 있어야 상생하는 도리인 것이다. 문에 시가 있으면 어구가 정확하고, 시에 문이 있으면, 사조가 유창해진다.(韓以文爲詩, 杜以詩爲文. 世傳以爲戱. 然文中要自有詩, 詩中要自有文, 亦相生法也. 文中有詩, 則句語精確, 詩中有文, 則詞調流暢.)]라고 하여 시와 문이 형식은 다르나 창작의 원리와 정신은 同質的이며 相互補完的이라는 점을 알 수 있다. 이동양의 [시와 문은 같은 형식이 아니다.(詩與文不同體.)]라는 논리는 明代에 상당한 논란이 있었을 것이니, 宋代 古文運動이 최고조에 달하여 文章의 先秦과 漢魏시대로의 復古運動이 완성단계에 있었으므로 明代에 尊唐사상이 일어나 詩의 사조가 宋詩風을 경시하는 시기에 이런 詩文의 논쟁이 가능했다고 본다. 그리하여 明代의 胡應麟은 詩文의 특성을 말하기를, [시와 문은 멀리 다르다. 문은 전아와 실질을 숭상하고, 시는 청공함을 숭상하며, 시는 풍채를 주로 하고, 문은 도리를 앞세운다.(詩與文體逈然不類. 文尙典實, 詩尙淸空, 詩主風神, 文先道理.)](『詩藪』 外編 卷1)라고 하여 시와 문의 차이점을 두려 하였고, 淸代에는 宋方鳳이 [당인의 시는 시를 문으로 하여, 흥취를 기탁함이 깊고 어사가 아름답다. 宋代의 시는 문으로 시를 삼아서 기세가 웅혼하고 정밀하고 실질을 높인다.(唐人之詩, 以詩爲文, 故寄興深, 裁語婉. 宋朝之詩, 以文爲詩, 故氣渾雄, 事精實.)](『存雅堂遺稿』 卷3 仇仁父詩序)라고 하여 시대별로 구분하여 相生論을 제기하기도 하였다. 이동양이 본문 말미에 문장대가라도 시 창작에는 능력상 부족한 경우가 있다고 거론한 것은 역시 시를 문보다 더 중시한 의식의 발로라고 할 것이다.

15. 賈島「寫留行道影」句 가도의 시구

〔寫留行道影, 焚却坐禪身.〕1), 開口2)便自黏帶3), 已落第二義4)矣。所謂〔燒却活和尙〕5), 正不須如此說。

〔도를 행한 그림자를 새겨 놓고, 참선하는 몸을 불태웠네.〕구는 첫 마디부터 곧 군더더기이어서, 이미 두 번째의 뜻으로 떨어졌다. 이른바〔살아 있는 스님을 불태우네〕는, 정말 이처럼 말해서는 안 된다.

❂ 해설

중당시인으로 高適과 함께 古淡派의 시인인 賈島(779~843)는 字가 浪仙, 范陽人(지금 北京 부근)으로 長江主簿를 지냈으므로 일명 '賈長江'이라고도 부른다. 어려서 出家하여 和尙이 되어 法名이 無本이었으나 韓愈가 還俗을 권유하여 후에 한유에게 詩文을 배웠다. 그의 생활이 淸苦하여 死後에 병든 노새(驢)와 낡은 거문고(琴) 하나 만이었다고 하여 중국의 대표적인 거지시인으로 불리니 '郊寒島瘦' 즉 '孟郊는 춥고 가도는 메마르다'라는 故事成語가 전해진다. 이동양은 嚴羽의 『滄浪詩話』에서 서술한〔대력 이후의 시는 소승선과 같은 것으로 이미 제이의 시시한 수준으로 떨어져 있다.(大歷以還之詩, 則小乘禪也, 已落第二義矣.)〕라는 글을 인용하여 '第二義' 즉 시의 의취가 뛰어나지 못하여 盛

---

1) 賈島의 「哭柏巖和尙」 시구
2) 開口 : 입을 열어 말하다.
3) 粘帶(점대) : 끈끈하게 달라붙는 것으로 시가 맺혀서 청담하지 못한 풍격. 盛唐의 透徹玲瓏한 풍격이 부족한 것을 밀함.
4) 嚴羽『滄浪詩話』詩辨 :〔大歷以還之詩, 則小乘禪也, 已落第二義矣.〕
5) 歐陽修『六一詩話』:〔如賈島哭僧云 : 寫留行道影, 焚却坐禪身. 時謂燒殺活和尙, 此尤可笑也.〕

唐의 시풍을 따르지 못하는 것을 비유한 뜻을 빌려서 가도의 시구를 신통치 않게 평하고 있다. 그리고 歐陽修가 『六一詩話』에서 〔시인이 좋은 시구를 자못 찾는데 이치가 통하지 않으면 어구상의 문제이다.…… 예컨대 가도의 「哭僧」에 말하기를 : 〔도를 행한 그림자를 남겨놓고, 참선하는 몸을 불태우네.〕라는 시구에 대해서 요즘 〔살아있는 스님을 불태우네〕라고 말하는데 이 더욱 가소롭다.(詩人貪求好句, 而理有不通, 亦語病也. …… 如賈島哭僧云 : 寫留行道影, 焚却坐禪身. 時謂燒殺活和尙, 此尤可笑也.)〕라고 논술한 부분을 통하여 적절한 평어라는 점을 제시한다. 한편 元代 方回가 『瀛奎律髓』(卷4)에서 〔구양수가 제4구를 마치 '살아 있는 스님을 불태우네'처럼 말하였는데 참으로 의논할만한데 그러나 시격은 절로 좋다.(歐公謂第四句似燒殺活和尙, 誠亦可議, 然詩格自好.)〕라고 평한 부분은 구양수와 다른 입장에서 논술한 것인데 이동양은 구양수의 입장을 취한 것이라 할 것이다.

16. 長篇中須有節奏 장편시의 절주

長篇中須有節奏, 有操, 有縱, 有正, 有變 : 若平鋪穩布[1]), 雖多無益。唐詩類有委曲可喜之處, 惟杜子美頓挫起伏[2]), 變化不測, 可駭可愕, 蓋其音響與格律正相稱 : 回視諸作, 皆在下風[3])。然學者不先得唐調, 未可遽爲杜學也。

장편시에는 모름지기 절주가 있어야 하고, 시의 묘사의 기교, 시의 正格과 變格이 있어야 한다. 만일 시가 평범하고 단조로우면, 많다 해도 별 이로움이 없다. 당시들은 섬세하면서 성정을 기쁘게 하는 점이 있으니, 두자미 시는 기교와 성정이 풍부하여 다양하고 변화무쌍하며 놀라기도 하며 두렵기도 하여, 대개 그 음향과 격률이 서로 잘 어울린다. 여타 시인들의 작품을 돌아보면 모두 보잘 것 없는 풍격이 있다. 그러나 시를 배우는 사람은 먼저 당시 풍조를 터득하지 않고, 서둘러서 두보를 배워서는 안 될 것이다.

✪ 해설

長篇詩의 결구에 있어서 內容과 言辭의 排置와 그 變化가 중시되어야 하는데 그 점에서 대표적인 예로 杜甫의 古詩와 排律을 들고 있다. 장편시를 짓는

---

1) 平鋪穩布(평포온포) : 시의 격조가 평범하고 단조로우면서 기교가 부족한 면을 비유.
2) 頓挫起伏(돈좌기복) : 갑자기 세력이 꺾이고 높낮이가 있음. 시의 기법과 의상이 다양하고 독창적인 면을 비유.
3) 下風 : 시의 풍격이 낮음. 淸 施補華 『峴傭說詩』 : 〔봉선영회와 북정 이 두 편은 운이 있는 고문으로 문희의 비분시에서 확대한 것이다. 후인은 이런 재기가 없고, 이런 학문이 없으며, 이런 경우가 없고 이런 마음이 없으니, 진실되게 지을 수 없게 되었다.(奉先詠懷及北征是兩篇有韻古文, 從文姬悲憤詩擴而大之者也。後人無此才氣, 無此學問, 無此境遇, 無此襟抱, 斷斷不能作。)〕

원칙에 대해서 宋代 姜夔는〔큰 작품을 쓰는 데는 더욱 배치를 잘해야 하는데 머리와 꼬리 즉 시의 처음과 끝이 고르게 잡히고 허리와 배 즉 시의 중간은 풍만해야 한다. 앞에는 여유가 있고 뒤에는 부족하며 앞에는 매우 공교하되 뒤에는 서두르는 것을 많이 보는데 알아두지 않으면 안 된다.(作大篇, 尤當佈置, 首尾勻停, 腰腹肥滿. 多見人前面有餘, 後面不足, 前面極工, 後面草草, 不可不知也.)〕(『白石詩說』)라고 하여 평범한 묘사의 단점을 경계하고 있다. 杜甫의 長詩를 높이 평가한 예로 宋代 葉少蘊은〔시인은 한 글자라도 공교하게 다루는 것을 세상에서 진실로 알고 있는데 특히 두보는 시에서 변화무쌍하고 기묘함이 그지없어서 거의 그 자취를 잡을 수 없다.(詩人以一字爲工, 世固知之, 惟老杜變化開闔, 出奇無窮, 殆不可以形跡捕.)〕(『石林詩話』 卷中)라고 이미 서술하였고, 明代 이후로는 淸代의 施補華가〔오언장편배율은 소릉 두보가 대종이니, 잠삼과 왕유의 작품은 군색하다가 후에 원진과 백거이가 도도히 이었으나 평이한 데로 빠져서 본받기엔 부족하다.(五言長排必以少陵爲大宗, 岑參王維篇幅尚窘, 後來元白滔滔不絶, 失之平滑, 不足仿效也.)〕(『峴傭說詩』)라고 하여 杜甫의 排律에 대한 位相을 기술하고 있다. 그리고 이동양은 그의 주된 시론인 시와 음악의 상관성을 제시하여 節奏의 필요성을 강조하면서 두보 시가 音響과 格律의 相稱(조화)이 탁월하다는 점도 지적한다.

17. 邵雍「月到梧桐上」句 소옹의 시구

〔月到梧桐上, 風來楊柳邊.〕[1], 豈不佳? 終不似唐人句法. 〔芙蓉露下落, 楊柳月中疎.〕[2], 有何深意? 却自是詩家語.[3]

〔달이 오동나무 위에 떠오르고, 바람은 버드나무 가에 불어오네.〕구는 어찌 아름답지 않은가? 그런데 끝내 당인의 구법 같지가 않다. 〔연꽃은 이슬 아래에 지고, 버드나무는 달 속에 성글구나.〕구는 무슨 깊은 뜻이 있는가? 오히려 절로 시인의 빼어난 시어인 것이다.

❁ 해설

이동양은 嚴羽의 시론을 본받아서 盛唐 이전의 시를 '第一義', 中唐 이후의 시를 '第二義'로 구분하여 上下品評을 하고 있는데 여기서도 宋代 邵雍의 시구를 인용하여 아름답지만 唐詩만 못하다고 평한 반면, 六朝의 蕭慤(소각)의 「秋思」제2연을 인용하여 '詩家語'라고 好評하고 있다. 이동양이 본받은 엄우의 작시 句法論을 보면, 엄우는 시를 禪道에서 논술했기 때문에 俗된 句의 사용을 반대하였다. 엄우를 시론을 절대 추숭한 明代 陶明濬은 시의 句法은 시의 要素라고 하면서 각 體가 갖출 句法을 다음과 같이 밝혀주고 있다.

오언고시의 구법은 우아와 담백을 귀히 여기고 칠언고시의 구법은 침울과 웅혼을 귀히 여기고 오언율시의 구법은 장엄과 둔중을 귀히 여기고 칠

---

1) 宋 邵雍 『擊壤集』 卷12 「月到梧桐上吟」의 시구.
2) 南朝 齊나라 蕭慤(소각) 「秋思」의 시구. 소각은 생졸불명하며 字는 仁祖, 蘭陵人으로 梁宗室 侯曄의 아들이다. 天保(550~559) 중에 北齊에 들어가서 齊州錄事參軍, 太子洗馬를 지냈다. 『八代詩選』에 시 4수가 실려 있음.
3) 詩家語 : 觀察이 細微하여, 景物과 事物을 묘사하여 情思를 기탁하니 高雅하면서 靈氣가 있으니 이것을 두고 시가어라 한다.

언율시의 구법은 명징과 미려를 귀히 여기며 오언절구의 구법은 초탈과 묘오를 귀히 여기며 칠언절구의 구법은 유연과 발양을 귀히 여긴다.
　　五古之句法貴乎雅淡, 七古之句法貴乎沈雄, 五律之句法貴乎壯重, 七律之句法貴乎明麗, 五絶之句法貴乎超妙, 七絶之句法貴乎悠揚. 『詩說雜記』 卷7)

　여기서 도명준의 論調가 한결같이 雅淡, 沈雄, 壯重, 明麗, 超妙, 悠揚 등 俗氣를 떨친 풍격을 주장하고 있어 엄우 시대의 일부 宋風과는 다른 성향을 내세운 엄우를 지지하고 있다. 엄우의 『滄浪詩話』에 보이는 句法의 논리를 직접 보기로 한다.

　　(A) 시를 배우는 데는 먼저 오속을 제거해야 하니, 첫째는 속체, 둘째는 속의, 셋째는 속구, 넷째는 속자, 다섯째는 속운이다.
　　　學詩先除吾俗, 一曰俗體, 二曰俗意, 三曰俗句, 四曰俗字, 五曰俗韻.

　　(B) 어기가 있고 어병이 있다. 어병은 쉽게 제거되나, 어기는 제거하기 어렵다. 어병은 고인들도 가지고 있으나, 어기만은 가져서 안 될 것이다.
　　　有語忌, 有語病. 語病易除. 語忌難除. 語病古人亦有之, 惟語忌則不可有.

　　(C) 자를 쓰매 음향을 귀히 여길 것이며, 시구를 짓는 데는 원만을 귀히 여길 것이다.
　　　下字貴響, 造語貴圓.

　　(D) 시의는 투철을 귀히 여기어 격화소양처럼 부질없지 말아야 하고, 시어는 청초를 귀히 여겨 진흙을 끌어다 물을 흐리는 일이 없어야 한다.
　　　意貴透徹, 不可隔靴搔痒, 語貴脫洒, 不可拖泥帶水.

　　(E) 시어는 직서를 삼가고 시의는 천박을 삼가며, 시맥은 노출을 삼가고 시의 맛은 단촉을 삼갈지라. 음운은 산만과 이완을 삼가고 또 촉박함도 삼갈지라.
　　　語忌直, 意忌淺, 脈忌露, 味忌短, 音韻忌散緩, 亦忌迫促.

　　(F) 모름지기 살아있는 시구를 써야 하며 죽은 시구를 쓰지 말지라.
　　　須參活句, 勿參死句.

위에서 (A)의 俗句란 도명준이 말한 바,〔표절을 일삼고 …… 옳은 것 같으나 그르니 썩은 기운이 종이에 차는 것이다.(沿襲剽騙……似是而非, 腐氣滿紙者.)〕(『詩說雜記』卷9)와 같은 것이며, (B)의 語忌와 語病은 『文心雕龍』 章句篇의 〔구의 청아하고 영준함은 허망하지 않음을 바탕으로 한다.(句之淸英, 宗不妄也)〕와 뜻이 근접한데, 語忌는 命意의 편차이고 語病은 논리적 표현의 분명성 부족을 말한다고 하겠다. (C)의 「造語貴圓」에 대해서 도명준은 例證하기를 〔이백과 두보를 시선과 시성이라 칭하는 이유는 그 시구의 원만함 때문이다.(李杜所以有詩仙詩聖之稱者, 爲其詩句之圓滿也.)〕(『詩說雜記』卷9)라고 하여 엄우의 논지를 보충하여 句法의 요체를 지적했다 할 것이다. (D)의 청초함(脫洒)은 이른바 먼지 없이(無塵) 하고 絶俗한 造語力을 말하고, 〔진흙을 끌어다 물을 흐리다.(拖泥帶水)〕는 작시의 〔부허한 어사를 잘라낸다.(剪截浮詞)〕(『문심조룡』「鎔裁」)를 말하여 造語의 高潔美를 강조한 것이다. (E)의 「忌直」은 (C)의 「貴圓」과 상통하는 것으로 도명준이 〔어사는 왜 직설을 꺼리는가? 시에 있어 문사에 넌지시 표현하고 시의를 부치매 미묘하고 멀게 비유하면 표현은 매우 작으나 그 담은 뜻을 극히 크게 된다.(語何以忌直? 緣詩主文譎諫, 寓意微遠, 所稱甚小, 所指極大.)〕(上同 卷9)라고 밝혀 주고 있다. (F)의 活句와 死句는 淸代 馮班의 말처럼(『嚴氏糾謬』)〔禪家의 死活句는 시인의 사활구와는 전혀 다른데(禪家所謂死句活句, 與詩人所謂死句活句全不相同.)〕 엄우가 禪家에 의거하여 비유하였기 때문에 많은 오해를 면치 못하지만 그 근본 이치는 일치하니, 近人 郭紹虞는 〔풍반은 숨은 듯 빼어난 어사를 활구로 여기며 오교의 위로시화에는 주제가 매우 절실하되 풍부하지 않고 기탁이 없는 것을 사구로 보았다.(馮班以隱秀之詞爲活句, 吳喬圍爐詩話以於題甚切而無豊致無寄託者爲死句.)〕(『滄浪詩話校釋』, p.116)라고 하여 活句는 隱秀하고, 死句는 묘사가 풍부하지 않고(無豊), 기탁이 없는 것(無寄託)이라고 하여 엄우의 구법이론을 풀이하고 있다. 이동양이 엄우의 구법론을 바탕으로 해서 본문을 기록한 것으로 본다.

본문에 인용한 소각의 이 시에 대해서는 이미 『顔氏家訓』에서 〔소각의 시 추사 한 수 중에 '연꽃은 이슬 아래에 지고, 버드나무는 달 속에 성글구나.'구가 있는데 지금 사람들은 그것을 감상하지 않아도 나는 그 시의 쓸쓸한 면을 좋아하니 완연히 눈에 들어온다.(蕭詩秋思一首中有句云芙蓉露下落, 楊柳月中

疎 時人未之賞, 吾愛其蕭散, 宛然在目.)]라고 평하였고, 宋代 許顗는 [육조시인의 시는 깊이 읽지 않을 수 없으니, 예컨대 '연꽃은 이슬 아래에 지고, 버드나무는 달 속에 성글구나.'구는 시구가 이처럼 잘 다듬어져서 唐代 이래로 따를 자가 없다.(六朝詩人之詩, 不可不熟讀, 如芙蓉露下落, 楊柳月中疎, 鍛鍊至此, 自唐以來, 無人能及也.)]("彦周詩話』)라고 하였으며, 明代의 陸時雍은 ['연꽃은 이슬 아래에 지고, 버드나무는 달 속에 성글구나.' 고아함이 빼어나서 의취가 떨어지지 않는다.(芙蓉露下落, 楊柳月中疎, 高雅絶倫, 不落思致.)]("古詩鏡』 卷28)라고 極讚하고 있다. 그리고 近人 李曰剛은 [그 시의 성율이 모두 조화로워서 점차 당음을 열었다.(其詩聲律俱諧, 漸啓唐音.)]("中國詩歌流變史』 卷上 p.250 臺灣文津出版社)라고 하여 소각의 시가 唐詩의 先聲이라고 평가한다. 다음에 「秋思」 시를 본다.

> 맑은 물결 이는 여울에 햇빛이 기울고
> 아름다운 숲엔 퉁소 소리 울리네.
> 연꽃은 이슬 아래에 지고,
> 버드나무는 달 속에 성글구나
> 연나라 장막에 상수 비단 이불 덮고
> 조나라 허리띠에 유황 보석의 옷자락이네
> 그리워하며 소식이 막혀있으니
> 꿈을 꾸면서 이별을 느끼노라.
> 淸波收潦日, 華林鳴籟初.
> 芙蓉露下落, 楊柳月中疎.
> 燕幬湘綺被, 趙帶流黃裾.
> 相思阻音息, 結夢感離居.

위의 시에서 齊梁風의 美辭麗句를 사용한 면이 보이지만 初唐詩를 열어준 풍격을 보여준다.

18. 陳公父論詩專取聲 진공보의 성조론

　　陳公父¹⁾論詩專取聲, 最得要領。潘禎應昌²⁾嘗謂予詩宮聲也。予訝而問之, 潘言其父於鄕先輩曰:〔詩有五聲³⁾, 全備者少, 惟得宮聲⁴⁾者爲最優, 蓋可以兼衆聲也。李太白, 杜子美之詩爲宮, 韓退之之詩爲角, 以此例之, 雖百家可知也。〕予初欲求聲於詩, 不過心口相語, 然不敢以示人。聞潘言, 始自信以爲昔人先得我心。天下之理, 出於自然者, 固不約而同也。趙撝謙⁵⁾ 嘗作『聲音文字通』⁶⁾十二卷, 未有刻本。本入內閣⁷⁾, 而亡其十一, 止存總目一卷。以聲統字, 字之於詩, 亦一本而分者。於此觀之, 尤信。門人輩有聞予言, 必讓予曰:〔莫太漏泄天機⁸⁾否也。〕

　　진공보가 시를 논할 때 오로지 聲調만을 취하여 가장 그 요령을 터득하고 있다. 응창 반정은 일찍이 나의 시를 宮聲調라고 말하였다. 내가 의아하여 물었더니 반정이 그 아버지가 고향 선배에게 배웠다고

---

1) 陳公父 : 陳獻章(1428~1500) 字 公甫, 號 石齋. 新會白沙里人(지금 廣東)이어서 白沙先生이라 한다. 翰林檢討를 제수 받았으나 귀향하고 시호는 文恭.『陳獻章集』
2) 潘禎應昌 : 明人. 生卒未詳. 名 禎, 字 應昌. 성화 2년(1466)에 진사 급제하여 山東提學副使를 지냄.
3) 五聲 : 宮, 商, 角, 徵(치), 羽. 平聲으로 濁한 聲이 宮, 淸한 것이 商, 上聲은 角, 去聲은 徵, 入聲은 羽.
4) 宮聲 : 중국고대 음악의 基本調式, 調性이 典雅沈重. 하여 李杜詩 풍격이 壯闊豐富, 正調.
5) 趙撝謙 : 趙謙, 明人, 字 撝謙, 號 考古.『聲音文字通』,『學範』을 지음.
6) 聲音文字通 : 32卷의 韻譜.『皇極經世聲音唱和圖』를 고찰하여 日月星辰 등 160聲을 體數로 삼아서, 太陰, 少陰, 太柔, 少柔의 體數 48개를 빼고 112개를 日月星辰의 用數로 삼았다. 水火土石 등 192音을 體數로 해서 太陽, 少陽, 太剛, 少剛의 體數 40개를 제거하고 152개를 水火土石의 用數로 하였으며. 音을 字母로, 聲을 切韻으로 하여 相配했다.
7) 內閣 : 明代 政務의 최고기관.
8) 天機 : 天地造化의 심오한 비밀.

하면서 말하기를 : 〔시에는 5성이 있는데 완전히 갖추어진 것은 적으며, 오직 궁성을 얻은 것이 가장 뛰어난데 대개 여러 성을 겸할 수 있다. 이태백과 두자미의 시는 궁성이며 한퇴지의 시는 각성이니, 이러한 예를 들면 누구도 다 알 수 있다.〕라고 하였다. 내가 애초에 시에서 성조를 찾으려 할 때 단지 마음과 입으로만 우물거리고 남에게 감히 보여주지 못하였다. 반정의 말을 듣고서야 진실로 옛사람은 먼저 자신의 마음을 터득하였음을 생각하였다. 천하의 이치는 자연에서 나오는 것이니, 본디 줄여서 같게 볼 것이 아니다. 조위겸은 일찍이 『성음문자통』 12권을 지었는데 아직 인쇄본이 없다. 본래 내각에 넣었는데 그 11권을 망실하고 단지 총목 한 권만 남았다. 성조로 글자를 총괄해 보니 글자와 시의 관계에 있어서 근본은 하나인데 나누어 진 것이다. 이것으로 보면, 더욱 믿게 된다. 문하생들 중에 나의 말을 듣는 자가 있으면 반드시 나에게 겸손히 부탁하기를 : 〔천기를 절대로 누설하지 마십시오.〕라고 할 것이다.

❊ 해설

宋代 嚴羽가 五聲(宮, 商, 角, 徵, 羽)으로 시를 비유한 바, 〔맹호연의 시는 풍자하여 읊기를 오래 하여 금석과 궁상의 소리가 있다.(孟浩然之詩, 諷詠久之, 有金石宮商之聲.)〕(『滄浪詩話』 詩評)라고 한 후에 이동양이 이 논리를 강조한 부분이다. 엄우가 착안한 점이 주로 興趣에 있다면 이동양은 聲에 두고 모든 풍격을 五聲에서 평가하려는 데 있다. 본문에서 〔천하의 이치는 자연에서 나오는 것이니, 진실로 줄여서 같게 볼 것이 아니다.(天下之理, 出於自然者, 固不約而同也.)〕라고 한 부분은 五聲論에 대한 절대적인 불변의 확신을 표명한 것이다.

이동양이 동지로 칭찬한 진헌장은 明代 理學五賢인 吳與弼, 薛瑄, 羅倫, 莊昶 중의 하나로서 性理에 근본을 두고 養心修身하며 功德을 칭송하며 山水를 읊는 臺閣體詩를 구사하는 시인이다. 그는 『認眞子詩集』 序에서 〔시가 기교하면 시는 쇠퇴한다. 언사는 마음의 소리이다. 몸이 사물과 교차하여 마음 속에 움직이어서 기쁨과 노함이 거기서 나온다. 그리하여 감정을 소리로 나타내는데 혹은 빠르게 혹은 느리게, 혹은 넓게 혹은 미세하게, 혹은 구름이 되어 날고, 혹은 냇물이 되어 달리기도 한다. 소리가 하나같지 않으니 감정이 변한다. 대개 나의 감정이 넘쳐서 솟구치면 못 할 것이 없다.(詩之工, 詩之衰也. 言, 心之聲也. 形交乎物, 動乎中, 喜怒生焉, 於是乎形之聲, 或疾或徐, 或洪或微, 或爲雲飛, 或爲川馳. 聲之不一, 情之變也. 率吾情盎然出之, 無適不可.)]라고 하여 자신의 논리를 밝히고 있는데 시의 풍격은 다르지만 시에서 聲의 중요성을 같이 인식한 면에서 동지라고 할 수 있다. 진헌장의 시 풍격에 대해서 明代 楊愼은 『升菴集』에서 [백사의 오언시는 담백하여 도정절의 남긴 뜻이 있다.(白沙詩五言沖淡, 有陶靖節遺意.)]라고 하여 시가 淡白하여 陶淵明을 닮았다고 하였으며 林俊은 [시가 다듬어져 순수하고 초탈하며 맑고 깨끗하여 홀로 조물주의 울타리 밖으로 벗어나 있으며 자연 산수에 말과 감흥을 기탁하고 있다.(詩涵養粹完, 脫落淸洒, 獨超造物牢籠之外, 而寓言寄興於風煙水月之間.)](李曰剛 『中國詩歌流變史』 卷下 p.257)라고 하여 시가 山水에 寄託한 脫俗的임을 강조하고 있다. 진헌장이 얼마나 聲韻을 중시하였는지 淸代 『靜志居詩話』의 일단을 통해 확인할 수 있으니, [백사가 말하기를 : 시를 논하는데 마땅히 성정을 논해야 하며 성정을 논하는데 먼저 풍운을 논할 것이니, 풍운이 없으면 시가 없는 것이다.(白沙曰 : 論詩當論性情, 論性情先論風韻, 無風韻則無詩矣.)]라고 단도 직입적으로 설파하고 있다. 참고로 그의 「梅花」 시를 보면,

  모래밭에 찬 달이 아롱대고 나무엔 안개가 가물대는데
  꽃향기는 용계 냇물 아래 드리운 하늘에 닿았네.
  비스듬히 기울인 대나무로 엿볼 수 없어서
  다시 서쪽 길 찾아 고깃배에 오른다.
  沙籠寒月樹籠煙
  香徹龍溪水底天
  斜隔竹木窺未得
  更尋西路上漁船.

라고 하여 시가 초탈적이며 歸自然的인 성향을 지닌 것을 알 수 있다.

　五聲 중에 어느 聲을 취하느냐에 따라서 시의 풍격이 좌우된다는 이론의 예로서 李白과 杜甫는 宮聲, 그리고 韓愈는 角聲을 취해서 그 풍격이 다르다는 것이다. 본래 오성의 소리는 신체의 각 부위에 의해 나오는데 明代 朱載堉은 〔발성과 수성을 말하자면, 시종 목구멍에서 모이는 것이 궁성이다. 시종 혀와 이 사이에서 모이는 것이 치성이다. 시종 혀와 잇몸 사이에 모여서 입으로 퍼지는 것이 상조이다. 시종 입술 사이에 모이는 것이 우조이다.(謂發聲收聲始終會於喉之分者, 宮聲也 : 始終會於舌齒之交際者, 徵調也 : 始終會於舌齶之際而口張者, 商調也 : 始終會於脣胲之際者, 羽調也.)〕(『樂律全書』卷13)라고 그 특징을 상세히 밝히고 있다. 여기서 宮聲은 淸代 毛奇齡이 〔성조는 궁조로 표준을 삼는다.(聲之調, 以宮調爲準.)〕(『竟山樂錄』卷1)라고 한 바와 같이 五聲의 기준이 되는 聲調이며 宮聲의 운율은 일찍이 『韓詩外傳』에서 밝힌 것과 같이 〔그 궁성을 들으면 사람으로 하여금 온순하고 선량하게 하며 관대하게 한다.(聞其宮聲使人溫良而寬大)〕라고 하여 그 소리가 온화하니 그에 근거한 시도 淸雅하고 宋代 陳暘이 〔궁성은 사람을 감동시키니 그 마음이 기쁘고 온화하다.(宮聲感人則其意歡和.)〕(『樂書』卷143)라는 일관된 평이 나온다. 한편 角聲의 시로서 한유의 시를 거론하였는데 한유의 시를 두고 흔히 '崎險'하다고 하고 시어를 '橫空盤硬語'라고 하는 評語와 각성과 상관된다는 것이 이동양의 논지이다. 각성의 특성에 대해서 이미 『韓詩外傳』(卷8)에서 〔그 각성을 들으면 사람으로 하여금 측은하고 인애하게 한다.(聞其角聲使人惻隱而仁愛.)〕라고 하였고 明代 胡應麟은 〔화평하고 온후한 뜻이 부족하매 이빈지는 이것을 각음이라 하니 그런 것 같다.(和平溫厚之義缺焉, 李賓之謂爲角音, 似也.)〕(『少室山房集』 卷1)라고 하였고, 〔아악에는 각조와 치조가 없다. 속악은 각조이다.(雅樂無角徵二調. 俗樂爲角調.)〕(『樂律表徵』卷4)라고 하여 궁성의 성격과 대조적인 면을 본다. 이동양이 분분 말미에 天機라는 말로 매듭을 지은 것은 오묘한 비밀 같이 중요한 작시상의 원리인 오성론은 以聲論詩의 원칙으로서 儒家의 中和美를 추구하는 근거가 되며, 시의 藝術美를 승화시키는 요소라는 의미일 것이다. 그 이후에 淸代 초에 錢謙益이 〔누가 말하기를 : 홍정간에 이빈지

(이동양)가 시를 논함은 宮聲으로 근본을 삼은 것이다.(或曰 : 弘正之間, 李賓之論詩, 以宮聲爲主)](『木齋有學集』 卷18 徐李重詩稿序)라는 同感하는 말에서 하여 淸代 시론의 경향을 유추할 수 있다.

19. 國初諸詩人結社爲詩 명초 시인의 결사

國初, 諸詩人結社[1]爲詩, 浦長源[2]請入社, 衆請所作。初誦數首, 皆未應。至〔雲邊路繞巴山色, 樹裏河流漢水聲。〕[3], 並加賞歎, 遂納之。

명나라 초에 여러 시인들이 詩社를 조직하여 시를 지었는데, 포장원이 시사에의 가입을 자청해, 사람들이 작품을 소개해 줄 것을 부탁했다. 처음 몇 수를 읊을 땐 모두 반응이 신통치 않았는데, 〔구름가의 길은 파산의 경치를 감돌고, 나무 속에 흐르는 강물은 한수의 소리로다.〕구에 이르자 모두 찬탄을 하며 마침내 받아들였다.

❋ 해설

明代 초에 詩社를 結成하여 詩文활동을 전개하는 풍조가 유행하였다. 宋代 馬令의 『南唐書』 孫魴傳에 〔문학하는 선비들이 모여서 드디어 심빈, 이건훈과 시사를 만들었다.(文雅之士騈集, 遂與沈彬, 李建勳爲詩社。)〕라고 기록한 것으로 보아 宋代에 이미 시사가 유행하였음을 알 수 있다. 浦源은 高啓, 楊基 등과 같은 시기의 문인으로 상당한 영향력을 가진 위치에 서 있었는데도 詩社에 가입하기가 쉽지 않았던 것이다. 明代 초에 吳派詩人에 속하여 활동한 포원이 그의「送人之荊門」을 지어 겨우 입사한 故事를 기술하여 明代 초기의 문단동향을 알게 한다. 포원이 입사한 과정을 都穆의 『南濠詩話』에 다음과 같이 기술하

---

1) 結社 : 洪武年間에 林鴻이 귀향하여 閩中의 鄭宣, 王元 등을 모아서 결사하여 시를 지으며 唐音을 표방.
2) 浦長源 : 浦源(1344~1379), 字 長源, 號 東海生. 高啓, 楊基, 張羽, 徐賁 등과 吳下十才子. 『浦舍人集』. 그의 시는 성당을 배웠으나 시풍은 중만당에 가깝다.
3) 雲邊句 : 浦源『浦舍人集』卷5「送人之荊門」

고 있어서 본문을 이해하는 데 참고된다.

　　무석의 포원이 …… 민남 사람 임자우가 시학에 정통하다는 말을 듣고, 찾아가려 하였으나 도리가 없었다. 하루는 서적을 사러 민남에 가는데, 때마침 자우가 그 고향사람 정선, 왕원 등과 시사를 결성하여 시를 지으며 스스로 천하에 사람 없다고 여겼다. 장원이 그를 만나보니 자우가 그 지은 시를 듣고 어떤지 보고 싶었다. 자원이 곧 송인지형문 시를 읊는데 그 중에 〔구름가의 길은 파산의 경치를 감돌고, 나무 속에 흐르는 강물은 한수의 소리로다.〕구가 있거늘, 자우가 매우 칭찬하여 드디어 시사에 들어오기를 허락하고 더불어 시를 주고받았다.
　　無錫浦源……聞閩人林子羽老於詩學, 欲往訪之而無由. 一日以收買書籍至閩, 時子羽方與其鄕人鄭瑄, 王元輩結社作詩, 自以天下爲無人. 長源謁之, 子羽欲聞其所作, 以觀如何. 長源乃誦送人之荊門詩, 中有〔雲邊路繞巴山色, 樹裏河流漢水聲.〕之向, 子羽甚加歎賞, 遂許入社, 長源與之唱酬.

포원이 읊어서 입사된 「送人之荊門」 시를 다음에 본다.

　　장강에 바람이 부니 돛대가 가벼이 날리고
　　서쪽으로 형문에 드니 나그네 마음이 일도다.
　　삼국은 이미 망하고 옛 보루만 남았고
　　서너 집이 여전히 황폐한 성에 서 있네.
　　구름 가의 길은 파산의 경치를 감돌고,
　　나무 속에 흐르는 강물은 한수의 소리로다.
　　술집을 지나며 술에 많이 취한다면
　　옛날 일 생각하며 벽에 이름 적지 못하리라.
　　長江風颺布帆輕, 西入荊門感客情.
　　三國已亡遺舊壘, 幾家猶在住荒城.
　　雲邊路繞巴山色, 樹裏河流漢水聲.
　　若過旗亭多買醉, 不須弔古漫題名.

20. 林子羽 『鳴盛集』 임자우의 『명성집』

　　林子羽[1]『鳴盛集』專學唐, 袁凱[2]『在野集』專學杜, 蓋皆極力摹擬, 不但字面句法, 並其題目亦效之。開卷驟視, 宛若舊本, 然細味之, 求其流出肺腑卓爾有立者, 指不能一再屈也。宣德間[3], 有晏鐸[4]者, 選本朝詩, 亦名『鳴盛詩集』。其第一首林子羽「應制」[5]曰：〔堤柳欲眠鶯喚起, 宮花乍落鳥銜來。〕蓋非林最得意者, 則其它所選可知。其選袁凱「白燕」[6]詩曰：〔月明漢水初無影, 雪滿梁園尙未歸。〕曰：〔趙家姊妹[7]多相忌, 莫向昭陽殿[8]裏飛。〕亦佳。若「蘇李泣別圖」[9]曰：〔猶有交情兩行淚, 西風吹上漢臣衣。〕而選不及, 何也?

　　임자우의 『명성집』은 오로지 당시를 배우고, 원개의 『재야집』은 오로지 두보를 배웠는데, 모두 힘을 다해 닮으려 하여 문자와 구법뿐만

---

1) 林子羽：林鴻, 生卒未詳. 福淸人. 어려서 義俠하고 博學하여 洪武 초년에 膳部員外郞이 되었으나 出仕의 뜻이 없어서 三山에 귀의하여 閩中十才子의 領袖가 되고 『鳴盛集』 4권이 있다. 嚴羽의 論詩를 추종하고 唐詩를 본받음.
2) 袁凱(1316~?)：字 景文, 號 海叟, 松江華亭人. 元末에 府使를 지내고, 博學하고 口才가 있어서 주위를 놀라게 하였다. 明代에는 벼슬에 추천되었으나 미친 짓으로 은거. 『海叟集』 4권. 北郭十友의 하나. 『在野集』은 『海叟集』의 選集으로 朱應祥과 張璞이 원개 시를 選校하여 붙인 명칭.
3) 宣德：明代 宣宗의 年號로 1426~1435
4) 晏鐸：生卒未詳. 字 振之, 富順人(지금 四川). 永樂 16년(1418)에 福建道御史를 지내고 景泰十才子의 하나. 『靑雲集』 안탁은 明初의 시를 모아서 『鳴盛集』을 편찬한데 본문의 『鳴盛詩集』이 이것이다.
5) 應制：原題는 林鴻 『鳴盛集』 卷3「春日遊東苑應制」
6) 白燕：袁凱 『海叟集』 卷3. 月明句는 頷聯, 趙家句는 尾聯.
7) 趙家姊妹：漢代 成帝의 皇后인 趙飛燕과 그 여동생인 後宮 合德 姊妹. 成帝 死後에 합덕은 자살하고 비연도 平帝 時에 庶民으로 자살.
8) 昭陽殿：漢代 宮殿 이름.
9) 蘇李泣別圖：『海叟集』 卷4. 蘇李는 漢代 蘇武와 李陵.

아니라, 그 제목까지도 본받았다. 책을 펴서 보니, 완연히 옛 판본 같았으나 자세히 음미하며, 폐부에서 우러나온 탁월한 것을 찾아보니, 손가락으로 한 두 개도 꼽을 수가 없었다. 선덕년간에 안탁이란 사람이 있는데 명나라 시를 선정하여 『명성시집』이라고 이름을 붙였다. 그 첫 수인 임홍의 「응제시」에 말하기를 : 〔둑의 버들이 잠자려 하니 꾀꼬리가 불러 깨우고, 궁궐의 꽃이 문득 떨어지니 새가 물어 오네.〕구는 대개 임자우의 가장 득의만만한 시가 아니니, 그 나머지 선정한 것을 알만하다. 거기에서 선정한 원개의 「백연」시에 말하기를 : 〔달 밝은 한수에 본디 그림자 없고, 눈 가득한 양원에는 아직 (제비)돌아오지 않네.〕구와 이어서 : 〔조가의 자매는 꺼리는 것 많으니, 소양전을 향해 날지 마오.〕구는 또한 아름답다. 예컨대, 「소리읍별도」에 말하기를 : 〔아직 서로의 정분으로 두 줄기 눈물 흘리니, 서풍이 한나라 신하의 옷에 불어오네.〕구가 선정되지 않은 것은, 어찌된 일인가?

❋ 해설

明代 초기의 詩壇은 시인들이 각 地域 출신에 따라서 詩派를 형성하는 경향이 있었는데 林鴻(字가 子羽)은 福淸人으로 閩南지방(지금 福建 일대) 출신으로 구성된 閩中十才子의 首領으로서 閩中의 시인들에게 영향력이 매우 컸다. 明初에 吳中詩人은 風骨을 중시한 반면, 閩中詩人은 格調의 강구를 역설한 점도 유의할 필요가 있다. 李曰剛은 임홍의 論詩觀를 인용하여 기록하기를, 〔한위대의 골기가 비록 웅혼하지만, 화려함이 부족하다. 진대는 현허한 문풍이고, 宋代는 조밀함을 받들며 제양 이후에는 단지 봄꽃이 피는데 가을열매가 적는 면에 힘썼다. 오직 唐代 작가만이 대성했다고 말할 수 있으나 정관년간에는 고루함을 받들어 익히고, 신룡년간에는 점차 격조가 변하다가 개원천보년간에 성율이 크게 갖추어지니 배우는 자들이 이것으로 원칙으로 삼는다.(漢魏骨氣雖雄, 而菁華不足. 晉祖玄虛, 宋尙條暢, 齊梁以下, 但務春華少秋實. 惟唐作者可謂大成, 然貞觀尙習故陋, 神龍漸變常調, 開元天寶間, 聲律大備, 學

者當以是爲楷式.)〕(李曰剛, 『中國詩歌流變史』 卷下 p.211)라고 하여 개원천보 시기 즉 盛唐代 시를 推崇한 점을 알 수 있고, 이 경향은 淸代 沈德潛이 『明詩別裁』에서 〔민중시파는 자우를 수령으로 하여 당인을 본받았다.(閩中詩派, 以子羽爲首, 宗法唐人.)〕라고 기술한 내용을 보충설명하고 있다.

그리고 袁凱는 北郭十友의 하나로 그의 시에서 古詩는 漢魏詩를 배우고, 律詩는 杜甫를 推宗하였으니, 明代 何景明이 『海叟集』 原序에서 〔해수의 가행과 근체는 두보를 본받고 고시는 다 이러하지 않으나 그 법도는 반드시 한위대 이후의 것을 취하였다.(叟歌行近體法杜甫, 古作不盡是, 要其取法亦必自漢魏以來者.)〕라고 하여 원개시의 淵源을 漢魏詩와 杜甫詩에 두고 있다고 하였다. 그리고 淸代 朱彝尊의 『明詩綜』(卷18)에서 원개의 시풍을 자세히 서술하기를, 〔원경문의 고시는 문선을 배웠고 근체시는 두보를 본받아서 격조가 매우 바르다. 해수의 시는 기골이 고묘하며 조탁과 수식을 제거하여 자연스런 풍모를 지니니 곧 맑다. 송원이래로 두보를 배운 자로서 해수만큼 자연스런 풍을 지닌 자를 본적이 없다.(袁景文古詩學選, 近體宗杜, 格調最正. 海叟詩氣骨高妙, 絶去雕飾, 天然道貌, 卽之泠然. 自宋元來, 學杜未有如叟之自然者.)〕라고 하여 원개 시풍이 杜甫에 치중되어 있음을 확인할 수 있다. 본문의 『在野集』은 원개의 문집인 『海叟集』에서 朱應祥과 張璞이 선별하여 꾸민 문집으로 원개 死後에 재편집한 것이다. 이동양의 평가기준상 明代 초기의 문단에서 文名을 날리던 임홍과 원개의 시를 후에 안탁이 선정하여 『鳴盛詩集』이라는 문집에 넣은 것은 당연한데, 그 중에 임홍의 「蘇李泣別圖」 시를 열입하지 않은 것은 詩品格上 동의하기 곤란하다는 논지는 그의 評詩眼目에서 객관적 평가가 요구된다는 것이다. 다음에 이동양이 4구나 인용한 원개의 「白燕」 시를 본다.

> 고향은 시들어 떨어지고 일은 이미 그르치니
> 옛날 왕사를 만나보기 힘들겠네.
> 달 밝은 한수에 본디 그림자 없고,
> 눈 가득한 양원에는 아직 돌아오지 않네.
> 버들솜 날리는 연못에 향기가 꿈에 들고,
> 배꽃 핀 정원에 찬 기운이 옷에 스며드네.
> 조가의 자매는 꺼리는 것 많으니,

소양전을 향해 날지 마오.
故國飄零事已非, 舊時王謝見應稀.
月明漢水初無影, 雪滿梁園尙未歸.
柳絮池塘香入夢, 梨花庭院冷侵衣.
趙家姊妹多相忌, 莫向昭陽殿裏飛.

  이 시는 원개가 得名한 대표작으로서 '袁白燕'이라는 별칭을 얻기도 하였다. 明代 文豪인 李夢陽이 이 시에 대해 〔일찍이 백연시를 지었는데 해수의 작을 보니 놀랍고 감탄스러우니 그를 따라가지 못한다고 생각한다. 해수는 자미(杜甫의 字)를 본받았다.(嘗作白燕詩, 及覽叟作, 驚歎, 以爲不及, 叟詩法子美.)〕라고 평하였다.

21. 律詩對偶最難 율시의 대우

　律詩對偶最難, 如賈浪仙[1][獨行潭底影, 數息樹邊身], 至有[兩句三年得][2]之句. 許用晦[3][湘潭雲盡暮山出, 巴蜀雪消春水來], 皆有感而後得者也. 戴石屛[4][夕陽山外山], 對[春水渡傍渡]亦然. 若晏元獻[5]對[無可奈何花落去, 似曾相識燕歸來], 尤覺相稱耳.

　율시의 대우(對偶)는 가장 어려우니. 예컨대 가낭선의 〔홀로 연못 아래 그늘로 걸으며, 자주 나무 옆에서 몸을 쉬네.〕구에 대해 스스로 주석하기를 〔두 구를 삼 년 만에 얻었다.〕라는 구가 있다. 허용회의 〔상수의 못에 구름이 다 걷히니 저녁 산이 나오고, 파촉의 눈이 녹으니 봄물이 흘러나오네.〕구는, 모두 감흥이 있은 후에 얻은 것이다. 대석병의 〔석양이 산 밖의 산에 비추네〕구는 〔봄물이 나루 옆에 흐르네〕구와 대를 이루어 또한 좋다. 예컨대 안원헌의 〔꽃이 떨어짐을 어찌 할 수 없으니, 벌써 제비가 돌아감을 알 듯 하네.〕구에 있어서는 더욱 서로 알맞다는 생각이 든다.

---

1) 賈浪仙 : 賈島(779~843) 字 浪仙, 自號 碣石山人. 『長江集』. 郊寒島瘦. 獨行句 : 가도의 「送無可上人」 시구.
2) 兩句三年得句 : 가도의 「題詩後」의 첫구로서, 獨行句 뒤에 自注에 붙인 詩句.
3) 許用晦 : 許渾(787~858) 字 用晦, 『丁卯集』. 劉克莊 『後村詩話』 : 〔其詩如天孫之織, 巧匠之斲, 尤善用古事以發新意. 其警聯快句, 雜之元微之劉夢得集中不能辨.〕 楊愼 『升菴詩話』 卷9 : 〔唐詩至許渾, 淺陋極矣.〕 湘潭句 : 허혼 「凌敲臺」
4) 戴石屛 : 戴復古(1167~?), 字 式之, 號 石屛. 『石屛詩集』. 夕陽, 春水 二句의 詩題는 「世事」
5) 晏元獻 : 晏殊(991~1055) 字 同叔, 諡 元獻 『珠玉詞』. 그의 시는 晩唐五代를 계승하여 贍麗하며 膚淺하지 않음. '無可'句의 詩題는 「假中示判官張寺丞王校勘」

❂ 해설

 율시에서 詩法格律의 하나인 對偶기법은 매우 다양하다. 對仗, 對句라고 하는 對偶는 시문의 字面音節이 둘씩 상대를 이루는 修辭法이다. 두 개의 字數가 서로 같고 平仄이 서로 다르며, 詞性이 상대적이고, 結構가 비슷한 시구가 整齊되고 對稱을 이루는 形式美를 지니고 있다. 대우의 종류는 正對, 切對, 借對, 扇對, 開門對, 語對, 事對, 虛實對 등 무려 60종류가 있어서 그 技法이 쉽지 않음을 알 수 있다. 이동양은 그 매우 어려운 시의 대우에 대해서 賈島의 「送無可上人」시의 시구를 인용하면서 가도가 自注한 문구를 첨가하여 확인시켜준다. 그 自注한 글을 보면, 〔두 구를 삼 년 만에 얻어서, 한번 읊으니 두 줄기 눈물이 흐르네. 소리를 알아주는 사람이 감상하지 않으면 가을 옛 산에 돌아가 누워 지내리라.(二句三年得, 一吟雙淚流. 知音如不賞, 歸臥故山秋.)〕라고 하여 3년 만에 시구의 대우를 완성한 감회를 적고 있다. 明代 王世貞도 서술하기를, 〔가도의 시 '홀로 연못 아래 그늘로 걸으며, 자주 나무 옆에서 몸을 쉬네.'구가 어떤 아름다운 경지를 지녔는가. 삼 년에야 얻어서 읊자마자 눈물을 흘렸다.(島詩獨行潭底影, 數息樹邊身, 有何佳境. 而三年始得, 一吟淚流.)〕(『藝苑卮言』卷4)라고 하여 좋은 시의 대우가 刻苦의 産物인 것을 강조한다.

 許渾은 만당의 대시인으로서 그의 현존시는 531수(『全唐詩』卷528～538)이며6) 시풍은 성당에 근접하고 悽艷幽麗하다. 元代 辛文房의 『唐才子傳』(卷7)에 의하면,

> 그 격조가 호방하고 미려하여, 마치 강한 활을 갓 당기는 것 같고, 이가 옅고 현이 급하여, 전혀 유의할 것이 없으니, 이제 그리워하는 자가 너무 많아서 사람마다 말하기를 검은 용의 구슬이 밤을 비춘다고 한다.
> **其格調豪麗, 猶強弩初張, 牙淺弦急, 俱無留意耳, 至今慕者極多, 家家自謂得驪龍之照夜也.**(卷7)

---

6) 허혼의 시 531수를 주제별로 분류하면 다음과 같다. 禪 : 15, 仙 : 6, 敍景 : 30, 隱居 : 14, 旅情 : 53, 挽歌 : 6, 郊廟 : 2, 詠懷 : 20, 友情 : 48, 征行 : 2, 遊覽 : 45, 懷古 : 20, 季節 : 14, 送別 : 98, 思君 : 1, 寄贈 : 138, 詠物 : 19

라고 하여 그 시가 豪宕艶麗하고 句法이 圓穩工整하여 杜牧·韋莊 등이 칭송하였다. 한편 그의 詩品을 낮게 평가하는 면도 있어서, 明代 楊愼은 『升菴詩話』(卷9)에서 평하기를, 〔당시가 허혼에 이르러, 옅고 누추함이 그지없는데 세속에서 그것을 기뻐 전하여 지금도 없어지지 않고, 고병은 당시품휘를 편찬하여 백여 수를 담았으니 고병의 안목 없음이 심하다.(唐詩至許渾, 淺陋極矣, 而俗喜傳之, 至今不廢, 高棅編唐詩品彙, 取至百餘首, 甚矣棅之無目也.)〕라고 폄하하였고, 淸代 薛雪은 『一瓢詩話』에서 〔허정묘는 생각이 바르고 기풍이 맑아서 시 중의 군자인데 다만 성조가 벙어리처럼 낮음이 괴롭다.(許丁卯思正氣淸, 詩中君子, 但苦聲調低啞.)〕라고 하여 역시 평가절하하고 있다. 그러나 이동양은 中唐의 賈島와 晩唐의 許渾의 시구를 對偶의 예로 삼은 것은 허혼의 시풍을 높이 평가한 근거가 된다.

그리고 宋代 戴復古는 劉克莊, 姜夔 등과 江湖詩派의 하나로서, 시가 雅正하고 和平한 풍격을 지니고 있다. 早年에는 永嘉四靈의 영향을 받고, 晩唐을 배웠고, 晩年에는 江西派의 영향으로, 江西와 江湖 兩派에 출입하였던 대시인이다. 본문에 인용된 世事詩의 對偶에 대한 故事를 明代 瞿佑의 『歸田詩話』(卷中) '戴石屛奇對' 부분에서 다음과 같이 기록하고 있다.

> 대식지가 일찍이 석양이 산에 비추고 산봉우리가 겹쳐 있는 것을 보고 시구를 얻어 말하기를 : 〔석양이 산 밖의 산에 비추네〕라 하였다. 절로 기이하게 생각하여 〔먼지 낀 세상은 꿈속의 꿈이네.〕구로 대구하고자 하나 마음에 흡족하지 않았다. 후에 마을로 가는데 봄비가 마침 개이고, 흐르는 여울물이 종횡으로 넘치거늘, 〔봄물이 나루 옆에 흐르네〕구로 대구하니, 위 아래구가 비로소 맞았다. 그러나 모름지기 실지로 이 경계를 겪어야 그 기묘함을 보게 될 것이다.
> 戴式之嘗見夕照映山, 峰巒重疊, 得句云 : 〔夕陽山外山〕. 自以爲奇, 欲以〔塵世夢中夢〕對之, 而不愜意. 後行村中, 春雨方霽, 行潦縱橫, 得〔春水渡傍渡〕之句以對, 上下始相稱. 然須實歷此境, 方見其奇妙.

위 글은 詩句 하나를 얻기 위해 그 苦心이 얼마나 큰 것인지를 확인하는 例話라 할 것이다. 宋代 詞家인 晏殊는 晩唐五代 詩風을 계승하여 纖麗하고 淺薄

하지 않으니 元代 脫脫은 〔더욱 시가 공교하고 한가롭고 우아하여 정감이 있다.(尤工詩, 閒雅有情思.)〕(『宋史』 卷311)라고 평하였다.

22. 詩有三義 시의 삼의

　詩有三義[1], 賦止居一, 而比興居其二。所謂比與興者, 皆託物寓情而爲之者也。蓋正言直述, 則易于窮盡, 而難於感發。惟有所寓託, 形容摹寫, 反復諷詠, 以俟人之自得, 言有盡而意無窮, 則神爽飛動, 手舞足蹈而不自覺, 此詩之所以貴情思而輕事實也[2]。

　시(詩經)는 세 가지 뜻(三義)이 있는데, 賦는 단지 그 하나에 해당하고 比와 興은 그 둘에 해당한다. 이른바 비와 흥은 모두 사물에 기탁하여 性情을 실어 만든 것이다. 대개 바르게 말하고 직설적으로 서술하면 곧 시의 뜻을 다 표현하기는 쉬우나, 감흥을 드러내기에는 어려운 것이다. 오직 기탁함이 있어서, 표현하여 본받아 쓰고, 반복하여 읊으며, 사람이 스스로 터득하기를 기다려서, 말은 다 하였으나 흥취가 그지없는 경지에 이르면, 곧 정신이 날듯이 상쾌하여, 손과 발이 절로 움직이면서도 자각하지 못하는 것이다. 이것이 시에서 성정을 귀히 여기고 사실을 가벼이 여기는 이유이다.

---

1) 三義:『詩經』의 作法인 比賦興. 比賦興은『周禮』(春伯 大師)의 '敎六詩, 曰風, 曰賦, 曰比, 曰興, 曰雅, 曰頌.'에서 처음 나온다. 六詩는 六義이다. 比는 比喩, 興은 隱喩, 賦는 直說을 의미한다.
2) 明代 何景明『大復集』卷3:〔무릇 시의 도리는 정감을 들어 아낌이 있고, 문의 도리는 사실을 들어 이치가 있다. 이런 고로 감정을 조화하는 것이 시의 도리로서, 자혜로움이 나오고, 덕성과 사실을 다스리는 것이 문의 도리로서, 예의가 나온다.(夫詩之道, 尙情而有愛, 文之道, 尙事而有理. 是故召和感情者, 詩之道也, 慈惠出焉, 經德緯事者, 文之道也, 禮義出焉.)〕

❂ 해설

시의 六義는 詩經의 作法인 比賦興과 體裁인 風雅頌을 지칭하므로, 이중에 三義를 比賦興이라고 하면, 이것은 『시경』의 作法이며, 나아가서 시의 전통적인 作法이라고 할 것이다. 三義論을 詩論에 연관시킨 梁代 鍾嶸의 『詩品』序를 보면,

> 시에는 세 가지 뜻이 있으니 하나는 흥이며, 둘은 비이며, 셋은 부이다. 글이 이미 다 표현되었는데 뜻은 여운이 있으면, 흥이다. 사물로 뜻을 비유하니, 비이다. 직접 그 사실을 쓰고 사물을 묘사하니 부이다. 이 세 가지 뜻을 펴서 헤아려 쓰는데 바람의 힘으로 말리고, 붉은 채색으로 윤색하여 읊는 자로 그지없게 하고, 듣는 자로 마음을 움직이게 하면, 이것이 시의 극치인 것이다. 오로지 비흥만을 쓰면 뜻이 깊은데 단점이 있으니 뜻이 깊으면 일이 어긋난다. 다만 부체만을 쓰면 뜻이 부허한데 단점이 있으니, 뜻이 부허하면 글이 산만해져서 흘러 옮기게 되어 글이 굳게 자리매김함이 없으니 거칠고 산만한 허물이 있게 된다.
> 詩有三義焉: 一曰興, 二曰比, 三曰賦. 文已盡而意有餘, 興也: 因物喩志, 比也: 直書其事, 寓言寫物, 賦也. 弘斯三義, 酌而用之, 幹之以風力, 潤之以丹彩, 使詠之者無極, 聞之者動心, 是詩之至也. 若專用比興, 患在意深, 意深則事躓. 若但用賦體, 患在意浮, 意浮則文散, 嬉成流移, 文無止泊, 有蕪漫之累矣.

라고 하여 詩文의 표현수법에 대한 구체적인 특성을 서술하고 있다. 이동양이 性情을 귀히 여기고 사실을 가벼이 여기는 작시상의 관점을 지니고 있으므로 〔말은 다 하였으나 흥취가 그지없는 경지(言有盡而意無窮)〕의 논리를 주창하게 되고 자연히 賦보다는 比興을 강조한 것이다. 이 이론이 淸代 神韻說을 비롯한 詩論의 要諦로 이어진 것이다. 그 예를 들면, 淸代 金聖嘆의 다음 논설에서 比興 중심의식을 확인할 수 있다.

> 영물시는 순수하게 흥을 쓰는 것이 가장 좋고 순수하게 비를 쓰는 것도 가장 좋으나, 단지 순수하게 부만을 쓰는 것은 오히려 좋지 않으니 왜 그런가? 시가 언사로 표현되는데 생각이 있는 것이다. 그 표현은 반드시 사람의 생각에서 나온다. 그 시에 감정을 이입함은 반드시 사람의 생각에서 나온다. 그 사람의 생각에서 들고 나므로 따라서 그것을 시라 말하는 것이다.

만약 비나 흥으로 하지 않고 단지 하나의 사물을 직설한다면, 이것은 화공이 고운 색채의 병풍을 그리는데 사람이 그것을 보고 문득 슬프거나 기쁜 느낌을 어떻게 가지겠는가와 같은 것이다. 무릇 특별히 시를 짓는데 슬프거나 기쁜 느낌을 시에 이입시키지 못하면 짓지 않음만 못한 것이다. 이것은 모두 비와 흥을 쓰지 않고, 단지 부의 형식만을 쓰기 때문이다.

    詠物詩純用興最好, 純用比亦最好, 獨有純用賦却不好, 何則? 詩之爲言, 思也. 其出也, 必於人之思 : 其入也, 必於人之思. 以其出入於人之思, 夫是故謂之詩焉. 若使不比不興而徒賦一物, 則是畵工金碧屛障, 人其何故睹之而忽悲忽喜? 夫特地作詩, 而入不悲不喜, 然則不如無作. 此皆不比不興, 純用賦體之故也(『貫華堂選批唐才子詩』 卷9)

이런 논리는 『시경』의 比賦興 작법에서 연원하여 소위 詩敎에 근거를 둔 것으로, 후에 시가 창작의 含蓄美와 抒情味를 중시하게 된 것이다.

23. 宋緖『元詩體要』 송서의 『원시체요』

『元詩體要』[1]載楊廉夫[2]「香奩」[3]絶句, 有極鄙褻[4]者, 乃韓致光[5]詩也。

『원시체요』에 양렴부의 「향렴」 절구가 실려 있는데, 매우 천하고 더러운 것이 있으니, 곧 한치광의 시와 같은 것이다.

◉ 해설

明代 宋緖가 편찬한 元代 시가집이 『元詩體要』인데, 元代 시인의 시를 거의 망라하고 있는 總集이다. 初刊本이 明代 宣德 8년(1433)에 간행되었으니, 이 시기는 太平시대로서 문학이 雍容 즉 온화하고 平正한 기풍을 추구하고, 시는 臺閣體가 유행하면서도 唐詩를 숭상하는 復古風이 본격화되고 있었다. 따라서 元代 문학의 정리가 필요하게 되면서 元詩의 총집서가 나온 것이다. 이 총집에는 내용과 풍격에 따라 36체의 체제로 분류하여 편찬되고 選詩는 유명한 작품을 누락하지 않고 있다. 그 중에 香奩體도 설정하여 楊維禎의 絶句詩 20수를 수록하고 있는데 이들 절구시는 본래 양유정의 『復古詩集』과 『鐵崖先生古樂府』에 열입되어 있다. 이들 시는 韓偓의 시를 본받아 지은 것이라 하여 일명 '續奩'으로 칭한다. 따라서 이동양은 양유정의 文名에 비해서 品格이 떨어지는

---

1) 元詩體要 : 明 宋緖 편찬. 14권. 36체로 분류하여 편집하고 香奩은 그 하나. 권8에 楊維禎의 칠언절구 20수를 수록. 一名『續奩集』.
2) 楊廉夫 : 元代 楊維禎.
3) 香奩(향렴) : 향을 담는 상자. 시의 香奩體를 말하는데 美人에 관한 일을 읊는 시의 체제의 하나로서 唐代 韓偓의 시집 『香奩集』에서 유래.
4) 鄙褻(비설) : 천하고 더럽다.
5) 韓致光 : 韓偓(842~914?) 字 致光, 號 玉樵山人. 『香奩集』. 『滄浪詩話』: 〔詞多側艶情巧.〕

시로 평가하여 본문에서 貶下한 것이다. 더구나 본문에서 '韓致光詩也'라고 하여 韓偓類로 분류시킨 것은 한악의 향렴시를 擬作한 작품을 남기고 있다는 점을 밝힌 부분으로서 예를 들면, 양유정의 「出浴」 시의 〔물에 젖은 꽃 같은 얼굴 만지기에 너무 고운 듯, 끝내 부드러운 눈같이 흰 살결을 어쩌질 못하네. 시녀가 주렴발 밖에 있는 걸 어찌 알리오, 마냥 군왕의 금덩어리 같은 사랑을 받네.(初訝洗花難抑按, 終疑沃雪不勝任. 豈知侍女簾帷外, 剩取君王數餠金.)〕구는 한악의 「詠浴」 시의 〔물에 젖은 꽃 같은 얼굴 만지기에 너무 고운 듯, 부드러운 눈같이 흰 살결을 어쩔 줄 모르 듯 하네. 시녀가 주렴발 밖에 있는 걸 어찌 알리오, 마냥 군왕의 금덩어리 같은 사랑을 받네.(初似洗花難按抑, 終憂沃雪不勝任. 豈知侍女簾帷外, 賸取君王幾餠金.)〕 시구와 비교하여 단지 字句의 出入이 있을 뿐이다.

24. 質而不俚 질박하면서 속되지 않음

質而不俚, 是詩家難事。樂府歌辭所載「木蘭辭」[1], 前首最近古。唐詩, 張文昌[2]善用俚語, 劉夢得[3]「竹枝」亦入妙。至白樂天[4]令老嫗解之, 遂失之淺俗。其意豈不以李義山[5]輩爲澁僻而反之? 而弊一至是, 豈古人之作端使然哉?

풍격이 질박하면서 속되지 않는 것, 이것은 시인들에게 어려운 일이다. 악부가사에 실린 「목란사」의 전편은 가장 예스러움(고시)에 가깝다. 당시에서 장문창은 속어를 잘 사용하였고, 유몽득의 「죽지사」는 또한 묘오에 들어 있다. 백낙천이 노파로 하여금 이해하게 한 시는 마침내 淺俗한 데로 빠지고 말았다. 그 의미는 어찌 이의산 유파의 시를 어렵고 편벽되다고 하여 반대하는 것이 아니겠는가? 그 폐해가 여기에까지 이르렀으니, 어찌 옛사람의 작품만이 그렇게 한 것이겠는가?

❂ 해설

시의 풍격이 質朴하면서 俗되지 않다는 말은 班固의 『漢書』(卷62) 「司馬遷傳」에서 사마천의 문장이 樸實하여 粗俗하지 않은 점을 기술한 데에서 기원한다. 그 글을 보면,

---

1) 木蘭詞 : 北朝民歌 2수. 橫吹曲辭.
2) 張文昌 : 張籍(766~730) 字 文昌, 官은 國子司業. 『張籍詩集』.
3) 劉夢得 : 劉禹錫(772~843) 字 夢得, 洛陽人. 世稱 劉賓客. 『劉禹錫集』.
4) 白樂天句 : 白居易는 사실적인 시를 白話語로 지어서 民生도 이해함.
5) 李義山 : 李商隱(811~859?) 字 義山, 號 玉溪生. 『樊南文集』.

유향과 양웅이 여러 책을 널리 익힌 후부터 모두 사마천이 좋은 사관의 재능이 있다고 칭찬하고 그 사리를 잘 서술하였다고 감탄하였으니, 분별하여 화미하지 않고, 질박하면서 속되지 않으며, 그 문장이 곧고, 그 사실이 올바르며, 허황되이 가식하지 않고 선한 일을 숨기지 않았으니 그러므로 그것을 실록이라 말한다.
    自劉向揚雄博極群書, 皆稱遷有良史之材, 服其善序事理, 辨而不華, 質而不俚, 其文直, 其事核, 不虛美, 不隱善, 故謂之實錄.

라고 하여 『論語』(雍也篇)의 〔바탕이 외적 무늬보다 나으면 거칠게 되고, 외적 무늬가 바탕보다 나으면 화사해진다.(質勝文則野, 文勝質則史.)〕구처럼 표현과 내용이 함께 융화되고 조화되어, '외적인 것과 내적인 것이 서로 조화되어 빛남(文質彬彬)'의 논리와 一脈相通한다. 이런 作文上의 전통의식은 宋代 古文運動의 기본지침이 되어서 歐陽修는 〔한나라의 문사는 문장으로 시대의 일을 표현하는데 질박하면서 속되지 않으니, 이것이 어려운 이유이다.(漢之文士善以文言道時事, 質而不俚, 玆所以爲難.)〕(『歐陽文忠公文集』卷130 試筆)라고 이미 밝히고 있고 宋代 范溫은 이 지침에 의해 『潛溪詩眼』에서 시를 논하기를,

건안시대의 시는 바르면서 화미하지 않고 질박하면서 속되지 않으며 풍격이 고아하고 격조가 웅장하다. 그 언사가 곧으면서 대우가 적고 사물을 가리키면서 아름다워서 시경의 풍아와 초사의 기풍을 얻었으니, 가장 옛것에 가까운 것이다.
    建安詩辯而不華, 質而不俚, 風調高雅, 格力遒壯. 其言直致而少對偶, 指事情而綺麗, 得風雅騷人之氣骨, 最爲近古者也.

라고 하여 시풍격에서 '近古'의 의미와 '質而不俚'가 不可分의 관계인 것을 본다. 이것이 明代 詩學의 骨格으로서 이동양이 주장한 논리의 근거가 된다. 그 대표적인 예로서, 「木蘭詞」와 張籍의 시, 그리고 劉禹錫의 「竹枝詞」를 거론하고 있다.
    작자 미상의 「목란사」가 최초로 수록된 문헌은 陳代 釋智匠이 『古今樂錄』이며, 唐代 『古文苑』과 宋代 郭茂倩의 『樂府詩集』(卷25) 橫吹曲辭에 前後 2편이 수록된 바, 전편은 대략 北魏시대에 나온 北朝民歌로서 雜言敍事長詩이다.

다음에「木蘭詞」의 일단을 보기로 한다.

  덜거덕 덜거덕 목란이 집에서 베를 짜네.
  베틀 소리는 들리지 않고 오직 여인의 탄식만 들리네.
  그녀에게 무엇을 생각하고, 무엇을 그리는가 물으니
  어젯밤 군대 통지를 보니, 군주가 크게 병사를 소집하는 것이네.
  군대서류가 열두 권인데 권마다 아버지 이름이 있네. ……
  아침에 황하를 떠나가서 저녁에 흑산 가에 이르네.
  부모가 딸 부르는 소린 들리지 않고
  다만 연산의 오랑캐 말 우는 소리만 들리네.
  만 리 길 오랑캐 터에 나아가니, 관산을 날듯이 건너가네.
  북방의 찬 기운 쇠딱다기에 느껴오고 찬 빛은 쇠갑옷에 비치네.
  장군은 백번 싸우다 죽고, 장사는 십년 만에 돌아오네.
  돌아와 천자를 뵈니, 천자는 밝은 당상에 앉아 있네.
  세운 공적 열두 단계 오르고 상훈이 천백이나 되네.
  군주가 바라는 바를 물으나 목란은 상서랑을 마다 하네.
  …… 같이 행군하길 십이 년인데 목란이 여자인 줄 몰랐네.
  唧唧復唧唧, 木蘭當戶織.
  不聞機杼聲, 唯聞女歎息.
  問女何所思, 問女何所憶.
  昨夜見軍帖, 可汗大點兵.
  軍書十二卷, 卷卷有爺名.……
  旦辭黃河去, 暮至黑山頭.
  不聞爺孃喚女聲, 但聞燕山胡騎鳴啾啾.
  萬里赴戎機, 關山度若飛.
  朔氣傳金柝, 寒光照鐵衣.
  將軍百戰死, 壯士十年歸.
  歸來見天子, 天子坐明堂.
  策勳十二轉, 賞賜百千強.
  可汗問所欲, 木蘭不用尙書郎.
  ……同行十二年, 不知木蘭是女郎.

 이 시에 대해서 宋代 何汶은 『竹莊詩話』(卷2)에서〔이 시를 지은 사람은 어사의 뜻이 높고 예스러워서 거의 그 전의 사람과 상대할 만하다.(作是詩者, 詞

意高古, 殆與其前人相當.)]라고 시의 高古함을 높이 평하였고 明代 胡應麟은 『詩藪』(內編 卷1)에서 [잡언체의 풍부함이 목란사에서 극에 이른다.(雜言之瞻, 極於木蘭.)]라고 평가하고 있다.

    劉禹錫의 「竹枝詞」도 樂府로서 11수인데 9수와 2수로 구분하여 각 1組로 구성되어 있다. 穆宗 長慶 2년(822)에 夔州(지금 重慶 奉節)에서 지은 작품이다. 유우석은 「竹枝詞九首幷引」에서 [사방의 노래가 소리는 달라도 즐거움은 같다. 정월에 내가 건평에 오니 마을에 아이들이 죽지사를 연이어 부르고 짧은 피리를 불고 북을 치면서 절주에 맞추고 노래하는 자는 소매를 걷고 눈을 크게 뜨고 춤추니 곡조에 매우 뛰어났다. 그 소리를 들으면 십이율의 하나인 양률의 가장 맑은 우음에 맞다. 마지막 장은 격렬하기 오성과 같아서 비록 천하다 해도 담긴 생각이 아름답고 시경 「기오」 시의 고운 소리를 지니고 있다. 옛날 굴원이 원수와 상수에 머무니, 그 백성의 신을 맞는 노래에 그 어사가 매우 비루하거늘 이에 구가를 지은 것이다. 지금에 이르러 그것을 초나라 노래로 하여 춤을 춘다. 그러므로 나도 죽지사 아홉 편을 짓는다.(四方之歌, 異音而同樂. 歲正月, 余來建平, 里中兒聯歌竹枝, 吹短笛擊鼓以赴節, 歌者揚袂睢舞, 以曲多爲賢. 聆其音, 中黃鐘之羽. 卒章激訐如吳聲, 雖傖佇不可分, 而含思婉轉, 有淇澳之艶音. 昔屈原居沅湘間, 其民迎神, 詞多鄙陋, 乃爲作九歌. 到于今, 荊楚歌舞之, 故余亦作竹枝詞九篇.)]라고 하여 作詩의 동기를 밝히고 있으며 宋代 黃庭堅은 이 시에 대해서 [죽지사 아홉 장은 어사의 뜻이 높고 오묘하니 원화년간의 시로는 진실로 가장 으뜸이라 할 수 있다. 풍속을 말하면서 속되지 않고 옛것을 따르면서 부끄럽지 않으니 그것을 두보의 기주가에 비교하면 이른바 '동공이곡' 즉 기교는 같으나 곡조는 다르다고 할 것이다.(竹枝九章, 詞意高妙, 元和間 誠可以獨步. 道風俗而不俚, 追古昔而不愧, 比之子美夔州歌, 所謂同工異曲也.)] (『豫章黃先生文集』卷26 跋劉夢得竹枝歌)라고 하여 이동양이 이 시를 '妙悟'하다고 品評한 것과 비교된다. 이 시의 제1수와 제2수를 보기로 한다.

        백제성 가에 봄풀이 돋고
        백염산 아래엔 촉강이 푸르도다.
        남쪽 사람이 한 곡조 불러대면
        북쪽 사람은 고향생각 나지 않겠는가.

白帝城頭春草生, 白鹽山下蜀江淸.
南人上來歌一曲, 北人莫上動鄕情. (제1수)

산복사꽃 붉어 산자락에 가득하고
촉강의 봄물은 산을 끼고 흐르네.
붉은 꽃 쉬이 시들음이 그대의 마음 같다면,
흐르는 물 그지 없음은 나의 근심 같다네.
山桃紅花滿上頭, 蜀江春水拍山流
花紅易衰似郞意, 水流無限似儂愁. (제2수)

이 시 제1수에 대해서『詩境淺說續編』에서 [첫 2구는 기문의 경치를 말하는데 첩자의 격식으로 묘사하여 두 번 白자를 써서 운취를 일으킨다. …… 후 2구는 남쪽 사람이 이곳을 지나면서 고향에 가까우니 기뻐한다. 북쪽 사람이 협곡을 거슬러 올라가니 고향이 멀어질수록 고향생각이 더욱 깊어진다.(首二句言夔門之景, 以疊字格寫之, 兩用白字, 以生韻趣……後二句言南人過此, 近鄕而喜 : 北人遡峽而上, 則鄕關愈遠, 鄕思愈深矣.)]라고 하여 詩心을 절실하게 吐露하였고, 제2수에 대해서는 [앞 2구는 쳐다보니 산복사꽃이 온통 붉은 것을 말하고, 내려다보니 푸른색이 강물에 떠가는 것을 말하니 또한 기주의 협곡 경치를 말한다. …… 격구에 대우로 이어주어서 따로이 하나의 격조를 이루니 시경의 비와 흥체를 겸하고 있다.(前二句言仰望則紅滿山桃, 俯視則綠浮江水, 亦言夔峽之景.……隔句作對偶相承, 別成一格, 詩經比而兼興之體也.)]라고 하여 比興의 작법을 구사한 것으로 평가하고 있다.

한편 이동양이 白居易 시를 보는 관점이 오직 시의 口語化경향이 짙은 점만을 가지고 '淺俗'하다고 평하였는데 이런 논조는 宋代 張戒가 [원진, 백거이, 장적, 왕건 등의 악부는 오로지 사람의 마음 속의 일을 표현하는 것에 공교로우나, 그 어사가 천근하고 그 기풍이 나약하다.(元白張籍王建樂府, 專以道得人心中事爲工, 然其詞淺近, 其氣卑弱.)](『歲寒堂詩話』卷上)라고 평한 것과 상통하다. 그러나 金代의 王若虛가 [백낙천의 시는 정취가 간절하여 사람의 간담에 들며, 사물을 따라서 모습을 지어냄이 충만하다. …… 세상에서는 혹시 천이하다고 경시하니 대개 더불어 말하기 부족하다.(樂天之詩, 情致曲盡,

入人肝膽, 隨物賦形, 所在充滿……而世或以淺易輕之, 蓋不足與言矣.)](『瀋南詩話』卷1)라고 하여 왜곡된 관점을 개탄하고 더구나 이동양의 논조에 대해서 明代 兪弁은 『逸老堂詩話』(卷下)에서 강렬하게 반박하기를,

> 백낙천 시는 속어를 잘 써서 인정과 사물의 이치에 가깝다. …… 이서애의 시화에 백낙천이 시를 짓는데 늙은 노파가 아는 말을 쓰니 그런고로 거칠고 속된 것으로 빠진다라고 하였다. 이 말은 대개 송대 스님 홍각범의 망언에서 나온 것으로 거의 도리가 없다.
> 白樂天詩善用俚語, 近乎人情物理……李西涯詩話樂天賦詩, 用老嫗解, 故失之粗俗. 此語蓋出於宋僧洪覺範之妄談, 殆無是理也.

라고 하여 이동양의 偏見을 통렬하게 비판하여 白居易의 시에 대한 폄하된 曲解를 시정하려 하였는데 백거이 시를 리얼리즘(Realism)적인 思潮에 입각해서 볼 때, 위의 논조는 객관적인 지적이라고 볼 수 있다.

李商隱은 晩唐의 대표적인 唯美派의 시인으로 평가되는데 그의 시를 다음 세 가지로 특징지을 수 있겠다. 첫째, 다정다감하다는 것이다. 그의 일생은 애원의 音과 열렬의 情을 함유하고 있었다. 남녀의 情뿐만 아니라, 혈육의 정과 朋友의 정도 充溢하였다. 그의 45세(宣宗 10년, 856)의 작인 「暮秋獨游曲江」(『玉溪生詩箋註』卷6)을 보면,

> 연꽃잎이 나올 때 봄의 한도 생겨나고
> 연꽃잎이 시들 때 가을의 한이 맺히네.
> 몸이 있으니 정이 오래 있는 줄 깊이 아니
> 쓸쓸히 강가에 서있으니 강물소리 들려오네.
> 荷葉生時春恨生, 荷葉枯時秋恨成.
> 深知身在情長在, 悵望江頭江水聲.

여기에서 제1구와 제2구의 春恨과 秋恨 그리고 제3구에서 구의가 토로하는 정적 묘사는 극히 박진감을 주고 있다. 둘째, 多愁하다는 것이다. 즉 비관과 우울이 流露되고 있다. 이것은 이상은의 漂泊 생활이 그 바탕을 이루는 것이라 하겠는데 본의 아닌 黨派에 의한 遊離, 權貴에의 失意 등도 그 중요한 성격형성의 요인이 된다. 「有感」(上同 卷1)을 보면,

중도에서 막힌 이 내 신세
예부터 재능과 운명 두 가지는 서로 어긋나네.
그대에게 권하노니 억지로 사족을 그리지 말지니
한 잔의 향기로운 술도 맛보지 못하리라.
中路因循我所長, 古來才命兩相妨.
勸君莫強安蛇足, 一盞芳醪不得嘗.

위에서 제4구는 그러한 失意的인 意態를 보여주고 있다. 셋째, 自負心이 강하였다고 할 것이다. 이상은이 廣州都督으로 出仕하는데 出資하는 사람이 있으매 그는 〔나는 스스로 성품을 바꿀 수 없거늘, 남이 알까 두렵다.(吾自性分不可易, 非畏人知也.)〕(『唐才子傳』卷7)라고 사절한 것이라든지, 崔珏이 애도해서 지은 「哭李商隱」제2수(同卷 贈詩編)를 보면,

하늘을 지고 구름을 넘는 빼어난 재주로도
일생의 포부 아직껏 펼쳐보지 못했다네.
虛負凌雲萬丈才, 一生襟抱未曾開.

위의 두 구에서 보이는 의취로써 自負의 개성을 알 수 있다. 이상은을 유미주의 시인(劉大杰『中國文學發達史』, p.488), 또는 상징주의 시인(蘇雪林『唐詩槪論』, p.156)으로 흔히 평가하는데, 이상은 시가 精麗한 修辭를 강구하고 있고, 동시에 難解한 古書의 典故를 활용하여 독자의 이해가 용이하지 않지만, 宋代 葉少蘊이『石林詩話』(卷上)에서 〔당인 중에 두보를 배운 자는 오직 이상은 한 사람 뿐이다. 그 오묘함을 다 그려내지 못했지만 정밀하고 화려한 격조는 역시 절로 그 유사함을 터득하였다.(唐人學老杜, 惟商隱一人而已. 雖未盡造其妙然, 精密華麗亦自得其彷彿.)〕라고 한 바 같이 두보의 시학에 근접하는 刻苦와 煩悶으로부터 창조된 시라고 본다면 이동양의 논조는 현대적 관점에서 다분히 주관적이라고 할 수 있다.

25. 古歌辭貴簡遠 고가사의 간원 풍격

古歌辭貴簡遠。「大風歌」¹⁾止三句,「易水歌」²⁾止二句, 其感激悲壯, 語短而意益長。「彈鋏歌」³⁾止一句, 亦自有含悲飲恨之意。後世窮技極力, 愈多而愈不及。予嘗題柯敬仲⁴⁾墨竹曰:〔莫將畫竹論難易, 剛道繁難簡更難。君看蕭蕭秪數葉, 滿堂風雨不勝寒。〕⁵⁾ 畫法與詩法通者, 蓋此類也。

고가사는 간결하고 예스러우며 深遠함을 귀히 여긴다.「대풍가」는 단지 세 구이고,「역수가」는 단지 두 구이지만, 그 시들이 감격적이고 비장하면서, 어사가 짧으나 뜻은 더욱 심원하다.「탄협가」는 단지 한 구이면서도 절로 비장함과 원한을 머금은 뜻이 담겨 있다. 후세에 기교를 다 부리고 힘을 다 써도 많이 하면 할수록 더욱 미치지 못한다. 나는 일찍이「제가경중묵죽」시에 :〔대나무를 그리면서 어려우니 쉬우니 따지지 말지니, 이제 말하노니 번화함이 어려운데 간결함은 더 어렵네. 그대 보게나. 쓸쓸하게 단지 몇 개 나뭇잎만 날리고, 집 가득 치는 비바람에 추위를 못 이기네.〕라고 했으니 화법과 시법이 통하는 것은 대개 이와 같은 것이다.

---

1) 大風歌 : 漢 劉邦 作.〔大風起兮雲飛揚, 威加海內兮歸故鄕. 安得猛士兮守四方.〕
2) 易水歌 : 戰國時 荊軻가 燕太子 丹을 위해 불렀다는 古歌.〔風蕭蕭兮易水寒, 壯士一去兮不復還.〕
3) 彈鋏歌 : 戰國時 馮諼(풍훤) 作 풍훤이 齊나라 孟嘗君의 門客이 되어서 칼자루를 치며 대우가 나쁜 것을 한탄하는 노래를 불렀다 함. 자기의 榮達을 구함을 비유. 鋏은 칼.〔長鋏歸來乎, 食無魚.〕〔長鋏歸來乎, 出無車.〕〔長鋏歸來乎, 無以爲家.〕
4) 柯敬仲 : 柯九思(1290~1343) 字 敬仲, 號 丹丘生.
5) 莫將句 :『李東陽集』卷10「柯敬仲墨竹二絶」의 제2수

✷ 해설

시 풍격에서 '簡遠'은 '簡古深遠'을 줄인 말이다. '簡遠' 용어는 唐代 元稹의 杜甫墓銘文의 서문 일단을 보면,〔소자경과 이소경은 더욱 오언시에 공교하다. 비록 글의 격율이 각각 다르고 아악과 정악의 음이 또한 섞여 있지만, 어사의 뜻이 간결하고 심원하며 사실을 가리키고 성정을 표현한 것이 절로 자연스러우니 글이 함부로 지은 것이 아니다.(蘇子卿李少卿之徒, 尤工爲五言. 雖句讀文律各異, 雅鄭之音亦雜, 而辭意簡遠, 指事言情, 自非有爲而爲, 則文不妄作.)〕(『元氏長慶集』卷56 唐故工部員外郞杜君墓係銘幷序)라고 하여 漢代 蘇武와 李陵의 시를 평한 부분이다. 고대부터 詩와 書畵를 품평하는 용어로 사용한 '簡古'를 다시 풀어보면 '簡約古朴'이다. 歐陽修가 梅聖兪의 문장을 평하기를,〔그 문장지은 것이 간결하고 고원하며 순수하여 세상에 구차하게 맞추기를 바라지 않았다.(其爲文章簡古純粹, 不求苟悅於世.)〕(『梅聖兪詩集』序)라고 표현하고 있다. '簡古'는 시의 형식을 중시하고 내용이 空虛하고 綺麗한 풍격과 대칭적인 의미를 지닌다. 그러므로 '簡古'는 枯淡하고 乾燥하며 淺薄하고 平庸한 풍격이 아니라, 質朴하고 天然하며, 眞氣가 넘치는 풍격이다. '深遠'은 시의 표현과 내용이 重厚하고 興趣가 깊이 있는 풍격이다. 이런 풍격을 지닌 古詩로서 이동양은 劉邦의 「大風歌」와 戰國시대 燕太子 丹의 「易水歌」, 그리고 전국시대 齊나라 馮諼의 「彈鋏歌」를 거론하여 短詩이지만 내용이 悲壯하고 심원하다고 강조하고 있다.

이동양의 논조는 이미 古來로 객관적인 평가를 재확인하는 線에서 이해하면 된다. 「大風歌」는 『史記』高祖本紀에 처음 수록되어 있다. 본래 『史記』樂書에는 '三侯之章'이란 명칭으로 기록되었다가 『藝文類聚』에 「大風歌」란 제목으로 실렸다. 劉邦이 기원전 195년 淮南王 英布叛軍을 격파하고 고향인 沛縣을 지나면서 연회를 열어 지은 시이다.

> 큰 바람이 일어나고 구름은 날아가네.
> 위세가 온 나라에 더해지니 고향으로 돌아가네.
> 어떻게 하면 용맹한 군사를 얻어서 사방을 지킬 것인가

大風起兮雲飛揚,
威加海內兮歸故鄉.
安得猛士兮守四方.

불과 3구의 시이지만 천하를 통일하고 국가를 공고히 하고자 하는 의지를 담고 있다. 唐代 李善은 『文選注』에서 〔바람이 일고 구름이 날리도다는 뭇 영웅이 각축하여 천하가 어지러움을 비유한다. 위세가 나라에 가해진다함은 이미 안정되었음을 말한다. 무릇 평안하여도 위기를 잊지 않으니 그러므로 용맹한 무사로 진정시키려 한 것이다.(風起雲飛, 以喩群雄競逐, 而天下亂也. 威加海內, 言已靜也. 夫安不忘危, 故思猛士以鎭之.)〕라고 주석하였고, 宋代 葛立方은 〔고조의 대풍가는 23자에 지나지 않지만, 의지와 기개가 의분에 차고 포부가 크고 원대하니 늠름하여 이미 사백 년 기업의 기상을 지니고 있다.(高祖大風之歌, 雖止二十三字, 而志氣慷慨, 規模宏遠, 凜凜乎已有四百年基業之氣.)〕(『韻語陽秋』卷19)라고 평하였고, 宋代 陳巖肖는 〔한고조의 대풍가는 화려한 어조를 일삼지 않고 기개가 원대하니 진정 영민한 군주이다.(漢高祖大風歌, 不事華藻, 而氣槪遠大, 眞英主也.)〕(『庚溪詩話』卷上)라고 하였다. 그리고 「易水歌」는 荊軻가 秦나라로 가는 燕太子 丹을 위해서 부른 古歌인데, 筑을 치며 變徵(치)의 소리로 和唱하자, 주변 사람들이 모두 눈물을 흘렸다고 하는 비장한 노래로 전한다.

바람이 쓸쓸히 불고 역수는 차가운데
장사가 한번 가서 다시 돌아오지 않네.
風蕭蕭兮易水寒, 壯士一去兮不復還.

이 古歌에 대해서 元代 祝堯는 평하기를, 〔그 어사가 비장하고 격렬하여 보기에 충분하다. 나는 말하나니 이것이 비록 직설이지만 첫 한 구는 오히려 비흥의 뜻을 겸하고 있다.(其詞悲壯激烈, 有足觀者. 愚謂此雖賦也, 起一句却兼比興之義)〕(『古賦辨體』卷10)라고 하였다. 「彈鋏歌」는 전국시대 齊나라의 馮諼이 孟嘗君의 食客으로 있으면서 기둥에 기대어 칼을 두드리며 3단의 이 古歌를 每段 부를 때마다 待遇가 한 급씩 올라갔다고 한다.

긴 칼 차고 돌아오니 먹으려 해도 물고기 없네.
긴 칼 차고 돌아오니 나가려 해도 수레가 없네.
긴 칼 차고 돌아오니, 집이랄 게 없네.
長鋏歸來乎, 食無魚.(1단)
長鋏歸來乎, 出無車.(2단)
長鋏歸來乎, 無以爲家(3단)

食客으로 들어가서 천대받는 위치에서 이 노래를 통해 자신의 立地를 높이고자 한 풍훤의 심경이 담겨 있으므로 이동양은 〔비애를 머금고 원한을 마신다.(含悲飮恨)〕이라고 표현한 것이다. 이동양이 자신의 시를 인용하여 詩論과 畵論의 상통점을 강조한 것은 이미 앞에서 설명한 바 있다.

26. 劉會孟名能評詩 유회맹의 평시

劉會孟[1]名能評詩, 自杜子美[2]下至王摩詰[3]李長吉[4]諸家, 皆有評。語簡意切, 別是一機軸, 諸人評詩者皆不及。及觀其所自作, 則堆疊飣飣[5], 殊乏興調, 亦信乎創作之難也。

유회맹은 시를 평하는데 명성이 높아서 두자미로부터 왕마힐, 이장길 등 여러 작가에 이르기까지 모두 시평이 있다. 어사가 간결하고 뜻이 절실하여 특별히 시평에 있어 하나의 중요한 요체가 되니 여타 시논평가들이 모두 따라가지 못한다. 하지만 그 자신이 지은 시를 보면, 어사를 반복하거나 늘어놓아서 전혀 흥취가 부족하니, 실로 창작은 어려운 것이다.

✪ 해설

宋代 말엽과 元代에 걸쳐서 생존한 劉宸翁은 작가는 물론, 주석가로서도 唐代에 명성을 얻은 문인이요 학자이다. 南宋 理宗 景定 3년(1262)에 進士에 급제하여 濂溪書院山長이 되고, 度宗 咸淳 元年(1265)에는 臨安府學敎授를 거쳐서, 함순 4년(1268)에는 江東轉運使 江萬里의 幕僚를 지냈다. 恭帝 德祐 원년(1275)

---

1) 劉會孟 : 劉宸翁(1232~1297) 字 會孟, 廬陵人(지금 江西 吉安). 號 須溪. 宋代말에 濂溪書院山長, 臨安府學敎授 등을 지내고 송이 멸망한 후, 은거하여 벼슬하지 않았다. 『須溪集』, 『班馬異同評』 등 저술이 있고 杜甫, 王維, 李賀 등의 詩集과 『世說新語』 등을 評點하여 註釋批評家로 名聲이 있었다.
2) 杜子美 : 杜甫
3) 王摩詰 : 王維
4) 李長吉 : 李賀
5) 堆疊飣飣(퇴첩두정) : 文字를 겹쳐서 반복해서 쓰거나 의미 없는 문자를 늘어놓음.

太學博士를 제수 받았으나 元軍의 침범으로 도중에 길이 막혀 취임하지 못하
였다. 송이 멸망하니, 여생을 出仕하지 않고 은거하면서 저술에 몰두하고 野人
으로서 애국지사 鄧剡(등섬)같은 사람과 왕래하며 元나라에 항거하였다. 은거
생활에서 사계절 景物을 집중적으로 묘사하여 『四景詩集』 4권을 편찬하여 167
수의 시를 수록하기도 하였다. 그의 시는 晩唐을 배워서 『四庫全書總目提要』
(卷165)에 그의 시에 대한 평을 보면,

> 그 지은 시문이 또한 오로지 기괴하고 웅대함을 바탕으로 삼아서 그 어
> 사가 어려워 간혹 읽을 수 없으며, 더욱 법도 밖으로 들어감을 면치 못한다.
> 其所作詩文, 亦專以奇怪磊落爲宗, 務在艱澀其詞, 甚或至於不可句讀, 尤不
> 免軼於繩墨之外.

라고 하여 그의 시는 함축미가 부족하고 格律과 造句에 치중하여 시의 品格은
높이 평가받지 못하였다.

한편 그가 남긴 시론과 시평은 후학의 길잡이가 되어 그의 傳記資料가 『宋
元學案』과 『宋詩紀事』 등에 散見된다. 그의 詩文評에 대해서 明代 楊愼은 칭
찬하기를,

> 유신옹은 당인의 여러 시집과 이백, 두보, 소식, 황정견 등 대가에 대해
> 모두 비평한 것이 있고, 삼자구의와 세설신어를 비평한 것이 있어서 선비
> 들이 그 감상의 정확하고 박학함에 감복한다.
> 劉辰翁於唐人諸詩集及李杜蘇黃大家, 皆有批點, 又有批評三子口義及世說
> 新語, 士林服其賞鑒之精博.(『丹鉛餘錄』 總錄 卷19 詩話類)

라고 하여 유신옹의 비평이 量的으로 多樣하였음은 물론, 質的으로도 精博하
였음을 밝히고 있다. 일면, 두보시의 批點에 대해서 明代 宋濂은 평하기를,

> 자미의 시가 세상에 알리지 못한지 오백 년이나 되었다. 근대에 여릉의
> 큰 선비가 자못 그것을 걱정하여 전문집에 사용된 사실을 특별히 시마다
> 다 살핀 후에, 진실로 얽혀서 잡다한 단점은 없으나, 경솔하게 비평을 가하
> 여 마치 술 취한 노인의 잠꼬대 같은 점은 면치 못하고 있다.

  子美之詩不白於世者, 五百年矣. 近代廬陵大儒頗患之, 通集所用事實別見篇後, 固無繳繞猥雜之病, 未免輕加批抹, 如醉翁寐語.(『宋學士文集』 卷37 杜詩舉隅序)

라고 하여 장단점을 동시에 지적하고 있다. 그리고『四庫全書總目提要』(卷149 集千家注杜詩)에는 明代 시론에 대한 영향을 거론하여, 〔신옹이 본 것을 평함에 지극히 옅으나, 그 표방하는 것이 자구마다 매우 참신하여 아마도 경릉파의 선성이라 하겠다.(辰翁評所見至淺, 其標擧尖新字句, 殆於竟陵之先聲.)〕라고 하였는데 晩明 시기에 竟陵派는 公安派가 득세하던 문단에서 反復古, 反模擬의 문학혁신을 주창하였다. 鍾惺과 譚元春 등이 性靈을 내세워 格套에 매이지 않고 質實眞情을 주장하였다. 작가가 비평과 창작능력을 겸비하기가 쉽지 않다는 점은 흔한 일이다. 오늘날 唐詩 연구가가 시 창작을 겸비할 수 없는 현실과 같은 것으로 유신옹의 시문 창작이 그의 名家文集批點의 성과에 미치지 못한 점에서 알 수 있다.

27. 國初稱高楊張徐 명초 4대 시인

　國初稱高楊張徐¹⁾。高季迪²⁾才力聲調，過三人遠甚，百餘年來，亦未見卓然有以過之者，但未見其止耳。張來儀³⁾徐幼文⁴⁾殊不多見。楊孟載⁵⁾「春草」詩最傳，其曰：〔六朝舊恨斜陽外，南浦新愁細雨中〕，曰：〔平川十里人歸晚，無數牛羊一笛風〕，誠佳，然綠〔迷歌扇〕，紅〔襯舞裙〕，已不能脫元詩氣習。至〔簾爲看山盡捲西〕⁶⁾，更過纖巧；〔春來簾幕怕朝東〕⁷⁾，乃豔詞耳。今人類學楊而不學高者，豈惟楊體易識，亦高差難學故耶？

　명대 초의 高啓, 楊基, 張羽, 徐賁 등을 吳中四傑이라 칭한다. 고계적은 재능과 성조가 세 사람보다 워낙 앞서며, 백여 년 동안에 그를 능가한 사람을 아직 본 적이 없고, 그렇다고 그 수준에 이른 것도 아직 보지 못하였다. 장래의와 서유문은 전혀 눈에 뜨이지도 않는다. 양맹재의 「춘초」 시가 가장 전해지니, 그 시에 말하기를：〔육조에 맺힌 옛 원한은 지는 해 밖에 있고, 남쪽 물가에서 가랑비 속에 새로이 수심에 차네.〕, 말하기를：〔평천 십리에 사람이 저녁에 돌아가니, 무수한 소와 양 무리에 한 가닥 피리소리 나네.〕구들은 진실로 아름답다. 그러나 푸른 〔노래에 홀린 부채〕라든가, 붉은 〔속옷이 춤추는 치마〕 등 어사는 이미 元詩의 기풍을 벗지 못하고 있다. 〔산을 보려고 발을 서쪽으로 다 걷어 올리네〕구에 이르러서는 더욱 지나치게 섬세하고 기교롭

---

1) 高啓, 楊基, 張羽, 徐賁 등 吳中四傑.
2) 高季迪：高啓(1336~1374) 字 季迪, 號 青丘子.『高太史大全集』
3) 張來儀：張羽(1333~1385) 字 來儀,『靜居集』.
4) 徐幼文：徐賁(1335~1383) 字 幼文, 號 北郭生.『北郭集』.
5) 楊孟載：楊基(1326~1378) 字 孟載, 號 眉菴.『眉菴集』.
6) 楊孟載『眉菴集』 卷9 「江郭對雨」
7) 楊孟載『眉菴集』 卷9 「無題和唐李義山商隱」

다. 〔봄이 오니 발과 장막을 조심스레 동쪽으로 올리네.〕구는 곧 요염한 어사일 뿐이다. 지금 양기를 배우면서 고계를 배우지 않는 자들은, 어찌 단지 양기의 풍격은 이해하기 쉽지만, 고계는 좀 배우기 어렵다고 여긴 때문이 아니겠는가?

❂ 해설

明代 초기 문단은 復古風이 성행하여 元代의 纖巧한 文風을 벗어나려는 사조가 일어나면서 宋濂, 劉基 등의 越派 시인, 孫蕡 등의 嶺南詩派, 林鴻 등의 閩派 시인, 그리고 高啓 등의 吳派 시인이 서로 출신지역을 중심으로 문단활동을 전개하고 있었다. 이 중에 오파에 속하는 소위 吳中四傑의 등장은 王勃, 盧照隣 등 初唐四傑처럼 明代 시풍을 혁신하는 역할을 한 것이다. 明代 胡應麟『詩藪』에서〔명대 초 시인 중에 오지방 출신으로 고계, 양기, 장우, 서분 그리고 패경, 원개 등이 모두 나라에 문명을 떨쳤다.(國初詩人則出吳中, 高楊張徐, 貝瓊, 袁凱, 亦皆雄視海內.)〕라고 하여 四傑을 거론하였고, 明代 沈德符도〔양기는 홍무년간에 관직이 산서안찰사에 이르고, 고계와 장우, 서분과 이름을 나란히 하니 일컬어 오중사걸이라 한다.(楊在洪武間, 官至山西按察使, 與高啓, 張羽, 徐賁齊名, 謂之吳中四傑.)〕(『萬曆野獲編』卷23)라고 하여 명초 문단에서의 비중을 말하고 있다.

이 사걸 중에서 고계의 위상이 가장 높아서〔고계는 타고난 재능이 높고 빼어나서 진실로 명대 시인중의 으뜸에 있다.(啓天才高逸, 實據明一代詩人之上.)〕(『四庫全書總目提要』卷169)라고 하였고, 그의 시는 나약한 元代의 纖巧한 풍격을 革新하여 豪宕하면서 高遠한 면을 보여주었으니, 淸代 錢謙益이 인용한 다음 그의 문학을 비유하는 글에서 알 수 있다.

계적의 시는 성정에 바탕을 두어 사실을 인용하고 사물을 통해서 모습을 서술하여 거침없이 표현하니 열었다 닫았다 하며 변화가 무쌍하다. 그 체제는 고아하고 순박하여 갓과 옷 즉 훌륭한 의복이 길게 늘어져 있고 옥을 차서 옷자락에 길게 걸쳐 놓은 것 같다. 그 담긴 흥취는 맑고 원대하여 가을하늘에 흰 학이 날아돌며 내려가려 하고 가벼운 안개 걷힌 달이 날씬

하여 예쁜 것 같다. 그 문채는 미려하여 마치 봄꽃이 봉오리 돋고, 촉지방 비단을 갓 씻은 것 같다. 그 재기는 준일하여, 마치 태화산의 가을 솔개가 외로이 솟아오르고, 곤륜산의·팔준마가 바람을 좇고 번개를 타고 내달리는 것 같다.

　季迪之詩, 緣情隨事, 因物賦形, 橫從百出, 開闔變化. 其體制雅醇, 則冠裳委蛇, 佩玉而長裾也. 其思致淸遠, 則秋空素鶴, 廻翔欲下, 而輕雲霽月之連娟也. 其文采縟麗, 如春花翹英, 蜀錦新濯. 其才氣俊逸, 如泰華秋隼之孤騫, 崑崙八駿追風, 躡電而馳也.(『列朝詩集小傳』甲集)

　고계의 시는 먼저 灑脫한 의식 속에 自然과 合一하는 풍격과 한편 民生의 疾苦를 反映하는 사실적인 現實告發의 兩面性을 보여준다. 전자의 예로 그의 「尋胡隱君」을 보면

　　　강물을 건너고 또 건너고
　　　꽃을 보고 또 보네.
　　　봄바람은 강가의 길에 불어서
　　　어느새 그대 집에 이르렀네.
　　　渡水復渡水, 看花還看花
　　　春風江上路, 不覺到君家

　이 시는 抒情的이며 浪漫的인 合自然의 興趣를 보여주는 盛唐風의 맛을 느끼게 한다. 그리고 후자의 예로 칠언고시 「登金陵雨花臺望大江」을 보면,

　　　큰 강이 온갖 산속을 흘러나오니
　　　산의 형세는 다 강과 함께 동쪽으로 흐르네.
　　　종산이 용처럼 홀로 서쪽에 솟아서
　　　거센 물결 헤치고 장풍을 타누나.
　　　강산이 서로 다투어 양보하지 않으니
　　　형세를 다투어 천하의 장사라고 뽐내네.
　　　진나라 황제는 헛되이 여기에 황금을 묻고서
　　　아름다운 기세는 푸르게 지금의 왕까지 이르렀네.
　　　나의 마음이 울적하니 무엇으로 풀 것인가,
　　　술 마시고 달려서 성남대에 오르네.
　　　앉아서 아득히 오랜 세월의 생각에 잠기니

멀리 해지는 속에 거친 안개 밀려오네.
석두성 아래 파도 소리 거칠거늘,
많은 무리의 무사들 누가 감히 건너리오?
천자의 노란 깃발이 낙수에 이르니 결국 무슨 길조인가,
오나라가 쇠사슬로 강을 가로 쳐서 견고치 못했네.
전에는 삼국시대, 후에는 육조시대인데
잡초가 궁궐에 돋으니 참으로 쓸쓸하구나.
영웅이 때를 타서 웅거하기에 힘써서,
몇 번이나 싸우며 흘린 피가 찬 물결에 흘러갔는가?
나는 다행히 성인을 만나 남방에서 일어나
환란을 애초에 평정하고 휴식을 일삼네.
이제부터 온 나라가 길이 나의 집이거늘,
장강에 남쪽이든 북쪽이든 가릴 것 없도다.
大江來從萬山中, 山勢盡與江流東.
鐘山如龍獨西上, 欲破巨浪乘長風.
江山相雄不相讓, 形勝爭誇天下壯.
秦皇空此瘞黃金, 佳氣葱葱至今王.
我懷鬱塞何由開, 酒酣走上城南臺.
坐覺滄茫萬古意, 遠自荒煙落日之中來.
石頭城下濤聲怒, 武騎千群誰敢渡.
黃旗入洛竟何祥, 鐵鎖橫江未爲固.
前三國後六朝, 草生宮闕何蕭蕭.
英雄乘時務割據, 幾度戰血流寒潮.
我生幸逢聖人起南國, 禍亂初平事休息.
從今四海永爲家, 不用長江限南北.

    이 시는 沈雄悲壯한 筆調로 祖國山河의 壯麗함을 묘사하여 激動하는 心懷를 표현하고 있다. 淸代 汪端은 이 시를 평하기를, 〔재기가 호탕하면서 웅건하여 칼을 뽑고 활을 당기지 않아도 어사구가 수려하고 준일하니, 준일하고 밝은 절주와 순수하고 고아한 뜻이 산림에 펼쳐있다.(才氣豪健, 而不劍拔弩張, 辭句秀逸, 而不字雕句繪, 俊亮之節, 醇雅之旨, 施於山林.)〕(『明三十家詩選』)라고 하였다.
    楊基의 시는 개인생활의 일과 한가로운 情趣를 묘사하고 있으니, 明代 徐泰는 〔양기는 천성이 문장이 구름과 비단처럼 화려하고 자연스러우며 미려

하여 홀로 그 당시에 섬세하고 공교하였다.(楊基天機雲錦, 自然美麗, 獨時出織巧.)](『詩談』)라고 적절한 평가를 가하고 있다. 본문에서 그 당시에 고계시보다 더 많이 유행했다고 하는 양기의 「春草」 시를 보면,

> 갓 싹튼 푸른 잎에 부드러운 향기는 멀리 갈수록 더 짙고
> 봄이 오니 곳곳에 풀잎이 무성하네.
> 석양에 육조의 옛 맺힌 한이 남아 있고
> 남포에 가랑비 속에 근심이 새로워라.
> 물 가까이에 부채처럼 산들대는 푸른 잎에 홀리고
> 꽃 멀리에 춤추는 치마처럼 하늘대는 붉은 꽃이 더욱 친근하네.
> 평천 십리 길에 누군가 저녁에 돌아오고,
> 수많은 소와 양떼 속에 피리소리 날리네.
> **嫩碧柔香遠更濃, 春來無處不茸茸.**
> **六朝舊恨斜陽外, 南浦新愁細雨中.**
> **近水欲迷歌扇綠, 隔花偏襯舞裙紅.**
> **平川十里人歸晚, 無數牛羊一笛風.**

이 시에서 양기가 元代 말엽의 濃纖한 기풍을 따라서 정묘한 기교를 추구했음을 본다. 이동양이 지적한 양기를 내세우고 고계를 기피한 이유를 살핀다면, 고계는 元代 纖巧한 氣習을 탈피하고 復古하려 하였고, 民生苦를 반영하여 含蓄的인 格調를 추구하고, 溫柔敦厚한 詩敎의 의식으로 돌아가려는 혁신적 시도를 했다면, 양기의 시는 본래의 元習에 젖어서 纖巧하므로 일반적으로 비교적 용이하게 접근할 수 있었기 때문에, 고계 시의 冲雅하고 精鍊된 시풍을 본받기에는 재능과 의식이 부족했으리라고 추정해 본다. 이동양은 明代 시단의 나약한 풍토를 개탄한 것이다.

사걸 중 張來儀의 시는 災殃을 우려하고 隱逸생활을 추구하는 풍격을 보여주어서 明代 顧起綸은 [체재가 정련되고 치밀하며 성정이 그윽하고 심원하다.(體裁精密, 情喩幽深.)](『國雅品』)라고 평하였고, 徐賁의 시는 山水를 묘사하되 美麗하여 靈氣가 부족한 면이 있어서 明代 王世貞은 [질박하고 정감이 있으나, 시의 체재와 품도가 부족하다.(有質有情, 而乏體度.)](『藝苑巵言』 卷5)라고 평하였다.

28. 詩用實字易 시의 實字

詩用實字易, 用虛字[1]難。盛唐人善用虛, 其開合呼喚[2], 悠揚委曲, 皆在於此。用之不善, 則柔弱緩散, 不復可振, 亦當深戒, 此予所獨得者。夏正夫[3]嘗謂人曰:〔李西涯專在虛字上用工夫, 如何當得?〕予聞而服之。

시는 실용자를 쓰기 쉬우나, 허자를 쓰기는 어렵다. 성당인은 허자를 잘 썼으니 그 처음과 맺음에 호흡이 맞으며 유연하면서 섬세한 것이 모두 여기에 있다. 허자를 잘 쓰지 못하면 곧 나약하고 산만하여 다시 펼 수 없게 되니 또한 깊이 경계해야 한다. 이것은 내가 홀로 터득한 것이다. 하정부가 일찍이 일러서 말하기를 :〔이서애는 오로지 허자에 대해서 노력을 기울인 바, 어떻게 해야 터득할 수 있는가?〕라고 하였는데, 나는 그 말을 듣고 감복하였다.

❂ 해설

시에서 名詞인 實字만으로 作詩할 수 없으니, 元代 方回는 말하기를 :〔시에서 허자가 없을 수 없으나, 허자를 쓰되 절실하지 않으면 평범하다.(詩中不可無虛字, 然用虛字而不切, 則泛也.)〕(『瀛奎律髓』卷12)라고 하여 허자 사용의 必然性을 강조하였고 이어서 그는 다시 언급하기를, 〔시인은 오로지 실용구와 실용자만을 쓰지 않고 간혹 허자를 시구로 삼는다. 시구에서 허자를 기교를 부

---

1) 虛字 : 漢文에서 동사 또는 형용사로 쓰이는 글자. 명사인 實字의 대칭어.
2) 開合呼喚 : 이 말은 字音을 지칭하는 것으로 시의 韻律을 말한다.
3) 夏正夫 : 夏寅, 生卒未詳. 字 正夫, 號 止菴. 『夏寅文集』. 正統 13년(1448)에 진사 급제 후에 南京吏部主事, 江西按擦副使, 浙江參政, 山東右布政使 등을 역임하였다.(『明史』卷161)

려 쓰는 것은 천하에 매우 어려운 것이다.(詩家不專用實句實字, 而或以虛爲句. 句之中以虛字爲工, 天下之至難也.)〕(上同 卷43)라고 하여 이동양에 앞서 이미 허자의 용법이 작시에 매우 중요한 묘사기법인 점을 지적하고 있다.

 그런데 이동양은 본문에서 한 단계 나아가서 허자 활용에 유의할 점으로 허자의 字音을 통한 音韻에 초점을 둔 것은 獨得의 境地라 할 것이다. 그래서 선배인 夏寅이 虛字 사용에 이동양이 특별한 노력을 기울인다는 의미의 '工夫'란 말을 쓴 것이며, 이동양은 선배의 칭찬과 격려에 감사의 표시로 '聞而服'이라고 표현한 것이다. 그리고 반세기 후에 明代 謝榛(1497~1575)이 이동양의 시구를 직접 거론하면서〔하정부는 말하기를 이동양은 허자를 잘 쓰니, 예컨대 '오랜 천지의 이 강물은, 백 년의 날씨에 몇 번이나 중양절을 보냈는가.'구가 바로 이것이다.(夏正夫謂涯翁善用虛字, 若萬古乾坤此江水, 百年風日幾重陽.' 是也.)〕(『詩家直說』 卷1)라고 다시 밝혀서 높이 평가하고 있다.

29. 晦翁深於古詩 회옹의 고시

　晦翁1)深於古詩, 其效漢魏, 至字字句句, 平側高下, 亦相依倣。命意託興, 則得之『三百篇』2)者爲多。觀所著『詩傳』3), 簡當精密, 殆無遺憾, 是可見已。感興之作4), 蓋以經史事理, 播之吟詠, 豈可以後世詩家者流例論哉?

　회옹은 고시에 깊이가 있으니, 그것은 한위를 본받아서, 글자마다 시구마다, 평측과 성조의 고하에 이르기까지 본받아 닮았다. 뜻을 따르고 흥취를 기탁한 것은, 곧 『시경』 삼백 편에서 얻는 것이 많다. 그가 지은 『시전』을 보면, 간결하면서 정밀하여 거의 아쉬움이 없으니 이것으로 알 수 있다. 감흥이 있는 작품은 대개 경서와 사서의 사리를 가지고 시에 넣어 읊었으니, 어찌 후세 시인들의 부류로 논할 수 있겠는가?

✿ 해설

　晦翁 朱熹는 文人이자, 儒家經傳의 주석연구가이며, 楚辭주석가, 聲韻학자, 性理학자로서 宋代의 학술을 주도하였다. 그는 남송 高宗 紹興 18년(1148)에 진사 급제하여 武學博士, 秘書郎, 監察御使 등을 역임하면서 관리로서 봉직하면서도 평생 好學하여 만년에는 考亭學派의 영수로 수다한 저술을 남겼다. 대

---

1) 晦翁(회옹) : 朱熹(1130~1200) 字 元晦, 號 晦庵. 『晦庵先生朱文公文集』, 『詩集傳』 等.
2) 三百篇 : 『詩經』
3) 詩傳 : 朱熹의 詩經註釋本, 『詩集傳』.
4) 感興之作 : 朱熹詩 1300여 편, 그 중 상당수가 經書와 史書의 내용을 담아서 性情을 표현함.

표적인 저서로 『周易本義』, 『詩集傳』, 『太極圖』, 『楚辭集注』, 『通鑑綱目』, 『宋明臣言行錄』, 『近思錄』 등이 있다. 그는 文이 道를 해친다고 주장하여 문학작품의 예술 가치를 폄하하면서, 그의 시는 詩言志와 性情感發을 중시하여 浮華한 시풍을 반대하였다.

그의 시풍은 淸新簡淡하여 淸代 吳之振은 그의 시를 평하기를, 〔비록 시에 뜻을 두지 않았지만, 중용과 조화가 일관되고 만물을 다 포함하고 있으며 모방을 일삼지 않고 자연스럽게 소리가 펼쳐 나오니, 옅은 학식으로는 엿볼 수 없는 것이다.(雖不役志於詩, 而中和條貫, 渾涵萬有, 無事模鐫, 自然聲振, 非淺學之所能窺.)〕(『宋詩鈔』文公集)라고 하였다. 이동양이 본문에서 朱熹 시의 장점에 대해서 대개 네 가지 면에서 거론하고 있다.

첫째는 古詩가 漢魏를 본받은 점인데, 이것은 주희의 시가 嚴羽가 말한 漢魏晉代와 盛唐의 시를 '第一義'(『滄浪詩話』詩辨)라고 하여 중국시의 본보기로 평가한 것과 연관시켜서 보아야 한다. 한위대의 고시와 악부를 본받은 주희의 시는 정통성을 지닌다는 의미이다. 둘째로 『詩經』의 比興法을 多用하고 있는 점이다. 『詩經』의 六義에서 比賦興은 作法으로서 『시경』을 주석한 주희는 『시경』의 託物寓情의 특성을 그의 시에 적용하고 있다. 그래서 이동양은 '命意託興'이라는 어구를 써서 주희 시의 비흥 작법을 강조한 것이다. 셋째는 『詩傳』 저술의 정신으로 시를 창작한 점이다. 『詩傳』의 내용을 보면, 그 詩旨의 詮解가 博學하고 一貫性이 있으며, 創新한 見解가 많고, 辨析이 精細하여서 宋代 『시경』 연구의 대표작이다. 주희가 『詩傳』 序에서 『시경』을 통하여 정신수양을 닦는 덕성을 기를 수 있다고 밝혔으니, 그 서문의 일단을 보면,

> 오직 주남과 소남만이 직접 문왕의 교화를 입음으로써 덕을 이루었으니, 누구나 다 그 성정의 바름을 얻은 고로, 그 말로 드러난 것이 즐거우면서도 지나치지 않고 슬프면서도 상심에 이르지 않으니 이로써 두 편은 국풍시의 정도가 되는 것이다.
> **惟周南召南親被文王之化以成德, 而人皆有以得其性情之正, 故其發於言者, 樂而不過於淫, 哀而不及於傷, 是以二篇獨爲風詩之正經.**

라고 하여 『시경』에서 周南과 召南을 風詩의 기준으로 삼고 있음을 확인하게

되며 같은 서문에서 『시경』을 익히는 목적을 기술하기를,

> 이에 장구로써 총괄하고, 훈고로써 기록하며 풍자로써 노래하며, 함양으로써 행하여 성정의 은밀한 중에 살피고 언행의 요긴한 바탕으로 살피면, 수신하고 제가하며 천하를 고르게 하는 도리를 곧 또한 다른 데서 구하지 아니하고 여기서 얻게 될 것이다.
> 於是乎章句以綱之, 訓詁以紀之, 諷詠以昌之, 涵濡以體之, 察之性情隱微之間, 審之言行樞機之始, 則修身及家, 平均天下之道, 其亦不待他求而得之於此矣.

라고 하여 『시경』을 알아야 하는 이유를 밝히고 있어서 그의 시 창작의 기본 정신으로 삼은 것을 본다. 넷째는 性情爲主의 感興詩가 經書와 史書의 이치를 바탕으로 시를 창작한 점이다. 그의 感興詩는 1,300여 수의 시에서 대다수를 차지하는데, 時世를 感憂하여 愛國정신이 넘치는 시로서 「次子有聞捷韻」을 들 수 있고, 자신의 삶을 怡然自得하는 시로서 「曾點」이 있고, 「觀書有感」 같은 시는 意境이 雋永하고 理趣가 넘치는 홍취를 보여준다. 이런 시들은 이동양이 지적한 經史事理에 근거한 창작태도에서 표현된 산물이다.

30. 律詩起承轉合 율시의 기승전합

　律詩起承轉合[1], 不爲無法, 但不可泥, 泥於法而爲之, 則撑拄對待[2], 四方八角, 無圓活生動之意。然必待法度旣定, 從容閑習之餘, 或溢而爲波, 或變而爲奇, 乃有自然之妙, 是不可以强致也。若幷而廢之, 亦奚以律爲哉?

　율시의 기승전합은 구법이 없는 것은 아니지만, 얽매어서는 안 된다. 구법에 얽매여 짓게 되면, 곧 버팀목처럼 굳어져서, 사방팔방으로 원활한 생동감이 없게 된다. 그러나 반드시 법도에 정한 대로 해서, 조용하며 한가로운 기풍으로 하여 혹은 흘러넘쳐서 물결이 일고, 혹은 변화하여 기이하게 되면 곧 자연의 오묘함을 지니게 되니 이것은 억지로 이루어질 수 없는 것이다. 만약 율법을 없앤다면 또 무엇으로 율격을 삼을 것인가?

❂ 해설

　율시에서 起承轉合(일명 首頷頸尾, 起承轉結)의 구법은 매 2구마다 단계적으로 시구의 묘사와 내용을 규칙적으로 전개해 나가는 절차로서 그 발단은 元代 楊載와 范德機에서 시작하였다. 양재의 『詩法家數』「律詩要法」에는 그 단계별 작법을 다음과 같이 상세하게 제시하고 있다.

---

[1] 起承轉合 : 律詩의 8句에서 2句를 1聯이라 하는데 제1연을 起, 제2연을 承, 제3연을 轉, 제4연을 합이라 함.
[2] 撑拄對待(탱주대대) : 버팀목으로 맞서다.

시의 기승전합. 시의 첫 연인 수연 : 혹은 경물에 대해서 감흥이 일어나거나, 혹은 비유하거나, 혹은 사물을 인용하거나, 혹은 시의 요지를 제시한다. 우뚝 높고 원대하여 마치 광풍이 물결을 말아 올리고 기세가 하늘에 넘치려는 것 같다. 함연 : 혹은 뜻을 묘사하거나, 혹은 경물을 묘사하거나, 혹은 사실을 쓰거나 고사를 인용하고 증거를 댄다. 이 연은 시의 내용을 설명하는 것이 마치 검은 용의 구슬이 매여 있어도 벗어나지 않는 것 같다. 경연 : 혹은 뜻을 묘사하거나, 경물을 묘사하거나, 사실을 쓰고 고사를 인용하고 증거를 댄다. 앞연의 뜻과 서로 어울리면서 서로 피한다. 변화를 주는데 마치 빠른 번개가 산을 부수면, 보는 자가 매우 놀라는 것 같다. 결구 : 혹은 시의 내용을 끝맺어 주거나, 혹은 한 걸음 열어주거나, 혹은 앞연의 뜻을 이어주거나, 혹은 고사를 쓰거나 하되, 반드시 한 구를 풀어서 끝맺는 것이, 마치 섬계의 노가 절로 갔다 절로 오는 것처럼 하여 어사로 표현은 다했으나 담긴 뜻은 그지없다.

起承轉合. 破題 : 或對景興起, 或比起, 或引事起, 或就題起. 要突兀高遠, 如狂風捲浪, 勢欲滔天. 頷聯 : 或寫意, 或寫景, 或書事, 用事引證. 此聯要詠破題, 要如驪龍之珠, 拘而不脫. 頸聯 : 或寫意, 寫景, 書事, 用事引證, 與前聯之意相應相避. 要變化, 如疾雷破山, 觀者驚愕. 結句 : 或就題結, 或開一步, 或繳前聯之意, 或用事, 必放一句作散場, 如剡溪之棹, 自去自回, 言有盡而意無窮.

매 聯(두 개의 시구를 '一聯'이라 함)마다 나름의 표현해야 할 대상과 내용이 있어야 하며 멋대로 시를 짓는 것이 아님을 明示하고 있다. 이 같은 엄격한 규율에 너무 얽매이면 시의 생명력이 半減되는 難點이 있으므로 이동양은 그 調和를 강조한 것이다. 여기서 '조화'란 宋代 劉克莊이 제시한 시의 '活法'과 상통한다. 구법을 지키되 '融通性' 즉 변화를 발휘하여야 한다는 것이다. 유극장의 「江西詩派小序」의 일단을 본다.

시를 배우는데 마땅히 활법을 알아야 한다. 소위 활법이란 규칙이 갖추어지되 규칙 밖으로 나올 수 있고 변화가 무쌍하되 또한 규칙에 어긋나지 않는다. 이것이 도리이다. 대개 정해진 법도가 있으면서 정해진 법도에 얽매이지 않고, 정해진 법도가 없는데 일정한 법도를 지킬 것이니 이것을 알면 더불어 활법을 말할 수 있다.

學詩當識活法. 所謂活法者, 規矩備具而能出於規矩之外, 變化不測而亦不背於規矩也, 是道也. 蓋有定法而無定法, 無定法而有定法, 知是者則可以與語活法矣.

이 논리는 이동양의 말과 상통하니 상호승계관계가 없다고 할 수 없을 것이다. 淸代에 와서 馮班이〔장시는 순서를 배치하는 것인데, 기승전합을 알지 않으면 안 되는 것이니, 오히려 거기에 얽매이지 않고, 모름지기 변화시켜 날아 움직이듯 해야 좋은 것이다.(長詩有敍置次第, 起承轉合不可不知, 却拘不得, 須變化飛動爲佳.)〕(『御選唐宋詩醇』卷22)라고 기록한 것은 이동양에게서 영향 받은 이론일 수 있다.

31. 選詩誠難 선시의 난점

　選詩誠難, 必識足以兼諸家者, 乃能選諸家 ; 識足以兼一代者, 乃能選一代. 一代不數人, 一人不數篇, 而欲以一人選之, 不亦難乎 ? 選唐詩者, 惟楊士宏[1]『唐音』爲庶幾. 次則周伯弜[2]『三體』[3], 但其分體過於細碎, 而二書皆有不必選者. 趙章泉[4]『絶句』[5]雖少而精. 若『鼓吹』[6]則多以晚唐卑陋者爲入格, 吾無取焉耳矣.

　시를 고르는 것은 정말 어려우니, 반드시 여러 시인을 겸할 만큼 충분히 아는 자라야 곧 여러 시인을 고를 수 있고, 한 세대를 겸할 만큼 충분히 아는 자라야 곧 한 세대의 시를 고를 수 있다. 한 세대에 몇 사람 안 되고, 한 사람이 몇 편 안되는데 한 사람으로 시를 고르려 하니, 또한 어렵지 아니한가? 당시를 선정한 것으로 오직 양사굉의 『당음』이 바람직한 것이다. 다음으로는 주백강의 『삼체』인데 그러나 그 체재의 분류가 지나치게 세밀해서 두 책엔 모두 선정할 필요가 없는 것까지 들어있다. 조장천의 『절구』는 비록 수가 적어도 정밀하다. 예컨대 『고취』 같은 책은 다분히 만당의 낮고 고상치 못한 시를 격식에 넣고 있는데, 나는 거기에서 취할 것이 없다.

---

1) 楊士宏 : 楊士弘이라고도 함. 字 伯謙, 『唐音』 편찬. 『唐音』은 총14권, 始音 1卷, 正音 6卷, 遺響 7卷.
2) 周伯弜(강) : 周弼, 生卒未詳. 字 伯弜, 南宋 寧宗 嘉定년간(1208~1224)에 진사를 지내고 詩名이 있었다. 『汶陽端平詩雋』.
3) 三體 : 『三體唐詩』, 『唐詩選本』 6卷. 三體는 7언절구, 7언율시, 5언율시를 말함.
4) 趙章泉 : 趙蕃(1143~1229) 字 昌甫, 號 章泉. 시호는 文節. 『章泉稿』.
5) 絶句 : 趙蕃과 韓淲(표)가 合編한 『唐絶句選』.
6) 鼓吹 : 金 元好問이 編纂한 『唐詩鼓吹』, 10卷. 96인의 7언율시 596수를 수록.

❋ 해설

시의 선정기준은 다분히 主觀的일 수 있다. 시를 골라서 選集을 편찬하는 데는 나름의 안목과 식견이 필요하다. 清代 이후에 가장 많이 유행하는 선집으로 『唐詩三百首』가 있다. 清代 孫洙가 蘅塘退士란 이름으로 選詩한 詩集이 唐詩평가에 상당한 영향을 주었다. 손수의 字는 臨西, 江蘇 無錫人으로 乾隆 19년에 進士급제하고 直隷山東의 知縣을 지낸 후, 건융 28년(1763)에 『唐詩三百首』를 편집하였는데, 그 선시기준을 王士禎의 神韻說, 袁枚의 性靈說, 그리고 翁方綱, 趙執信, 沈德潛 등의 格調論을 融會하여 선정한 것이다. 그의 『唐詩三百首』題辭의 일단을 보면, 〔세상에 아동들이 취학하면 곧 천가시를 배운다. 그 쉽게 외울 것을 취하여 전해져서 이어진 것이다. 그러나 그 시를 손 가는 대로 모으니 공교한 것과 졸렬한 것을 가리지 못하였다. 단지 칠언율시와 절구 두 시체에 당송시가 그 속에 섞여 있어서 체제가 전혀 맞지 않았다.(世俗兒童就學, 卽受千家詩. 取其易於成誦, 故流傳不廢. 但其詩隨手掇拾, 工拙莫辨. 且止七言律絶二體, 而唐宋又雜出其間, 殊乖體制.)〕라고 하여 선시의 동기가 시의 가치기준이 애매하고 詩體가 한정되며, 唐宋詩가 혼잡되어 있는 기존 시 선집의 단점을 극복하여 家塾課本으로 삼고자 한 것이다. 이렇게 선시작업은 객관적인 안목을 유지하기 쉽지 않다.

그래도 역대 唐詩選本으로 중요한 選集을 예로 들자면, 唐代 令狐楚의 『唐歌詩』, 殷璠의 『河岳英靈集』, 高仲武의 『中興間氣集』, 韋縠의 『才調集』이 있고, 宋代에는 王安石의 『唐百家詩選』, 洪邁의 『萬首唐人絶句選』, 明代에는 李攀龍의 『唐詩選』, 高棅의 『唐詩品彙』, 陸時雍의 『唐詩鏡』이 있으며 清代 選本으로는 王士禎의 『唐賢三昧集』, 『唐人萬首絶句選』, 『十種唐詩選』, 唐汝詢의 『唐詩解』, 沈德潛의 『唐詩別裁集』 등이 있다. 그리고 清代 이후로 高步瀛의 『唐宋詩擧要』, 許文雨의 『唐詩集解』가 대표적이라 하겠다.

이동양의 안목으로 본 거론할만한 唐詩선집으로 元代 楊士宏의 『唐音』 14권을 상당히 높이 평가하고 있는데, 그 구성은 「始音」 1卷, 「正音」 6卷, 「遺響」 7卷으로 되어 있고, 唐詩의 시대구분을 처음으로 盛·中·晩 三唐으로 하고 始音, 正音, 遺響으로 분류하고 있다. 唐音에 대해서 여러 평가를 하는데, 元代 虞集

은 『唐音』原序에서, 〔옛날 당시를 고르는 것이 일정치 않았는데 백겸의 선별력은 일반적인 안목과는 매우 다르다.(昔之選唐詩者非一, 若伯謙之辯識, 度越常情遠矣.)〕라고 양사홍의 選詩辨識을 극찬하였고, 明代 陸深은 『重刻唐音』序에서 〔양성의 김백겸은 성율에 밝아서 그 당시를 선별하는데 있어서 체제가 분명하고 의례가 엄밀하니 일가를 이루었다고 말할 수 있다.(襄城楊伯謙, 審於聲律, 其所選唐諸詩, 體裁辯而義例嚴, 可謂勒成一家矣.)〕(『儼山集』 卷38)라고 하여 선시의 엄정성을 높이 평가하고 있다. 그리고 周弼의 『三體唐詩』 6권은 7언절구, 7언율시, 5언율시 등 三體의 시를 선정하였는데, 주로 晚唐詩를 선정하였고, 각체별로 7格, 6格, 7格 등으로 분류하였으니, 7언절구의 경우에 實接, 虛接, 用事, 前對, 後對, 拗體, 側體 등이다. 趙章泉의 『絶句』란 趙蕃과 韓淲(표)가 合編한 『唐絶句選』 5권을 말하는데 韋應物에서 呂洞賓까지 모두 54인의 7언절구 101수를 담고 있다. 여기에는 李白, 杜甫, 韓愈, 元稹 등 大家의 시는 실려 있지 않고 劉禹錫의 시는 14수로 가장 많다. 明代 謝榛은 이 시집에 대해서 〔조장천과 한윤천이 선정한 당인절구는 오직 中正하고 온후하며 한아하고 평이한 것만을 취하였다. 웅혼하고 비장하며 기이하고 침울한 것은 전혀 취하지 않았다. (趙章泉, 韓澗泉所選唐人絶句, 惟取中正溫厚, 閒雅平易. 若夫雄渾悲壯, 奇特沈鬱, 皆不之取.)〕(『詩家直說』 卷2)라고 다소간 선시의 편견을 지적하고 있다. 한편 金代 文豪인 元好問이 편집한 『唐詩鼓吹』 10권은 당시선본의 중요한 자료로서, 明代 孫緒는 평하기를, 〔당시고취에 허혼 시가 가장 많이 선입되어 있는데 지금 사람의 입에 회자하면서 좋아하니 시의 격조가 날로 낮아지는 것이 이상치 않다. (唐詩鼓吹其中許渾詩入選最多, 今人膾炙不厭, 無怪乎詩格之日卑也)〕(『沙溪集』 卷16)라고 晚唐詩가 많아서 아쉽다고 본 반면에, 淸代 潘德興는 이동양의 논리를 따라서 〔원유산의 고취에는 만당시를 많이 수록하여 격조에 맞다고 보지만, 善本 즉 좋은 책은 아니다.(元遺山鼓吹多收晚唐, 以爲入格, 亦非善本)〕(『養一齋詩話』)라고 비평하였다. 이동양이 본문에서 거론한 평가는 다분히 주관적인 면이 있다고 할 수 있다.

32. 古詩歌之聲調節奏 고가사의 성조와 절주

    古詩歌之聲調節奏, 不傳久矣. 比嘗聽人歌「關雎」[1] 「鹿鳴」[2]諸詩, 不過以四字平[3]引爲長聲, 無甚高下緩急之節. 意古之人, 不徒爾也[4]. 今之詩, 惟吳越有歌[5], 吳歌淸而婉, 越歌長而激, 然士大夫亦不皆能. 予所聞者, 吳則張亨父[6], 越則王古直仁輔[7], 可稱名家. 亨父不爲人歌, 每自歌所爲詩, 眞有手舞足蹈意. 仁輔性亦僻, 不時得其歌. 予値有得意詩, 或令歌之, 因以驗予所作, 雖不必能自爲歌, 往往合律, 不待强致, 而亦有不容强者也.

    고시가의 성조와 절주는 전해지지 않은 지 오래 되었다. 일찍이 사람들이 「관저」와 「녹명」 등 여러 시를 노래하는 것을 들으니, 단지 넉 자의 평성으로 긴 소리를 끌어내는데 그리 높고 낮거나 느리거나 급한 절주가 없다. 옛사람을 생각하면 그저 그렇지 않을 것이다. 오늘날의 시는 오직 오월 지방에만 노래가 있는데, 오가는 맑고 아름다우며 월가는 길면서 격렬한데, 그러나 사대부도 다 능히 하지 못한다. 내가 들은 바로는, 오가는 장형보, 월가는 왕고직 인보를 명가라고 칭할 수 있다. 형보는 남을 위해 노래하지 않고 매양 스스로 지은 시를 노래하는데 진실로 손으로 춤추고 발로 밟는 뜻을 담고 있다. 인보는 성격이 또한 기벽하여 아무 때나 노래를 부른다. 내가 마침 득의한 시가 있어

---

1) 關雎(관저) : 『詩經』國風 제1편, 詩經의 첫 시.
2) 鹿鳴(녹명) : 『詩經』雅의 제1편.
3) 四字平 : 네 자가 모두 平聲으로 平仄의 소리가 없음.
4) 徒爾(도이) : 헛되다.
5) 吳越歌 : 江南의 民歌, 樂府 淸商曲辭의 하나.
6) 張亨父 : 張泰. 제8칙 참고
7) 王古直仁輔 : 王佐, 字 仁輔. 詩와 行草에 능함.

서 가끔 그것을 노래 부르게 하여서, 내가 지은 것을 시험해 보았는데, 비록 반드시 스스로 노래할 수 없다 해도, 때때로 음률에 맞았으니, 억지로 해서 되는 것이 아니고 또 억지로 받아들여지는 것도 아니다.

❂ 해설

고시가라면 『詩經』의 작품을 지칭한다. 이들 『詩經』의 詩篇이 지닌 聲調와 節奏는 실지로는 樂經인 것이다. 曲調가 있는 歌詞가 『시경』의 작품이란 말이다. 이들 작품의 곡조가 원형대로 전해지지 않고 秦始皇의 焚書坑儒로 대부분 逸失되었으니 梁代 沈約의 『宋書』에는 〔진대에 이르러 전적을 태워서 악경이 망실되었다.(及秦焚典籍, 樂經用亡.)〕(卷19 志樂)라고 하였고 唐代 徐堅의 『初學記』에서는 〔옛날엔 주역, 서경, 시경, 예기, 악경, 춘추를 육경으로 삼았는데 진대에 와서 책을 태워서 악경이 없어졌다.(古者以易書詩禮樂春秋爲六經, 至秦焚書, 樂經亡.)〕(卷21)라고 하였다. 이처럼 『시경』의 노랫가락은 보전되지 못하고, 南北朝時代에 성행한 江南의 民歌인 吳歌와 浙江 일대의 민가인 越歌가 전래되어 왔으니, 이것은 樂府의 淸商曲辭의 하나이다. 宋代 郭茂倩의 『樂府詩集』(卷44) 淸商曲辭에 대한 기록에 의하면, 〔오가의 잡곡은 함께 강남에서 나왔다. 동진 이래로, 조금 증가되었다. 그 처음은 모두 속된 노래인데 이미 관현을 입히었다. 대개 영가의 도강 이후에 양대와 진대까지 모두 건업에 도읍을 정하여 오성가곡이 여기에서 일어난 것이다.(吳歌雜曲, 並出江南. 東晉以來, 稍有增廣. 其始皆徒歌, 旣而被之管絃. 蓋自永嘉渡江之後, 下及梁陳, 咸都建業, 吳聲歌曲起於此也.)〕라고 하여 오가가 江南의 建業을 발원지로 하였음을 밝혔고, 오가의 풍격에 대해서는 宋代 范成大의 『吳郡志』(卷2 風俗)에서 〔정관년간에 조사라는 사람이 거문고 타기가 독보적이어서 일찍이 말하기를 오성은 맑고 아름다워서 마치 장강이 넓게 흘러 이어서 서서히 흘러가는 것 같으니 국사의 풍모이다.(貞觀中, 有趙師者, 善琴獨步, 嘗云 : 吳聲淸婉, 若長江廣流, 綿綿徐族, 國士之風.)〕라고 하니, 이동양이 오가를 '淸而婉'라고 평한 由來를 알 수 있다.

여기서 吳歌, 吳聲歌에 대해서 더 살펴보면, 현재 326수가 전래되고 近人 蕭

滌非에 의하면 오가의 가장 큰 특점은 隱字諧聲의 雙關語라는 것이다.(『漢魏六朝 樂府文學史』, p.193) 예를 들면, 蓮을 憐, 絲를 思로 표현하는 경우인 것이다. 이런 쌍관어의 응용은 본래『論語』(八佾)에 보이는데 同聲異字로 뜻을 표현하는 경우(A) 와 同聲同字로 표현하는 경우(B)가 있다. A의 예로 芙蓉－夫容, 碑－悲, 梧－吾, 箭 －見, 博－薄 등이고, B의 예로는 關門의 關－關念의 關, 道路의 道－說道의 道, 藥 名의 散－聚散의 散, 曲名의 嘆－歎息의 嘆, 結實의 實－誠實의 實 등이다. 그 예 로「子夜歌」의 일단을 보면, '金銅作芙蓉, 蓮子何能實'구에서 '連子'는 A류에 속 하고, '子'자와 '實'자는 B류에 속한다. 이런 쌍관어는 南朝의 艶曲에서 매우 중요 한 표현법이다. 吳聲歌曲으로 다음에「子夜四時歌」의 春歌를 본다.

> 봄꽃과 달을 보고 싶어서
> 웃음을 머금고 큰 길에 나가네.
> 나를 만나면 누구나 꽃 따듯 보고파 하련만,
> 가련하구나 잘난 체한 내 모습이.
> **思見春花月, 含笑當道路.**
> **逢儂多欲摘, 可憐持自誤.**

이 가곡은 자신의 지나친 自負心으로 인해서 緣分을 만나지 못하는 심정을 노래하고 있다. 전2구는 자연의 풍경과 여인의 미모를 비교하는 情感을 표현하고 후2구는 후회어린 內心의 葛藤과 苦惱를 묘사하고 있다.

張泰의 시에 대해서는 王世貞이 〔장태의 시는 마치 막걸리와 우유를 마시는 것처럼 달고 신선하여 입맛에 맞아서 차마 씹지 못하겠으며 근육과 뼈가 적다. 간혹 한 두 수의 맑은 절구는 마치 굽은 냇물과 흐르는 샘물같은 흥치를 느낀다.(泰詩如飮醯酪, 甘鮮可口, 不耐咀嚼, 亦少筋骨. 間有一二淸絶, 如曲澗流泉之致.)〕(『明詩評』卷2)라고 하여 그 풍격이 淸柔한 맛이 있어 오가에 어울린다고 하였다. 王佐의 성품에 대해서는 이동양이 직접 기록하기를, 〔그 성품이 우뚝하여 남에게 굽히려 하지 않으나 의도가 솔직하고 지름길로 편히 가지 않으며 뜻에 맞는 것을 보면 기뻐하여 떠나는 것을 잊었다.(其性氣屹屹不肯爲人屈, 然意度率直, 內不爲蹊徑, 遇所會意, 欣然忘去.)〕(『李東陽集』卷16 王古直傳)라고 하여 그 시가 호방하고 격정적인 면이 있음을 추측케 한다.

33. 唐詩多於聯上著工夫 당시의 聯句

　唐律多於聯上著工夫, 如雍陶[1]「白鷺」、鄭谷[2]「鷓鴣」詩二聯, 皆學究[3]之高者。至于起結, 卽不成語矣, 如杜子美「白鷹」起句, 錢起[4]「湘靈鼓瑟」結句, 若奏金石[5]以破蟋蟀[6]之鳴, 豈易得哉?

　당의 율시는 聯句에 대해서 공력을 많이 들이니, 예컨대 옹도의 「백로」, 정곡의 「자고」 시의 두 연은 모두 매우 학구적이어서 부허한 것들이다. 起聯(제1연)과 結聯(제4연)에 이르러서는 곧 말이 안 된다. 예컨대 두보의 「백응」의 기구(제1연)와 전기의 「상영고슬」의 결구(제4연)는 마치 악기를 연주하여 귀뚜라미의 울음소리를 흩는 것 같으니, 어찌 쉽게 터득할 수 있겠는가?

❂ 해설

　律詩는 8句로 구성되어서 각2구를 聯이라 하여 각각 제1,2구를 起聯, 제3,4구를 承聯, 제5, 6구를 轉聯, 그리고 제7, 8구를 結聯이라 하는데, 각 연마다 묘사상의 특성이 있으니, 예컨대 승연과 전연에서 對句法을 강구하거나 押韻과 平仄法을 준수해야 하는 것이 되겠다.
　만당시인 雍陶의 시가 精切한 면을 구사하면서도 俗韻이 있으니, 그의 「白

---

1) 雍陶 : 生卒未詳. 字 國鈞, 唐 文宗 太和 進士(834), 官은 簡州刺史. 『雍陶詩集』.
2) 鄭谷(851?~910?) : 字 守愚, 官은 都官郞中, 世稱 鄭都官. 『雲臺編』.
3) 學究之高者 : 唐代에 과거시험에 경서를 시험 보는 明經科에 의해 뽑힌 관리를 비유하는 말로 부허하고 비천한 독서인을 지칭.
4) 錢起(710~780) : 字 仲文, 官은 考功郞中. 『錢考功集』.
5) 金石 : 樂器를 지칭.
6) 蟋蟀(실솔) : 귀뚜라미

鷺」(原題 : 詠雙白鷺)(『全唐詩』卷518) 시를 보면,

> 한 쌍의 백로는 응당 물 가득한 연못을 좋아하여
> 바람이 건 듯 불어도 움직이지 않고 정수리를 드리우네.
> 푸른 풀에 우뚝 서서 사람이 먼저 알아보고
> 흰 연꽃 옆을 지나가도 물고기는 알지 못하네.
> 한 걸음 홀로 찬 비 속에 내디디면서
> 초가을에 몇 마디 소리 내어 서로 부르네.
> 숲가 연못에서 그대 모름지기 더 값 나가니
> 더구나 시인과 경물이 잘 어울리는구나.
> **雙鷺應憐水滿池, 風飄不動頂絲垂.**
> **立當青草人先見, 行傍白蓮魚未知.**
> **一足獨拳寒雨裏, 數聲相叫早秋時.**
> **林塘得爾須增價, 況是詩家物色宜.**

위 시에 대해서 淸代 賀裳은 『載酒園詩話』(卷1)에서 제2연은 佳絶하고, 제3연은 俗韻이 있으며 말연은 平仄과 韻에 구애받지 않는 통속적인 면을 보인다고 비판하고 있어서 이동양이 평한 '學究之高'란 어구를 보충하는 말인가 한다.

鄭谷은 晩唐代의 咸通十哲의 하나이다. 함통십철에 대해서는 王定保의 『唐摭言』(卷10)에 기술하기를, 〔함통 말년에 경조부해에 건주 李頻이 때마침 경조참군주시가 되었고 동시에 허당과 장교, 유탄지, 극연, 임도, 오한, 장빈, 주요, 정곡, 이서원, 온헌, 이창부가 있었으니, 그들을 일러서 십철이라 하였다.(咸通末, 京兆府解, 李建州時爲京兆參軍主試, 同時有許棠與張喬, 及喩坦之, 劇燕, 任濤, 吳罕, 張蠙, 周繇, 鄭谷, 李棲遠, 溫憲, 李昌符, 謂之十哲.)〕라고 하여 일종의 古淡派의 一脈이라 하겠다. 만당의 시풍을 평하여 유미적이며 정교하며 나약하다고 하지만, 함통십철의 시풍은 비록 風骨은 부족하나 淸雅派로 분류하여 또 다른 풍격을 지닌 것으로 본다. 淸雅派란 淸眞雅正을 爲主로 하여 姚合을 위시하여 자연의 靑色과 紅色을 많이 쓰고 風物을 주된 대상으로 한다. 그 氣風은 개인의 遭遇를 주된 소재로 삼고 社會現實에 대한 詠歌는 적다. 李頻, 方干, 薛能 등이 활동하고 함통십철이 그 맥을 계승했다고 할 것이다.

이 중에 鄭谷은 張喬와 함께 함통시철의 일원으로서 만당의 한 시파를 주도

한 것이다. 歐陽修는 『六一詩話』에서 서술하기를,

> 그 시가 매우 뜻이 있고 아름다운 구가 많지만, 그 격조가 그리 높지 않다. 알기 쉬워서 사람들이 많이 아이들에게 가르쳐주고 나 또한 어릴 때 외우곤 하였다.
> 其詩極有意思, 亦多佳句, 但其格不甚高. 以其易曉, 人家多以敎小兒, 余爲兒時猶誦之

라고 하여 정곡의 시가 격조는 높지 않으나 이해하기 쉬우므로 소아의 교육용으로 적당하다고 한 점이다. 정곡의 시가 속되지 않고 淸明하다는 것이다. 辛文房의 『唐才子傳』(卷9)을 보면,

> 정곡의 시는 맑고 곱고 밝으며 속되지 않고 절실하여 설능과 이빈에게 상찬받았다.
> 谷詩淸婉明白, 不俚而切, 爲薛能、李頻所賞.

라고 하였으며, 明代 嚴嵩의 『雲臺編』 서문을 보면,

> 무릇 시를 짓는 원칙은 말하기가 어려우니 자연의 경치가 빼어나지 않으면 영험한 지혜를 드러낼 수 없고 공부가 깊이 들지 않으면 미묘한 이치를 지어낼 수 없는 것이다. 내가 정도관의 작품을 읽으면 정밀하게 새긴 것이 세련되어서 때때로 달이 안개구름 속에 드러나 듯한 상념에 들어서 긴 밤에 조용히 읊곤 한다.
> 夫詩之道難言矣, 非天景勝奇, 無以發靈智, 非功夫深到, 無以造微賾. 余讀都官之作, 精刻洗鍊, 時有月露烟雲之思, 永夜靜吟.

라고 하여 시의 淸麗한 면을 강조하고 있다. 여기서 정곡의 시풍을 개관해 보면, 먼저 自己身世에 대한 悲哀를 들 수 있다. 정곡은 여러 번에 걸친 과거시험 낙방을 겪으면서 挫折과 失意, 그리고 자신에 대한 侮蔑感이 交叉하는 삶을 살아온 시인이다. 그래서 그의 시에는 다분히 悲哀感이 어려 있는 것이니, 「漂泊」 시를 보기로 한다.

무궁화꽃 지고 연꽃 성근데 연못은 맑고
햇빛과 실바람은 전혀 무정하기만 하다.
농어회를 쳐서 장한에 보내고
귤나무에서 종을 부르니 이형이 부럽도다.
열 식구 떠돌면서 여전히 얻어먹는 신세
두 강의 소식은 전쟁이 그치지 않는다오.
국화가 피어나니 중양절이 가까운데
어느 산에 높이 올라 두 서울을 볼 것인가.
槿墜蓮疎池館清, 日光風緒澹無情.
鱸魚斫膾輸張翰, 橘樹呼奴羨李衡.
十口漂零猶寄食, 兩川消息未休兵.
黃花催促重陽近, 何處登高望二京.

  이 시는 文德 원년(888)에 雲安에서 지은 시로서 제2연에서 '輸張翰'은 집으로 돌아갈 수 없는 신세, 그리고 '羨李衡'은 생계가 막연함을 비유한 것이다. 제3연에서 앞 구는 온가족이 떠돌며 먹기도 힘든 신세, 뒤 구는 전쟁이 그치지 않고 안녕치 않은 사회현실이 괴로운 심정을 토로한다. 말연에서는 가을은 깊어가고 중양절이 가까운데 산수유 따며 가족이 厄運을 제거하는 登高의 행사를 함께 하지 못하는 처지를 묘사하고 있다. 淸代 錢謙益은 이 시를 평하기를,

  선비가 가을이 되면 슬퍼지는데 더구나 그 당시의 난리로 떠돌아다니느라 무슨 좋고 나쁜 것이 있겠는가? 햇빛과 실바람은 전혀 무정한 것이다. 제3구의 '장한에게 보낸다'는 것은 돌아가지 못함이며, 제4구의 '이형을 부러워한다'는 것은 살아갈 방도가 없다는 것이니, 모두가 맑아서 정 가는 데가 없다. …… 한스러운 것은 타향에서 떠돌아다니면서 마실 술도 없고 올라갈 높은 산도 없다는 것이다. '어느 산에 높이 올라 서울을 볼 것인가'에서 정곡이 임금과 부모를 그리는 마음이 또한 넘친다.
  士當秋而悲, 況當世亂漂泊, 有何好壞? 日光風緒, 總自無情. 三輸張翰, 是不得歸; 四羨李衡, 是無生計, 皆淡無情處也……所恨異鄉漂泊, 無酒可飲, 無高可登. 何處登高望二京, 鄭公之念君父亦殷矣.(『唐詩鼓吹箋注』)

라고 하여 시인의 심사를 정확하게 파악하고 있다. 그리고 「登杭州城」를 보면 歲暮인데 歸鄉을 못하는 放浪生活의 심경을 묘사하고 있다.

아득히 강물은 저 하늘가에 닿아 있는데
올라서니 저녁노을이 드리웠네.
밀물에 포구는 안 보이고
나뭇잎 지니 먼 산이 보인다.
물새는 밝히 멀리 날아가고
어부는 밤에 한가로이 노래한다.
한 해가 저물어도 돌아가지 못하니
마음으로 돛대 따라 돌아간다.
漠漠江天外, 登臨返照間.
潮來無別浦, 木落見他山.
沙鳥晴飛遠, 漁人夜唱閑.
歲窮歸未得, 心逐片帆還.

　流浪하며 景物을 그려보는 시인의 心思는 한가롭고 여유 있는 듯하지만 몸은 떠나 있어도 마음이 어느새 고향에 와 있다. 제4연은 앞의 3연에서 전혀 예상하지 않던 詩語의 驅使이다. 五代 徐衍은 제4연을 두고 평하기를 〔이 군자는 여기는 버리고 저기로 갔도다.(此君子舍此適彼.)〕(『風騷要式』)라고 하여 시인의 유랑하는 깊은 심사라고 하였으며, 宋代 范希文은 제2연을 두고 평하기를 〔아름답지 않은 것이 아니다.(非不佳)〕라고 하고 이어서 〔거칠 것 없다.(自在)〕(『對床夜語』)고 하여 시인의 純眞性을 높이 샀다. 정곡 시의 특성으로 兵亂으로 인한 苦痛을 또 들 수 있다. 唐末期에 國難이 頻發하여 國政이 混亂하니 정곡은 近臣으로서 憂國의식이 充溢하였다. 昭宗이 乾寧 2년(895) 南山으로 피난을 가니 정곡이 수종하면서 다음 「搖落」 시를 지은 것이다.

밤에 슬프게도 시들어 떨어지고
뽕과 대추가 빈 가지를 드러냈네.
고향의 소식은 없고
가는 세월에 난리만 있구나.
서리 내린 진땅에는 벌써 기러기 소리 들리고
안개 낀 위수에는 진득 돛배 보이누나.
날 저무니 찬 기병의 북소리 급하고
변방의 군대는 옹땅과 기땅에 있네.

夜來搖落悲, 桑棗半空枝.
故國無消息, 流年有亂離.
霜秦聞雁早, 烟渭認帆遲.
日暮寒螿急, 邊軍在雍岐.

이 시에 대해서 淸代 李懷民은 평하기를 〔시 전체가 두보의 신골을 얻었다. 뽕나무와 대추나무를 말하여 고향 생각이 난다. 그러나 반드시 이것은 실지의 상황이다. 서리 내린 진땅과 안개 낀 위수는 시어를 세련시킨 연자법이 구사된 것이다.(通體得工部神骨. 說桑棗, 生下故國也, 然必是實境. 霜秦, 烟渭, 練字法.)〕(『重訂中晚唐詩主客圖』)라고 하여 寫實感이 넘치고 시어 구사의 卓越性은 杜甫를 닮았다고 好評하고 있다. 그리고 다음 「渚宮亂後」 시는 淸代 毛張健이 『唐體餘編』에서 〔바깥 경치에서 점점 옛집으로 끌어 들어오니 그 배치가 순서 있고 슬픈 느낌이 더욱 깊다.(從外景漸漸引入故居, 布置有序, 傷感彌深)〕라고 평하였듯이 시의 結句가 整然하여 傷感을 極大化하고 있다. 그 시를 보면,

고향 사람이 난리의 사정을 말하니
석양에 눈물로 초망을 묻노라.
밝은 사당에는 이미 촌 어른은 없고
맑은 강은 여전히 빈 성을 감돈다.
한가을에 군대는 산 나무처럼 서 있고
옛 고기잡이 집은 군진영이 되었네.
적막한 옛집이 다 타버린 뒤에
국화꽃이 푸르게 자라서 담 위로 나왔네.
鄕人來話亂離情, 淚滴殘陽問楚荊.
白社已應無故老, 淸江依舊繞空城.
高秋軍旅齊山樹, 昔日漁家是野營.
牢落故居灰燼後, 黃花紫蔓上墻生.

이 시에 대해서 淸代 金人瑞는 적절한 평을 가하기를,

제1, 2구는 단지 손 가는 대로 사실을 쓴 것인데 오히려 그 중간에 空字 사이에 殘陽 두 자를 끼어 넣어서 …… 읽을수록 더욱 쇠잔하게 느낀다. 이것이 구 앞에 색을 첨가하는 묘사법이다.

一二只是隨手敍事, 却爲其中間乘空挿得殘陽二字,……讀之加倍衰颯. 此爲句前添色法也(『貫華堂選批唐才子傳』)

라고 하여 詩語의 排列이 독자로 하여금 心性의 처량미를 더해 준다고 하였으며, 錢謙益은 이 시 전체를 상세히 분석하여 평가하기를,

앞4구는 고향 사람에게 난리를 묻는 것으로 서술하고, 뒤4구는 고향사람이 대답하는 말로 서술하고 있다. …… 무릇 사람 마음에 가장 조급한 것은 자기 집일 것이나, 여기서는 반드시 고향과 나라까지 아우르고 있어서 지극히 정감적이고 이지적이다. 그가 묻는 것으로 보면 사당과 어른은 집과 고향에 연유시키고 맑은 강과 외로운 성은 고향과 나라에 연유시켜서 말하고 있다. 그가 답하는 것으로 보면 한가을과 고기잡이집은 나라와 고향에 연유시키고, 옛집과 타서 재가 됨은 고향과 집에 연유시켜서 말하고 있다. 이것은 진정 당대 시인의 절묘한 작법이니 알지 않으면 안 된다.
前四句是敍問鄕人之亂, 後四句是述鄕人答之之語.……凡人心所最急者, 家耳, 然必兼及鄕國, 乃爲至情故理. 看他敍問, 曰白社故老, 由家及鄕也, 淸江孤城, 由鄕及國也. 看他敍答, 曰高秋漁家, 由國及鄕也. 故居灰燼, 由鄕及家也. 此眞唐人絶妙章法, 不可不知也.(『唐詩鼓吹箋注』)

라고 하여 진정한 우국애민의 심정을 문답식으로 서술하였음을 강조하고 있다. 한편, 「久不得張喬消息」시는 대표적인 병란을 간접적으로 묘사한 시로서 傅義는 그의 校注本 序言에서 〔「오래 장교의 소식을 못 듣고」시는 자주 전쟁의 소란으로 해서 나그네 신세의 고생과 위험을 염려하는 것이다.(久不得張喬消息屢以兵戈擾攘, 行旅艱危爲念.)〕(『鄭谷詩集編年校注』, p.2)라고 이 시를 평가하고 있다.

저 멀리 외로이 길 떠나서
회수를 따라서 오땅으로 간다.
난리는 어디가 심한가
편안히 집에 갈 수 없구나.
나무가 없으니 구름이 들에 드리고
돛대가 드무니 달이 호수에 차누나.

상심이 마을을 감도니
옛 밭 갈던 남정네 적을 수밖에.
天末去程孤, 沿淮復向吳.
亂離何處甚, 安穩到家無.
樹盡雲垂野, 檣稀月滿湖.
傷心繞村落, 應少舊耕夫.

이 시는 兵亂과 亡國의 愁心을 동시에 그려놓고 있으니 戰亂으로 村落은 人跡이 드물어서 제4연은 그 광경을 直說해 준다. 그래서 李懷民은 賈島의 풍격을 본받았다고 다음에 평하고 있다.

    그 시는 근심하여 마음 아프고 처연하며 또 망국의 소리인 것을 면치 못하고 있다. 그 뜻을 다듬고 애쓴 것을 보면 이것은 가도의 유파에서 나온 것이다.
    其詩憂傷凄厲, 亦不免爲亡國之音矣. 看其刻意用力, 是從賈氏門中來(『重訂中晩唐詩主客圖』)

다음으로 정곡 시에서 國家衰亡에 대한 落膽을 본다. 정곡은 唐이 멸망하고도 여러 해를 실의와 좌절, 그리고 비애 속에서 살다가 죽었다. 시기적으로 멸망 전후를 통하여 그 아픈 심정을 多樣하게 시에서 표현하고 있는데, 벗과의 離別을 빗대어서 亡國의 시름을 묘사한 대표적인 시로서「淮上與友人別」을 들 수 있다. 이 시를 明代 王鏊는 그 슬픈 이별의 정이 간설적으로 강렬하게 다가온다고 好評하여〔[그대가 소수와 상수로 가면 나는 진땅으로 가리라]구는 슬픈 이별을 말하지 않았으나 슬픈 이별의 뜻이 언외에 흘러넘친다.(君向瀟湘我向秦, 不言恨別, 而恨別之意溢于言外.)〕(『震澤長語』)라고 하였고, 近人 劉永濟는 또 평하기를〔명대 호원서는 이 시를 칭찬하여 한번 노래하면 세 번 감탄한다고 하였다. …… 대개 당나라 말기에 국세가 쇠미해지고 전란이 빈번하니 그것을 시에 반영해 넣으매 자연히 쇠잔하게 느껴진다.(明胡元瑞稱此詩有一唱三嘆之致……蓋唐末國勢衰微, 亂禍頻繁, 反映入詩, 自然衰颯也.)〕(『唐人絶句精華』)라고 극찬하고 있다.

양자강 가의 버드나무에 봄이 오는데
버들 꽃 속에 수심어린 그는 강을 건너네.
저녁에 피리소리 이별하는 정자에서 울리는데
그대는 소수와 상수로 가고 나는 진땅으로 가리라.
揚子江頭楊柳春, 楊花愁殺渡江人.
數聲風笛離亭晚, 君向瀟湘我向秦.

이 시에 대해서 歷代 詩評이 적지 않은데 그 중에 다음 몇 종의 詩評을 보기로 한다.

① 명대 桂天祥 : 격조가 준일하니 정곡에게도 이런 작품이 흔치 않다.
調逸. 鄭谷亦有此作, 不多見.(『批點唐詩正聲』)

② 명대 謝榛 : (절구) 무릇 기구가 폭죽 같아야 문득 울리는 소리가 쩌렁 나고, 결구가 종을 치는 것 같아야 맑은 소리가 여운이 있는 것이다. 정곡의 「회수가에서 벗과 이별」시의 '그대는 소수와 상수로 가고 나는 진땅으로 가네'의 이 결구는 폭죽 같으나 여운이 없다.
(絶句)凡起句當如爆竹, 驟響易徹. 結句當如撞鐘, 淸音有餘. 鄭谷淮上別友詩 君向瀟湘我向秦, 此結如爆竹而無餘音.(『四溟詩話』)

③ 청대 王士禎 : 시의 정취가 미묘하고 아름다우며 격조가 높게 울린다.
情致微婉. 格調高響.(『唐人萬首絶句選評』)

④ 청대 黃叔燦 : 꾸미고 새기는 조탁을 하지 않고 자연스레 뜻이 온후하니 이는 성당의 풍격이다.
不用雕鏤, 自然意厚, 此盛唐風格也.(『唐詩箋注』)

⑤ 청대 黃生 : 뒤의 두 말은 진실로 떠나는 정자에서 부는 피리소리를 듣는 듯하여 처량함이 그지없다.
後二語眞若聽離亭笛聲, 凄其欲絶.(『唐詩摘鈔』)

위에서 ①은 시의 俊逸함, ②는 시의가 강렬하되 餘音이 부족함, ③은 性情이 婉弱하면서 格調가 높음, 그리고 ④는 盛唐의 수준, ⑤는 詩意의 凄切함 등으로 각각 品評하였는데 전체적으로 정곡 시에 대한 평가상 매우 意外의 稱語라고 본다. 특히 ③과 ④는 정곡 시의 位相을 만당시에서 上品에 놓는 근거가 된다. 그리고 다음 「黯然」과 「寂寞」 두 시는 모두 唐이 滅亡한 후에 그의 晩年作인데 거의 絶命詩 같은 憂國의식이 짙게 드리워져 있다.

  Ⓐ 벼슬아치들 서둘러 피난하여 없는데
   봄이 어촌에 왔다고 알리누나.
   옛 친구 손꼽은들 몇이나 되는 가
   달 밝고 꽃 좋은데 더욱 슬퍼만 지는구나.
   搢紳奔避復淪亡, 消息春來到水鄉.
   屈指故人能幾許, 月明花好更悲涼.(黯然)

  Ⓑ 강촌에 인적이 드문데
   푸른 풀 위를 걷느니 황혼이 물드누나.
   봄의 수심을 떨치지 못했는데 또 취하나니
   저고리엔 눈물 자국과 술 자국 얼룩져 있네.
   江郡人稀便是村, 踏青天氣欲黃昏.
   春愁不破還成醉, 衣上淚痕和酒痕.

위의 Ⓐ시는 정곡이 天祐 2년(905)에 宜春에서 지은 시로서 마침 반란군 朱全忠의 통할지구가 아니어서 督遣을 면한 상태에서 秀江 가에 이르러 망국의 심회를 읊은 것이다. 제1연의 앞구는 주전충의 반란과 신하들의 逃走를 隱喩的으로 묘사하여 국가가 망한 상황을 묘사한 것이며, 여기서 '水鄉'은 의춘을 지칭한다. 傅義는 이 시를 [이 시는 당이 망한 것을 빌려서 기탁한 것이다.(此或借寓唐亡.)](『鄭谷詩集編年校注』, p.231)라고 평하였다. Ⓑ시는 처절한 비감이 극에 달하여 저고리에 눈물 자국과 술 흔적이 섞여서 묻어 있는 모습을 묘사하여 거의 삶을 포기한 심정을 직설하고 있다. 의춘현에 속한 袁州에서 지은 시이니 앞의 시와 같은 시기의 작이다. 傅義는 이 시에 대해서 梁代 開平 3년(909) 직전의 작이라고 고증하여 [이것은 주성으로 돌아오면서 지은 것으로 침통함이 극에 달하였고 당이 멸망한 후에 양대 개평 3년 죽기 전의 것이다.(此復返州城之作, 沈痛至極, 當在唐亡後, 梁開平三年逝世之前.)](『鄭谷詩集編年校

注』, p.235)라고 하니 絶命詩라고 볼 수 있다. 그리고 傅義는 위의 두 시를 序言에서 평하기를 〔상심이 이미 극에 이르렀다.(傷感已極)〕(上同 p.2)라고 서술한 것이다.

본문에서 이동양이 거론한 정곡의 「鷓鴣」 시는 명성을 얻은 시로서 그의 대표작이다.

> 따사롭게 안개 드리운 잡초에서 비단 날개 나란히 하니
> 생김새는 응당 산닭과 비슷하네.
> 비 내려 어두운 푸른 풀밭 호숫가를 거닐고
> 꽃이 진 황릉 사당에서 우네.
> 나그네 문득 들으며 옷소매 적시는데
> 미인이 이제 노래하며 푸른 눈썹을 드리우네.
> 서로 부르고 호응하니 상수가 넓은데
> 참대 숲이 깊은데 봄날의 해가 서쪽으로 지네.
> **暖戲煙蕪錦翼齊, 品流應得近山雞.**
> **雨昏青草湖邊過, 花落黃陵廟裏啼.**
> **遊子乍聞征袖濕, 佳人纔唱翠眉低.**
> **相呼相應湘江闊, 苦竹叢深春日西.**

이 시에 대해서 歐陽修는 〔그 시는 매우 재미있고 아름다운 시구이나, 그 격조는 그리 높지 않다.(其詩極有意思, 亦多佳句, 但其格不甚高.)〕(『六一詩話』)라고 장단점을 지적하고, 賀裳은 〔단지 담담하게 상황을 묘사하였는데, 그림처럼 그려내지 못했다.(不過淡淡寫經, 未能刻畫.)〕(『載酒園詩話』)라고 하여 詠物詩로서의 托興과 풍자가 부족하다는 평을 하고 있다. 위의 시에서 이동양이 지적한 부분은 제2연인데, 歐陽修와 賀裳이 평한 시구이기도 하니 '學究之高'란 평가가 적절한지 주저된다.

두보의 「白鷹」 시의 原題는 「見王監兵馬使說近山有白黑二鷹羅者久取竟未能得王以爲毛骨有異他鷹恐臘後春生騫飛避暖勁翮思秋之甚眇不可見請余賦詩二首」의 其一로서 起句 '雲飛玉立盡清秋'에 대해서 清代 王嗣奭은 〔기백이 웅장하고 원대하여 영물에 있어 기교를 다한 시이다. …… 앞의 첫 구는 곧 역량을 보여주어 타인이 따르지 못한다.(氣魄雄壯宏遠, 不落詠物尖巧家數……

前首起句便見力量, 他人莫及.)〕(『杜臆』卷8)라고 평하였다.

중당 시기인 唐代 代宗 大曆(766~779)년간은 정치적으로 安史亂 등 내란이 평정되고 기강이 재정립되는 단계에 있었고, 문학적으로는 성당에서 중당으로 이전되는 과도기에 해당한다. 大曆十才子는 성당의 은일낭만풍을 지향한 부류와 사회 현실적인 면을 작시에 반영한 부류, 그리고 상기의 양면을 겸용한 부류로 구분할 수 있다. 大曆十才子에 대해서 문헌마다 그 분류가 다른데, 姚合『極玄集』(卷上)에는 〔이단은 노륜, 길중부, 한굉, 전기, 사공서, 묘발, 최동, 경위, 하후심 등과 창화하니 십재자라 부른다. (李端與盧綸・吉中孚・韓翃・錢起・司空曙・苗發・崔洞・耿湋・夏侯審唱和, 號十才子.)〕라 하고『滄浪詩話』는 冷朝陽을 넣었고, 王世禎의『分甘餘話』(卷3)에서는 皇甫曾을 넣고, 淸代 管世銘은『讀雪山房唐詩鈔』(卷18)에서 劉長卿과 皇甫冉을 거론하였다.

이들 중 錢起(720~780 前後)는 王維派로 분류하는 경향도 있지만, 대개 사회현실과 은일낭만의 양면을 동시에 作詩에 도입한 시인이라고 본다. 그의 시 분량도 最多에 속하여 現存 532首는 唐詩硏究에 중요한 軸을 형성하고 있는 것이다. 전기의 시를 흔히 王維의 후계자로 指稱하기를 選好해 왔는데 이것은 전기의 시 풍격으로 볼 때, 廣德년간(763)을 기점으로 해서 그 前後期를 구분하는데 왕유와의 관계는 주로 후반기의 시에서 수용되는 이론이 되겠다. 그러니까 前期에 해당되는 전기의 청장년기의 시를 중심으로 해서 총괄하면, 역시 中唐代의 元稹・白居易・王建・張籍 등의 寫實派의 선도적인 역할자로서의 사회현실을 직시하는 리얼리즘적인 社會詩라고 할 작품성향을 보여준다. 이것은 전기의 시를 단순한 성당의 隱逸浪漫的인 왕유파의 일원으로 평가하여 중당의 성당시인으로 분류하는 論調에서 탈피하여야 함을 의미한다. 이 점에 있어서는 杜甫詩의 시조를 방불케 한다고 보아서, 전기의 전반기의 시는 대체로 우울하고 悲感이 어린 性情을 토로한다고 논평하는 경향을 수용할 필요가 있다.

당대 高仲武는『中興間氣集』(卷上)에 전기의 시를 평하기를,

> 원외 전기의 시는 체재와 풍격이 청신하고 기특하여 이치가 맑고 화려하다. 과거 급제 후부터 문단을 주도하여 그 당시의 문호 왕유는 그를 고아한 품격이라고 칭찬하였고 왕유 이후에 전기가 으뜸이었다.

員外詩, 體格新奇, 理致淸瞻. 越從登第, 抵冠詞林, 文宗右丞, 許以高格, 右丞以後, 員外爲雄.

라고 한 것은 후세 시평의 근거가 되었고, 辛文房은 『唐才子傳』(卷4)의 錢起條에서 기술하기를,

전기의 자는 중문이고 오흥인이다. …… 사절로 촉에 들어갔고 고공낭중을 제수 받았으며, 대력년간에 태청궁사와 한림학사를 지냈다. 전기의 시체제는 참신하고 기특하며 이치가 청담하고 풍부하여 송과 제의 부허함을 없애고 양과 진의 유미함을 털어내어서 멀리 홀로 우뚝 섰다. 왕유는 그 고아한 품격을 인정하고 낭사원과 명성을 나란히 하였다.
起, 字仲文, 吳興人.……奉使入蜀, 除考功郞中, 大歷中爲太淸宮使翰林學士. 起詩體製新奇, 理致淸瞻, 芟宋齊之浮游, 削梁陳之嫚靡, 迥然獨立也. 王右丞許以高格, 與郎士元齊名.

라고 하여, 체재상 新奇하여 소위 歌行體의 시를 발전시키고 理致가 淸淡하고 豊瞻하여 六朝의 浮虛하고 華靡한 풍격에서 탈피하여 王維와 同格의 경지를 개척했음을 알 수 있다. 그리고 翁方綱의 『石洲詩話』에서도,

성당 이후와 중당 초기에 일시동안에 웅대하고 준일한 문인으로 전기와 유장경을 능가하는 자가 없다. …… 칠언가행에 있어서는 만고에 홀로 뛰어나다.
盛唐之後, 中唐之初, 一時雄俊, 無過錢劉.……至于七言歌行, 則獨立萬古.

라고 하여 전기시의 장점을 거론하였다. 그의 「省試湘靈鼓瑟」 시는 그가 과거에 응하면서 심리적으로 운명적인 상황이 아니면 及第하기 어렵다는 의미를 제시하는 드문 省試詩이다.

운화가야금을 잘 타니,
늘 상군의 넋을 듣노라.
풍이신은 공허이 절로 춤만 추고,
초의 나그네 차마 듣지 못하네.

괴로운 가락은 악기에서 처량하게 울리니,
맑은 소리는 먼 곳에 스며드네.
창오에는 원한의 그리움이 일고,
백지 향초에는 짙은 향기 우러나네.
흐르는 물은 소수의 물가를 지나고,
슬픈 바람은 동정호를 스쳐가네.
곡조가 끝나니 사람은 보이지 않고,
강가에 몇 봉우리 푸르다.
善鼓雲和瑟, 常聞帝子靈.
馮夷空自舞, 楚客不堪聽.
苦調淒金石, 清音入杳冥.
蒼梧來怨慕, 白芷動芳馨.
流水傳瀟浦, 悲風過洞庭.
曲終人不見, 江上數峰靑.

이 시는 미려하면서 기교가 넘치는 시어를 구사하고 있지만 그 裏面에는 幽怨하면서도 哀慕어린 恨이 맺혀 있어서 읍소하는 듯한 음조와 맑으면서도 처연한 詩興이 다양한 상상력을 불러일으킨다.

전기의 시를 몇 가지로 특징지어보면 첫째 政治不條理 고발이다. 성당의 번창한 사회상은 생활여건이 향상되었지만, 한편으론 貧富의 격차와 정치부패가 성행하여 전기의 심정은 과거급제도 希願하였지만 정치현실에 대한 불만과 거부감이 동시에 격동한 양면적 의식을 제시하는 作風을 볼 수 있다. 吏制의 부조리를 통렬하게 비판한 「送孫十尉溫縣」(『全唐詩』卷239)은 吏道가 타락한 현실을 가장 直逼하게 묘사한 것이다.

날리는 꽃과 떨어지는 버들 솜이 강다리에 가득한데,
천리 길 멀리 아픈 마음으로 객을 보내노라.
운향의 향기가 하급관리의 노란 인끈에 물드는 것 아쉽지 않으나
다만 큰 새의 날개가 푸른 하늘에 떨어지는 것 안타깝도다.
구름 낀 네거리엔(관직현달) 뜻 없는 자 머리를 들고 있고
벼슬길에 끌어주는 자 없으면 허리가 꺾이네.(굴욕당하다.)
빠르고 번화한 음악은 취하기를 재촉하니
석양에 머물지 않고 말재갈을 당겨서 떠나네.

飛花落絮滿河橋, 千里傷心送客遙.
不惜芸香染黃綬, 惟憐鴻羽下靑霄.
雲衢有志終驤首, 吏道無媒且折腰.
急管繁弦催一醉, 頹陽不駐引征鑣.

　이 시에서 제3구의 '芸香'은 향초이지만 情操가 고상한 선비를 비유하니 제4구는 큰 雄志를 품은 선비가 포부를 펼 수 없는 상황을 애석하게 여긴 부분이며 제6구에서 '折腰'는 屈辱당하는 淸白吏의 수난상을 풍자하고 있다. 더구나 전기는 빈부간의 대립과 정치부패를 심각하게 제시하면서 현실의 改變과 인민행복의 懷抱를 강렬하게 토로한 다음 「秋霖曲」(上同 卷236)은 주목할 만한 것이다.

　　그대는 보지 않는가,
　　성명하신 임금이 식사를 거르며 백성 근심하는 것을,
　　추풍 장마비에 사방 천리가 어둡구나.
　　봉황지에는 샘물이 들끓고,
　　창용궐 아래엔 구름 기운 일도다
　　달이 필성을 만나서 오래 머물러 큰 비 내려서
　　지친 새 돌아가려 해도 머물 나무 모르네.
　　우수어린 검은 구름 쌀쌀한데 때마침 큰 번개 치니
　　생령이 물에 푹 빠져 찬 재 같도다.
　　공경대부의 붉은 곡식은 단계로 밥을 짓고,
　　평민 백성의 백골엔 푸른 이끼가 덮였네.
　　담비털옷 입고 좋은 음식 먹는 부귀한 사람들
　　고기 굽는 연기 하늘을 덮고 대문에는 창을 세우네.
　　또 노래하고 웃어대며 날마다 황금을 휘감고서,
　　응당 우왕과 탕왕이 나라고난을 자기 탓으로 돌린 것을 비웃노라.
　　학이 우니 개구리가 뛰는(속물이 득실거림) 마침 어지러운 때에,
　　표범이 숨고 난초가 시드니(현인이 버림받음) 또한 슬프도다.
　　어찌하면 태아보검으로 비구름을 갈라서,
　　다시 온 백성으로 아침 해를 보게 할 수 있으리오?
　　君不見聖主旰食憂元元, 秋風苦雨暗九門.
　　鳳凰池裏沸泉騰, 蒼龍闕下生雲根.
　　陰精離畢太淹度, 倦鳥將歸不知樹.

愁陰慘淡時殷雷, 生靈蟄溺若寒灰.
公卿紅粒爨丹桂, 黔首白骨封靑苔.
貂裘玉食張公子, 炰炙熏天戟門裏.
且如歌笑日揮金, 應笑禹湯能罪己.
鶴鳴蛙躍正及時, 豹隱蘭凋亦可悲.
焉得太阿決屛翳, 還令率土見朝曦.

　이 시를 細析하면, 제1연은 군주의 勞心焦思와 정치의 暗雲같은 현상을 암시하고, 제2연은 궁궐 안의 연못에 물이 솟고 창용궐의 구름이 자욱한 광경을 통하여 정치가 맑고 밝지 않은 점을 은유하며, 제3·4연은 달이 畢星에 가까이 한다는 것은 大雨를 예고하며 지친 새가 머물 나무를 찾지 못하니, 이 모든 현상을 통해 民心이 우울하고 방황하는 점을 비유한 것이다. 제5·6연에 이르러서 백성이 식은 재처럼 버림받았는데 공경대부는 好衣好食하며 화려한 생활을 누리는 광경을 대조적으로 묘사하였다. 마지막 부분에서 부패의 극치에 달한 정치풍토는 禹湯의 겸허한 治民의식을 비웃고 '蛙躍' 즉 俗物들이 득세하여 '豹隱蘭凋'의 현상이 일어나서 亂世에 賢人이 모두 은둔하니, 언제나 나라에 구름이 걷히고 아침 햇살을 비추게 하는 改革이 가능할 지를 통탄하고 있다. 전기의 시를 흔히 淸新閑雅한 풍격을 지닌 것만으로 분류해 온 旣存의 평가에서 탈피해야 하는 이유가 곧 이 같은 작품이라는 점을 강조하게 된다.

　둘째는 戰爭과 社會混亂相 묘사이다. 전기는 天寶開元년간을 살면서 安祿山과 史思明의 亂을 겪고 그 전후로 사회가 혼란하고 민생의 고통을 직접 보고 체험하였으니 그의 시에서 이 부분을 간과할 수 없는 것이다. 그의 시에서 內亂相과 애국사상을 찾아보고 난리로 인한 방랑의 悲哀와 失意 그리고 이들을 극복하고 승리를 鼓吹하고 축하하는 所望의 심경을 담고 있다. 사회적으로 安史亂 등 內亂時에 국가 운용의 일면을 묘사한 시로 「奉送劉相公江淮轉運」(上同 卷238)을 보면,

　　나라의 비용으로 전쟁을 치르느라,
　　신하는 고생하며 임금 위해 근심하네.
　　토지공물을 징수하고
　　더욱 제천의 배를 띄우네.
　　수레 타고 밤새 가느라 별도 사라져 날이 밝았고,

연못을 지나가니 봉황이 머물지 않네.
오직 높은 충절 지키느라고 찬물 마시고,
집을 떠난 근심 조금 덜어지네.
낙엽이 회수가의 비속에 지고,
외론 산은 바다 위에 우뚝 가을이구나
아득히 진대의 謝安의 흥취를 알지니(여기서는 劉相公 비유),
강루에는 희미한 초승달이 떠 있도다.
國用資戎事, 臣勞爲主憂.
將徵任土貢, 更發濟川舟.
擁傳星還去, 過池鳳不留.
唯高飮水節, 稍淺別家愁.
落葉淮邊雨, 孤山海上秋.
遙知謝公興, 微月上江樓.

 이 시의 劉相公은 劉晏(715~780)으로서 그 당시에 理財家로 軍國의 비용을 계획하고 집행하는 判度支의 지위에 있었기 때문에 전기는 제1연에서 전란의 비용을 염려하는 구절이 나온다. 제3연의 황급한 부임과 제5연의 辛苦 장면은 모두 국가를 위해 전쟁의 비용을 마련해야함을 주장하는 구절들이다. 따라서 이 시는 邊方의 患亂과 內亂의 급박한 상황하에서도 긍정적이며 적극적인 의지를 토로하고 있다. 전란의 고초와 방랑, 부역과 귀향불가의 비애를 극복하기 쉽지 않았다. 그래서 전기는 민심의 이런 면을 직설적으로 묘사하고 있으니 「鑾駕避狄歲寄別韓雲卿」(上同 卷237)을 보면,

백발 드니 웅장한 마음 가시고,
수심에 차서 나라 운명 보노라.
관산은 비참하여 빛이 없고,
친애하는 사람 문득 놀라서 떠나가네.
그림자 끊어지고 용검이 외짝이니(차마 헤어지기 어려움),
소리 슬픈 새가 가지를 그리워하네.
아득히 구름 낀 바다 밖에서,
서로 그리워하며 만나지 못하네.
白髮壯心死, 愁看國步移.
關山慘無色, 親愛忽驚離.

影絶龍分劍, 聲哀鳥戀枝.
茫茫雲海外, 相憶不相知.

위의 시는 전란이 국가의 운명에 영향이 클 뿐 아니라 백성에게 주는 離亂의 고통이 지대함을 토로한다. 제1연의 '國步'란 국가운명의 의미이며 제3연의 제7구는 가족의 이산과 국가의 혼란을 비유한다. 그리하여 분산되어 상봉할 수 없는 혈육과 기약 없는 귀향 등이 전기의 눈에도 實相으로 다가오고 전기 자신도 그 신세인 만큼, 그에 따른 심신의 비애와 실의 또한 심각한 것이었다.

그리고 셋째는 民生의 疾苦 대변이다. 廣德 원년(763) 安史亂이 평정되고 時局이 다소 안정되었지만, 민심은 현실생활의 凄切과 貧困으로 정치지도자들과의 離叛 현상이 일어나매, 전기가 인민의 생활상을 묘사한 다음 시「送馬使君赴鄭州」(上同 卷237)는 그 좋은 예가 된다.

> 동녘 땅은 문득 별일 없이 평화로우니,
> 태수의 성을 다시 어진 이가 맡았네.
> 관리의 예식을 기뻐하며 보니,
> 다시 전쟁 없은 시절이로다.
> 단비는 영수에 내리고,
> 돌아온 사람들 밭을 갈도다.
> 멀리 태수가 오던 날 알고 있나니,
> 온 마을에 새 연기 일도다.
> 東土忽無事, 專城復任賢.
> 喜觀班瑞禮, 還在偃兵年.
> 膏雨帶滎水, 歸人耕圃田.
> 遙知下車日, 萬井起新煙.

이 시는 馬燧가 鄭州刺史로 부임하는 것을 전송한 것인데 먼저 '任賢'이라 하여 마수의 임직을 칭송하고 백성이 馬使君으로 인해 생활 안정되고 歸農하여 국가안위의 平康이 있을 것을 희망하고 있다. 제1구의 '無事'는 安史亂이 평정되고 제4구에서 '偃兵'이라 하여 전쟁이 끝났음을 말해 준다. 그리하여 제3·4연에서는 귀향과 평화를 희원하면서 아직은 혼란한 사회상을 암시해 준다. 그리고 전기는 실질적으로 지배층과 피지배층간의 경제적인 貧富隔差의 심각성을 다음 「效古秋夜長」(上同 卷236)시에서 제시해주면서 激憤을 토로하고 있다.

> 가을 하늘에 옥서리 날리고,
> 북풍은 연꽃 향기 쓸어가네.
> 정 머금고 베 짜며 외론 등 가물대는데,
> 눈물 닦으며 그리운 마음속에 찬 물시계는 길기도 하다.
> 처마 앞 푸른 구름 고요하기 물 같고,
> 달 아래 깃든 까마귀 소리에 새들이 깨어나네.
> 뉘 집 젊은 부인이 베틀 일삼다가,
> 은장막 구름 병풍치고 깊이 사립문을 닫는가.
> 백옥같은 창가에 낙엽소리 들리지만,
> 가난한 여인 홀로 입을 옷 없음이 가련하다.
> 秋漢飛玉霜, 北風掃荷香.
> 含情紡織孤燈盡, 拭淚相思寒漏長.
> 簷前碧雲靜如水, 月弔棲烏啼鳥起.
> 誰家少婦事駕機, 錦幕雲屛深掩扉.
> 白玉窓中聞落葉, 應憐寒女獨無衣.

위의 시에서 제2연은 밤새도록 베틀에 앉아서 눈물짓는 寒女의 자태를 직설하고 제4연에서는 은병풍에 고이 잠든 少婦의 호화로운 생활을 묘사하여 對比法을 구사하였다. 말연에서는 백옥창가에서 낙엽소리 듣는 한가하고 여유 있는 富裕層이 입을 홑옷조차 없는 貧寒한 백성을 돌보아야 할 것임을 勸告하고 있어서 貧富의 不條理 현상을 對照的으로 比喩한다. 중당시에서 大歷十才子의 시가 차지하는 比重이 漸大한데 그 중에 錢起의 시는 시의 分量과 價値面으로 보아 매우 중요한 연구대상인 점을 看過해선 안 될 것이다.

34. 杜子美「漫興」諸絶句 두자미의「만흥」절구

杜子美「漫興」1) 諸絶句, 有古「竹枝」2)意, 跌宕奇古3), 超出詩人蹊徑4)。韓退之5) 亦有之。楊廉夫十二首6), 非近代作也。蓋廉夫深於樂府, 當所得意, 若有神助, 但恃才縱筆, 多率易而作, 不能一一合度。今所刻本, 容7) 有擇而不精之處, 讀者必愼取之可也。

두자미의「만흥」절구는 옛「죽지사」의 뜻이 있어서, 호탕하면서 기이하며 고아하여 시인들의 풍격보다 월등하다. 한퇴지도 그런 것이 있다. 양염부의 십이 수는 근대의 작품이 아니다. 대개 양염부는 악부에 깊이가 있어서 득의한 것은 마치 신이 도운 것 같다. 그러나 재주를 믿고 붓을 휘둘러 다분히 경솔하고 평이하게 지으니, 하나같이 다 법도에 맞지 않는다. 지금의 각본은 간혹 선정하는데 정밀하지 않은 점이 있으니, 독자는 반드시 신중히 취하는 것이 좋다.

❂ 해설

두보의「絶句漫興」시는 9수로 구성되어 있는 칠언절구이다. 淸代 仇兆鰲의『杜詩詳注』(卷9) 주석에 의하면 두보가 草堂을 운영한 시기는 肅宗 上元년

---

1) 漫興 : 杜甫「絶句漫興」九首『杜詩詳注』卷9)
2) 竹枝 : 樂府의 詩題. 巴渝一帶(지금 重慶 東部)의 民歌.
3) 跌宕奇古(질탕기고) : 풍격이 호탕하고 기이하며 고아하다.
4) 蹊徑(혜경) : 좁은 길. 시인의 풍격이 보잘 것 없음.
5) 韓退之 : 韓愈
6) 楊廉夫 : 元 楊維禎. 제3직 참고. 十二首 : 楊維禎의『鐵厓古樂府』卷10에는「漫興詩」가 7수만 있음.
7) 容 : 혹시, 가끔.

간(760~761)으로, 대개 상원 2년(761) 봄에 지은 시로 본다. 主題는 客愁의 심정을 토로한 것으로 순간적인 感興을 시로 담아놓았다고 본다. 이 시에 대해서 이동양은 형식상으로는 지금의 重慶 東部인 巴渝 일대의 民歌인 樂府 竹枝詞의 變體이므로 '古竹枝意'라고 하였고, 풍격에 대해서는 '跌宕奇古'라고 간결한 어구로 단정하고 있는데, 宋代에 張文潛이 이미 이 시를 놓고 [모두 성율에 얽매이지 않고 온전히 시를 지으니 新奇하여 사랑스럽다.(皆不拘聲律, 渾然成章, 新奇可愛.)]라고 설파하였으나, 본문의 평가는 가장 합당한 표현으로 전해진다. 그래서 淸代 王嗣奭은 『杜臆』(卷4)에서 [감흥이 와서, 문득 지은 것이니, 그러므로 만흥 시는 또한 죽지 악부의 변체라고 하겠다.(興之所到, 率然而成, 故云漫興亦竹枝樂府之變體.)]라고 이동양의 평가에 同意하고 있다. 다음에 9수 중에 제1수와 제5수를 보기로 한다.

> 눈앞에 나그네 근심이 깨이지 않은데
> 무료한 봄빛은 강의 정자에 왔구나.
> 어느새 문득 꽃이 활짝 피니
> 꾀꼬리도 번거롭게 울어대네.
> **眼前客愁愁不醒, 無賴春色到江亭.**
> **卽遣花開深造次, 便教鶯語太丁寧.(其一)**

> 애를 끊듯 강가의 봄이 다하려는데
> 명아주 지팡이로 느릿 걸으며 고운 물섬에 서네.
> 미친 듯 버들솜은 바람 따라 춤추고
> 가벼이 복사꽃은 강물 좇아 흐르네.
> **腸斷江春欲盡頭, 杖藜徐步立芳洲.**
> **顚狂柳絮隨風舞, 輕薄桃花逐水流.(其五)**

앞의 시는 여행 중에 우연히 客苦의 煩惱를 토로하고, 있는데, 『杜臆』에서 이 시를 평하기를 ['객수' 두 자는 곧 9수의 요체이다. 여러 눈이 다 나그네 수심을 보는데, 봄빛이 문득 오니, 매우 무료하다.(客愁二字, 乃九首之綱. 衆眼共見客愁, 春色突然而至, 無賴甚矣.)]라고 하였고, 뒤의 시는 初老의 두보가 봄날의 景物을 擬人化해서 봄과 인생을 비유하고 있다. 두보의 이 시들이 '奇古'한 면이 있다는 線上에서 본다면, 한유 시의 崎險한 풍격은 定評이고 양유정 악부 시가 元代 張雨의 평가8)에 의해서 '奇異'하다는 면에서 긍정적으로 볼 수 있으나, 두보의 이 시만을 가지고는 이동양의 평이 객관적인 인정을 받기에는 미흡하다고 본다.

---

8) 張雨『鐵崖先生古樂府』序 : '以眩蕩一世之耳目, 斯亦奇矣.'

35. 文章固關運氣 문장의 運氣

　文章固關氣運[1], 亦繫於習尚。周召二南、王豳曹衛[2]諸風, 商周魯[3]三頌, 皆北方之詩, 漢魏西晉亦然。唐之盛時稱作家在選列者, 大抵多秦晉之人[4]也。蓋周以詩教民[5], 而唐以詩取士, 畿甸之地[6], 　王化所先, 文軌車書[7]所聚, 雖欲其不能, 不可得也。荊楚[8]之音, 聖人不錄, 實以要荒[9]之故。六朝所製, 則出於偏安僭據[10]之域, 君子固有譏焉, 然則東南之以文著者, 亦鮮矣。本朝定都北方, 乃爲一統之盛, 歷百有餘年之久。然文章多出東南[11], 能詩之士, 莫吳越若者, 而西北顧鮮其人, 何哉? 無亦科目不以取, 郡縣不以薦之故歟?

　문장은 진실로 그 시대의 운세와 관계되고 또 그 시행하는 제도와 연관된다. 주남과 소남, 왕, 빈, 조, 위 등 여러 國風과 상, 주, 노의 頌은 모두 북방의 시이고, 한, 위, 서진도 그러하다. 당나라가 번성할 때

---

1) 시대나 사조의 변화하는 時運.
2) 『詩經』國風은 15國의 詩 160편 수록. 周南, 召南, 王, 豳, 曹, 衛 등은 國名.
3) 『詩經』頌에는 商, 周, 魯의 詩 40편 수록.
4) 秦과 晉의 도읍지 중심의 지역인 長安 일대로 지금의 陝西省 西安.
5) 周나라의 시집인 『詩經』의 風雅頌 311편의 시는 治國의 입장에서 수집하고 정리하여 백성을 敎化하는 자료로 삼았으므로 소위 '詩敎'라 한다.
6) 畿甸(기전) : 畿內. 서울을 중심으로 四方 五百里 以內의 地域. 天子가 直轄하는 지역.
7) 文軌車書 : 문물제도.
8) 荊楚(형초) 之音 : 형초는 楚나라를 지칭. 荊은 초나라의 도읍지. 屈原은 초나라 사람이고 굴원이 지은 離騷, 九歌 등 작품을 수록한 『楚辭』를 말함.
9) 要荒(요황) : 도읍에서 먼 지방. 변방.
10) 偏安僭據(편안참거) : 한 곳에서 安住하고 분수에 넘치게 割據함.
11) 중국의 동남지방은 지금의 江蘇, 安徽, 浙江, 福建, 廣東 일대로서, 특히 본문에서 吳越을 지칭한 것은 강소, 절강 일대의 동남지방이 된다. 唐代 이후에 이 지역에서 문인이 다수 출현하였고, 특히 越지방인 浙江 新昌縣에는 '唐詩之路'라는 명칭이 있을 정도로 당대 대시인들이 운집하여 문예활동을 하던 곳으로 유명하다.

작가로 칭하여 반열에 뽑힌 자는 대개 秦과 晉 지방 사람이 많다. 대개 주나라는 시로써 백성을 교화하였고, 당나라는 시로써 선비를 뽑았으니, 도읍 지역은 왕의 교화가 먼저 미치는 곳이며, 문물제도가 모이는 곳이어서, 비록 자기 재능을 발휘하고 싶지 않아도 뜻대로 되지 않았다. 형초 지역의 소리는 성인이 기록하지 않았으니 실로 도읍에서 먼 지방이기 때문이다. 육조시대에 지은 것은 한 쪽으로 안주하고 도리에 어긋나게 할거하던 지역에서 나온 것이어서, 군자들이 진실로 나무라는 것이니, 그런 즉 동남 지방에서 문장으로 뛰어난 자가 드물다. 본조(명나라)가 북방에 도읍을 정하고 천하를 통일하여 번성한지, 백여 년이란 오랜 세월이 지났다. 그러나 문장이 동남 지방에서 많이 나와서, 시에 능한 선비로서 오월 사람만한 자가 없으며, 서북 지방에는 그런 사람들이 적으니 어찌 된 것인가? 과거시험 과목으로 선비를 뽑지 않고, 군현에서 선비를 추천하지 않기 때문이 아니겠는가?

❂ 해설

문학사조와 그 성쇠는 그 시대의 다양한 요인에 의해 좌우되는 경향이 짙었다. 周나라의 시집인 『詩經』은 15국의 정치・경제・사회의 다양한 일들을 풍자한 민요와 가사를 모은 國風, 그리고 충신과 효자, 연회의 축가 등을 모은 雅, 상・주・노나라의 종묘제악의 가사를 담은 頌 등이 모두 그 시대의 조류에 영향을 받아 산출된 작품들이다. 漢代에 고시는 제후와 귀족, 장군 등 통치 집단의 의식을 대변하고 樂府는 민간가사를 수집 정리하는 관청의 명칭이었고, 魏晉代에는 玄學사상이 팽배하고 사회가 혼란하니 道仙風의 淸談詩가 유행하였다. 육조의 浮虛한 美辭麗句를 구사하고 내용보다는 묘사에 치중한 文風도 정치혼란의 外表이며 唐代의 詩가 중국문학의 黃金期를 형성한 것은 그만한 요인이 있었기 때문이다. 唐詩는 양적으로 唐代 역사가 삼백년도 안 되는 기간에(618~907) 천여 년이 지난 오늘까지도 2,300여 시인에 48,900여 수가(『全唐詩』 900卷) 보존되어 왔다. 唐詩가 발달한 이유를 보자면,

첫째로 唐代에는 학술 사조가 다양하게 성행하였다는 것이다. 당나라는 도교(道敎)를 국교로 하여 太玄眞經으로서 老子의 『도덕경』을 추숭하고 도교의 長嘯나 鍊丹이 매우 일반화되어 생활의 중요한 일이 되어 있었다. 그리고 전통적인 유가(儒家)의 사상을 견지하면서 불교가 東漢시대에 중국에 들어 왔지만, 南北朝시대에 성행하면서 당나라에 유입되어 당나라의 초기인 太宗이나 高宗 때에 현장법사 같은 이들이 불경을 번역하고 선교하는 일을 도우면서 당나라 시대를 통해 지속적으로 교세를 키워 왔다. 이러한 현상은 마치 춘추전국시대에 諸子百家들이 할거하던 것과 비슷하였으니 종교사상의 홍성은 즉 문학이 질적인 면이나 양적인 면에서 비례하여 발전하는 요인이 되었던 것이다.

둘째로 정치와 사회의 변화무쌍한 배경이 唐詩 발달의 큰 요인이 되었다. 太宗 때에(627~649) 文治를 중시하여 어진 신하를 임용하고 세금과 부역을 덜면서 태평 시대를 열었으며 玄宗(712~755) 때에는 物情이 풍부하여 唐代의 황금시대를 맞게 되었다. 따라서 개국한지 백 년간의 정치와 경제의 안정으로 문화가 자연스럽게 발전하게 된 것이다. 아울러 대외적인 영토 확장이나 외교 면에서도 성공을 거둔 시기라고 할 것이다. 초반 40년 동안에 突厥, 吐蕃, 龜玆, 新羅, 일본 등에 都護府를 두어 감독하고 남방으로는 동남아의 베트남·미얀마까지 朝貢케 하여 중국영토상 가장 광대한 영역을 확보하였으며 문화의 교류 또한 빈번하여 국내외 學人들의 왕래가 사방 각국으로 활발하였다. 그러면 여기서 그 예로써 우리 삼국시대의 신라와 당의 시인들의 교류관계를 살펴보면서 唐代의 崇文 의식을 관조하고자 한다.

신라가 당나라와 교류하기 시작한 시기는 초당 시기인(621년 전후) 신라 眞平王 43년 전후로 간주하는데(『三國史記』卷4) 신라인으로 당의 賓貢科에 급제한 사람만도 金雲卿 등 58인이나 되었다고 한다. 구체적으로 보면 신라인 金眞德·王巨仁·金立之·金可紀·金雲卿·薛瑤 등 9인의 시가 『全唐詩』에 수록되어 있으며 崔致遠·朴仁範 등 신라인이 당인에게 준 贈詩도 십여 수에 달하였다. 그리고 당인이 신라인에게 보낸 증시도 李涉·張籍·章孝標·皮日休·鄭谷·羅隱·顧雲·貫休 등의 시 41수나 수록되어 있는 것이 발견되었다. 그들 상호간의 친분도 두터워서 온화한 인정을 읽을 수 있으며 元稹의 「白氏長慶集序」에 보면 신라의 경주에서는 白居易의 시가 돈 백량에 교환될 만큼 문물의 교류가 풍성하였다는 것이다. 이와 같은 당나라의 문화적 역할이 당의 문화 수준을 더욱 높이고 긍지심을 북돋아 주었으리라고 본다. 셋째는 문학운동에 진력할 수 있는 환경이 조성되어 있었다는 것이다. 문학의 발달에는 음악과 미술 등 예술의 발달이 수반되는 것이다. 당의 玄宗 때에 음악을 관장하는 敎坊을 두고 관직에 太樂丞이 있었으며 전대의 궁중 및 민간의 악곡을 정리케 하였다. 中唐代에 新樂府가 다시 성행한 것이며 당 중엽부터 서서히 파생하기 시작한 詞의 등장도 바로 이러한 바탕 위에 가능하였다. 미술도 당에 와서 南宗畵가 파생하여 그림의 입체감과 함께 문인화의 등장이 가능하였으며 예술의 규격화된 굴레를 자유로이 벗어날 수 있는 풍토가 조성되게 된 것이다. 특히 漢代에 성행하던 樂府가 唐代에 와서 더욱 성행하고 체계화된 것은 단순한 음악적인 연관 이상의 사회 구조상의 낭만적이며 토속적인 풍조의 영향도 많이 작용하였다고 본다. 당시의 발달은 일시적이거나 정책적인 人爲에 의한 요인 때문이 아니고 자연스러우면서도 오랜 시간 쌓여진 복합적인 이유들 때문에 곧바로 唐代라는 시기를 거쳐서 형성된 중국문학사상의 피할 수 없는 자연현상적인 추세의 결과로 나타났다고 보는 것이 보다 합리적일 것이다.

  唐詩의 발달을 4시기 구분에 의거해서 그 특성을 살펴보면, 당시를 시대구분하는 방법은 여러 설이 있지만, 지금까지는 明代의 高棅이 분류한 다음의 四分法을 따르고 있다.(『唐詩品彙』 序) 고병도 宋代의 嚴羽가 분류한 5분법(『滄浪詩話』에서 唐初體·盛唐體·大曆體·元和體·晩唐體로 나눔)을 근거로 하여 나누어 그 시기의 시풍과 활동한 시인들을 체계화 시켰다는 데에 그 구분의 의미를 줄 수 있다. 그러나 어느 시대의 한 시인의 풍격이 반드시 자기가 살던 시기의 풍격에 속한 것으로 일률적인 평가를 하는 偏狹性에 대해서는 다시 깊이 생각해 보아야 한다. 더구나 문학이라는 時空에 구애받지 않는 정신세계를 창조하는 면에 있어서는 더 말할 나위가 없다. 그래서 錢鍾書도 일찍이 陸游가 宋代에 살았지만 어느 한 곳에 宋詩의 맛이 있느냐며 살기는 송대인이지만 당시의 맛을 지녔다고 하여 문학시기의 구분에 대해 비판적인 견해를 피력하기도 하였다.(『談藝錄』) 어떻든 이러한 점을 감안하면서 高棅의 사분법에 의하여 각 시대의 당시 특성을 보고자 한다.

1) 初唐詩(618~712)

六朝와 隋의 유미주의적인 齊梁風이 계승되었지만, 시의 새로운 형식과 기교가 규율화 되고 이전의 고체시의 틀에서 새로운 詩體가 완성되었다. 上官儀 등의 궁정시인과 王勃 등의 初唐四傑, 그리고 崔融 등의 文章四友가 형식미와 음률을 중시하여 내용보다는 격률에 여전히 치중하였기에, 그에 따라 沈佺期와 宋之問에 의해서 近體詩의 완성을 보게 된 것이다. 이 시기에 체재의 중시를 반대하고 性情을 시의 요소로 강조하던 이른바 反齊梁風의 시를 중시하던 陳子昻과 張九齡 같은 시개혁론자들도 등장하였다. 이들 반제량풍의 시인들은 그 이후에 성당시풍을 활짝 열어주는 시문학상의 중요한 역할을 하게 된다. 이 시대의 중요한 작가로는 율시 완성에 큰 공헌을 한 上官儀(608~664)를 비롯하여 제량풍을 따랐지만 독자적인 초당시를 주도한 初唐四傑인 王勃(648~675), 楊炯(650~692?), 盧照鄰(637?~676?), 駱賓王(640~680?)이 있었고 초당 후기에 唯美風을 계승하면서 율시의 완성에 적극적인 역할을 하였던 문장사우인 崔融(652~705), 李嶠(645~714), 蘇味道, 杜審言(645~708?) 등을 먼저 들 수 있다. 그리고 같은 노선을 지킨 율시의 완성자인 심전기(656~713)와 송지문(656~712)은 여러 문인의 도움 속에 五言律詩를 먼저 완성하고 七言律詩와 絶句를 체계화하여 오늘의 漢詩라는 체재의 틀을 만들었다. 형식보다는 내용을 중시할 것을 주장하던 반제량풍의 시인들의 활약도 적지 않아서 초기에는 王績(585~644), 王梵志, 寒山 등 隱遁시인들이 있었으며 특히 시에 性情의 興寄를 중시하여 제량풍을 극력 반대한 진자앙(661~702)이나 장구령(678~740) 등은 성당시풍의 조성에 길잡이라는 시대적 의미에서 중요한 위치에 있었다.

2) 盛唐詩(713~765)

盛唐代는 정치·경제의 안정과 번영을 누리면서도 安祿山의 난 등 국내외적으로 난리도 많았다. 이 시기에 특기할 것은 玄宗과 楊貴妃의 애정으로 나타나는 여러 가지 부작용으로 백성에 대한 세금 과중, 기강의 문란, 군벌의 발호 등의 현상이 일어나서 盛世의 風氣가 무너지고 民生의 疾苦가 극심하여지니,

시인의 마음과 현실 또한 二律背反的인 처지에 빠지게 되어 자연히 시도 性情爲主의 낭만적이며 자연추구의 은일사상이 깃들어 갔다. 거기에다 초당 말기에 일어난 詩改革 정신이 이어지면서 진자앙·장구령에 뒤이어 賀知章(659~744)과 張說(667~730) 등이 그 뜻을 계승하여 성당시의 문을 열게 되자, 개성에 따라서 여러 파의 시풍이 서로 조화를 이루는 당시의 황금기를 맞게 되었다. 이 시기에는 王維(701~761)와 孟浩然(689~740)을 중심한 자연시파가 나와서 산수전원을 주제로 하여 자연을 노래하며 은거적인 의식 속에 현실 문제를 떠난 초월적인 시 세계를 추구하였다. 이런 유파에 속했던 시인으로는 韋應物·綦毋潛(741 전후)·裵迪 등을 들 수 있다. 그리고 이 시기에는 잦은 전쟁이 있었는데, 그 당시의 문인들에게는 나라가 혼란하여 민심이 어지럽고 고통스러운 까닭에 非戰思想이 팽배해 있었다. 따라서 高適(702~765)이나 岑參(715~770)같은 시인들은 邊塞시파로서 구분되어 전쟁에 대한 갖가지 소재를 작품 속에 다루어 현실적이고 진취적인 면을 보여주었다. 그러나 그들도 역시 자연을 노래하는 낭만성을 공유하고 있었다. 이 시기에 있어서 무엇보다 중요한 시인들은 바로 李白(701~762)과 杜甫(712~770)인 것이다. 이들은 唐代의 시인일 뿐 아니라 중국문학을 대표하는 시인이기 때문이다. 낭만시인으로서의 이백과 사실주의 시인으로서의 두보는 당시가 낳은 詩仙이요 詩聖이다. 이백은 道家的 색채가 강하지만 儒家的인 면도 지니고 있으며, 유랑생활을 많이 한 까닭에 다양한 시가를 남기고 있다. 여러 가지의 시형을 구사하는 데에 그의 뛰어난 詩才를 발휘하여서 자유분방하게 시의 감흥을 토로하였다. 두보가 그의 시를 [붓을 쓰면 비바람이 놀란 듯하고 시가 지어지면 귀신도 흐느끼네.(筆落驚風雨, 詩成泣鬼神)](寄李十二白二十韻)라고 읊은 것으로도 이백의 기품을 알 수 있다. 천재 시인은 그의 창작기교와 시의 정취를 가장 즉흥적이고 담백하게 승화시킨 것이다. 두보는 이백에 비해 율격에 엄정하였다. 즉흥이 아니라 많은 각고의 노력에 의해 入神의 경지에 든 완전한 시를 창조해낸 것이다. 그의 시는 그의 삶이요, 사회상 그 자체이었으며 살아있는 모습 그대로였기에, 하나하나가 바로 '詩史'였다. 1,400여 수의 그의 시는 하나같이 형식과 내용이 잘 다듬어져 있어서 후세의 만인에게 師表가 되며 그의 불행한 생애와는 달리 길이 추숭되고 있다.

3) 中唐詩(766~835)

이 시기는 大歷(766~804)과 元和(805~835)로 나누어 볼 수 있다. 대력 시기는 성당을 계승하여 두보의 영향권에 있었으니 현실주의적인 경향을 지니고 있었다. 盧綸(748~799), 錢起(722~785)를 중심으로 한 大歷十才子들의 활약이 눈에 띠였으며 민생고를 위시한 平庸한 시가들을 남기고 있어 부분적으로는 문학적 가치를 높이 평가받지 못하지만 전체적으로 중요한 詩史的 의미를 지니고 있다. 그러나 元結(723~772)이나 劉長卿(709~780) 등은 왕유나 맹호연을 계승하여 민중의 고통을 노래하면서도 諷諭의 뜻을 살리려고 하였고 자연풍의 시도 구사하였다.

元和 시기에는 白居易(772~846)를 위시한 元稹(779~831), 張籍(765~830), 王建(751~835) 등이 新樂府運動을 전개하여 속어의 구사는 물론이거니와 철저하게 민중의 실상을 풍유하는데 주력하였다. 그리고 韓愈(768~824)의 奇嶮, 孟郊(751~814)의 平淡 등은 특기할 만하고 柳宗元(773~819)과 劉禹錫(772~842) 등은 중당에서도 자연시를 계승 발전시켰으며 李賀(791~817)는 낭만적이지만 유미풍을 지향하고 난해한 상징시를 개척하기도 하였다. 이 같이 성당에 이르러 시형과 기교를 발달시켰는가 하면, 중당에서는 그것을 더욱 차원 높여서 발전시켜 나갔다고 하겠다.

4) 晩唐詩(836~906)

만당은 정치가 혼미해져서 나라가 망해 가는 시대였다. 정치와 사회가 부패하여 백성의 고통은 극에 달하였으며 시인들은 현실을 도피하고 은둔하려 하였고 자포자기적이며 말세적인 도덕과 기강의 문란이 돌이킬 수 없는 지경에 달해 있었다. 따라서 시도 華奢한 표현에 주력하여 내용보다는 겉모양의 美化를 따르게 되었다. 이것을 유미주의적인 시대라고 말하고 있다. 그러나 시단에서는 순수유미파로 杜牧(803~852)과 李商隱(812~858)을 들 수 있는 반면, 이 시기에도 정치와 사회의 부패와 혼란을 고발하는 현실주의적인 시인들도 많아서 皮日休(843~883)나 杜荀鶴(846~907) 등은 민중의 비참한 생활상을 적나라

하게 묘사해 냈던 것이다. 여기에 피일휴의「農夫謠」한 수를 보고자 한다. 만당에도 이같이 백거이 못지않은 사실파의 부류가 있었던 것이다.

농부가 고생을 원망하여
나에게 그 마음 털어 놓는다
"한 사람이 농사하기 어려워도
열 사람의 원정은 하여야 하네.
어째서 강회의 곡식을
배와 수레로 서울로 실어 나르나?
태반은 물에 잠기니
옮기는 일에 능사가 난
양반님 네들 어찌 감히 투덜할 건가.
삼천에선 어찌 농사 안 짓고
서울 땅엔 어찌 밭갈이 안 하는가.
그 곡식 수레에 실어 임금의 병사에게 주려함이 아니런가!
멋지도다! 농부의 말씀
왕도를 어떻게 꾸려 갈려 하는지!
農父冤辛苦, 向我述其情.
難將一人農, 可備十人征.
如何江淮粟, 輓漕較咸京.
黃河水如電, 一半沈与傾.
均輸利其事, 職司安敢評.
三川豈不農, 三輔豈不耕.
奚不車其粟, 用以供天兵.
美哉農父言, 何計達王程.

唐詩를 이해한다면 중국의 시를 이해한 것이며 중국문학을 올바르게 이해할 수 있는 것이다. 시를 포함한 문학의 발달은 지역에 따라 편차가 심한데 당시의 경우는 동남 지방에서 유명한 시인들이 많이 출현한 것을 이동양은 지적하고 있다.

36. 昔人作詩之法 고인의 작시법

昔人以〔打起黃鶯兒〕¹⁾,〔三日入廚下〕²⁾爲作詩之法, 後乃有以〔溪迴松風長〕³⁾爲法者, 猶論學文以『孟子』及『伯夷傳』⁴⁾爲法. 要之, 未必盡然, 亦各因其所得而入而已. 所入雖異, 而所至則同. 若執一而求之, 甚者乃至於廢百, 則刻舟膠柱⁵⁾之類, 惡可與言詩哉?

옛사람들은 '꾀꼬리를 몰아치네', '삼 일만에 부엌에 들어가네'구를 가지고 시를 짓는 작법으로 삼는데 후에 '시냇물 돌아드니 솔바람이 길게 부네'를 작법으로 삼는 자가 있으니, 마치 글을 배우는 것을 논하는데 『맹자』나 『사기』의 「백이전」을 본보기로 삼는 것과 같다. 요컨대, 반드시 다 그러해서는 안 되고, 각각 그 터득한 것에 따라서 들어갈 것이다. 들어가는 것이 비록 달라도, 그 이르는 것(시를 짓는 목적)은 같은 것이다. 예컨대 한 가지에만(작시법) 너무 집착하여, 심지어 백가지를 다 패기하기에까지 이른다면 이것은 고지식하여 융통성이 없는 것과 같으니 어찌 더불어 시를 논할 수 있겠는가!

---

1) 打起句 : 작자미상이나 唐 金昌緖의 시라는 설. 시제는 「春怨」
2) 三日句 : 王建의 「新嫁娘」
3) 谿迴句 : 杜甫 「玉華宮」
4) 伯夷傳 : 司馬遷 『史記』 列傳
5) 刻舟膠柱(각주교주) : 刻舟求劍과 膠柱鼓瑟의 줄인 말. 전자는 가는 배에서 칼이 물에 빠지자 배에 표시하고 칼을 찾는다는 말로 어리석고 변통이 없는 것을 비유하고 후자는 기러기발을 아교로 붙여 놓고 거문고를 탄다는 말로 고지식하여 조금도 융통성이 없음을 비유한다.

❋ 해설

시인이 作詩하는데 본보기로 삼는 대상이 있을 것이다. 그 대표적인 대상이 곧 陶潛이나, 詩聖 杜甫이며, 宋代에는 東坡 蘇軾이 되기도 한다. 이동양이 제시한 작시법의 본보기로 金昌緖의 「春怨」 시와 王建(768~830?)의 「新家娘」 시, 그리고 두보의 「玉華宮」 시를 들면서 作文에서 孟子나 司馬遷의 『史記』 伯夷傳을 본보기로 삼는 것에 비유하고 있다. 시 창작은 무조건 반복해서 될 일이 아니고 宗法으로 삼을 모범적인 대상을 선택하여 닮으려고 힘쓰는 노력이 필요함을 역설한다. 「春怨」 시를 보면,

> 꾀꼬리를 때려 날려 보내어
> 가지에서 울게 하지 마라.
> 새가 울 때면 나의 꿈을 놀라
> 깨게 하여 요서에 못 가게 한다네.
> 打起黃鶯兒, 莫敎枝上啼.
> 啼時驚妾夢, 不得到遼西.

이 시는 남편을 그리는 여인의 幽怨을 묘사한다. 제1연은 봄날에 맺힌 원한으로 새 울음소리조차 듣기를 감당 못하는 심정을 토로하고 제2연에서 아름다운 새소리가 꿈에서나마 郎君을 만나려는 所望을 막는 것을 원망한다. 이 시를 본보기로 삼은 例話가 宋代 曾季貍의 『艇齋詩話』에 기록되어 있으니,

> 사람들이 한자창의 시법을 물으니, 자창이 당인의 시 「꾀꼬리를 때려 날려보내어……」를 거론하였다. 내가 일찍이 자창의 말로 두루 고인의 작시법을 살피니, 모두 여기에 있다.
> 人間韓子蒼詩法, 蒼擧唐人詩打起黃鶯兒……余嘗用子蒼之言, 徧觀古人作詩規模, 全在此矣.

라고 이미 설파하였고, 「新嫁郎」 시를 보면,

> 삼 일 만에 부엌에 들어가서
> 손 씻고 고깃국을 끓이네.

시어머니 식성을 몰라서
먼저 시누이에게 맛보게 하네.
三日入廚下, 洗手作羹湯.
未諳姑食性, 先遣小姑嘗.

　이 시는 갓 시집온 새색시의 心理상태를 미묘하게 묘사하고 있다. 姑婦間의 관계는 東西古今이 同一한가 한다. 그리고 두보의 「玉華宮」 시(『杜詩詳注』 卷5) 2수 중 제1수를 보면,

시냇물 돌아드니 솔바람 길게 불고
청설모는 옛 기와에 숨네.
어디가 옥화전인지 모르는데
남은 서까래가 절벽 아래에 있네.
어둔 방에 귀신불이 푸르고
무너진 길엔 여울물이 애달프게 내리네.
온갖 소리가 진정 생황 소리러니
가을빛이 정말 맑고 깨끗하네.
溪廻松風長, 蒼鼠竄古瓦.
不知何王殿, 遺構絶壁下.
陰房鬼火靑, 壞道哀湍瀉.
萬籟眞笙竽, 秋色正蕭灑.

　옥화궁은 太宗 貞觀 21년(647)에 지어서 高宗 永徽 2년(651)에 玉華寺로 바꾸었는데, 두보가 찾은 시기는 그 후 100여 년이 지난 후의 일이다. 이 시에 대해서 宋代 洪邁는 '風雅鼓吹'(『容齋隨筆』)라고 평하고 있다. 文을 배우는 규범으로 孟子와 伯夷列傳을 열거한 것은 宋代에 張鎡가 이미〔맹자를 읽으면 문장법을 깨닫게 된다.(讀孟子而悟文章法.)〕(『仕學規範』 卷34 作文라고 기술하였고 宋代 謝枋得도〔맹자를 숙독하면, 바로 이런 문장을 얻는다.(讀得孟子熟, 方有此文章.)〕(『文章軌範』 卷3 春秋論蘇洵)라고 하여 모범적인 문장으로 맹자를 지칭하고 있어서 이동양도 이 지론을 따른 것으로 본다.

37. 詩之爲妙 시의 오묘

詩之爲妙, 固有詠歎淫泆1), 三復而始見, 百過而不能窮者。然以具眼2) 觀之, 則急讀疾誦, 不待終篇盡帙, 而已得其意。譬之善記者, 一目之間3), 數行可下。然非其人, 亦豈可强而爲之哉？ 蕭海釣文明4)嘗以近作試予, 止 誦一句, 予遽曰：〔陸鼎儀〕5), 海釣卽笑而止。

시의 오묘함에는 충분히 읊고 감탄하며 세 번 반복해야 비로소 파악되기고 하고 백 번 경과해도 다 알 수 없는 것이 있다. 그러나 구안으로 보면, 급히 읽고 빨리 읊어서 시를 끝까지 다 읽지 않아도 이미 그 뜻을 알게 된다. 예를 들면 글 잘 쓰는 사람은 한눈에 몇 줄 읽어 내려 갈 수 있다. 그러나 그 사람이 아니면 또한 어찌 억지로 할 수 있겠는가? 해조 소문명은 일찍이 최근의 작품으로 나를 시험하였는데, 단지 한 구를 읊어보고 나는 문득 말하기를 : 〔육정의〕라고 하니 해조는 곧 웃으며 그쳤다.

✪ 해설

시를 감상하여 그 奧妙한 경지를 이해하는 데는 具眼을 갖추어야 한다.(具

---

1) 詠歎淫泆(영탄음일) : (시를) 읊어서 감탄하고 감흥이 흘러넘치다.
2) 具眼 : 佛學 用語. 宋代에 詩文書畫 등 예술적 감상과 평론에 사용하는 용어. 사물을 감별하는 안목.
3) 一目之間 : 한 눈에. 한 순간에.
4) 蕭海釣 : 蕭顯(1431~1506) 字 文明, 號 履菴, 또는 海釣. 山海衛人(지금 河北 山海關). 관직은 兵科給事中, 福建按察僉事 등을 역임. 『海釣集』.
5) 陸鼎儀 : 陸釴(1439~1489) 字 鼎儀, 號 靜逸. 시에 기교가 있으며 張泰, 陸容과 함께 婁東三鳳이라 한다. 『春雨堂稿』. 제8칙 참조.

眼에 대해서는 제6칙을 참조) 그것도 반복하여 음미하여야 가능하고 그 興趣
는 읽을수록 깊어진다. 蕭顯이 이동양에게 보여준 시를 읽고 즉시 陸釴(육익)
의 시임을 알 수 있는 능력은 육익만이 지닌 시의 특성이 있기 때문인 것을 보
여준다. 이것이 시를 鑑別하는 具眼이며 작가의 시의 妙境을 음미할 수 있는
능력이다. 이 능력은 부단한 반복어린 自己勉勵의 功力을 축적하는 데 있다.
이동양은 자신만의 구안을 구비한 경지에 도달하였음을 알 수 있다. 육익은 타
고난 성품이 好學하고 春秋에 능하며 시에 工巧하였다. 天順 8년(1460)에 進士
급제하고 修撰, 右春坊右諭德, 太常少卿, 翰林侍讀, 經筵日講官 등을 역임하
고『春雨堂稿』30권이 있다. 徐泰의『詩談』에서는 그의 시를 비유하여, 〔높은
하늘에서 모여 가벼이 높이 붓을 놀리니 그 뜻을 헤아리지 못한다.(九霄之會,
翩然高筆, 莫測其意向.)〕라고 하여 高淡하고 초탈한 풍격임을 알 수 있다. 그
의「瓊林醉歸圖」시를 본다.

   금 고삐의 멋진 말이 밝은 빛을 드러내니
   푸른 색 비단 옷의 비단 수실이 향기 나네.
   가다가 옥하의 말 삼백 필을 만나서
   젊은이들 다투어 이동양을 말하네.
   金羈細馬出明光, 碧色羅衣錦繡香.
   行遇玉河三百騎, 少年爭說李東陽.

38. 文章如精金美玉 문장의 정수

　文章如精金美玉, 經百鍊歷萬選而後見。今觀昔人所選, 雖互有得失, 至其盡善極美, 則所謂鳳凰芝草, 人人皆以爲瑞, 閱數千百年幾千萬人而莫有異議焉。如李太白「遠別離」1)「蜀道難」2), 杜子美「秋興」3)「諸將」4)「詠懷古跡」5)「新婚別」6)「兵車行」7), 終日誦之不厭也。蘇子瞻8)在黃州9) 夜誦「阿房宮賦」10)數十遍, 每遍必稱好, 非其誠有所好, 殆不至此。然後之誦「赤壁」11)二賦者, 奚獨不如子瞻之於「阿房」, 及予所謂李杜諸作也邪。

　문장은 정금이나 미옥 같아서 백 번 다듬고 만 번 고른 후에 드러난다. 이제 옛사람이 고른 것을 보면, 비록 서로 득실이 있으나, 그 지극히 아름답고 빼어난 것들에 있어서는, 소위 봉황새나 영지 향초 같이 고귀한 것들이어서, 사람마다 모두 귀한 보배로 여기고 수천 년을 두고 몇 천만 사람이 읽어도 다른 의견이 없이 동감하는 것이다. 예를 들면, 이태백의 「원별리」, 「촉도난」, 두보의 「추흥」, 「제장」, 「영회고적」, 「신혼별」, 「병거행」 등은 종일 읊어도 싫지 않다. 소자첨이 황주에 있

---

1) 遠別離 : 李白 樂府詩
2) 蜀道難 : 李白 樂府詩
3) 秋興 : 杜甫의 「秋興」 8수
4) 諸將 : 杜甫의 「組詩」 5수
5) 詠懷古跡 : 杜甫의 5수시
6) 新婚別 : 杜甫의 五言古詩 三吏三別의 하나.
7) 兵車行 : 杜甫의 七言古詩
8) 蘇子瞻 : 蘇軾. 子瞻은 소식의 字.
9) 黃州 : 元豊 2년(1079) 소식이 황주에서 귀양생활.
10) 阿房宮賦 : 唐 杜牧 作.
11) 赤壁二賦 : 蘇軾의 「赤壁賦」 前後篇을 지칭. 흔히 「赤壁賦」하면 前篇을 말함. 前篇은 黃州에서 元豊 5년(1082) 7월에 짓고, 後篇은 동 10월 지었음. 「後赤壁賦」라 함.

을 때, 밤에 「아방궁부」를 수십 번 읊으면서 매번 반드시 좋다고 칭찬하였다. 진심으로 좋은 것이 아니라면 거의 이 경지에 이르지 못할 것이다. 그런데 훗날 「적벽부」 전후 두 편을 읊는 이들이, 어째서 다만 자첨이 「아방궁부」를 읊은 느낌이라든가, 내가 소위 이백과 두보의 여러 작품을 읊은 느낌만 못한 것인가?

❂ 해설

좋은 詩文은 금이나 옥을 다듬듯 切磋琢磨(절차탁마)하는 정성어린 감상과 분석, 그리고 객관적인 평가를 거쳐서 선정된다. 그것들은 鳳凰이나 靈芝같이 고귀하여 時空을 초월하여 人口에 膾炙한다. 이백의 「遠別離」와 「蜀道難」은 風騷의 極致로서 屈原의 「離騷」에 비해 뒤지지 않는다고 평가한다. 그리고 두보의 「秋興八首」는 雄渾豊麗하고 沈着痛快한 풍격을 보여주면서 哀傷無限한 餘韻을 남긴다. 「諸將」은 安史亂의 逆境에서 時世를 근심하는 憂國愛族의 심정을 토로한다. 「詠懷古跡」 5수는 대표적인 詠懷詩로서 王昭君, 宋玉, 諸葛亮의 故事를 직접 답사하며 時局의 혼란과 비유하면서 읊은 筋骨이 강인한 작품이다. 아울러 「新婚別」은 신부의 郎君을 邊方에 遠征 보내는 哀切한 심회를 노래하고 칠언고시 「兵車行」은 玄宗의 窮兵黷武의 정책으로 人民의 疾苦가 극에 달한 심정을 哀怨과 激憤의 표현으로 감동을 자아낸다. 이 모든 작품들의 공통된 특성이라면 事實을 眞實하게 假飾없이 興託의 표현법으로 묘사한 千古絶調들이라는 점이다. 이동양이 尊唐의식을 강렬하게 標榜하는 직접적인 이유가 唐代 이후에 宋元明代에 이르기까지 虛飾과 玄學, 技巧와 극단적인 理智 등으로 포장된 시를 배격하자는 데 있으므로 본문의 論調가 宋代의 문호 蘇軾까지도 唐代의 작품 예컨대 晩唐 憂國豪健的인 면도 있으나 역시 唯美派인 杜牧의 「阿房宮賦」보다 질적으로 부족한 평가를 하게 된 것이다. 만고의 고전작품인 「赤壁賦」를 두목의 작품에 비해 열등한 평을 가하면서, 소식의 문학을 시대적 潮流의 한 부류로 貶下한 관점은 현대적 문학비평관으로 보아 객관성이 결여된다고 할 것이다. 다음에 이백의 「蜀道難」과 두보의 「新婚別」을 각각 열거해 보기로 한다.

「蜀道難」

아아! 위태롭고 높구나.
촉으로 가는 길이 험하기가 푸른 하늘에 오르기 보다 더 어렵네.
잠총과 어부가 촉나라를 개국한지 그 얼마나 아득한가.
그 이후로 사만 팔천 년간 진땅과 인적이 막혔네.
서쪽에 태백산에 새 다니는 길이 있는데
아미산 산정을 가로 질렀네.
땅이 무너지고 산이 갈라져서 장사가 죽고
그런 후에 하늘 다리와 돌사다리를 고리로 이었네.
위에는 육용이 해를 돌던 높은 표적이 있고
아래에는 출렁이는 파도가 거꾸로 꺾어 도는 냇물이 있네.
황학이 날아서 건너지 못하고,
원숭이는 건너려 해도 잡고 오를 것을 걱정하네.
청니령은 어찌 돌아가나,
백 걸음에 아홉 번 꺾어 바위 봉우리를 돌고,
삼성 별을 만지고 정성 별을 지나 쳐다보니 가슴이 눌리니
손으로 가슴을 만지며 앉아서 길게 탄식하네.
그대에 묻노니 서쪽으로 가서 어느 때에 돌아오나
길이 험한 바위를 오를 수 없어 두려워라.
다만 슬픈 새소리가 고목에서 울면서,
수컷이 날면 암컷이 따라 숲을 도네.
또 자규새가 달밤에 울며, 텅 빈 산을 근심하네.
촉으로 가는 길이 험하기가 푸른 하늘에 오르기 보다 더 어려우니
사람이 이 말 들으면 붉은 얼굴 마르리라.
봉우리 따라 가는데 하늘이 한 자 도 안 되고
마른 소나무는 기울어져 절벽에 기대어 있네.
날아 치는 여울물과 폭포수는 요란하게 다투고
낭떠러지의 굴러 내리는 돌은 온 골짜기에 우레 치네.
그 험하기가 이와 같으니
아아! 먼 길 가는 사람은 어찌 돌아오나?
검각산은 가파르고 높아서
한 지아비가 닫으면, 만 명의 지아비가 열지 못하네.
지키는 곳이 익숙지 못하면,
변하여 늑대와 이리가 되네.

아침에는 사나운 호랑이를 피하고,
저녁에는 긴 뱀을 피하네.
이를 갈고 피를 빨아서 사람을 죽임이 삼베 같네.
금성이 비록 즐겁다 하나,
일찍 집으로 돌아감만 못하네.
촉으로 가는 길이 험하기가 푸른 하늘에 오르기 보다 더 어려우니
몸을 비스듬히 서쪽을 바라보며 길게 탄식하네.

噫吁戲危乎高哉.
蜀道之難難於上青天
蠶叢及魚鳧, 開國何茫然.
爾來四萬八千歲, 始與秦塞通人煙.
西當太白有鳥道, 可以橫絶峨眉巓.
地崩山摧壯士死, 然後天梯石棧相鉤連.
上有六龍回日之高標, 下有衝波逆折之回川.
黃鶴之飛尙不得, 猿猱欲度愁攀援.
青泥何盤盤, 百步九折縈巖巒.
捫參歷井仰脅息, 以手撫膺坐長歎.
問君西遊何時還, 畏途巉巖不可攀.
但見悲鳥號古木, 雄飛雌從繞林間.
又聞子規啼夜月, 愁空山.
蜀道之難難於上青天, 使人聽此凋朱顏.
連峰去天不盈尺, 枯松倒挂倚絶壁.
飛湍瀑流爭喧豗, 砯厓轉石萬壑雷.
其險也如此, 嗟爾遠道之人, 胡爲乎來哉.
劍閣崢嶸而崔嵬, 一夫當關, 萬夫莫開.
所守或匪親, 化爲狼與豺.
朝避猛虎, 夕避長蛇.
磨牙吮血, 殺人如麻.
錦城雖云樂, 不如早還家.
蜀道之難難於上青天, 側身西望長咨嗟.

「新婚別」

새삼풀이 쑥대와 삼베에 붙어,
넝쿨을 끌어당겨 자라지 못하네.

길 떠난 지아비에 시집 간 여인은,
길가에 버린 것만도 못하네.
머리 묶어서 지아비의 아내 되어,
자리는 그대 침상이 따뜻치 않았네.
저녁에 혼인하여 아침에 이별하니,
너무 바쁘고 서둘지 마오.
그대 간 길 멀지 않으나,
변방을 지키러 하영으로 갔네.
첩의 몸은 분명치 않으니,
어떻게 시부모에게 인사하리오.
부모가 나를 낳을 때,
밤낮으로 나를 돌보았네.
딸을 낳아 시집보내는데 닭과 개도 짝이 있다네.
그대 이제 생사의 땅에 있으니,
침통함이 창자를 치미는 도다.
맹세하여 그대 따라 가려하나,
형세가 오히려 황급하네.
신혼한 생각을 하지 말고,
힘써서 군대 일을 섬기시오.
아낙네가 군대에 있으면,
군사의 기세가 일어나지 않을까 하네.
스스로 가난한 집의 딸인 것을 탄식하니
오래 비단 치마저고리 구하였네.
비단저고리 다시 못 입어도,
그대 만나면 붉은 화장 씻겠네.
온갖 새가 날아다니는 것을 쳐다보니,
큰 것 작은 것 반드시 쌍쌍이 날도다.
사람의 일은 어긋남이 많으니
그대를 영원히 그리워하네.
兎絲附蓬麻, 引蔓故不長.
嫁女與征夫, 不如棄路傍.
結髮爲妻子, 席不煖君牀.
暮婚晨告別, 無乃太忽忙.
君行雖不遠, 守邊赴河陽.
妾身未分明, 何以拜姑嫜.

父母養我時，日夜令我藏。
生女有所歸，雞狗亦得將。
君今生死地，沈痛迫中腸。
誓欲隨君去，形勢反蒼黃。
勿爲新婚念，努力事戎行。
婦人在軍中，兵氣恐不揚。
自嗟貧家女，久致羅襦裳。
羅襦不復施，對君洗紅妝。
仰視百鳥飛，大小必雙翔。
人事多錯迕，與君永相望。

39. 詩韻貴穩 시운의 온정

詩韻貴穩, 韻不穩則不成句。和韻[1]尤難, 類失牽强[2], 强之不如勿和。善用韻者, 雖和猶其自作 ; 不善用者, 雖所自作猶和也。

시의 운은 평온함을 귀히 여기니 운이 평온하지 않으면 좋은 시구가 되지 못한다. 화운은 더욱 어려워서, 마치 견강부회에 빠지는 것처럼, 억지로 하는 것은 화운을 않는 것만 못하다. 용운을 잘한 것은 비록 화운해도 마치 그 스스로 지은 것 같고, 용운을 잘 못하는 것은 비록 스스로 지은 것이라도 마치 화운한 것과 같다.

❂ 해설

이동양은 '詩韻貴穩'이라는 점을 강조하여 押韻에서 詩歌의 音韻의 和諧自然을 추구하려 하였다. '穩'이란 和諧를 의미한다. 吳喬의 말처럼 和韻은 韻은 같으면서 字가 다른 것을 말하므로 그 운용이 용이하지 않다는 것은 이해된다. 明代 王世貞은 『藝苑卮言』(卷1)에서 이르기를, 〔화운구는 모두 시에 해가 되기 쉬우니 크게 이익됨이 없으며 우연히 한 번 가할 정도이다. 그러나 화운이 압운자와 어울리고 연구가 재력에 균형을 이루면 소리가 화려하고 정감이 충실한 중에 본면목을 드러내지 않아야 곧 귀하게 된다.(和韻聯句, 皆易爲詩害, 而無大益, 偶一爲可也。然和韻在押字渾成, 聯句在於才力均敵, 聲華情實中, 不露本等面目, 乃爲貴耳。)〕라고 하여 화운의 운용 여부에 따라서 작시의 가치가 좌우된다고 하면서 역시 화운의 요점은 자연스런 調和美를 추구하는데 있음을 강조하였다.

---

1) 和韻 : 作詩의 한 방식. 淸 吳喬 「答萬季野詩問」 : '同其韻而不同其字者, 謂之和韻.'
2) 牽强(견강) : 牽强附會. 말을 억지로 끌어다가 그럴듯하게 꾸며댐.

40. 詩有別材 시의 별재

〔詩有別材, 非關書也 ; 詩有別趣, 非關理也。然非讀書之多明理之至者, 則不能作。〕1) 論詩者無以易此矣。彼小夫賤隸婦人女子, 眞情實意, 暗合而偶中, 固不待於敎。而所謂騷人2)墨客學士大夫者, 疲神思, 弊精力, 窮壯至老而不能得其妙, 正坐3)是哉。

〔시에는 별난 재능이 있으니 책과는 관계없고, 시에는 별난 흥취가 있으니 이치와는 관계없다. 그러나 독서를 많이 하지 않거나 이치에 매우 밝지 않는 자는 시를 잘 지을 수 없다.〕라 하니, 시를 논하는 자는 이것을 가벼이 해서 안 된다. 저 졸장부나 천한 노예, 부녀자라도 진정과 진실한 마음을 지니고 은근히 합하고 우연히 맞으면 진실로 교화를 더 필요하지 않는다. 그런데 소위 시인, 묵객, 학사, 대부란 사람이 심사가 피곤하고 정력이 피폐하여서, 장년이 지나고 노년에 이르러서도, 그 오묘함을 다 하지 못하는 것은 바로 이 때문인가?

❂ 해설

宋代 嚴羽의 『滄浪詩話』 詩辨의 문장을 인용하여 시인의 창작의식에는 才能과 감흥, 그리고 지식과 이치 등의 종합적인 요소를 겸비해야만 성공적인 창작이 가능하다는 논리이다. 그러면서 이동양 시대의 문단이 처한 부정적인 현

---

1) 詩有別材……則不能作句 : 이 글은 『李東陽集』 卷8 『鏡川先生詩集』 序의 일단. 宋 嚴羽 『滄浪詩話』 詩辨의 '詩有別材, 非關書也, 詩有別趣, 非關理也. 然非多讀書, 多窮理, 則不能極其至.'를 인용.
2) 騷人 : 文人, 詩人.
3) 坐 : ……에 연루되다. ……에 연유하다.

상을 지적하고 있다. 엄우가 주창한 창작의식에서 먼저 '지식위주(以識爲主)'의 이론을 살펴본다. 엄우는 지식만으로 극복할 수 없는 詩境, 즉 先賢의 지식을 바탕으로 하여 禪境에 들어서는 단계까지를 禪의 妙悟에 비유하였는데, 그 근저로 '以識爲主'를 내세웠으니 『창랑시화』 시변에서 관련된 문장을 보기로 한다.

> 무릇 시를 배우는 자는 선인의 정화를 위주로 할 것이다. 입문은 바르게 해야 하고 입지는 높아야 할 것이다. 한위진·성당을 사표로 삼아 개원 천보 이하의 인물을 따르지 않을지라, 만일 스스로 물러나 굽히면, 곧 하열의 시마가 폐부에 스며들어서 입지가 높지 않게 된다. 행하여 미치지 못함이 있으면, 더욱 공력을 가해야 한다. 길이 조금 어긋나면 달릴수록 멀어져서 입문이 바르지 않게 된다. 따라서 그 윗것을 배우려 해도 단지 그 중간만큼만 얻고, 그 중간을 배우려면 아랫것이 되고 만다고 말하는 것이다, 또 지혜가 스승보다 나으면 전수하기에 가할 것이나, 지혜가 스승과 같으면 스승의 덕을 반감한다고 말하는 것이다. 공부는 모름지기 위에서부터 아래로 해가야지 아래에서 위로 해나가서는 안 된다. 먼저 초사를 숙독하여 조석으로 풍영을 그 근본으로 할 것이며, 고시 19수를 읽고, 악부 4편, 이릉·소무 및 한위의 오언시를 모두 숙독해야 하며 이백과 두보의 시집을 이리저리 두루 보아 지금 사람들이 경서를 연구하듯 한 연후에 성당의 명가를 널리 배워서 가슴에 잘 새겨 오래 간직하면 자연히 깨달아 들게 된다. 그러면 비록 배움이 미치지 못해도 정도를 잃지 않는다. 이것이 바로 머리 이마로부터 해내려오는 것이니 이를 향상일로라 하고 직절근원이라 하며 돈문이라 하고 단도직입이라 한다.
> 夫學詩者以識爲主, 入門須正, 立志須高. 以漢魏晋盛唐爲師, 不作開元天寶以下人物. 若自退屈, 卽有下劣詩魔入其肺腑之間, 由立志之不高也. 行有未至, 可加工力, 路頭一差, 愈騖愈遠, 由入門之不正也. 故曰, 學其上, 僅得其中, 學其中, 斯爲下矣. 又曰, 見過於師, 僅堪傳授, 見與師齊, 減師半德也. 工夫須上做下, 不可從下做上. 先須熟讀楚辭, 朝夕諷詠以爲之本: 及讀古詩十九首, 樂府四篇, 李陵蘇武漢魏五言皆須熟讀. 卽以李杜二集枕藉觀之, 如今人之治經, 然後博取盛唐名家, 醞釀胸中, 久之自然悟入. 雖學之不至, 亦不失正路. 此乃是從頂上做來, 謂之向上一路, 謂之直截根源, 謂之頓門, 謂之單刀直入也.

엄우가 말한 以識爲主의 '識'은 先人의 精華로서 學詩에 있어 선인의 문학세계를 잘 익혀야 한다. 宋代 呂居仁은 [학시는 모름지기 삼백 편과 초사, 한위간의 시를 위주로 해야만 고인의 좋은 곳을 보게 된다.(學詩須以三百篇楚辭及漢魏間人詩爲主, 方見古人好處)](『童蒙詩訓』)라고 하였고, 張戒는 말하기를,

> 그 처음에 따라 배우기만 하면 그 나중엔 어찌 능가할 수 있겠는가. 지붕아래 지붕처럼 부질없는 일이니 더욱 그 작은 것을 보게 된다.(모방하여 원작에 미치지 못함) 후에 작자가 나와서 필히 이백과 두보와 어깨를 나란히 하려면 응당 한위시에서부터 해내야 할 것이다.
> 其始也學之, 其終也豈能過之, 屋下架屋, 愈見其小. 後有作者出, 必欲與李杜爭衡, 當復從漢魏詩中出爾.(『歲寒堂詩話』 卷上)

라고 하여 엄우가 學詩는 [입문은 모름지기 바라야 하고 입지는 모름지기 높아야 하니 한위진과 성당을 사표로 하여 개원천보 이하의 인물을 따르지 않을 것이다.(入門須正, 立志須高, 以漢魏晉盛唐爲師, 不作開元天寶以下人物)]이라야 한다는 주견을 보충해 주고 있다. 그러나 시 삼백까지 올라가지 않은 것은 창랑이 순수문학적인 풍격에 주안점을 두고 한 말이니, 그는 시의 근본에는 주의하지 않은 것 같다. 근본보다는 학시의 입지를 여하히 두느냐에 따라 수준이 결정되는 것으로 주장하여 [열등의 시마가 폐부에 드는 것은 입지가 높지 않기 때문이다.(有下劣詩魔入其肺腑之間, 由立志之不高也)]라고 하였고 [그 위를 배우면 다만 그 중간만을 얻게 되고 그 중간을 배우면 이에 하등이 된다.(學其上, 僅得其中, 學其中, 斯爲下矣)]라고 하여 학시의 기준을 제언하고자 했다. 그는 이것을 위해서 [공부는 모름지기 위에서 아래로 해 나가야 하나니 아래에서부터 위로 해나가서는 안 된다.(工夫須從上做下, 不可從下做上)]의 견해를 엄격히 강조하여 다음과 같은 須讀之目을 열거하였다.

항목＼단계	1	2	3	4	5
필수독목	楚辭	古詩十九首	樂府 四篇	李陵, 蘇武 漢魏詩	李白, 杜甫

엄우가 이와 같은 단계를 밟아 내려와서 向上一路를 걸어서 頓門[4]에 이르면 묘오를 터득하는 『시경』을 낳는다고 하여 학시를 위한 각고를 중시하였다.
 다음으로 엄우의 이론에서 창작의식에서 중요한 시인의 감흥, 즉 興趣와 入神의식의 필요성을 살펴본다. 시에서 흥취와 입신은 엄우에 있어서는 '言有盡而意無窮'의 경계이며 시적 극치를 말하는 것이다. 흥취에 대한 그의 논지는 다음과 같다.

> 무릇 시에는 특별한 재질이 있는데 독서와는 관계없으며, 시에는 특별한 의취가 있는데 이치와는 관계없다. 그러나 많이 독서하고 많이 궁리하지 않으면, 그 지극한 경지에 이를 수 없다. 이른바 이치의 길을 거치지 않고 말의 통발에 빠지지 않은 것이 으뜸이다. 시라는 것은 성정을 읊어 노래하는 것이다. 성당의 제가의 시가 오직 흥취에 들어 영양이 뿔을 나무에 걸어 자취를 찾을 수 없는 것 같다.(초탈하여 자유분방한 시계에 있는 것이다). 고로 그 묘처는 투철 영롱하여 모아 머물게 할 수 없으니 마치 공중의 소리, 얼굴의 색, 물속의 달, 거울 속의 모습 같아 말로는 다 표현했으나 그 뜻은 무궁한 것이다. 근대의 제가들은 즉 기묘한 어귀를 따지어 시의를 얻으려 하여 문자로 시를 짓고 재학으로 시를 지으며 의논으로 시를 지으려 하니 어찌 공교하지 않으랴 마는 끝내 옛사람의 시만 못하다.
> 夫詩有別材, 非關書也. 詩有別趣, 非關理也. 然非多讀書, 多窮理, 則不能極其至. 所謂不涉理路, 不落言筌者, 上也. 詩者, 吟詠情性也. 盛唐諸人, 惟在興趣, 羚羊掛角, 無迹可求. 故其妙處, 透徹玲瓏, 不可湊泊. 如空中之音, 相中之色, 水中之月, 鏡中之象, 言有盡而意無窮. 近代諸公乃作奇特解會, 遂以文字爲詩, 以才學爲詩, 以議論爲詩. 夫豈不工, 終非古人之詩也.

 엄우 자신의 시는 과연 이론과 부합하게 흥취를 닮았는지에 대해 李東陽은 이르기를,

> 엄창랑의 "빈 숲의 낙엽 지니 비인가 하고 포구의 바람이 많아서 밀물이 들려 한다."는 정말 당시구라 할 만하다.
> 嚴滄浪 "空林木落長疑雨, 別浦風多欲上潮". 眞唐句也.(『懷麓堂詩話』)

---

[4] 頓門은 頓悟之門. 불가에서는 「以速疾證悟妙果爲頓悟.」

라 하여 近唐하다라 하여 魏唐의 전수자로 추숭하여 엄우의 시가 그 論旨와 相近함을 알 수 있다. 이렇다면 엄우의 주견을 세찰해야 할 것이니, 흥취에 대해 창랑 엄우는 〔영양이 뿔을 걸다.(羚羊掛角)〕와〔공중의 소리, 얼굴의 빛, 물속의 달, 거울 속의 모습.(空中之音, 相中之色, 水中之月, 鏡中之象.)〕으로 이를 비유하였는데, 흥취의 의미가 『文心雕龍』「隱秀」편의 '隱'과 상근하고 또 「物色」편의 入興과 상통하여 함축적이고 幽遠하면서 美感의 감각을 제시한다. 창랑이 비유한 '羚羊掛角'구는 그 자체가 영양이 밤에 잘 때 뿔을 나무 가지에 걸어 자취를 알 수 없게 하여 몸을 지키는 습성을 인용하여 초탈하면서 자유분방한 시의 세계와 결부시키는 예로 삼았고 이에 앞서〔시란 성정을 음영하는 것이다.(詩者, 吟詠情性也.)〕라 하여 소위 毛詩序의〔뜻을 드러내는 바, 마음에 두면 뜻이 되고 말로 나타내면 시가 된다. 성정이 속에서 움직여 말로 드러낸다.(志之所之也, 在心爲志, 發言爲詩. 情動於中而形於言.)〕구의 근본시정과 일치시켜 시의 최상이요 최고의 가치임을 강조하고 있다. 창랑은 시의 창작은 단순히 「多讀書」와 「多窮理」만으로는 이룰 수 없다는 것이다. 흥취는 기설한 바 妙悟의 과정을 거쳐서 인간감성을 통해 나오는 현상이어서, 〔영양이 뿔을 걸면 찾을 자취가 없다.(羚羊掛角, 無跡可求.)〕의 문구는 있으되 그 이상의 詩情이 내포되어 있는 韻致를 유발하게 되고, 그 妙境의 감흥은 〔투철하고 영롱하여 머물 수 없다.(透徹玲瓏, 不可湊泊.)〕와 같은 환몽의 詩界를 추구하게 되어〔공중의 소리, 얼굴의 빛, 물속의 달, 거울 속의 모습.(空中之音, 相中之色, 水中之月, 鏡中之象.)〕과 같은 경지를 낳게 된다는 것인데, 이에 대해 王漁洋은 이르기를,

　　엄우의 소위 거울 속의 모습, 물 속의 달, 공중의 소리, 얼굴의 빛은 모두 선리로 시를 비유한 것이다.
　　嚴儀卿所謂如鏡中象, 水中月, 空中音, 相中色, 皆以禪理喩詩.(『師友詩傳錄』)

라고 해서 그 경지는 즉 仙界의 詩興으로 묘사하여 창랑의 興趣說의 맥을 합리적으로 보았다. 이 논법이 신운설을 낳으나, 馮班은 창랑의 上句를〔단지 뜬 빛이 그림자를 빼앗음(止是浮光掠影)〕이라고 하여 劉夢得이 말한〔흥취가 겉모습 밖에 있음(興在象外)〕의 묘절과는 다르다고 하였고5), 또 郭紹虞

는 유심주의적 예술관을 표현한데 불과하다고 하여 禪趣에 경도되어 있는 논리로 보았는데,6) 그러나 창랑이 입신의 득도자로서 이백, 두보를 추종한 것을 보면, 논법이 그 당시의 江西·江湖派를 향한 반항적인 의도가 있었다고 본다. 창랑의 흥취는 엄격히 다룬 시의 형식과 意境의 美를 合一시켜 시풍의 提高를 성취하였다고 할 것이다. 흥취설은 송시의 성당으로 돌아감(歸盛唐)을 주창한 그 당시로는 혁신적 이론이며, 아울러 시론의 정립을 향한 포석임을 인지하게 된다. 다음 창랑의 「入神」론은 詩境의 극치를 말하는데, 그의 논지는 다음과 같다.

> 시의 극치는 하나 있으니 바로 입신이라 하겠다. 시로서 입신하면 지극하고 다한 것이니 더 보탤 것이 없다. 오직 이백과 두보만이 이 경지를 터득하였으니 다른 이들은 그 터득함이 무릇 모자란다.
> 詩之極致有一, 曰入神, 詩而入神, 至矣, 盡矣, 蔑以加矣. 惟李杜得之, 他人得之蓋寡也.

이 입신은 용어상으로는 仙境의 三昧와 상통하겠고 흥취의 일단계 높은 시격을 의미할 수 있다. '入神'이란 말의 어원은 『周易』(繫辭下)에 '精義入神, 以致用也'라 한데서 나왔는데, 『문심조룡』 「神思」편에 '神遠'이라 한 것이 창랑의 뜻과 상통한다. 시에서의 입신지경을 묘사한 예로는 淸代 翁方綱이 다음에서 王維의 시를 지칭한 것을 들 수 있으니,

> 왕유의 5언시는 입신하여 현상 밖에 있으니 말할 필요가 없다. 이 〔옛 벗은 보이지 않으니 평릉 동쪽이 적막하다.〕에 이르러서는 악부를 취하여 뜻을 나타내지 않음이 없다.

---

5) 馮班은 〔滄浪論詩, 止是浮光掠影, 如有所見, 其實脚跟未曾點也. 故云就唐之詩如空中之言, 相中之色, 水中之月, 鏡中之象. 種種比喩殊不如劉夢得云 "興在象外" 一語妙絶.〕(『嚴氏糾謬』)라고 이견을 보임.
6) 郭紹虞의 교석본 p.36 참조. 선취에 대해서 보면, 李重華는 「阮亭三昧集, 謂五言有入禪絶境, 七言則句法要健, 不得以禪求之. 余謂王摩詰七言何嘗無入禪處? 此係性所近耳. 況五言至境, 亦不得專以入禪爲妙.」(『貞一齋詩說』)라 하여 入禪妙境을 시에 비유하고, 吳喬는 〔子瞻曰: "詩以奇趣爲宗, 反常合道爲趣" 此語最善, 無奇趣何以爲詩? 反常而不合道, 是謂亂談, 不反常而合道, 則文章也.〕(『圍爐詩話』 卷1)

『懷麓堂詩話』 136則 譯解 | 209

> 右丞五言, 神超象外, 不必言矣. 至此 "故人不可見, 寂寞平陵東", 未嘗不取
> 樂府以見意也……(『石洲詩話』卷1)

여기에서 '神超象外'구가 그 의미가 된다. 그리고 明代 陶明濬은 시의 입신의 의미를 설명하여,

> 입신 두 글자의 의미는 마음이 도에 통하면 입으로 말할 수 없고 자신을 지니니 남이 따라 취할 수 없어 소위 남에게 법도가 될 수 있고 남이 기교 부릴 수 없게 된다. 기교로운 자는 자못 입신하게 된다. …… 진정 시에 능한 자는 빌려 조탁하지 않으며 고개 숙여 집은 즉 바르니 그걸 마음에 취하고 그걸 손에 부으면 도도하게 출렁이며 붓을 들면 종횡으로 나아가니 이로부터 성령을 이루어 정감을 노래하면 이치를 두루 드러낸다. 뭇 말을 다듬어 낸들 또 어찌 맺히는 바가 있겠는가? 이것을 입신이라 한다.
> 入神二字之義, 心通其道, 口不能言, 已所專有, 他人不得襲取, 所謂能與人規矩, 不能使人巧. 巧者其極爲入神……眞能詩者, 不假雕琢, 俯拾卽是, 取之於心, 注之於手, 滔滔汩汩, 落筆縱橫, 從此導達性靈, 歌詠情志, 涵暢乎理致, 斧藻於群言, 又何滯礙之有乎? 此之謂入神.(『詩說雜記』卷8)

라 하여 작시의 심경이 탈속과 忘我에 든 극치임을 알 수 있다. 이 점에 대해 明代 許學夷는 『詩源辯體』에서 이르기를,

> 이백과 두보의 재력은 심대하여 그 조예가 극히 높으며 흥취가 극히 원대하다. 고로 그 5·7언고시는 체재에 변화가 많고 어사가 기이하며 기품과 풍격이 크게 갖추어져서 다분히 입신한다.
> 李杜才力甚大而造詣極高, 意興極遠, 故其五七言古, 體多變化, 語多奇偉, 而氣象風格大備, 多入於神矣.(卷18)

라고 하여 허씨의 말에서 [조예가 극히 높다.(造詣極高)]구는 창랑의 '以識爲主'와 [흥취가 극히 원대하다.(意興極遠)]구는 '묘오'와 '흥취'를 각각 풀이한 것이며, 입신은 시심의 초탈성과 삼매경이라 함이 타당하다. 왕어양이 창랑과 같은 바탕에서 神韻을 편 데 비하여 추종을 달리하는 데 대해 郭紹虞는 이르기를,

창랑의 흥취설은 마침 왕사정의 소위 신운과 의미가 같은데 어째서 창랑은 이백과 두보를 거론하면서 왕유와 맹호연을 종존으로 삼지 않았는가? 이 점에 모순이 있는 것 같으나 실은 이것이 창랑의 논시 요지인 것이다.
> 滄浪興趣之說, 正同於王士禎所謂神韻之義, 何以滄浪又標擧李杜, 而不宗主王孟叱? 此點似有矛盾, 實則也是滄浪論詩宗旨.(『滄浪詩話校釋』 p.37)

라 하여 왕어양을 옹호한 반면에, 錢鍾書는 다음에 이르기를,

> 창랑은 유독 신운으로 이백과 두보를 칭하고 왕사정은 창랑을 사승하였는데 단지 왕유와 위응물만을 알고 당현삼매집을 지으면서 이백과 두보를 취하지 않았으니 대개 창랑의 뜻이 어긴 것이다.
> 滄浪獨以神韻許李杜, 漁洋號爲師法滄浪, 乃僅知有王韋, 撰唐賢三昧集, 不取李杜, 蓋盟失滄浪之意矣.(『談藝錄』, p.49)

라 하여 왕어양은 창랑의 眞意를 터득치 못한 것이라고 평가하고 있다. 필자의 억설인지 모르나 창랑이 入神極致를 터득한 자는 '李白杜甫' 뿐이라는 내면에는 그들이 唐代의 양 대가이며, 宋代 性理學의 학풍에서 기인되지 않았나 하고 추리해 본다.

41. 今之歌者其聲調有輕重 가사의 성조

　　今之歌詩者, 其聲調1)有輕重淸濁長短高下緩急之異, 聽之者不問而知其爲吳爲越也。漢以上古詩弗論, 所謂律2)者, 非獨字數之同, 而凡聲之平仄, 亦無不同也。然其調之爲唐爲宋爲元者, 亦較然明甚。此何故耶？ 大匠3)能與人以規矩4), 不能使人巧。律5)者, 規矩之謂, 而其爲調則有巧存焉。苟非心領神會6), 自有所得, 雖日提耳7)而敎之無益也。

　　지금 시를 노래하는 사람은 그 성조에 경중, 청탁, 장단, 고하, 완급의 차이가 있는데, 그것을 듣는 자는 묻지 않아도 그것이 오가인지 월가인지를 안다. 한나라 이전의 고시는 물론이고 소위 율시는 자수가 같을 뿐 아니라, 무릇 성조의 평측도 같지 않는 것이 없다. 그러나 그 성조에 있어서 당인지, 송인지, 원인지가 비교적 매우 분명하다. 이것은 무슨 이유일까? 대장인은 남에게 규칙으로 가르칠 수 있어도, 남으로 하여금 기교 부리게 할 수는 없다. 율격이란 규칙을 말하는 것이고, 그 성조에 있어서는 곧 기교가 있는 것이다. 만일 마음에 깨닫고 정신을 집중하여 스스로 터득한 바가 아니면, 비록 매일 귀를 잡고 친절히 가르쳐도 보탬이 없는 것이다.

---

1) 聲調 : 詩文의 節奏. 音節의 平上去入.
2) 律 : 古詩에 상대되는 近體詩, 律詩.
3) 大匠 : 語源은 『孟子』盡心下 : '梓匠輪輿, 能與人規矩, 不能使人巧.'
4) 規矩(규구) : 원칙, 법칙, 규칙, 법도.
5) 律 : 여기서는 近體詩의 格律 즉 句의 定式, 字의 定數, 韻律의 定聲, 對偶의 定格 등의 格式을 말하기도 한다.
6) 心領神會 : 온 정신을 집중하여 깨닫다.
7) 提耳 : 提耳面命, 귀를 쥐고 얼굴을 맞대어 명령한다는 뜻으로 친절히 가르침.

✼ 해설

시의 聲調의 기본은 五聲 즉 上平聲, 下平聲, 上聲, 去聲, 入聲으로 구분한다. 그 속에는 경중과 청탁, 장단과 고하, 그리고 완급의 차이가 있어서 노래가 가능해진다. 이것은 平仄과 押韻의 법칙에 의해서 조절된다. 각 시대의 풍조에 따라서 성조의 표현이 다양하게 나타나서 각기 개성 있는 성조의 특성이 형성된다. 吳歌의 성조가 淸婉하고, 越歌의 성조가 長激하다고(제32칙 참조) 평하는 근거도 성조의 技巧法과 상관된다. 예컨대 唐代 律絶의 平仄法이 古詩에 비해 嚴正하면서 伸縮性 있게 운영되었기 때문에 그 전후 시기의 시와 차별화될 수 있는 것이다. 다음에 唐詩 율절의 평측법을 체제별로 例示해 본다.

중국의 시는 그 형식에 있어서 크게 古詩와 近體詩로 나누는데, 唐詩는 이 두 가지를 모두 포함하고 있다. 고시에는 다시 詩經體의 시와 五言古詩・六言古詩・七言古詩 등 다양한데, 당시에는 五言과 七言을 多用하고 있다. 한편 근체시는 唐代에 완성된 詩體이므로 常用되었다. 律詩와 絶句, 그리고 排律로 구별하여 각각 5言과 7言體를 쓰고 있다. 시는 시의 韻律이 있어서 唱할 수 있고 吟詠할 수 있으니 시의 운율은 시의 음악성과 불가분의 관계를 갖는 직접적인 이유가 된다. 먼저 唐古詩의 格律을 보면, 韻을 쓰는데, 平韻을 쓰는 고시와 仄韻을 쓰는 고시가 있으며 매 4구마다 운을 바꾼다. 고시이므로 通韻을 하며 전편의 시가 한 개의 운을 가지고 類似韻과 통운하는 경우와 두 개 내지 그 이상의 운을 채용하는 경우가 있다. 따라서 근체시처럼 一韻으로 시 전체를 押韻하는 一韻到底만을 하지 않고 換韻할 수 있다. 그리고 唐古詩의 平仄論은 異論이 많은데 몇 가지 참고할 사항을 보면 다음과 같다.

① 고시의 平仄은 율시와 맞지 않는다.
　　時見歸村人, 沙行渡頭歇. (孟浩然「秋登蘭山寄張五」)
　　평측평평평　평평측평측
　　때때로 돌아가는 사람 보니 모래 위에 가다가 나루터에 쉬네.

② 앞의 구에서 入律하면 對句에서는 피한다.
　　明日隔山岳, 世事兩茫茫. (杜甫「贈衛八處士」)
　　평측측평측　측측측평평
　　내일 이별하여 높은 산에 막혀 있으면 서로의 소식일랑 또 알지 못하리.

여기서 대구는 入律하지만 出句는 入律하지 않는다.

③ 三平調(平三連)를 많이 쓴다.
　　悠悠西林口, 自識門前山. (王維 「崔濮陽兄」)
　　　　　　　측측평평평
　아늑한 서림의 입구에 서 있으니 문 앞에 산이 있음을 알겠노라.

다음에는 律詩와 絶句의 平仄配列을 圖示하려고 한다.

① 오언율시의 平仄式正格
　(측)측평평측, 평평(측)측평(韻) (평)평평측측, (측)측측평평(운)
　(측)측평평측, 평평(측)측평(운) (평)평평측측, (측)측측평평(운)
　여기서 첫 구에 韻을 쓰면 '측측측평평(운)'이 되어야 한다.

② 오언율시의 平起式正格
　(평)평평측측, (측)측측평평(운) (측)측평평측, 평평(측)측평(운)
　(평)평평측측, (측)측측평평(운) (측)측평평측, 평평(측)측평(운)
　여기에서 첫 구에 운을 쓰면 '평평측측평(운)'이 되어야 한다.

③ 칠언율시의 측기식정격
　(측)측평평(측)측평(운), (평)평(측)측측평평(운)
　(평)평(측)측평평측, (측)측평평(측)측평(운)
　(측)측(평)평평측측, (측)평(측)측측평평(운)
　(평)평(측)측평평측, (측)측평평(측)측평(운)
　여기에서 첫 구에 운을 쓰지 않으면 '(측)측(평)평평측측'이 되어야 한다.

④ 칠언율시의 평기식정격
　(평)평(측)측측평평(운) (측)측평평(측)측평(운)
　(측)측(평)평평측측, (평)평(측)측측평평(운)
　(평)평(측)측측평평(운)
　여기서 첫 구에 운을 쓰지 않으면, '(평)평(측)측평평측'이라고 해야 한다.

⑤ 오언절구의 仄起格平聲韻正式
　(측)측평평측, 평평(측)측평(운) (평)평평측측, (측)측측평평(운)
　여기에서 첫 구에 운을 쓰면 '(측)측측평평(운)'이 되어야 한다.

⑥ 오언절구의 平起格平聲韻正式
　(평)평평측측, (측)측측평평(운) (측)측평평측, 평평(측)측평(운)

여기에서 첫 구에 운을 쓰면 '평평(측)측평(운)'이 되어야 한다.

⑦ 오언절구의 仄起格仄聲韻正式
(측)측평평측(운), (평)평평측측(운) 평평(측)측평, (측)측평평측(운)

⑧ 오언절구의 平起格仄聲韻正式
(평)평평측측(운), 측측평평측(운) (측)측측평평, (평)평평측측(운)

⑨ 칠언절구의 仄起格平聲韻正式
(측)측평평(측)측평(운), (평)평(측)측측평평(운)
(평)평(측)측평평측, (측)측평평(측)측평(운)
여기에서 첫 구에 운을 쓰지 않으면 '(측)측(평)평평측측'이 되어야 한다.

⑩ 칠언절구의 平起格平聲韻正式
(평)평(측)측측평평(운), (측)측평평(측)측평(운)
(측)측(평)평평측측, (평)평(측)측측평평(운)
여기에서 첫 구에 운을 쓰지 않으면 '(평)평(측)측평평측'이 되어야 한다.

⑪ 칠언절구의 仄起格平聲韻正式
(측)측(평)평평측측(운), (평)평(측)측평평측(운)
(평)평(측)측측평평, (측)측(평)평평측측(운)

⑫ 칠언절구의 平起格仄聲韻正式
(평)평(측)측평평운, (측)측(평)평평측측(운)
(측)측평평(측)측평, (평)평(측)측평평측(운)

이상의 여러 격식에서 "……起格"이란 첫 구의 제2자가 평성이냐 측성이냐에 따라 구분한 것이고, "(측)"형은 그 자리에 平과 仄의 공용이 가능하다는 의미가 된다. 시의 운율은 『切韻』에서 정리된 平聲 57韻, 上聲 55운, 去聲 60운, 그리고 入聲 34운 등 모두 206운을 가지고 활용하는데 平聲韻이란 上平과 下平을, 仄聲韻이란 上聲·去聲과 入聲을 두고 하는 말이다. 위에 열거한 형식들은 정해진 규율이거니와, 규식에 얽매이지 않고 變格을 만들어 시를 짓는 경우가 더욱 많아서 성조의 다양성이 가능해지고, 형식이나 내용에 있어서 변화무쌍한 풍격과 華麗纖細한 기교, 그리고 靈的인 昇化를 추구하는 경계를 골고루 갖춘 중국문학의 金字塔을 이룰 수 있었다.

42. 陶詩質厚近古 도연명 시의 풍격

陶詩¹⁾質厚近古, 愈讀而愈見其妙。韋應物²⁾稍失之平易, 柳子厚³⁾則過於精刻⁴⁾。世稱陶韋⁵⁾, 又稱韋柳⁶⁾, 特槪言之。惟謂學陶者, 須自韋柳而入, 乃爲正耳。

도잠 시는 질박하고 온후하여 옛것에 가까워서 읽을수록 더욱 그 오묘함을 알게 된다. 위응물은 조금 평이한 데 빠져 있고 유자후는 지나치게 세밀하고 기교가 있다. 세상에서 '도위'라고 부르고 또 '위유'라고 부르는데 다만 그것을 모두어서 말한 것이다. 단지 도연명을 배우는 사람들에게 말하노니, 모름지기 위응물과 유종원부터 들어가는 것이 곧 正道인 것이다.

❋ 해설

陶潛의 시를 '質厚'하다고 평한 것은 詩風을 요약한 표현이다. 田園의 風光을 주제로 한 시에서 삶의 근원이 무엇이고 참된 가치가 무엇인지를 담백하게 표출하고 있기 때문이다. 梁代 鍾嶸의 『詩品』(卷中)에서 〔문체가 간결하고 깨끗하여 거의 장황한 말이 없다. 진실한 뜻이 참으로 예스럽고, 어사가 아름답고 상쾌하다. 늘 그의 글을 보면, 그 사람의 덕성을 생각한다. 세상에서 그 질

---

1) 陶詩 : 陶淵明(365~427) 詩. 名 潛, 字 元亮, 號 五柳先生.
2) 韋應物(737?~792?) : 京兆(지금 陝西 西安)人. 蘇州刺史를 지내서 韋蘇州라 함.. 山水田園詩. 『韋應物集』.
3) 柳子厚 : 柳宗元. 제4칙 참조.
4) 精刻 : 정밀하고 섬세하다.
5) 陶韋 : 陶潛과 韋應物
6) 韋柳 : 韋應物과 柳宗元

박하고 곧은 것을 탄복한다. [기뻐 말하며 봄술을 마시네]구나, [해가 저무는데 하늘엔 구름이 없네]구에 이르러서는 풍격이 맑고 고와서 그 단지 전원의 말이라고만 할 것인가? 고금의 은일시인의 으뜸이다.(文體省靜, 殆無長語. 篤意眞古, 辭興婉愜. 每觀其文, 想其人德. 世歎其質直. 至於〔歡言酌春酒〕, 〔日暮天無雲〕, 風華淸靡, 其直爲田家語耶? 古今隱逸詩人之宗也)]라고 하여 도잠의 진면목을 평가하고 있고, 蘇軾은 『東坡詩話』에서 [메마르면서 담백한 것을 귀히 여긴다 함은 그 겉은 메마르지만 속은 기름져서, 담백한 듯하면서 사실은 아름다운 것을 말하는 것이니 도연명과 유종원 같은 유파가 이런 것이다.(所貴乎枯淡者, 謂其外枯而中膏, 似澹而實美, 淵明子厚之流是也.)]라고 하여 이동양의 평가를 先導하였으며, 宋代 楊萬里는 『誠齋詩話』에서 [오언고시에서 구가 우아하고 담백하면서 맛이 깊은 자는 도연명과 유자후이다.(五言古詩, 句雅淡而味深長者, 陶淵明柳子厚也.)]라고 유종원이 도연명을 계승한 시인으로 평가하였다. 여기서 도잠의 시 「歸園田居」(제1수)와 「形影神」〈神釋〉 두 수를 보기로 한다. 먼저 「歸園田居」를 보면,

젊어서는 속된 것이 없어서
천성이 본래 산언덕을 좋아했네.
먼지그물에 잘못 떨어져서
어느 듯 삼년이 지났네.
갇힌 새가 옛 숲을 그리워하고
연못의 물고기는 옛 못을 생각하네.
남녘 들에서 황무지를 개간하여
옹졸한 마음으로 전원으로 돌아가네.
네모난 땅 십여 이랑에 팔구 칸 초가집이라.
느릅나무 버드나무 뒤 처마에 그늘지고
복사와 오얏이 마루 앞에 서있네.
아득히 멀리 마을이 있고
아련히 집 마을의 연기 오르네.
개는 깊은 골목에서 짓고
닭은 뽕나무 가지에서 우네.
집 뜰에 먼지티끌 없고
텅 빈 방엔 한가로움이 넘치네.

오래 새장에 갇혔다가
다시 자연으로 돌아왔네.
少無適俗韻, 性本愛丘山.
誤落塵網中, 一去三十年.
羈鳥戀舊林, 池魚思故淵.
開荒南野際, 守拙歸園田.
方宅十餘畝, 草屋八九間.
榆柳蔭後簷, 桃李羅堂前.
曖曖遠人村, 依依墟里煙.
狗吠深巷中, 鷄鳴桑樹巓.
戶庭無塵雜, 虛室有餘閒.
久在樊籠裏, 復得返自然.

　이 시는 6수로 구성되어 있는데 오랜 동안 벼슬 등 세상살이에 매여 살다가 自然으로 돌아가며 虛無한 욕망을 깊이 반성하며 田園생활을 만족하게 여겨서 지은 것이다. 이 시는 元代 陳繹曾이 말한 [마음에 정성된 뜻이 있고 몸은 한가하고 안일한 중에 있으니 정감이 참되고 경치가 참되며, 일이 참되고 뜻이 참되다.(心存忠義, 身處閒逸, 情眞景眞, 事眞意眞.)](『詩譜』)라고 心의 경지를 적절히 표현하고 있다. 그리고 62세에 삶을 반추하며 담백하게 지은 「形影神」〈神釋〉을 본다.

그대들과 서로 다른 것이지만
나면서부터 서로 의지하며 살았소.
가까이 맺어 이미 함께 기뻐하며 지냈으니
어찌 서로 말하며 지내지 아니 하리?
세 분 황제 큰 성인께서는
지금은 어디에 계신가?
팽조는 오래 살기 좋아했지만
머물고 싶어도 더는 못하였다오.
늙던 젊던 한 번 죽긴 같거늘
똑똑하다 어리석다 따질 것 없소
날마다 술에 취해 잊을 수도 있겠지만
그건 목숨 재촉하는 짓이 아닐까?

선한 일은 늘 기쁜 것이나
누가 그대 위해 기려 주겠소
깊은 시름은 우리네 삶 아프게 하니
그저 운명에 맡겨서 사는 게 옳아요.
세상 변화 속에 물결치는 대로 살지니
기쁜 것, 두려운 것 다 없소
응당 다할 목숨, 그냥 버려 둘 것이니
홀로 많이 근심하지 마시오.
與君雖異物, 生而相依附.
結托旣喜同, 安得不相語.
三皇大聖人, 今復在何處.
彭祖愛永年, 欲留不得住.
老少同一死, 賢愚無復數.
日醉或能忘, 將非促齡具.
立善常所欣, 誰當爲汝譽.
甚念傷吾生, 正宜委運去.
縱浪大化中, 不喜亦不懼.
應盡便須盡, 無復獨多慮.

  이 시야말로 楊萬里가 평한 '시구가 우아하고 담백하면서 맛이 깊은(句雅淡 而味深長)' 도연명만의 오언고시의 특성이라고 본다.
  韋應物은 盛唐 시인으로 王維詩派로 분류하는데, 晚唐의 司空圖는 이미 〔왕 우승과 위소주는 맑고 정치하여 격조가 그 속에 있다.(王右丞韋蘇州澄澹精致, 格在其中.)〕(「與李生論詩書」)라고 하였고, 宋代 陳師道는 그의 시를 도연명에 게서 배웠다고 하면서〔왕유와 위응물은 모두 도잠에게 배웠으나, 자신의 독 자적인 풍격을 터득했다.(右丞蘇州皆學於陶, 得其自在.)〕(『後山詩話』)라고 하였 고, 元代 倪瓚은 〔위응물과 유종원은 시가 담백하며 조용하고 한가로워서 모 두 도연명의 의취를 얻었다.(韋柳冲淡蕭散, 皆得陶之旨趣.)〕(『淸閟閣遺稿』 卷 12)라고 하여 유종원과 함께 그들의 시가 도연명에게서 淵源하였다고 평한다. 그러면서도 이동양이 위응물 시를 '平易'한 면이 있다고 한 것은 『竹莊詩話』에 서 〔위응물의 시는 마치 순금과 박옥 같아서 수식하여 아름다움을 꾸미지 않 았다.(韋蘇州詩, 如渾金璞玉, 不加彫琢成姸.)〕란 평가에 근접한 관점에서 나온 면이 있는데 극히 意外의 低評價라고 본다.

　유종원 시에 대해서는 元代 方回가 『瀛奎律髓』(卷4)에서 〔유유주 시는 정밀하고 공교하며 고체시는 더욱 고아하다.(柳柳州詩, 精絶工緻, 古體尤高.)〕라 하고, 宋代 蔡絛의 『蔡百衲詩評』에서 〔유자후의 시는 웅심하고 간결 담백하여 세속을 벗어나서, 그 맛이 절로 높아 곧 도연명과 사령운을 모았다.(柳子厚詩, 雄深簡澹, 迥拔流俗, 至味自高, 直揖陶謝.)〕라고 한 평어로 보아 도잠에 연원하여 그 시풍이 精刻하다는 이동양의 말이 虛言이 아님을 입증한다. 이런 논리에서 도연명에 접근하는 데는 唐代 시인에서는 위응물과 유종원을 같은 脈絡에서 이해하여야 할 것이다.

43. 李杜詩唐以來無和者 이두 시의 탁월

李杜詩, 唐以來無和者, 知其不可和也。近世乃有和杜, 不一而足[1]。張式之[2] 所『和唐音』, 猶有得意, 至杜則無一句相似。豈效衆人者易, 而效一人者反難耶? 是可知已。

이백과 두보의 시는, 당대 이래로 화운하여 맞춘 자가 없으니, 그 화운하기가 어려움을 알겠다. 근세에 곧 두보를 화운하여 본받아 맞추려는 자가 대단히 많아졌다. 장식지의 『和唐音』 책은 또한 득의한 면이 있으나, 두보에 비하면 한 구도 비슷한 것이 없다. 어찌하여 여러 사람을 본받는 것은 쉬운데 한 사람을 본받는 것은 오히려 어려운가? 이것을 알 수 있겠다.

❋ 해설

본문에서 '和'란 和韻詩, 次韻詩를 지칭한다. 역대로 이백과 두보를 和韻한 시인이 없겠냐만 다만 그 수준이 감히 접근하지 못하고 있다는 것이다. 이백 시를 화운한 예로 宋代 蘇軾이 五言古詩 「和李太白」의 序에서 〔이태백은 「심양자극궁감추」 시가 있다. …… 태백 시에 이르기를 : "사십구 세 나이 잘못 살아서 언 듯 가니 다시 얻을 수 없네."라 하였는데 이제 내가 사십구 세로서 그것에 느낀 바가 있어 그의 시를 차운한다.(李太白有潯陽紫極宮感秋詩. ……太白詩云 : 四十九年非, 一往不可復. 今余亦四十九, 感之, 次其韻.)〕『蘇東坡全集』卷5)라고 하여 차운한 시가 있고, 宋代 郭祥正의 「和李白詩四十三首」(『青山集』

---
1) 不一而足 : 하나만이 아니다. 대단히 많다.
2) 張式之 : 張楷(1398~1460) 字 式之, 官은 都察院右僉都察御史. 『和唐音』 28卷, 『和李杜詩』 12卷.

卷10)이 있으며, 元代 王奕『玉斗山人集』卷1)과 李孝光『五峰集』卷5)도 和詩가 남아 있다. 그리고 두보 시를 화운한 예로는 宋代 王彦輔의 「鳳臺子和杜詩」(『宋史』 卷208 藝文), 宋代 王之道의 「秋興八首追和杜老」(『相山集』 卷11), 元代 王奕의 「和少陵望嶽」(『玉斗山人集』 卷1), 元代 程端禮의 「與史祥叟別分和杜詩一首余得白鼻行」(『畏齋集』 卷1) 등이 전해진다. 그러나 이동양이 보는 관점에서 그 어느 하나도 높이 평가하기엔 부족하다는 점에서 참고 된다.

　이동양과 같은 시기 문인으로 張式之는 특별히 唐詩를 推崇하여 당시를 골라서 和韻한 시집을 '和唐音'이란 이름으로 28권을 짓고, 특히 이백과 두보 시를 화운하여 12권으로 낸 바, 본문에 特記한 것이다. 그의 화시에 대해서 明代 徐泰는 『詩談』에서 [사명 장해는 당음에 화운하였으니, 소위 요임금에 순종만 하면 이에 요임금만 있을 뿐이다. 그 자신의 창작이 아쉬우니 그리 유쾌한 마음이 아니다.(四明張楷和唐音, 所謂服堯之服, 斯堯已矣. 惜其自作, 殊不快意.)] 라 하여 그 개성이 없음을 아쉬워한 반면, 明代 葉盛은 『水東日記』(卷26)에서 [장해 식지는 당음 중에 율시와 절구를 뽑아서 모두 화운하였다. …… 어사의 기풍이 온후하여 기이한 기교를 구하지 못해서 자연히 따르기 어려운 것이다. 위로는 육조의 기풍이 없고, 아래로는 만당의 유려함이 없이 바른 소리의 체제를 얻은 것이다.(張楷式之摘唐音中律詩絶句盡和之……辭氣渾厚, 不求奇巧, 自然難及者也. 上無六朝氣習, 下無晚唐流麗, 得正音之體製者也.)]라고 好評하고 있다. 화운시는 前人의 시의 韻을 차운하여 자신의 情感을 담는 과정에 전인의 벽을 넘기가 용이하지 않을 것이니 이백과 두보의 경지를 닮기는 더욱 어려웠을 것이다.

44. 唐士大夫擧世爲詩 당인의 작시

唐士大夫擧世爲詩, 而傳者可數. 其不能者弗論, 雖能者亦未必盡傳. 高適1)嚴武2)韋迢3)郭受4)之詩附諸『杜集』, 皆有可觀. 子美所稱與, 殆非溢美. 惟高詩在選者, 略見於世, 餘則未見之也. 至蘇端乃謂其文章有神5). 薛華6)與李白並稱, 而無一字可傳, 豈非有幸不幸耶?

당나라 사대부는 온 세상이 시를 지었으나 전해지는 것은 몇 개 셀 수 있을 정도다. 그 시를 잘 짓지 못한 자는 물론이고 비록 잘 짓는 자라도 반드시 다 전해지지 않는다. 고적, 엄무, 위초, 곽수 등의 시는 『두보집』에 덧붙여 있는데, 모두 볼만하다. 자미가 함께 칭찬한 위의 시인들의 시들은 거의 그다지 아름답지 않다. 다만 고적 시에서 뽑은 것이 대략 세상에 보이고, 그 나머지는 본 적이 없다. (두보는)소단에 대해서 곧 그의 '문장에 神이 있다'고 말했다. 설화는 이백과 함께 불리어지는데 전해질 만한 글이 하나도 없으니, 어찌 행운과 불행이 있다고 하지 아니 하겠는가?

---

1) 高適(700~765) : 字 達夫, 渤海蓚人. 官은 左散騎常侍, 世稱 高常侍. 『高常侍集』.
2) 嚴武(726~765) : 字 季鷹. 官은 吏部尙書, 鄭國公에 봉함. 『全唐詩』에 시 6수.
3) 韋迢(초) : 京兆人, 開元間에 韶州刺史로 좌천되어 가는데, 潭州를 거치면서, 杜甫와 唱和.
4) 郭受 : 大歷間에 衡陽判官.
5) 蘇端은 두보 시기의 문인으로 단지 비부낭중을 지낸 것으로 기록. 杜甫의 「蘇端薛復筵簡薛華醉歌」 시에 '文章有神交有道, 端復得之名譽蚤.'
6) 薛華 : 未詳. 上記 杜甫의 詩題에 이름이 나옴. 王勃의 別薛華가 있는 것으로 보아 대개 初唐詩人으로 볼 수 있으나 王勃과 두보의 나이가 36년 차이가 나므로 同名異人으로 봄.

✸ 해설

唐詩를 集成한 『全唐詩』에 2,300여 명의 시인과 48,900여 수의 시를 수록하고 있으며 陳尙君이 편집한 『全唐詩補遺』에는 6,000여 수의 시가 추가 수록되어 있는 점으로 보아, 唐代 300년은 중국문학사상 시의 전성기요, 황금기라 할 것이다. 그 수많은 시인의 시 중에서 인구에 膾炙하며 심금을 울리는 작품은 흔치 않으니 杜甫시대에 친교를 나눈 문인의 시가 간혹 두보와 병칭되는 경우가 있는 것이다. 그 예로 高適은 成中唐代의 岑參과 함께 '高岑'으로 병칭되는 대시인으로 두보가 晩年에 지은 「遣懷」시에는 고적과 추억을 읊었으며, 위에서 거론된 嚴武와 韋迢, 郭受 등은 동시대인이지만 매우 罕少한 作家群에 속한다. 엄무는 現傳하는 시가 6수뿐이며 두보와의 관계는 기록에 의하면 『舊唐書』 卷107), 廣德 2년(764)에 成都尹과 劍南節度使 시절에 두보를 만나서 서로 贈答한 시가 있으니, 두보는 「八哀詩」 중 「贈左僕射鄭國公嚴武」에서 〔붓을 잡으니 사방을 놀라네(落筆警四座)〕, 「奉贈嚴八閣老」에서 〔신시의 구마다 좋네(新詩句句好)〕, 「奉和嚴中丞西城晚眺」에서 〔시가 맑고 담긴 뜻이 새롭네(詩淸立意新)〕라고 엄무의 시풍을 칭송하였다.

韋迢는 開元년간에 韶州刺史로 좌천되어 가다가, 潭州를 지나면서 두보를 만나서 唱和한 것으로 기록되어(『廣東通志』 卷235) 있고, 宋代 洪邁의 『容齋隨筆』(卷15)에는 〔내가 소릉집 중에 실린 위초와 곽수의 시를 보니, 소릉이 증답하였다.(余觀少陵集中所載韋迢郭受詩, 少陵酬答.)〕라고 기록하여 이미 두보와 이들 시인과의 연관을 이동양이 재론한 것으로 본다. 두보가 칭찬한 말은 단순한 상대방에 대한 禮義인가 아니면 眞正한 평가인가를 논하기보다는 그 전해지는 작품의 量이 評하기에는 절대적으로 부족하다는 것이다. 여하튼 宋代 郭知達의 『九家注杜詩』(卷35), 宋代 佚名의 『集千家注杜工部詩集』(卷19), 그리고 淸代 仇兆鰲의 『杜詩詳註』(卷22) 등에 위초의 「潭州留別杜員外院長」, 「早發湘潭寄杜員外院長」 2수가 附着되어 전하고 郭受의 시도 『九家注杜詩』(卷35), 宋代 佚名의 『集千家注杜工部詩集』(卷19), 그리고 淸代 仇兆鰲의 『杜詩詳註』(卷22) 등에 「杜員外兄垂示詩因作此寄上」 1수가 부착되어 전한다.

45. 劉長卿集悽婉淸切 유장경 시의 풍격

『劉長卿集』[1]悽婉淸切, 盡羈人[2]怨士之思, 蓋其情性固然, 非但以遷謫[3]故。譬之琴有商調[4], 自成一格。若柳子厚永州[5]以前, 亦自有和平富麗之作, 豈盡爲遷謫之音耶?

『유장경집』은 처량하면서 아름답고 매우 맑아서, 나그네와 원한 맺힌 선비의 생각을 다 표현하고 있는데, 대개 그 性情이 진실로 그러한 것이며 단지 좌천이나 귀양 때문만은 아니다. 예를 들면, 거문고에 商調가 있는데 절로 하나의 격식을 갖추고 있는 것이다. 예컨대 유자후가 영주 가기 전에도 스스로 온화하며 매우 미려한 작품이 있으니, 어찌 다 좌천이나 귀양으로 인한 소리이겠는가?

❋ 해설

유장경은 開元 21년(733)에 진사급제하고 肅宗 至德년간에는 監察御使를 지내고 吳仲儒에 誣告당하여 蘇州에 下獄되고, 潘州 南邑尉로 폄적된다. 후에 변명하여 睦州司馬가 되었다가 隨州刺史로 마치니 世稱 劉隨州라고 부른다. 그의 관리역정을 보면 起伏이 심한 삶을 영위한 것이다. 그의 시가 平實하면서도 嚴正한 構思力을 지니고 있는데 그것은 盛中唐代의 기풍이 혼합된 특성으로서, 중당의 기풍인 詩律의 추구와 文字의 精密한 彫琢이 성당의 隱逸浪漫性에

---

1) 劉長卿集 : 宋代 板本은 10권. 文 1권, 詩 9권. 작가는 제4칙 참조.
2) 羈人(기인) : 나그네.
3) 遷謫(천적) : 左遷(좌천)과 貶謫(폄적) 즉 귀양가다.
4) 商調 : 五調의 하나. 聲調가 悽愴哀怨.
5) 柳子厚永州 : 柳宗元이 永貞 元年(805) 邵州刺史를 거쳐 永州司馬로 左遷됨. 그 시기의 시풍은 明淨하고 簡峭하며, 悲哀憤懣하다. 左遷 전의 시풍은 和平富麗.

가미되어 있기 때문이다. 그래서 시풍상 '悽婉淸切'의 풍조는 성당적 요인에 의한 표현이며 처해진 역경의 정감표출만은 아니다. 그 당시에 이백과 두보는 더 많은 역경을 겪은 시인인 점을 이해하면 가능하다. 商調의 '商'은 계절로는 '秋節'이며, 방향으로는 '西方'이며, 의미로는 '殺'에 해당한다. 그래서 商調는 元代 周德淸의 『中原音韻』에서 '商調悽愴怨慕'라고 풀이하고 있으니, 悽絶한 시풍과 연관된다. 여기서 유장경의 시 「餞別王十一南遊」와 「尋南溪常山道人隱居」를 본다. 전자를 보면,

> 그대 보니 안개 낀 강물이 넓은데
> 손을 휘두르니 눈물이 수건을 적시네.
> 날아가는 새가 어디론가 사라지고
> 푸른 산은 공허이 사람을 맞대고 있네.
> 장강에 돛배 하나 멀리 가는데
> 지는 해에 오호는 봄이로다.
> 누가 보는가? 얕은 물섬의 흰 꽃 마름풀가에
> 그리워하며 수심에 잠긴 것을.
> 望君煙水闊, 揮手淚霑巾.
> 飛鳥沒何處, 靑山空向人.
> 長江一帆遠, 落日五湖春.
> 誰見汀洲上, 相思愁白蘋.

이 시는 王十一을 강가에서 전송하면서 읊은 송별시이다. 중간 4구는 性情의 표현으로 '飛鳥'는 遠行하는 벗을 암시한다. 그리고 '靑山'은 전송하는 시인이다. 말연의 '相思'와 기연의 '望君'이 서로 호응하니 淸代 吳喬의 말처럼(『圍爐詩話』) '首尾一氣'인 것이다. 후자의 시를 보면,

> 외길로 가는 곳에
> 이끼에 신발자국 보이네.
> 흰 구름은 고요한 물가에 기대 있고
> 봄풀은 한가로운 문을 가렸네.
> 지나는 비에 소나무 빛을 보고
> 산을 따라서 냇물 샘에 이르렀네.

냇물에 뜬 꽃이 참선하는 마음과 어울려
서로 맞대고서 말을 잊었네.
一路經行處, 莓苔見履痕.
白雲依靜渚, 春草閉閑門.
過雨看松色, 隨山到水源.
溪花與禪意, 相對亦忘言.

  이 시는 시인의 意境을 묘사한 시이다. 시인이 찾아간 사람을 못 만나고 지나온 경치를 읊으면서 禪趣의 境地에 든 심정을 토로한다.
  柳宗元(子厚)이 33세에 王叔의 革新集團에 가담하였다가 永貞 元年(805) 9월 邵州刺史로 폄적되니, 그 해 11월 부임하다가 다시 永州司馬로 가는 불행스런 사건이 있었다. 영주 시기 이후에 지은 시 164수는 풍격이 明淨하고 簡峭하며 비애와 憤懣의 감정이 스며있다. 영주 이전의 시인은 순풍에 돛 단 듯이 순조로운 官運의 시기로서 21세에 進士급제, 26세에는 博學宏詞科에 급제하여 集賢院正字가 되며, 31세에는 監察御使里行, 33세에는 尙書省禮部員外郎으로서 정치혁신에 참여하기까지 행운아로서 촉망의 대상이었다. 그러니 그 시기의 시가 '和平富麗'한 것은 一理가 있으며 중당의 비전적인 은둔 의식과는 다소 다른 면을 보여준다.

46. 樂意相關禽對語 시의 음악성

〔樂意相關禽對語, 生香不斷樹交花。〕6) 論者7)以爲至妙。予不能辯, 但恨其意象太著耳。

〔즐거운 마음은 새들이 재잘대는 소리에서 일고, 싱그러운 향기는 끊임없이 나무의 꽃에서 나오네.〕구를 논하는 자는 지극히 오묘하다고 생각한다. 나는 판별할 수 없지만, 다만 그 의상이 너무 드러난 것을 안타까워할 뿐이다.

❂ 해설

宋代 石延年은 爲人이 跌宕하고 世事에 무관심하며 詩酒로 自得하는 삶을 영위하였다. 宋代 梅堯臣, 歐陽修, 蘇舜欽, 王安石 등과 함께 慶曆體의 문장을 대표하는 문인으로서 杜甫와 韓愈를 본받았다. 西崑體를 배제하여 초탈자연을 추구하고 彫琢을 멀리 하였으나, 기백과 호기가 부족한 점이 있다.

본문에 인용된 시구는 「金鄕張氏園亭」의 시구로서 이 시에 대해서 宋代 程顥는 〔이 말은 호연지기를 잘 표현하고 있다.(此語形容得浩然之氣)〕(『二程外書』卷11)라고 평하였으나, 이동양은 시의 이미지가 초탈적이지 못한 점을 지적하고 있다. 宋代 嚴羽의 『滄浪詩話』 詩辨에서 주창한 〔성당 제가의 시가 오직 흥취에 들어 영양이 뿔을 나무에 걸어 자취를 찾을 수 없는 것 같다. 그런 고로 그 묘처는 투철영롱하여 모아 머물게 할 수 없으니 마치 공중의 소리, 얼굴의

---

6) 宋 石延年(994~1041) 자는 曼卿, 幽州人. 大理寺丞, 太子中允을 역임. 본문의 시구는 「金鄕張氏園亭」의 詩句.
7) 論者句 : 論者로 宋 程顥는 '此語形容得浩然之氣.' 宋 羅大經은 '大抵看詩, 要胸次玲瓏活絡.'

색, 물속의 달, 거울 속의 모습 같아 말로는 다 표현했으나 그 뜻은 무궁한 것이다.(盛唐諸人惟在興趣, 羚羊掛角, 無迹可求. 故其妙處透徹玲瓏, 不可湊泊, 如空中之音, 相中之色, 水中之月, 鏡中之象, 言有盡而意無窮.)]이란 문구에서 시의 최고의 興趣는 그 奧妙한 경지가 透徹玲瓏한 상태에 도달해야 함에 이동양은 엄우의 논리에 근거를 두고서 본문을 쓴 것으로 이해한다.

47. 詩太拙則近於文 시의 졸열

詩太拙則近於文, 太巧則近於詞[1]。宋之拙者, 皆文也 ; 元之巧者, 皆詞也。

詩가 너무 졸렬하면 文에 가깝고, 너무 기교로우면 詞에 가깝다. 송대의 졸렬한 것은 모두 문이고 원대의 기교로운 것은 모두 詞이다.

❂ 해설

시를 짓는 기법은 다양하다. 내용상의 주제를 적절하게 구성하고 형식상의 기교도 진실하게 구사해야 한다. 본문에서의 拙과 巧의 비교는 묘사상의 기법을 주로 한다. 시를 중심으로 기법이 거칠면 산문처럼 되고, 精巧하면 詞처럼 수식에 치우친다. 그러니 작시에도 중용이 요구된다. 宋代는 古文運動이 결실한 시기로서 성리학 발달로 情보단 理에 치중된 문장이 유행하였기에 拙에 기울면 시가 산문화하고, 元代는 散曲의 발달과 雜劇에의 활용으로 고도의 수사법이 요구되면서 시도 내용보다는 형식위주의 詞曲風을 추구한 경향을 보였다. 그래서 이동양은 '拙-宋文과 巧-元詞'의 등식을 거론한 것이다.

작시에 있어서 拙과 巧의 문제를 지적한 예문을 보면, 宋代 吳可는 『藏海詩話』에서 [만당시는 지나친 기교에 빠져서 단지 외적인 화려함만을 일삼으니, 기세가 약하고 품격이 낮아서 사의 체재로 흘러갔다.(晚唐詩失之太巧, 只務外華, 而氣弱格卑, 流爲詞體耳.)]라고 하여 太巧의 폐단을 지적하였고, 엄우는 『滄浪詩話』詩評에서 [성당 사람은 거친 듯하면서 거칠지 않고, 졸렬한 듯하면서 졸렬하지 않다.(盛唐人有似粗而非粗處, 有似拙而非拙處.)]라고 하여

---

1) 太拙句 : 拙과 巧로 詩文詞體를 구별한 말이다. 즉 拙과 巧를 調和해야 함을 강조.

작시법의 묘미를 강조하였다. 그리고 宋代 陳師道는 『後山詩話』에서 〔차라리 졸렬할지언정 공교하지 말며 차라리 소박할지언정 화려하지 말고, 차라리 거칠지언정 약하지 말고 차라리 편벽할지언정 속되지 말지니, 시문은 모두 그러한 것이다.(寧拙毋巧, 寧樸毋華, 寧粗毋弱, 寧僻毋俗, 詩文皆然.)〕라고 하여 시문 작성에 있어서 지켜야 할 正道를 제시하고 있다.

48. 楊士弘『唐音遺響』 양사홍의 『당음유향』

『唐音遺響』[1] 所載任翻[2]「題台州寺壁」詩曰:〈前峯月照一江水, 僧在翠微開竹房。〉[3] 旣去, 有觀者取筆改〈一〉字爲〈半〉字。翻行數十里, 乃得〈半〉字, 亟回欲易之, 則見所改字, 因歎曰:〈台州[4]有人。〉予聞之王古直[5]云。

『당음유향』에 실린 임번의 「제태주사벽」 시에 이르기를:〔앞 봉우리의 달이 한 줄기 강물을 비추는데, 스님이 푸른 산 기운 속에 대죽 방문을 여네.〕 이미 지난 일이지만, 보는 자가 붓을 가져다가〈一〉자를〈半〉자로 고쳤다. 임번이 몇 십리를 가다가 곧〈半〉자를 얻고서 급히 돌아와서 그것을 바꾸려 하였는데, 글자를 고친 것을 보고서 감탄하여 말하기를:〈태주에 사람이 있다〉고 하였다. 나는 이 말을 왕고직에게서 들었다.

◯ 해설

杜甫는 시 창작에서 거듭 고치고 다듬은 시인이고 李白은 卽興詩로 유명한데, 시라는 특성상 장단점이 있지만 아무래도 잘 다듬은 시가 더 意趣가 높을 수 있다. 元代 楊士弘이 지은 『唐音』에서 8권부터 14권까지를 遺響篇으로 구성하여 『唐音遺響』이라 한 것인데 여기에 任翻의 시를 「題台州寺壁」이라는 시

---

1) 唐音遺響 : 元 楊士弘의 『唐音』은 始音, 正音, 遺響 등 3분하여 편집된 바, 8권에서 14권까지의 부분을 唐音遺響이라 함.
2) 任翻 : 任蕃이라 하여 唐末詩人. 江東人. 『全唐詩』 卷727에 18수.
3) 前峰 2句 : 『全唐詩』에는 시제를 「宿巾子山禪寺」
4) 台州 : 지금 浙江 臨海
5) 王古直 : 王佐. 제32칙 참조

제로 수록하고 있고 『全唐詩』에는 「宿巾子山禪寺」 제목으로, 그리고 宋代 吳子良의 『荊溪林下偶談』(卷4)에는 「宿巾子廣軒」 등 다른 詩題로 수록되어 있으니, 필자는 『全唐詩』의 시제를 따르기로 한다. 임번은 生卒이 不明하고 江東人으로 台州에 거주했다는 정도이며, 시 18수가 『全唐詩』(卷727)에 수록되어 있는 것으로 보아, 대개 晚唐시인으로 추정한다. 그의 시에 대해서 宋代 劉克莊은 『後村詩話』에서 본문의 인용시를 '佳句'라고 하였고, 張爲는 『詩人主客圖』에서 '淸氣雅正主'의 昇堂으로 칭하였다. 다음에 임번의 「宿巾子山禪寺」 시를 보기로 한다.

> 산꼭대기의 초가을은 밤기운이 서늘한데
> 학이 높이 나니 솔이슬이 옷에 방울지네.
> 앞 봉우리의 달이 한 줄기 강물을 비추는데,
> 스님이 푸른 산 기운 속에 대죽 방문을 여네.
> **絶頂新秋生夜凉, 鶴翻松露滴衣裳.**
> **前峯月照一江水, 僧在翠微開竹房.**

임번은 巾子山寺를 여러 번 다녀온 바, 「再遊巾子山寺」, 「三遊巾子山寺感述」 등의 시가 『全唐詩』에 동시에 실려 있다. 古直 王佐는 이동양의 절친한 文友로서 문단활동을 통해 왕래가 빈번한 관계인데, 왕좌의 성품에 대해서 이동양의 기록을 보면, 〔그 성품이 우뚝하여 남에게 굽히려 하지 않으나 의도가 솔직하고 지름길로 편히 가지 않으며 뜻에 맞는 것을 보면 기뻐하여 떠날 것을 잊었다.(其性氣屹屹不肯爲人屈, 然意度率直, 內不爲蹊徑, 遇所會意, 欣然忘去.)〕(『李東陽集』 卷16 王古直傳)라고 하여 그 인품이 정의롭고 호방하며 솔직한 면을 지니고 있음을 짐작케 한다.

49. 胡文穆 『澹菴集』 호문목의 『담암집』

　　胡文穆¹⁾『澹菴集』²⁾載虞伯生「滕王閣」³⁾三詩, 其曰:〔天寒高閣立蒼茫, 百尺闌干送夕陽。〕曰:〔燈火夜歸湖上雨, 隔籬呼酒說干將⁴⁾。〕 信非伯生不能作也。今『道園遺藁』⁵⁾如此詩者絶少, 豈『學古錄』⁶⁾所集, 固其所自選耶? 然亦有不能盡者, 何也?

　　호문목의 『담암집』에 우백생의 「등왕각」 시 세 수가 실렸는데, 그 시에서 말하기를:〔날씨가 추운데 높은 누각이 아득히 우뚝 서 있고, 백 척 가파른 난간에서 석양을 보내노라.〕, 또 말하기를:〔등불을 밝혀 밤에 돌아오니 호수에 비가 내리고, 울타리를 사이에 두고 술을 시켜 간장의 칼을 말하네.〕 진실로 백생이 아니면 지을 수 없다. 지금 『도원유고』에는 이런 시가 너무 적다. 어찌 『학고록』에 수집된 것이 진실로 그 자신이 뽑은 것이라고 하겠는가? 그러나 또한 다 할 수 없는 것이 있으니, 어째서인가?

---

1) 胡文穆: 胡廣(1370~1418) 字 光大, 號 晃菴, 諡號 文穆. 官은 文淵閣大學士, 『胡文穆集』.
2) 澹菴集: 李東陽의 誤記. 이 文集은 同年進士인 胡㵣(형)의 문집.
3) 虞伯生: 元代 虞集. 제3칙 참조. 우집의 滕王閣詩가 澹菴集에 수록.
4) 干將: 吳나라의 刀匠. 그의 아내는 莫邪(야). 吳王 闔閭를 위하여 陰(莫邪), 陽(干將)의 두 칼을 만들었다고 한다. 널리 名劍의 뜻으로 쓰임.
5) 道園遺稿: 16권. 元 虞集 撰하고 그 손자 堪이 編輯. 古律 741수 수록.
6) 學古錄: 虞集이 지은 『道園學古錄』 50권.

❋ 해설

본문에서 『澹菴集』을 胡廣의 문집이라 기록한 것은 誤記로서 胡濴(형)의 文集이다. 虞集의 시가 散失된 것이 많아서 이 문집에 편집되었다고 본다. 그 逸話를 기술한 淸代 吳景旭의 『歷代詩話』(卷66) 「元詩滕王閣」의 일단을 보면, 〔오단생이 말하기를 : 섭성이 도원문집을 일러 말하는데, 지난날에 유백온이 새긴 대자본에 구양규의 재서가 있었는데 지금 판본은 이미 없어졌다. 근래에 곤산에서 새로 새긴 간극장의 건본을 보니, 마침내 선생의 사세종손 우식이 이 서문을 다듬고 아울러 여러 시들을 썼다. 그러니 백생의 시문이 누락된 것이 반드시 많을 것이니 지금 판본에 없는 것이 어찌 대자본에 있지 않으리라고 알겠는가? 이서애가 백생을 너무나 칭송하니 고로 특별히 그 빠진 시구를 모았다.(吳旦生曰 : 葉盛謂道園文集, 往時劉伯溫所刻大字本, 有歐陽圭齋序, 今版已亡矣. 近見崑山新刻幹克莊建本, 遂於先生四世從孫虞湜家摸得此序, 並書一通冠諸首云. 然則伯生詩文散落必多, 今本之所無, 安知非大字本所有耶? 李西涯極許伯生, 故特蒐其遺句.)〕라고 하니 유백온은 즉 명초 월시파를 주도한 劉基(1311~1375)로서 그의 시는 雄健하여 어려서부터 우집에게 〔그 체제와 음운 같은 것이 성당에 부끄럽지 않다.(若其體制音韻, 無愧盛唐.)〕(王世貞『藝苑巵言』)라는 칭송을 받은 문인이다. 그가 우집의 문집을 정리하고자 한 것으로 보아, 이동양이 우집의 시를 얼마나 소중하게 여겼음을 간접적으로 유추할 수 있다. 우집의 「滕王閣」 3수 중 제2수를 본다.

> 날씨가 추운데 높은 누각이 아득히 우뚝 서 있고,
> 백 척 가파른 난간에서 석양을 보내노라.
> 세월이 오래되어도 어룡은 낡은 것이 아니고
> 봄이 깊은데 나비는 어느 왕인가
> 돛대에 걸린 별은 남극으로 통하고
> 수레 덮개에 맺힌 바람구름은 예장에 닿아있네.
> 등불을 밝혀 밤에 돌아오니 호수에 비가 내리고,
> 울타리를 사이에 두고 술을 시켜 간장의 칼을 말하네.
> 天寒高閣立蒼茫, 百尺闌干送夕陽.
> 歲久魚龍非故物, 春深蛺蝶是何王.

帆檣星斗通南極, 車蓋風雲接豫章.
燈火夜歸湖上雨, 隔籬呼酒說干將.

  이 시에서 豫章은 고대 臺觀名으로 이동양은 이 시를 평하기를 〔송원대 이래로 두보를 배운 작품으로 오직 우집만이 가까우니 우집의 이 시는 더욱 두보에 가까운 것이다.(宋元以來學杜之作, 惟虞爲近, 而虞此詩尤近杜者.)〕(『歷代詩話』 卷66)라고 하였다고 한다. 『道園遺稿』에 대해서『四庫全書總目提要』(卷167)의 기록에 의하면, 〔원대 우집이 지었고 그 종손이 편집하였다. 대개 도원학고록의 빠진 것을 보충한 것이다. 무릇 고율 740수에 악부를 첨부하여 順帝 지정 14년(1354)에 각인한 것이다.(元虞集撰, 其從孫堪編. 蓋以補道園學古錄之遺也. 凡古律七百四十首, 附以樂府, 刻於至正十四年.)〕라고 하여 이동양보다 한 세기 전에 출간하였음을 알겠고, 『學古錄』은 우집이 지은 『道園學古錄』50권을 지칭하며 여기에는「滕王閣」시가 수록되어 있지 않다.

50. 元季國初東南人士重詩社 원말명초의 詩社

　元季國初[1], 東南人士重詩社。每一有力者爲主, 聘詩人爲考官, 隔歲封題于諸郡之能詩者, 期以明春集卷。私試開榜次名, 仍刻其優者, 略如科擧之法。今世所傳, 惟浦江吳氏[2]月泉吟社[3], 謝翶[4]爲考官,「春日田園雜興」爲題, 取羅公福[5]爲首, 其所刻詩以和平溫厚爲主, 無甚警拔[6], 而卷中亦無能過之者, 蓋一時所尙如此。聞此等集尙有存者, 然未及見也。

　원대 말엽과 명대 초기에는 동남 지역 선비들이 시사를 중히 여겼다. 항상 유력한 사람이 주관하여 시인을 초빙해서 시험관으로 삼고, 격년으로 여러 군의 시에 능한 자들에게 시제를 봉하여 보내주고 이듬해 봄에 시를 모아 내기를 바랐던 것이다. 사사로이 시험하여 방을 걸고 이름을 매기어 그 우수한 자를 새기니, 대략 과거시험의 법칙처럼 하였다. 지금 세상에 전해지는 것은, 단지 포강 오씨의 월천음사만 있는데 사호가 시험관이 되어,「春日田園雜興」을 시제로 해서 나공복을 으뜸으로 뽑았다. 그 새긴 시는 화평하고 온후함을 주로 삼아서 기발한 면은 거의 없었고, 두루마리 중에도 뛰어난 것이 없었으니, 대개 한때에 높이 받드는 것이 이와 같았다. 이런 시집이 또한 남아 있다는

---

1) 元季國初 : 元末 明初
2) 浦江吳氏 : 吳氏는 吳渭로 字 淸翁, 號 潛齋. 浦江人(지금 浙江). 月泉吟社詩를 편찬하여 67인 75수 律詩를 수록.
3) 月泉吟社 : 元初 浙江 吳溪에 세운 詩社로 方鳳, 謝翶 등이 주도함. 元 丙戌(1286) 3월「春日田園雜興」이란 제목으로 시를 지어서 모아 別集을 냄.
4) 謝翶(고)(1249~1295) : 字 皐羽, 號 晞髮子.『晞髮集』.
5) 羅公福 : 連文鳳. 字 白正, 號 應山. 宋末元初人.『百正集』. 羅公福의 羅는 줄지어 선 連文鳳의 집이란 의미로 公福은 文鳳의 집 이름이다.
6) 警拔(경발) : 기발하다

말은 들었으나 아직 보지 못하였다.

✪ 해설

　元代 말엽에서 明代 초기에는 詩社의 구성과 활동이 성행하여 이들 詩社들에 의해서 문단이 주도되는 경향을 보였다. 예컨대 명초에 각종 詩派가 형성되는 근거가 바로 시사와 연관되니, 明代 胡應麟의 『詩藪』의 기록에 의하면, 〔명대 초에 월시파는 유백온에서 시작되고, 오시파는 고계적에서 시작되고, 민시파는 임자우에서 시작되고, 영남시파는 손분에서 시작되고, 강우시파는 유숭에서 시작되었으니, 다섯 시파의 능력이 모두 한 곳에 웅거하기에 족하여 唐代 시단을 선도하였다.(國初越詩派昉劉伯溫, 吳詩派昉高季迪, 閩詩派昉林子羽, 嶺南詩派昉於孫蕡, 江右詩派昉於劉崧, 五家才力, 咸足雄據一方, 先驅當代)〕라고 하여 각 지역별로 시파의 형성과 활동이 매우 유행하였음을 알 수 있다. 이동양은 元初부터 明代 중엽까지 남아있는 작은 詩社의 예로 月泉吟社를 모범적인 시사로 소개한 것으로 이 시사는 지금 浙江省 浦江 지역 즉 越지방에 송말 원초 시기의 吳渭가 浦江 吳溪에 은거하여 구성한 시사로서 延請鄕邦의 方鳳과 福建의 謝翶, 吳思齊 등이 주도한 시 단체이다. 이 시사가 편찬한 시집인 『月泉吟社詩』 한 권에는 60인의 시 74수의 오칠언율시를 수록하고 있다.

　본문에서 소개한 謝翶(1249~1295)를 시험관으로 하여 「春日田園雜興」을 시제로 시를 徵集한 행사는 元代 世祖 至元 23년(1286) 3월에 시행되었는데 그 이듬해 정월에 시 2,735두루마리(卷)를 모아서 그 중에서 280명의 詩友를 評選하고 60인의 시를 시사의 시집으로 간행한 것이다. 시험관인 사고는 송이 혼란한 시기에 文天祥에 협력하여 諮議參軍을 지낸 의병출신으로 송이 망하자 不仕하고 杭州에서 삶을 마친 문인이다. 그러므로 이 시사의 성격은 다분히 愛國의식과 歸自然的인 은일낭만적인 시풍을 지향한 것으로 본다. 그래서 「月泉吟詩社原序」의 일단을 보면 〔그 어사가 아름답고 미묘하며 그 기풍이 평담하며, 그 음율이 맑고 성하다.(其詞婉微, 其氣平淡, 其音淸翕.)〕라고 기술한 것으로 시사의 성격을 확인할 수 있다.

　羅公福의 原名은 連文鳳으로 그 당시에 文名을 날린 문인인데 그의 장원에 관한 評詩記錄을 보면, 〔지원 병술년에 포강 오위가 사고와 방봉을 초청하여 월천음사를 일으켜서 「봄날에 전원의 감흥」이란 제목으로 사방에 시를 모았는데 …… 나공복이 일등 하였다. 시제의 주석에 의하면 공복은 곧 문봉의 붙인 이름이다. …… 지금 지은 시를 보면, 대개 매우 맑고 아름다우며 절로 성령을 표현하여 송말 강호의 여러 사람의 섬세하면서 거친 습성이 없다.(至元丙戌, 浦江吳渭邀謝翺, 方鳳等擧月泉吟社, 以春日田園雜興爲題, 徵詩四方,……以羅公福爲第一名. 據題所注, 公福卽文鳳之寓名也……今觀所作, 大抵淸切流麗, 自抒性靈, 無宋末江湖諸人纖瑣粗獷之習.)〕(『四庫全書總目提要』 卷165)라고 하여 그 文才를 그래도 높게 평가하였다.

51. 劉原博 詩 유원박의 시

劉草窻原博1)己巳歲有詩2) 曰:〔塞鴈南飛又北旋, 上皇音信轉茫然. 孤臣自恨無容地, 逆虜誰能共戴天. 王衍3)有時知石勒4), 謝玄5)何日破苻堅6). 京城四塞山河固, 一望龍沙7)一涕漣8).〕 聞者傷之. 今所刻本似此者, 蓋不多見也.

유초창 원박이 기사년에 시를 지어 말하기를 :〔변방의 기러기 남으로 날다가 또 북으로 돌아가니, 임금의 소식이 오히려 아득하네. 외로운 신하는 절로 갈 곳이 없어 한탄하는데, 역도들 속에 누구와 하늘을 같이 받들 것인가. 왕연은 때마침 석륵을 알았는데, 사현은 언제 부견을 격파하였나. 경성의 사방 요새는 산하가 견고한데, 모래 언덕을 언뜻 보니 눈물이 흐르네.〕 이 시를 듣는 자는 마음이 아프다. 지금 인쇄본 중에서 이와 같은 것은 대개 많이 보이지 않다.

❂ 해설

劉溥는 생졸불명이나 英宗 正統년간(1436~1449)에 활동한 문인으로『明史』文苑傳에는 楊允勱, 蘇平, 蘇正, 晏鐸 등과 함께 '景泰十才子'로 칭한다. 본래

---

1) 劉草窻 : 劉溥(부), 字 原博, 號 草窻. 明初 御醫. 景泰十才子.
2) 寒鴈句 : 劉溥의「感懷爲英廟而作」
3) 王衍 : 晉 戎의 從弟. 字 夷甫, 元城令을 지냄. 終日 淸談. 石勒에게 살해됨.
4) 石勒 : 後趙 건국. 字 世龍. 後趙는 三國 이후 五胡十六國中 하나로 가장 강대함.
5) 謝玄 : 東晉의 名將. 字 幼道, 諡號 獻武. 苻堅의 백만 대군을 淝水에서 격파.
6) 苻堅 : 苻秦의 君主. 王猛을 등용하여 세력을 펴다가 晉에게 멸망.
7) 龍沙 : 모래 언덕. 龍은 壟
8) 涕漣(체련) : 눈물 흘리다.

의사로서 太醫院吏目을 지냈으나 8세에 이미 「溝水詩」9)를 지어 聖童이란 칭호를 얻었다. 『草窓集』이 있는데 淸代 錢謙益은 그의 시를 평하기를 〔그 시가 처음에는 서곤체를 모방하였는데 만년에는 더욱 기이하고 방종하며 비장하고 수심에 차서 분개함이 언듯 시에 깃들어 있으며 '塞雁南飛'구는 듣는 자가 마음 아파한다.(其詩初擬西崑, 晩益奇縱, 悲愁歎憤, 一寓於詩, 塞雁南飛之什, 聞者傷之.)〕(『列朝詩集小傳』 乙集)라고 하여 시풍이 晩唐風에 근접한 것을 본다. 그의 「感懷爲英廟而作」 시에 대해서 '聞者傷之'라고 평하고 『明詩紀事』에서는 이 시를 두고 〔시를 읽으면 칼을 뽑아 일어나 춤추게 한다.(讀之令人拔劍起舞)〕라고 칭찬하고 있다.

---

9) 「溝水詩」: 門前一溝水, 日夜向東流. 借問歸何處, 滄溟是住頭.

52. 顧祿爲宮詞 고록의 궁사

國初顧祿[1] 爲宮詞, 有以爲言者, 朝廷欲治之。及觀其詩集, 乃用洪武正韻[2], 遂釋之。時此書初出, 亟[3]欲行之故也。

명나라 초에 顧祿이 『宮詞』를 지었는데 말썽거리로 삼는 자가 있어서, 조정에서 그것을 다스리려 하였다. 그 시집을 보니,『洪武正韻』을 사용하고 있어서 결국 풀어주었다. 당시에 이 책이 처음 나올 때 서둘러서 발행하려 한 때문이다.

✿ 해설

顧祿에 대해서 錢謙益의 『列朝詩集小傳甲集』에 보면,

> 고록은 자가 근중이며 화정인이다. 태학생으로 태상전부를 제수 받고 후에 촉부교수가 되었다. 일찍이 파양호를 지나다가 시를 지었는데 태조가 그것을 듣고 그 지은 시를 올리라고 명하였다. 해진이 일찍이 편전에 들어가서 어전에 고록의 시 몇 질이 놓인 것을 보았다. …… 고록이 어려서 재명이 있고 술을 좋아하고 서예에 능하였다.
>
> 祿, 字謹中, 華亭人. 以太學生除太常典簿, 後爲蜀府敎授. 嘗過鄱陽湖, 賦詩, 太祖聞之, 命盡進其所作. 解縉嘗入便殿, 見御前置祿詩數帙……祿少有才名, 嗜酒善書.

顧祿은 詩名이 높아서 왕이 애송할 만큼 유행하였고, 그 자신도 詩才가 있

---

1) 顧祿:明初人. 字 謹中, 華亭人. 蜀府敎授.
2) 洪武正韻:明 樂韶鳳, 宋濂 등이 洪武 8년(1375) 16권으로 편찬한 韻書. 106韻.
3) 亟(극):급히, 빨리.

어서 酒神仙이라는 칭호가 있을 만큼 유명하였다. 『洪武正韻』은 明代 樂韶鳳, 宋濂 등이 勅命에 의해 洪武 8년(1375)에 16권으로 편찬된 韻書이다. 文字의 義訓은 宋代 毛晃의 『增修互注禮部韻略』으로 母本을 삼고, 分韻과 歸字는 周德淸의 『中原音韻』에 의거하여 平上去 3聲은 각각 22部, 入聲은 10部로 하여 그동안 전래되던 206韻을 76韻으로 정리하였다.

53. 紅梅詩押牛字韻 홍매 시의 압운

「紅梅」[1]詩押牛字韻, 有曰 : 〔錯認桃林[2]欲放牛。〕「蛺蝶」[3]詩押船字韻, 有曰 : 〔跟箇賣花人上船。〕皆前輩所傳, 不知爲何名氏也.

「紅梅」 시는 牛자로 押韻하였는데 말하기를 : 〔도림을 잘못 알고 소를 풀어놓으려 하네〕라고 하였다. 「蛺蝶」시는 船자로 압운하였는데 말하기를 : 〔꽃 파는 사람을 따라서 배에 오르네〕라 하니 모두 선배들이 전한 것으로 누구의 것인지를 알 수 없다.

❂ 해설

明代 마(계)仙 또는 召仙이 지었다고 하는 「紅梅」 시를 다음에 본다.

> 옥 같은 뼈와 얼음 같은 살결을 누구와 짝하리오
> 붉게 물든 얼굴빛이 가지 끝에 맺혀 있네.
> 목동이 잠자다가 일어나 몽롱한 눈으로
> 복사꽃 숲으로 잘못 알고 소를 풀어놓으려 하네.
> 玉骨氷肌孰與儔, 點些顏色在枝頭.
> 牧童睡起朦朧眼, 錯認桃林誤放牛.

이 시에 대해서 淸代 潘德輿는 『養一齋詩話』(卷4)에서 〔시를 배우는데 잘못으로 크게 경계할 것은 곧 매양 섬세함에 빠져드는 것이니, 섬세함도 갖추지

---

1) 紅梅 : 시제목. 淸『御選明詩』卷116에 이 칠언절구시를 嘉興 마(계)仙이 지은 것으로 기록하고 明代 胡應麟『小室山房筆叢』에는 召仙이 지은 시로 기록하고 있다.
2) 桃林 : 地名.
3) 蛺蝶(협접) : 시제목. 出處未詳. 蛺蝶은 나비의 뜻.

않으면 안 된다. 예컨대 홍매 시에서 '복사꽃 숲으로 잘못 알고 소를 풀어놓으려 하네'구는 매우 섬세하다. 서애도 이 시를 칭찬하였다.(學詩之失, 戒廓則每入於纖. 纖亦不可不防也. 如紅梅詩云 : 錯認桃林誤放牛, 纖極矣. 西涯又賞之)〕라고 기록하고 있다. 그리고 「蚨蝶」시는 이동양도 말했듯이 그 出處가 전혀 밝혀지지 않고 있다.

54. 國初人有作九言詩 명초인의 구언시

國初¹⁾人有作九言詩²⁾曰:〔昨夜西風擺落千林梢, 渡頭小舟捲入寒塘坳³⁾。〕貴在渾成勁健⁴⁾, 亦備一體。餘不能悉記也。

명나라 초에 누가 9언시를 지어서 말하기를:〔어젯밤 서풍에 수많은 숲가지 떨어지고, 나루터 작은 배는 찬 웅덩이로 말아드네.〕라 하니 온통 굳세고 건장한 기풍을 귀히 여기니 또한 한 체제를 갖추었다. 나머지는 다 기록할 수 없다.

☼ 해설

九言詩는 古體詩의 형식으로서, 그 淵源이 魏晉代까지 소급되니 淸代 吳喬의 『圍爐詩話』(卷1)에서〔송말과 원대 초에 구언시가 있는데 대개 사족이니 다만 '시여'라고 말할 수 있겠다. 이 체제가 위대에 시작되었다.(宋末元初有九言詩, 大是蛇足, 只可謂之詩餘耳. 此體始於魏)〕라고 하였다. 그리고 六朝시대에 鮑照와 沈約에게도 구언시가 있다. 釋明本이 지은 「九字梅花詩」를 본다.

어젯밤 서풍에 수많은 숲가지 떨어지고,
나루터 작은 배는 찬 웅덩이로 말아드네.
들의 늙은 매화나무는 홀로 추운 집구석에 누워서

---

1) 國初 : 國初란 明代 初를 말하는데 九言詩를 지은 작자는 元代 釋明本이므로 時期가 맞지 않으니 誤記인가 한다.
2) 九言詩란 元代 釋明本의 「九字梅花詩」이다. 釋明本은 號가 中峰, 杭州人. 元 仁宗이 廣惠禪師라 호를 내림.
3) 塘坳(당요) : 움푹 파인 연못.
4) 勁健(경건) : 굳세고 건장함. 풍격용어

성근 그림자는 비스듬히 살짝 서창가를 두드리네.
반은 죽고 반은 살아 있는 몇 가닥 가지에 꽃봉오리 맺혀서
필 듯 말 듯 향기론 봉오리 머금었네.
화공의 기묘한 재주로 다듬은 것인가
나는 맑은 향기 좋아서 새로 시를 읊노라.
昨夜西風擺落千林梢, 渡頭小舟捲入寒塘坳.
野樹古梅獨臥寒屋角, 疏影橫斜暗上書窓敲.
半枯半活幾個撅蓓蕾, 欲開未開數點含香苞.
縱使畵工奇妙也縮手, 我愛淸香故把新詩嘲.

  이 시에 대해서 이동양은 하나의 형식으로 勁健한 풍격을 지녔다고 평하였으나, 明代 謝榛은 〔성조가 산만하고 느슨하며 기백이 없다.(聲調散緩而無氣魄)〕(『詩家直說』 卷2)라고 혹평하고 있다.

55. 羅明仲謂三言詩 나명중의 삼언시론

羅明仲[1]嘗謂三言亦可爲體, 出樹·處二韻, 迫予題扇。予援筆云：〔揚風帆, 出江樹。家遙遙, 在何處？〕[2]　　又因圍碁出端·觀二韻。予曰：〔勝與負, 相爲端。我因君, 得大觀。〕[3] 固一時戲劇, 偶記于此。

나명중이 일찍이 말하기를 三言도 시체가 될 수 있다고 하면서, 樹와 處 두 운을 가지고 나에게 부채(扇)를 시제로 지으라고 재촉하였다. 나는 붓을 잡고 말하기를 : 〔바람 부는 돛대를 세워 강가의 나무를 벗어나네. 집이 아득히 멀리 있거늘 어디에 있는 건가?〕 또 바둑 두기(圍碁)를 가지고 端과 觀 두 운을 내었다. 나는 말하기를 : 〔이기고 지는 것은 서로 극단이 되네. 나는 그대 때문에 좋은 구경을 하였네.〕 진실로 한때의 놀이거리이니, 우연히 여기에 적는다.

◎ 해설

三言詩의 기원은 여러 說이 분분하니, 摯虞는 『文章流別論』에서 〔고시의 삼언인 것은 '백로가 날개를 치며 날아가네' 같은 것이 그것이다. 漢代 교묘가사에서 많이 쓰였다.(古詩之三言者, 振振鷺, 鷺于飛之屬是也, 漢郊廟歌多用之)〕라고 하여 漢樂府說을 내세웠고, 梁代 任昉은 『文章緣起』에서 〔삼언시는 진대 산기상시 하후담이 지은 것이다.(三言詩, 晉散騎常侍夏侯湛所作)〕라고 하여 晉代 夏侯湛의 시를 거론하였으며, 唐代 皎然은 『詩議』에서 〔삼언시는 우전의 원수가에서 시작된다.(三言始虞典元首歌)〕라고 하여 上古代說까지 소급하였

---

1) 羅明仲 : 羅璟(1432~1503) 字 明仲, 號 氷玉.『氷玉集』,『北上稿』.
2) 揚風帆句 : 李東陽의「題扇詩」
3) 勝與負句 : 李東陽의「觀棋」

다. 그리고 唐代 王叡는 『炙轂子詩格』에서 〔삼언시는 모시의 표유매, 은기뢰에서 기원한다.(三言起毛詩云 : 摽有梅, 殷其雷.)〕라고 하여 『詩經』 國風에 기원을 두었다. 이동양 자신의 三言詩를 예거하면서 삼언시의 존재의미를 부각한 것은 중국시사에서 차지하는 가치를 부여하려는 것으로 본다. 羅璟은 동시대인으로 天順 8년(1464)에 진사급제하고 修撰을 거쳐서 洗馬, 南京禮部員外郞, 福建提學副使 등을 지내고 弘治년간에는 南京國子祭酒 등 지방 관리로 활동한 문인으로서, 이동양이 나경에게 증답한 시에서 나경의 시를 杜甫와 비슷하다고 상찬하여 〔내가 두보를 보면 시사가 있는데 그대의 시를 보니 매우 비슷하다.(吾觀少陵有詩史, 看君之詩宛相似.)〕(『李東陽集』 卷3 「答羅明仲草書歌」)라고 한 바가 있다.

56. 燕京琥珀 연경호박

　京師人造酒, 類用灰, 觸鼻蜇舌[1], 千方一味, 南人嗤之。張汝弼[2]謂之燕京琥珀[3]。惟內法酒[4] 脫去此味, 風致自別, 人得其方者, 亦不能似也。予嘗譬今之爲詩者, 一等俗句俗字, 類有燕京琥珀之味, 而不能自脫, 安得盛唐內法手[5]爲之點化哉[6] ?

　서울 사람이 술을 만드는데 대개 재를 쓰거늘, 그 냄새가 코를 찌르고 혀를 찔러서 모두가 한 가지 맛이거늘 남방 사람이 그것을 비웃는다. 장여필은 그것을 '연경호박'이라고 말하였다. 오직 궁중 방식으로 만든 술만이 이런 맛을 벗어버리니, 그 풍치가 절로 특별하다. 사람 중에는 그 방법을 얻은 자가 있어도 똑같을 수는 없다. 나는 일찍이 지금 시를 짓는 것에 비유하였는데 같은 속구와 속자로 시를 지어서, 대개 '연경호박' 같은 맛이 나서 스스로 탈피하지 못하니, 어찌 성당의 높은 풍격을 얻어서 참신한 경지에 오를 수 있겠는가?

❂ 해설

　明代 서울인 燕京의 지금 이름인 北京의 酒로서 지금도 유명한 '北京春'이

---

1) 觸鼻蜇舌(촉비철설) : 냄새가 코를 찌르고 혀를 찌른다. 蜇吻裂鼻(철문열비)
2) 張汝弼(필) : 張弼(1425~1487) 字 汝弼, 號 東海. 詩文에 능하고, 草書에 뛰어남.『東海集』.
3) 燕京琥珀(연경호박) : 燕京(지금의 北京) 지방의 노란색의 호박빛 술(琥珀酒).
4) 內法酒 : 宮廷에서 정한 방법으로 만드는 술.
5) 內法手 : 궁중 방식으로 술을 만드는 높은 기술자. 정통적인 높은 수법. 여기서는 성당시의 높은 작시 풍격을 비유.
6) 點化 : 속된 것을 탈피하여 創新한 경지로 되는 것.

란 술이 있다. 그러나 이름난 茅苔酒, 紹興酒 같은 중국술은 거의 물 맑고 기후가 온화한 동남방에서 생산된다. 이런 풍습과 관념이 明代에 '燕京琥珀'이란 명칭이 있게 된 것이다. 이 술의 맛을 남방 사람들이 비웃는다고 한 것은 술의 오묘한 특성이 부족하다는 의미로서 작시상의 단점에 비유하여 지적한 것이다. 이동양은 俗字나 俗句를 入詩하는 점에 대해서 극력 반대하지 않았다. 그는 제24칙에서 俗語를 사용하되 〔질박하되 속되지 않음(質而不俚)〕의 난점을 극복하여야 하며 張籍이나 劉禹錫은 속어로 入妙한 경우라는 점을 밝히고 있다. 俗句란 무엇인지에 대해 淸代 陶明濬은 이르기를, 〔속구란 무엇인가? 표절을 답습하고 타인의 시를 본따서 자기 것으로 만들어 옳은 것 같으나 틀리니 썩은 기운이 종이에 가득 찬 것이 이것이다.(俗句者何? 沿襲剽贗, 生呑活剝, 似是而非, 腐氣滿紙者是也.)〕(『詩說雜記』卷9)라고 매우 부정적으로 설명하고 또 俗字에 대해서도 이르기를, 〔무엇을 속자라 하는가? 바람과 구름, 달과 이슬 같은 부허한 시를 연이어 써서 조금도 새로운 의취가 없는 것이 이것이다.(何謂俗字? 風雲月露, 連類而及, 毫無新意者是也.)〕(上同)라고 하여 전혀 참신하지 못한 語辭로 단정하고 있다. 이런 속어로 작시하는데 千篇一律的인 陳腐한 풍격을 지닌 시가 되어서는 안 된다는 점을 경고하고 있다. '盛唐內法手'가 盛唐詩의 전통적인 풍격을 표출한 창작의식을 의미한다면 본문은 作詩에서 脫俗出新하려는 點化의식을 추구하자는 권면의 문장이라 할 것이다. 동시대인 張弼 (1425~1487)은 成化 2년에 진사급제하고 兵部主事, 員外를 거쳐서 安南知府를 지냈다. 이동양의 茶陵派 일원으로서 詩가 淸健하고 豪氣가 넘쳤다.

57. 虞伯生詩 우백생의 시

虞伯生「畫竹」曰:〔古來篆籒[1]法已絶, 秖有木葉雕蠹蟲。〕[2]「畫馬」[3]曰:〔貌得當時第一匹, 昭陵風雨夜聞嘶。〕「成都」[4]曰:〔賴得郫筒酒[5]易醉, 夜歸衝雨[6]漢州城。〕眞得少陵家法。世人學杜, 未得其雄健, 而已失之粗率; 未得其深厚, 而已失之臃腫[7]。如此者未易多見也。

우백생이 「화죽」 시에서 말하기를:〔예부터 내려오는 전주법은 벌써 끊어지고, 오직 나뭇잎에 누에벌레 새긴 것만 남았네.〕「화마」 시에 말하기를:〔모습은 당대에 으뜸가는 말 한 필인데, 소릉의 비바람 치는 밤에 우는 소리 들리네.〕「성도」 시에 말하기를:〔비 지방 대통의 술에 쉬이 취하여, 밤에 세찬 비 속에 한주성으로 돌아오네.〕 등 시구는 참으로 소릉 두보의 시법을 얻은 것이다. 세상 사람이 두보를 배우면서 그 웅대하고 강건함을 얻지 못하고 이미 조잡하고 경솔한 데로 떨어졌으며, 그 심원하고 온후함을 얻지 못하고 이미 막히고 초췌한 데로 떨어졌다. 이와 같은 것은 흔히 보기가 쉽지 않다.

---

1) 篆籒(전주): 篆書體 書法. 篆字는 周 太子 籒가 창안한 書體로 籒文이라고도 함.
2) 畫竹: 原題는 『道園學古錄』 卷2 「子昻墨竹」
3) 畫馬: 原題는 上同 卷2 「曹將軍馬」
4) 成都: 原題는 上同 卷2 「代祀西嶽至成都作」. 이상 虞集의 시
5) 郫筒酒(비통주): 郫는 지금 四川省 蜀郡의 지명으로 대 나무 통에 담아 만든 술.
6) 衝雨(충우): 비가 세차게 내리다.
7) 臃腫(옹종): 막히어 답답하고 부스럼이 나서 초췌한 모습. 여기서는 풍격용어로서 시가 깊이 없고 성정이 드러나지 않아서 메마른 것을 말함.

❃ 해설

杜甫 이후에 수다한 문인이 學杜하려는 시도에도 불구하고 근접하기 매우 어려운 경지가 바로 두보 시의 수준인데 虞集(1272~1348)은 그 '少陵家法'을 터득했다는 것이다. 虞集의 字는 伯生, 號는 道園으로 許衡의 門客을 지내고 大德初(1297)에 大都路儒學敎授를 시작으로 官職이 翰林直學士, 國子祭酒, 奎章閣侍書學士에 이르렀고 經世大典을 纂修하고 諡號는 文靖이다. 著書로 『道園學古錄』, 『道園遺稿』, 『平猺記』 등이 있으며 楊載, 范槨(팽), 揭徯(게혜)와 더불어 元初四大家라 稱하였다. 우집의 시는 陶淵明과 邵堯夫를 배워서 風骨이 淡遠하면서 肌神이 充足하여 『四庫總目』에 이르기를, 〔원대의 작가가 구름처럼 일어나서 대덕과 연우 이후에 더욱 매우 흥성하니 문단의 원로는 반드시 우집을 대종으로 삼아야 할 것이다.(有元一代作者雲興, 大德延祐以還, 尤爲極盛, 而詞壇宿老, 要必以集爲大宗.)〕라고 하였다. 그의 「京師秋夜」 五言絶句詩를 보기로 한다.

바람 부는 대나무에 가을 소리 울리는데
하늘이 추워서 꿈을 못 꾸겠네.
어째서 오늘 밤달은
유난히 나그네 창가에 밝히 비추는가.
風竹撼秋聲, 天寒夢不成.
爲何今夜月, 偏照客窓明.

이 시는 가을밤의 情趣를 통하여 자신의 客愁를 表出하고 흘러가는 歲月과 萬感이 交叉하는 心懷를 묘사하고 있는데 그 興趣가 唐詩에 近接한다. 이동양은 본서 제49칙에서 〔송대와 원대 이래로 두보를 본받은 작품으로 오직 우집만이 접근하여 있다.(宋元來學杜之作, 惟虞爲近.)〕라고 이미 거론한 바 있다. 그래서 역대 시평에서 두보를 본받기가 어렵고 설사 가까이 했다고 해도 단점이 드러날 만큼 높은 경지임을 다음 몇 구의 인용문에서 확인할 수 있으니, 宋代 吳沆의 『環溪詩話』에서 〔두보를 배우는 사람은 공력을 쌓기 어렵다.(學杜甫者難爲功也.)〕라고 하였고, 蘇軾은 〔천하에 몇 사람이나 두보를 배울 것이며,

누가 그 피부와 뼈를 얻을 것인가?(天下幾人學杜甫, 誰得其皮與其骨?)](『蘇東坡全集』卷12)라고 하였으며, 淸代 顧炎武는 〔송대 소자첨이 말하기를, 지금 사람들이 두보 시를 배우는데 그 거칠고 속된 것을 얻을 뿐이다.(宋蘇子瞻云 : 今人學杜甫詩, 得其粗俗而已.)〕(『日知錄』卷19)라고 하였다.

58. 李長吉詩 이장길의 시

李長吉[1]詩, 字字句句欲傳世, 顧過於劘鉥[2], 無天眞自然之趣。通篇讀之, 有山節藻梲[3]而無梁棟, 知其非大道也。

이장길 시는 많은 시의 자구가 세상에 전해지는데 다만 지나치게 수식을 하고 있어서 천진스럽고 자연스러운 의취가 없다. 전체 시를 읽어 보면, 천자의 종묘 기둥에 산과 마름풀을 그려놓은 것처럼 조탁이 많고 순수한 기둥 같은 자연스러움이 없으니 큰 도리가 아님을 알겠다.

◉ 해설

李賀(790~816)는 字가 長吉로 福昌人(지금 河南 宜陽)이다. 복창의 昌谷에 거주하여 李昌谷이라 부른다. 26세에 요절한 시인으로 관직은 太常寺奉禮郞을 지냈다. 그의 시는 프랑스의 상징시인 랭보나 독일의 천재 시인 트라클(Trakl)과 비교할 만큼 상징시를 통해 색채 감각과 환상적인 의식세계를 표현하고 있다. 역대 시평을 보기로 한다.

> 이하 시는 곧 이백 악부 중에서 나와서 뛰어나고 기이하며 괴이한 것이 비슷하나, 빼어나고 준일하여 천연함은 따르지 못한다.
> 賀詩乃李白樂府中出, 瑰奇詭怪則似之, 秀逸天拔則不及也(張戒 『歲寒堂詩話』)

---

1) 李長吉 : 李賀(790~816) 字 長吉, 世稱 李昌谷. 『李賀集』. 奇才, 鬼才, 詩妖라 함.
2) 劘鉥(귀술) : 다듬다. 새기다. 조탁(彫琢)하다.
3) 山節藻梲(산절조절) : 출처-『論語』 公冶長. 두공(枓栱)에 산을 새기고 동자기둥(들보 위의 짧은 기둥)에 마름 풀(수조)을 그리는 그림. 천자의 종묘 장식. 節은 두공, 梲은 동자기둥. 여기서는 시에 수식이 많아서 자연스런 흥취가 부족함을 비유.

말하기를 태백은 선재이며 장길은 귀재라고 하는데 그렇지 않다. 태백은 천선의 말이며, 장길은 귀재의 말일 따름이다.
　　人言太白仙才, 長吉鬼才, 不然 太白天仙之詞, 長吉鬼仙之詞耳.(嚴羽『滄浪詩話』)

　이하의 시는 기궤함을 높여서, 시를 지음에 먼저 제목을 세우지 않으니 지은 것이 모두 경탄스럽고, 필묵의 지름길과는 거리가 멀어서 그 당시에 본받을 자가 없었다.
　　賀詞尙奇詭, 爲詩未始先立題 所得皆驚邁, 遠去筆墨畦徑, 當時無能效者.(『郡齋讀書志』)

　이장길 시는 …… 오직 어사가 공교로움을 강구하여 물결치는 집(문자의 변화)이 또한 좁으니, 그래서 종묘 기둥에 산과 마름풀을 그려놓은 것처럼 조탁이 많다는 비평이 있다.
　　李長吉詩……特語求工, 而波瀾堂廡又窄, 所以有山節藻梲之誚.(沈德潛『說詩晬語』)

　이들 이하에 대한 역대 평가가 모두 唐代의 奇人으로 보고 그 시도 平凡하지 않는 특출한 풍격을 지니고 있음을 강조하고 있다. 다음에 이하의 「秋來」 시를 보기로 한다.

　　　　오동나무 바람에 놀라서 장사는 괴로운데
　　　　가물대는 등불에 베짱이가 가을에 우네.
　　　　누가 푸른 대쪽의 시 한 편을 보면서,
　　　　좀벌레로 좀먹지 않게 할까나.
　　　　근심에 매여 오늘 밤 창자가 빳빳해지는데
　　　　찬비에 고운 혼이 서생을 위로하네.
　　　　가을 무덤의 귀신이 포조의 시를 노래하며
　　　　한 맺힌 피가 천년 두고 흙 속에 푸르리라.
　　　　桐風驚心壯士苦, 衰燈絡緯啼寒素.
　　　　誰看靑簡一編書, 不遣花蟲粉空蠹.
　　　　思牽今夜腸應直, 雨冷香魂弔書客.
　　　　秋墳鬼唱鮑家詩, 恨血千年土中碧.

이 시에서 '壯士'는 포부가 큰 사람이며, '寒素'는 '素秋'의 의미로 풀이하되, '흰 비단으로 풀어서 베짱이가 차가운 흰 비단을 짜느라 울다'라고 풀이하여 가난한 시인의 심정을 상징한다. 그리고 좀벌레인 '花蟲'에 '蠹'자를 사용하여 의미를 중복하여 강조하고 '香魂'은 시인의 혼을 상징한다. '恨血'은 『莊子』外物篇의 내용으로서, 周의 萇弘이 무고하게 사형당하여 그 恨이 맺혀서 그의 피가 3년 후에 碧玉이 되었다는 故事에서 인용한 것이다. 이와 같이 難解하고 추상적인 詩語와 典故를 바탕으로 시인의 처량하고 침울한 심정을 奇詭하게 묘사하고 있다. 『昌谷集注』에는 이 시에 대해서 평하기를, 〔시들은 오동나무에 싸늘한 바람 불고 귀뚜라미는 공허이 운다. 장사는 시세를 느끼니 결렬한 마음이 없겠는가. (衰梧颯颯, 促織鳴空. 壯士感時, 能無激烈.)〕라고 하였다. 이동양의 본문도 이하·시를 평가한 역대 중요한 문장의 하나이다.

59. 作詩必使老嫗聽解 작시의 평이성

作詩必使老嫗[1]聽解, 固不可. 然必使士大夫讀而不能解, 亦何故耶?

시를 지으며 반드시 늙은 여인이 듣고 이해할 수 있도록 하는 것은 본디 옳지 않다. 하지만 반드시 사대부로 하여금 읽게 하여도 이해할 수 없는 것은 또한 무슨 까닭인가?

● 해설

백성들이 시를 읽고 이해하기가 어렵다. 唐代 白居易는 자신이 시를 지음에 통속적이어서 알기 쉽다고 하면서 唐生에 보낸 글에서 〔음율의 고상함을 강구치 않고, 문자의 기묘함을 힘쓰지 않는다.(非求宮律高, 不務文字奇.)〕(『白居易集箋校』, 卷1 寄唐生)라고 기술하고 있듯이 역대 대표적인 白話詩人으로 평가되고 있다. 宋代 釋惠洪은 이르기를 : 〔백낙천이 늘 시를 지어서 노파에게 이해하게 하는데, 이해하는지를 물어서 노파가 이해한다고 말하면 기록하고 이해 못하면 곧 바꾸었다.(白樂天每作詩, 令一老嫗解之. 問曰解否, 嫗曰解, 則錄之, 不解, 則易之.)〕(『冷齋詩話』 卷1)라고 하여 시인이 대중과 함께하고 민심을 대변자로 자처하고자 하는 자세가 필요하다는 것이다. 明代는 宋元代의 文風을 개선하여 詩文이 文士의 전유물로 머물지 말고 민생의 疾苦를 고발하고 현실사회의 不條理를 풍자하여 소위 詩教의 본분을 회복하고자 하는 일념에서 尊唐派가 등장하는 과정에 서 있던 이동양의 발언은 백거이 같은 시인을 師表로 삼고자 한 것이다. (제24칙 참조).

---

1) 老嫗句 : 白居易 시처럼 백성이 모두 이해하는 시. 白話詩.

60. 張滄洲陸靜逸詩 장창주와 육정일 시

　　張滄洲亨父[1]、陸靜逸鼎儀[2]，少同筆硯，未第時，皆有詩名。亨父天才敏絶，而好爲精鍊[3]，奇思硬語，間見疊出，人莫攖其鋒[4]。鼎儀稍後作，而意識超詣[5]，凌高徑趣[6]，擺落塵俗，筆力所至，有不可形容之妙。雖或矯枉過正[7]，弗屻也[8]。二人者，若天假之年[9]，其所成就，不知到古人何等地步，而皆不壽以死，豈不重可惜哉？

　　창주 장형보와 정일 육정의는 젊어서 글 짓는 문필에 같이 종사하면서 아직 급제하지 않았을 때 모두 시로 명성이 있었다. 형보는 타고난 재능이 매우 영민하여 시에 있어 정련하고, 기이한 생각과 굳센 어사가 간혹 거듭 드러나서, 사람들이 그 예리한 기세를 가까이 할 수 없었다. 정의는 조금 뒤에 시를 지었는데 시의 의취가 매우 뛰어나고 시풍이 고원하고 속세의 먼지를 털어내어, 필력이 미친 곳에 형용할 수 없는 오묘함이 있다. 비록 간혹 시를 다듬고 고친 것이 있어도 가엾이 여기지 않는다. 두 사람이 수명이 길었더라면 그 성취한 시의 품

---

1) 張滄洲 : 張泰. 亨父의 '父'는 남자에 대한 美稱으로 '甫'와 통용. 人名에는 '보'로 읽음. 제8칙 참조.
2) 陸靜逸 : 陸釴. 제8칙 참조.
3) 精鍊(정련) : 광석에서 함유된 금속을 뽑아서 정제함. 여기서는 시가 잘 다듬어짐을 비유.
4) 鋒(봉) : 창. 여기서는 시의 예리한 기상.
5) 超詣(초예) : 매우 뛰어남.
6) 凌高徑趣(능고경추) : 높이 올라 곧게 나아감. 여기서는 高遠한 풍격을 비유.
7) 矯枉過正(교왕과정) : 굽은 것을 바로 잡고 잘못을 바르게 함. 여기서는 시를 다듬어서 좋게 함을 비유.
8) 屻(휼) : 가엾이 여기다.
9) 天假之年 : 하늘이 세월을 빌려줌. 곧 목숨을 연장함. 壽

격이 고인의 어느 경지에 이르렀을지 모르겠는데 모두 오래 못 살고 죽으니 어찌 거듭 애석하지 않겠는가?

✿ 해설

이동양은 茶陵派의 領袖이다. 茶陵은 明代 州名인데 고대 茶王城으로 漢代 茶陵侯가 세워서 茶鄕이라고도 부르며 炎帝가 이곳에서 죽었다. 漢代에 縣이 었다가 隋代에 湘潭에 흡수되어서 지금은 湖南省 茶陵縣이 되어 있다. 이동양이 閣老로서 다릉시파를 영도하매, 문인들 중에는 詩客이 많아서 晝夜로 藝文을 담론하며 시단을 주도해 나간 것이다. 그들 중에는 이동양의 제자인 石瑤, 顧淸 외에도 楊一淸(?~1530), 吳寬(1435~1504), 程敏政(1445~1500), 馬仲錫(?~1512) 등과 張弼(1425~1487), 謝鐸(1435~1510), 그리고 婁東三鳳인 張泰(1436~1480), 陸釴(1441~1490), 陸容(1436~1494) 등이 모두 이동양의 友執들이었다. 이 중에서 이동양은 특히 장태와 육익의 시를 높이 평가하여 가까이 交往하는 사이였다.

장태는 英宗 天順 8년(1464)에 進士급제하고 庶吉士와 簡討를 거쳐서 修撰을 지냈다. 그리고 文集으로는 『滄州集』 12권이 있으며 성품이 坦率하고 淡白하여, 이동양은 그의 文集序에서 이르기를,

> 선생은 文에 있어 능하지 못한 것이 없고 시에는 반드시 공교하였다. 손에 붓놀림이 재빨라서 아무도 따르지 못하였다. 그의 정신을 모으고 생각을 다듬는 데 있어 깊이 들어가고 원대하여 자구 하나라도 차라리 모자랄지언정 구차히 쓰지 않았고 만년에는 곧 더욱 침착하고 고아하고 간결한 어사를 쓰고, 그 우뚝 빼어나고 흘러넘치는 기세를 다 모았다.
> 先生於文, 無所不能, 而必工於詩. 縱手迅筆, 衆莫及, 及其凝神注思, 窮深驚遠, 一字一句, 寧闕然而不苟用, 晩乃益爲沈着高簡之辭, 而盡斂其峭拔奔洶之勢.

라고 그의 시풍의 豪放하고 超脫的인 면을 칭찬하고 있다. 그리고 楊愼은 〔시구가 맑고 빼어나서 한 시대에 이름이 났다.(詩句淸拔, 名於一時.)〕(『升菴

集』卷55)라고 시가 淸逸하다고 하였고, 徐泰는 〔장태는 손오의 병법처럼, 기이함이 마침 겹쳐서 나오니 사람들이 그 칼을 잡지 못한다.(張泰如孫吳之法, 奇正疊出, 人莫攖其鋒.)〕(『詩談』)라 하여 격정적인 풍격을 지적하였다. 그의 「正月十六日」 시를 예로 들어본다.

  장안의 보름날 저녁에 등불이 적은데
  이 밤 즐거움에 더욱 들뜨네.
  십리 동풍이 푸른 소매에 불고
  구문의 은촛불이 붉은 행장을 비추네.
  무지개 다리의 궁궐 이랑에서 봄 밟기 겨루고
  운각의 어느 집에는 저녁 향기 누리네.
  취하여 읊으며 채찍하여 급히 돌아가면
  노인은 항상 젊은이의 광기를 피한다네.
  長安元夕少燈光, 此夜歡娛覺更忙.
  十里東風吹翠袖, 九門銀燭照紅粧.
  虹橋御陌爭春步, 雲閣誰家鬭晩香.
  醉著吟鞭急歸去, 老夫常避少年狂.

그리고 陸釴(육익)은 성품이 好學하고, 春秋에 능하고 시에 工巧하였다. 天順 8년에 장태와 同年 진사급제하고 編修와 修撰, 右春坊右諭德을 거쳐서, 太常侍讀과 翰林侍讀을 지냈으며 『春雨堂稿』 30권을 지었다. 그의 시풍에 대해서 본문에서 이동양이 기술한 평어가 가장 적절하며 그 외에 이동양의 『春雨堂稿』 序에는 〔대개 처음에는 시는 두보를 주로 본받고, 문은 주로 한유를 본받았으나 후에는 오로지 이백과 구양수만을 숭상하였다.(蓋其初, 詩主少陵, 文主昌黎, 後則專尙太白, 六一間.)〕라 하고, 王世貞은 〔그의 문은 간결하고 굳건하여 법도가 있으며 덧붙이고 기름진 것을 좋아하지 않았다. 시 또한 그러하였다.(其爲文, 簡勁有法, 而不喜爲敷腴. 詩亦如之)〕(『弇州續藁』 卷147)라고 하여 시문이 간결함을 평하고 있다.

61. 謝方石詩 사방석의 시

謝方石[1]鳴治出自東南, 人始未之知。爲翰林庶吉士時, 見其「送人兄弟」詩曰：〔坐來風雨不知夜, 夢入池塘都是春。〕, 爭傳賞之。及月課[2]京都十景[3]律詩, 皆精鑿不苟[4]。劉文安[5]公批云：〔比見張亨父「十景」古詩, 甚佳。〕二友者各相叩其妙, 可也。

사방석은 동남 지방 출신이어서, 사람들이 그를 잘 알지 못한다. 한림서길사로 있을 때 그의 「送人兄弟」시를 보니 말하기를 : 〔앉아서 비바람에 밤인 줄 모르고, 꿈속에 연못에 드니 온통 봄이로다.〕구는 다투어 전하면서 칭찬하였다. 매월 시를 한 체씩 배우는 月課의 「京都十景」 율시는 모두 세밀하고 깊어서 구차하지 않다. 유문안 공은 비평하여 말하기를 : 〔근래 장형보의 「十景」 고시를 보니, 매우 아름답다.〕라고 하였다. 이 두 친구는 각각 서로 그 오묘함을 추구하고 있어서 좋다.

✿ 해설

謝鐸에 대해서는 제8칙에 상세히 소개하였다. 月課란 翰林에서 시를 배울 때 과정에 의해 매월 한 詩體를 배워서 익히는 제도이다. 예컨대 그 달에 古詩

---

1) 謝方石 : 謝鐸 제8칙 참고
2) 月課 : 翰林에서 學詩할 때에 程課를 세워 일 개월에 一體를 익힘.
3) 京都十景 : 詩 題目
4) 劉文公 : 劉定之(1409~1469) 字 主定, 號 呆(태)齋, 『呆齋集』.
5) 精鑿不苟(정착불구) : 정밀하여 깊이 뚫어서 잠시 미봉적이 아니다. 시의 풍격이 정련되고 심도가 있어 구차하지 않음을 비유.

를 읽으면 官課와 應答하는 작품은 모두 古詩인 것이다. 이동양과 사탁의 친분은 莫逆하여서 그 관계를 吳寬은 서술하기를, 〔두 분 공은 평생 도의로 서로 존중하여 지절이 서로 높았으니 다만 문장으로 서로 유명한 것만이 아니다. 그러므로 시로 지어내면 화평하고 심원하여 시를 보면서 읊고, 읊으면서 듣는 사이였다.(二公平生以道義相重, 志節相高, 非特以詞章相盛者. 故發之於詩, 和平深遠, 覽之可誦, 誦之可聽)〕(『匏翁家藏集』 卷41)라고 각별한 우정을 나누었음을 알 수 있다. 「京都十景」에서 이동양의 「京都十景」 序를 보면,

> 경도에는 옛날에 팔경이 있었으니, 경치의 제재를 말하자면, '경도의 봄구름', '태액의 맑은 물결', '서산의 개인 눈', '옥천의 드리운 무지개', '노구의 새벽달', '계문의 안개 낀 나무', '금대의 저녁노을', '거용의 겹겹 푸른 기운' 등이다. 대개 원대에 소위 '금대팔경'이란 것이 정해진 것이다. 영락년간에 한림의 여러 유신들이 모두 시를 지었더니 영종 예황제가 '남유의 가을바람', '동교의 철따라 오는 비' 두 제재를 보태어 무릇 십경으로 하였다.
> 京都舊有八景, 景有題曰瓊島春雲, 曰太液晴波, 曰西山霽雪, 曰玉泉垂虹, 曰盧溝曉月, 曰薊門煙樹, 曰金臺夕照, 曰居庸疊翠. 蓋卽元所謂金臺八景者, 頗更定之. 永樂間, 翰林諸儒臣皆有詩, 英宗睿皇帝增其二題. 曰南囿秋風, 曰東郊時雨. 於是爲景凡十.(『李東陽集』 卷2)

라고 하여 京都 즉 燕京의 십대 景致를 제목으로 한 詩會에는 다릉파의 사탁과 이동양, 장태 등이 참여한 것이다.

劉定之(1409~1469)는 編修를 거쳐서 관직이 禮部左侍郎과 翰林院學士에 오른 고관으로서 역시 茶陵派의 문인으로 앞의 여러 문인들과 같이 友執으로 교제하는 사이였음을 본다.

62. 夏正夫劉欽謨詩 하정부와 유흠모의 시

　　夏正夫[1]劉欽謨[2]同在南曹[3]，有詩名。初劉有俊思，名差勝。如「無題」詩曰：〔簾幕深沉柳絮[4]風，象牀豹枕[5]畫廊東。一春空自聞啼鳥，半夜誰來問守宮。眉學[6]遠山低晚翠[7]，心隨流水寄題紅。十年不到門前去，零落棠梨[8]野草中。〕人盛傳之。夏每見卷中有劉欽謨詩，則累月[9]不下筆，必求所以勝之者。後劉早卒，夏造詣益深，竟出其右。如「虔州懷古」詩曰：〔宋家後葉如東晉，南渡虔州益可哀。母后撒簾行在所[10]，相臣開府濟時才。虎頭城向江心起，龍脉泉從地底來。人代興亡今又古，春風回首鬱孤臺。〕若此者甚多。然東南士夫猶不喜夏作，至以爲頭巾詩[11]，不知何也？

　　하정부와 유흠모는 같이 남조에 있었는데 시로 이름이 났다. 처음에 유흠모는 시가 준일하고 사색적이어서 명성이 하정부보다 조금 좋았다. 예컨대「무제」시에 말하기를：〔발과 장막이 깊이 드리운데 버들개지 바람에 일고, 상아 침상과 표범 베개는 그림 그린 동쪽 낭하에 있네. 봄이 오자 절로 새 우는 소리 들리는데, 한밤에 누가 와서 수궁을 묻는가? 먼 산을 가까이서 익히 살피니 저녁 푸른 산기운이 드리우

---

1) 夏正夫：夏寅. 제28칙 참조.
2) 劉欽謨：劉昌(1424~1480) 字 欽謨, 號 棕園.『中州名賢文表』
3) 南曹：남쪽 관청
4) 柳絮(유서)：버들개비, 버들솜
5) 象牀豹枕(상상표침)：상아 침상과 표범 베개
6) 眉學(미학)：눈썹처럼 가까이에서 살피다.
7) 晚翠(만취)：저녁의 푸른 산기운.
8) 棠梨(당리)：팥배나무
9) 累月(누월)：여러 달
10) 行在所：임금이 거동할 때 임시로 머무는 곳. 行在
11) 頭巾詩(두건시)：선비의 진부한 詩. 感興이 부족한 시.

고, 마음이 냇물 따라 노니면서 붉은 꽃 시제를 부치네. 십년을 문 앞을 나간 적 없으니, 시들어 진 팥배나무 꽃이 들풀 속에 있네.]라 하니 사람들이 널리 전하였다. 하정부는 늘 책에서 유흠모의 시를 보면 여러 달 동안 붓을 내려놓지 않고, 반드시 그 보다 더 좋은 시를 지으려고 하였다. 후에 유흠모가 일찍 죽으니, 하정부가 시에 대한 조예가 더욱 깊어져서, 결국은 유흠모를 능가하게 되었다. 예컨대 「건주회고」 시에 말하기를 : [송나라의 후기는 동진 같아서, 남쪽으로 건주를 건너니 더욱 슬프네. 모후가 행재소에서 발을 거두고, 신하들은 관청문을 열고 그 시대의 재사를 구하네. 호두성이 강 가운데 서 있고, 용맥천은 땅 속에서 솟네. 세대가 바뀌어 흥하고 망하여 오늘도 옛날이 되리니, 봄바람에 머리 돌려 울고대를 보노라.]라 하니 이런 것은 매우 많다. 그러나 동남의 선비는 오히려 하정부의 작품을 좋아하지 않고 선비의 진부한 시로 여기기까지 하니 어쩐 일인지 모르겠다.

☼ 해설

茶陵派를 주도한 이동양과 같은 시대 문인으로 夏寅과 劉昌은 관리 중에서 詩名이 널리 유명한 시인이었으니, 明代 王世貞은 『藝苑巵言』(卷6)에서 [성화년간에 관청에 시로 이름난 사람으로서 유창 흠모와 하인 정부보다 더 뛰어난 자는 없다.(成化中, 郞署有詩名者, 無過於劉昌欽謨, 夏寅正夫.)]라고 하였다. 본문은 이 두 문인의 시를 직접 거론하며 비교하고 있어서 明代 詩壇의 一脈을 이해할 수 있는 자료이다. 평소 이 두 문인의 시를 통한 교류관계를 다음 자료들에서 볼 수 있으니, 明代 왕세정은 『明詩評』(卷4)에서 [정부는 이미 재주가 뛰어나고 영달하여 문인에 뜻을 두어서 매 권 속에 흠모의 이름을 보면, 감히 붓을 들지 못하니, 그 사모하여 모심이 이러하였다. 만년에 지은 시는 사람들이 흠모보다 낫다고 하였다. 그의 시는 마치 향리 노인이 수놓은 비단옷을 입고 고관에 보이는 것처럼 매우 엄정하고 미려하지만 매우 비루하다.(正夫旣負穎達, 刻意詞家, 每卷中見欽謨姓名, 不敢下筆, 其雅慕相伏如此 晩年有作, 衆謂

過之. 其詩如鄕里老人衣錦繡見達官, 非不嚴麗, 但鄙甚可厭.)라고 하여 하인의 시가 嚴麗하지만 鄙陋한 면이 있었음을 지적하고, 劉昌에 대해서도 왕세정은 『明詩評』(卷4)에서 [흠모의 재주는 국보로 내세울 만하니, 식견이 큰 뜻을 다 하여 더욱 시가 미려함에 기교로워서 자못 풍치가 넘친다.(欽謨才擅國琛, 識窮夏鼎, 尤工倩麗, 更足風情.)]라고 하여 하인처럼 시가 倩麗한 면이 있다고 하였다. 본문에서 거론한 바이지만, 유창이 하인보다 더 人口에 膾炙했다는 근거는 유창의 『無題詩』에 대한 錢謙益의 [흠모가 서랑으로 있을 시에 재주가 가장 뛰어났다. 무제시 5수는 일시에 널리 애송되었다.(欽謨爲郞時, 才情最著. 無題五首, 一時傳誦.)](『列朝詩集小傳』 乙集)라는 記述과 淸代 朱彛尊의 [흠모의 무제시 5수는 元代 사람의 구습을 벗지 못하였는데 세상 사람은 다만 칭찬한다.(謨無題五首, 不脫元人舊染. 而世顧稱之.)](『靜志居詩話』 卷7)라는 풍토에서 알 수 있다. 이동양의 관점에서 하인의 시를 '頭巾詩'로 평가하여 유창보다 못한 것으로 본 그 당시의 풍조가 왕세정의 평처럼 鄙陋한 면이 있다는 점에 연유하지 않나 한다.

63. 轉語之難 전어의 난해

人但知律詩起結¹⁾之難, 而不知轉語²⁾之難, 第五第七句尤宜著力。如許渾³⁾詩, 前聯是景, 後聯又說, 殊乏意致耳.

사람들은 단지 율시의 기연(聯: 제1, 2구)과 결연(제7, 8구)의 어려움만 알지, 전연(제5, 6구)의 어려움을 모르니, 제5, 제7구에서는 더욱 힘을 집중해야 한다. 예컨대 허혼의 시는 앞 연에서 경물을 놓고, 뒤 연에서 또 같은 말을 하는데 전혀 의취가 부족하다.

◉ 해설

律詩의 章法은 元代 楊載의 『詩法家數』에서 제기된 '起承轉結(合)' 또는 '首頷頸尾'라는 매2구를 하나의 聯으로 하는 句式이 정립되었다. 起聯(首聯)은 제1, 2구로서 淸代 冒春의 『葚原詩說』(卷1)에 보면, 〔기연에는 대기와 산기가 있다. 당인에는 산기를 쓰는 자가 많은데 오직 두보만이 대기를 잘 썼다. …… 기연은 높이 솟구치든지, 힘이 있어 초탈적이어야 시제의 힘을 얻게 되는 것이니, 초반부터 평범하게 늘어지면, 시 전체가 무기력하게 된다.(起聯有對起, 散起 唐人散者居多, 惟杜甫好用對起……起聯須突兀, 須峭拔, 方得題勢, 入手平衍, 則通首無氣力矣.〕라고 하여 發句의 특성과 破題로서의 기연의 역할을 강조하고 있다. 여기서 對起란 대구를 쓰는 기연이고, 散起란 기연에서 대구를 쓰지 않는 경우를 말하는데 율시에서 기연에는 일반적으로 대구를 강구하지 않으나, 두보의 시에서는 활용하고 있다. 承聯(頷聯)은 제3, 4구로서 반드시 對句

---
1) 起結: 起聯(제1~2구)과 結聯(제7~8구)
2) 轉語: 律詩의 頸聯(제5~6구)
3) 許渾: 만당시인. 제21칙 참조.

를 이루니,『續金針詩格』에서 〔제2연을 함연이라 하니 모름지기 자구가 대칭을 이루어야 한다.(第二聯謂之頷聯, 須字字對.)〕라고 하여 對偶法을 중시한다. 금대 王若虛의 『滹南詩話』(卷1)에 의하면, 기연에서는 狀景 즉 景物을 묘사하는데 주력하고, 승연에서는 論事 즉 시인의 심사를 詩題에 따라서 사실대로 묘사한다. 그리고 轉聯(頸聯)은 제5, 6구로서 시의 主題를 反語法的인 묘사를 통하여 새로운 意趣로 전환시키는 부분이다. 시 묘사에 있어서 하나의 劇的인 부분으로서 比喩와 諷刺 등으로 표현되기도 한다. 結聯(尾聯)은 제7, 8구로서 散體 형식으로 묘사된다. 시를 종결짓는 부분이므로 淸代 李調元도 〔미연은 빼어나게 표현하기가 쉽지 않다.(尾聯不容易出色)〕(『雨村詩話』)라고 하여 소위 〔말로 표현은 다 했으나 담긴 뜻은 그지없다.(言有盡而意無窮)〕 즉 짙은 여운을 주는 경지를 염두에 두고 한 말이다. 그래서 이조원은 〔시의 어려운 곳은 주머니를 묶는 데 있다.(詩難處在結裹)〕(上同)라고 하여 시의 매듭을 중시하였고 嚴羽는 기연과 함께 〔결구는 얻기 매우 어렵고, 발구는 얻기가 더욱 어렵다.(結句好難得, 發句好尤難得.)〕(『滄浪詩話』詩法)라고 하여 본문의 논조에 영향을 주고 있다. 여기서 이동양에게 엄우의 起結구의 논조를 구체적으로 보면, 作詩의 長處가 起句와 結句에 따라 좌우된다는 논리를 근거로 엄우는 그의 詩話의 詩法에서 이르기를,

> 대구는 잘 얻을 수 있지만 결구는 잘 얻기 어렵고, 발구는 더욱 얻기 어렵다.
> **對句好可得, 結句好難得, 發句好尤難得.**

라고 하고, 또 기술하기를,

> 시의 첫머리에 꺼릴 것은 의식적인 표현이며, 매듭에 귀히 여김은 현실을 벗어남이다.
> **發端忌作擧止, 收拾貴在出場.**

라 하여 창랑이 작시의 起結을 얼마나 중시하였는지 알 수 있다. 앞의 인용문에 대해 明代 謝榛은 부연하여 〔기구는 폭죽과 같아서 갑작스런 소리가

쉽게 터져 나오고, 결구는 종 치는 것과 같아서 맑은 음이 여운이 있어야 한다.(起句當如爆竹, 驟響易徹, 結句當如撞鍾, 淸音有餘.)〕(『四溟詩話』 卷1)라고 밝혔고, 王世貞은 그 어려움을 강조하여 〔칠언율시에서 중간 2연은 어렵지 않은데 난점은 발단과 결구에 있을 뿐이다.(七言律不難中二聯, 難在發端及結句耳.)〕(『藝苑巵言』)라고 하였으며, 陳僅은 특히 결구의 難得을 강조하여 〔시작할 때는 북치며 기세 있어 절로 주체가 되다가 결구에 이르러 기력이 쇠하고 마니, 모름지기 위에서는 의기가 나서 하나로 이어나가지 못하면 전체를 다 버리게 되니 고로 좋은 작품이 매우 적은 것이다.(入手時一鼓作氣, 可以自主, 至結句鼓衰力竭, 又須從上生意, 一有不屬, 全篇盡棄, 故好者尤尠.)〕(『竹林答問』)라 하여 엄우의 입장을 뒷받침해 주고 있다. 그리고 엄우의 뒤의 인용문에 대한 毛先舒의 다음 해석은 큰 의미가 있다.

> 시의 첫머리에 꺼릴 것은 의식적인 표현인데 고아하고 웅혼함을 귀히 여길 것이며, 매듭에 귀히 여김은 현장을 벗어남에 있으니 모름지기 초원할 것이다.
> 發端忌作擧止, 貴高渾也, 收拾貴在出場, 須超遠也.(『詩辨』 卷3)

여기에서 '꺼릴 것'이란 〔순수하게 써서 겉모양을 꾸미지 아니함(不裝模作樣)〕의 뜻이니, 始作는 高渾하게, 終結은 超遠하게 作詩해야 한다는 것이다.

64. 詩有純用平仄 시의 평측 사용

詩有純用平仄字而自相諧協者。如〔輕裾隨風還〕1），五字皆平；〔桃花梨花參差開〕2），七字皆平；〔月出斷岸3)口〕4)一章，五字皆仄。惟杜子美好用仄字，如〔有客有客字子美〕5)，七字皆仄，〔中夜起坐萬感集〕6)，六字仄者尤多。〔壁色立積鐵7)〕8)，〔業白9)出石壁〕10)，至五字皆入而不覺其滯。此等雖難學，亦不可不知也。

시에는 순수하게 평측(平仄)자를 써서 서로 조화하는 것이 있다. 예컨대 〔가벼운 옷자락이 바람 따라 휘돌다〕구는 다섯 자가 모두 평성이고, 〔복사꽃과 배꽃이 우뺏주뺏 피었네〕구는 일곱 자가 모두 평성이며, 〔달이 낭떠러지 가에 나오네〕구는 다섯 자가 모두 측성이다. 오직 두자미만이 측성자를 잘 썼으니, 예컨대 〔나그네가 있는데 나그네의 자는 자미라네〕구는 일곱 자가 모두 측성자이고, 〔한밤에 일어나 앉으니 만감이 일어나네〕구는 여섯 자가 측성인 것이 더욱 많다. 〔돌 벽의 색이 쇠를 쌓은 듯 검네〕구와 〔업을 깨끗이 하고 석벽을 나서네〕구는

---

1) 輕裾句：曹植의「美女篇」. 輕裾(경거)：가벼운 옷자락
2) 桃花句：唐 崔魯「春日長安卽事」최로는 生卒不明, 荊南人. 大中년간에 進士. 晚唐의 杜牧의 유미풍을 받음. 山水詠物에 능함.『全唐詩』(卷567)에 시 16수 수록.
3) 斷岸(단안)：깎아지른 듯한 낭떠러지. 斷崖
4) 月出句：宋 梅堯臣「舟中夜與家人飮」
5) 有客句：杜甫「乾元中寓居同谷縣作歌」其一
6) 中夜句：杜甫 上同 其五
7) 積鐵(적철)：鐵堂峽의 돌들이 검은 색이어서 마치 쇠를 쌓아놓은 것 같다.
8) 壁色句：杜甫「鐵堂峽」
9) 業白：業報가 善하다. 白業 -(佛敎) 善한 業報. 黑業 - 惡한 業報. 業報 - 善惡의 報應이 일어나는 原因인 業因의 應報.
10) 業白句：杜甫「夜聽許十一誦詩愛而有作」

다섯 자가 모두 입성인데도 그 막힘을 느끼지 못한다. 이런 것은 배우기 어려워도 또한 알지 않으면 안 된다.

❀ 해설

시에서 平仄法은 시의 韻律上 聲調의 高低長短을 조화하여 시의 音樂美를 풍부하게 하는 작법이다. 平聲은 四聲에서 平聲(上平, 下平)을 지칭하고, 仄聲은 上聲, 去聲, 入聲을 지칭한다. 현재 國語(普通話)에서는 入聲이 다른 성조에 흡수되어 없으니, 國(guo), 入(ru) 등과 같은 경우이다. 시의 平仄은 조화 있게 배열되어 전개되는 것이 正道인데, 본문은 5언시에서 平聲으로만 배열된 五平式, 仄聲으로만 배열한 五仄式, 7언시도 七平式, 七仄式 등의 정상적인 규칙으로 보면 變則的 방법을 講究한 詩句의 예를 들면서 나름의 시적 價値와 風格을 유지한 특수한 경우를 거론하고 있다. 三平式이나 三仄式 같은 방식은 흔히 볼 수 있어서, 전자의 경우에 杜甫의 「月下獨酌」시에서 '對影成三人'구(밑줄 친 3자 전부 평성), 후자의 경우는 蘇軾의 「石鼓」에서 '竟使秦人有九有'구(밑줄 친 3자가 전부 측성)를 들 수 있다. 그런데 五平式이니, 七仄式 같은 방식은 극히 드물고 대단한 변칙이므로 常用되지 않으나 시인이라면 작시 활용의 준비는 되어 있고 그 필요성을 인식해야 할 것이다. 본문에서 거론한 예로 조식의 「美女篇」의 시구인 '輕裾隨風還'은 [qing ju sui feng huan]라고 발음되어 5자 성조가 전부 평성이고, 두보의 「乾元中寓居同谷縣作歌」의 시구인 '有客有客字子美'는 [you ke you ke zi zi mei]라고 발음되어 7자 성조가 전부 측성인 것이다. 다음에 杜甫의 「夜聽許十一誦詩愛而有作」 시를 보기로 한다.

> 허생은 오대산의 손님인데
> 업을 깨끗이 하고 석벽을 나서네.
> 나도 승찬과 혜가를 스승으로 삼으나
> 몸은 아직 선적에 매여 있네.
> 어찌해야 그대의 방법을 밟아서
> 외람되이 짝하리오.
> 떨어져서 지내다가 늦게야 만나서

몽매한 나를 깨우쳐 주네.
시를 읊으며 마냥 노닐거늘
주변 사람들 모두 피하네.
능란한 솜씨는 고리를 두드림 보는 듯,
맑은 마음은 화살 울림을 듣는 듯
시의 정미함은 천지의 기운을 뚫고
시의 날아 움직이는 힘은 벽력을 꺾네.
도연명과 사령운이 당해 내지 못하고
국풍과 이소와 함께 드날리네.
준마 자연이 절로 내달리는데
취박 짐승을 누가 가다듬겠는가.
그대의 뜻을 아무도 모르니
세상이 밤처럼 조용하도다.
許生五臺賓, 業白出石壁.
余亦師粲可, 身猶縛禪寂.
何階子才便, 謬引爲匹敵.
離索晚相逢, 包蒙欣有擊.
誦詩渾遊衍, 四座皆辟易.
應手看捶鉤, 淸心聽鳴鏑.
精微穿溟涬, 飛動推霹靂.
陶謝不枝梧, 風騷共推激.
紫燕自超詣, 翠駁誰剪剔.
君意人莫知, 人間夜寥闃.

　이 시는 天寶 14년에 長安에서 허생이 시를 암송하는 것을 듣고 즐거운 마음으로 지은 것이다. 시에서 紫燕은 허생, 翠駁은 두보 자신을 비유하여 허생의 시가 두보 자신보다 뛰어나다고 칭찬하고 있다. 시의 격조와 시어 구사의 높은 차원을 보여주는 名詩이다.

65. 徐竹軒論詩 서죽헌의 논시

徐竹軒以道¹⁾嘗謂予曰：〔『杜律』 非虞伯生²⁾註，楊文貞³⁾公序刻於正統⁴⁾某年，宣德⁵⁾初已有刻本，乃張姓某人⁶⁾註。渠所親見。〕⁷⁾ 予求其本，弗得也。又言：〔方正學⁸⁾「勉學」 詩二十首，乃陳嗣初⁹⁾詩，爲集者之誤。〕亦未暇深考，姑記之。

서죽헌 이도는 일찍이 나에게 일러 말하기를：〔『두율』 책은 우백생이 주석한 것이 아니고, 양문정 공의 서문이 정통 어느 해에 새겨졌으며, 선덕 초년에는 이미 각본이 있었으니, 곧 장씨 성을 가진 누구의 주석이다. 그것을 친히 보았다.〕라고 하였는데 나는 그 각본을 구하려 했으나, 얻지 못하였다. 또 말하기를：〔방정학의 「면학」 시 20수는 곧 진사초의 시로서, 모은 사람의 오류인 것이다.〕라고 하였는데, 또한 깊이 고찰할 틈이 없어서 우선 여기에 적는다.

○ 해설

板本의 考證은 문학연구에 매우 중요한 장르의 하나이다. 그러나 현재 학자

---

1) 徐竹軒以道：徐本, 字 以道, 號 竹軒.『竹軒詩』1권.
2) 虞伯生：元代 虞集.
3) 楊文貞：楊士奇(1365~1441) 名 寓, 字 士奇, 號 東里, 諡文貞.『東里集』.
4) 正統：明代 永宗 年號(1436~1449).
5) 宣德：明代 宣宗 年號(1426~1435).
6) 張姓某人：元代 江西 金谿人. 進士. 本名은 張性.
7) 杜律句：虞集『杜律注』.
8) 方正學：方孝孺(1357~1402) 字 希直, 號 遜志, 正學先生.『遜志齋集』.
9) 陳嗣初：陳繼, 字 嗣初, 號 怡菴.『怡菴集』.

들의 문집자료에 대한 근본적인 분별이 없이 그 속의 작품만을 다루고 있는 현상은 연구의 기본과정을 소홀히 하는 관념에서 기인한다. 판본의 중요성에 대한 비근한 예로 唐代 王維詩 문집에 관한 판본을 보면, 現存하는 最早本으로 日本 靜嘉堂文庫에 소장된 宋麻沙刊本 『王右丞集』 十卷을 드는데, 이 간본의 「王縉進王右丞集表」 跋에 〔보응 2년 정월 7일 은청광록대부 상서 병부시랑 겸 어사대부 왕진이 상소하다.(寶應二年正月七日銀靑光祿大夫尙書兵部侍郞兼御史大夫以縉表上.)〕라고 기재되어서 寶應은 唐代 肅宗의 年號이며 그 2년인 紀元 763년에 文集이 만들어지고 刊行은 北宋代에 행해진 것으로 추정한다. 그 후에 판본상으로 중요한 자료를 보면, 元代 劉辰翁이 註를 붙인 『須溪校唐王右丞集』이 明代 弘治 17년(1504)에 廣結 呂夔의 刊本으로 傳來되고, 같은 유신옹이 評한 『王摩詰集』이 明代 吳興 淩濛初에 의해 간행이 되었다. 이어서 明代 顧起經이 編한 『類箋王右丞詩集』 十卷이 嘉靖 35년(1556) 錫山顧氏奇字齋刊本으로 나왔고, 明代 顧可久가 註釋한 『王右丞詩集』이 萬曆 18년(1590) 吳氏漱玉齋刊本으로 나왔다. 淸代에 와서는 趙殿成의 注本인 『王右丞集箋注』가 乾隆 2년(1737)에 印刻되고 光緖 甲申年(1876)에 上海 同文書局印本으로 나와 있다. 그런데 宋代에서 淸代까지의 여러 판본이 간행되었는데도 현재 가장 신뢰할만한 자료는 趙殿成의 箋注本으로 평가하고 있는 것은 간행시기에 가치를 두기보다는 그 간행본의 脫誤字의 최소화와 考證의 정확화가 如何한가를 중시하기 때문이다. 따라서 본문에서 『杜律注』本에 대한 정확한 고증의 필요성을 강조하였다는 점에서 문인은 물론, 연구자로서는 현실적으로도 깊이 마음에 새겨야 할 부분이다.

徐本은 姑蘇人으로 일찍이 文貞公 楊寓의 門下에 출입하면서 文物을 익히고 文才를 개발하여 識見이 出衆한 문인으로 평가되어서 이동양도 그를 평하기를 〔오직 책을 좋아하여 매번 책 하나를 얻으면 손수 자신이 대조하여서 판본의 결함이나 탈자가 있으면, 괘지에 검은 줄을 쳐서, 글 잘 쓰는 자에게 부탁하여 보충하곤 하였다.(獨嗜書, 每得一書, 手自披對, 缺板脫字, 則界烏絲欄紙乞善書者補之)〕(李東陽集第三卷之文後稿 卷11)라고 하여 徐本의 訓詁 능력을 칭찬하고 있다. 이런 점에서 서본이 『杜律注』本을 虞集이 아닌, 元代 초기의 張性이 주석한 것으로 고증한 것을 본문에 기록한 점에서 이동양의 학자적인 고증 자세를 알 수 있다. 楊寓가 서문을 지은 시기가 正統년간(1436~1449)이고 각인한 시기는 宣德(1426~1435) 초기라면 서문을 짓고 곧 출간한 것으로 보니, 張性의 注本을 바탕으로 정통선덕년간에 출간된 것으로 봄이 타당할 것이다. 楊寓는 字가 士奇이며, 成祖 시대에 文淵閣에 들어가서 永樂년간에는 翰林學士, 仁宗 시대에는 禮部侍郎 겸 華蓋殿大學士을 지내고 諡號를 文貞이라 하였다. 그 당시에 楊榮, 楊溥 등과 함께 '三楊學士'라 하여 한 세대의 문단을 주도하던 文人으로서 杜甫 시를 본받는 文風을 추구하였기에 臺閣원로로서『杜律注』에 서문을 부탁받았고 그리고 응했을 것이다.

그리고 校勘학자이기도 한 徐本이 명초의 浙東九子의 하나이며, 文章이 豪放하고 學術이 醇正하여 東坡를 본받은 當代의 대가인 方孝儒의 이름으로 된「勉學詩」24수를 明代 초 陳繼의 시라고 주장한 것을 이동양은 그 여부를 유보하고 있다. 그 후에 明代 都穆이『南濠詩話』에서 〔방정학 선생집은 천하에 전해져서 사람마다 알고 애송한다. 그러나 그 중에는 타인의 시가 많이 섞여있으니, 예컨대 면학 24수는 곧 진자평의 작인 것이다.(方正學先生集, 傳之天下, 人人知愛誦之. 但其中多雜以他人之詩, 如勉學二十四首, 乃陳子平作.)〕라고 하여 서본의 말을 뒷받침하고는 있으나 확정적인 고증은 아니다.

66. 漢魏六朝唐宋元詩 한위육조당송 각 시대의 시체

漢魏六朝唐宋元詩, 各自爲體。譬之方言, 秦晉吳越閩楚[1]之類, 分疆畫地, 音殊調別, 彼此不相入。此可見天地間氣機[2]所動, 發爲音聲, 隨時與地, 無俟區別, 而不相侵奪。然則人囿於氣化[3]之中, 而欲超乎時代土壤之外, 不亦難乎?

한나라, 위나라, 육조시대, 당나라와 송나라, 그리고 원대의 시는 각각 나름의 격식이 있다. 방언을 예로 들면, 秦과 晉, 오와 월, 그리고 민 지방과 초 지방의 것들은 지역으로 구분되어 있고, 음조가 아주 달라서 서로 맞지 않는다. 이것으로 천지간에 자연의 운행이 움직이는 데 따라서 음성이 나고, 시기와 지역에 따라서 구별하지 않아도 서로 침해하지 않음을 알 수 있다. 그런데 사람은 자연의 변화에 얽매어 있으면서도 그 시대와 지역 밖으로 벗어나려 하니, 또한 어렵지 아니한가?

◎ 해설

중국문학의 장르개념상 어느 왕조와 그에 속한 문학체제가 상호 밀접한 연관성을 가지고 문학의 발전과 쇠미의 고리가 연결되는 경향을 본다. 어느 시대

---

1) 秦晉吳越閩楚 : 秦나라는 周代의 제후국으로 咸陽에 도읍하고 甘肅, 陝西 지방을 영유하여 始皇 때에 천하통일. 晉나라는 주대 제후국의 하나. 山西, 直隷와 河南 북방을 영유. 吳나라는 春秋시대 十二列國의 하나. 泰伯이 江蘇省에 세운 나라. 浙江까지 영토를 넓혔으나 夫差 때에 越 勾踐에게 망함(BC 473). 越나라는 춘추전국시대에 浙江省에 영토. 閩은 중국 동남지방의 민족 이름. 福建 지방. 楚나라는 춘추전국시대의 나라. 湖南, 湖北 일대를 영유.
2) 氣機 : 天地運行의 自然機能.
3) 氣化 : 時代變遷과 天地의 變化.

의 정치와 사회변화, 그리고 사상의 흐름에 따라서 그에 부합하는 문학 장르로 특성지어지고 있다는 것이다. 이런 현상이 본문에서 거론하는 시의 시대별 풍격차별과 상통하는 것이다. 문학의 사조형성은 인위적으로 유도되고 억제될 수 없다. 이런 자연현상으로 연결되는 문학사조는 외적인 변화는 가능하지만, 내적인 근본 도리와 성정은 시대에 구애받지 않는 것이다. 그러므로 문학의 형식으로 보아서, 시를 예를 들면, 漢代 시와 위진 시가 고시와 악부를 중심으로 발달하고, 육조 시가 騈文의 영향으로 美辭麗句를 추구하였으며 당시와 송시가 性情의 표현상 차이가 있고 元代에는 시의 詞曲化 현상을 보이지만, 근본적인 맥락은 불변하고 있음을 입증한다. 明代 張綸의 『林泉隨筆』에서 〔무릇 삼백편과 초사 이후로부터 한위진을 거쳐서 당대에 이르기까지 시의 체재가 크게 갖추어져서 화평하고 청려하여 풍아의 남긴 뜻을 지니고 있다. 또 만당과 오대, 그리고 송대를 거치면서 작자가 흔히 어사가 이치를 이기지 못하게 되니 당의 음절이 이에 변하게 되었다. 원대 사람은 송대 풍격을 변화시켰으나, 지나치게 공교로우니 소위 기풍이 그러한 것은 우연한 일이 아니다.(夫自三百篇, 楚騷之後, 歷漢魏晉以至於唐, 而詩體大備, 和平淸麗, 有風雅之遺意. 又歷晚唐五季及宋, 作者往往辭不勝理, 而唐之音節於此焉變矣. 元人雖變宋習, 而又過於工巧, 所謂運氣使然, 非偶爾也)〕라고 한 것은 이동양의 논조와 상통한다.

각 시대의 詩體를 보다 깊이 이해하기 위해서 唐代 이전에는 古詩 形式의 시로만 구성되어 있었던 만큼 唐詩의 前後를 기준으로 區分하면 容易할 것이니 唐代 이전은 오직 고체시의 풍격에서 평가되어지는 것이기 때문이다. 고체시 풍격 평가의 예로서 郭璞과 鮑照의 시 특성을 개괄하여 보기로 한다.

먼저 郭璞의 遊仙詩를 보면, 곽박(276~324)은 자가 景純이고, 河東 聞喜人으로서, 晋대 武帝 咸寧 2년(276)에 출생하였다. 『晉書』「곽박전」에 보면,

> 곽박의 자는 경순, 하동 문희인이다. 박학하여 재능이 뛰어나지만 언론이 눌변이었으며, 사부에 있어 중흥의 으뜸이었다. 지은 것은 사부·뇌·송 등 수만 자나 된다. 왕돈이 곽박을 기실참군에 세워 장차 병사를 일으키려 하여 곽박으로 점을 치게 하니 곽박이 성공하지 못한다고 하자, 왕돈이 노하여 그를 죽였다. 왕돈이 평정하고 곽박을 굉업태수에 추증하였다.

> 郭璞字景純, 河東聞喜人也. 博學有高才, 而訥於言論, 詞賦爲中興之冠. 所作詩賦誄頌數萬言. 王敦起璞記室參軍, 敦將擧兵, 使璞筮, 璞曰;無成, 敦怒收斬之. 敦平, 追贈宏業太守.

라고 한 바와 같이 그는 東晋의 文才이지만, 五行과 天文, 그리고 卜筮術을 잘하였다. 그 당시 문인들의 사상은 유가의 入世的 功用主義에 부합하지 않고, 도가의 出世的 낭만주의에 편향되어, 결국 시단에 활발한 자유분방적 현상을 야기시켰다. 이것은 [시가 신선적인 마음과 어울림(詩雜仙心)](『文心雕龍』明詩篇)의 評語와 합당한 이치로서 소위 '仙心'이 의미하는 老莊의 구체적 경지의 표현이라 할 수 있는데, 이러한 의식을 표현한 시가 사실적 의미의 유선시이다. 이런 유선시가 곽박에 이르러서 그 발달의 극치를 이루니 곽박 시집에 仙語와 道語를 다용한 시가 14수에 달하고 그 내용도 充實하고 生動한 점이 전에는 없던 특징이다. 다음에 시 몇 수를 들어 살피려 한다.

> 비취 새가 난초 싹에서 노는데
> 그 자태 더욱 밝구나.
> 푸른 담장이 높은 숲에 얽혀 있고
> 무성히 자라서 온 산을 덮었도다.
> 그 속에 조용히 지내는 선비가 있으니
> 고요히 휘파람 불며
> 맑은 악기의 현을 탄다.
> 저 하늘밖에 마음을 두고서
> 꽃떨기를 씹으며 솟는 샘물 마시네.
> 적송자가 위에서 놀며
> 큰 새를 몰고 짙은 안개 탄다.
> 왼쪽에 부구생의 소매 자락 잡고
> 오른쪽엔 홍애의 어깨를 친다.
> 하루살이에 묻나니
> 거북과 학의 수명을 어찌 알겠는가.
> 翡翠戱蘭苕, 容色更相鮮.
> 綠蘿結高林, 蒙籠蓋一山.
> 中有冥寂士, 靜嘯撫淸弦.
> 放情凌霄外, 嚼蕊挹飛泉.

赤松臨上游, 駕鴻乘紫煙.
左把浮丘袖, 右拍洪崖肩.
借問蜉蝣輩, 寧知龜鶴年.(其三)

잡현이란 새가 노나라의 동문에 깃들매
바람이 더워서 큰일이 나려나 보다.
배를 삼킨 물고기가 바다 밑에서 솟아오르고
높은 물결이 봉래산을 넘는다.
신선이 구름차고 나오는데
보이는 건 금은대 뿐이라네.
능양자명은 단액을 떠서 마시고
용성공은 옥술잔을 잡고 기울도다.
항아는 오묘한 음악을 타고
홍애는 그 가락에 맞춰 턱을 끄덕이네.
오르내리며 긴 안개를 따라 타고
가벼이 날아서 하늘 밖에서 노닐도다.
진기한 수명(긴 수명) 오룡 신선들을 능가하고
나이 천 살이라도 어린아이 같다.
연나라의 소왕은 신선의 영기가 없고
한나라 무제는 신선될 재주가 없도다.
雜縣寓魯門, 風暖將爲災.
呑舟涌海底, 高浪駕蓬萊.
神仙排雲出, 但見金銀臺.
陵陽挹丹溜, 容成揮玉杯.
姮娥揚妙音, 洪崖頷其頤.
升降隨長煙, 飄颻戱九垓.
奇齡邁五龍, 千歲方嬰孩.
燕昭無靈氣, 漢武非仙才.(其六)

선대는 곤륜산에 높이 있는데
서해의 물가에서 거닌다.
옥 수풀 덮은 문이 곱게 빛나고
푸른 나무의 성근 꽃은 돋아 있다.
단천에는 붉은 단액이 맑게 솟고
흑수에서는 검은 물결친다.

신선 찾아 만여 일에
이제야 왕자교를 만난다.
머리 씻고 비취빛 노을에 말리고
붉은 베옷에 진홍빛 명주실 입히네.
고삐 잡고 소광으로 나아가니
빙빙 도는 규룡이 구름수레에 넘실대네.
길이 이상향의 짝이 되어
천년 두고 함께 노닐고져.
璇臺冠崑崙, 西海濱招搖.
瓊林籠藻映, 碧樹疏英翹.
丹泉漂朱沫, 黑水鼓玄濤.
尋仙萬餘日, 今乃見子喬.
振髮晞翠霞, 鮮褐披絳綃.
總轡臨少廣, 盤虯舞雲軺.
永偕帝鄕侶, 千齡共逍遙.(其十)

　　이상의 3수 시는 두 가지의 특색을 지니고 있다. 첫째는 仙氣가 농후하다는 점이고, 둘째는 산수를 바탕으로 하는 模山範水의 성분이 증가되어 있다는 점이다. 먼저 첫째의 특색을 살펴보면, 위의 시 중의 浮丘·洪崖·陵陽·容成·姬娥·子喬 등은 모두 전설적인 不老長生의 仙人들이다. 곽박 이전에는 유선시 중에 제3수의 제6연과 같은 忘我의 仙人 遊戱的 詩句가 없다. 작자는 자신을 仙境에 融合시키고 있음을 알 수 있다. 그러한 虛幻的인 경계 중에서 작자는 자기설정의 夢幻 속에서 眞僞의 분별을 못하고 있는 것이다. 莊周는 나비를 꿈꾸면서, 〔장주가 나비 꿈꾸는 것인지, 나비가 장주 꿈꾸는 것인지를 모른다.(不知周之夢爲胡蝶與? 胡蝶之夢爲莊周與.)〕(『莊子』 齊物篇)라고 하였는데, 곽박의 유선시를 보면, 〔곽박이 유선에 머문 것인지, 선인이 범속으로 내려오는 것인지 모른다.(不知郭璞止遊仙乎, 仙人之下凡乎.)〕라는 착각을 불러일으킨다. 逍遙하는 仙界라 함은 黃老에 心醉되어 現實을 超脫하고 고민을 벗어나 仙界의 快樂에 젖어 自我安慰의 목적에 도달하는데 있다고 할 수 있을 것이다. 曹植·嵆康을 포함하여 屈原까지도 仙境을 묘사하고 仙語를 구사하였지만 곽박의 표현에 비하면 世俗에 憤慨하거나 그 마음을 文辭에 기탁하여 곽박의 참(眞)을 따르지는 못하고 있다. 다음 둘째의 특색을 살펴보면, 위에서 인용한 시 제3수의 제1·2연은 원시림이 울창한 모양과 산중에 서식하는 禽獸를 묘사하고 있는데, 제3수의 〔안색이 더욱 신선하다.(容色更相鮮)〕에 비하면, 제5수의 「옥숲(瓊林)」·「푸른 나무(碧樹)」·「붉은 샘(丹泉)」·「붉은 가루(朱沫)」·「검은 물(黑水)」·「검은 파도(玄濤)」 등의 語辭의 運用이 보다 鮮明한 色彩感을 造成하고 있다. 제6수는 풍부한 彩色을 넣어 律動하는 빛과 그림자를 조각하고 아름다운 소리를 그려서, 大自然의 立體的 美와 다양한 變化를 포착하고 있다. 그 修辭上의 성숙함과 彫琢에 있어서의 謹嚴함은 작품 속의 '赤松·王喬·靈液·五石' 등 仙意와 신비감을 助長하고 있으니, 劉勰이 『文心雕龍』 才略篇에서 〔곽박은 염려하고 준일하여 중흥의 으뜸이니, 교부는 온화하여 크게 보이고, 선시는 역시 표연히 구름을 넘나든다.(景純艷逸, 足冠中興, 郊賦旣穆穆以大觀, 仙詩亦飄飄而凌雲矣.)〕라고 한 評語는 절실한 것이다. 곽박 유선시 속의 이 模山範水的인 시구는 仙語로 배열되어 있지 않으면 山水句로 구성되어 있는데, 이는 곽박의 艷麗한 시구가 오로지 逍遙遊仙의 즐거움에 烘托한 것일 뿐이지, 대자연 自體를 노래하는 데 목적을 둔 것은 아니다. 따라서 묘사한 산수자연은 人世를 대상으로 한 듯하지만 사실은 仙境에 의미를 둔 것이다. 이와 같이 곽박의 그 전대 유선시인들과 다른 점은 그 묘사 배경이 순수한 환상선계가 아니라 오히려 이상 중의 神仙異人을 인간의 肉眼으로 볼 수 있는 原始自然 속에 두고 있다고 하겠다. 조식의 輝煌함이나 혜강의 彫琢美, 곽박의 繪畫的 技法 등에서부터 유선시의 仙界가 虛無飄渺한 순수이상에서 인간의 대자연으로 옮겨가고 있으며, 빈곤하며 단조로움에서 풍부하고 다채로움으로 변화하고 있음을 알 수 있다. 여기서 곽박의 선계가 울창한 林木, 무성한 雜草, 솟아나는 泉水, 그리고 물결치는 波濤로 이루어져 있으며, 光影이 이동하고 색채가 明暗하며 소리가 流麗한 것 등의 千變萬化를 시 속에 具顯하고 있음을 알 수 있다.

다음으로 鮑照의 樂府詩를 보면, 魏晉 시대는 儒家의 力量이 쇠미해지고 동시에 老莊철학이 대두하여 자연주의 사상이 형성·발달하였고, 남북조시대에는 다시 佛敎가 성행하여, 道家사상과 합류하여 儒學은 더욱 침체하고 道佛의 성행을 보았다. 따라서 玄談과 騈儷의 기풍이 넘치고 있었으니, 淸代 趙翼의 『二十二史剳記』 「六朝淸談之習」을 보면, 〔진인의 청담과 다를 바 없으며 양대엔

오경 외에도 노장풍이 여전한데다 불가를 가미하여 진인의 허위적 습성이 개선 안됨이 또한 더욱 심하였다.(與晉人淸談無異, 梁時於五經之外, 仍不廢老莊, 且又增佛儀, 晉人虛僞之習, 依然未改, 且又甚焉.)]라 한 바와 같이 六朝時代는 문학상의 염려하고 섬세한 기풍과 수식의 풍속을 조장시켜 낭만적인 唯美文學을 조성한 것이다. 形式과 聲律, 그리고 文辭에 대한 치중은 유미문학의 대표적인 인물인 梁代의 簡文帝 蕭綱이 古典의 模擬를 극구 반대하고 '文'의 自然美와 藝術美를 주장하였다. 이와 같은 변화양상 속에서 晉文學은 점차 修辭主義로 흘러 東晉에 와서는 남방의 氣風과 불교의 感化를 받아 독특한 경지를 개척하여 元嘉詩壇에 이르러서, 宋代 文帝 元嘉 30년간의 太平 무드는 이 같은 문학발달의 동기가 되었다. 포조(405~466)는 바로 騈儷文學의 성행기인 이 시기에, 謝靈運, 顔延之 등과 같이 共存한 시인으로 노장의 영향에 의한 楚辭의 사조로부터 淵源하여 李陵, 王粲 그리고 張華, 張協의 직접적인 主流를 이어받은 것이다.

포조의 詩風은 憂國과 從軍, 그리고 頌賀와 浪漫의 양면으로 特性지을 수 있는데 前者의 예로 自然의 變化와 奇異한 形象을 묘사함으로 인하여 종군의 거사 직전의 急迫한 國家存亡 위기를 절감한 표현은 더욱 우국의 심정을 명백히 표출하고 있음을 보니, 다음 「代苦熱行」의 표현 수법을 보면,

    적토의 언덕 서쪽으로 가로질렀고
    화산은 남으로 떨쳐 서 있네.
    신열에 머리도 아프고
    새가 떨어지고 혼이 돌아온다.
    더운 물 운담에서 솟고
    열기는 돌 모퉁이에서 솟는다.
    일월 항상 어둠이 있고
    비이슬은 항상 마름이 없네.
    붉은 뱀 백 척이 넘고
    현봉은 매우 장대하다.
    모래 머금어 유영(여우 일종)을 쏘고
    나는 벌레 지는 햇빛 애타한다.
    장기는 낮에 몸 태우고

망초의 이슬 밤에 옷 적신다.
굶주린 원숭이 먹을 것 없고
아침 새 날려고 않네.
독경엔 아직 죽은 이 많고
도로엔 여전히 병든 이들,
산 몸 사지를 밟고
왕성한 의지 화기에 오른다.
간선장군의 영화 이미 엷고
복파 장군의 상 역시 미미하다.
봉록을 가벼이 여겨 그대가 애석하니
선비가 중히 여김이 어찌 드무나?
赤阪橫西阻, 火山赫南威.
身熱頭目痛, 鳥墮魂來歸.
湯泉發雲潭, 焦煙起石圻.
日月有恒昏, 雨露未嘗晞.
丹蛇踰百尺, 玄蜂盈十圍.
含沙射流影, 吹蠱病行暉.
鄣氣晝熏體, 菵露夜沾衣.
饑猿草下食, 晨禽不敢飛.
毒涇尚多死, 渡瀘寧具腓.
生軀蹈死地, 昌志登禍機.
戈船榮既薄, 伏波賞亦微.
爵輕君尚惜, 士重安可稀.

여기에서 제2연은 북받치는 「愛土」의 정신에서 온 渾身의 苦心을 나열하고 있으며 말연은 정신적 윤리관이 무너지고 기강이 문란함을 풍유하고 있다. 이같은 현실적 상황의 直視를 통해 포조의 腦裏에 스치고 간 熱火같은 행동적 결심은 무엇이었던가? 그때 이미 35세의 장년기에 염려와 고심 그리고 작시만으로는 도저히 억제할 수 없는 의분과 애국의 의지를 실현시킨 동기를 만들었다. 王義慶을 종사하여 그 의분을 國侍郎이란 관직을 통해 소화하고 해소시킨 투철한 책임의식과 국가에 대한 사명감을 시에서 토로한 것이다. 그리고 후자의 특성을 보면, 포조는 오랜 동안 참전을 겪으면서 수다한 희비애락을 체험하였다. 즐겁고 슬픈, 괴롭고 평안한 순간적인 일 가운데 王義慶과 始興王 밑에서 侍郎의 직분을 맡으며 종사하는 가운데 상관의 공적과 승리의 찬가를 음영하지 않을 수 없었다. 포조에 대해서 虞炎이 「鮑照集序」에서 〔정세하고 전아함이 부족하지만 초탈하고 아름답다.(雖乏精典而有超麗)〕라고 한 평어, 그리고 何義門이 〔포조는 타고난 재능이 아름답고 더욱 수식에 뛰어나서 종이와 묵 곁에 광채가 난다.(明遠天才瞻麗, 尤長於夸飾, 故光焰騰于楮墨之表)〕라고 한 評句는 모두 이 송하에 관한 부분이다. 그 당시는 유미주의적인 문학론이 극성하던 시대인 만큼 형식적인 외식을 중시한 면, 즉 浮艶, 對杖, 纖巧, 聲韻 등에 영향을 받은 점을 간과할 수 없다. 고뇌를 주제로 한 많은 시 가운데서 뚜렷이 표징된 '頌賀'의 의향이 부각된 시로 「中興歌十首」는 포조가 49세(453년)인 元嘉 30년 5월에 지은 작품이다. 그 당시 시흥왕이 御將軍荊州刺史가 되어 흉노의 침입을 정복한 후에, 승리에 젖은 감회를 이기지 못해 中興亭을 지어 놓고 10장에 달하는 「中興歌」를 지어 바친 것이다. 내력을 보면 송서 孝武紀에 〔원가 30년 5월 경성을 되찾고 새론 정자를 지어 중흥정이라 하다.(元嘉三十年五月克京城, 改新亭爲中興亭.)〕라고 하였는데, 이 시는 본래 원가 30년 정월에 시흥왕이 西陽의 五州로 출정하여 원흥 劭와 싸워 격퇴하고 征南將軍과 散騎常侍의 직을 더하는 명예를 얻은 후, 荊州刺南史 王義宣과 雍州刺史 臧質 등과 더불어 의병을 일으켜 동년 5월 경성을 탈환하여 그 희열을 읊은 것으로 다음에 그 몇 수를 본다.

(1)
천동은 한 봄 기다리고
밤에 아침 햇빛 보네.
살아 생전 중흥을 맞으니
기쁨 일고 근심 다 사라지네.
千冬遲一春, 萬夜視朝日.
生平値中興, 歡起百憂畢.

(3)
푸른 누각은 밤 달을 머금고
자전은 아침햇빛 다툰다.
아롱진 연못엔 난초, 사슴 흩어있고

바람일어 절로 향내 풍긴다.
璧樓含夜月, 紫殿爭朝光
綵池散蘭麝, 風起自生芳.

(4)
밝은 햇빛 앞창 비치니
영롱하기는 예쁜 비단속이다.
미인이 가벼운 부채로 가리고
님 생각에 춘풍을 노래한다.
白日照前窓, 玲瓏綺羅中.
美人掩輕扇, 含思歌春風.

(5)
보름달 얼굴색 가득하고
하현이니 달의 고운 꽃 사라지다.
이미 봄날의 기쁨 보냈으니
가을빛 따라 사라지리.
三五容色滿, 四五妙華歇.
已輸春日歡, 分隨秋光沒.

(7)
구월은 가을물 맑고
삼월은 봄꽃 무르익다.
천금으로 좋은 날 따르니
모두 중흥 때 다투다.
九月秋水淸, 三月春花滋.
千金逐良日, 皆競中興時.

(10)
매화는 한때 아름다우나
대나무 잎은 천년 두고 푸르다.
그대에 바라노니 송백나무의 마음으로,
무궁토록 빛 항상 푸르러라.
梅花一時艶, 竹葉千年色.
願君松柏心, 採照無窮極.

위의 시들은 文帝에 대한 稱頌의 노래로서 포조의 가장 喜悅이 넘치는 작이다. 森羅萬象의 변화와 自然現象의 循環을 인용 묘사하는 자연성을 보여주고 있다. 어두움에서 밝음으로, 근심에서 기쁨으로 기울음에서 채움으로 현재에서 미래를 향한 희망을 제시하고 있다. 제3수의 제2연이나 제4수의 제1연 그리고 제5수의 제1연, 제7수의 제1연, 제10수의 제1연 등은 자연적 音律을 표현하고 있다. 포조가 솔직한 표현방식으로 隱喩의 妙味를 살린 점은 많은 그의 작품의 諷諭, 假飾에서 탈피한 특이한 서술로서, 頌歌의 悅樂에서 오는 어둠이 없는 의식의 표현결과라고 볼 것이다. 그리고 萬事의 好惡를 운명론적인 것으로 표현하고 있다. 포조는 현실을 긍정하면서 현실로부터 은둔하려는 生의 岐路를 추구한 대표적인 시인이다. 張華로부터 주류를 이어 받아 沈約을 거쳐 唐代 王維, 杜甫, 李白, 韓愈에 이르기까지 끼친 隱遁自然的이며 浪漫的인 思潮를 조성한 점에 있어서 陶潛을 닮은 육조시대의 시인이라 할 것이다.

67. 六朝宋元詩各有興致 육조, 송원 시의 흥취

六朝宋元詩, 就其佳者, 亦各有興致[1], 但非本色[2], 只是禪家所謂小乘[3], 道家所謂尸解[4]耳。

육조와 송원시대의 시에서 그 뛰어난 것은 역시 각각 흥취는 있으나 본래의 시다운 진면목은 아니다. 단지 불가의 소위 '소승'이며 도가의 소위 '시해'의 수준에 지나지 않는다.

◎ 해설

엄우가 창랑시화 시변에서 한위진시와 성당시만이 제일의 가치를 지니며 육조와 만당 이후의 시는 第二義의 수준에서 벗어나지 않는다는 시평의식에 의거한 논조이다. '第一義'는 佛法의 第一義諦로서『傳燈錄』(卷9)의〔진실하여 허황하지 않으니, 시의 으뜸되는 요체이다.(眞實不虛, 詩第一義諦.)〕[5]에서 연유하고 '第二義'란 불법의 第一義諦에서 따온 제일의와 대칭하여 쓴 말인데, 여기서는 大歷 이후의 妙悟하지 못한 시, 즉 소위〔온전치 않고 반밖에 깨닫지

---

1) 興致 : 嚴羽의『滄浪詩話』詩辨에 나오는 풍격용어. '近代諸公……其作多務使事, 不問興致.'
2) 本色 : 본래의 面目. 시가의 體制規範과 기본특징.『滄浪詩話』詩辨 : 大抵禪道在妙悟, 詩道亦在妙悟.……惟妙悟乃爲當行, 乃爲本色.
3) 小乘 : 불교의 종파. 大乘을 高尚深遠에 비하면 小乘은 卑近하여 이해하기 쉬운 교리. 嚴羽『滄浪詩話』詩辨 : '禪家者流, 乘有大小, 宗有南北, 道有邪正,---若小乘禪, 聲聞辟支果, 皆非正也.' 여기서는 詩格이 보잘 것 없음을 비유.
4) 尸解(시해) : 道敎用語. 肉體를 버리고 神仙되어 감. 尸는 人體, 解는 解脫. '神仙本自無言說, 尸解由來最下方.' 여기서는 詩格이 떨어지는 것을 비유.
5)『傳燈錄』卷9 :「心卽是法, 法卽是心, 不可將心更求於心, 歷千萬劫無得日, 不如當下無心, 便是本法.……故佛言, 我於阿耨菩提實無所得, 恐人不信, 故引五眼所見, 五語所言, 眞實不虛, 詩第一義諦.」

못한 얕은 경지(一知半解之悟)]를 지칭하는 용어이다. 본문의 '興致'는 『滄浪詩話』 詩辨의 〔근대 여러 사람들이 …… 그 짓는 시가 사실을 쓰는데 많이 힘써서 흥치를 따지지 않는다.(近代諸公……其作多務使事, 不問興致)〕에서 인용한 용어로서 창랑은 시를 논하는데 있어 妙悟를 위주로 하면서 매우 주관적인 唯心論에 몰입한 인상을 준다고 하는 평도 있지만,[6] 이것은 시 자체의 숭고한 達觀의 정신세계를 提言하려는 데에 창랑의 논점이 있다고 본다. 창랑이 「妙悟」론을 편 구문을 다음에 보겠다.

    선가류에는 소대의 승이 있고 남북의 종이 있으며 정사의 도가 있으니, 학습자는 모름지기 최상의 승을 따라 바른 법안을 갖추어 제일의를 깨달아야 한다. 소승선이라면 성문승과 벽지승 따위인데 모두 바르지 않다. 시를 논함은 선을 논함과 같으니 한위진과 성당의 시가 즉 제일의이다. 대력 이후의 시는 즉 소승선이어서 이미 제이의로 떨어져 있다. 만당의 시는 즉 성문과 벽지승류이다. 한위진과 성당의 시를 배운 자는 임제종 무리와 같고 대력 이후의 시를 배운 자는 조동종 무리와 같다. 대개 선도는 묘오에 있으니 시도 또한 묘오에 있는 것이다. 또한 맹양양(浩然)의 학력이 한퇴지(韓愈)보다 매우 떨어지지만, 그 시만은 퇴지 위에 빼어난 것은 오직 묘오를 맛보기 때문이다. 오직 오는 곧 마땅히 갈 길이요 본색이 되는 것이다. 그러나 오는 얕고 깊음이 있고 한계가 있음에 따라 투철한 오와 단지 알아서 반쯤 깨우쳐지는 오가 있다. 한위는 존귀하니 가오가 아니며, 사령운에서 성당 여러 문인에 이르기까지는 투철한 오이다. 나머지는 오를 지녔다 해도 모두 제일의가 못된다. 내가 그를 비평해서 거짓되지 않고 변언해도 망령되지 않는다. 천하엔 버릴 사람과 버릴 수 없는 말이 있으니 시도란 이와 같은 것이다.

  禪家者流, 乘有小大, 宗有南北, 道有邪正, 學者須從最上乘, 具正法眼, 悟第一義也. 若小乘禪, 聲聞辟支果, 皆非正也. 論詩如論禪, 漢魏晋與盛唐之詩, 則第一義也. 大曆以還之詩, 則小乘禪也, 已落第二義也. 晩唐之詩, 則聲辟支果也. 學漢魏晋與盛唐詩者, 臨濟下也. 學大曆以還之詩者曹洞下也. 大抵禪道惟在妙悟, 詩道亦在妙悟. 且孟襄陽學力下韓退之遠甚, 而其詩獨出退之之上者, 一味妙悟而已. 惟悟乃爲當行, 乃爲本色. 然悟有淺深, 有分限, 有透徹之悟, 有但得一知半解之悟. 漢魏尚矣. 不假悟也. 謝靈運至盛唐諸公, 透徹之悟也, 他

---

6) 黃海章은 창랑을 「他論詩以妙悟爲主, 墮于主觀唯心論的窠臼.」(『中國文學批評簡史』, P.144)라 함.

雖有悟者, 皆非第一義也. 吾評之非僭也, 辯之非妄也. 天下有可廢之人, 無可廢之言, 詩道如是也.

禪과 詩는 그 자체일 뿐 相立하거나 幷論되기 어려워서 얼음과 연탄(氷炭)이나 물과 젖(水乳)같이 다르나, 모순 없이 立論上의 地平이 가능한 것은 直觀 때문이다. 禪은 梵語로는 禪那의 간칭으로서 뜻은 思惟修 또는 淨慮이며 頓과 漸으로 대별되는데 漸修는 調身, 調息, 調心 등 순서에 의해 수도하며 頓敎는 宗門禪이라 하여 인심에 돈오하여 成佛을 추구한다. 선의 목적은 證悟 즉 悟得을 증험함에 있는 것이지 理悟 즉 오득을 따짐에 있지 않으니 그 전체의 의경을 다음 佛典에서 밝히고 있다. 道敎의 용어인 尸解도 육체를 버리고 신선이 되는 상태를 말한다. 尸는 人體이며, 解는 解脫이다. 도교의 登仙사상으로 보아서, 尸解는 〔신선은 본래 말이 없으니, 시해는 본디 최하의 비방이다.(神仙本自無言說, 尸解由來最下方.)〕(宋代 林光朝의『艾軒集』卷1)라고 하여 불교의 小乘과 동급이다. 이동양은 漢魏唐詩를 높이고 六朝와 宋元詩를 폄하하는 시학사상을 주창한 것이다.

진여법계는 자신도 없고 남도 없어서 서로 어울리려면 오직 둘이 아님을 말함이니 둘이 아니고 모두 같으니 포용하지 않음이 없다 …… 극히 작은 것은 큰 것과 같아 경계를 잊어 끊고 극히 큰 것은 작은 것과 같아 가를 보지 못하니 있음은 곧 없음이요 없음은 곧 있음이다.
眞如法界, 無自無他, 要言相應, 惟言不二, 不二皆同, 無不包容……極小同大, 忘絶境界, 極大同小, 不見邊表, 有卽是無, 無卽是有.(『三祖中峯和尙信心銘』)

이것은 三祖僧璨의 글로서 法界의 자성의 묘체(自性之妙體)에 대한 경계를 설명하고 있다. 시는 心地에 연유하여 性情을 射出할 때, 그 시도는 바로 心得의 妙悟에 있는 것이며, 이는 불도가 道得의 묘오에 있는 것과 같다. 滄浪이 第一義를 悟得하기 위해서는 最上乘을 따라야만 가능하다 하고 한위진과 성당시풍을 그 예로 들었는데 여기에서 감성이 도달할 수 있는 정신의 昇化가 시와 선의 상통점으로 해명될 수 있다.

68. 長歌之哀過於痛哭 장가의 비애

長歌之哀, 過於痛哭。歌發於樂者也, 而反過於哭。是詩之作也, 七情[1] 具焉, 豈獨樂之發哉? 惟哀而甚於哭, 則失其正矣。善用其情者, 無他, 亦不失其正而已矣。

장가의 비애는 통곡보다 더하다. 노래는 즐거움에서 나오는 것이나, 오히려 통곡보다 더하다. 이들 시를 짓는 데는 일곱 정감이 갖추어져야 하는 것이니, 어찌 오직 즐거움만이 나오겠는가. 다만 슬프되 통곡보다 심하면 곧 그 正道를 잃게 된다. 그 정감을 잘 활용하는 것은 다른 데에 있지 않고 그 정도를 잃지 않는 데 있을 따름이다.

✪ 해설

長歌의 표현은 올바른 情感에 기인해야 하니, 이것은 『論語』 八佾篇의 〔시경은 즐거우면서 지나치지 않고, 슬프면서도 마음을 상하지 않는다.(詩經樂而不淫, 哀而不傷.)〕라는 儒家詩學의 중요한 지침이다. 이런 전통이론은 朱熹의 『朱子辨說』에서 〔생각컨대 논어에서 공자는 일찍이 말하기를 : "관저는 즐거우면서 지나치지 않고, 슬프면서도 마음을 상하지 않는다."라고 하였다. 대개 지나친 것은 즐거움이 과한 것이며 마음이 상한 것은 슬픔이 과한 것이니, 오직 이런 시 짓는 자는 그 성정의 정도를 얻어서 그리하여 애락이 절도에 맞아서 과하지 않게 되는 것이다.(按論語孔子嘗言 : 關雎樂而不淫, 哀而不傷。蓋淫者樂之過, 傷者哀之過。獨爲是詩者得其性情之正, 是以哀樂中節而不至於過耳。)〕라고 하여 정감의 抒發에 있어서 性情의 中庸的인 中和의 美를 조절해야 함을 강조한다. 이 동양은 儒家學說을 主宗하여 性情의 正과 中和의 美를 주창한 것이다.

---

1) 七情 : 일곱 감정. 儒家에서는 喜怒哀懼愛惡欲, 佛家에서는 喜怒憂懼愛憎欲.

69. 秀才作詩不脫俗 수재 시의 세속성

秀才[1]作詩不脫俗, 謂之頭巾氣[2] ; 和尙作詩不脫俗, 謂之餕餡氣[3] ; 詠閨閣過於華豔, 謂之脂粉氣[4]。能脫此三氣, 則不俗矣。至於朝廷典則之詩, 謂之臺閣氣[5] ; 隱逸恬澹之詩, 謂之山林氣[6], 此二氣者, 必有其一, 却不可少。

수재가 시를 짓되 속된 기풍을 벗지 못하면, 그것을 두건기(頭巾氣)라 말하고, 스님이 시를 짓되 속된 기풍을 벗지 못하면, 그것을 준함기(餕餡氣)라 말하며, 규방 여인을 노래하는 것이 너무 화려하면, 그것을 지분기(脂粉氣)라 말한다. 이들 세 가지 기풍을 벗어날 수 있으면 속되지 않다. 조정에서의 규칙에 맞는 시를 대각기(臺閣氣)라고 말하고 은일적이며 담백한 시를 산림기(山林氣)라고 말한다. 이 두 가지 기풍에서 반드시 그 하나는 갖춰야 하며, 절대 없어서는 안 된다.

◉ 해설

이동양은 본문에서 시의 풍격상 頭巾氣와 餕餡氣, 脂粉氣는 탈피해야 한다고 주장하고 臺閣氣와 山林氣에 대해서는 둘 중에 하나는 갖추어야 한다고 하였다. 이 논리는 중국시학의 전통적인 사조와 연관된다. 대각시에 대해서『四

---

1) 秀才 : 選擧의 한 과목이름. 州郡에서 才學이 있는 사람을 선거하여 임명된 사람.
2) 頭巾氣(두건기) : 讀書人의 陳腐한 풍격. 두건은 머리에 쓰는 베로 만든 물건.
3) 餕餡氣(준함기) : 僧侶 특유의 곡조가 和諧한 기풍. 스님은 素食하여 항상 시큼한 소를 먹어서 餕餡이라 함.
4) 脂粉氣(지분기) : 艶麗하고 纖弱한 풍격. 脂粉은 여인이 화장하는 연지와 분.
5) 臺閣氣(대각기) : 達官貴人의 和平安雅한 시풍. 臺閣은 궁궐의 尙書省으로 內閣이다.
6) 山林氣 : 隱逸淡白한 기풍.

庫全書總目提要』(卷181)에 〔그 시는 온화하고 태평한 모습을 지녀서 고인의 소위 대각문장이란 대개 이와 같은 것이다.(其詩有雍容太平之象, 古人所謂臺閣文章者, 蓋若是矣.)〕라고 그 풍격이 온화하고 평화로움을 밝히고 있으며, 산림시에 대해서는 宋代 鄒浩가 『道鄕集』(卷32)에서 〔비록 관직에 있어도 당연히 산림 기운이 있으니 선비가 산림 기운이 없을 수 없어서 절의와 문장학술이 대개 그러하다. 산림기란 무엇을 말하는가? 즉 순수하고 진실한 기운이다.(雖軒冕之間, 當有山林之氣. 士不可無山林氣. 節義文章學術大抵皆然. 何謂山林氣? 卽純固之氣也.)〕라고 하여 純固한 면으로 풍격을 정의하고 있다. 역대 시인들 대부분이 관리들이어서 대각시를 남기고 있으며 그리고 시인들의 시에서 산수전원을 노래하지 않은 것이 없다는 사실이다. 이 점에 대해서 宋代 吳處厚가 『靑箱雜記』(卷5)에 기록한 글을 보기로 한다.

> 내가 일찍이 살펴보니, 문장이 비록 마음씨에서 나오지만, 사실은 두 등급이 있다 : 산림초야의 문장이 있고 조정대각의 문장이 있다. 산림초야의 문장은 곧 그 기세가 메마르고 초췌하여서 도가 행해지지 않아 저서와 입언하는 자가 본받는 것이다. 조정대각의 문장은 곧 그 기세가 온화하고 윤택하며 풍부하여서 곧 때에 따라 지위를 얻으니 경륜하며 글 쓰는 자가 본받는 것이다.
> 余嘗究之, 文章雖皆出於心術, 而實有兩等 : 有山林草野之文, 有朝廷臺閣之文. 山林草野之文, 則其氣枯槁憔悴, 乃道不得行, 著書立言者之所尙也. 朝廷臺閣之文, 則其氣溫潤豐縟, 乃得位於時, 演綸視草者之所尙也.

明代의 詩壇에 臺閣體가 성행하여 이동양은 대각시를 배제할 수 없었으나, 불만의 대상이었고 그래서 山林 즉 山水自然을 소재로 한 창작을 중시하면서도 대각시를 어느 정도 수용하였다고 본다.

70. 韓退之雪詩 한퇴지의 설시

韓退之雪詩1), 冠絶今古。其取譬曰:〔隨風翻縞帶2), 逐馬散銀盃。〕未爲奇特。其模寫曰:〔穿細時雙透, 乘危忽半摧。〕則意象超脫, 直到人不能道處耳。子貢3)因論學而知詩, 子夏4)因論詩而知學。其所爲問答論議, 初不過骨角玉石面采色之間, 而感發歆動5), 不能自已。讀詩者執此求之, 亦可以自得矣。

한퇴지의 눈에 관한 시(雪詩)는 고금에 으뜸이다. 예를 들어 말하면:〔바람 따라서 흰 명주 허리띠를 날리고, 말을 달리며 은 술잔을 흩으네.〕구는 기특하지 않다. 모방하여 말하기를:〔잘게 부수어져 때때로 짝지어 날리고, 아슬하게 문득 반쪽으로 꺾이네.〕구는 의상이 초탈하여 곧 남이 표현할 수 없는 점에 도달했다. 자공이 학문을 논하여 『시경』을 알았고, 자하는 『시경』을 논하여 학문을 알았다. 그 문답하고 논의한 것이 처음에는 단지 뼈와 뿔, 옥과 돌, 얼굴과 눈, 색깔 등에 불과하였으나, 그 감정이 일고 마음이 움직이는 것이 절로 그칠 수 없었다. 시를 읽는 사람은 이런 마음을 가지고 구하면, 또한 스스로 얻을 수 있을 것이다.

---

1) 雪詩:韓退之는 韓愈.「雪詩」4篇이 있음. 여기서는「詠雪贈張籍」. 이하 隨風句, 穿細句 모두 上記詩.
2) 縞帶(호대):흰 명주 허리띠.
3) 子貢:孔子 제자. 端木賜. 衛人.『論語』學而:子貢曰:詩云:如切如磋, 如琢如磨. 其斯之謂與? 子曰:賜也, 始可與言詩已矣.
4) 子夏:孔子 제자. 卜商(507~400 BC), 衛人.『論語』八佾:子夏問曰:巧笑倩兮, 美目盼兮, 素以爲絢兮. 何謂也? 子曰:繪事後素. 曰:禮後乎? 子曰:起予者商也, 始可與言詩已矣.
5) 歆動(흠동):움직이다.

❃ 해설

한유가 남긴 4편의 雪詩 중에 「詠雪贈張籍」시에 대해 평하고 있다. 이 시에 대해서 宋代 劉攽(유반)은 『中山詩話』에서 [구양영숙이 장강 가에서 몇 번 한유의 설시를 논하여 [바람 따라서 흰 명주 허리띠를 날리고, 말을 달리며 은 술잔을 흩으네.]구를 공교하지 않다고 하여 말하기를 [오목 파인 곳에 처음 바닥을 덮고 볼록 나온 곳은 마침내 흙더미가 되네.]구가 더 좋다고 하였는데 진정 한유의 뜻을 이해했는지 모르겠다.(歐陽永叔, 江隣幾論韓雪詩, 以 [隨車翻縞帶, 逐馬散銀杯]爲不工, 謂 [坳中初蓋底, 凸處遂成堆.] 爲勝, 未知眞得韓意否也.)]라고 평하였다. 이어서 孔子의 제자 중에 학문이 가장 높았던 제자 子貢과 子夏가 『시경』을 어떻게 이해했느냐 하는 문제를 제기하고 있는데 이 말은 공자의 시경관이 곧 중국시학의 嚆矢이므로 『시경』에 대한 '思無邪'라든가 '興觀群怨'은 그 예가 된다.(제1칙 참조) 자공이 공자와 나눈 대화를 보면, 『論語』 學而篇에 [자공이 말하기를 : '가난하면서 아첨하지 않고, 부유하면서 교만하지 않으면 어떻습니까?' 선생님이 말씀하시기를 : '좋지만, 가난하면서 즐겁고, 부유하면서 예의를 좋아하는 것만 못하다.' 자공이 말하기를 : '『시경』에 말씀하시기를 자르듯 하고 갈 듯하고 쪼듯 하며 닦는 듯한다는 말씀은 이것을 두고 하신 말씀입니까?' 선생님이 말씀하시기를 : '너와 비로소 시를 말할 수 있을 따름이다.'(子貢曰 : '貧而無諂, 富而無驕, 何如?' 子曰 : '可也, 未若貧而樂, 富而好禮者也.' 子貢曰 : 詩云 : 如切如磋, 如琢如磨. 其斯之謂與?' 子曰 : '賜也, 始可與言詩已矣. 告諸往而知來者.')]라고 하여 자공이 학문하는 자세로 『시경』을 이해하였음을 알 수 있고, 자하가 공자와 나눈 대화를 보면, 『論語』 八佾 : [자하가 물어 말하기를 : 『시경』에 '곱게 웃는 모습이 예쁘고 아름다운 눈이 또렷한데 흰 분으로 무늬를 그린다'는 말씀은 무엇을 말하는 것입니까? 선생님이 말씀하시기를 : 그림을 그리는 것은 흰 바탕이 있은 후에 하는 것이다. 예의는 뒤입니까? 선생님이 말씀하시기를 : 나를 일깨우는 자는 상이로다. 비로소 함께 시를 말할 수 있을 따름이라.(子夏問曰 : '巧笑倩兮, 美目盼兮, 素以爲絢兮. 何謂也?' 子曰 : '繪事後素.' 曰 : '禮後乎?' 子曰 : '起予者商

也, 始可與言詩已矣.')]라고 하여 자하는 보다 근본적인 면에서 『시경』을 이해하려 했음을 알 수 있다. 두 사람이 『시경』에 접근하는 관점은 다르지만, 시를 읽음에 있어 소위 '感發歆動'을 중시한다는 점에서 일치한다.

71. 陳白沙詩 진백사의 시

陳白沙[1]詩, 極有聲韻。「厓山大忠祠」[2]曰：〔天王舟檝[3]浮南海, 大將旌旗[4]仆北風。世亂英雄終死國, 時來□□[5]亦成功。身爲左袒[6]皆劉豫[7], 志復中原有謝公[8]。人衆勝天[9]非一日, 西湖[10]雲掩岳王宮[11]。〕和者皆不及。餘詩亦有風致, 但所刻淨稿者, 未之擇耳。

진백사의 시는 성운이 아주 잘 되어 있다. 「애산대충사」시에 말하기를 :〔임금의 노를 저어 남해로 떠가고, 장군의 깃발은 북풍에 쓰러지네. 세상이 어지러우니 영웅이 끝내 나라 위해 죽고, 때가 되어 □□하여 또 성공하네. 몸이 나라 위해 역할하니 모두 유예이며, 뜻이 중원의 회복에 있으니 사공이 있네. 사람들이 하늘을 이긴지 하루도 못 되거늘, 서호의 구름이 악왕궁을 덮네.〕라고 하였는데 화답하는 자가 모두 따라가지 못한다. 나머지 시도 풍치가 있으나 바르게 써서 새

---

1) 陳白沙 : 陳獻章. 제18칙 참조
2) 厓山大忠祠 :『陳白沙集』卷7「弔厓」. 厓山은 宋末 陸水夫가 임금 昺을 업고 바다로 들어가 죽은 곳. 廣東 新會縣 海中.
3) 舟檝(주즙) : 배의 노.
4) 旌旗(정기) : 깃발
5) 時來□□ : 李慶立『懷麓堂詩話校釋』, p.191에는 缺字 부분을 '割據'라 함.
6) 左袒(좌단) : 편들다. 가세하다. 詩話本에는 '左衽'이라 하나 어구상 맞지 않음. 左衽은 왼쪽 옷섶으로 오랑캐의 옷 입는 방식.
7) 劉豫 : 宋 景州人. 徽宗時 濟南府를 다스리다가 金의 南侵에 항복하여 金의 皇帝가 됨. 후에 金人에 의해 廢位.
8) 謝公 : 謝枋得. 宋末 忠臣. 字 君直, 號 疊山. 義兵하여 元과 싸우다가 포로되어 絶食하고 사망.『文章軌範』을 지음.
9) 人衆勝天 : 人衆者勝天. 사람이 많아 勢力이 강하면 하늘도 이김. 惡運이 세어서 天罰도 받지 않음.
10) 西湖 : 浙江省 杭州에 있는 호수.
11) 岳王宮 : 岳飛 祠堂

긴 것을 아직 고르지 못하였다.

● 해설

白沙 陳獻章은 제18칙에서 거론한 바, 여기서는 그의 「厓山大忠祠」 시를 인용하여 聲調의 중요성을 재차 강조한다. 위의 시 제2연 '世亂'구는 『白沙子』(卷7)과 『陳白沙集』(卷7)에는 '義重君臣終死節, 時來胡虜亦成功.'라고 하여 '時來 □□' 부분을 '胡虜'로 보충하고 있어서 李慶立의 고증과 다르다. 진헌장의 작시의식은 철저히 聲調를 중시하여 그의 「與汪提擧」(『白沙子』 卷3)를 보면,

> 대개 시를 논하는 데는 당연히 성정을 논해야 한다. 성정을 논하는 데는 먼저 풍운을 논하니, 풍운이 없으면 시가 없다. 지금 시를 말하는 자들은 이와는 달라서 편장을 짓기만 하면 그것을 시라고 말하여 풍운을 모르니 매우 가소롭다. 성정이 좋고, 풍운이 절로 좋으면, 성정이 진실하지 않아도, 또한 억설이라 하기 어렵다.
> 大抵論詩當論性情. 論性情先論風韻, 無風韻則無詩矣. 今之言詩者異於是, 篇章成卽謂之詩, 風韻不知, 甚可笑也. 性情好, 風韻自好, 性情不眞, 亦難强說.

라고 하여 聲韻원칙에 의거한 作詩를 매우 강조하였는데, 이동양도 이 논리에 동의한 것이다. 진헌장의 「對酒」 시를 보면,

> 대나무 끝에 바람이 스치니 기와집이 슬퍼하고
> 갈건이 쓸쓸한데 층계의 이끼 위를 걷네.
> 마음 느긋이 절로 시내 꽃 마주하여 웃고
> 좋은 일로 누가 술 실은 배를 저어오네.
> 백발로 오늘 늙은 것 놀라서 보니
> 청춘이 방금 왔다가 나이 드니 돌아가네.
> 웅대한 뜻 술에 취하니 날아가는 학 같아서
> 다시 붉은 구름 쫓아 옥대에 오르네.
> 竹杪風輕瓦屋哀, 葛巾蕭散步階苔.
> 放懷自對溪花笑, 好事誰撐酒舫來.

白髮驚看今日老, 靑春剛到隔年回.
壯心被酒如飛鶴, 又逐紅雲上玉臺.

이 시는 上平聲 灰韻으로 제1, 2, 4, 6, 8구 末字에 각각 押韻하고 仄起式으로 聲調를 배합하여 시의 律格을 시의 興趣와 더욱 調和시켜서 시의 風格을 提高하고 있다.

72. 莊定山詩 장정산의 시

莊定山孔暘¹⁾未第時, 已有詩名。苦思精鍊²⁾, 累日³⁾不成一章。如〔江穩得秋天〕,〔露冕春停江上樹〕⁴⁾, 往往爲人傳誦。晚年益豪縱⁵⁾, 出入規格。如〔開闢以來元有此, 蓬萊之外更無山〕⁶⁾之類。陳公甫⁷⁾有曰 :〔百鍊不如莊定山。〕有以也。

장정산 공양이 급제하기 전에 이미 시로 명성이 있었다. 고심하여 다듬는데 여러 날이 되어도 한 편도 짓지 못하였다. 예컨대 〔강물이 잔잔하여 가을 하늘이 드리우네〕구와 〔이슬 면류관 쓴 봄이 강가의 나무에 멈춰 있네〕구는 자주 사람들에게 전해져 읊었다. 만년에 더욱 호방하여 규격에 맞았다. 예컨대 〔천지가 생긴 이래로 원래 여기 있는데, 봉래산 밖에 다시 산이 없네.〕구와 같은 것이다. 진공보가 〔백번 다듬어도 장정산만 못하다〕고 한 것은 이유가 있다.

◎ 해설

莊昶은 茶陵派의 한 사람으로 翰林檢討로 있다가 桂陽州判官으로 貶謫되고 후에 南京行人司副를 지내다가 定山에 寓居한지 20여 년이나 되매 定山先生이

---

1) 莊定山孔暘(양) : 莊昶(1437~1499) 字 孔陽, 孟暘. 號 木齋.『定山集』. 定山에 12년 隱居.
2) 精鍊(정련) : 잘 단련함.
3) 累日(누일) : 여러 날.
4) 江隱句, 露冕句 모두 莊昶의 作이라 했으나 지금 文集에 없음.
5) 豪縱(호종) : 豪放하다.
6) 開闢句 : 莊昶의 作이라 했으나 지금 文集에 없음.
7) 陳公甫 : 陳獻章. 제18칙 참조.

라 불렀다. 후에 다시 出仕하여 南京吏部驗封郞中을 끝으로 관직을 마치고 天啓 초년에 文節의 시호를 받았다. 그의 시에 대해서 王世貞의 『評明詩』(卷3)에 보면,

> 시는 사물에 연유해서 흥취가 극에 달하는 것이니, 뜻을 풀고 어사를 따져서 짓는 것이 아니다. 장창과 진헌장은 모두 산림백미라고 불리니, '鳥點天機, 梅挑太極,'구에 이르러서는 마치 무신이 신을 내림 같아서, 마을 노인이 앉아 욕하고, 아녀자가 뛰며 들으며, 고아한 선비는 귀를 막을 따름이다. 그러나 장창의 시는 별로 경지에 이르러 절로 아름다운 곳이 있지만 시 전부를 보존하기에는 부족하다.
> 詩以緣物極興, 非爲詁義訓辭. 昶與陳獻章俱號山林白眉, 至乃鳥點天機, 梅挑太極, 如巫神降神, 里老罵坐, 兒女走聽, 雅士掩耳. 然昶詩別至, 自有佳處, 全篇不足存也.

라고 평가하였으며, 淸代 黃宗羲는 『明儒學案』(卷45) 「郞中莊定山先生昶」에서 논하기를,

> 선생은 道理를 말하여 시에서 많이 보이니, 백사가 말하는 바 백번 연단함이 장정산만 못하다고 한 것이 이것이다. 당대의 백락천은 참선을 말하기 좋아하여 그것이 시에 보이는데 선으로 선을 말하면 싫증이 안 날 수 없다. 선생은 道를 말하는데 '風雲月露, 傍花隨柳' 같은 구가 많이 있어 기상이 약동하니 백락천에 한 등급을 보탤 것이다.
> 先生形容道理, 多見之詩, 白沙所謂百鍊不如莊定山是也. 唐之白樂天喜談禪, 其見之詩, 以禪言禪, 無不可厭. 先生之談道, 多在風雲月露, 傍花隨柳之間, 而氣象躍如, 加於樂天一等.

라고 하여 그의 시가 彫琢을 가한 勞作이며 氣象이 白居易를 닮았다고 평하고 있다. 다음에 그의 「靈巖山逢大虛僧」시를 보기로 한다.

> 행각승이 가을 강에 종적을 감추고
> 삼년이나 보이지 않으니 결국 어찌 된 건가
> 뉘 알리오 청등 속에 작은 걸상에 기대고
> 그리고 백발하고서 찬 바위에 앉은 것을.

오래 앉아서 오늘 밤 달을 잊다가
꿈에 북당의 종소리에 누가 부르네.
만나면 다시 매화 옆에서 만날 기약하고
뒷날에 같이 함께 웃기로 하세.
雲水秋江與別蹤, 三年不見竟何窮.
誰知小榻靑燈裏, 又是寒巖白髮中.
坐久可忘今夜月, 夢回誰喚北堂鐘.
相逢更有梅花約, 留取他年一笑同.

　　그의 시에 대해서 『四庫總目』에서는 [별다른 격식을 갖추었고 또 당시를 논하는 자는 한산자집의 뜻이 담겨있다고 적고 있다.(錄之以備別格, 亦論唐詩者存寒山子集之意也.)]라 하고 王世貞은 『藝苑巵言』에서 [공양의 좋은 점은 말할 필요가 없고 나쁜 점은 마을 무당이 신을 내리면 마을 노인이 앉아서 꾸짖음 같은 것이다.(孔陽佳處不必言, 惡處如村巫降神, 里老罵坐.)]라고 하여 시의 超脫味와 直說的 표현을 강조하였다. 본문에서 이동양이 인용한 江穩句와 露冕句, 그리고 開闔句 등 장창의 시구라고 한 시구는 현재 장창의 문집에 수록되어 있지 않아서 불명하다. 진헌장의 百練句는 「夜坐與童子方祥慶話別偶成」의 말구이다.

73. 詩文之傳繫於所付託 시문의 기탁

 詩文之傳, 亦繫於所付託, 韓[1]付之李漢[2], 柳[3]付之劉夢得[4], 歐有子[5], 蘇有弟[6]。後人旣不前人若, 又往往爲輯錄者所累。解學士縉紳[7], 才名絶世, 詩無全稿。黃學士諫[8]收拾遺逸, 漫爲集刻。今所傳本, 如「采石弔李白」 「中秋不見月」, 不過數篇。其餘眞僞相半, 頓令觀者有〔楓落吳江冷〕[9]之歎。然則江右[10]當時之英, 安能逭[11]後死者之責耶？若楊文貞[12]公 『東里集』, 手自選擇, 刻於廣東, 爲人竄入數篇。後其子孫又刻爲『續集』, 非公意也。劉文安[13]公亦自選『保齋存稿』[14], 至以餘草焚之。而其所選又徇其獨見, 與後進之論, 或不相合, 不可曉也。

 시문이 전해지는 것은 또한 의탁하는 것과 연관된다. 한유는 이한에게 의탁하고, 유종원은 유우석에 의탁하였으며, 구양수는 아들이 있었고, 소식은 동생이 있었다. 후대 사람이 이미 전대 사람만 못하여, 자주 편집하여 기록한 자에 의하여 누 끼치게 되었다. 해학사 진신은 재

---

1) 韓 : 韓愈
2) 李漢 : 字 南紀, 淮南王道元六世孫. 韓愈를 위해 序傳을 씀.
3) 柳 : 柳宗元
4) 劉夢得 : 劉禹錫. 柳宗元의 文集序를 씀.
5) 歐有子 : 歐陽修의 次子인 歐陽棐, 字 叔弼.
6) 蘇有弟 : 蘇軾의 弟는 蘇轍(1039~1112) 字 子由. 三蘇 : 蘇洵과 그 아들 蘇軾, 蘇轍
7) 解學士 : 解縉(1369~1415), 字 大紳, 縉紳. 『解文毅公文集』.
8) 黃學士諫 : 黃諫(1412~?) 字 廷臣, 號 蘭坡. 『蘭坡集』.
9) 楓落句 : 唐 崔信明의 詩句.
10) 江右 : 揚子江 서쪽 지방. 지금의 江西省.
11) 逭(환) : 도망가다. 피하다.
12) 楊文貞 : 楊士奇 제65칙 참조.
13) 劉文安 : 劉定之. 제60칙 참조
14) 保齋存稿 : 劉定之의 號가 呆齋이므로 『呆齋存稿』로 바로 잡음이 옳다.

능이 특출한데 시에 완전한 원고가 없다. 황학사 간은 유실된 것을 거두어서 대충 모아 인각하였다. 지금 전하는 각본에는 「채석조이백」, 「중추불견월」 등의 몇 편에 지나지 않다. 그 나머지는 진짜 시와 위작시가 반반이어서, 문득 보는 사람으로 하여금 〔단풍이 지니 오강이 차네〕라는 탄식을 하게 한다. 그러므로 강우 지방 그 당시의 재사들이 어찌 후인들의 질책을 피할 수 있었겠는가? 예컨대 양문정 공의 『동리집』은 손수 골라서 광동에서 인각하면서 남을 위해 몇 편을 고쳐서 집어넣었다. 후에 그 자손이 다시 『속집』을 인각하였는데 양문정의 뜻은 아니었다. 유문안 공도 스스로 『보재존고』를 선정하고 나머지 초고는 불태웠다. 그 선정한 것이 그 자신의 독자적인 견해를 따른 것인데, 후배들의 의논과 간혹 맞지 않은 것에 대해선 알 수 없는 일이다.

❂ 해설

文人이 지은 詩文이 후세에 온전하게 傳授되느냐 하는 문제는 매우 중요하다. 아무리 우수한 작품이라도 後世에 보존되지 않는다면 문화적 차원에서도 애석한 일이다. 그래서 韓愈는 李漢이라는 제자가 있어서 그의 文集이 전래되었다. 이한은 한유의 문하생이면서 사돈간이며 文宗時에 吏部侍郎을 지낸 고관이다. 이한은 한유의 문집에 序를 부쳐서 기록하기를,

> 장경 4년 겨울, 선생이 돌아가셨다. 문하생 농서 이한이 가장 깊고 가까이 잘 알아서, 마침내 남긴 글을 모아서 망실된 것이 없다. 사부 4편, 고시 210수, 연구 11구, 율시 160수, 잡저 65편, 서계서 96편, 애사제문 39편, 비지 76편, 필연악어문 3편, 표장 53편 등 총 700편을 거두어서 목록을 합해서 41권을 만들었다. 이제 창려선생집을 만들어 후대에 전한다.
> 長慶四年冬, 先生歿. 門人隴西李漢辱知最厚且親, 遂收拾遺文, 無所失墜. 得賦四, 古詩二百一十, 聯句十一, 律詩一百六十, 雜著六十五, 書啓序九十六, 哀辭祭文三十九, 碑誌七十六, 筆硯鱷魚文三, 表狀五十三, 總七百, 並目錄合爲四十一卷. 目爲昌黎先生集, 傳於代(『朱文公校昌黎先生文集』)

라고 하여 이한의 작품 수집으로 방대한 분량의 韓愈 문학을 탄생하게 하였음을 본다. 그리고 柳宗元은 동료문인 劉禹錫의 고충으로 정리된 바, 다음 유우석의 『河東先生集』序를 보기로 한다.

> 영주에 좌천되어 10년을 머물면서 왕의 조서로 불러도 나가지 않고 마침내 유주자사가 된지 5년 동안 돌아가지 않았다. 병들어 심해지니 그 벗 중산 유우석에게 편지를 남겨서 말하기를 : 내가 불행하게도 생을 마쳐 귀양지에서 죽으면 남긴 초고를 친구에게 맡겨달라고 하였다. 우석은 편지를 쥐고 흐느껴 울면서 마침내 순서대로 편집하여 45권을 꾸며서 세상에 내놓았다.
> 謫左永州, 居十年, 詔書徵不用, 遂爲柳州刺史, 五歲, 不得召歸. 病且革, 留書其友中山劉禹錫曰 : 我不幸卒而謫死, 以遺草累故人. 禹錫執書以泣, 遂編次爲四十五通, 行於世.

유종원이 귀양지에서 죽게 되자 편지로 유우석에게 자신의 遺稿를 정리해 주기를 부탁한 경우이다. 구양수의 경우는 吏部右司二郎中과 直秘閣知蔡州를 지낸 그의 次子 歐陽棐(비)의 역할로 그 부친의 작품들을 수집한 바, 蘇軾의 『六一居士集』原序를 보면, 〔나는 아들 비에게서 시문 766편을 얻어서, 곧 차례를 정해서 논하여 이르기를……(余得其詩文七百六十六篇於其子棐, 乃次而論之曰……)〕(『蘇東坡全集』卷94)이라고 기술하고 있으며, 소식의 文集은 唐宋八大家의 하나인 그 동생 蘇轍(1039~1112)의 노력이 있었기에 소식의 문장이 전부 전해진 바, 소철의 「亡兄子瞻端明墓誌銘」에서 알 수 있다. 즉 〔선친이 만년에 주역을 읽어서 …… 완성하지 못하고 병이 심해지니, 공에게 그 뜻을 기술토록 하매, 공이 흐느끼면서 선친의 명을 받아서 마침내 책을 완성한 후에 천 년간의 미묘한 말을 밝히 알 수 있게 되었다. 다시 논어설을 지어서 공자의 비결을 밝혔다. 최후에는 해남에 거하면서 서전을 지어 상고의 학문을 밝히니 이전의 선비들이 이루지 못한 것을 많이 이루었다. …… 그 지어낸 시소·명기·서격·논찬 등이 모두 출중하였다. 동파집 40권, 후집 20권, 주의 15권, 내제 10권, 외제 3권이 있다. 공의 시는 본래 이백과 두보를 닮았으나, 만년에 도연명을 좋아하여 그 창화한 것이 거의 모두이니 무릇 4권이다.(先君晩歲讀易, …… 未完, 疾革, 命公述其志, 公泣受命, 卒以成書, 然後千載之微言, 煥然可知也. 復

作論語說, 時發孔氏之秘. 最後居海南, 作書傳, 推明上古之絶學, 多先儒所未達……至其遇事所爲詩騷銘記書檄論撰, 率皆過人. 有東坡集四十卷, 後集二十卷, 奏議十五卷, 內制十卷, 外制三卷. 公詩本似李杜, 晚喜陶淵明, 追和之者幾遍, 凡四卷.)](『欒城集』卷22)라고 상세하게 수집과정을 기술하고 있다. 위의 문호들은 이 같은 보존전수의 역할을 맡은 자들이 있었기에 중국문학사의 중추를 이루고 있으니, 이에 못지않은 작가들의 문장이 얼마나 많이 일실되었는지 추측하게 된다. 그 예로 明代 解縉(1369~1415)은 시가 豪宕하고 豊贍하여 이백과 두보를 닮았다고 평가 받는 작가인데 이동양의 기록에 의하면 거의 시작이 전래되지 않았다고 하는데, 侍講學士를 지낸 黃諫(1412~?)에 의해 대강 수집되다가 황간 자신도 廣東通判으로 폄적되는 신세가 되니, 완전한 역할을 하지 못하여 결국은 일실이 많은 경우가 된다. 그리고 劉定之의 문집은 그 자신이 직접 선정하는 작업을 한 바, 이동양의 「呆齋劉先生集序」의 일단을 보면, 〔나의 문안 유공의 남긴 글 몇 권은 모두 자신이 고른 것이다. …… 선생의 나머지 원고는 모두 모아서 불태워서 대중에게 전송되는 것은 혹시 기록하지 못했으니, 이제 남은 것이 불과 열의 네다섯일 뿐이다.(我文安劉公遺文若干卷, 皆所自擇……先生餘稿悉裒而焚之, 於衆所傳誦或未之錄, 今存者不過十之四五而已.)〕(『李東陽集』卷2)라고 하여 상당수 일실된 사례가 된다. 문집의 保存與否가 작가는 물론, 그 시대 그 국가의 文學 位相을 左右하는 근거가 되는 것을 銘心하게 된다.

74. 楊文貞學杜詩 양문정의 두시풍

楊文貞公亦學杜詩。古樂府諸篇, 間有得魏晉遺意者, 尤精鑒識[1], 愼許可。其序『唐音』[2], 謂〔可觀世變〕。序張式之詩[3], 稱〔勖[4]哉乎楷〕而已。

양문정 공도 두보 시를 배웠다. 고악부 여러 편에는 위진시대의 풍격이 있는데 더욱 정밀한 견문과 학식은 삼가 인정할만하다. 그의 『당음』 서문은 〔세상변화를 살필만하다〕고 말하겠다. 장식지의 시 서문에서 〔근면하도다 장해여〕라고 칭찬하였다.

◎ 해설

楊士奇는 明代 三楊의 하나로 淸代 錢謙益의 평에 의하면 〔그 시문을 대각체라 부른다. 지금 전해지는 동리시집은 대부분 어사의 기풍이 안온하고 한가로워서 처음과 끝이 온전하여 수식하는 어사를 내세우지 않고 아름다운 시구를 뽐내지 않으니 태평시대의 재상의 풍도를 볼 수 있다.(其詩文號臺閣體. 今所傳東里詩集, 大都詞氣安閒, 首尾停穩, 不尙辭藻, 不矜麗句, 太平宰相之風度, 可以想見)〕(『列朝詩集小傳』乙集)라고 하여 전형적인 明代 시단의 맥락의 하나인 臺閣詩를 구사한 문인임을 알 수 있다. 楊士奇의 詩風에 대해서 덧붙여

---

1) 鑒識(감식) : 식별하는 학식과 견문.
2) 序唐音 : 楊士奇의 序 : 以盛唐中唐晩唐別之, 凡幾卷, 謂之唐音. 音也者, 聲之成文者也, 可以觀世矣.
3) 序張式之 : 張式之, 張楷. 제43칙 참고. 書張御使和唐詩後 序 : 發乎情, 止乎禮義, 優柔以求之, 諷詠以得之, 造方之方也. 勖哉乎楷, 他日聞浙水東以唐詩名者, 其子也歟. 楷, 勖乎哉.
4) 勖(욱) : 힘쓰다. 부지런하다

朱彝尊의『靜志居詩話』에 보면,〔동리 시는 한가롭고 편안하여 여러 시체가 모두 온화하여 볼만하다.(東里優游按衍, 諸體皆蘊藉可觀)〕라고 하여 시풍이 杜甫에 近接하고 있음을 立證한다. 다음에 그의「三十六灣」시를 본다.

    상음현 남쪽에 강물이 비스듬히 흐르는데
    봄이 와도 양 언덕에는 인가가 없네.
    깊은 숲 속 한 낮에 새소리 그쳤고
    온통 산 가득히 붉고 흰 꽃이 덮었네.
    湘陰縣南江水斜, 春來兩岸無人家.
    深林日午鳥啼歇, 開遍滿山紅白花.

양사기가『唐音』의 서문을 지었다는 본문의 기록은 誤記로 보며, 楊士弘의 『唐音』原序가 있어서 다음에 본다.

    무릇 시의 도리는 성정을 읊을 뿐 아니라, 정신을 통하게 하면 된다. 그것은 사당에서 연주되고 연회와 사냥에서 노래 부르며 음율을 찾아서 그 세상의 도리를 알게 되는 까닭이 되는 것이니 어찌 우연이라고 하겠는가?
    夫詩之爲道, 非惟吟詠情性, 流通精神而已. 其所以奏之郊廟, 歌之燕射, 求之音律知其世道, 豈偶然也哉?

그리고 양사기가 지은 서문인「書張御史和唐詩後序」(『東里集』續集 卷59)의 일단을 다음에 본다.

    어사 장해가 당음 중에서 칠언율시를 가져다가 모두 그 운을 맞추었으니 의미 있다고 말할 수 있다. 간혹 나에게 보여주면 그로 해서 그 첫 편을 가져다가 화답하곤 하였다. …… 성정에서 나와서, 예의에서 그치며 조용히 여유 있게 구하고, 풍유하여 시를 짓는 것이 깊은 경지에 들어가는 방법 중에 가장 좋은 방법이다. 근면하도다 장해여. 전에 듣건대 절수 동쪽에 당시로 이름난 자는 그 아들이라 하였다. 장해는 근면하도다.
    御史張楷, 取唐音中七言律, 悉和其韻, 可謂有志. 間出示余, 因取其首篇, 和以答之……發乎情, 止乎禮義, 優柔以求之, 諷詠以得之, 造方之方也. 勖哉乎楷, 他日聞浙水東以唐詩名者, 其子也歟. 楷, 勖乎哉.

본문의 '勖哉乎楷'의 출처가 위의 문장에서 기인하니, 明代 중엽의 시단이 당시를 추숭한 상황을 엿볼 수 있는 자료이다.

75. 蒙翁才甚高 몽옹의 시재

蒙翁¹⁾才甚高, 爲文章俯視一世, 獨不屑²⁾爲詩, 云:〔旣要平側, 又要對偶, 安得許多工夫.〕, 然其所作, 如「公子行」³⁾ 「短短牀」⁴⁾二曲, 綽有古調.「留侯圖」⁵⁾四絶句, 句意皆非時人所到也.

몽옹의 재능은 매우 높아서, 문장을 지음에 한 세대를 내려다 볼만큼 뛰어나니, 단지 시 짓는 것을 하찮게 여겨서 말하기를 :〔평측은 물론, 대구를 강구하는데 어찌 많은 노력이 필요할 것인가?〕라고 하였다. 그러나 그의 「공자행」과 「단단상」 등 두 곡 같은 것은, 다분히 옛 성조가 들어 있다. 「유후도」 네 수의 절구는 시구의 뜻을 모두 그 당시의 사람들이 따라 갈 수 없는 것이다.

❂ 해설

蒙翁 岳正(1418~1472)은 字가 季方이며, 號는 蒙泉, 諡號는 文肅이다. 출신은 漷縣 지금의 北京 通州 東南 지방으로 進士급제 후에 관직은 修撰을 거쳐서 參贊機務를 지냈다. 저서로는 『類博稿』 10권이 있고 『明史』(卷176)에 傳이 기록되어 있다. 이동양의 문집에는 「蒙泉公補傳」이 있는데 기록하기를,

> 공은 책을 읽지 않은 것이 없으니, 천하의 일을 하지 못하는 것이 없다고 말하여 재능이 높음을 스스로 인정하니 한 세대를 내려다 볼만하다. 그

---

1) 蒙翁 : 岳正(1418~1472), 字 季方, 號 蒙泉, 諡 文肅. 『類博稿』.
2) 不屑(불설) : 탐탁하게 여기지 않다. 우습게 여겨 마음에 두지 않다.
3) 公子行 : 『類博稿』 卷1
4) 短短牀二曲 : 『類博稿』 卷1
5) 留侯圖 : 『類博稿』에 없음. 逸失인가 한다.

의 문장은 고상하고 간결하며 준일하여 옛 문인을 추종한다. 시도 고아하고 웅건하여 탈속하다. 자법은 정밀하고 깊으며 큰 서체는 더욱 웅건하다.

  公於書無所不讀, 謂天下事無不所爲, 高自負許, 俯視一世. 其爲文高簡峻拔, 追古作者：詩亦雅健脫俗. 字法精邃, 大書尤偉.

라고 하여 當代에 文名이 널리 있었던 것을 알 수 있다. 그의 「公子行」(『類博稿』 卷1)을 보면,

  수놓은 사마치 바지에 옥구슬을 장식하고
  황금 고삐줄을 소리치며 내당기니 용마가 달리네.
  젊은이 탄알을 끼고 동성 동쪽으로 나가서
  몸을 휘돌리니 한 발에 두 마리 기러기 떨어지네.
  희미한 자국에 어지러이 붉은 진흙물이 묻어 있거늘
  까까 하며 우는 피어린 입에서 비린내를 내뿜네.
  사방 큰 거리를 휙 돌아보니 모든 사람 고요한데
  그 의기를 논하자면 달 무지개를 꿰뚫을 만하네.
  길가에서 목청을 감추고 속삭이는 말 중에
  삼가 그 어른을 거스르지 말라는 소리 들리는 듯하네.

刻絲袴褶雕碎瓊, 勒金叱撥行地龍.
青春挾彈東城東, 翻身一發墮兩鴻.
蔑痕亂點障泥紅, 啞啞血口噴腥風.
六街一顧千人空, 意氣誰論貫月虹.
道傍牛語隱喉中, 似聞愼莫犯乃翁.

이 시는 典故와 修辭가 多用되어서 古風의 풍격을 주니 이동양이 말한 '古調'란 이를 두고 한 평어가 된다. 그리고 「短短床」(『類博稿』 卷1) 두 곡은 3언과 5언의 雜言詩로서 다음에 본다.

  짧고도 짧은 침대에
  겨우 쭈그리고 앉으니,
  다만 낭군의 배만 깔고 엎드릴 수 있고
  낭군의 다리는 펴지도 못하네.
  설령 낭군이 부부의 정을 나눌 마음 있더라도
  침대가 짧으니 어찌 낭군을 자게 할 수 있겠나?

短短牀, 太跼促,
徒能坦郎腹, 未得展郎足.
縱郎有意爲合懽,
牀短安能薦郎宿.(其一)

겨우 쭈그리고 앉으니
침대가 짧고 짧도다.
오색실 유소 수실이 길지 않아 괴롭고
난초와 사향도 향기가 없구나.
낭군이 아내를 부르려 해도 아내가 오지 않으니
가련하구나, 봄빛만 공허이 빛나고 있네.
太跼促, 短短牀, 流蘇苦不長, 蘭麝無馨香.
郎欲招妾妾下來, 可憐春色空輝光(其二)

위의 두 수는 一韻到底하여 古詩의 律詩押韻法을 講究하고 있다. 李慶立의 주석에는 岳正의 「留侯圖」시는 문집에 수록되어 있지 않아서 의심스럽다고 하였다.

76. 劉文安詩 유문안의 시

劉文安公[1]不甚喜爲詩, 縱其學力, 往往有出語奇崛[2], 用事精當[3]者。如「英廟輓歌」曰:〔睿皇[4]厭代返僊宮, 武烈文謨[5]有祖風。享國卅年高帝並, 臨朝八閏[6]太宗同。天傾玉蓋[7]旋從北, 日反金輪[8]却復中。賜第初元臣老朽, 受恩未報泣遺弓。〕今集中「石鍾山歌」等篇, 皆可傳誦, 讀者擇而觀之可也。

유문안 공은 시 짓기를 그리 좋아하지 않았지만, 그의 학문의 힘에 의해서 자주 기험한 시어를 쓰거나 전고 사용에 있어서 정교하면서도 타당한 것이 있다. 예를 들면, 「영묘만가」 시에 말하기를 :〔황제가 세태를 싫어하여 선궁으로 돌아가고, 문무의 계략에 조상의 풍모가 있네. 즉위하여 나라 다스린 지 삼십 년에 고제와 나란히 하고, 조정에 임한지 여덟 윤년이 태종과 같도다. 황제의 옥수레 덮개는 북쪽으로 나가고, 해 드리운 금수레바퀴는 오히려 중원으로 돌아가네. 벼슬 하사받은 대신은 노쇠하여, 성은을 받아 보답 못하니 흐느껴 울도다.〕지금 문집에 「석종산가」 등 시는 모두 전하여 읊을 만하니 독자는 골라서 보는 것이 좋을 것이다.

---

1) 劉文安 : 劉定之. 제60칙 참고
2) 奇崛(기굴) : 기험하다
3) 精當(정당) : 자세하고 타당하다
4) 睿皇(예황) : 皇帝
5) 武烈文謨(무열문모) : 문무의 황제 계략
6) 八閏(팔윤) : 여덟 번의 閏年.
7) 玉蓋(옥개) : 황제의 수레덮개
8) 金輪(금륜) : 황제의 수레바퀴

❋ 해설

 유정지의 생평은 이미 제61칙에 간략하게 기술하였다. 그는 즐겨서 작시하지 않았으나 문집에 실린 시를 보면 明代 安磐의 『頤山詩話』에서 그의 문학을 평한 바, 〔유정지는 연박한 학식과 영민한 재능으로 문장을 지어내니, 억양이 맞고 논리가 박학하여 명성이 한 시대에 떨치는데 단지 운율에 있어 그렇지 못한 듯하다.(劉呆齋以淵博之學, 英敏之才, 發爲文章, 抑揚辯博, 名蓋一時, 獨於韻語若未解然者.)〕라고 하여 그의 박식한 지식과 재능이 시에 적절하게 활용되어 있어서 이동양이 그의 시 특성을 '用事精當'이라고 한 것이다.

77. 五七言古詩仄韻 오칠언고시의 측운

　五七言古詩仄韻者, 上句末字類用平聲, 惟杜子美多用仄。如「玉華宮」「哀江頭」諸作, 槪亦可見。其音調起伏頓挫[1], 獨爲矯健[2], 似別出一格。回視純用平字者, 便覺萎弱無生氣。自後則韓退之蘇子瞻[3]有之, 故亦健於諸作。此雖細故末節[4], 蓋擧世歷代而不之覺也。偶一啓鑰[5], 爲知音[6]者道之。若用此太多, 過於生硬, 則又矯枉之失[7], 不可不戒也。

　5언 7언 고시의 仄운의 경우에 위 구의 마지막 자는 대개 평성을 쓰는데, 단지 두보만은 仄성을 많이 쓴다. 예컨대 「옥화궁」과 「애강두」 같은 시에서 대개 볼 수 있다. 그 음조의 높낮이와 꺾임이 유독 웅건해서 별도로 하나의 격식을 이룬 것 같다. 순수하게 平자를 쓰는 것을 돌아보면, 곧 나약하여 생기가 없게 느껴진다. 그 이후로 한퇴지와 소자첨이 그런 면을 지니고 있으면서도 다른 작품보다 웅건하다. 그러나 이것은 작고 사소한 일이라 하여 대개 모두 세대를 지나면서도 느끼지 못한 것이다. 우연히 자물쇠를 열 듯 요지를 알고서, 잘 이해하는 자에게 말하게 된 것이다. 만일 이것을 너무 많이 쓰면 지나치게 생소하여져서 바로 잡다가 잘못 되는 일이 있으니 조심하지 않으면 안 된다.

---

1) 起伏頓挫(기복돈좌) : 음조의 높낮이와 음조의 꺾임.
2) 矯健(교건) : 시풍이 웅건함.
3) 韓退之蘇子瞻 : 韓愈, 蘇軾.
4) 細故末節 : 작은 일과 사소한 일.
5) 啓鑰(계약) : 자물쇠를 열다. 요지를 파악하다.
6) 知音 : 자기의 마음을 아는 벗. 列子에 伯牙가 거문고를 타면 鍾子期는 소리를 알았는데, 종자기가 죽자 백아는 소리를 이해하는 자가 없다고 줄을 끊고 타지 않았다는 고사.
7) 矯枉之失(교왕지실) : 굽은 것을 바로 잡다가 실수하다.

❋ 해설

古詩의 用韻에서 平仄法은 律詩보다 덜 엄격하다. 이동양이 본문에서 고시의 仄韻法의 지침을 제시한 것이다. 이 점을 본받아서 淸代 劉大勤이 王士禎에게〔칠언고시에서 측운과 평운을 사용함에 있어서, 그 법칙이 같지 않은데 어째서입니까?(七言古用仄韻用平韻, 其法度不同, 何如?)〕(『師友詩傳續錄』)라고 물으니 왕사정이 답하기를,〔칠언고시에서 무릇 일운도저 하는데 그 법칙은 모두 같지만, 다만 측운시는 단구의 끝자에 평측을 섞어 쓸 수 있다. 평운시는 단구 끝자에 평성을 쓰는 것을 꺼린다. 환운한다면 별도로 논하여야 한다.(七言古凡一韻到底者, 其法度悉同. 惟仄韻詩, 單句末一字可平仄間用. 平韻詩, 單句末一字忌用平聲. 若換韻者, 則當別論.)〕(上同)라고 부연설명하고 있으며, 淸代 趙執信도〔근체시에는 측운을 쓰는 것이 있다. 측운고시는 오히려 스스로 같지 않으니, 다만 점연 및 위 구의 빠뜨린 글자 중에서 자세히 음미하면 된다.(近體有用仄韻者. 仄韻古詩, 却自不同, 只在黏聯及上句落字中細玩之.)〕(『聲調譜』)라고 하여 이동양의 관점을 수용하고 있다. 여기서 참고로 神韻說의 反論者인 조집신의 用韻法에 대한 견해가 왕사정과 달라서 그 差別을 위해서『聲調譜』를 저술하기도 한 면을 유의할 필요가 있다. 그의 律調에 관한 왕사정과의 異見으로서 왕사정의 律調理論에 대해 다음과 같이 거론하고 있다.

>   왕어양의 율조이론은 계승 전수된 것이려니 끝내 그 연원을 밝히지 않았다. 그것을 남에게 전수해주는 데에 있어서도 또 그 일을 다하려 하지 않았다. 처음에 추종하는 학생들이 명성을 얻으면 오히려 자기의 설로 교만을 부리니 자신이 진정한 율조의 원칙을 지키지 못함을 망각하고 있다.
>   阮翁律調, 蓋有所受之. 而終身不言所自: 其以授人, 又不肯盡也. 有始從之學者, 旣得名, 轉以其說驕人, 而不知己之有失調也. (2條)

여기서는 왕사정의 율조론이 연원하는 바가 분명치 않으며 작시에 있어서 율격을 중시하지 않는 경향을 지적하였다. 조집신은 自學으로 지은『聲調譜』에서 왕사정의 의식에 異議를 표시한 것이다. 왕사정의 율격에 대한 모호한 태도를 다음에서는 八分體에 비유하기까지 하였으니,

문득 어양의 여러 글을 보니 율시를 격시라고 호칭하고 있다. 이것은 구양수가 전서와 예서를 섞어서 혼용하는 팔분서체를 예서체라 하는 것과 같다.
頃見阮翁雜著, 呼律詩爲格詩. 是猶歐陽公以八分爲隷也. (4條)

율시를 格詩라 부른다는 것은 율시의 격식이 지닌 엄격성을 강조하기 위한 어양의 표현으로 보는데, 조집신은 율시의 다양한 율조와 변격의 활용성 등을 감안할 때 율시 또한 다른 시체와 구별해서는 안 된다는 견해로 본다. 실제로 그의 『聲調譜拾遺』에서의 5·7율시의 논리를 보면,

당인 오칠언 근체시의 제1연에 요구를 많이 쓴다. 시율에서 제1연의 성조는 비교적 넓은 줄 안다.
唐人五七言近體詩, 起調多作拗句. 知詩律於起調較寬也.

라고 하였으며 직접 王維의 「酌酒與裴迪」 시의 제3연을 분석하여,

풀빛 온통 가랑비에 젖어 있고,
꽃가지가 하늘대니 봄바람이 쌀쌀하다.
草色全經細雨濕(三仄)
花枝欲動春風寒(三平)

라 하여 이들이 각기 三仄과 三平의 拗救 방법으로 구사되었다고 하였고, 이 점에 대해서

중간 연에서 우연히 요구의 성조를 붙인 것은 전대의 시에서 찾아봐도 그리 자주 보이지 않는다. 이런 시가 엄격하지 않은 때에 제량의 유풍을 답습함이 웬일인가?
於中聯偶著拗調, 求之前人詩中, 亦不多見. 豈是時詩未嚴, 沿襲齊梁之遺與?
(上同)

라고 自評하였는데, 보통 고시에서 多用되는 三平仄의 拗救방식이 근체시에 활용된 것에 대해 初唐의 習作期를 벗지 못한 것으로 평가한 것이다.

78. 昔人論詩韓不如柳 한유와 유종원 시 비교

　　昔人論詩, 謂韓不如柳[1], 蘇不如黃[2]。雖黃亦云〔世有文章名一世, 而詩不逮古人者〕, 殆蘇之謂也。是大不然。漢魏以前, 詩格簡古[3], 世間一切細事長語[4], 皆著不得。其勢必久而漸窮, 賴杜詩一出, 乃稍爲開擴[5], 庶幾[6]可盡天下之情事。韓一衍之, 蘇再衍之, 於是情與事, 無不可盡。而其爲格, 亦漸麤[7]矣。然非具宏才博學[8], 逢原[9]而泛應, 誰與開後學之路哉？

　　옛사람들이 시를 논하면서, 한유는 유종원만 못하고, 소식은 황정견만 못하다고 한다. 그러나 황정견도 말하기를 : 〔세상에 문장으로 이름을 떨쳤으면서도 시는 고인에 미치지 못한 자가 있다.〕라 하니 아마도 소식을 두고 한 말일 것이다. 이것은 전혀 그렇지 않다. 한위대 이전에는 시격이 간결하고 고원하여 세간의 일체 사소한 일과 장황한 말로는 모두 다 표현하지 못하였다. 그 형세가 오래 되면서 점차 쇠퇴하다가, 두보 시에 의거해 한번 드러나서 곧 좀 열려 넓어지니, 거의 천하의 정감어린 일들을 다 표현할 수 있게 된 것이다. 한유가 이어서 나오고, 소식이 다시 연이어 나와서, 이에 성정과 사실을 다 표현하지 못하는 것이 없게 되었다. 한편 그 격식은 다시 점차 거칠어진 것이

---

1) 韓은 韓愈, 柳는 柳宗元.
2) 蘇는 蘇軾, 黃은 黃庭堅.
3) 簡古(간고) : 간결하고 고원하다.
4) 細事長語(세사장어) : 사소한 일과 장황한 말.
5) 開擴(개확) : 열어서 넓어지다.
6) 庶幾(서기) : 거의 되려함. 바람.
7) 漸麤(점추) : 점점 거칠어지다. 정세하지 않다.
8) 宏才博學(굉재박학) : 재능 있고 박식하다.
9) 逢原(봉원) : 도리를 알아내다.

다. 그러나 재능 있고 박식하지 않으면, 시 창작의 도리를 알아서 널리 활용하는데 그 누구와 더불어 후학의 길을 열어 나갈 것인가?

❁ 해설

본문에서 시의 가치를 논하면서 唐代는 한유와 유종원을 비교하고, 宋代는 소식과 황정견을 비교하여 우열론을 제기하고 있는데, 이 논리는 이동양 이전에 이미 여러 자료에서 거론되어 있다. 보건대, 宋代 劉克莊은 『後村詩話前集』(卷1)에서, 〔유자후는 재주가 높고 다른 문장은 오직 한유만이 대응할만하다. 오율시는 정묘하여 한유가 따르지 못한다. 세상에 원화체라 하는데 한유는 오히려 해학과 세속을 면치 못하고 자후만이 홀로 일가의 말이라 할 수 있으니 어찌 호걸의 선비가 아닌가?(柳子厚才高, 他文惟韓可對壘. 古律詩精妙, 韓不及也. 當擧世爲元和體, 韓猶未免諧俗, 而子厚獨能爲一家之言, 豈非豪傑之士乎?)〕라고 하였고, 陳長方은 『步里客談』(卷下)에서, 〔자고로 이름을 나란히 칭하는 것이 매우 많은데 사실은 반드시 그렇지 않다. …… 자첨의 문장은 황정견보다 월등하고 황정견의 율시는 소식이 따르지 못한다.(自古稱齊名甚多, 其實未必然……子瞻文章去黃甚遠, 黃之律詩, 蘇亦不逮)〕라고 하였으며, 錢文子는 『山谷外集詩注』序에서, 〔산곡의 시는 소식과 율격을 같이 하고 어사는 더욱 고아하고 웅건하여 인용하는 사람이 소식보다 더 많다.(山谷之詩, 與蘇同律, 而語尤雅健, 所援引者乃多於蘇)〕라고 하니 새삼스러운 것이 아니다. 그러나 이 논리는 객관성이 결여된 단편적인 평가라 할 수 있다. 이런 점에서 소식의 『東坡詩話』의 일단과 淸代 李光地의 『榕村語錄』(卷30)의 評語는 한유와 유종원의 시를 평가하는 기준이 된다.

　　(소식이 말하기를) : 유자후 시는 도연명 아래에 있고 위소주 위에 있는데 퇴지는 호방하며 기험한 점에서는 뛰어나지만 온화하고 미려하여 정교하고 심원한 점은 따라가지 못한다.
　　(蘇軾云) : 柳子厚詩在陶淵明下, 韋蘇州上, 退之豪放奇險則過之, 而溫麗精深不及也.

(이광지가 말하기를) : 한유의 시는 뜻은 다 했으나 언사가 그쳐있고 솔직하여 수식이 가해지지 않았다. 유종원의 시는 매우 공교하여 비록 근심과 고통을 말하지만 역시 의상에 옥을 찬 고아한 점이 있다고 생각하니 각각 장점을 지니고 있어서 서로 낮출 수 없다.
  (李光地云): 韓詩意盡言止, 直率不加雕飾. 柳詩工致, 雖說愁苦, 亦覺冠裳佩玉. 各有長處, 不相下也.

그리고 소식과 황정견의 경우도 다음 淸代 趙翼의 『甌北詩話』(卷11)의 글을 통해서 비교된다.

  북송시는 소식과 황정견 두 시인을 추숭하니 대개 재력이 웅혼하고 온후하여 지은 작품이 풍부하여서 진실로 우열을 다툴만하지만, 거기에는 절로 우열이 있다. 동파는 사물을 따라 형상을 묘사하고 붓 가는 대로 시를 쓰며, 하나의 격식에 매이지 않으니, 긍지심을 가지고 의취를 표현하는 점이 보이지 않는다. 산곡은 오로지 힘이 있고 준엄하여 속기를 피하여 평범한 어사를 짓지 않으려 하니 조용히 노니는 홍취가 없다.
  北宋詩推蘇黃兩家, 蓋才力雄厚, 書卷繁富, 實旗鼓相當, 然其間亦自有優劣. 東坡隨物賦形, 信筆揮灑. 不拘一格, 故雖瀾翻不窮, 而不見有矜心作意之處. 山谷則專以拗峭避俗, 不肯作一尋常語, 而無從容游泳之趣

풍격 면에서 한유는 奇險하고, 유종원은 平溫하며, 소식은 두보 이후의 第一家이며, 황정견은 송시 풍격의 대표적인 江西詩派의 주도자이므로 그 지향하는 면이 相異하다. 嚴羽의 시론에 근거한다면, 한유보다는 유종원을, 황정견보다는 소식을 더 優越하게 평가할 수 있을 것이다. 이동양이 지적한 관점은 단지 詩格 면에서 한유와 소식의 시가 '漸麤粗' 하여 격조의 洗鍊에 불만이 있었던 것이 아닌가 한다.

79. 歐陽永叔深於爲詩 구양영숙의 시

　歐陽永叔[1]深於爲詩, 高自許與[2]。觀其思致[3], 視格調爲深。然校[4]之唐詩, 似與不似, 亦門牆藩籬之間[5]耳。梅聖兪[6]云：〔永叔要做韓退之, 硬把我做孟郊[7]。〕[8]　今觀梅之於孟, 猶歐之於韓也。或謂〔梅詩到人不愛處〕[9], 彼孟之詩, 亦曷嘗使人不愛哉？

　구양영숙은 시를 짓는데 깊이가 있고, 스스로도 높이 인정하였다. 그의 사조를 살피면 그 시의 격조보다 깊다. 그러나 당시와 비교해 보면, 닮은 점이 있느냐의 여부는 역시 집 담장과 울타리의 사이에 있는 것처럼 본령을 따라가지 못할 따름이다. 매성유가 말하기를：〔영숙은 한유를 닮으려 했고, 더구나 나를 맹교에 닮은 것으로 본다.〕라고 하였다. 지금 매성유와 맹교를 비교해 보면, 마치 구양수와 한유의 관계 같이 보인다. 어떤 이는 말하기를：〔매성유의 시는 사람들이 애송하지 않는다.〕라고 하는데, 저 맹교의 시를 또한 어찌 일찍이 사람들이 애송하지 않은 적이 있었는가？

---

1) 歐陽永叔：歐陽修
2) 許與(허여)：허락하여 주다.
3) 思致(사치)：思潮, 생각, 흥취.
4) 校(교)：비교하다.
5) 門牆藩籬(문장번리)之間：집 담장과 울타리의 사이. 門牆과 藩籬 즉 담과 울타리로서 本領에 못 미침.
6) 梅聖兪는 梅堯臣(1002~1060), 字 聖兪, 宣城人.『宛陵先生集』.
7) 孟郊(751~814), 字 東野,『孟東野詩集』.
8) 『朱子語類』卷137
9) 或謂句：或은 宋代 邵博으로 『聞見後錄』卷19：'晁以道問予："梅二詩如何黃九？" 予曰："魯直詩到人愛處, 聖兪詩到人不愛處." 以道爲一笑.'

❋ 해설

歐陽修(1007~1072)는 字가 永叔, 號는 醉翁, 六一居士이다. 廬陵人으로 進士 급제 후에 參知政事에 이르고, 開國公에 봉해졌으며『歐陽文忠公文集』이 있다. 博學多才하여 古文運動의 唐宋八大家로서 史學家, 經學家, 博物學者, 文學家이다. 詩文革新을 주장하여 宋代 詩風을 주도하여 宋代 葉夢得의『石林詩話』(卷上)에는 구양수의 시를 다음과 같이 평하고 있다.

구양문충공의 시는 서곤체를 바로 잡아서 오로지 氣格을 주로 삼았다. 그러므로 그 언사가 매우 평이하고 소탈하여 율시의 의취가 표현되기만 하면 비록 어사가 이치에 맞지 않아도 또한 다시 묻지 않았다.
歐陽文忠公詩始矯崑體, 專以氣格爲主. 故其言多平易疏暢, 律詩意所到處, 雖語有不倫, 亦不復問.

구양수가 송시풍을 주도했다 해도 당시와 비교하면 단지 울타리에 멈춰 있다고 한 것은 역시 嚴羽의 第一義와 第二義라는 시론기준과 연관하게 된다.
梅堯臣(1002~1060)은 字가 聖兪이며 宣城人으로서 太常博士, 尙書都官員外郞을 지낸 宋代 초기의 문인이다. 그의 시론은『詩經』과 離騷의 사상을 계승하여 平淡含蓄을 추구하고 素朴하고 淸切한 語辭를 구사하였다. 구양수와 교류하여 상호 영향을 주었는데 본문에서 매성유 자신은 孟郊, 구양수는 韓愈와 비교시킨 부분은『朱子語類』(卷137)의〔매성유가 말하기를 : 구양영숙 그는 스스로 한퇴지를 닮으려 하고, 오히려 나를 맹교에 비교하려 하였다.(梅聖兪說 : 歐陽永叔他自要做韓退之, 却將我來比孟郊)〕에서 인용한 것이다. 孟郊(751~814)는 字가 東野로 韓愈, 李翶, 張籍 등과 詩友이며 宋代 魏泰의 詩評에 의하면〔맹교의 시는 거칠고 부드럽지 않고 궁벽하여 다듬어 꾸미지 않으니 정말 애써 읊어서 지었다.(孟郊詩寒澁窮僻, 琢削不假, 眞苦吟而成.)〕(『臨漢隱居詩話』)라고 하였고 嚴羽는〔맹교의 시는 초췌하고 메마르며 그 기세가 촉박하여 넓지 못하다.(孟郊之詩, 憔悴枯槁, 其氣局促不伸.)〕(『滄浪詩話』詩評)라고 하였다. 매성유 자신이 맹교가 되고 구양수는 한유가 되기를 소망하였겠지만, 송시는 송시일 뿐, 당시를 따를 수 없다는 明代 시단의 일반적인 관점을 제시하였다고 본다. 매성유 시가 人口에 愛誦되지 않았다는 기록은 宋代 邵博의 『聞見後錄』 (卷19)에서 逸話로 전해지는데 보면,〔조이도가 나에게 묻기를 : "매성유 시는 황정견과 어떠합니까?" 하니 내가 말하기를 : "황노직 시는 사람에 애송되는데 성유의 시는 애송되지 않는다." 하니 조이도가 힐끗 웃었다.(晁以道問予 : "梅二詩何如黃九?" 予曰 : "魯直詩到人愛處, 聖兪詩到人不愛處." 以道爲一笑.)〕라고 하였다.

80. 熊蹯雞跖 시의 격식과 흥취

熊蹯雞跖[1], 筋骨有餘, 而肉味絶少。好奇者不能舍之, 而不足以厭飫[2] 天下。黃魯直[3] 詩大抵如此, 細咀嚼[4] 之可見。

곰발바닥과 닭발처럼 시의 근골 즉 격식과 어사는 충분한데 그 고기맛 즉 시의 흥치는 매우 적다. 기이함을 좋아하는 자는 그 점을 버리지 못하니 천하를 만족시키기에 부족하다. 황노직의 시는 대개 이와 같으니, 자세히 음미해 보면 알 수 있다.

❋ 해설

본문에서 곰발바닥과 닭발이란 곧 시의 格式과 語辭를 비유한 말로서 시의 내용보다는 형식에 치우친 경우이다. 고기맛이란 시의 내용 즉 興趣를 비유한다. 근골만 드러나고 살이 없는 갈비는 맛이 없으니 시도 論理만 있고 性情의 感興이 부족하면 시답지 않다. 江西詩派의 영수인 黃庭堅의 시를 비유하여 宋詩의 단점을 지적한 것이다. 이런 관점은 嚴羽에게서 영향 받은 것으로 엄우의 송시관을 보기로 한다. 엄우는 『滄浪詩話』詩辨에서 宋代 시인에 대해서 구체적으로 평하고 있으니,

> 송나라 초기의 시는 또한 당인을 본받았다. 왕우칭(王禹偁)은 백락천(白樂天)을 배우고 양억(楊億)과 유균(劉筠)은 이상은(李商隱)을 배웠으며, 성도(盛度)는 위응물(韋應物)을, 구양수(歐陽修)는 한유(韓愈)의 고시를 각각 배웠

---

1) 熊蹯雞跖(웅번계척) : 곰발바닥과 닭발. 筋骨은 格式과 語彙 등, 肉味는 興致를 비유.
2) 厭飫(염어) : 충족하다.
3) 黃魯直 : 黃庭堅
4) 咀嚼(저작) : 음식을 입에 넣고 씹다. 글의 뜻을 깊이 파고 들어가 음미하다.

고, 매요신(梅堯臣)은 당인의 평담처를 배웠다. 소식(蘇軾)과 황정견(黃庭堅)에 이르러 비로소 창의를 작시하니 당인의 풍격이 변하게 되었다. 황정견의 용공은 매우 깊이 뿌리박혀, 그 후 그 법이 성행하니 강서종파라 칭하였다. 근세에 조사수(趙師秀)와 옹권(翁卷)등 영가사령(永嘉四靈)들이 오직 가도(賈島)와 요합(姚合)의 시를 좋아하여 차차 청고풍으로 나아가니 강호시인들이 그 체를 본받아 일시에 당종으로 일컬어졌다. 그러나 성문벽지과(聲聞辟支果)에 열입될 뿐임을 알지 못하면서 어찌 성당 제공의 대승정법안(大乘正法眼)이라 하리오. 아아! 정법안이 전하지 않은지 오래도다.

　　國初之詩尙沿襲唐人, 王黃州學白樂天, 楊文公劉中山學李商隱, 盛文肅學韋蘇州, 歐陽公學韓退之古詩, 梅聖兪學唐人平澹處. 至東坡山谷詩自出己意以爲詩, 唐人之風變矣. 山谷用工尤爲深刻, 其後法席盛行, 海內稱爲江西宗派 近世趙紫芝翁靈舒輩, 獨喜賈島姚合之詩, 稍稍復就淸苦之風. 江湖詩人多效其體, 一時自謂之唐宋, 不知止入聲聞辟支之果, 豈盛唐諸公大乘正法眼者哉. 嗟乎. 正法眼之無傳久矣.

여기서 엄우는 宋初의 시에 송초 5家가 唐風을 답습하다가 소식과 황정견에 와서 송시의 특성이 나오고 강서와 영가, 그리고 강호까지 詩脈이 변천한 과정을 서술하였다. 이 중에서 江西에 대해 陳嚴肯가〔혹자는 그 묘처를 얻지 못하고 매양 시를 지으면서 필히 성운은 변격을 쓰고 어사는 난삽하게 하니 이를 강서격이라 할 것이다.(或未得其妙處, 每有所作, 必使聲韻拗捩, 詞語艱澁, 曰江西格也.)〕(『庚溪詩話』)라 했듯이 강서파의 奇工과 難解를 반대하고, 영가가 가도 등의 淸苦를 추숭한 데 대해 외식적인 지향을 반대하였다. 이것은 范晞文이〔사령에 당시를 주창하여 배우는 자는 그 깊은 뜻을 틈내어 열어 넓히면서 도리어 그 잘못을 두려워한다.(四靈倡唐詩者, 學者闖其堂奧, 闢而廣之, 猶懼其失.)〕(『對床夜話』)라 한 영가의 풍격 때문이었을 것이다. 嚴羽는 철저하게 한위진과 성당시를 시 품격상 최고의 경지에 놓고 자기의 입론을 전개하였으니「詩辨」의 말구인〔한위 이래를 근원으로 하되 확연히 성당을 사표로 삼아야 함을 말한다. 세상 군자에게 죄가 된다 해도 이 말은 취소하지 않는다.(推原漢魏以來, 而截然謂當以盛唐爲法. 雖獲罪於世之君子, 不辭也.)〕라 한 말은 창랑 자신의 불변의 소신을 토로한 것이며, 『滄浪詩話』에서 송시의 특성을〔문자로 시를 삼고, 재학으로 시를 삼으며 의논으로 시를 삼는다.(以文字爲詩, 以才學爲詩, 以議論爲詩.)〕라고 단정한 맥락과 상통한다.

81. 楊廷秀學李義山 양정수와 육무관의 시풍

楊廷秀¹⁾ 學李義山²⁾, 更覺細碎³⁾；陸務觀⁴⁾ 學白樂天⁵⁾, 更覺直率⁶⁾。槪之唐調⁷⁾, 皆有所未聞也。

양정수는 이상은을 배웠지만, 더욱 잘게 부순 듯 세밀하게 느껴진다. 육무관은 백낙천을 배웠지만, 더욱 곧고 진솔하게 느껴진다. 당시 격조로 개괄하면 모두 아직 듣지 못한 뛰어난 점이 있다.

● 해설

楊萬里(1127~1206)는 字가 廷秀, 號는 誠齋, 諡號는 文節이며 吉州 吉水人이다. 太常博士, 吏部郞中, 樞密院檢詳官 겸 太子侍講, 秘書監, 江東轉運副使 등 다양한 관직을 역임하고 『誠齋集』이 있다. 『滄浪詩話』 詩體에 보면, 〔처음에는 반산과 후산을 배우다가 나중에는 또한 당인에게서 절구를 배웠다. 이미 제가의 체제를 다 버리고 따로이 베틀에서 벗어났다.(初學半山, 後山, 最後亦學絶句於唐人. 已而盡棄諸家之體而別出機杼.)〕라고 그의 시의 연원을 기술하였고 그 자신이 誠齋體를 창안하였다. 그의 시풍은 『四庫全書總目提要』(卷160)에 〔사물의 자태를 그리고 사람의 정과 뜻을 묘사하는 데 있어, 섬세한 기풍을 펴 나가서 그 오묘한 경지를 진실되게 다 표현하였다.(至於狀物姿態, 寫人情意,

---

1) 楊廷秀 : 楊萬里(1127~1206) 字 廷秀, 號 誠齋. 『誠齋集』.
2) 李義山 : 李商隱
3) 細碎(세쇄) : 잘게 부숨. 煩碎. 시의 풍격이 호방하지 않고 섬세하다.
4) 陸務觀 : 陸游(1125~1210) 字 務觀, 號 放翁. 『劍南詩稿』.
5) 白樂天 : 白居易
6) 直率(직솔) : 곧고 진솔하다.
7) 唐調 : 唐詩

則鋪敍纖悉, 曲盡其妙.)]라고 하여 시풍이 纖細하여 晚唐의 李商隱을 닮은 것으로 본문에서 논하고 있다. 이 논리는 양만리 자신이 『誠齋詩話』에서,

> 오칠언절구는 가장 분량이 적고 가장 공교하게 표현하기 어려우니, 작가라도 또한 4구 전체를 잘 짓기 어려운 것인데 만당인과 개보 왕안석은 여기에 가장 공교한 것이다. 예컨대 이의산이 당의 쇠망을 근심하여 말하기를 : '석양이 한없이 좋은데 그 어찌 황혼이 가까운가.'구 같은 것이다. ……
> 五七字絶句最少, 而最難工, 雖作者亦難得四句全好者, 晚唐人與介甫最工於此. 如李義山憂唐之衰云 : 夕陽無限好, 其奈近黃昏……

라고 한 데에서 연유한 것이 아닌가 한다. 그리고 陸游(1125~1210)는 字가 務觀, 號는 放翁으로 越州 山陰人이다. 관직은 寶謨閣待制를 지냈고『劍南詩稿』가 있다. 그의 詩材는 廣範하고 語辭가 簡潔하면서 意境이 깊어서 明代 王世貞의 『藝苑卮言』(卷4)에 [남으로 옮긴 이후에, 육무관은 자못 소식에 근접하나 거칠었다.(南渡以後, 陸務觀頗近蘇氏而粗.)]라고 시풍의 변화를 지적하고 특히 본문의 白居易를 배웠다는 논리와 상통하는 근거로 淸代 翁方綱의 『石洲詩話』(卷2)에서 [백거이의 오언고시는 위로는 도연명에게 가까이 하고 아래로는 소식과 육유의 길을 열었다.(白公五古上接陶, 下開蘇陸.)]라고 한 논평에서 찾을 수 있다. 본문은 宋代 두 시인의 시풍을 唐代 시인과 억지로 비교하려는 관념을 경계하고 있다.

다음에 두 詩人의 시를 보면서 李東陽의 評語와 비교하기로 한다. 먼저 楊萬里의 「曉經潘葑」 시를 보면,

> 기름 바른 창가에 비 맞아도 젖지 않은데
> 동풍이 언 듯 바뀌어 서풍이 급히 부네.
> 쑥빛이 쓸쓸한데 강물은 막혀 있고
> 배를 끌어도 가지 않으니 사람이 서 있네.
> 빗속에 뱃사공의 삿갓 바람에 떨어지고
> 아직 반봉에 이르지 않은데 눈이 먼저 드누나.
> 언덕의 버들이 머리 숙여 인사하니
> 일시에 시를 읊어 나의 성재집에 넣으리.

油窓着雨光不濕, 東風忽轉西風急.
蓬色蕭蕭河水溢, 牽船不行人却立.
雨中篙師風墮笠, 潘尌未到眼先入.
岸柳垂頭向人揖, 一時喚入誠齋集.

  이 시의 末2句는 景物을 擬人化하여 시인의 主觀情感과 人化의 自然性格을 조화하고 있어서 소위 情景交融의 審美意境에 進入하고 있다. 한편 陸游의 「冬夜思里中多不濟者愴然有賦」를 보면,

    늙은 나이에 병이 날로 스며드니
    오래 전에 하찮은 관록 그만 두고 산림에 누웠네.
    늙어 탄식하며 천한 말 없어도
    비애 어려서 뜻 얻지 못한 마음 위로하네.
    힘이 약해서 밥도 들지 못하나
    뜻은 깊어 항상 천금을 나누기 바라네.
    밤 다하도록 흐린 등불 아래 감개하며
    달 밝은데 외로이 임금 계신 곳 그리네.
    大耋年光病日侵, 久辭微祿臥山林.
    雖無嘆老嗟卑語, 猶有哀窮悼屈心.
    力薄不能推一飯, 義深常願散千金.
    夜闌感慨殘燈下, 皎皎孤懷帝所臨.

  이 시는 그의 暮年의 작품으로 마을의 救濟되지 못한 많은 사람들에 대한 同情이 깊이 배어 있다. '力薄'에서 '孤懷'를 吐露하여 農民의 貧困相을 묘사하여 統治階級의 腐敗와 苛斂誅求의 現實相을 간접적으로 告發하고 있다. 이런 면에서 本詩話에서 두 시인의 詩風을 각각 李商隱과 白居易에서 淵源하였다고 記述한 것은 同感된다.

82. 陳無己詩有古意 진무기와 진여의 고의

陳無己1)詩, 綽有古意2)。如〔風帆目力3)短, 江空歲年晚〕4), 興致藹然5), 然不能皆然也。無乃亦骨勝肉6)乎？陳與義7)〔一凉恩到骨, 四壁事多違〕8), 世所傳誦, 然其支離亦過矣。

진무기의 시는 고시의 의취가 뛰어나다. 예컨대, 〔바람 탄 돛은 빨라서 눈에 휙 지나고, 강은 공허한데 한 해가 저물도다.〕구는 흥취가 풍부하지만 다 그렇다고 할 수는 없다. 역시 살보다 뼈가 더 드러난 것처럼 시의 흥치보다는 격식이나 어사에 치우친 경우가 아닐까? 진여의 시의 〔한 가닥 쓸쓸한 마음이 뼈에 사무치니, 사방 벽에 막힌 일들이 어긋나네.〕구는 세상에 전하여 읊어진 것이지만, 그 지리함이 또한 지나치다.

❂ 해설

본문은 이동양의 宋詩에 대한 평소의 관점을 陳師道와 陳與義 시를 예로 들면서 토로하고 있다. 陳師道(1052~1101)의 字는 無己, 號는 後山居士로 彭城人이다. 관직은 秘書省正字를 지냈고 蘇門六君子의 하나이며 江西詩派의 主宗者

---

1) 陳無己 : 陳師道(1052~1101) 字 無己, 號 後山居士.『後山居士文集』. 江西詩派의 宗
2) 古意 : 옛 시인의 意趣, 興趣.
3) 目力 : 眼力, 視力.
4) 風帆句 : 詩題「送蘇公知杭州」
5) 藹然(애연) : 많은 모양.
6) 骨勝肉 : 骨은 格式과 語彙 등, 肉은 시의 興致.
7) 陳與義(1090~1138) : 字 去非, 號 簡齋居士.『簡齋集』. 黃庭堅, 陳師道의 영향을 받음.
8) 一凉句 : 詩題「秋雨」

의 하나이다. 文集은 『後山居士文集』, 『後山詩話』가 있다. 明代 方回는 〔고금의 시인은 당연히 두보·황정견·진사도·진여의 등 4가를 일조삼종으로 삼는다.(古今詩人, 當以老杜山谷後山簡齋四家爲一祖三宗.)〕(『瀛奎律髓』 卷26)라고 하여 진여의와 함께 강서파의 삼종의 하나로 지칭하고 있다. 그의 시는 寒士生活의 苦痛과 不遇를 묘사하여 苦吟을 숭상하였다. 『滄浪詩話』 詩體에서는 그의 시를 두고 〔후산은 본래 두보를 배웠으나, 그 어사가 닮은 것은 단지 몇 편뿐이며 다른 혹시 닮은 것도 완전하지 않으니, 그 나머지는 곧 그 진사도 자신의 것에 바탕을 두고 있을 따름이다.(後山本學杜, 其語似之者但數篇, 他或似而不全, 又其他則本其自體耳.)〕라고 하여 진사도 시의 독창성을 강조하였고, 魏慶之는 『詩人玉屑』(卷2)에서 〔후산의 '으슥한 연못에서 홀로 울고, 깊은 숲에서 외로이 향기롭다' 같은 구는 고요하면서 절로 아름다우니 감상을 바랄 것이 없다.(後山如九皐獨唳, 深林孤芳, 冲寂自姸, 不求識賞.)〕라고 평하고 있다. 『四庫全書總目提要』(卷154)에서는 그의 시를 형식별로 특징을 평하기를,

> 그 오언고시는 맹교와 가도 사이를 출입하여 의취가 고고하고 초탈하여 거의 따라 오를 수 없다. 생소한 점은 아직 강서의 기습을 벗지 못한 것이다. 칠언고시는 자못 한유를 배웠고 또한 간혹 황정견을 닮았으나 곧은 것이 가슴 아프다. …… 오언율시의 아름다운 곳은 두보에 가까우나, 간혹 편벽되고 난삽한 데 빠져 있다. 칠언율시는 풍골이 뜻이 커서 매이지 않으나 간혹 너무 통쾌하고 기진한다. 오칠언절구는 순전히 두보의 감흥을 주는 격조를 지니고 있으나 商의 가락인 중성에 맞지 않다.
> 其五言古詩出入郊島之間, 意所孤詣, 殆不可攀. 而生硬之處, 則未脫江西之習. 七言古詩頗學韓愈, 亦間似黃庭堅, 而傷偏謇直. ……五言律詩佳處往往逼杜甫, 而間失之僻澁. 七言律詩風骨磊落, 而間失之太快太盡. 五七言絶句純爲杜甫遣興之格, 未合中聲.

라고 하여 비교적 상세하게 진사도 시에 대한 장단점을 지적하고 있다. 본문에서 古意란 고시의 특성을 말하고 興致를 논한 것은 唐代 杜甫와 韓愈의 풍격을 본받은 점을 지칭한다. 본문에 인용한 진사도의 「送蘇公知杭州」의 시구에 대해 宋代 任淵은 『後山詩注』(卷2)에서,

바람 탄 돛대는 더욱 멀어지니, 눈으로 미처 전송치 못함이 한스럽다. 사람은 가고 강은 공허하니 아득히 절로 실의한데, 내 나이 이미 늙어 저무니, 다시 보지 못할까 두렵다. 그 현명함을 아끼면서 이별을 아쉬워하는 마음이 절실하다고 말할 수 있다.
　　　風帆愈遠, 恨目力不能送之. 人去江空, 恍然自失, 吾之年歲日已遲暮, 懼其不復再見也. 其愛賢惜別之意可謂切矣.

라고 주석하고 있다. 그리고 陳與義(1090~1138)는 字가 去非, 號는 簡齋居士로 洛陽人이다. 관직은 參知政事를 지내고 江西詩派의 주종자의 하나이며 『簡齋集』이 있다. 그의 律詩는 杜甫를 배워서 聲調가 宏亮하고 沈着하다. 古詩는 黃庭堅과 陳師道의 영향을 받았다고 본다. 본문이 강서시파의 주종자인 陳師道와 陳與義를 동시에 거론하여 그 단점을 지적한 것은 明代 시단의 조류와 일맥상통하는데 黃庭堅과 진사도에 대한 평가는 많으나, 陳與義 시에 대해서는 비교적 疎外感이 있으므로 본 해설을 통하여 상세한 분석평가를 가하려 한다.

　진여의는 같은 시파의 황정견과 진사도보다 어리면서 이들 두 시인을 무척 추앙하였다. 진여의는 황정견에 대해서,

　　동파의 재주는 위대하니 따라서 필묵의 밖에서 종횡으로 행하고, 그 운용이 그지없다. 황정견은 의취 운용이 깊어서 입맛에 잘 맞으며 그 추구함이 더욱 원대하다.
　　　東坡賦才也大, 故解縱繩墨之外, 而用之不窮. 山谷措意也深, 故游泳口味之餘, 而索之盆遠.(晦齋『簡齋詩集』引陳與義集 卷首)

라고 하여 황정견을 東坡의 대열에 놓았으며 진사도에 대해서는,

　　본조 시인의 시로서 읽지 않을 수 없는 것을 말한다면 진사도인 것이다.
　　　本朝詩人之詩言不可不讀者, 陳無己也.(『徐度却掃編』 卷中)

라고 하여 필수적인 학습대상으로 삼았으니 그의 창작에서 위의 두 시인으로부터 다음과 같은 몇 가지 점을 영향받고 있는 것이다.

먼저 진여의는 句法을 중시하고 있는 것이다. 그의 구법은 簡潔하니, 羅大經은 그 구법을 두고 이르기를,

> 진사도와 황정견 이후의 시인으로는 진여의를 능가하는 자가 없으니, 그의 시는 간결하고 고담한 데로부터 화려하고 섬세함을 드러낸다.
> 自陳黃之後, 詩人無逾陳簡齋, 其詩由簡古而發穠纖.(『鶴林玉露』卷4)

라고 하여 그 구법의 연원이 위의 두 시인에게서 근원하고 있음을 밝히고 있다. 그래서 朱熹는 보다 구체적으로 밝혀서 이르기를,

> 고인의 시에는 살아 있는 시구가 있는데 오늘날의 시에는 살아 있는 시구가 없고 단지 직설만이 있을 뿐이어서 하루에 시 백 수 짓는 것도 할 수 있다. 예컨대 진여의 시에서 '흩날리는 구름이 푸른 벽에 엇갈리고, 보슬비는 푸른 솔을 적신다. 따스한 햇빛 버들가지에 감돌고 짙은 그늘은 해당화에 감돈다.' 같은 것이다.(살아 있는 시구이다.)
> 古人詩中有句, 今人詩更無句, 只是一直說將去, 一日作百首也得. 如陳簡齋詩 : 亂雲交翠壁, 細雨濕青松. 暖日薰楊柳, 濃陰醉海棠.(『朱子語類』卷140)

라고 하여 진여의의 작시에서 구법의 구사를 얼마나 중히 여겼는지를 알 수 있다. 다음으로 진여의는 詠物에 있어서 形似보다는 神似를 중히 여기는 경향을 보이는데, 이것은 영물시가 지닌 특성상 당연한 작시의식인 것이다. 예컨대, 진여의의 「和張規臣水墨梅」의 제3수를 보기로 한다.

> 고운 강남의 만옥비(매화를 지칭)여.
> 헤어지고 몇 번이나 봄이 돌아 왔는지.
> 서울에서 만난 때에 예와 같건만,
> 오직 안타깝기는 검은 먼지가 흰옷에 물들까 하노라.
> 粲粲江南萬玉妃, 別來幾度見春歸.
> 相逢京洛渾依舊, 唯恨緇塵染素衣.

매화는 순백색이어서 수묵을 쓸 경우에 그 색채를 적절히 묘사하기에 어려운데도, 진여의는 이러한 난점을 詩情으로 승화시키고 있다. 이 시는 꽃을 擬

人化하였으니, '萬玉妃'는 韓愈의 「辛卯年雪」 시 중의 〔흰 무지개가 먼저 길을 열고 만옥비가 이어서 따르네.(白霓先啓途, 從以萬玉妃.)〕구를 활용한 것으로, 한유는 玉妃를 눈에 비유하고, 진여의는 흰 梅花로 비유하였으며 말구에서는 속세에 혼탁해질까 하는 자신의 심정을 매화의 潔白에 풍유하고 있다. 그 다음은 진여의는 시의 예술풍격 면에서 진사도의 영향을 비교적 많이 받았으니, 그의 「風雨」 시를 보면,

> 가을 저녁에 비바람 치니,
> 오동잎이 창가에 놀라 나부끼네.
> 시름없이 낙엽은 가까이 지고
> 마음 가득히 가을의 소리 나도다.
> 객은 진정 힘이 없거늘
> 꿈속에서 파도가 성을 흔든다.
> 깨어나니 아무것도 안 보이는데
> 초생달만 깊은 밤을 비추고 있다.
> 風雨破秋夕, 梧葉窓前驚.
> 不愁黃落近, 滿意作秋聲.
> 客子定無力, 夢中波撼城.
> 覺來俱不見, 微月照殘更.

이 시의 立意가 자못 깊고 구법이 새로워서 진사도의 풍격을 지니고 있으니, 이것은 清代 紀昀(기윤)이 『瀛奎律髓』(卷16)에서 〔이 시는 후산 진사도에 매우 가깝다.(此詩逼近後山)〕라고 평한 것과 상통한다. 그리고 진여의도 杜甫를 배워서 송나라가 南渡하기 전에는 역시 두 시인을 통하여 두보의 영향권 안에 있었음은 당연하다. 「雨」 시를 보면 그 흔적을 알 수 있다.

> 강가 모래밭에 봄비가 살랑대는데,
> 띠풀 처마의 낡은 관가를 지킨다.
> 어느 새 꽃에 눈물이 맺혔는데
> 만 리 떠난 객은 난간에 기대어 있네.
> 해 질 녘에 장미는 비 젖어 무겁고
> 누대 높이 앉은 제비 추위에 떤다.

아깝구나. 도연명과 사령운의 재주로도
전혀 이 시름을 떨치지 못함이.
沙岸殘春雨, 茅檐古鎭官.
一時花帶淚, 萬里客憑欄.
日晚薔薇重, 樓高燕子寒.
惜無陶謝手, 盡力破憂端.

이 시의 자구 중 상당수가 杜詩 중에서 근거를 두고 있고 풍격도 비교적 침울하다. 제3구는 두보 「春望」의 〔어려운 때를 느껴서 꽃도 눈물 흘린다.(感時花濺淚)〕에서 이미지를 본받고 있다.9) 그러나 진여의의 젊은 날의 시가에는 그 흔적이 비교적 적은 편이다.

이제 그 구체적인 영향관계를 보기로 한다. 먼저, 沈鬱한 풍격을 들겠다. 진여의가 南渡 이후에 시에서 憂國愛民的인 의식을 많이 表出하고 있음은 이와 전혀 無關하지 않다. 예컨대 「感事」 시를 보면,

전란을 어찌 말로 다 하리오.
전쟁은 아직 끝나지 않았다오.
귀하신 공경들 왼쪽으로 옷섶을 하는데(오랑캐 복식)
장강과 한수는 예대로 동으로 흘러간다.
바람이 황룡부에 끊겨 있고(소식이 없음)
구름은 백로주로 옮겨가누나.(군주의 피난)
어찌하면 나라의 운명을 평강케 하고
무엇으로 임금의 근심을 덜어 드릴까.
세상일 헤아리기 어렵지 않으나,
나의 인생은 본디 절로 유랑신세인 것을.
국화 어지러이 사방들에 피었는데
가을에 시 짓는 마음 누구를 위해서인가.
喪亂那堪說, 干戈竟未休
公卿危左袵, 江漢故東流
風斷黃龍府, 雲移白鷺洲

---

9) 『陳與義集』 卷13의 胡穉 箋注에는 이 구를 杜甫 「秋興」 시의 '叢菊兩開他日淚'구에서 인용한 것이라 하나, 莫礪鋒은 『江西詩派研究』 p.159에서 「春望」의 시구에서 본받음이 타당하다고 하였다.

云何舒國步, 持底副君憂.
世事非難料, 吾生本自浮.
菊花紛四野, 作意爲誰秋.

시인은 답답하고 심란한 감정으로 나라 일을 생각한다. 첫4구에서 시국의 위기를 묘사하면서 다음으로 제5구와 제6구의 두 구로 그 당시의 國事를 물결치고 구름 짙게 드리운 형세로 암시하였고, 그 다음 두 구에서 시인의 報國의식과 그 일의 어려움에서 오는 근심을 토로하고 있다. 그리고 나중에 가서 초목의 무정한 자태로써 시인 자신의 침울한 심정을 襯托한 것이다. 宋代 劉克莊은 이 시를 두고서,〔자못 두보에 가깝다.(頗逼老杜)〕(『後村詩話前集』卷3)라고 평한 것은 바로 두보의 영향을 의미한다. 그리고 칠언율시의 구법을 들겠으니, 明代 胡應麟은 이 점을 지적하여 쓰기를,

> 송대에 율시 짓는 자로 나는 두 사람을 얻었다. 매요신의 오언시는 맑으면서 짙고 평이하면서 원대하다. 진여의 칠언시는 웅혼하면서 화려하고 장중하면서 온화하다. 매요신은 왕유의 의취를 많이 얻었고, 진여의는 두보의 구를 많이 얻었다.
> 宋之爲律者, 吾得二人：梅堯臣之五言, 淡而濃, 平而遠, 陳去非之七言, 渾而麗, 壯而和. 梅多得右丞意, 陳多得工部句.(『詩藪外編』卷5)

여기서 진여의의 칠언율시는 두시의 영향이 매우 큰 것을 확인하게 된다. 진여의의「登岳陽樓」2수 중에 제1수를 보면,

> 동정호 동쪽과 장강 서쪽의 누각엔
> 발과 깃발이 고요하고 석양이 느슨히 드리워 있다.
> 오땅과 촉땅이 갈린 곳에 올라
> 호수의 산기슭을 배회하니 날이 저물려 한다.
> 만 리 떠나 노닐며 멀리 바라보니
> 세 해의 숱한 고생 끝에 다시 높은 데 기대노라.
> 백발로 지난 모진 풍상을 위로하니
> 창파 같은 고목들이 이 마음 한없이 슬프게 한다.

洞庭之東江水西, 簾旗不動夕陽遲.
登臨吳蜀橫分地, 徙倚湖山欲暮時.
萬里來游還望遠, 三年多難更憑危.
白頭弔古風霜裏, 老木蒼波無限悲.

이 시에 대해서 清代 紀昀은 평하여서〔시의 의경이 넓고 깊어 진정 두보에 가깝다.(意境宏深, 眞逼老杜.)〕(『瀛奎律髓』(卷1))라고 하여 시의 의취가 넓고 깊은 것은 두보에게서 본받았음을 알 수 있다. 제1구의 '之'자는 성조의 미묘함을 뚜렷하게 보여주는 것으로 두보에 가까우며, 제3연은 두보의「登高」시에서〔만 리 길 슬픈 가을에 늘상 나그네 되고, 백년 인생에 병도 많은데 홀로 누대에 오르네.(萬里悲秋常作客, 百年多病獨登臺.)〕(『杜詩詳注』卷20)라는 구와 흥취와 묘사법에서 완전히 일치하고 있는 것이다.

한편 七言絶句에서 時事의 내용을 주제로 활용한 것이다. 이것은 진여의 시의 리얼리즘적인 성격과 연관된다. 그리고 황정견을 이어서 성공적으로 시에 응용한 경우에 해당한다. 예컨대,「春寒」시를 보면,

이월의 파릉은 날마다 바람이 불어,
봄추위 가지 않아 초가의 이 몸이 떤다.
해당화는 연지 빛 붉은 꽃 아깝지가 않은 지,
외로이 보슬비 내리는 속에 서 있구나.
二月巴陵日日風. 春寒未了怯園公.
海棠不惜臙脂花, 獨立濛濛細雨中.

이 시는 高宗 建炎 3년(1129) 2월에 지은 것이다. 그 당시에 南宋의 조정은 風前燈火 같은 위기에 놓여 있었다. 金兵이 青州·徐州를 연파하고 楚州를 진격하여 장강 이북을 장악하는 세력을 확보하니 고종은 揚州에서 鎭江으로, 그리고 다시 杭州로 피난 갔다. 이때에 시인은 岳州(지금 호남성 岳陽)에 피난 중이었고 鄱陵도 이곳에 있다. 이 해 정월에 악주에는 대화재가 발생하여 시인은 군수 王接의 후원인 君子亭에 잠시 머물렀기 때문에 자칭 園公이라고 한 것이다. 時事性을 지닌 시를 단시에 표현하는 능력이 두보를 닮았다.

이런 여러 문인의 영향을 받아 형성된 진여의 시의 특성을 다음 몇 가지 내용분석을 통해서 정리할 수 있다. 宋代의 시인들은 唐代에 비해서 방대한 작품을 남기고 있는 것을 보게 되는데 그 근본 요인은 인쇄술의 발달을 들어야 할 것이다. 唐代의 詩聖인 杜甫가 1,400여 수를 남기고 있는 것은 대단한 일이라 하는데 宋代에서는 陸游를 위시하여 蘇軾과 歐陽修 등은 수천 수가 그 문집에 수록되어 있으며 육유는 만 수 이상의 시를 남기고 있다 하니 단지 한 왕조의 간격인 데도 불구하고 작품수량의 큰 격차는 시대적이며 사조적인 원인도 있겠으나 역시 인쇄와 보존의 기술적 차원에서 오는 것이라 할 것이다. 그에 비하면 진여의는 작품 수량상 비교적 적당한 위치에 있다고 할 것이니, 四庫全書本『陳與義集』에 의하면 5언 고시 175수, 7언 고시 84수, 5언 율시 77수, 칠언 율시 114수, 5언 절구 29수, 7언 절구 156수 등 635수가 수록되어 있으며, 현대인 鄭騫의『陳簡齋詩集合校彙注』에 의하면 4언 고시 2수, 5언 고시 178수, 7언 고시 58수, 5언 율시 74수, 7언 율시 119수, 5언 배율 3수, 5언 절구 27수, 6언 절구 4수, 7언 절구 161수 등 모두 626수를 수록하고 있는 것이다.

진여의 시에 대한 일반적인 평가는 다양하여, 宋代 劉克莊은『後村詩話』에서,

> 진여의에 이르러서 비로소 두보를 스승으로 삼았다. 간결하며 엄격한 것으로 번다하며 꾸민 것을 쓸어내고, 웅혼한 것으로 지나친 기교를 바꾸었으니, 그 품격을 매기면 당연히 여러 작가 중에 으뜸이라.
> 及簡齋出, 始以老杜爲師. 以簡嚴掃繁縟, 以雄渾代尖巧, 第其品格, 當在諸家之上.(前集 卷2)

라고 하여 그 시가 衒學的이라든가 修飾的이 아닌 淡白하고 힘이 있는 맛을 주고 있음을 강조하였으며, 明代 胡應麟은『詩藪』에서,

> 진여의의 '봄이 오는데 밤에 눈이 아직 남아 있고, 술을 다 마시니 매화도 지는구나.'라는 구는 오히려 자연스러워 당시의 맛이 있는데 그러나 흔히 얻을 수 없다.
> 去非春生殘雪夜, 酒盡落梅時. 却自然有唐味, 然不多得.(外編 卷5)

라고 하여 宋代의 당시풍을 지닌 은일낭만적인 맛을 풍겨준다고 적절한 평가를 하였다. 그리고 기윤은 『四庫全書總目提要』(『四庫全書』 卷156集部 別集類)에서 진여의 시를 총괄하여 평하기를,

> 그 시가 황정견에서 근원하였으나, 천성이 매우 고매하고 변화에 공교하며 풍격이 높고 사고가 깊고 진지하여 우뚝 자신의 길을 열 수 있었다. 『영규율수』는 두보를 일조로 삼고 황정견・진사도 및 진여의를 삼종으로 삼으니 이것은 진실로 한 가문과 같은 논리이다. 그러나 강서파 중에서 말하면, 황정견의 아래며 진사도의 위로서, 실로 높이 한 자리를 차지하기에 부끄러움이 없다.
> 其詩雖源出豫章, 而天分絶高, 工於變化, 風格遒上, 思力沈摯, 能卓然自闢蹊徑. 瀛奎律髓以杜甫爲一祖, 以黃庭堅陳師道及與義爲三宗, 是固一家門戶之論. 然就江西派中言之, 則庭堅之下, 師道之上, 實高置一席無愧也.

이러한 각도에서 진여의 시를 종합하여 그 성격을 구분한다면, 대개 시의 寫實的인 現實感覺과 情景交融的인 性情의 승화에 의한 悲壯과 雄渾한 意氣, 그리고 현실로부터의 은둔적 의식 등으로 특징지을 수 있겠다.

이런 진여의 시의 특징을 구체적으로 살펴보면, 첫째로 정치참여의 希求와 憂國愛民의 心氣를 본다. 靖康難은 진여의로서는 시 창작 생애를 자연스레 구별시켜 놓고 있으니 그 이전은 徽宗의 賞識과 拔擢에 의해 정치에 발을 들여 놓았지만 시의 내용상 다른 강서파 시인처럼 贈酬와 景物 유람, 그리고 개인적인 感懷 등을 그 소재로 많이 삼았으니 이것은 개인의 정감세계를 표현한 경우가 된다. 그의 「夜雨」 시를 보면,

> 한 해 동안 두문불출 모든 일 멀리 하고
> 이 몸은 오직 푸른 이끼에 누워 지냈다.
> 매미 소리 아직 가을바람 일기엔 이르니
> 나뭇잎이 온통 울리더니 밤비가 내린다.
> 바둑 형세로 헛된 세상 이치를 알만하니,
> 등불 꽃은 응당 좋은 시 지으라고 피었겠지.
> 홀로 송옥의 비가를 읊을 마음 없으니
> 다만 기꺼이 초가을의 서늘한 기운에 술잔이나 들겠노라.

經歲柴門百事乖, 此身只合臥蒼苔.
蟬聲未足秋風起, 木葉俱鳴夜雨來.
棋局可觀浮世理, 燈花應爲好詩開.
獨無宋玉悲歌念, 但喜新涼入酒杯.

　이 시는 다소 침잠된 기분을 자아내지만 전체가 제1구의 시문에 초점을 맞추어서 그 다음 구들을 시각적인 棋局, 燈火, 酒杯 등과 청각적인 蟬聲, 木葉 등으로 연결되어 심리적인 內的 自省의 의식이 드러난다. 그리하여 早年에는 관직에 대한 관심과 자존심을 중시한 시를 찾아 볼 수 있다. 그러나 이것이 진여의 시를 품평하는 대상은 못되고, 단지 그의 삶에서 청년시절의 靑雲의 꿈을 잠시 가진 정도로 평가하는 것이 타당할 것이다. 그런 시인의 마음은 金兵의 난입으로 인한 정강난으로 인해서 문자 그대로 하나의 꿈이었을 따름이었기 때문이다. 그런 꿈을 담은 시로서 휘종 政和 8년(1118) 작으로 추정되는 「以事走郊外示友」를 예로 든다.

이십구 년만에야 이미 잘못된 줄 알았으니,
금년도 여전히 웅대한 마음은 어긋나 있다.
누런 먼지 얼굴에 가득해도 갈 사람은 가고
붉은 잎 말 없는데 가을은 또 돌아온다.
만 리 길 하늘은 찬데 기러기는 메말랐고
온 마을에 세모인데 까마귀는 드물도다.
왔다갔다하면 그대 응당 웃을 것이니,
남쪽 연못에 나가면 객의 옷자락을 비추리라.
二十九年知已非, 今年依舊壯心違.
黃塵滿面人猶去, 紅葉無言秋又歸.
萬里天寒鴻雁瘦, 千村歲暮鳥烏微.
往來屑屑君應笑, 要就南池照客衣.

　『宋史』本傳에 의하면 진여의는 타고난 자질이 뛰어나서 아동 시절에 이미 글을 지을 수 있었고 명예를 이루어서 무리들이 옷섶을 여미며 감히 맞서지 못하였다고 기록된 바, 24세인 휘종 정화 3년(1113)에 급제한 후, 단지 文林郎이나 開德府 敎授 등 한직만을 지내게 되었다. 그 후에 정화 6년 진여의는 해직되어 귀향하고 동 8년에 다시 복직되니 이 시는 이듬해에 지은 것으로 본다. 그러므로 이 시는 관직에 重用되지 못한 데서 오는 원한과 수심이 주요 소재가 된 것이다. 제1연은 30년간에 대한 부정적 의식이 토로된다. '知己非'는 도연명의 「歸去來辭」의 〔진실로 길 잃은 것이 멀지 않으니, 오늘이 옳고 어제가 그른 줄 깨닫노라.(寔迷途其未遠, 覺今時而昨非.)〕라고 한 의미를 빌린 것이지만 진여의는 젊은 시기에 공명에 대한 의지가 여의치 않다는 비감의 표현일 뿐 陶潛과는 근본적으로 다른 인생관을 보여준다. 제2연은 과거는 버리고 단지 지금만을 말하고 있다. 후회가 아닌 현실적인 심태를 토로한다. 원치 않아도 떠나야 하고 계절의 변화처럼 거역하지 못하는 처량한 처지를 먼지와 가을로 비유한다. 자신의 不遇를 토로하지는 않아도 독자는 능히 추리한다. 그래서 清代 賀裳은 이 시를 두고 이르기를,

> 진여의 시는 의취가 뛰어나서 그 드러난 묘처를 잘 모르겠다. 그러나 그 준걸한 기세는 절로 가릴 수 없으니, 예컨대 …… 「일로 인해 교외로 가며 벗에게」 시에서 '누런 먼지 얼굴에 가득해도 갈 사람 가고 붉은 잎은 말없어도 가을은 돌아온다' …… 모두가 볼만하다.
> 陳簡齋詩以趣勝, 不知正其着魔處, 然其俊氣自不可掩, 如……「以事走郊外示友」黃塵滿面人猶去, 紅葉無言秋又歸……俱可觀(『載酒園詩話』)

라고 하여 그 정취의 소재를 적절히 풀이하고 있다. 제3연에 이르러서는 白描수법으로 경물을 묘사하고 정감이 그 경물 속에 깃들게 한다. 찬 하늘, 마른 기러기, 세모, 그리고 드문 새 등은 한 폭의 처량하고 어두운 그림이다. 작자의 괴로운 심회가 반영된다. 기러기는 信使로되 말라서 힘이 없어 글을 전해 줄 수 없는 것이며 까마귀는 드물어서 저녁에 아득한 시야만 펼쳐지니 답답한 心思를 비유한다. 말연은 마음에 안 드는 공적인 일을 위해 교외로 나서는 심정 그 속에 오히려 더 큰 비전을 추구하려는 전진적인 부정의식이 잠재되어 있는 것이다. 진여의 조년의 시는 다분히 平淡한 가운데에서 참신한 기교를 혼합시켜서 독자적인 풍격을 보여준다. 비유와 풍자를 조화하며 본심을 강하게 토로한 것이다. 그러나 정강난이 일어나면서 정상적인 사회질서가 어지러워지면서 시인들은 그 문인적 집단의식과 심미적인 정취가 사

라지고 진여의 시도 변화의 기미를 지니게 되었다. 곧 이러한 정황은 강서파의 시풍이 변질되는 큰 사회적 현상에 의한 시적 풍토의 변화라 할 것이니 진여의에 있어서도 순리적인 潮流를 따르지 않을 수 없었다. 劉克莊이〔건염 이후에 호수나 산천으로 피해 다니고 만 리 길을 헤매다 보니 시가 더욱 기이하고 장활하게 된 것이다.(建炎以後, 避地湖嶠, 行萬里路, 詩益奇壯.)〕(『後村詩話』)라고 하였듯이 진여의는 시의 성향이 달라지면서 시의 주제는 憂國愚民을 소재로 삼는 경향을 띠게 된 것이다. 그의 「傷春」시는 그 대표적인 우국시로서 국가민족에 대한 울분과 구체적으로 고종의 逃跑정책에 대한 풍자 그리고 적에 대한 항거의 열정 등을 토로하고 있다.

> 조정에 오랑캐 평정할만한 정책이 없으니
> 앉아서 감천궁에 저녁 봉화가 비치듯 침략을 당하네.
> 처음엔 서울에 전장의 말 달리는 소리 괴이타 여겼더니
> 바다에서 비룡(임금)을 볼 줄 어찌 알았겠는가.
> 외로운 신하의 백발이 삼천 길인데
> 매년 안개꽃이 만 겹이나 되는구나.
> 좀 기쁜 것은 장사의 상연각에서
> 지친 병사로 악한 놈들의 기세를 꺾었다 하오.
> 廟堂無策可平戎, 坐使甘泉照夕烽.
> 初怪上都聞戰馬, 豈知窮海看飛龍.
> 孤臣霜髮三千丈, 每歲煙花一萬重.
> 稍喜長沙向延閣, 疲兵敢犯犬羊鋒.

이 시는 진여의가 高宗 建炎 4년(1130)에 邵陽(지금 호남에 소속)에서 지은 것이다. 胡穉의 『簡齋先生年譜』에 의하면 시인은 그 해 봄 소양에 이르러 紫陽山에 머물렀다. 이 시기에 남송은 국사가 위급한 상태로서 건염 3년 11월 금병이 대거 도강하여 建康(지금의 남경)을 격파하고 12월에는 臨安(지금의 항주)에 들매, 고종은 明州(지금의 절강 寧波)로 피하여 배를 타고 바다로 나간 것이다. 건염 4년 정월, 금병이 명주를 격파하여 고종을 쫓다가 미치지 못하였고 고종은 溫州로 피난하게 되는 역사상 드문 사건이 발생한 것이다. 진여의는 이 소식을 듣고 분개를 금치 못하면서 이 시를 지은 것이다. 이 시 앞 4구는 기품

이 상통한다. 제1연은 廟堂 즉 조정에 平戎정책이 없어서 金兵이 침입한 것을 개탄하고 있다. 제2구의 감천구는 한대의 고사를 차용한 것으로, 한 文帝 시에 감천궁에 봉화가 수개월 밝혀진 사실10)을 금병이 침입한 것에 비유한 것이다. 감천궁은 지금의 섬서성 淳化에 있었으니 행궁으로 사용된 곳이다. 제2연은 통심을 표현하고 있다. 上都는 汴京을 지칭하고 飛龍은 황제가 피난 가는 것을 풍유한 것이다.11) '初怪'와 '豈知'는 뜻이 상응하여 구법이 영활하고 깊은 애통의 마음이 적절히 표현되어 있다. 제3연은 이백과 두보의 심정을 담은 시에서 차용한 대표적인 부분으로서 이백의 「秋浦歌」(제15수)에서 [백발이 삼천 길이니 수심을 이어서 긴 듯하네.(白髮三千丈, 緣愁似個長.)]구와 두보의 「傷春」(제1수)에서 [변새는 삼천리이며, 안개꽃은 만 겹이네.(關塞三千里, 煙花一萬重.)]구에서 각각 취용한 것이다. '孤臣'이란 진여의 자신이니 우국의 깊은 시름으로 백발이 되었다는 것이다. 두보는 代宗 廣德 2년(764)에 閬州에서 이 시를 지었는데 광덕 원년(763)에 대종이 吐藩의 침입으로 陝州로 피난 갔던 시기에 지은 것이 진여의로서는 그 상황이 너무 같았기 때문에 이같이 기탁하였음을 알 수 있다. 말연에 이르러 건염 3년 금병이 潭州를 내침할 시에 直秘閣 학사인 向子諲이 군민을 이끌고 금병을 물리친 용감성을 칭찬하며 애국심을 표출하고 있다. 그래서 漢官인 연각으로 차용한 것이며 견양봉은 바로 금병인 것이다.

둘째는 詠物과 浪漫 속의 悲感이다. 진여의 시에서 경물을 묘사한 것은 정치나 전쟁, 그리고 비감 등을 간접적으로 풍유하고자 한 의도가 짙지만 그 자체의 성격상 순수하게 평가한다면 시인의 시로 표현된 하나의 시의 고아미와 자연미의 감상으로 한정시켜서 의미부여하는 것이 한결 부드럽다. 그러하다면 시인에게서는 먼저 영물로 인한 정감의 興托을 살펴야 할 것이다. 즉 영물시를 말함인데 원래 영물시는 「정을 부치여 풍자를 함(寄情寓風)」을 바탕으로 하는 바, 『詠物詩提要』에서 이르기를,

옛날 굴원은 '귤송'을 짓고 순자는 '잠부'를 지었는데, 영물의 작품은 여

---

10) 『史記』 匈奴傳 : 胡騎入代句注邊, 烽火通于甘泉長安數月.
11) 班固「西都賦」: 實用西遷, 作我上都. 周易乾卦爻辭 : 九五, 飛龍在天.

기에서 싹텄다. …… 당시는 사물의 모양을 숭상하고 송시는 의론을 삽입하는데, 기탁된 정감과 붙여진 풍유가 그 가운데서 끝없이 흘러나오니 이것이 그 대체적인 비교이다.
    昔者屈原頌橘, 荀況賦蠶, 詠物之作, 萌芽于是……唐尙形容, 宋參議論, 而寄情寓諷, 旁見側出于其中, 此其大較也(『四庫全書總目提要』 集部五)

라고 하여 영물작품의 근본적인 着想의식을 피력하였으며 영물시를 짓는 의도는 시를 통하여 比興의 諷諭를 하는데 있음을 淸代 李重華는 다음과 같이 기술하였다.

    영물이라는 체재는 제재로 말하면 부요, 시를 짓는 까닭으로 말하면 흥이요, 비이다.
    詠物一體, 就題言之, 則賦也, 就所以作詩言之, 卽興也, 比也. (『貞一齋詩說』)

  영물시의 작법에 대해서 구체적으로 여하히 표현해야 할 것인가에 대해서 元代의 楊載는 다음과 같이 기술하였는데 이는 전대의 작품에서 보이는 공통점과 후대의 작법의 기준을 제시한 것으로 본다.

    영물시는 사물에 기탁하여 뜻을 펼치고, 두 구에 맞춰 사물의 형상을 노래하고 물상을 그대로 그려야 하나, 지나친 조탁과 기교는 피해야 한다. 제1연은 직설한 제목과 합치해야 하고 사물의 출처를 명백히 해야 된다. 제2연은 영물의 본체와 합치해야 하고, 제3연은 사물을 말하는 작용과 합치해야 하는데, 뜻을 말하기도 하고, 의론하기도 하고, 인사를 말하기도 하고, 고사를 사용하기도 하며, 외물을 구체적으로 실증하기도 한다. 제4연은 제목 외의 것으로 뜻을 표현하거나 혹은 본의로 그것을 결속한다.
    詠物之詩, 要托物以伸意, 要二句詠狀寫生, 忌極雕巧. 第一聯須合直說題目, 明白物之出處方是. 第二聯合詠物之體, 第三聯合說物之用, 或說意, 或議論, 或說人事, 或用事, 或將外物體證. 第四聯取題外生意, 或就本意結之(『詩法家數』 卷1)

  이 작법은 매우 세밀하게 묘사되어 있어서 시의 독창과 주관을 제약할 수 있지만, 그 본의는 순수한 영물시란 사물을 순수하게 묘사하되,〔마음을 둠(寓

懷]을 지니어야 함을 알 수 있다. 이와 같은 기본적인 기법을 충분히 구사했느냐의 여부를 논하기보다는 진여의 시에서의 영물 성격은 송시라고 하기에는 너무나 담백하다는 것이다. 진여의 29세작인 다음「和張矩臣水墨梅」5수는 그 진면을 잘 보여주는 시라 할 것이다. 매화는 순백색인데 水墨으로 매화를 그리면 색채를 描繪하기 쉽지 않다. 그러나 시인은 이런 결점을 시정으로 승화시키고 있다. 여기에 興寄가 심오하고 격조가 고원한 면을 부각한 것이다.

> 기교로운 화필로도 추녀의 모습은 바꾸지 못하거늘
> 이 꽃의 풍모는 더욱 맑고 곱도다.
> 백색을 흑색으로 바꿀 수 있다 해도
> 의연히 매화의 격조는 복사와 오얏보다 높도다.
> **巧畵無鹽醜不除, 此花風韻更淸姝.**
> **從敎變白能爲黑, 桃李依然是僕奴**(제1수)

이 시는 도리의 속된 요염성을 가져다가 墨梅의 청아함에 襯托한 것이다. 기교만으로 누추함을 덮기에는 불가능한 것이다. 본래 검은 마음 가식하고 호도한다고 해서 맑아질 수 없거늘 수묵의 소박하고 순수한 필법이나 매화의 고결함과 고고함이 변하지 않는 법이다. 이처럼 시에서 시인이 도리와 비교한 매화의 본성으로 출세욕망으로 가식하는 자의 삶의 의식을 냉소하고 있음을 알 수 있다.

> 함장전 처마 아래 봄바람의 매화를
> 조화옹의 공으로 가을 토끼털붓으로 그려냈다네.
> 그 담긴 뜻을 그 안색에서 찾아내지 못할 듯한데
> (그려냈으니 아마도) 전신이 말 잘 보는 구방고였나 보다.
> **含章檐下春風面, 造化功成秋兎毫.**
> **意足不求顔色似, 前身相馬九方皐**(제4수)

화가의 그림 실력을 극찬한다. 첫구는 宋代 武帝의 壽陽 공주 고사를 빌린 것이다.『宋詩紀事』에 의하면 정월 초 칠일 공주가 함장전 처마 아래에서 자던 중 매화가 그녀의 이마 위에 떨어져 오색 꽃 모양을 이루어 후세 그것을 梅花

妝이라 하였다는 고사로서 여기서는 미인의 얼굴과 고결한 꽃이 융화됨을 표현한 것이다. 그래서 '秋兎毫'란 붓으로 천부적인 工巧를 다하니 비록 검은 먹물로 흰 매화를 그린 것이지만 入神의 경지에 든 화가의 능력을 극찬하여 相馬에 능한 구방고에 비견한 것이다.12) 진여의 자신이 회화에 능한 만큼 화가의 안목으로 이 묵매를 감상한 것이어서 결코 과장이나 가식이 없는 진실된 高雅美를 발휘한 것이다.

> 서호처사의 시를 읽고부터
> 해마다 강가에서 그윽한 자태를 보노라.
> 밝은 창가에 걸린 그림이 가로 비스듬히 그림자 지니
> 때마침 절경의 앞마을에 밤눈이 내린다.
> 自讀西湖處士詩, 年年臨水看幽姿.
> 晴窓畵出橫斜影, 絶勝前村夜雪時.(제5수)

이 시는 매화가 밝은 창가에 걸려 있는 모습을 섬세하게 묘사하여 예술적 효과를 극대화하고 있다. 西湖處士란 林逋로서 그의 「山園小梅」 시를 읽은 후 매화를 더욱 좋아하게 된 것을 밝힌다.13) 그리고 말구의 시구는 唐代 詩僧인 齊己의 「早梅」 시를14) 차용하여 상기 두 시인의 매화시를 통해 墨梅의 超絶한 자태를 극찬한 것이다. 이 시로 인해 진여의는 휘종의 칭찬을 얻고 詩名을 떨치게 된 것이다.

한편, 진여의의 시에서 비(雨)에 관한 영물시가 적지 않은데 다음 위의 시와 같은 시기에 지은 「雨」 시는 본문 제82조에도 인용된 것으로 다음에 본다.

> 쓸쓸히 열흘이나 비가 내리니
> 하신인 축융을 조용히 보내노라.
> 제비는 해를 보내며 돌아갈 꿈을 꾸고
> 오동나무는 어제 저녁의 모습이 아니로다.(잎이 지다)
> 찬 기운이 뼈에 스며들자,

---

12) 『列子』 說符 참조
13) 林逋의 「山園小梅」에서 '疏影橫斜水淸淺, 暗香浮動月黃昏.' 일연이 유명.
14) 齊己의 「早梅」에서 '前村深雪里, 昨夜一枝開.'를 진여의가 차용.

사방 주변의 일들이 다 어긋나네.(빈궁과 실의에 빠짐)
성대한 번화가 서울에서
서풍이 객의 옷깃을 스치도다.
蕭蕭十日雨, 穩送祝融歸.
燕子經年夢, 梧桐昨暮非.
一涼恩到骨, 四壁事多違.
袞袞繁華地, 西風吹客衣.

胡穉의 『簡齋先生年譜』에 보면, 〔정화 8년 무술에 서울에 머물며 비에 관한 시를 지었으니 '성대히 번화한 곳에, 서풍이 객의 옷자락 스치네.'(위의 시 말연) 시월에 벽옹록을 제수 받았다.(政和八年戊戌, 留京師, 有雨詩云 : 袞袞繁華地, 西風吹客衣. 至十月, 除辟雍錄.)〕라 한 바, 이 시는 관직을 얻기 직전인 여름에 지은 것임을 알 수 있다. 영물의 대상을 비유하여 심정의 처량함을 서술하여 정치적인 포부를 감추지 않은 것으로 「牡丹」을 보기로 한다.

오랑캐가 먼지 일며 국경에 내침하고부터
십년을 유랑하며 이하와 낙수에 선 길이 멀고 아득하다.
청돈의 시냇가에 늙고 실의에 찬 객이
동풍에 홀로 서서 모란을 본다.
一自胡塵入漢關, 十年伊洛路漫漫.
青墩溪畔龍鐘客, 獨立東風看牡丹.

이 시는 시인의 대표적인 영물시이다. 清代 薛雪은 『一瓢詩話』에서 작시의 요령을 이르기를,

시에는 제재에서 써내는 것이 있고 제재 외에서 써내는 것이 있다. 허한 곳에서 실하게 써내는 것이 있고 실한 곳에서 허하게 써내는 것이 있다. 이쪽에서 저쪽을 써내는 것이 있고 저쪽에서 이쪽을 써내는 것이 있다. 제재 앞에서 끌어내는 것이 있고 제재 뒤에서 이어가는 것이 있어, 풍운이 변환하여 그 자태가 하나같지 않다.
詩有從題中寫出, 有從題外寫入 : 有從虛處實寫, 實處虛寫 : 有從此寫彼, 有從彼寫此 : 有從題前搖曳而來, 題後迤邐而去, 風雲變幻, 不一其態.

라고 하여 시의 다양한 작법상의 오묘한 情感의 寫出 기법들을 나열하고 있다. 위의 이 시를 보면 자연히 唐代 岑參의 「逢入京使」 시의 〔옛뜰에서 동쪽을 보니 길이 아득하여, 두 옷소매에 눈물이 마르지 않누나.(故園東望路漫漫, 雙袖龍鐘戾不乾.)〕를 상기한다. 이 시는 소흥 6년(1136) 봄, 그 당시에 시인은 절강성 桐鄕현 北靑墩에서 우거하며 우국의 감개를 모란을 시제로 하여 기탁한 것이다. 제1연은 금병이 汴京에 든 것을 묘사한 것으로 '一自'는 구어로서 격분된 정감을 보여주며 그 후로 10년간 이어지는 전란의 고통을 말한다. 정강 원년(1126)에 금병이 침입하고 이듬해에 북송은 끝나며 유랑생활이 시작되어 강호를 표류한지 어언 10년이다. 伊洛은 伊河로서 낙하의 지류이며 낙하는 또 황하의 지류이니 여기서는 시인의 고향인 洛陽을 지칭한다. 그리고 '路漫漫'은 두 가지 의미를 지니니, 하나는 10년간 평안히 고향 한 번 못 가는 처지를 , 다른 하나는 나라가 기울고 천지가 혼란한데 마음에는 의기가 식지 않았음을 각각 보여준다. 그러니까 시인의 思鄕의 심회와 亡國의 고통을 겸한 부분인 것이다. 그래서 호서는 〔그 담긴 뜻이 깊고 숨겨 있어서 기린의 뿔을 드러내지 않는다.(其用意深隱, 不露麟角.)〕(『簡齋詩箋又敍』)라고 한 것이다. 제2연에서는 나이는 많지 않지만 몸은 쇠하고 병이 많아서 우거하는 신세인 데도 어기가 평정하고 여유가 넘친다. 낙양의 모란은 천하의 으뜸이지만 가볼 수는 없거늘 타지에서 보는 모란으로 하여 시인의 정감은 남다를 것이다. 獨立은 외지의 고독감을 의미하며 '東風看牡丹'구는 한 폭의 그림 같으나 기실은 타향의 모란을 보는 비감이 함축된 것이다. 진여의는 영물에 있어서 고아하고 간결한 白描的 기법을 구사하면서 그 담은 의취는 애련한 유랑신세, 전란의 비애, 고독한 심사 등 다양한 내용을 담고 있다. 송시에서 東坡的 興趣가 가장 드러난 풍격을 보여준다고 평가해도 가할 것이다.

 셋째는 雄渾한 氣象과 淸遠한 興趣이다. 기풍이나 기세가 호방하다거나 호탕하다고 하면 일종의 浩然之氣적인 이미지를 줄 수 있다. 어느 모로 보아도 그의 시는 豪放이나 豪宕하고는 거리가 있는 것이다. 여기서 말하는 雄闊은 일종의 泰然自若的인 飄逸性과 연관된다고 본다. 젊은 시절 잠시 雄志가 있었다고 하나 이 시인의 경우는 의연함과 초연함이 깃든 웅활이 더 강하다. 그러므로 이 웅활은 超脫的인 의식의 前段階라 할 것이다. 紀昀이 진여의가 지은 「寄德升大光」시에 대해서 〔가볍고 쉬운 듯하나 필력이 매우 웅활하다.(看似率易, 而筆力極爲雄闊.)〕(『瀛奎律髓彙評』卷42)라고 평한 부분은 이 시의 말4구인,

    더불어 태극을 얘기하는 것 뜻 없는 건 아니니,
    창생들의 서로 다른 바탕을 하나로 묶을 수 없네.
    외려 자양산의 천 길 언덕에 의지코
    먼 동쪽 하늘에 나는 고니를 본다.
    共談太極非無意, 能繫蒼生本不同.
    却倚紫陽千丈嶺, 遙瞻黃鵠九宵東.

이 시의 배경을 보아서 기윤이 평한 웅활은 호방이나 대범이 아니라 자신의 세상일에 대한 초월적인 정서를 의미한다고 본다. 그 당시에 德升 李擢과 大光 席益은 고종의 특별사면으로 건염 4년에 등용되지만 진여의는 병을 이유로 사양한 처지였기 때문에 더욱 그러하다. 기윤이 평한 다른 시의 예를 하나 더 보면 더욱 분명해질 것이다. 「觀江漲」의 전4구를 보면,

    넘치는 강물 가까이 보니 근심을 씻을만하니
    지팡이 기대어 강가에 서니 땅이 뜨누나.
    겹겹 파도는 홀로 뜬 해를 휘감아 달리며
    양편 나루터에 하늘을 가로 휘말아 흐르네.
    漲江臨眺足銷憂, 倚杖江邊地欲浮.
    疊浪併翻孤日去, 兩津橫捲半天流.

이 시에 대해서 기윤은 역시 〔웅활함이 시제에 맞다.(雄闊稱題)〕라고 한 것도 자연 현상을 사실대로 묘사한 것이고 오히려 거부할 수 없는 자연의 조화에 하나 된 자연동화적인 탈속의식이 엿보인다. 그러므로 이 부분의 제목에서 웅활한 기상과 청원한 초탈성은 별개의 다른 풍격이 아니라 같은 맥락의 동질적인 시의 흥취인 점을 밝히고자 한다. 그러면 먼저 초연적인 웅활한 면을 보여주는 「觀江漲」 전체를 보기로 한다.

넘치는 강물 가까이 보니 근심을 씻을만하니
지팡이 기대어 강가에 서니 땅이 뜨누나.
겹겹 파도는 홀로 뜬 해를 휘감아 달리며
양편 나루터에 하늘을 가로 휘말아 흐르네.
자라와 악어는 격하게 새 굴을 다투고
갈매기와 백로는 옛 물섬 잃고 날아간다.
관직 하나가 즐거운 마음을 해칠만하니
눈에는 오직 쪽배가 없게만 느끼누나.
漲江臨眺足銷憂, 倚杖江邊地欲浮.
疊浪倂翻孤日去, 兩津橫捲半天流.
黿鼉雜怒爭新穴, 鷗鷺驚飛失故洲.
可爲一官妨快意, 眼中唯覺欠扁舟.

이 시에 대해 方回는 〔강에 비가 오지 않으면 강물이 불어나지 않아서 고로 이곳에 넣는다.(江非雨不漲, 故附於此)〕(『瀛奎律髓彙評』卷17)라고 하여 晴雨類로 분류하고 있다. 許印芳은 또 이 시를 분석하기를,

> 가운데 4구는 전부 송조가 남도한 감흥을 담고, 6구는 맑은 물이 곳을 잃은 것을 비유하고 결어는 긴밀하게 이 구와 이어진다. 무릇 말연에서 진실로 시 전체를 모두어야 하는데 더구나 5·6구와 긴밀히 연결되거나 제6구만이라도 이어져야 한다. 이러하면 기맥이 통하고 신기가 밖으로 흩어지지 않는다. 이것이 율시의 정칙이니 처음 배우는 데는 이것을 알아야 한다.
> 中四句全寓宋家南渡之感, 六句喩淸流失所, 結語緊跟此句說. 凡結聯固要收拾通篇, 尤宜緊跟五六句來, 或單跟第六句來, 如此則氣脈聯貫, 神不外散. 此是律詩定法, 初學宜知之(上同 許印芳評語)

라고 하여 전형적인 율시의 독자적인 특성에 맞도록 조화롭게 시인의 포용적인 의취를 표현한 것이다. 이 같은 웅혼한 자연현상에 대한 시인의 이해와 포용의 의식은 자연스러이 청원하면서도 현실로부터 초월적인 無慾과 神理의 정감을 추구하게 하는 작품세계를 보여주게 한다. 다음에 「淸明」(제2수)을 보면,

휘감아 도는 바람에 시정의 소리 고요한데
청명 날에 병든 사내 바르게 앉아 지낸다.
저녁에 주렴을 걷어 보노라니
버들가지에 산들바람이 갖은 애교 부린다.
卷地風抛市井聲, 病夫危坐了淸明.
一簾晚日看收盡, 楊柳微風百媚生.

  이 시는 淸明 가절의 정황을 즐겁고 한가로운 마음으로 자연과의 同樂을 노래한 것이다. 나들이하여 賞春客과 더불어 어울리지 않는다. 시인은 평소 자세가 엄격하여 함부로 웃는 일도 없는 청결하고 단정한 사람이다. 그리고 어려서 몸이 약하고 병이 많아서 外出은 아니 하고 바르게 앉아서 이 節氣를 보낸 것이다. 그러나 內心에는 계절 감각이 充溢하고 자연에 대한 애착이 강렬하며 그로 인한 喜悅이 넘친다. 제2연은 곧 자연과 그 속에 묻혀 사는 삶에 대한 애착을 묘사한 것이다. 지는 해를 보며 발을 거두는 소탈한 수줍음과 버들가지 산들바람에 살랑대는 微細한 자태를 보고 온갖 애교가 우러나는 擬人化的인 着點은 진정 성당인을 부끄럽게 한다. 그래서 淸代 潘德興는 이 시에 대해서 〔당대 사람의 정감과 기식에 비해 조금도 부족하지 않다. (與唐人聲情氣息不隔累黍.)〕(『養一齋詩話』)라고 칭찬한 것은 매우 合當한 평가인 것이다. 일면 「別岳州」 시를 통해 시인의 회고와 미래의 지향의식을 보기로 한다.

아침에 많은 파를 먹고
저녁에 많은 초를 마신다.
어찌 이 시고 매운 맛을 감당하리오.
만년의 길을 가지 못하네.
장부는 젊은 날에
곤궁을 참고 스스로 다졌도다.
적당히 지내며 만년의 태평을 바랬더니
이제 다시 변고를 당했도다.
일 년 후에 악양루에 오르니
궁궐 남쪽의 나무 보이지 않는다.
둥지 떠나 벌써 만 리 길
두 다리 잠시라도

머물 데가 없구나.
강물이 낮아지니 군산이 더욱 높고
동정호의 가을은 벌써 희도다.
뜬구름 산마루에 돌아가기 쉬우나,
먼 길 객은 돌아보기 어려워라.
표연히 한 자루 지팡이를
걸쳐놓을 곳을 몰라라.
적막하게 조조의 단가행을 부르고
쓸쓸히 굴원의 원유부를 읊노라
도를 배우고서 늦은 것을 한탄하나
선비 노릇에 썩지 않은 자 누구인가.
천지가 어둡고 아득하니
세 번 탄식하며 문을 차고 나간다.
朝食三斗葱, 暮飮三斗醋.
寧受此酸辛, 莫行歲晚路.
丈夫少壯日, 忍窮不自恕.
乘除冀晚泰, 乃復逢變故.
經年岳陽樓, 不見宮南樹.
辭巢已萬里, 兩脚未遑住.
水落君山高, 洞庭秋已素.
浮雲易歸岫, 遠客難回顧.
飄然一瓶錫, 未知所挂處.
寂寞短歌行, 蕭條遠遊賦.
學道始恨晩, 爲儒孰非腐.
乾坤杳茫茫, 三嘆出門去.

　이 시는 건염 3년(1129) 岳陽에서 邵陽으로 가는 과정에 지은 것이다. 시인은 지난 인생노정을 懷古하고 앞으로 전개될 處地와 時局을 생각하며 萬端의 想念에 잠겨서 半生의 疾苦와 울분을 토로한다. 그리고 老莊的 의식 속에 삶을 觀照하려는 염원을 추구하고픈 眞率性을 내비친다. 모두 12연으로 구성된 排律詩로서 각 4연으로 분단하여 이 시의 내용을 살피고자 한다. 제1단은 반생의 모둠을 담아서 國運의 쇠미함과 고난에 대한 怨恨을 표현한다. 진여의는 북송 휘종 시기에 태어나면서 간신이 득세하고 內憂外患이 심해 갔다. 정화 3년

(1113)에 太學常士生으로 급제하여 임문랑과 개덕부 교수를 지내고 정화 6년 해직되어 귀경한다. 2년 후 정화 8년 도성의 대학을 관장하는 辟雍祿에 제수되고 선화 2년(1120) 去職하고 汝州(지금 하남 臨汝)에 寓居하다가 선화 4년(1122) 葛勝仲의 추천으로 太學博士가 되며 이 시기에 앞에서 거론된 墨梅시로 휘종의 총애를 입어서 선화 6년 봄에 符寶郎에 발탁된다. 그러나 그 후에 葛承仲과의 교분으로 連坐되어 陳留酒稅로 폄적되면서 정강 원년(1126) 金兵이 내침하고 향후 5년간의 유랑생활이 전개된다. 제3연과 제4연은 곧 이 시기의 變故들을 표현한 것이다. 그 어느 것 하나 순탄치 않은 세월이 뇌리에 맺혀 있는 것이다.

　제2단은 악양에 온 이후와 떠나기까지의 표박생활의 고생을 서술한다. 건염 2년(1128) 均陽에서 악양으로 와서 일 년 지난 후에 지은 것임을 알 수 있으니 제5연의 앞구에서 '일 년 지나 악양루에 오르니'라고 한 것이다. 그리고 다음 구의 '궁궐 남쪽의 나무는 보이지 않는다'고 하여 군국에 대한 관심과 그리움을 표현한 것이다. 제6연은 遊離된 고통을, 제8연은 뜬구름만도 못한 자기 신세를 한탄한다. 뜬구름은 돌아갈 수 있지만 자신은 돌아갈 집도 없는 것이다. 제3단은 行脚僧의 행적이 정처 없음을 자신의 표박에 비유한 것이다. 허무하고 부질없는 인생을 돌아보며 시인은 曹操의 단명한 삶에 대한 탄식과 屈原의 초탈적인 은둔의식을 절감한다. 이 시는 진여의 인생을 조명해주는 일종의 自傳的인 敍事性을 보여주기도 하는 것이다.

83. 『中州集』所載金詩 『중주집』의 금대 시

『中州集』[1]所載金詩, 皆小家數[2], 不過以片語隻字爲奇. 求其渾雅正大, 可追古作者, 殆未之見. 元詩大都勝之. □□□□[3]固不足深論. 意者土宇有廣狹, 氣運亦隨之而升降耶?

『중주집』에 실린 금대의 시는 모두 보잘것없는 시인들의 시로서, 시의 글자 조각으로 기이함을 삼는 데 지나지 않는다. 그 웅혼하고 고아하며 바르고 큰 풍격을 찾아서 옛 작가와 비길 수 있는 사람은 거의 보이지 않는다. 원대 시 대부분은 기이한 면이 더 많다. □□□□는 진실로 깊이 논하기에 부족하다. 뜻이 있는 사람이(시인) 처한 지역이 넓고 좁은 것에 따라서 시의 기풍도 그에 따라서 오르내리는 것인가?

❂ 해설

元代 元好問이 편찬한 『中州集』 10卷은 金代 詩歌를 總集한 詩集으로 251명의 2,066수를 수록하여 금대 前期와 中期의 詩歌 윤곽을 파악할 수 있는 중요한 자료이다. 이 시집에 대해서 明代 王世貞은 『藝苑巵言』(卷4)에 기록하기를,

> 원유지 호문의 중주집은 모두 금대 사람의 시이다. 예컨대 문태학 우허중, 승상 채송년, 태상 채규, 승지 당회영, 상산 주앙, 상서 조병문, 내한 왕

---

1) 中州集 : 金代 詩歌總集. 元好問 편찬. 10卷으로 251家의 詩 2066首 金代 前中期의 詩歌.
2) 小家數 : 평범한 수준의 작가. 數는 等級.
3) □□□□固不足深論 : 李慶立의 『懷麓堂詩話校釋』(p.219)에서는 馬雲駿의 「李東陽麓堂詩話考論」에 의거해 '外邦僻處固難以深考'라고 기재하였는데, 확정적인 고증이 부족하므로 知不足本과 詩話本의 기록에 의거한다.

정균 등이니 그 큰 뜻은 소식과 황정견 밖을 벗어나지 못하고 있다. 요컨대, 송대보다 강직하나 옅은 것이 가슴 아프고, 원대보다 질박하나 성정이 부족하다.

  元裕之好問中州集, 皆金人詩也. 如宇文太學虛中, 蔡丞相松年, 蔡太常珪, 黨承旨懷英, 周常山昂, 趙尚書秉文, 王內翰庭筠, 其大旨不出蘇黃之外. 要之, 直於宋而傷淺, 質於元而少情.

라고 하여 금대 시가 宋詩보다는 傷心이 옅고, 元詩보다는 情感이 부족하다고 가치를 부여하지 않았는데, 錢謙益은 「列朝詩集序」에서 이르기를,

  원씨의 시집은 시를 가지고 사람을 엮고 사람을 가지고 생애를 엮어서, 중주의 시들은 또한 금대의 역사이다.
  元氏之集詩也, 以詩繫人, 以人繫傳, 中州之詩, 亦金源之史也.(『木齋有學集』 卷14)

라고 하여 오히려 金代의 詩史的 가치로 인정하였다. 시의 가치를 盛唐과 漢魏의 第一義的인 '渾雅正大'라는 관점에서 보면 金代 시는 '小家數'에 지나지 않을 것이다. 그러므로 詩格의 高下는 처한 時代와 地域에 따라서 제약을 받는다고 할 수 있다.

84. 詩在卷冊中易看 서권 속의 시

    詩在卷冊中易看, 入集便難看。古人詩集, 非大家數[1], 除選出者, 鮮有可觀。卞戶部華伯[2]在景泰[3]間, 盛有詩名, 對客揮翰[4], 敏捷[5]無比。近刻爲全集, 殆不逮所聞。聞江南人率錢[6]刊板, 附其家所得者以託名, 初不論其好惡。雖選詩成集者亦然, 若『光嶽英華』[7]『湖海耆英』[8] 之類是已。

    시는 두루마리 속에서는 쉽게 보지만, 문집에 넣으면 보기 어렵다. 옛사람의 시집은 유명한 시인의 것이 아니면 골라 뽑는 것을 제외하고는 볼만한 것이 드물다. 변호부 화백은 경태년간에 시의 명성이 대단하여 손님을 대하여 붓을 잡으면, 민첩하기가 비할 데 없었다. 근래에 전집을 인각하였는데 거의 듣던 것에는 미치지 못하였다. 듣건대 강남 사람이 돈을 모아서 간행하였다고 하는데, 그 집안에서 모은 작품들에 이름을 붙인 것이어서, 본래 그 좋고 나쁜 것을 논하지 않았다. 비록 시를 골라 문집을 만든 것도 또한 그러하니, 『광악영화』와 『호해기영』 시집 같은 것이 그렇다.

---

1) 大家數 : 남에게 존중받는 名家의 師法.
2) 卞戶部華伯 : 卞榮(1419~1487) 字 伯華, 官 戶部郎中. 시에 능하고 그림을 잘 그렸다.(工詩善畫).
3) 景泰 : 明代 代宗의 年號(1450~1456)
4) 揮翰(휘한) : 붓을 잡다. 글을 쓰다. 거침없이 쓰다.
5) 敏捷(민첩) : 재빠르다. 민첩하다.
6) 率錢(솔전) : 돈을 모으다.
7) 光嶽英華 : 明初 許中麗가 편집한 唐元代 詩와 明初 詩를 모은 詩集.
8) 湖海耆英 : 明 徐庸이 편집한 詩集. 永樂에서 正統까지 4朝의 시를 수록.

❁ 해설

　모여진 시가 文集으로 나오면 그 비중은 그만큼 높아질 것이다. 그러나 選集보다는 보편적으로 選定의 기준을 거치지 않은 점이 있으므로 객관적인 평가에서 멀다고 할 것이다. 卞榮의 문집이 그 예라 할 것이다. 卞榮(1419~1482)은 字가 伯華이며, 江陰人이다. 進士급제 후에 관직을 戶部郞中을 지내서 '卞戶部'라 부르고 『卞郞中集』이 있다. 그의 시는 『四庫全書總目提要』(卷175)에 보면, 〔지은 것이 거의 모두 증수와 애도의 작품이고 또한 얕고 경솔한 면이 많아서 대개 너무 평이하다.(所作大半皆酬贈哀輓之章, 亦多淺率, 蓋得之太易也.)〕라고 하여 본문의 '不逮所聞'이라고 평한 것처럼 낮게 평가하고 있다. 選集도 단점이 많아서 明初의 許中麗가 편집한 『光岳英華』는 宋金代의 시는 수록하지 않고 있으며, 明代 徐庸이 편집한 『湖海耆英』도 明代 永樂년간에서 正統년간의 시를 제한적으로 수록하고 있어서 객관성이 결여된다.

85. 輓詩始盛於唐 만가시의 성행

輓詩¹⁾始盛於唐, 然非無從而涕者。壽詩²⁾始盛於宋, 漸施於官長故舊之間, 亦莫有未同而言者也。近時士大夫子孫之於父祖者弗論, 至於姻戚鄉黨³⁾, 轉相徵乞⁴⁾, 動成卷帙⁵⁾。其辭亦互爲蹈襲⁶⁾, 陳俗可厭⁷⁾, 無復有古意矣。

만가는 당대에 비로소 성행하였는데, 따라서 울지 않는 자가 없었다. 축수시는 송대에 비로소 성행하여 점차 관리와 친구 간에 퍼졌는데, 또한 함께 말하지 않는 자가 없었다. 근래에는 사대부의 자손들이 조부와 부친에 대해 쓰는 것은 물론이거니와, 인척과 고향 사람들까지도 서로 청하여 부탁해서 책으로 만들고 있다. 그 언사가 또한 서로 참신하지 않고 답습하고 있어서, 진부하여 싫증이 나니, 다시는 예스런 깊은 뜻이 없다.

---

1) 輓詩(만시) : 본래 起源이 「虞殯」이라 하고 莊子의 「紼謳」가 있다 하며 漢代에 「薤露」, 「蒿里」 등까지 소급되나, 진정한 의미의 輓歌는 唐代부터 시작이라고 본 것이다.
2) 壽詩(수시) : 明代 徐火勃 『徐氏筆精』 卷4 : 〔당대에는 수시가 없고 송대부터 시작되었다.(唐無壽詩, 有之自宋始.)〕
3) 姻戚(인척) : 친척. 鄕黨(향당) : 본래 지역의 단위로서 일만 이천오백 호의 鄕과 오백 호의 黨. 鄕里, 故鄕의 뜻으로 쓰임.
4) 徵乞(징걸) : 구하여 바라다.
5) 卷帙(권질) : 책의 권수와 부수. 책.
6) 蹈襲(도습) : 전에 하던 대로 따라 함. 답습.
7) 陳俗可厭(진속가염) : 오래되고 속되어 싫어하다.

✱ 해설

본문은 輓歌가 唐代에 매우 성행하였다는 것이지 그 연원은 고대로 소급된다. 그런데 祝壽詩는 宋代에 비로소 성행하였다는 근거가 있다. 輓歌詩의 起源에 대해서 明代 章懋의 『楓山語錄』을 보면,

> 만가시는 어떻게 시작되었는가? 그것은 고대 우빈의 노래를 본받은 것인가? 대개 장송하는 사람들이 노래하면서 영구를 실은 수레를 끌고 가는 것이니 곧 장주의 소위 상여줄을 끌며 부르는 노래인 것이다. 한나라의 전횡이 죽으매, 아전이 감히 울지 못하고 다만 영구를 따라가며 슬픔을 호소하며 노래하니 그 후에 전승되어서 마침내 해로가로 왕공과 귀인을 장송하고, 호리가로 대부와 선비를 장송하게 된 것이다.
> 輓詩何始乎? 其倣諸古虞殯之歌乎? 蓋送葬者歌以輓柩, 卽莊周氏之所謂紼謳者也. 漢田橫死, 吏不敢哭, 但隨柩敍哀以爲歌, 厥後相承, 遂以薤露送王公貴人, 蒿里送大夫士庶.

라 하여 그 역사가 오랜 것으로 본다. 明代에는 만시가 極盛하면서 매우 형식에 흘러 진심으로 哀哭하는 風潮가 못되므로 본문에서 지적한 것이다. 이 점을 明代 張寧은 「三忠二節輓詩序」(『方洲集』 卷16)에서 다음과 같이 기록하고 있다.

> 내가 일찍이 요즘 만가시가 많은 것을 걱정하니 대개 남의 자손을 위하여 조부를 찬양하는 글로서 공허한 말로 서로 높여서 위아래가 일치하니, 주는 사람은 정성어린 말을 안 하게 되고, 받는 사람은 덕이 되지 않으며, 보는 사람은 경중을 생각지 않게 될 것이다.
> 余嘗患今世多輓詩, 大率爲人子孫, 表揚祖父之文, 具空言相高, 上下一致, 與之者非衷言, 受之者無德譽, 見之者不以爲輕重.

이같이 輓歌의 풍토가 形式에 지나지 않으니 그 比重도 약해지고 眞心이 없는 虛言을 늘어놓는 글로 변하게 된 상황을 지적하고 있다. 壽詩의 실질적인 起源에 대해서는 明代 徐火勃(서발)이 〔당대에는 축수시가 없고 송대에 비로소

시작된 것이다.(唐無壽詩, 有之自宋始.)]('『徐氏筆精』卷4)라고 기록하여 그 시기를 宋代로 보고 있지만 宋代 郭茂倩의 『樂府詩集』(卷13)에는 張華의 「晉四廂樂歌王公上壽詩」가 실려 있고, 宋代 計有功의 『唐詩紀事』(卷31)에는 張叔良, 崔琮, 李竦이 「長至日上公壽詩」를 지었다는 기록이 있는 것으로 보아 기원이 晉代와 唐代까지 소급된다고 본다.

86. 作山林詩易 산림시와 대각시

作山林詩[1]易, 作臺閣詩[2]難。山林詩或失之野[3], 臺閣詩或失之俗[4]。野可犯, 俗不可犯也。蓋惟李杜[5]能兼二者之妙。若賈浪仙[6]之山林, 則野矣 ; 白樂天[7]之臺閣, 則近乎俗矣。況其下者乎 ?

산림시를 짓기는 쉽고, 대각시를 짓기는 어렵다. 산림시는 간혹 조야(粗野)에 빠지고, 대각시는 간혹 저속(低俗)에 빠진다. 조야는 범해도 되나, 저속은 범해선 안 된다. 대개 단지 이백과 두보만은 이 두 가지의 묘법을 겸할 수 있었다. 예컨대 가낭선의 산림시는 곧 조야하고, 백락천의 대각시는 곧 평범하고 저속에 가깝다. 하물며 그 아래 시인의 시는 어떠하겠는가?

✪ 해설

시의 題材上 山水自然을 소재로 하여 隱逸浪漫的인 풍격의 시를 山林詩라 하고 官吏와 貴人의 典雅하고 修飾的인 詩語와 功德을 稱頌하고 和平安穩한 풍격을 보여주는 시를 臺閣詩라고 한다면 전자는 自己本位的으로 作詩하되 후자는 人爲的이고 展示的인 효과를 의식하여 작시하여야 할 것이다. 따라서 전자는 짓기 쉽고 후자는 어렵다고 할 것이며 전자는 粗野하게 짓기 쉽고, 후자

---

1) 山林詩 : 산림을 소재로 한 은일하고 낭만의 시.
2) 臺閣詩 : 귀족과 관리가 지은 정중하고 화평온화한 시.
3) 粗野 : 거칠고 촌스럽다.
4) 俗 : 속되다.
5) 李杜 : 李白과 杜甫
6) 賈浪仙 : 중당시인 賈島
7) 白樂天 : 白居易

는 低俗하게 표현하지 않도록 유념할 필요가 있을 것이다. 그런 면에서 李白과 杜甫를 칭송하는 이유가 있는 것이다. 이동양 생존시기의 대표적인 산림시인이라면 陳獻章과 莊昶을 들 수 있고, 대각시인으로는 三楊 즉 楊士奇, 楊榮, 楊溥 등을 들 수 있는데 錢謙益의 『列朝詩集小傳』(楊少師士奇)에 보면, 〔그 시문이 대각체이다. 지금 전하는 동리의 시집은 대부분이 어사의 기세가 안온하고 한가로워서 처음과 끝이 온전하여 수식하는 말을 일삼지 않고 미사여구를 내세우지 않으니 태평세월의 재상의 풍도이다.(其詩文號臺閣體. 今所傳東里詩集, 大都詞氣安閒, 首尾停穩, 不尙辭藻, 不矜麗句, 太平宰相之風度.)〕라고 하여 전형적인 대각시의 풍격을 보여준다. 반면에 본문에서 唐詩 중에도 大家의 班列에 있으면서 조야하고 저속한 면을 탈피하지 못한 시인으로 賈島와 白居易를 거론한 것은 산림시와 대각시의 理想的인 作詩能力을 具備하는 것이 溫柔敦厚라는 儒家의 전통시학정신에 근거하여 결코 容易하지 않은 점을 지적하고 있다.

87. 天文惟雪詩最多 天文 중의 雪詩

　天文惟雪詩最多, 花木惟梅詩最多。雪詩自唐人佳者已傳不可僂數[1], 梅詩尤多於雪, 惟林君復[2]〔暗香〕〔疎影〕[3]之句爲絶倡[4], 亦未見過之者, 恨不使唐人專詠之耳。杜子美[5]纔出一聯曰：〔幸不折來傷歲暮, 若爲看去亂鄉愁。〕[6] 格力[7]便別。

　천문에 관해서는 오직 눈에 관한 설시(雪詩)가 가장 많고, 꽃과 나무(花木)에 관해서는 유독 매화시가 가장 많다. 설시는 당나라 사람으로부터 아름다운 것들이 이미 전해져서 손꼽아 셀 수 없고, 매화시는 설시보다 더욱 많은데, 오직 임군복의 〔그윽한 향기(暗香)〕와 〔성근 그림자(疎影)〕구는 뛰어난 작품으로서, 또한 아직 그보다 나은 것을 보지 못했으니, 당나라 사람으로 하여금 그 시를 읊어보지 못하게 한 것을 한탄할 것이다. 두자미는 겨우 시 한 연을 지어서 말하기를 : 〔다행히 매화를 꺾어 보내 세모를 상심하는 일 없으니, 만일 본다면 더욱 고향 생각이 어지러이 나리라.〕구는 격조가 별다르다.

---

1) 僂數(루수) : 손꼽아서 세다.
2) 林君復 : 林逋(957~1028), 字 君復, 諡號 和靖先生.『和靖詩集』.
3) 暗香, 疎影句 : 林逋의 「山園小梅」 제2수의 頷聯 :〔성근 그림자 비스듬히 기울고 물은 맑고 옅은데, 그윽한 향기 떠돌고 달이 황혼에 뜨네.(疎影橫斜水淸淺, 暗香浮動月黃昏.)〕
4) 絶唱 : 견줄만한 것이 없는 뛰어난 詩歌.
5) 杜子美 : 杜甫
6) 幸不折句 : 杜甫「和裵迪登蜀州東亭送客逢早梅相憶見寄」
7) 格力 : 詩文의 格調, 氣勢.

❂ 해설

林逋(957~1028)는 字가 君復이며, 和靖先生이라 한다. 杭州 錢塘人으로 西湖의 孤山에 은거하며 평생 결혼하지 않고 梅花와 鶴을 길러서 梅子鶴을 처로 삼았다고 하였으며 『和靖詩集』이 있다. 본문의 시구는 「山園小梅二首」중 제1수의 頷聯〔성근 그림자가 비스듬히 기울고 물은 맑고 옅은데 그윽한 향기 감돌고 달은 황혼에 뜨네.(疎影橫斜水淸淺, 暗香浮動月黃昏.)〕구로서 明代 王世貞은 이 시구를 평하기를, 〔그윽한 향기와 성근 그림자의 경물모습이 비록 아름답지만, 이미 다른 경지에 떨어지니 이것이 허혼의 지극한 어사로서, 개원과 대력시대의 어사가 아니다.(暗香疎影景態雖佳, 已落異境, 是許渾至語, 非開元大歷人語.)〕(『藝苑巵言』 卷4)라고 하여 만당 許渾의 풍격과 가깝지 盛唐과 中唐初의 大歷詩만 못하다고 하였다. 인용된 두보 시는 「和裵迪登蜀州東亭送客逢早梅相憶見寄」의 시구로서 이동양이 이 시구를 두고 〔격력이 별나다.(格力便別)〕라고 평한 것은 明代 高棅이 〔아름답고 침착하다.(宛轉沈著)〕(『唐詩品彙』卷8)라 하고, 王世貞이 〔풍골이 창연하다.(風骨蒼然)〕(『藝苑巵言』 卷4)라고 평한 말과 상통한다. 淸代 仇兆鰲가 『杜詩詳注』(卷9)에서, 〔반드시 배적 시에는 매화를 꺾어 보내지 않았다는 시구가 있어서 두보의 답시에 다행히도 매화를 꺾어 보내지 않아서 세모를 상심함을 면하였다고 한 것이다. 만약 한 번 보았다면, 더욱 향수가 일어났을 것이다.(必裵詩有不及折贈之句, 故答云幸不折來, 免傷歲暮. 若使一看, 益動鄕愁矣.)〕라고 기술한 면은 계절을 상징하는 매화와 타향살이의 鄕愁가 詠物興托의 比喩로 표현되는 것이다.

설과 매화는 詠物詩의 중요 題材이니 영물시의 특성을 개관하여 보면, 원래 영물시는 '寄情寓風'을 바탕으로 하는 바, 『四庫全書總目提要』 集部五의 「詠物詩提要」에서 기록하기를,

> 옛날 굴원은 '귤송'을 짓고 순자는 '잠부'를 지었는데, 영물의 작품은 여기에서 싹텄다. …… 당시는 사물의 모양을 숭상하고 송시는 의론을 삽입하는데, 기탁된 정감과 붙여진 풍유가 그 가운데서 끝없이 흘러나오니 이것이 그 대체적인 비교이다.

昔者屈原頌橘, 荀況賦蠶, 詠物之作, 萌芽于是,……唐尙形容, 宋參議論, 而寄情寓諷, 旁見側出于其中, 此其大較也.

라고 하여 영물작품의 근본적인 착상의식을 피력하였으며, 영물시를 짓는 의도는 시를 통하여 比興의 諷諭를 하는데 있음을 李重華는 다음과 같이 기술하였다.

　　영물이라는 체재는 제재로 말하면 부요, 시를 짓는 까닭으로 말하면 흥이요, 비이다.
　　詠物一體, 就題言之, 則賦也, 就所以作詩言之, 卽興也, 比也.(『貞一齋詩說』)

그리고 영물시의 작법에 대해서 구체적으로 여하히 표현해야 할 것인가에 대해서 元代의 楊載는 다음과 같이 기술하였는데 이는 전대의 작품에서 보이는 공통점과 후대의 작법의 기준을 제시한 것으로 본다.

　　영물시는 사물에 기탁하여 뜻을 펼치고, 두 구에 맞춰 사물의 형상을 노래하고 물상을 그대로 그려야 하나, 지나친 조탁과 기교는 피해야 한다. 제1연은 직설한 제목과 합치해야 하고 사물의 출처를 명백히 해야 된다. 제2연은 영물의 본체와 합치해야 하고, 제3연은 사물을 말하는 작용과 합치해야 하는데, 뜻을 말하기도 하고, 의론하기도 하고, 인사를 말하기도 하고, 고사를 사용하기도 하며, 외물을 구체적으로 실증하기도 한다. 제4연은 제목 외의 것으로 뜻을 표현하거나 혹은 본의로 그것을 결속한다.
　　詠物之詩, 要托物以伸意, 要二句詠狀寫生, 忌極雕巧. 第一聯須合直說題目, 明白物之出處方是. 第二聯合詠物之體. 第三聯合說物之用, 或說意, 或議論, 或說人事, 或用事, 或將外物體證. 第四聯取題外生意, 或就本意結之(『詩法家數』卷1)

이 장법은 매우 세밀하게 묘사되어 있어서 시의 독창과 주관을 제약할 수 있지만, 그 본의는 순수한 영물시란 사물을 순수하게 묘사하되, '寓懷'를 담아야 함을 알 수 있다.

88. 王古直以歌擅名 왕고직의 시가

王古直[1]以歌擅名, 作詩亦有思致,「題嚴陵」[2]詩曰:〔天地此生惟故友, 江湖何處不漁翁.〕「遊西山」曰:〔舊時僧去竹房冷, 今日客來山路生.〕「述懷」[3]曰:〔窮將入骨詩還拙, 事不縈心夢亦淸.〕 餘不盡然. 嘗與予和雪詩蒸字韻, 數往復, 時出新意, 予頗訝之. 久乃覺其爲方石[4] 所助, 蓋古直時止謝家[5]故也. 因以一詩挑之, 謝乃躍然出和, 遂成巨卷. 古直藏而失之, 懊恨[6]累歲. 邵郞中國賢[7]偶購而歸之. 後古直客死, 方石盡鬻[8]其書畫爲棺斂費, 而獨畱此卷云.

왕고직은 노래로 이름을 떨쳤고, 시를 짓는 데도 흥치가 있었으니, 「제엄릉」시에 말하기를 :〔천지간에 이 삶은 오직 옛친구뿐이니, 강과 호수 어디에도 고기잡이 노인 있지 않네.〕「유서산」에 말하기를 :〔지난 날 스님이 떠나니 대죽 방이 차고, 오늘 나그네 오니 산길이 생기네.〕「술회」에 말하기를 :〔가난이 뼈에 사무치니 시가 엉성한데, 일이 마음에 매지 않으니 꿈도 맑구나.〕 나머지는 다 그러하지 않다. 일찍이 나와 雪詩 蒸자운으로 화창하여, 자주 왕래하였는데, 가끔 참신한 의취를 보여서, 나는 자못 의아하였다. 오랜 후에야 그것은 사방석의 도움에 의한 것을 알았으니, 대개 왕고직이 가끔 사방석 집에 머물렀

---

1) 王古直 : 王佐. 제32칙 참조.
2) 題嚴陵 : 淸 潘德輿『養一齋詩話』에 나오는 문장
3) 述懷 : 詩題「中年」(『御選宋金元明四朝詩』)
4) 方石 : 謝鐸. 제8칙 참조.
5) 謝家 : 謝鐸의 집
6) 懊恨(오한) : 원한, 원통.
7) 邵郞中國賢 : 邵寶(1406~1526) 字 國賢, 號 二泉.『容春堂集』
8) 鬻(육) : 팔다.

기 때문이다. 따라서 시 하나를 뽑는다면 사방석이 우뚝 뛰어나게 화창시를 잘 지어서, 마침내 큰 두루마리 책을 이루게 된 것이다. 고직이 그것을 간직하다가 잃어버려서, 그 원통함이 여러 해를 갔다. 소낭중 국현이 우연히 그것을 구입하여 돌려주었다. 후에 고직이 객사하니, 방석이 그 서화를 다 팔아서 관과 염습하는 비용으로 쓰고, 오직 이 책만 남긴 것이다.

✿ 해설

王古直 즉 王佐는 자가 仁輔이며 호는 古直으로 李東陽의 「王古直傳」(『李東陽集』 卷2 『文前稿』 卷16)을 보면,

> 왕고직은 이름이 佐이며 자는 仁輔인데 후에 車자를 버리고 甫로 하였으며, 古直은 自號이니 號로 행세하였다. 태주의 황암에 거주하니 지금은 태평현으로 나뉘었다. 어려서 시와 행초서를 잘 해서 서울에 유락하였다. …… 지금 시랑 황정헌과 시강 방사석과 우의가 가까웠다. …… 유람생활 30년에 하인도 없이 솥도 마련치 않고 큰 바구니 다섯 여섯 개에 오직 시와 그림 수백 폭을 담아서 그 속에 술항아리를 놓고 아침이면 나와서 한두 국자를 마시고는 다시 문을 잠그고 가곤 하였다. …… 그 성품은 꼿꼿하여 남에게 굽히지 않았다. …… 그러나 마음은 진솔하고 곧아서 안으로 지름길을 가지 않고 마음에 맞는 사람을 만나면, 흔쾌히 갈 바를 잊으니 사람들도 이리 즐겨하였다.
>
> 王古直, 名佐, 字仁輔, 後去車爲甫, 古直其所自號, 以號行世. 居台之黃巖, 今分太平縣地也, 少爲詩及行草, 漫遊京師……與今侍郎黃定軒, 侍講謝方石友善……旅食三十年, 無童僕, 不置釜甑, 有大籠五六, 惟詩畫數百幅, 中貯壺酒, 晨出飮一二再勺, 已復鐍之以去……其性氣屹屹不肯爲人屈……然意度率直, 內不爲蹊徑, 遇所會意, 欣然忘去, 人亦以此樂之

라고 기록하여 王佐가 野人으로서 奇異한 言行을 하며 오직 詩畵에 能하고 貧窮하고 放浪하는 好酒家인 것을 알 수 있다.

王佐의 「聽雨」 시를 보면 그의 시풍이 詩中有畵的인 面을 지니고 있음을 알 수 있다.

연못가 풀에서 꿈 못 이룬데
봄잠에 빗소리 들리네.
오땅의 제비는 아침에 잎을 먹고
한 땅의 말은 저녁에 군영으로 돌아가네.
꽃길은 온통 붉은 빛으로 넘치고
냇가의 다리는 푸르게 고루 물들었네.
남쪽 뜰에는 술동무 많으니
날 개일 때를 기약하네.
池草不成夢, 春眠聽雨聲.
吳蠶早食葉, 漢馬夕歸營.
花徑紅應滿, 溪橋綠漸平.
南園多酒伴, 有約候新晴.

　方石 謝鐸(1435~1510)과의 友誼를 통한 交分을 重視하여 그 詩文도 謝方石의 영향을 받은 면을 본문에서도 거론하고 있다.(謝鐸에 대해서는 제8칙을 참조) 본문에 인용한 왕좌의 시구들은 『御選宋金元明四朝詩』에 수록되어 있다. 본문에서 사방석의 지도로 왕좌의 시가 참신한 흥취가 넘치는 氣風을 보였다고 한 것은 왕좌의 시가 唐詩풍격을 추구하였음을 의미한다. 방랑생활을 한 왕좌의 작품을 구하여 모은 邵寶(1460~1526)는 字가 國賢이며 號는 二泉으로서, 進士급제 후에 戶部郎中과 禮部尙書에 오른 문인으로 『容春堂集』을 남기고 있다.

89. 吾楚人多不好吟 이동양의 시음송

　吾楚人多不好吟, 故少師授。彭民望[1]少爲諸生[2], 偏好獨解, 得唐人家法。如「淵明圖」詩曰:〔羲熙人物羲皇上[3], 典午[4]山河甲子[5]中。恨殺潯陽[6]江上水, 隨潮還過石頭[7]東。〕「送人」曰:〔齊地青山連魯衆, 彭城山[8] 色過淮[9]稀。〕「幽花」曰:〔脉脉[10]斜陽外, 微風助斷腸。〕「桔槹亭」曰:〔春風滿畦[11]水, 不見野人勞。〕 皆佳句也。獨不自貴重, 詩不存稿。予輯而藏之, 僅百餘篇而已, 惜哉。

　우리 초 지방 사람은 시를 읊기를 그리 좋아하지 않아서, 스승을 모시고 전수하는 사람이 적다. 팽민망은 어려서 학생이 되어 유난히 홀로 독해하기를 좋아하여, 당대 시인의 시법을 터득하였다. 예컨대 「연명도」 시에 말하기를:〔의롭고 빛나는 인물인 희황상인은 진나라의 산하에 으뜸이네. 심양강 물을 너무 원망하여 밀물 따라 석두 동쪽을 지나가네.〕「송인」에서 말하기를:〔제나라 땅의 푸른 산은 노나라 땅

---

1) 彭民望:湖南人, 布衣. 李東陽과 和唱한 시가 있음. 이동양의 「彭民望三首」 등.
2) 諸生: 학생, 학도.
3) 羲皇上(희황상):羲皇上人. 伏羲 시대인, 太古의 사람. 속세를 떠나 한가한 사람.
4) 典午: 司馬의 隱語. 典은 司, 午는 馬. 晋帝의 姓이 司馬이어서 여기서 典午는 晋나라를 지칭.
5) 甲子: 甲은 天干의 首位, 子는 地支의 首位. 첫째. 으뜸.
6) 潯陽:江蘇省의 江.
7) 石頭: 강소성의 城.
8) 彭城山: 강소성의 산.
9) 淮(회): 淮水. 河南省 桐栢山에서 발원하여 安徽省, 江蘇省을 거쳐 黃河로 흘러 들어가는 강.
10) 脉脉(맥맥): 끊임없이 이어지는 모양.
11) 畦(휴): 밭두둑. 쉰이랑.

까지 많이 이어지고, 팽성산의 경치는 회수를 지나니 드무네.]「유화」에서 말하기를 : 〔끝없는 석양 밖에 산들바람이 더욱 애간장을 끊게 하네.]「길고정」에서 말하기를 : 〔봄바람에 밭두둑 물에 가득 찬데, 일하는 시골 사람은 보이지 않네.〕 모두 아름다운 시구이다. 단지 스스로 귀중히 여기지 않아서 시의 원고가 남아있지 않다. 내가 꾸며서 그것을 보관하였는데, 다만 백여 편 뿐이어서 애석하다.

❂ 해설

이동양은 출생지가 京師(지금의 北京)이지만, 본래의 호적은 湖廣 茶陵(지금의 湖南)이니, 戰國시대 楚國의 영토에 해당하므로 본문에서 '吾楚人'이라 하였다. 평소 京師에서 交遊하던 布衣居士 彭民望은 湖南 同鄕人으로 그의 文學에 대한 자료가 거의 없고 단지 이동양의 문집(『李東陽集』『文前稿』卷4)에서 「贈彭民望三首」,「再贈三首用前韻」,「寄彭民望」 등 7수의 시와「祭彭民望文」을 본다. 본문에 인용된 팽민망의 시구는 未收錄 작품이어서 全詩를 볼 수 없고 다만 다음에 이동양의「贈彭民望三首」중에서 제1수와 제2수를 본다.

> 그대의 시는 만당한 좌객들을 놀라게 하니
> 기세는 넓은 바다처럼 활짝 열렸네.
> 술을 마시고 서둘러 종이를 펴서
> 붓을 드리우니 샘낼 수 없도다.
> 君詩驚滿座, 氣與滄溟開.
> 酒酣疾伸紙, 下筆無嫌猜(제1수)
>
> 나의 집이 비록 쓸쓸해도
> 즐거이 그대와 같이 지내고 싶네.
> 좋은 날 더불어 긴 저녁을 보내며
> 술잔을 들고 함께 읊어나 보세.
> 我屋雖蕭條, 欣與子同居.
> 嘉辰與永夕, 觴詠得相俱.(제2수)

여기서 두 사람의 깊은 交分과 이동양의 팽민망의 시에 대한 높은 평가를 읽을 수 있다. 아무리 귀중한 작품들이라도 시인 자신이 보존하고자 하는 의지가 없으면 古今이 마찬가지로 그 傳來가 용이하지 않음을 본문에서 재확인하게 된다.

90. 兆先嘗見予「祀陵」詩 조선의 詩才

　兆先[1]嘗見予「祀陵」詩〔野行愁夜虎, 林臥起秋蠅〕[2]之句, 問曰：〔是爲秋蠅所苦, 不能臥而起耶？〕予曰：〔然。〕曰：〔然則愁字恐對不過。〕予曰：〔初亦不計, 妨字外亦無可易者。〕曰：〔似亦未稱, 請用迥字如何？ 蓋謂爲夜虎所遏而迥也。〕予曰：〔然。〕遂用之。

　조선이 일찍이 나의 「사릉」시의 〔들을 가니 밤 호랑이가 걱정되고, 숲에 누우니 가을 파리가 이네.〕구를 보고서 묻기를 : 〔이것은 가을 파리로 괴로워하는 것인데, 누웠다가 일어날 수 있지 않습니까?〕라고 하거늘, 나는 그렇다고 말하였다. 말하기를 : 〔그러면 愁자는 아마도 대구를 이루지 않습니다.〕라고 하매, 나는 말하기를 : 〔처음에는 생각지 않았는데 妨자 외에 또 바꿀 것이 없겠다.〕라고 하니, 말하기를 : 〔맞지 않는 것 같습니다. 청컨대 迥자를 쓰면 어떻습니까? 대개 밤 호랑이에게 막혀서 돌아간다는 말입니다.〕라고 하매, 나는 〔그렇구나〕라 말하고 마침내 그것을 썼다.

❋ 해설

　國子生을 지내고 27세에 요절한 아들 李兆先의 창작능력과 父子間에 作詩에 대해 진솔하게 의견을 나누는 문학정신이 표현되어 있는 글이다. 본문에서 조선의 論詩觀이 탁월하고 詩語 선택과 韻律의 운용에 대한 견해도 精密한 점을 알 수 있으니 그런 아들을 잃은 이동양의 숨은 悲哀와 哀惜함이 間說的으로 드러나 있다.(제4칙 참조)

---

1) 兆先 : 李東陽의 아들. 제4칙 참고.
2) 野行句 :『李東陽集』卷10「中元謁陵答體齋學士贈行韻」 二首의 其二

91. 張弼詩淸健有風致 장필시의 풍격

張東海汝弼[1]草書名一世, 詩亦淸健有風致。如「下第」[2]詩曰:〔西飛白日忙於我, 南去靑山冷笑人。〕「送羅應魁」曰:〔百年事業丹心[3] 苦, 萬世綱常[4]赤手扶。〕 「假髻曲」等篇, 皆爲時所傳誦。嘗自評其書不如詩, 詩不如文, 又云〔大字勝小字〕。予戱之曰:〔英雄欺人每如此, 不足信也。〕[5]

장동해 여필은 초서로 한 시대에 이름을 날렸고 시도 청아하고 웅건하여 풍치가 있었다. 예컨대 「하제」 시에 말하기를 :〔서쪽으로 날아 기우는 밝은 해는 나보다 바쁜데, 남쪽으로 푸른 산으로 떠나며 남을 비웃노라.〕「송나응괴」에 말하기를 :〔백년의 일에 정성으로 고생하고, 만세의 기강을 맨손으로 지키네.〕 그리고 「가계곡」 등 시는 모두 그 당시에 전하여 읊어지던 것이다. 일찍이 스스로 평하기를 그 초서는 시만 못하고 시는 문만 못하다고 하였고 또 이르기를 :〔큰 글자가 작은 글자보다 낫다〕라고 하였다. 나는 장난으로 말하기를 :〔영웅이 사람을 속이는 것이 매양 이러하니, 믿기에 부족하다.〕라고 하였다.

◉ 해설

張弼(1425~1487)의 시가 淸健하다고 평가한 본문은 다음 여러 자료에서 유사한 評語를 통하여 확인할 수 있으니, 明代 徐泰의 『詩談』에서,

---

1) 張東海汝弼 : 張弼. 제56칙 참고.
2) 「下第」 등 引用詩句는 모두 朱彛尊 편찬. 『明詩綜』 卷28에 수록.
3) 丹心(단심) : 誠心
4) 綱常(강상) : 사람이 마땅히 지켜야 할 근본이 되는 도덕인 三綱과 五常.
5) 英雄句 : 『李東陽續集』 卷4

장필은 청담하고 준일하여 장필의 밝은 진주 몇 알 즉 청준한 시 몇 수는 온 세상이 보배로 여긴다.
張弼淸俊, 弼明珠數顆, 擧世寶之.

라고 하였으며, 淸代 朱彝尊의 『明詩綜』(卷28)에서 평하기를,

왕제지가 말하기를 : 〔동해 시는 구차하게 짓지 않아서, 지은 것이 초탈하고 호탕하며 근세의 평범한 말을 벗어나 있다.〕 왕자형이 말하기를 : 〔선생의 시는 기세가 호방하고 준일하여 올바른 성정을 드러낸다.〕
王濟之云 :〔東海詩不苟作, 作必超詣豪宕, 擺脫近世尋常語.〕 王子衡云 :〔先生詩, 氣豪而逸, 發乎性情之正.〕

라고 하여 盛唐시풍을 追從한 시인으로 본다. 인용한 장필의 詩句 중 下第 시는 明代 曹學佺이 편찬한 『石倉歷代詩選』(卷408)에는 詩題가 「渡江」으로 되어 있다. 이동양은 장필의 『張東海集』 序文에서 그 詩文의 세계를 칭송하기를,

어려서 초서를 잘 하고 웅장하고 준일하여 절로 일가를 이루었다. …… 그 시는 청아하여 탈속하며 힘써 고시를 지었다. 흥취가 나면, 손 움직이는 대로 붓을 휘둘러 대부분 초안을 잡지 않았다. 곧 지은 것은 초서로 썼기 때문에 사람들이 가져갔다. …… 청아하고 간결한 시구가 때로 전하여 읊어지고 그 전집을 보는 것은 거의 드물다. 그 문은 사물을 보고 느끼면 반드시 이치와 의리에 근본을 두어 쓰되, 화려한 수식과 지엽적인 어사를 쓰지 않았다. 특히 스스로 신중하여 구차하게 짓지 않았다.
少善草書, 雄偉俊逸, 自成一家…… 其爲詩, 淸煉脫俗, 力追古作. 意興所到, 信手縱筆, 多不屬稿. 卽有所屬, 以草書故, 輒爲人持去……淸詞警句, 時或傳誦, 而見其全集者蓋鮮. 其爲文, 隨事觸物, 必根理義, 不爲華藻枝葉之詞. 特自愼重, 不苟作.

라고 기술하여 그 문학의 특성을 소개하고 있다. 장필의 「假髻曲」(『明詩綜』 卷28)을 보기로 한다.

동쪽 집 미인이 머리를 땅에 드리우니
고생하며 아침마다 빗어서 높게 상투 머리 하네.
서쪽 집 미인은 머리가 눈썹을 가리니
가발 머리 사서 단장하니 또한 아름답네.
황금 비녀와 보배 비녀로 푸른 고운 머리 감싸니
눈앞에서 누가 진짜인지 가짜인지 분별하리오.
창가의 꽃이 곱게 핀 복숭아에 봄바람 불어오면
가발한 미인은 높으신 상공에게 시집 가겠네.
東家美人髮委地, 辛苦朝朝理高髻.
西家美人髮及眉, 買妝假髻亦峨然.
金釵寶鈿圍朱翠, 眼底何人辨眞僞.
夭桃窓下來春風, 假髻美人歸上公.

이 시는 典雅한 풍격을 보여주며 구사한 시어가 淸鍊하여 盛唐詩에 近接한다.

92. 予嘗有「岳陽樓」詩 이동양의 「악양루」 시

予嘗有「岳陽樓」 詩云:〔吳楚乾坤天下句, 江湖廊廟古人情。〕[1] 鏡川楊文懿公[2]亟稱之。有同官者不以爲然, 駁之曰:〔吳楚乾坤之句, 本妙在坼字浮字上, 今去此二字, 則不見其妙矣。〕 楊曰:〔然則必云『吳楚東南坼, 乾坤日夜浮』[3] 天下句而後爲足耶?〕後以語予, 爲之一笑。

나는 일찍이 「악양루」 시에서 말하기를:〔두보의〔오땅과 초땅의 천지〕구는 천하의 으뜸가는 시구이며, 강호의 사당은 고인의 마음이네.〕라는 시구를 경천 양문의 공이 매우 칭찬하였다. 동료 관리들은 그렇게 생각하지 않고, 반박하여 말하기를:〔'吳楚乾坤'구는 원래의 묘미가 坼자와 浮자에 있는데, 지금 이 두 자를 빼면 곧 그 묘미가 드러나지 못한다.〕라고 하니 양문의가 말하기를:〔그렇다면 반드시 두보의〔오땅과 초땅은 동남쪽으로 갈라지고, 하늘과 땅은 밤낮으로 떠 있네.〕 시구는 천하의 명시구라고 말하겠으니 그 이후에 더 보텔 것이 있는가?〕라고 후에 말하면서 한바탕 웃었다.

❂ 해설

楊守陳(1425~1489)이 칭찬한 이동양 자신의 「登岳陽新樓」의 시구를 인용하여 두보의 「登岳陽樓」 시에 대한 極讚과 崇尙의 마음을 표현하고 있으니, 두보의 시를 보기로 한다.

---

1) 吳楚句:『李東陽集』「登岳陽新樓」
2) 楊文懿:楊守陳(1425~1489) 字 維新, 號 鏡川.『楊文懿公集』
3) 吳楚東南坼句:杜甫「登岳陽樓」

옛날에 동정호에 들었더니,
이제 악양루에 올랐네.
오땅과 초땅이 동남쪽으로 갈라지고
하늘과 땅은 밤낮으로 떠있네.
가까운 친구 편지 한 자 없으니
늙어감에 외로운 쪽배뿐이네.
싸움터의 말이 관산 북쪽에 있으니
난간에 기대어서 눈물을 흘리네.
昔聞洞庭水, 今上岳陽樓.
吳楚東南坼, 乾坤日夜浮.
親朋無一字, 老去有孤舟.
戎馬關山北, 憑軒涕泗流.

두보의 나이 57세(768년)에 憂國과 他鄕의 鄕愁를 主題로 지은 이 시에 대해서 이동양은 최고의 존경심을 표하고 있다. 楊守陳은 字가 維新, 號는 鏡川으로 浙江 鄞(은)縣人이다. 進士급제 후에 관직은 吏部右侍郎 겸 詹事府丞에 이르렀고 死後에 禮部尙書에 追贈되었고 諡號는 文懿이며 『楊文懿公集』이 있다. 참고로 본문의 양문의가 두보시를 天下의 名句이며 더 보탤 것이 없다고 말한 평어가 明代 安磐의 『頤山詩話』에는 彭民望이 말한 것으로 기록되어 있다고 하는데(李慶立의 『懷麓堂詩話校釋』, p.234) 두보 시를 평가하는 논리상 중요한 점은 아니다.

93. 蘇子瞻才甚高 소자첨의 재능

蘇子瞻¹⁾才甚高, 子由²⁾稱之曰:〔自有文章, 未有如子瞻者。〕³⁾ 其辭雖夸, 然論其才氣, 實未有過之者也。獨其詩傷於快直⁴⁾, 少委曲沉著⁵⁾之意, 以此有不逮古人之誚。然取其詩之重者, 與古人之輕者而比之, 亦奚翅⁶⁾古若耶。

소자첨의 재능은 매우 높아서, 자유는 그를 칭찬하여 말하기를 :〔문장이 있은 이후로 자첨만 한 사람이 없다.〕라고 하였으니 그 말이 비록 과장되다고 해도, 그 재기를 논하자면 진실로 그를 능가할 사람이 아직 없다. 다만 그의 시가 직설적이며 함축미가 적은 점에 상심하고, 섬세하면서 함축적인 의취가 부족하여서 이 때문에 고인에 미치지 못한다는 비판이 있다. 그러나 그 시의 장점을 가져다가 고인의 단점과 비교해 본다 해도, 또한 어찌 단지 옛것만 하겠는가?

◎ 해설

蘇軾 시는 그 동생 蘇轍의 칭찬처럼 天下 文章中의 文章인 점은 근 천년이 지난 지금까지도 아무도 부인할 자가 없다. 그러나 이동양은 茶陵詩派의 영수이며 절대 唐詩추종자로서, 소식의 문학을 존중하면서도 李白이나 杜甫, 더 소

---

1) 蘇子瞻 : 蘇軾.
2) 子由 : 蘇轍의 字.
3) 自有句 :『欒城集』卷20「祭亡兄端明文」.
4) 快直 : 詩文이 평범하고 직설적이어서 함축미가 없는 풍격.
5) 委曲沈著(위곡침착) : 詩文이 섬세하고 함축적이며 경박하지 않는 풍격.
6) 翅(시) : 단지, ……뿐. 啻.

급해서 陶淵明이나 謝靈運에 비견시키고 싶지 않았을 것이다. 그리고 소식이라 해서 장점만 있는 것이 아니므로, 〔직설적이며 함축미가 적은 점에 상심하고, 섬세하면서 함축적인 의취가 부족하다.(傷於快直, 少委曲沈著.)〕라는 평어를 가한 것이다. 그 후에 여러 문인이 이동양의 논리를 추종하였으니, 明代 安磐은 〔나의 어리석은 생각으로 직설적이며 경솔한 점에 상심한다고 말한 것은 진실로 그러하다. 그러나 동파는 고사를 쓰기 좋아하였으니 심한 것은 매구마다 고사를 가하고 있다.(愚謂傷快直率易固然, 但坡翁好用事, 甚者句句以事襯貼.)〕(『頤山詩話』)라 하고, 淸代 施補華는 〔동파의 재능은 매우 위대하나 지나친 단점이 있으니 함축미가 적은 것이다.(東坡才思甚大, 而有好盡之病, 少含蓄也.)〕(『峴傭說詩』)라고 평한 점은 우연이 아니라고 할 것이다.

94. 留心體製 시의 체제

嘗有一同官, 見予輩留心體製[1], 動相可否, 輒爲反脣曰:〔莫太著意[2], 人所見亦不能同, 汝謂這般好, 渠更說那般好耳。〕謝方石[3]聞之, 謂予曰:〔是惡可與口舌爭耶?〕

일찍이 한 동료 관리가, 우리가 시의 체재에 마음 쓰는 것을 보고, 그것이 옳은지 아닌지를 놓고서, 문득 입술을 삐쭉이며 말하기를:〔너무 마음을 쓰지 말지니, 사람이 보는 것이 또한 같지 않을 수 있어서, 그대가 이렇게 좋다고 하면 저 사람은 다시 저렇게 좋다고 말할 것이다.〕 사방석이 그 말을 듣고서 나에게 일러 말하기를:〔이 어찌 더불어 말다툼을 할만한 것이겠는가?〕라고 하였다.

✿ 해설

시 體裁란 시의 形式에 관한 모든 것을 지칭한다. 시의 내용이 소위 風格을 위시한 시가 지닌 內面세계를 말한다면, 시의 형식은 聲調, 詩語, 對句, 韻律 등 시의 描寫에 필요한 모든 요소를 포괄해서 말하는 것이다. 그러니 내용 못지않게 중요성을 지닌다.

여기서 이백 시의 체재의 하나인 시어 구사에 관한 묘미 즉 다양한 특성 하나만을 살펴보아도 작시의 체재에 얼마나 勞心焦思해야 하는지를 익히 알 수 있으니, 참고로 다음에 이백 시의 시어 활용의 다양성을 거론해 보기로 한다.

---

1) 體製 : 시의 體裁와 格調
2) 著意(착의) : 留意하다.
3) 謝方石 : 謝鐸

첫째는 詩語의 意象美이다. 시의 표현에 있어서 시만이 지닌 의식의 含蓄美를 極大化시킬 수 있는 能力은 그 시인의 品格을 提高시키는 요소가 된다. 이것을 詩語上의 描法으로서 '意象'이라는 말로 대신하고자 한다. 중국시에서의 이런 묘사법은 多角的인 觀念의 테두리 안에서 理論的으로 體系化되지 않고 흔히 風格과 混融되어 다루어져 왔다.『文心雕龍』「神思」편에 이르기를,

> 옛사람이 말하길, 몸은 강과 바다 위에 있고, 마음은 위나라의 궁궐에 있으니, 이를 신사라 한다. 글에 담긴 생각과 그 정신은 원대하다. 따라서 조용히 깊이 생각하여 그 생각이 천년의 세계를 이어 깊이 들어가면, 문득 터득되면서 만 리의 경지에 통달하게 된다. 읊어 노래하는 중에 주옥같은 소리를 토해내고 눈 깜짝할 사이에 풍운의 색을 말았다하며 지극한 사념의 이치를 깨닫게 된다.
> 古人云：形在江海之上, 心存魏闕之下, 神思之謂也. 文之思也, 其神遠矣. 故寂然凝慮, 思接千載, 悄焉動容, 神通萬里. 吟詠之間, 吐納珠玉之聲, 眉睫之前, 卷舒風雲之色. 其思理之致乎.

라고 하여 想像의 作用에 있어 暗示와 象徵의 聯想效果를 밝혔는데, 이는 絃外之音과 상통하면서 의상과 一脈하고 있음을 알 수 있다. 그리고 淸代 方東樹도 기술하기를,

> 시에 있어 뜻이 높고 오묘하며 겉모습도 그러하며 표현되는 시어도 그러해야 하는데 옛사람의 세계를 깊이 이해 못하면 터득할 수 없다.
> 用意高妙, 用象高妙, 文法高妙, 而非深解古人則不得.(『古詩選』卷首, 「通論五古」)

라 하니 情思의 意象化는 想像의 善用에 있음을 알 수 있다. 이것은 의상 자체의 의미가 意識 중의 기억, 즉 시인의 의식과 外界의 物象이 서로 통하여 觀察과 審美의 과정을 거쳐서 意境의 景象을 형성해 주는 상태와 통한다. 따라서 중국 전통시론을 대개 '생각을 표현하매 도를 담음(言志載道)'과 '시 창작 이론을 탐토함(探討詩創作理論)'이란 측면에서 본다면 王國維의 다음 말은 더욱 인간의 진정으로써 情景交融의 효과를 表達할 수 있는 境界가 곧 寫景의 참된 의상이라는 相關性을 설정할 수도 있다.

자연 속의 사물은 서로 관계를 가지며 또 서로 구속되어 있다. 그러나, 그것이 문학과 미술에서 묘사되면 그런 것들은 모두 탈피해야 한다. 현실주의자도 이상주의자도 된다. 어떤 허구의 경계를 추구하더라도 그 재료는 반드시 자연에서 구해야 한다. 그리고 그 구조도 반드시 자연의 법칙을 따라야 한다. 자연의 경물뿐 아니라 희로애락까지도 사람 마음속의 한 세계인 것이다. 따라서 참된 자연 경물과 참된 정감을 묘사할 수 있는 사람은 경계를 지녔다 하겠고 아닌 사람은 경계가 없다고 할 것이다.

自然中之物, 互相關係, 互相限制. 然其寫之於文學及美術中也, 必遺其關係限制之處. 故雖寫實家, 亦理想家也. 又雖如何處構之境, 其材料必求之於自然, 而其構造亦必從自然之法則. 故雖理想家亦寫實家也. 境非獨謂景物也, 喜怒哀樂安人心中之一界. 故能描寫眞景物眞情感者, 謂之有境界, 否則謂之無境界.(『人間詞話』)

詩歌 속의 의상의 처리는 精微하거나 濃縮된 언어를 통해 象徵과 暗示라는 연상 작용으로 情意를 표현하는데 두어야 함을 알 수 있다. 李白의 시에서 의상의 면을 본다면, 거침없는 風格과 경악케 하는 표현법에서 먼저 상관시켜 볼 수 있다. 이백이 比喩한 事物, 景物 자체를 놓고 볼 때,

① 활을 당겨 물고기를 쏘니,
긴 고래가 마침 우뚝 솟도다.
이마와 코는 오악을 닮았는데,
파도 일으켜서 구름 번개를 뿜도다.
수염이 하늘을 덮었으니,
어찌 봉래산을 보리오!
連弩射海魚, 長鯨正崔嵬.
額鼻象五岳, 揚波噴雲雷.
鬐鬛蔽青天, 何由睹蓬萊.(「古風」其三)

② 푸른 산 하늘에 찌르듯 솟아 푸르러
우뚝 고래의 이마 같도다.
藍岑聳天碧, 突兀如鯨額(「經溪南藍山下有落星潭可以卜築余泊舟石上何判官昌浩」)

이백은 鯨魚라는 신화에 나오는 동물을 借入하여 경이적인 묘사를 하고 있는데 ①의 경우에 長鯨의 자태와 그 웅대한 기풍을 그리면서 자신의 의식상의 흐름을 幻想과 結付시키고 있는 것은 초탈적인 의식과 道家風의인 仙味라고만 의미를 부여하고 있다. ②의 경우도 ①과 같은 用例라 할 것이다. 凡人의 意界에서 느낄 수 없는 현실세계에 대한 觀照는 시인의 心中에서는 범인의 혼란한 의식도 完整한 形體의 新境地로 創出시킬 수 있는 것이다. 이처럼 시의 의상은 다양하게 경우에 따라서 역설적으로 형상화되어서 독자에게 보여지는 것이니 이백의 시에서 그 대표적인 맛을 느낄 수 있다.

둘째는 詩語의 誇張法이다. 이백 시에 있어서 또 하나의 특징으로는 시에의 과장법을 들 수 있다. 이백은 天性이 낭만적이어서 그에게서 吐露되는 의상은 神話와 仙風에 영향 받아서 시공을 초월하는 경지에 이르고 있다. 이러한 작품세계를 助長해 주는 語句的 방법으로 그는 誇張 수법을 이용한 것이다. 그는 때로는 수량으로 묘사하였으니,

구강의 강물이 흘러서,
만 줄기 눈물이나 되었으면.
願結九江流, 添成萬行淚.(「流夜郎永華寺寄潯陽群官」)

흰 머리칼이 삼천 길인데,
수심이 어리어 더욱 긴 듯하다.
白髮三千丈, 緣愁似箇長.(「秋浦歌」 其十五)

살기가 천리에 가로 뻗쳤고,
군사의 소리 아홉 구역을 휘젓는다.
殺氣橫千里, 軍聲動九區.(「中丞宋公以吳兵三千赴河南軍次潯陽脫余之囚參謀幕府因贈之」)

위의 시구들에서 숫자의 활용이 詩趣를 강렬하게 느끼게 하니, 數量과장은 사실과는 다른 개념을 부여하면서 보다 豪宕한 氣風을 雄大하게 描出하고 있다는 데서 이백의 長處를 강하게 드러내고 있다. 淸代의 馬位는 일찍이 말하기를,

> 태백의 '백발이 삼천 길'이 다음에 이어져 '수심이 어리어 더욱 긴 듯하다.'라 한 것은 결코 참된 표현이 아니다. 엄유익은 이르기를 : '그 싯귀가 호방스러우나 그 도리에 맞지 않다. 시는 진정 이처럼 지어서는 안 된다.'
> 太白 '白髮三千丈', 下卽接云 '緣愁似箇長', 幷非實詠, 嚴有翼云 : '其句可謂豪矣, 奈無此理. 詩正不得如此講也'.(『秋窓隨筆』)

라고 하여 현상의 과장이 오히려 명확한 인식을 하게 하는 비법을 썼음을 평가하였으나, 시의 진실(事實性)이 요구되는 점을 아쉬워하였고 沈德潛은 또 이르기를,

> 태백은 천상 기외적인 착상을 하고 변화무쌍한 형국을 다룬다. 큰 강에 바람이 없는데 파도가 절로 용솟음치고, 흰 구름이 뭉게져서 바람 따라 명멸한다. 이것은 아마 하늘이 내린 것이지 사람의 힘으론 안 된다.
> 太白想落天外, 局自變生 : 大江無風. 濤浪自湧 : 白雲卷舒, 從風變減. 此殆天授, 非人力也.(『說詩晬語』卷上)

라고 하여 이백 시가 人力에 의한 창출이 아니라 天賦의 것으로서 想外的인 技法이 과장으로 표현되고 초월적 의식으로의 誘引을 가능케 하였다.

> 북쪽 바다에 큰 물고기 있는데,
> 몸길이 수천 리로다.
> 고개 들어 삼산의 눈을 뿜고,
> 계곡의 온갖 냇물 가로지른다.
> 北溟有巨魚, 身長數千里.
> 仰噴三山雪, 橫谷百川水.(「古風」其三十三)

위의 시에서 사물의 形象을 擴大하여 묘사하면서 非現實의 세계를 그리었고,

> 한 바람 사흘 불어 산을 기울고,
> 흰 파도 솟아 기와집 관청보다 더 높구나.
> 一風三日吹倒山, 白浪高於瓦官閣.(「橫江詞」其一)

위에서도 사실보다 지나친 묘사에서 雄渾한 詩意를 표현하고 있다. 때로는 과장과 낭만적인 神話가 結合하여 더욱 脫俗을 조장하기도 한다.

  손들어 맑고 옅음을 희롱타가,
  잘못하여 베 짜는 여인의 베틀에 올랐네.
  擧手弄淸淺, 誤攀織女機(「遊太山」 其六)

  푸른 하늘에 긴 밧줄을 걸지 못하니,
  여기 서쪽에 나는 밝은 해 매도다.
  不得掛長繩于靑天, 繫此西飛之白日.(「惜餘春賦」)

여기서 이백의 과장수법이 독자로 하여금 廣闊無邊의 세계로 들게 함을 알 수 있다. 이것은 이백이 과장법을 常用할 뿐 아니라 특히 多用하였으며 數字의 變法은 그 極致를 이루고 있는 것이다.

  바람이 구천 길이나 날아간다.
  風飛九千仞(「古風」 其四)

  금술잔의 맑은 술은 한없이 많고,
  옥쟁반의 좋은 안주는 만금 마냥 귀하다.
  金樽淸酒斗十千, 玉盤珍羞直萬錢.(「行路難」 其一)

  성군 백년 누리소서,
  해마다 언제나 어찌도 즐거운지.
  聖君三萬六千日, 歲歲年年奈樂何.(「陽春歌」)

위의 시구들은 모두 놀랄만한 數誇張의 묘법을 맘껏 발휘하였다. 이백의 과장은 단순한 과장이 아니라 과장을 통한 삶 자체의 高遠한 理想을 추구하려 한 것이라고 보아야 한다.

 셋째는 詩語의 功力이다. 이백 시에 있어서 苦功의 흔적이 적은 듯이 보이는 면이 杜甫와 대조하여 흔히 다루어지곤 한다. 그러나 다음 시구 몇 줄을 눈여겨보기로 하자.

파도 빛 바다의 달 흔들고,
별 그림자 성루에 스며드네.
波光搖海月, 星影入城樓(「宿白鷺洲寄楊江寧」)

탑 모습 바다에 뜬 해에 드러내고,
누각은 강 안개 속에 우뚝하구나.
봄 향기 천지에 가득한데,
종소리 온 골짜기에 이어지누나.
塔形標海日, 樓勢出江烟.
香氣三天下, 鍾聲萬壑連(「春日歸山寄孟浩然」)

해지니 빈 정자에 날이 저물고,
성이 황폐하나 옛 자취는 남았어라.
지평선 바다에 닿아있고,
하늘은 강 속에 그림자가 드리웠네.
日下空亭暮, 城荒古跡餘.
地形連海盡, 天影落江虛.(「秋日與張少府楚城韋公藏書高齋作」)

이들 시구의 작자를 밝히지 않는다면 아마도 李白의 작품으로 보이지 않을 수도 있다. 鍊句와 鍊字의 공력이 깊이 담겨 있기 때문이다. 그의 연자의 기법은 문자의 彫琢, 詩眼의 琢磨, 이 모든 것이 두보와 달리 耐性에 있어서 천연적인 미각을 준다는데 다른 점이 있다. 그러나 이백의 연자는 단순한 天然이 아니라 直覺에 의한 형식적인 굴레를 승화시킨 단계의 기법을 구사하고 있다고 할 수 있다. 이것은 타고난 天稟 위에 오래 동안 창작력을 배양해 온 결과이기도 하다. 詩語의 세밀한 硏鑽이 두보를 못 따른다 해도 출중한 창작상의 性情이 자구마다 凝縮되어 하나의 詩篇이 雄渾하면서 長闊한 樣相을 보여 주는 면에 있어서는 그 누구도 따를 수 없다. 그의 「宣州謝朓樓餞別校書叔雲」 시를 보면,

날 버리는 자 어제의 날에 머물 수 없고,
내 마음 어지럽히는 자 오늘의 날에 근심 많도다.
긴 바람 만 리에 가을 기러기 전송하니
이를 대하여 고루에서 술에 취하네.
봉래의 문장은 건안의 풍골인데,

그 사이의 소사는 또한 청일하구나.
모두들 준일하고 장중한 기상을 품고서 날아,
청천에 올라 명월을 구경하고 싶다.
칼 뽑아 물 끊어 치니 물 더욱 흘러가고,
잔 들어 수심 씻으니 수심 더욱 짙구나.
인생 속세간에 뜻대로 안되니,
맑은 물살에 머리 흩으며 쪽배나 희롱하세.
棄我去者昨日之日不可留,
亂我心者今日之日多煩憂.
長風萬里送秋雁, 對此可以酣高樓.
蓬萊文章建安骨, 中間小謝又淸發.
俱懷逸興壯思飛, 欲上靑天覽明月.
抽刀斷水水更流, 擧杯銷愁愁更愁.
人生在世不稱意, 明朝散髮弄扁舟.

이 시는 錢鍾書가 말한 바, 〔글과 그 맛이 감성을 충분히 표현하고 있다.(文調風格足以徵見性情.)〕(『談藝錄』, p.191)라고 한 평어는 적절하다고 본다. 글자마다 意表가 超然히 묘사되어 있어서, 이것이야말로 評者의 性情을 뛰어넘는 이백의 練字描法의 경지라고 할 것이다. 이 시의 意象과 節奏가 작자의 高遠한 면을 直說하는 대목으로서, '長風萬里', '懷逸興', '壯思飛', '上靑天', '覽明月', '抽刀斷水', '散髮弄扁舟' 등은 脫俗의 胸襟을 토로한 빼어난 煉語의 功力이 넘친다. 특히 제1연에서 '昨日之日', '今日之日'의 표현은 白話的 表記를 통해 시간적 切迫感을 對仗的으로 표현하고 있으며, 제5연에서 '抽刀斷水水更流, 擧杯銷愁愁更愁'는 同字의 반복 사용하여 감성의 상태를 절실하게 그려 놓았다. 이백에 있어서 字句의 驅使力이 格式에 구애되지 않으면서도 격식에서 벗어날 수 없는 문학세계의 規範을 항상 의식했던 것만은 분명하다. 그 자신이 육조시대 시 형식의 八病說을 주장한 沈約을 원망했을지도 모르나, 그 원칙을 지키는 限界는 인정했던 것이다. 그러나 이백의 시는 엄연히 시의 내적 형상의 구사에 장점이 있기 때문에 그의 練字능력은 오히려 不可視的인 內涵에서 찾아야 할 것이다.

넷째는 詩語의 樂府句法이다. 이백 시에서 악부가 차지하는 比重이 또한 적지 않다. 古題를 썼다 해도 시어의 구사와 사상과 감정의 독특한 移入에서 남다른 세계를 構築하였다. 漢魏六朝 악부의 現實主義 氣風이 이백에 이르러서 反戰思想을 主題로 하는 성향을 보이면서〔전쟁을 아는 자는 흉기이니 성인은 부득이 하여 이를 썼다.(乃知兵者凶器, 聖人不得已而用之)〕(「妾薄命」)라고 한 예는 얼마든지 찾아 볼 수 있다. 이백의 악부는 형식상 民歌體의 三三七句法을 활용하고 있는데,

    긴 칼 만지며,
    눈썹 치켜뜨니,
    맑은 물 흰 돌 참으로 요란하구나.
    撫長劍, 一揚眉, 淸水白石何離離(「扶風豪士歌」)

위의 일정치 않은 시구법이 이백에게 오히려 자유분방한 詩情을 表出하려는 의욕을 일깨워 주고 나아가서 그의 시적 가치를 제고하는 창작력을 발휘케 하는 것이었는지도 모른다. 王力은 이백의 시를 두고 非用韻이며 散文과 같다고 한 것이다. (『漢語詩律學』 pp.314~315) 그리고 이백의 「日出入行」을 보면,

    노양공은 무슨 덕으로,
    해를 멈추고 창을 휘두른다.
    도를 거스르고 하늘을 어기어,
    잘못됨이 참으로 많으이.
    내 대지를 주머니에 담아,
    느긋이 큰 바다와 함께 어울리리.
    魯陽何德, 駐景揮戈.
    逆道違天, 矯誣實多.
    吾將囊括大塊, 浩然與溟涬同科

위에서 구법이 齊一하지 않고, 口語를 常用하였음도 알 수 있으며, 「橫江詞」(其五)를 보면,

    강가에 놓인 누관 앞에 나루지기 맞이하니,
    나에게 동녘을 가리키니 바다 구름 일도다.

그대 지금 건너는데 무슨 일이런가,
이처럼 풍파이니 건너기 어렵다네.
橫江舘前津吏迎, 向余東指海雲生.
郞今欲渡緣何事, 如此風波不可行.

이 시는 한 편의 戱劇처럼 生動感이 있는 對話體의 형식을 지닌다. 그리고 그의 「宣城杜鵑花」를 보면,

촉나라에서 전에 자규새 소리 듣더니,
선성에서 다시 두견화를 보노라.
한 번 울 때마다 애를 끊으니
봄 석 달 내내 삼파를 그리도다.
蜀國曾聞子規鳥, 宣城還見杜鵑花.
一叫一回腸一斷, 三春三月憶三巴.

이 시도 口語를 꺼리지 않고 反復하여 山歌에 접근하고 있으며 감정이 淳朴하여 민가에서 영향 받은 것으로 보인다. 一切의 彫琢이 없고 깊이도 넓지 않아, 感動力이 크다 할 것이다. 그리고 그의 악부에서 상징성을 운영하는데도 민가풍을 지녀 순진한 맛을 지니고 있으나 그의 淵博한 지식을 발휘하고 있다는 데에서 그 卓越性을 인정하게 된다. 「古朗月行」을 보면,

잠시 달을 생각하지 못하다가,
어느덧 백옥 같은 쟁반이 되었구나.
또 요대의 거울이
저 푸른 구름의 끝에 날고 있는지 아닌지.
小時不識月, 呼作白玉盤.
又疑瑤臺鏡, 飛在靑雲端.

여기서 달을 옥접시와 거울에 비유하여 달의 자태와 의식을 人界의 一物로 동화시키려는 기법이 보인다.

다섯째는 詩語의 寄託法이다. 이백은 영물시를 쓰면서 시어 구사를 하는 양

상이 독특한 면이 있는 것을 알 수 있다. 영물시라면 사물의 寄託을 통해 자신의 의지를 표현해야 하는데, 중국은 전통적으로 영물에 대한 의식이 강렬하여 단순한 영물 이상의 抒情性을 내포한다. 淸代 李重華는 이르기를,

> 영물시는 두 가지의 시법이 있으니, 하나는 자신을 사물 속에 파묻혀 버리는 것과 또 하나는 자신을 사물 곁에 세워두는 것이다.
> 詠物詩有兩法, 一是將自身放頓在裏面, 一是將自身站立在旁邊(『貞一齋詩說』)

라고 하여 영물시의 주체를 작자에 두고서 內心과 外物과의 調和를 강조한 것을 볼 수 있다. 이와 같이 托物과 영물시와의 不可分性을 인정한다면, 이백의 영물시는 남다른 데가 있다. 이백은 주관적인 意志와 객관적인 事物을 조화시키는 데에 외물은 단지 상징일 뿐, 직접적으로 독자의 感官을 激動시키는 中心體가 아니다. 이백의 寓意는 마음이지, 託物된 물체가 아니니, 「詠槿」 제1수를 보기로 한다.

> 뜰의 꽃처럼 좋은 때에 웃고,
> 연못의 풀은 봄빛에 아름다워라.
> 그래도 무궁화만 못하나니,
> 옥계단 옆에 서서 더욱 곱도다.
> 향기롭고 고운 자태 어찌도 짧고 빠른지,
> 어느덧 시들어지는구나.
> 어찌하면 옥나무 가지처럼,
> 오래두고 붉은 빛 보듬어 지닐 수 있을까.
> 園花笑芳年, 池草艶春色.
> 猶不如槿花, 嬋娟玉階側.
> 芬榮何夭促, 零落在瞬息.
> 豈若瓊樹枝, 終歲長翕赩.

優雅하고 細密한 着想으로 槿花의 실상을 그리면서 삶의 路程과 상관시켜 照映하고 있다. 시의 比喩法이 자연스레 활용되어 무리한 맛이 전혀 없으니, 「南軒松」을 보면,

남헌에 우뚝 선 소나무,
가지의 잎 숱 장막처럼 무성하구나.
맑은 바람 쉴 틈 없으니,
살랑대며 해가 저무누나.
그늘엔 묵은 이끼 푸르나니,
가을 안개마저 푸르게 물들었구나.
아무렴 구름 낀 하늘 뚫고,
곧게 몇천 척이든 위로 솟으렴.
南軒有孤松, 柯葉自綿冪.
淸風無閑時, 蕭灑終日夕.
陰生古苔綠, 色染秋烟碧.
何當凌雲霄, 直上數千尺.

 위에서 솔(松)의 형태와 빛깔이 읽는 이로 하여금 절박하게 다가오는 감회를 불러일으킨다. 孤高한 자태와 굳은 氣象을 明瞭하게 묘사하면서 末句에 이르러서 사실적인 층면을 寓言과 象徵의 경계에까지 승화시켜 入妙케 하는 기법은 작시의 妙를 다한 것이라 하겠다. 이러한 시의 맛은 이백에게 있어서 詩語의 妙理에서만이 가능하다.

95. 方石自視才不過人 사방석의 재주

方石[1]自視才不過人, 在翰林學詩時, 自立程課, 限一月爲一體。如此月讀古詩, 則凡官課及應答諸作, 皆古詩也。故其所就, 沉著堅定, 非口耳所到。旣其老也, 每出一詩, 必令予指疵, 不指不已。及予有所質, 亦傾心應之, 必使盡力。予嘗爲「厓山」詩, 內一聯, 渠意不滿, 予以爲更無可易。渠笑曰:〔觀子胸中, 似不止此。〕 最後曰:〔廟堂遺恨和戎策, 宗社深恩養士年。〕[2] 渠又笑曰:〔微我, 子不到此。〕予又爲〔端禮門〕[3]古樂府, 渠以爲末句未盡, 往復再四, 最後乃曰:〔碑可毁, 亦可建。蓋棺事, 久乃見。不見姦黨碑, 但見姦臣傳。〕[4] 渠不待辭畢, 已躍然而起矣。

방석이 스스로 재능이 남보다 뛰어나지 못하다고 보고, 한림에서 시를 배울 때 스스로 과정을 세워서, 한 달에 시체를 하나씩 배우는 月課를 하였다. 이같이 매월 고시를 읽으니, 무릇 관청의 월과와 응답한 여러 작품이 모두 고시이었다. 그러므로 그 지은 시들이 중후하고 강건하니 가벼이 입이나 귀로 된 것이 아니다. 노년에 이르러서 매양 시 한 수를 지으면 반드시 나에게 잘못을 지적토록 하여 지적하지 않으면 그만두지를 않았다. 내가 물을 것이 있으면 또한 전심으로 그에 응하는데, 반드시 힘을 다하도록 하였다. 나는 일찍이 「애산」 시를 지었는데, 시구 하나가 그의 뜻에 만족치 않았는데, 나는 다시 고칠 수 없다고 하였다. 그는 웃으면서 말하기를 :〔그대의 마음을 보니 여기서

---

1) 方石:謝鐸
2) 廟堂句:『李東陽集』 卷15 「厓山大忠祠」 詩四首의 其四
3) 端禮門:上同 卷2 「題爲安石工」의 首句.
4) 碑可毁句:上記詩의 後文.

그칠 것 같지 않다.]라고 하였다. 마지막에 말하기를 : [묘당의 남은 원한은 오랑캐와 화친하는 정책이며 종사의 깊은 은혜는 선비를 양성하는 것이네.]라고 하니 그는 또 웃으며 말하기를 : [내가 아니면 그대가 이 경지에 이르지 못한다.]라고 하였다. 나는 또 [단례문]이라는 구의 고악부시를 지었는데, 그는 말구가 미진하다고 생각하였다. 두서너 차례 의견을 나누다가, 나중에 곧 말하기를 : [비석이 훼손되면 다시 세우면 된다. 관을 덮는 일을 오랜 시간이 흐르면 보게 된다. 간신들의 비석은 보이지 않고 다만 간신의 기록만 보인다.]라고 하니 그는 말이 끝나기도 전에 벌써 벌떡 뛰며 일어났다.

❋ 해설

謝鐸에 대해서는 제8칙과 제61칙에서 이미 거론하고 月課의 제도도 설명하였다. 이동양은 사탁과 창작에 대해서 서로 의견을 나누며 교분을 두터이 하였으므로 隔意 없는 우정을 표현하고 있다. 이동양은 「題安石工」시에 대한 사탁의 의견을 수용하여 수정한 점을 『懷麓堂集』(卷2)의 後輯評에 다음과 같이 기록하고 있다. [사탁이 말하기를 : '이 시의 음절은 갑자기 기세가 꺾이고 의기가 격렬하여 거의 따를 수 없다.'라 하니, 결구는 방석이 다시 논박하여서 얻은 것이니 이것은 유감이 없다.(謝鐸云 : '此篇音節頓挫, 意氣激烈, 殆不可及.' 結句聞爲方石再駁乃得, 此無遺憾矣.)] 시구의 수정을 의논하는 관계라면 그 交分과 信義, 그리고 문학에 대한 相互尊重意識이 형성되지 않으면 어려운 일이거늘, 본문에서 두 사람의 우정을 짐작케 한다.

96. 予嘗作「漸臺水」詩 이동양의 「점대수」 시

　予嘗作「漸臺水」[1]詩, 末句曰：〔君不還, 妾當死。臺高高, 水瀰瀰。〕張亨父[2]欲易爲 〔君當還〕, 乃見楚王出遊不忍絶望之意。予則以爲此意則前已有之, 末用兩不字, 愈見〔高高〕〔瀰瀰〕, 無可奈何有餘不盡之意。間質之方石[3], 玩味久之曰：〔二字各有意。〕竟亦不能決也。

　나는 일찍이 「점대수」 시를 지었는데 말구에 말하기를：〔그대가 돌아오지 않으니, 첩은 죽어야 한다. 누대가 높고 높으며, 물은 차고 넘친다.〕장형보는 〔그대가 돌아와야 한다.〕구로 바꾸려 하면서, 곧 초왕이 출행하여 절망의 뜻을 견디지 못한다고 본 것이다. 나는 생각하기를, 이런 뜻은 전에도 이미 있었기에 끝에 두 개의 '不'자를 쓰면 더욱 '高高, 瀰瀰'의 뜻을 드러내어, 어쩔 수 없이 다 하지 않은 은근한 뜻이 있을 것이라고 보았다. 간혹 방석에게 질문하면, 한참 음미하고서 말하기를：〔두 자가 각각 뜻이 있다.〕라고 하여서 결국은 결정할 수 없었다.

❂ 해설

　이동양이 張泰와 謝鐸과 문학 교류하는 관계를 중시한 점을 본다. 그가 지은 「漸臺水」 시는 雜言古詩로서 許, 汝, 語, 度, 處 등의 韻과 君, 身 등의 韻, 그리고 死, 瀰 등의 韻으로 세 번 換韻하며 3언과 5언, 그리고 7언구까지 混用하여 지은 시로 다음에 본다.

---

1) 漸臺水：『懷麓堂集』卷2. 漸臺는 漢武帝의 누대.
2) 張亨父：張泰. 제8칙 참조.
3) 方石：謝鐸

점대수는 얼마나 깊은가.
사자가 온다 해도 그대를 보내리라.
군왕의 부절은 보이지 않고 공허이 군왕의 말을 전하네.
점대수, 행궁을 건널 수 없네.
첩이 죽어 머리를 세우니 그대는 어디에 있는가.
평생 몸을 맡겨 그대 위했건만,
이때에 신의를 중히 여기면서 첩의 몸을 가벼이 여기네.
그대가 돌아오지 않으니, 첩은 죽어야 하네.
누대가 높고 높으며, 물은 차고 넘친다.
漸臺水, 深幾許.
使者來, 雖遣汝.
不見君王符, 空傳君王語.
漸臺水, 行宮不可度.
妾死猶首立, 君行在何處.
平生委質身爲君, 此時重信輕妾身.
君不還, 妾當死
臺高高, 水瀰瀰.

　이 시에 대해 『文淵閣四庫全書』본 『懷麓堂集』(卷2)의 「漸臺水」詩 後輯評에서 [사탁이 말하기를 : 결구가 더욱 산뜻하다. 반진이 말하기를 : 목 베어 죽은 후에 오히려 함축적인 감흥을 느낀다.(謝鐸云 : 結尤灑落. 潘辰云 : 斬絶之後, 轉覺含蓄.)]라고 평하였고, 淸代 潘德興는 『養一齋詩話』(卷4)에서 [나는 말하건대, 자법은 진실로 공을 들여야 하니, 먼저 시의 의취를 다루어야 한다. 의취가 높은 것은 자법을 묻지 않고, 의취가 낮은 것은 자구를 온 힘을 다해 다듬어도 종내 시의 흥취에 들어가지 못한다. 다만 의취가 모자라면 모름지기 자법을 다듬어서 웅건하게 해야 한다. 이 시의 말4구는 의취가 본래 평범하여 不자와 當자는 물론, 맛이 모두 부족하니, 그것을 버려도 될 것이다. 하필이면 정신을 불필요한 것에 쓰는가?(余謂字法固當著功, 要之先爭命意. 意之上者, 無問字法, 意之下者, 雖鍊字施百分力, 終無入處. 惟意之次者, 須字法轉斡, 使遒健耳. 此詩末四句, 意本平平, 無論 '不'字 '當'字, 味皆不足, 則舍施可矣. 何必用精神於不必用者也.)]라고 비교적 상세하게 비평하고 있어서 본문이 후대에 준 창작태도의 眞摯性을 인정케 한다.

97. 彭民望始見予詩 팽민망의 시평

彭民望¹⁾始見予詩, 雖時有賞歎, 似未犂然²⁾當其意。及失志歸湘, 得予所寄詩曰：〔斫地哀歌興未闌, 歸來長鋏³⁾尙須彈。秋風布褐衣猶短, 夜雨江湖夢亦寒。〕⁴⁾ 黯然⁵⁾不樂。至〔木葉下時驚歲晚, 人情閱盡見交難。長安旅食淹菑地, 慚愧先生苜蓿⁶⁾盤。〕⁷⁾ 乃潸然⁸⁾淚下, 爲之悲歌數十遍不休, 謂其子曰：〔西涯所造, 一至此乎。恨不得尊酒重論文耳。〕蓋自是不閱歲⁹⁾而卒, 傷哉！

팽민망이 처음에 나의 시를 보고 가끔 칭찬하면서도 석연하게 그 뜻에 동감하는 것 같지는 않았다. 실의하여 고향인 상수 지방으로 돌아가매, 내가 부친 시에 이르기를 : 〔땅을 갈라 헤어져서 슬픈 노래의 감흥이 그지없어, 돌아와서 긴 칼자루 노래 탄협가를 또한 모름지기 탈 것이라. 가을바람에 베옷은 더욱 짧고 밤비 내리는 강호에 꿈도 차도다.〕구를 보고서 슬퍼하며 즐거워하지 않았다. 그리고 〔나뭇잎이 떨어질 때 한 해가 저무는 것에 놀라니, 인정을 다 겪으며 교제가 어려

---

1) 彭民望 : 제89칙 참조
2) 犂然(이연) : 분명하다. 확실하다. 釋然하다. 明察하다. 戰慄하는 모양.
3) 長鋏 : 긴 칼. 戰國時 馮諼(풍훤)이 齊나라 孟嘗君의 門客이 되어서 칼자루를 치며 대우가 나쁜 것을 한탄하는 노래를 불렀다 하는데 자기의 榮達을 구함을 비유한 곡이다. '長鋏歸來乎, 食無魚.' '長鋏歸來乎, 出無車.' '長鋏歸來乎, 無以爲家.'
4) 斫地句 : 李東陽「寄彭民望詩」
5) 黯然(암연) : 어둡고 슬픈 모양.
6) 苜蓿(목숙) : 거여목. 콩과에 속하는 일년초로 소나 말의 사료 또는 비료로 쓰였다. 말을 기른다는 말로 사용. 『史記』: 〔말이 거여목을 좋아한다.(馬嗜苜蓿)〕
7) 「寄彭民望詩」후4구.
8) 潸然(산연) : 눈물 흘리는 모양.
9) 閱歲(열세) : 한 해를 넘기다.

움을 알도다. 장안은 타향살이하며 오래 머물던 곳이니, 선생의 말먹이인 거여목 쟁반이 되기도 부끄럽네.]구에 이르러서는 곧 눈물을 흘리며 울었고, 이 시를 수십 번을 쉬지 않고 슬피 읊으면서, 그의 아들에게 일러 말하기를 : [서애가 지은 것이 자못 이러하구나. 술잔 들어 다시 문장을 논하지 못함이 한스러울 따름이다.]라고 하였다. 대개 이로부터 한 해를 못 넘기고 죽으니 가슴 아프다.

❁ 해설

彭民望과 이동양의 깊은 우정과 문학교류의 實相을 이해하는 좋은 例話라 본다. 팽민망에 대해서는 앞에서(제89칙) 소개한 바, 본문에 인용된 이동양의 시는 「寄彭民望」 시 七言律詩로서 이 시를 받아 본 팽민망이 이동양의 깊은 友誼와 愛情에 감동하였다는 故事를 적어서 역시 이미 作故한 벗 팽민망을 애도하고 있다. 그 시를 다시 보기로 한다.

> 땅을 갈라 헤어져서 슬픈 노래의 감흥이 그지없으니,
> 돌아와서 탄협가를 모름지기 탈 것이라.
> 가을바람에 베옷은 더욱 짧고
> 밤비 내리는 강호에 꿈도 차도다.
> 나뭇잎이 떨어질 때 한 해가 저무는 것에 놀라니
> 인정을 다 겪으며 교제가 어려움을 알도다.
> 장안은 타향살이하며 오래 머물던 곳이니,
> 선생의 거여목 쟁반이 되기도 부끄럽네.
> 斫地哀歌興未闌, 歸來長鋏尙須彈.
> 秋風布褐衣猶短, 夜雨江湖夢亦寒.
> 木葉下時驚歲晩, 人情閱盡見交難.
> 長安旅食淹畱地, 慚愧先生苜蓿盤.

평소 깊은 交分 속에 지내던 文友에 대한 謙遜과 哀悼의 심정이 가득한 시로서 이동양의 인간관계가 넓고 원만하여 주변에 지기가 항상 많아서 茶陵派의 領袖가 된 이유가 단순히 文才에 의한 것이 아님을 알 수 있다.

98. 潘南屛時用深於詩 반남병의 시

潘南屛[1] 時用深於詩, 亦愼許可。嘗與方石各評予古樂府。如「明妃怨」[2] 謂古人已說盡, 更出新意。予豈敢與古人角哉? 但欲求其新者, 見意義之無窮耳。及予所作「腹劍辭」[3], 方石評末句云:〔添一恨字, 卽精神十倍。〕南屛乃漫爲過目。「新豐行」[4], 南屛評以爲無一字不合作, 而方石亦尋常視之, 不知何也? 姑識之以俟知者。「腹劍辭」曰:〔腹中劍, 中自操, 一日不試中怒號, 搆讐結怨身焉逃? 一夜十徙徒爲勞。生無遺憂死餘恨, 恨不作七十二塚藏山坳。〕『新豐行』曰:〔長安風土殊不惡, 太公但念東歸樂。漢皇眞有縮地功, 能使新豐爲故豐。城郭不異山川同, 公不思歸樂關中。漢家四海一太公, 俎上之對何匆匆, 當時幸不烹若翁[5]。〕

반남병은 가끔 시에 심취하면서도 조심스레 자신하였다. 일찍이 방석과 나의 고악부를 각각 평하였다. 예컨대 「명비원」을 두고 고인이 이미 다 말하였는데 더욱 새로운 뜻을 표현했다고 말하였다. 내가 어찌 감히 고인과 견주겠는가! 그러나 그 새로운 것을 찾고 의미의 무궁함을 드러내려 할 따름이다. 내가 지은 「복검사」에 대해서, 방석은 그 말구를 평하여 말하기를 :〔'恨'자 하나를 첨가하면 시의 정신이 열 배가 될 것이다.〕라고 하였다. 남병은 그냥 지나쳐 버렸다. 「신풍행」에 대해서 남병은 평하기를 어느 한 자라도 합당하지 않는 것이 없다라

---

1) 潘南屛:潘辰(?~1519) 字 時用, 號 南屛.
2) 明妃怨:『懷麓堂集』卷1
3) 腹劍辭:『懷麓堂集』卷2
4) 新豐行:『懷麓堂集』卷1
5) 烹若(팽약): 출처는 『老子』의 '治大國者若烹小鮮.'으로 작은 생선을 부서지지 않게 조심하여 삶는다는 뜻으로 나라를 다스리는 데도 너무 번거로운 법령을 쓰지 않고 될 수 있는 대로 자연에 맡기라는 말.

고 하였으나 방석은 범상하게 보아 넘겼다. 어째서인지는 모른다. 잠시 그것을 기록하여 아는 사람을 기다린다. 「복검사」에 말하기를 : 〔뱃속에 칼이 있는데 그 속에서 스스로 다듬어서 하루라도 쓰지 않으면 속에서 노하여 소리친다. 복수와 원한이 맺혀 몸은 어디로 피할 건가. 하루 밤에 열 번 옮기니 매우 힘들구나. 살아서 근심이 없다가 죽어서 원한이 남으니 칠십 두 분의 무덤을 산모퉁이에 갖추지 못함을 한하노라.〕 「신풍행」에 말하기를 : 〔장안의 풍토가 별로 나쁘지 않은데 태공은 다만 동쪽으로 기꺼이 돌아갈 생각만 하네. 한나라 황제는 진정 축지의 능력이 있어 신풍을 고풍으로 만들 수 있네. 성곽은 변치 않고 산천은 같은데 공은 관중으로 기꺼이 돌아갈 생각 않네. 한나라는 사방을 태공이 통일했거늘, 도마 위에 놓고 어찌 서두는가, 바야흐로 저절로 나라가 잘 다스려질 때가 아니라네.〕

❂ 해설

南屛 潘辰(?~1519)은 字가 時用, 號는 南屛이며 景寧人(지금의 浙江 雲和 東南 鶴溪鎭)으로 弘治 6년(1493)에 翰林待詔의 관직을 받고 太常少卿을 지냈던 文人이다. 이동양의 古樂府「明妃怨」에 대해 반진이 평한 내용을 보면,

> 고금을 통해 명비를 읊은 것이 매우 많아서 거의 다시 손볼 곳이 없다. 이 시는 새로운 의취가 겹쳐서 나오니, 전인이 보지 못하는 것이 한스럽다.
> 古今詠明妃甚多, 殆無復措手處. 此篇新意疊出, 恨不使前人見之(『懷麓堂集』 卷1 明妃怨詩後輯評)

라고 하여 본문의 '古人已說盡, 更出新意。'라는 評語와 일치한데, 본문에서 「腹劍辭」에 대해서 謝鐸이 평한 것을 오히려 반진은 주의하지 아니한 것으로 기록하였으나, 이동양의 문집에서의 이 시의 後輯評에는,

> 반진이 말하기를 : 恨자 하나를 보태면 간사한 모습을 다 드러낼 것이다.
> 사탁이 말하기를 : 공의 평을 얻은 후에, 더욱 정신이 백배 나는 것을 느낀다.

  潘云:添一恨字, 卽精神十倍. 究極奸狀. 謝云:得公評後, 更覺精神百倍
矣.(上同 卷2 腹中劍詩後輯評)

라고 하여 본문과 차이가 있다. 그리고「新豊行」에 대해서는 반진이 평하
기를,

  시구의 의취가 온전히 예스러워서 맞지 않는 자가 하나도 없다. 결구는
더욱 힘이 있다.
  句意渾古, 無一字不合作. 結更有力.(上同 卷1 新豊行詩後輯評)

라고 기록되어 있어서 본문과 일치한다. 이동양과 반진, 사탁의 文友관계는
茶陵詩派의 領袖였던 이동양의 人品과 包容力, 그리고 그 當時 文壇에서의
位相을 엿볼 수 있는 자료가 된다.

99. 陸鼎儀言詩 육정의의 시

陸鼎儀[1]嘗言謝方石詩好用夢字及一笑字, 察之果然。間以語之, 亦一笑而已, 不易。因憶張亨父嘗言杜詩好用眞字。豈所謂〔許渾千首溼, 杜甫一生愁〕[2]者, 雖古人亦不能免耶?

육정의가 일찍이 사방석의 시는 夢자와 笑자를 쓰기 좋아한다고 말하였는데, 살펴보니 과연 그러하였다. 간혹 말하면서 한 번 웃기만 할 뿐 바꾸지는 않았다. 그런데 장형보가 일찍이 두보 시는 眞자를 쓰기 좋아한다고 말했던 기억이 난다. 소위 〔허혼의 시 천 수는 물기가 있고, 두보의 일생은 근심에 차다.〕라는 말처럼 고인이라도 또한 면할 수 없는 건가?

◎ 해설

시인은 자신이 選好하는 詩語가 있을 것이다. 이동양의 절친한 文友인 陸釴(1439~1489)은 字가 鼎儀, 號는 靜逸로 崑山人(지금의 江蘇에 속함)이다. 天順 7년(1463)에 會試에 들어 編修와 修撰을 거쳐서 太常少卿 겸 翰林侍讀을 지냈고 張泰, 陸容과 함께 婁東三鳳의 하나로서 『春雨堂稿』가 있다. 육익이 謝鐸의 시의 用字 문제를 거론한 것은 일종의 칭찬이기도 하지만 短點을 지적한 것이라 할 것이다. 滄州 張泰(1436~1480? 亨父는 字)가 杜甫 시에 眞자의 多用을 거론한 것과 상통한다. 그래서 이동양은 본문에서 宋代 胡仔의 글을 다시 인용하여 강조한 것이다. 본문에 인용된 胡仔의 글이란 『苕溪漁隱叢話』(卷24)로서 보건대,

---

1) 陸鼎儀: 陸釴 제8칙 참조.
2) 許渾句: 宋 胡仔 『苕溪漁隱叢話』 卷24

『동강시화』에 말하기를 : 허혼집 중에서 아름다운 시구가 매우 많으나, 水자를 多用하여서 명대 초 인사들이 말하기를〔허혼의 시 천 수는 축축하다〕라고 하니 이것이다. …… 나은 시는 시마다 모두 희로애락의 마음이 들고 나는 어사가 있어서 끝내 몸에서 떠나지 않는다. 그러므로〔허혼의 시 천 수는 축축하다〕라 하고 사람들은〔나은의 일생은 몸 자체이다〕라고 대구하는데 다시 말하기를〔두보의 일생은 수심이다〕라고 한 것은 앞의 것보다 우수한 것 같다.

『桐江詩話』云 : 許渾集中佳句甚多, 然多用水字, 故國初人士云〔許渾千首濕〕是也. …… 羅隱詩, 篇篇皆有喜怒哀樂心志去就之語, 而卒不離乎一身. 故〔許渾千首濕〕, 人以〔羅隱一生身〕爲對, 又云〔杜甫一生愁〕, 似優於前矣.

라고 하니 이동양이 여기서 比喩的으로 시인의 人生과 詩風의 相關性까지 지적하였다고 본다.

참고로 晩唐 허혼과 그의 시풍을 보면, 許渾(791~858)은 字가 用晦 또는 仲晦, 潤州 丹陽(지금의 江蘇省 丹陽縣)人으로 元代 辛文房의 『唐才子傳』을 보면,

허혼의 자는 중회, 윤주 단양인으로 어사의 후손이다. 태화 6년 이규가 진사로 뽑아 당도와 태평 두 곳의 현령이 되고 젊어서 힘들여 공부하고 마음 고생하여 수척한 병이 있어 이리하여 베개에 엎드려 지내다가 겨우 일어나 유주사마가 되었다. 대중 3년에 감찰어사를 제수 받고 우부원외랑과 목주, 영주 두 곳의 자사를 역임하였다. 일찍이 고관의 집을 떠나서 밭을 사서 집을 짓고 후에 병이 들어 물러나 정묘교에 머물면서, 매양 집에서 한가한 날 지은 시를 기록하여 문집으로 냈다. 허혼은 숲과 샘물을 즐기며 강개하고 비애의 노래를 부르는 선비로서 높은 산에 올라 회고하며 비장한 마음을 보여준다.

渾, 字仲晦, 潤州丹陽人, 圉師之後也. 太和六年, 李珪榜進士, 爲當塗太平二縣令, 少苦學勞心, 有淸羸之疾, 至是以伏枕免, 九之起爲潤州司馬. 大中三年, 拜監察御史, 歷虞部員外郞睦郢二州刺史. 嘗分司朱方, 買田築室, 後抱病退居丁卯橋, 每邨舍暇日, 綴錄所作, 因以名集. 渾樂林泉, 亦慷慨悲歌之士, 登高懷古, 已見壯心. (卷7)

라고 하여 그의 삶이 順坦하지 않고 慷慨悲憤한 의식 속에 표현된 悽艶한 시가 자연스럽게 水와 연관되었기에 '許渾千首濕'라는 評句를 낳게 하였던

것이다. 그의 시는 531수(『全唐詩』 卷528~538)중에 送別詩(98수)와 寄贈詩(138수)가 가장 많아서 그의 시풍의 경향을 엿볼 수 있다. 그 例詩로「送同年崔先輩」(『全唐詩』 卷528)를 보면,

    서풍에 돛이 가벼이 뜨니
    남포에는 이별의 정이 가득하네.
    국화는 곱게 가을 물기를 머금고
    연꽃에는 빗방울 소리가 머물러 있네.
    뱃전을 두드리니 여울가의 새가 사라지고
    노를 저으니 풀벌레 울어대네.
    더욱 지난해의 이별이 생각나니
    홰나무 꽃이 봉성에 가득하구나.
    西風帆勢輕,   南浦遍離情.
    菊艶含秋水,   荷花滯雨聲.
    扣舷灘鳥沒,   移棹草蟲鳴.
    更憶前年別,   槐花滿鳳城.

이 시의 제2연의 '菊艶', '秋水', '荷花', '雨聲' 등은 모두 山水에 대한 溫妙한 細察이며, 제3연의 '扣舷'과 '移棹' 등은 이별의 상징적 도구로서 '灘鳥沒', '草蟲鳴' 등과 조화를 이루는데 이 모든 것이 水와 연관된다. 그리고 그의 시에서 幽玄한 道家風의 풍격이 있으니, 「天竺寺題葛洪井」(『全唐詩』 卷530)을 보면,

    날개 달린 신선이 단약 우물에서 연단했거늘
    우물에 머물던 사람은 이미 없구나.
    옛 샘물은 푸른 바위 아래에 있고
    남은 벽돌은 푸른 산모퉁이 있네.
    구름 속 낭군 신선은 거울 상자 열고,
    달이 찬데 물이 항아리에 있네.
    여전히 신선 술 무르익는 소리 들리니
    이 술은 옥같이 고운 막걸리보다 낫도다.
    羽客鍊丹井,   井留人已無.
    舊泉青石下,   餘甃碧山隅.
    雲郎鏡開匣,   月寒水在壺.
    仍聞釀仙酒,   此水過瓊酥.

여기서도 '丹井', '舊泉', '寒水' 등이 道家語이면서 水와 관련되어 표현되어 있다.

100. 韓蘇詩雖俱出入規格 한유와 소식 시의 규율

韓蘇詩1) 雖俱出入規格2), 而蘇尤甚。蓋韓得意時, 自不失唐詩聲調。如「永貞行」3)固有杜意4), 而選者不之及, 何也? 楊士宏乃獨以韓與李杜爲三大家不敢選, 豈亦有所見耶?

한유와 소식의 시가 모두 시가의 체재와 음운 등 규칙에 맞는데 소식이 더욱 대단하였다. 대개 한유는 시 창작이 왕성하였을 때 스스로 당시의 성조를 잃지 않았다. 예컨대 「영정행」은 진실로 두보의 의취가 있는데 선정한 사람이 미처 따르지 못하니 어째서인가? 양사굉은 곧 한유와 이백, 두보를 삼대가로 여기면서 감히 선정하지 못하였으니 혹시 또 생각하는 바가 있었던 건가?

❂ 해설

이동양은 嚴羽의 『滄浪詩話』에서 주창한 漢魏晉詩와 盛唐詩를 第一義에 놓고, 六朝와 中唐 以後의 詩를 第二義로 평가한 以禪入詩的인 興趣論을 근거로 하여 자신의 詩論을 전개하고 본문도 일종의 '崇唐黜宋'의 立場을 견지하고 있다. 韓愈에 대해서는 제14칙과 제34칙, 蘇軾에 대해서는 제38칙과 제93칙에서 이미 거론하고 있다. 唐詩선집으로 元代 楊士宏이 편찬한 『唐音』 14권은 「始音」 1卷, 「正音」 6卷, 「遺響」 7卷으로 구성되어 있고, 唐詩의 시대구분을 처음으로 盛·中·晚 三唐으로 하고 始音, 正音, 遺響으로 분류하고 있다. 이 책에

---

1) 韓蘇詩 : 韓愈, 蘇軾 詩
2) 規格 : 시의 체재, 운율 등의 특징.
3) 永貞行 : 韓愈詩
4) 杜意 : 두보 시의 의취.

대해서 元代 虞集은 『唐音』 原序에서, 〔예전에 당시를 선정한 것이 하나가 아니니, 백겸의 분별과 식견은 일상의 정서를 멀리 뛰어 넘는다.(昔之選唐詩者非一, 若伯謙之辯識。度越常情遠矣。)〕라고 양사홍의 選詩 의식을 극찬하고 있는데, 李白, 杜甫, 韓愈, 元稹 등 大家의 시는 실려 있지 않아서 본문에서 지적한 것이다. 한유의 「永貞行」 시에 대해서는 淸代 『御選唐宋詩醇』(卷29)에 〔앞에서는 폭포가 치니 천지가 어두워지고 중간에 해가 나오니 얼음이 녹는다. 뒤에 이르러서는 또한 마치 쓸쓸한 바람이 치고 장마가 내리는 것 같다. 글이 정감에서 나와서 그 변화무쌍이 이러하다.(前瀑天昏地暗, 中間日出冰消. 閱至後幅, 又如凄風苦雨. 文生於情, 變幻如是。)〕라고 평하고 있다.

101. 聯句詩 연구시

　聯句詩[1], 昔人謂才力相當者乃能作, 韓孟[2]不可尙已。予少日聯句頗多, 當對壘[3]時, 各出己意, 不相管攝[4], 寧得一一當意。惟二三名筆, 間爲商搉[5]一二字, 輒相照應。方石嘗謂人曰：〔西涯最有功於聯句。〕若是, 則予惡敢當？　但憶與彭民望作「悲秋」長律七言四十韻, 不欲重用一字, 已乃令亡弟東山[6]細加磨勘[7], 有一字乃復易之, 蓋其用心之勤亦如此。其所錄舊草, 初未嘗有所擇, 輒爲王公濟[8]所刻。自是始不以草藁[9]假人, 正坐是耳。與民望聯者, 幾二百篇, 爲別錄, 旣久而失。近易吉士舒誥[10]始自長沙錄得之。豈民望之詩, 有不容泯者耶？

　연구시에 대해서 옛사람들이 이르기를 재능이 상당한 자라야 지을 수 있다고 하였는데 한유와 맹교는 본받을 만하지 않다. 나는 젊어서 연구시를 자못 많이 지었는데 대연을 할 때, 각각 자신의 뜻을 표현하는데 서로 연관시키지 않고 오히려 하나하나씩 뜻에 맞게 하였다. 다만 둘 셋 매우 잘된 글은 간혹 한두 글자를 비교해보며 서로 맞추었다. 방석이 일찍이 사람들에게 말하기를：〔서애는 연구시에 가장 공을

---

1) 聯句詩：두 사람 이상이 함께 시를 짓는데 사람마다 한 구 혹은 한 연을 지어서 많은 시구가 되면, 연이어 묶어서 한 편의 시가 된다.
2) 韓孟：韓愈와 孟郊
3) 對壘(대루)：마주 대하여 진루를 쌓음. 對聯
4) 管攝(관섭)：맡다. 지배하다.
5) 商搉(상각)：헤아려 정하다. 비교하여 생각하다.
6) 東山：李東陽의 仲弟. 字 陟之. 24歲 卒.
7) 磨勘(마감)：다듬어 고치다.
8) 王公濟：王溥. 李東陽과 同年進士.
9) 草藁(초고)：시문의 원고를 초벌로 쓴 것.
10) 易舒誥(1475~1526)：字 欽之, 攸縣(湖南)人. 進士, 授檢討.

들인다.〕라고 하였는데 이런 말을 내가 어찌 감당할 수 있겠는가? 다만 기억하건대 팽민망과 「비추」시 장율 칠언 사십 운을 지었는데 한 자도 중복되지 않게 하여 죽은 동생 동산에게 자세히 다듬어 고치도록 하여서 한 자만 드러나도 다시 바꾸었으니 성실하게 마음 쓰는 것이 이와 같았었던 것이다. 적어 놓은 옛 초본이 처음에는 채택되지 않았다가 마침 왕공제에 의해 인쇄되었다. 이리하여 비로소 초고본을 남에게 빌리지 않게 된 것이며, 여기엔 바로 이러한 이유가 담겨있는 것이다. 팽민망과 대연한 것이 거의 이백 편이어서 『별록』으로 만들었는데, 이미 오래 되어서 일실되었다. 근래 역길사 서고가 장사에서 이 작품을 얻어 기록해두었다. 어찌해야 팽민망의 시를 사라지지 않게 할 수 있겠는가?

❋ 해설

聯句詩의 起源은 흔히 漢武帝 등의 柏梁詩에서 시작한다고 본다. 劉勰의 『文心雕龍』 明詩篇에 〔연구의 같은 운으로 지은 시는 백량체 작품이다.(聯句共韻, 則柏梁餘制.)〕라고 하였고, 淸代 李重華의 『養一齋詩說』에는 〔연구는 백량체가 그 기원인데 그러나 백량시는 각각 자체로 작품이 되니 반드시 하나하나의 연으로 이어진 것이 아니다. 하손과 범엄의 시에 이르러 비로소 합하여 시편이 되었다.(聯句, 柏梁爲之端, 但柏梁各自成章, 非必一一聯屬. 至何范有作, 始合成篇章.)〕라고 하여 그 기원과 변천과정을 밝히고 있다. 본문에서 거론한 韓愈와 孟郊는 이 두 詩人間의 연구시가 지금 11수가 남아있고, 宋代 許顗(허의)의 『彦周詩話』에 〔연구가 성행한 것은 한퇴지, 맹동야, 이정봉에서이다.(聯句之盛, 退之, 東野, 李正封也.)〕라 하고, 淸代 翁方綱의 『石洲詩話』(卷2)에는 〔연구체는 한유와 맹교에서 극치를 이룬다.(聯句體, 自以韓孟爲極致.)〕라고 기록한 자료에서 唐人으로 연구시에 능한 시인으로 한유와 맹교를 꼽는데 異議가 없다. 특히 淸代 方世擧는 『蘭叢詩話』에서 이들의 연구시를 평가하여 〔한유와 맹교의 연구는 육조 이래로 이만큼 지은 자가 없다. 매 편마다 기이하지 않은 것이 없고 운이 기험하지 않은 것이 없으며, 지어내어 사람을 압도하지 않는 것이 없고, 대구마다 들어맞지 않는 것이 없으니 진정 국수의 대국이라 할 것이다.(韓孟聯句, 是六朝以來聯句所無者. 無篇不奇, 無韻不險, 無出不扼抑人, 無對不抵當住, 眞是國手對局.)]라고 하였고 淸代 施補華는 『峴傭說詩』에서 [한유와 맹교의 연구는 글자마다 살아서 움직이니 고래로 아직 없었던 것이다.(韓孟聯句, 字字生造, 爲古來所未有.)]라고 극찬하였다. 이들 연구시를 이동양이 본문에서 본받을 것이 없다고 한 말은 개인적인 평가일 것이다.

한편 이동양 자신이 『聯句錄』을 편찬하고 그 序에서 연구시의 변천과정과 그 성격을 기술하기를,

> 시는 갱가에서 연구로 바뀌고 또 바뀌어 차운이 되었다. 차운이 나온 것은 당대 이후에는 더욱 근거가 없다. 연구가 한나라의 백량에서 시작되어 대개 하나의 형식을 갖추었다. 진대 도원량과 당대 이태백, 두자미가 모두 일찍이 그것을 지었으나, 역시 시구를 지어 뜻을 비유하여 시가 완성하는 것으로 그쳤다. 한퇴지와 맹동야에 이르러, 비로소 기험한 기풍을 드러내어 과장되거나 준일한 것으로 수백 수천 시구에 달하게 된 것이다. 이에 연구가 비로소 성행하여 시의 변화가 또한 극에 달하게 되었다. 그러나 역대 이래로, 작가가 적었으니, 말하는 자들은 필력이 서로 맞지 않아서 짓지 못하다고 하였다. 내가 생각하기는 그렇지 않다. 무릇 시의 기격, 성조는 비록 다 대가라 부르는 자라도 서로 맞을 수 없다. 여러 사람의 시구를 모아서 시를 만드는데 서로 唱和하여 흥취가 일시에 나오고 시대를 느끼고 사물을 통하여 희로애락과 불평스런 마음이 또한 때론 틀려서 자신의 의견이 있게 되지만, 소위 변하여도 그 정도를 잃은 것은 아니다. 만약 반드시 적대시하여 이기기를 바란다면, 이것은 바둑 두는 사람과 다를 것이 없으니, 시의 의취가 어찌 진실해지겠는가?
> 詩自賡歌變爲聯句, 又變而爲次韻. 次韻出, 唐以後尤爲無據. 聯句始漢柏梁, 略具一體. 晉陶元亮, 唐李太白杜子美, 皆嘗爲之, 然亦屬句比意, 成章而止. 至韓退之孟東野, 始肆出奇險, 夸多角雋, 至累數千百言. 於是聯句始盛, 而詩之變亦極矣. 然歷代以來, 作者亦寡, 說者謂非筆力相當, 則不能作. 余竊以爲不然. 夫詩之氣格, 聲韻, 雖俱稱大家者, 不能相合. 合數人而爲詩, 往復唱和, 興出一時, 而感時觸物, 喜怒憂佚, 不平之意, 亦或錯然, 有以自見, 所謂變而不失其正者. 若必敵視以求勝, 是將與博奕者無異, 詩之意豈固然哉?

라고 하여 자신이 연구에 심혈을 기울인 면과 연구시에 대한 평가를 밝히고 있어서, 동생 東山에게 다듬도록 한 것과 謝鐸이〔서애는 연구시에 가장 공을 들인다.〕라고 한 것과 연관된다. 『聯句錄』 5卷은 成化 23년에 69인의 연구를 담아서 인각되었다. 彭民望의 悲秋시는 남아 있지 않으며 別錄도 본문처럼 逸失되어 전하지 않는다. 易吉士(1475~1526)는 字가 欽之이며 檢討와 南京戶部主事를 지내고 早年에 은거한 시인이다.

102. 集句詩 집구시

　集句詩¹⁾, 宋始有之, 蓋以律意相稱爲善。如石曼卿²⁾王介甫³⁾所爲, 要自不能多也。後來繼作者, 貪博而忘精⁴⁾, 乃或首尾橫決, 徒取字句對偶⁵⁾之工而已。嘗觀夏宏⁶⁾『聯錦集』⁷⁾, 有一絶句曰：〔懸燈照淸夜, 葉落堂下雨。客醉已無言, 秋蛩自相語。〕⁸⁾下註高啓等四人。因訝之曰：〔妙一至此乎.〕時季迪⁹⁾詩未刻行, 旣乃見其鈔本, 則四句固全篇, 特以次三句捏寫三人名姓耳。其妄誕乃爾, 又惡足論哉？

　집구시는 송대에 비로소 있게 된 것인데, 대개 율시의 뜻과 서로 맞는 것이 좋다. 예를 들어 석만경과 왕개보가 지은 것이 많다고는 할 수 없다. 후에 이어서 지은 것은 박학을 탐하여 정묘한 것을 잊고 있으며, 때론 처음과 끝이 가로 끊어져 있어서, 단지 자구의 대우에 대한 기교만을 취하고 있다. 일찍이 하굉의 『연금집』을 보면, 한 절구시에 말하기를：〔걸린 등불이 맑은 밤을 비추고, 낙엽 지는 집에 비가 내린다. 나그네는 취하여 이미 말이 없고 가을 귀뚜라미는 절로 떠드네.〕구 아래에 고계 등 네 사람이라고 주를 달고 있다. 그래서 의아하여 말하기를：〔묘하구나! 바로 이러하구나!〕라고 하였는데 때마침 계적시가 아직 출간되지 않아서 그 초록본을 보니 네 구가 정말 전체

---

1) 集句詩：雜體詩의 하나. 전인들의 시구를 뽑아서 구성한 시.
2) 石曼卿：石延年(994~1041) 字 曼卿,『石曼卿集』.
3) 王介甫：王安石
4) 貪博而忘精：넓은 것을 탐하고 정묘한 것을 잊다.
5) 對偶：對句
6) 夏宏：明人. 字 仲寬, 當塗人. 官은 松溪教諭,『零金碎玉集』
7) 聯錦集：夏宏이 지은 集句詩集으로 4卷. 唐詩句를 모은 것으로 劉定之의 序가 있다.
8) 縣燈句：李東陽은 高啓의 시인데 夏宏이 타인의 이름으로 날조하였다고 함.
9) 季迪：高啓

시구이고 다만 다음 세 구를 빌려서 세 사람의 이름을 거짓으로 써놓은 것이었다. 그 허황됨이 이러한데 어찌 또다시 논할 것이 있겠는가?

❂ 해설

 前人들의 詩句를 뽑아 모아 만든 雜言體의 시를 集句詩라 하는데 明代 徐師曾은 『文體明辨』序說에서, 〔집구시란 고시구를 섞어서 모아 시를 만드는 것이다. 진대 이래로 그것이 있었고 송대 왕안석에 이르러 더욱 이것에 뛰어났다. 대개 박학하고 글 잘 지으며 소상히 이해하여 정통하기를 마치 한 일가를 이룬 것 같이 된 후에 공교하게 된다.(集句詩者, 雜集古句以成詩者也. 自晉以來有之, 至宋王安石尤長於此. 蓋必博學强識, 融會貫通, 如出一手, 然後爲工.)〕라고 하여 집구시의 연원과 특성을 말하고 있다.
 石延年(994~1041)은 자가 曼卿, 安仁이며 太子中允을 지내고 『石曼卿集』이 있다. 그의 시는 歐陽修를 추숭하고 그의 집구시에 대해서는 宋代 蔡絛의 『西淸詩話』에 보면, 〔집구란 송대 초에 있었는데 성행하지 못했다. 석만경이란 영민한 인물에 이르러 글을 놀이로 삼게 된 이후에 널리 알려지게 된 것이다.(集句者國初有之, 未盛也. 至石曼卿人物開敏, 以文爲戱, 然後大著.)〕라고 하여 집구시와 연관시키어 거론하였고, 王介甫 즉 王安石은 72수의 집구시를 남기고 있어서 宋代 沈括의 『夢溪筆談』(卷14)에 보면, 〔형공이 비로소 집구시를 지어서 많은 것은 백운에 이르렀으니 모두 전인의 시구를 모은 것으로, 어의와 대구가 늘상 본시보다 더하여서 후인이 본받아 짓게 된 것이다.(荊公始爲集句詩, 多者至百韻, 皆集合前人之句, 語意對偶往往親切過於本詩, 後人稍有效而爲者.)〕라고 하여 그 비중을 높게 두어 평하고 있다.
 夏宏은 자가 仲寬, 當塗人이며 松溪敎諭를 지내고 『零金碎玉集』이 있는데 唐詩句를 모아서 『聯綿集』을 편집하고 劉定之가 序文을 달고 있다. 이 동양 시대에 집구시가 유행하여 『聯綿集』 외에 明代 安磐의 『頤山詩話』의 기록에 의하면 童郞中의 『梅花集』, 沈行之의 『詠雪集』 등이 있다고 하였다. 본문에 인용된 絶句詩는 高啓의 『大全集』(卷16)과 『御選明詩』(卷96)에 수록된 「淵源堂夜飮」 시로서 본문에서 他人名義의 날조라고 하였지만 분명치 않다.

103. 杜甫「登高」詩 두보의「등고」시

〔無邊落葉蕭蕭[1]下, 不盡長江滾滾[2]來。萬里悲秋常作客, 百年多病獨登臺。〕[3] 景是何等景, 事是何等事。宋人乃以「九日藍田崔氏莊」[4]爲律詩絶唱, 何邪？

〔끝없이 낙엽은 쓸쓸히 지고, 다하지 않는 긴 강은 출렁이며 흘러오네. 만 리 멀리 슬픈 가을에 늘 나그네 되어서, 백년살이에 병들어 홀로 누대에 오르네.〕구는 경치로는 참으로 대단한 경치이며 내용으로는 참으로 대단한 내용이다. 송인은 곧 두보의「구일남전최씨장」시를 율시의 절창이라고 하는데 어째서인가?

◉ 해설

본문에 인용한 4구의 시구는 杜甫의「登高」시 중에서 제2, 3연이다. 다음에 시를 보면,

> 바람이 세고 하늘이 높은데 원숭이는 슬피 울고
> 물가는 맑고 모래는 흰데 새들이 날아도네.
> 끝없이 낙엽은 쓸쓸히 지고,
> 다하지 않는 긴 강은 출렁이며 흘러오네.
> 만 리 멀리 슬픈 가을에 늘 나그네 되어서,
> 백년살이에 병들어 홀로 누대에 오르네.

---

1) 蕭蕭(소소) : 쓸쓸한 모양.
2) 滾滾(곤곤) : 물이 세차게 흐르는 모양.
3) 無邊句 : 杜甫「登高」
4) 九日藍田崔氏莊 : 杜甫 作

어려운 고생으로 희게 서리 낀 귀밑털이 한스러운데
병든 몸으로 새벽에 탁주 한 잔도 못 들겠네.
風急天高猿嘯哀, 渚淸沙白鳥飛廻.
無邊落葉蕭蕭下, 不盡長江滾滾來.
萬里悲秋常作客, 百年多病獨登臺.
艱難苦恨繁霜鬢, 潦倒新停濁酒杯.

  宋代 劉克莊은 『後村詩話』(卷2)에서 이 시 두 연을 〔이 2연은 고사를 사용하지 않고 자연스러이 고묘하다.(此二聯不用故事, 自然高妙.)〕라고 평하였고, 淸代 施補華의 『峴傭說詩』에서는 〔등고 한 수는 시 전체가 대구를 이루면서도 그 거친 것이 싫지 않다. 3, 4구 '無邊落葉'구는 소탈하고 호탕한 기풍이 있다. 5, 6구 '萬里悲秋'구는 갑자기 기세가 꺾이는 신기가 있다.(登高一首, 通首作對而不嫌其笨者 : 三四無邊落葉二句, 有疏宕之氣 : 五六萬里悲秋二句, 有頓挫之神耳.)〕라고 평하였다. 그리고 杜甫의 「九日藍田崔氏莊」에 대해서는 宋代 陳師道의 『後山詩話』에서 〔두자미의 구일 시는 그 문장이 고아하고 광달하여서 옛 사람에 뒤지지 않는다.(杜子美九日詩, 其文雅曠達, 不減昔人.)〕라고 평하고 있는데, 이 시는 沈鬱頓挫하면서 悲凉傷慨한 풍격을 보여주니 그 시를 본다.

늙으면서 가을을 슬퍼하여 애써 마음을 열고서
흥이 나니 오늘 그대가 환대함이러라.
부끄럽기는 짧은 머리로 관이 날리나니
곱게 웃으며 옆 사람에게 관을 고쳐 달라 하네.
남수는 멀리 냇물 따라 떨어지고
옥산의 높은 두 봉우리는 차가워라.
내년 이 모임에 건강할 자 누구리오
술에 취해 수유를 붙잡고 가만히 바라보네.
老去悲秋强自寬, 興來今日盡君歡.
羞將短髮還吹帽, 笑倩旁人爲正冠.
藍水遠從千澗落, 玉山高幷兩峰寒.
明年此會誰知健, 醉把茱萸仔細看.

  이 시는 重陽節에 崔興宗의 별장에서 懷抱를 토로한 것인데, 이 시의 제3연에 대해서 楊萬里는 『誠齋詩話』에서 평하여 〔시인이 이 경지에 이르면, 필력이 많이 쇠약한데, 지금 마침 웅걸하여 빼어나서 한 편의 정신을 불러일으키니 절로 필력이 산을 뽑을만하지 않으면, 이 경지에 이르지 못한다.(詩人至此, 筆力多衰, 今方且雄傑挺拔, 喚起一篇精神, 自非筆力拔山, 不至於此)〕라고 하고, 제4연에 대해서는 〔의미가 깊고 길어서, 아득히 그지없다.(意味深長, 悠然無窮矣.)〕라고 평가하고 있어 본문에서 '律詩絶唱'이란 표현에 合當하다.

104. 詩中有僧 시 속의 승려

詩中有僧, 但取其幽寂雅澹¹⁾, 可以裝點景致. 有仙, 但取其瀟灑²⁾超脫, 可以擺落塵滓³⁾. 若言僧而泥於空幻⁴⁾, 言仙而惑於怪誕⁵⁾, 遂以爲必不可無者, 乃癡人⁶⁾前說夢耳.

시 속에 스님이 있으면, 다만 그 그윽하고 고요하고 고아하고 담백함만 취하여 경치를 꾸밀 수 있다. 신선이 있으면, 다만 그 맑고 깨끗하고 초탈함을 취하여 먼지와 찌꺼기를 떨쳐버릴 수 있다. 만일 스님을 말하면서 헛된 환상에 빠지고, 신선을 말하면서 괴이하고 허황된 것에 미혹하여, 결국 반드시 없어서는 안 될 것으로 생각하면, 곧 어리석은 사람 앞에서 꿈 이야기를 하는 것처럼 될 것이다.

❂ 해설

禪詩와 仙詩는 모두 隱逸浪漫을 바탕으로 하여 超脫과 合自然을 추구함이 그 長點이다. 그러나 僧詩가 空幻하고 仙詩가 虛誕에 빠지면 그 참된 가치를 상실하는 것이어서 中和의 美를 잃게 됨을 경계하고 있다. 종교적 숭고한 의식에서 나온 시의 固有性을 유지하기가 쉽지 않음을 강조한다. 본문의 '癡人前說夢'구는 黃庭堅이 陶淵明의 「責子」詩에 대한 後評에서〔도연명의 시를 보면, 그 사람됨이 단아하고 고상하며 자상하고 해학적이어서 볼만하다고 생각한다.

---

1) 幽寂雅澹(유적아담) : 그윽하고 고요하며 고아하고 담백하다.
2) 瀟灑(소쇄) : 맑고 깨끗하다.
3) 塵滓(진재) : 먼지와 찌꺼기.
4) 空幻(공환) : 마음이 텅 비어 환상에 젖음.
5) 怪誕(괴탄) : 괴이하고 허황됨.
6) 癡人(치인) : 어리석은 사람.

속인은 곧 말하기를 도연명의 여러 아들들이 모두 신통치 않아서 연명이 근심하여 시에 표현하였다고 하는데 어리석은 사람 앞에서는 꿈 이야기를 못하겠다고 말할 수 있다.(觀陶淵明之詩, 想見其人豈弟慈祥, 戲謔可觀也, 俗人便謂淵明諸子皆不肖, 而淵明愁歎見於詩, 可謂癡人前不得說夢也.)](『預章黃先生文集』卷26)라고 기록한 바, 이동양은 그 문구를 인용하고 있다.

다음에 佛家의 禪과 道家의 仙을 동시에 추구한 詩佛 王維(701~761) 시의 경우를 통하여 본문의 요지를 이해하는 데 참고하고자 한다. 왕유는 仙과 禪의 경지에서 脫俗을 추구한다. 仙으로 보면 왕유는 開元 11년에서 동 14년 사이에 (726) 濟州로의 貶官 이후 河南 崇山에 은거할 때 道家사상의 영향을 받아 시에서 '長嘯'·'鍊丹' 등의 도가 특유의 詩語를 구사하면서 의식의 虛無를 토로하였다. 「竹里館」(『王摩詰全集箋注』卷13) 제1연을 보면,

> 홀로 깊은 대숲에 앉아서
> 거문고 타며 또 길게 휘파람을 부노라.
> **獨坐幽篁裏, 彈琴復長嘯.**

라는 구와 「自大散以往深林蹬道盤曲四十五里至黃牛嶺見黃花」(上同 卷4)의 제4연을 보면,

> 조용히 깊은 시내에서 말하고
> 높은 산마루에서 길게 휘파람 부네.
> **靜言深溪裏, 長嘯高山頭.**

라는 구에서 각각 '長嘯'의 시어를 택하고 있다. 長嘯는 道家에 있어 '致不死'[7] 즉 長生을 의미하는 것으로 道家 철학의 중요한 기본관념의 하나다. 禪은 神韻說을 대언한다고 하겠으니, 詩와 禪의 관계에 대해서 明代 胡應麟은 다음에 서술하기를,

---

7) 唐人 孫廣, 『嘯旨』(商務印書叢集成 第1660種): 夫氣激於喉中而濁, 謂之言, 激於舌而淸, 謂之嘯, 言之濁, 可以通人事, 達性情, 嘯之淸, 可以感鬼神, 致不死, 蓋出其言善, 千里應之, 出其嘯善, 萬靈受職, 斯古之學道者哉.

엄우가 선으로 시를 비유하는 이치는 아름답다. 선은 곧 한 번 깨우친 후에는 만법이 모두 공이니, 노래하고 노하여 소리를 질러도 이치에 맞지 않는 것이 없다. 시도 곧 한 번 깨우친 후에는 만상을 가만히 깨우치게 되니 신음과 기침만 해도 천진한 도리에 합당한다. 선은 필히 깊은 지경을 이룬 후에 깨달을 수 있고 시는 깨달은 후에라도 여전히 모름지기 깊은 지경을 이루어나가야 한다.

嚴氏以禪喩詩, 旨哉, 禪則一悟之後, 萬法皆空, 棒唱怒呵, 無非至理:詩則一悟之後, 萬象冥會, 呻吟咳唾, 動觸天眞. 禪必深造而後能悟, 詩雖悟後, 仍須深造.(『詩藪』「內編」卷3)

라고 하여 詩와 禪을 불가분의 관계로 놓고 詩는 悟를 얻은 후에 深造가 요구되는 데 禪이 필수적인 관념의 힘이 된다는 것이다. 宋代 魏慶之의 다음 글을 보면,

시도는 불법과 같아서 대승과 소승으로 나뉘며 불도에 어긋난 사마같은 이단은 오직 아는 자만이 이것을 말할 수 있다.

詩道如佛法, 當分大乘小乘, 邪魔外道, 惟知者可以語此.(『詩人玉屑』卷5 「陵陽室中語述韓駒」)

라고 하여 嚴羽 이후의 중국 시론의 근간이 될 만큼 詩와 禪의 연결고리를 부각시키고 있음을 보게 된다. 그만큼 王維 시와 禪과의 연관은 중요하게 다루어진다. 淸代 王漁洋은 서술하기를,

엄창랑의 선으로 시를 비유하는 이론을 나는 깊이 새기며 오언시는 더욱 그에 가깝다. 왕유와 배적의 「망천절구」 같은 시는 글자마다 선의 경지에 들어가 있다.

嚴滄浪以禪喩詩, 余深契其說. 而五言尤爲近之 如王裴輞川絶句, 字字入禪.(『帶經堂詩話』卷3)

라 하여 왕유의 「輞川絶句」를 入禪한 시의 대표로 비유하였는데, 家內로 왕유가 母 崔氏(博陵人)에게서 信佛의 영향을 받은 바 큰 데 있다. 그의 「胡居士臥病遺米因贈」(『王摩詰全集箋注』卷3)를 보면,

地水火風의 큰 근원을 보면
타고난 天性은 어디에 있는가.
망령된 생각이 진실로 없으니
이 몸에 어찌 길흉이 있겠는가.
色과 聲은 나그네 인생에게 무엇이며
세상 만상을 다시 누가 지키는가.
헛되이 연꽃의 눈(불교의 영안)은 말하면서
어찌 냇버들 곁가지는 싫어하는가.(질병)
이미 香積飯은 배불리 먹으면서(大道를 터득)
聲聞酒에는 취하지 않는다.(小智를 초탈)
사물의 있고 없는 마음 끊고서
生死의 변화무쌍한 몽환은 받아들인다.
병이란 곧 실상 즉 실지의 현상인데
공허함을 추구하며 미친 듯 달린다.
참된 법도 하나도 없고
나쁜 법도 하나도 없다.
거사는 본디 통달하였으니
인연 따라서 떨쳐 나간다.
침상에는 누울 요이불이 없으니
그 속에 먹을 죽이라도 있는 건가.
소식하여 시주 바라지 않으며
정시에 공연히 양치질을 한다.
애오라지 쌀 몇 되 가져다가
중생을 구제하러 간다.
了觀四大因, 根性何所有.
妄界苟不生, 是身孰休咎.
色聲何謂客, 陰界復誰守.
徒言蓮花目, 豈惡楊枝肘.
旣飽香積飯, 不醉聲聞酒.
有無斷常見, 生滅幻夢受.
卽病卽實相, 趣空定狂走.
無有一法眞, 無有一法垢.
居士素通達, 隨宜善抖擻.
牀上無氈臥, 隔中有粥否.
齋時不乞食, 定應空漱口.
聊持數斗米, 且救浮生取.

이 시 전체가 佛語로 작시되었을 뿐 아니라 인류의 三界火宅에서 괴로워하는 육체의 그 구성요소인 四大因 즉 地水火風이 집합된 상태에서 '苦'를 해탈하여 각득하는 세계인 忘我의 涅槃을 상상케 한다. 諦念이 체득되며 不入俗의 자세가 파악되어 '無苦集滅道'의 수행이 된다. 제1·2구는 '集'이며, 第11·12구는 '滅'이며, 제13·14구는 '道'의 心態이다. 그리고 제13·14구는 '空'을 추구한 표현이다. 또한 「謁睿上人」(上同 卷3)에서 말4구를 보면,

바야흐로 몸이 부처의 경지를 드러내니
저 천지간의 생기를 보이네.
한 마음이 불법의 요의에 있으니
원컨대 열반의 이치로 중생을 권면하기를.
方將見身雲, 陋彼示天壤
一心在法要, 願以無生獎

라 하여 皮相의 見을 떠난 眞相의 觀으로 '空'과 '色'을 초극한 神交의 경지를 표출하고 있다. 이것은 詩禪相喩하는 시의 예로서, 魏慶之가〔시를 배움이 온전히 참선을 배우는 것 같음(學詩渾似學參禪)〕(『詩人玉屑』 卷1)이라 하고, 徐增이 『而菴詩話』(41조)에서 논하기를,

무릇 시는 글자 하나라도 함부로 쓸 수 없다. 선가에서 하나라도 들어 따지지 못하고 시 역시 하나라도 들어 따지지 못한다. 선은 모름지기 일가를 이루어야 하고 시도 일가를 이루어야 한다. 불가에서 배우는 자는 한 막대로 종래의 불조를 쳐낼 수 있어야 비로소 종문의 대가가 될 수 있으며, 시인은 한 붓으로 종래의 절구를 쓸어낼 수 있어야 비로소 시의 대가가 될 수 있다. 작시에 있어 참선을 제외시킨다면 더욱 별다른 도리가 없다고 본다.
夫詩一字不可亂下. 禪家著一擬議不得, 詩亦著一擬議不得. 禪須作家. 詩亦須作家. 學人能以一棒打盡從來佛祖, 方是個宗門大漢子 ; 詩人能以一筆掃盡從來曰, 方是個詩家大作者. 可見作詩除去參禪, 更無別法也.

라 한 바와 같이 禪義와 詩敎가 관련이 있으면서 분별되어 있어 神韻의 표현에서 詩와 禪의 상호 역학적 상관성이 있음을 알게 된다.

105. 李長吉詩有奇句 이장길 시의 奇句

李長吉[1]詩有奇句, 盧仝[2]詩有怪句, 好處自別。若劉叉[3]「冰柱」「雪車」詩, 殆不成語, 不足言奇怪也。如韓退[4]之效玉川子之作, 斲去疵纇[5], 摘其精華[6], 亦何嘗不奇不怪? 而無一字一句不佳者, 乃爲難耳。

이장길의 시에는 기이한 구가 있고 노동의 시에는 기괴한 구가 있는데 좋은 점이 각자 구별된다. 예컨대 유차의 「빙주」와 「설차」시는 거의 말이 안 되어서 기괴하다고 말하기에는 부족하다. 예컨대 한퇴지는 옥천자의 시를 본받아서 잘못된 요소는 잘라버리고 가장 뛰어난 점을 골랐으니 어찌 일찍이 기이하고 괴험하지 않겠는가? 한 자 한 구를 정말 아름답게 하는 것은 곧 어려운 일이다.

◉ 해설

27세로 요절한 천재시인 李賀는 象徵詩를 지어서 그의 시를 奇異하다고 평하는데(제58칙 참조), 그 이유는 시의 難解에 있다. 宋代 曾季貍는 〔이하의 「안문태수행」은 시어가 기이하다.(李賀 「雁門太守行」語奇.)〕(『艇齋詩話』)라 하고 宋代 何汶은 〔이하의 노래는 어사가 기특하여, 수구에 이르기를 : '무릉의 유랑은 추풍의 나그네로다.' 구는 한무제를 가리켜서 말한 것이다.(李賀歌造語奇

---

1) 李長吉 : 李賀
2) 盧仝(?~835) : 號 玉川子. 그의 시가 險怪하고 想像이 特異하며 어사가 奇澁하다.
3) 劉叉 : 자칭 彭城子. 韓愈 門下에 있었고, 그의 시는 다분히 憤世疾俗하여 時弊를 비판하였으며 풍격은 雄放하고 造語가 幽蹇하다.
4) 韓退之 : 韓愈
5) 斲去疵纇(착거자뇌) : 잘못의 실마리, 근거를 잘라 버리다.
6) 精華(정화) : 빛, 광채. 사물 중에 가장 뛰어난 부분.

特, 首云 : '茂陵劉郎秋風客', 指漢武帝言也.)](『竹莊詩話』卷14)라고 각각 그 시의 奇異性을 평하였고, 明代 王世貞도 [이장길은 자신의 독창적인 시풍을 추구하여 따라서 작풍이 기괴하고 또한 의외의 기풍을 드러내고 있다.(李長吉師心, 故而作怪, 亦有出入人意表者.)](『藝苑巵言』卷4)라고 하여 그 시의 성격을 단적으로 평가하고 있다. 그리고 盧仝(?~835)은 號가 玉川子이며, 濟源人(지금의 河南에 속함)으로 그의 시가 險怪하고 想像이 特異하며 語辭가 奇澁하여 散文句法이 있어서 嚴羽는 盧仝體라고 부르고 [옥천의 기괴함과 장길의 희귀하고 괴이함은 천지간에 절로 이 체재를 흠잡을 수 없다.(玉川之怪, 長吉之瑰詭, 天地間自欠此體不得.)](『滄浪詩話』詩體)라 하였다. 이 두 중당시인의 풍격이 唐詩의 異變으로 평가되는 이유가 곧 시의 奇怪性에 있다는 의미로서, 시의 象徵的 묘사법과 내용의 諷刺性이 풍부하다는 데 있다. 韓愈가 盧仝의 영향을 받았다는 평가는 그의 「月蝕詩效玉川子作」시를 두고 한 말이다. 宋代 王觀國은 韓愈의 시를 평하기를,

> 한퇴지의 월식시는 한편의 반 이상을 옥천자 시구를 쓰고 있다. 어떤 이는 말하기를, 옥천자의 월식시가 호탕하고 기괴하여, 퇴지가 깊이 탄복하였는데, 그러므로 퇴지가 지은 것은 옥천자의 아름다운 시구를 다 뽑아서 보충하여 만든 것이라고 하였다. 나 관국은 그렇지 않다고 생각한다. …… 옥천자 시가 비록 호방하지만, 매우 기험하여서 시인의 법도를 따르지 않는다. 퇴지는 곧 그 시구를 뽑아서 예의상 요약한 것이다. 그러므로 퇴지 시 속에 두 번 옥천자를 말한 그 뜻은 옥천자 월식시는 이처럼 만족스럽다는 것이다. 그러므로 퇴지의 시제에 옥천자의 시를 본받다라고 한 것이다. 이것이 퇴지의 깊은 마음인 것이다.
> 韓退之月蝕詩, 一篇大半用玉川子句. 或者謂玉川子月蝕詩, 豪怪奇挺 退之深所歎伏, 故退之所作, 盡摘玉川子佳句而補成之. 觀國竊以爲不然也…… 玉川子詩雖豪放, 然太險怪, 而不循詩家法度. 退之乃摘其句而約之以禮. 故退之詩中兩言玉川子, 其意若曰 : 玉川子月蝕詩如此足矣. 故退之詩題曰效玉川子作. 此退之之深意也.(『學林』卷8)

라고 하여 한유가 詩題를 지은 來歷을 설명하였고, 宋代 何薳도 그 詩題를 정한 이유를 설명하기를,

일찍이 섭천경에게서 말을 들었는데 : '옥천자가 이미 이 시를 지으니 퇴지가 매우 좋아하였는데 그러나 그 너무 광적인 것을 한스러워 하여 그 법도에 맞지 않는 곳을 삭제하고 그 합당한 것을 가져다가 시에 부친 것이니, 사실은 고친 것이다. 퇴지가 옥천자를 존경하여 감히 고쳤다고 말하지 못하고 단지 본받았다고 말했을 따름이다.'라고 하였다.
嘗聞葉天經云:玉川子旣作此詩, 退之深愛之, 但恨其太狂, 因削其不合法度處, 而取其合者附於篇, 其實改之也. 退之尊敬玉川子, 不敢謂之改, 故但言效之耳.(『春渚紀聞』卷5)

라고 기록하고 있다. 한유의 詩題 緣由를 詩風까지 영향 받은 근거로 삼기에는 부족하지만, 상호 교류관계로 보아서 상관성을 인정하게 된다. 劉叉는 中唐代 彭城子라고 自稱할 만큼 고향에 대한 애착이 강한 彭城 出身 詩人으로 그의 詩作活動에 대해서 宋代 晁公武가 지은 『衢本郡齋讀書志』(卷4)에 보면, 〔어려서 일찍이 의협심으로 사람을 죽이기도 하였는데 후에 자기를 굽히고 의지를 꺾어서 독서하여 시를 잘 노래하여 한유의 문객이 되어 「빙주」와 「설차」 두 시를 지어서 노동과 이하보다 뛰어났다. 제노로 돌아가니 그 죽은 바를 알지 못한다.(少嘗任俠殺人, 後更折節讀書, 善歌詩, 客韓愈門, 作冰柱, 雪車二詩, 出盧仝李賀右. 歸齊魯, 不知所終.)〕라고 하여 한유의 제자로서 노동과 이하의 풍격과 같은 맥락으로 본다. 그의 시에 대해서 宋代 葛立芳은 〔유차의 시는 옥천자를 몹시 닮았으니, …… 「빙주」와 「설차」 두 시는 비록 어사가 기괴하지만, 의논도 모두 정상에서 벗어나 있다.(劉叉詩酷似玉川子,……冰柱, 雪車二詩, 雖作語奇怪, 然議論亦皆出於正也.)〕(『韻語陽秋』卷3)라 하고, 淸代 施補華는 『峴傭說詩』에서 〔유차와 가도는 시풍이 거칠고 가벼우며 좁아서 거의 취할만한 것이 적으니 옛날의 依草附木 즉 남의 것에 기대어 있어 아직 철저히 깨닫지 못한 격이다.(劉叉,賈島, 粗率荒陋, 殊少可取, 古之依草附木者也.)〕라고 그 시풍을 낮게 평가하고 있다. 이들 시는 중당시 중에서 독특한 경지를 추구한 점에서 나름의 가치를 인정한다.

106. 風雨字最入詩 시의 風雨 시어 다용

風雨字最入詩。唐詩最妙者, 曰〔風雨時時龍一吟〕[1], 曰〔江中風浪雨冥冥〕[2], 曰〔筆落驚風雨〕[3]。他如〔夜來風雨聲〕[4], 〔洗天風雨幾時來〕[5], 〔山雨欲來風滿樓〕[6], 〔山頭日日風和雨〕[7], 〔上界神仙隔風雨〕[8], 未可僂數[9]。宋詩惟〔滿城風雨近重陽〕[10]爲詩家所傳, 餘不能記也。

'風雨'자를 시에 가장 잘 넣는다. 당시에서 가장 빼어난 시구를 말하자면, 〔비바람에 때때로 용이 우네〕구, 〔강 속에 풍랑이 일고 비가 어둡게 내리네〕구, 〔붓을 드니 비바람이 놀라네〕구 등이다. 그 외에 예컨대 〔밤새에 비바람 소리 나네〕구, 〔하늘을 씻을 비바람이 언제나 올 건가〕구, 〔산비가 오려 하니 바람이 누대에 차네〕구, 〔산머리에 날마다 바람이 비와 어울리네〕구, 〔천상세계의 신선은 비바람과 멀도다〕구 등 이루 셀 수 없다. 송시에는 오직 〔성 가득히 비바람 치니 중양절이 가깝네〕구만이 시인에 의해 전해지고 나머지는 기록할 수 없다.

---

1) 風雨句 : 杜甫「灩澦」
2) 江中句 : 杜甫「卽事」
3) 筆落句 : 杜甫「寄李十二白二十韻」
4) 夜來句 : 孟浩然「春曉」
5) 洗天句 : 薛能「漢南春望」
6) 山雨句 : 許渾「咸陽城東」
7) 山頭句 : 王建「望夫石」
8) 上界句 : 盧仝「走筆謝孟諫議寄新茶」
9) 僂數(누수) : 자세히 세다.
10) 滿城句 : 宋 潘大臨 詩句

❋ 해설

詩語 사용에 있어서 '風雨'라는 자연현상을 소재로 作詩하는 경우는 山水田園을 묘사하거나, 人間事의 喜悲와 苦樂의 起伏을 비유하는데 인용되기 때문이다. 본문은 역시 唐詩 위주로 시구를 인용하고 宋詩는 단지 潘大臨의 「重陽吟」시구만을 소개하고 있다. 본문에 인용된 '風雨'구는 杜甫의「灩澦」시구로서, 明代 唐元竑은 이 시구에 대해서, 〔광대하고 아득한 광경이 뚜렷이 눈에 어린다.(浩渺空濛, 宛然在目.)〕(『杜詩攟』卷4)라 평하였고, '江中'구는 杜甫의「卽事」시구이며, '筆落'구는 역시 杜甫의「寄李十二白二十韻」의 시구로서, 宋代 葛立芳은 이 시구에 대해서 평하기를, 〔모두 사람을 놀라게 하는 말이다.(皆驚人語也.)〕(『韻語陽秋』卷3)라고 하고, 淸代 仇兆鰲는 〔이런 말은 큰 힘을 지녀서 모두 기세를 기르는 중에 얻어지는 것이다.(此等語具大力量, 都從養氣中得來.)〕(『杜詩詳注』補注, 卷下)라고 하였다. 그리고 '夜來'구는 孟浩然의「春曉」시구이며, '洗天'구는 薛能의「漢南春望」시구, '山雨'구는 許渾의「咸陽城東樓遠眺」시구, '山頭'구는 王建의 古詩「望夫石」시구를 각각 인용하고 있다. 한편 '上界'구는 누구의 시구인지 不明한데 李慶立은 혹시 盧仝의「走筆謝孟諫議寄新茶」시구인 〔산 위의 뭇 선녀가 지상에 내리니 지상은 청고하며 비바람이 걷히네.(山上群仙司下土, 地位淸高隔風雨.)〕구의 誤記가 아닌지를 의심한다고 기술하고 있다.(『懷麓堂詩話校釋』 p.258 人民文學出版社) 詩語의 驅使力은 시인에 따라서 다양하게 나타나는데 시의 風格가치에 있어서 가장 중요한 요소는 詩語 사용에 시인의 興趣를 어떻게 담느냐에 좌우된다고 할 것이다.

여기서 참고로 薛能의 시 풍격에 대해서 살펴본다. 薛能(817?~882?)의 자는 太拙, 汾州人으로 현존하는 시는 236題 315首(『全唐詩』9函 2冊, 臺灣復興書局)이다. 시집에 대한 관한 板本 상황을 개관해 보면, 『許昌集』10권의 초간본이 北宋 咸平癸卯刻本(1003년)으로 출간되어 당시의 刑部侍郎인 張詠의 序가 있고 418수가 수록되었다고 하며, 남송 紹興 원년에(1131) 陸榮望이 230편을 수록하여 翠山書院에서 출간한 것이 재간본이 된다.

설능의 시 특성을 살펴보면 먼저 憂國의 정치의식이다. 설능은 苦吟詩人 賈

島를 추숭하였다. 강직한 非妥協的인 소유자이므로 시를 통해서 宦達하는 시인을 무시하였으며 경멸하였다. 그의 「春日使府詠懷」(其一)를 보면,

    도가 어지러우면 본디 분수를 지켜야 하나니,
    시가 전해진다면 사후까지 무슨 영달을 바라리요?
    조정의 힘 합쳐 짊어진다고 누가 아끼랴만,
    홀로 풍소가지고 음탕한 정풍 없애리라.
    道困古來應有分, 詩傳身後亦何榮.
    誰憐合負淸朝力, 獨把風騷破鄭聲.

라고 하여 시를 짓는 것 자체도 自足한 일이거늘 오히려 榮達을 추구하며 음란한 風潮에 물든 것을 慨歎하기도 하였다. 따라서 그의 시에는 전쟁에 대한 강한 肯定的 의식이 표출된다. 「柘枝詞」(其一)를 보면,

    병영생활을 함께 한 삼십만 군사,
    북을 울리며 서쪽 오랑캐 물리치네.
    전장의 피는 가을 풀에 붙고,
    전장의 먼지에 석양이 흐릿하다.
    돌아와도 사람들 몰라보지만,
    서울에서는 홀로 전쟁 준비하네.
    同營三十萬, 震鼓伐西羌.
    戰血黏秋草, 征塵攪夕陽.
    歸來人不識, 帝里獨戎裝.

라고 하여 강렬한 전쟁의 승리를 격려하고 고취한다. 설능 자신이 중년에 들어 郡節度使로서 南蠻의 征伐에 참여하였기에 시에 그의 거침없는 의식이 강하게 유로될 수 있다. 「贈出塞客」을 보면,

    교외로 나가 출정 가는 기마대 흙먼지 날리니,
    봄 아직 오지 않은 이 날에 이별의 근심만 솟구친다.
    차가운 잎은 석양에 품어 온 뜻 보여주고,
    관문의 갈대는 먼 강 향해 피어 있다.

出郊征騎逐飛埃, 此別惟愁春未回.
寒葉夕陽投宿意, 蘆關門向遠河開.

라고 하니, 出征 가는 자에게서 느끼는 匕首가 있지만 雄志를 펴기를 바라는 豪氣가 담겨 있다. 忠心이 담긴 「雕堂」을 보면,

조그마한 방에서 오래 병 앓아누웠다가,
작은 뜰에 비 개이니 홀로 거닐도다.
귀뚜라미 우는데 외로이 비는 내리고,
지저귀는 참새는 가을 울타리에 줄지어 있네.
성명하신 임금의 은혜 떨치기 어려우니,
이 몸의 마음 또한 근심에 차네.
훗날 누가 나를 알아줄까마는,
마음의 자국은 서주에 있도다.
丈室久多病, 小園晴獨遊.
鳴蛩孤獨雨, 暄雀一籬秋.
聖主恩難謝, 生靈志亦憂.
他年誰識我, 心跡在徐州.

徐州의 절도사의 관사인 雕堂에서 聖主의 은총을 생각하며 憂國의 염원을 그리고 있으며, 「籌筆驛」의 첫 4구에서는,

제갈 승상은 죽어 말가죽에 쌓여 돌아왔고,
천명을 못 펴면 산이라도 개척해야 했네.
살아서는 중달을 속여 한갓 기세만 높였으니,
죽어서는 왕양 만나 후안무치를 함께 하리라.
葛相終宜馬革還, 未開天意便開山.
生欺仲達徒增氣, 死見王陽合厚顏.

라 하니 仲達은 司馬懿이며 王陽은 西漢의 益州刺史를 지낸 사람으로서, 武侯를 멸시했다는 비난이 있으나 오직 憂國的 犧牲精神에서 나온 것으로 본다. 후대에 설능이 先賢을 모독하는 언행이라고 혹평하였으니, 〔촉천에 종사

하던 때에 매양 제갈의 공업을 혹평하였으니 …… 자부하기 이와 같아서 동군난에 해를 입었다.(從事蜀川日, 每短諸葛功業,……自負如此, 東軍亂被害.)](『唐詩紀事』卷60)라는 등의 수다한 구설이 분분했지만 설능은 결백하였기에 백성을 사랑하고 민생의 질고를 염려하였다. 다음으로 愛自然의 미의식이다. 설능에게는 詠物의 淸新과 高雅美가 있으며 佛禪과 연관된 超世味가 엿보인다. 그의 영물시는 寄託의 妙가 살아있으니, 「銅雀臺」를 보면,

> 위무제가 놀았던 그 당시의 동작대,
> 국화가 깊이 비치고 가시나무 꽃 피어 있네.
> 인생의 부귀를 얼핏 돌아보나니,
> 여기 어이 가무하러 오는 사람이 없는가?
> **魏帝當時銅雀臺, 黃花深映棘叢開.**
> **人生富貴須回首, 此地豈無歌舞來**

라 하여 魏武帝가 놀던 누대를 보며 懷古的이며 詠史的인 인생무상의 寄興을 하고 있으며, 「杏花」를 보면,

> 생기 넘치는 색깔과 향기는 으뜸인데,
> 손에서 청루 근방으로 옮겨졌네.
> 요염한 맵시 끝내 부담될 줄 누가 알랴만,
> 어지러이 봄바람 향해 쉴새없이 방긋거리네.
> **活色生香第一流, 手中移得近靑樓**
> **誰知艶性終相負, 亂向春風笑不休**

라고 하니 살구꽃의 향기와 아름다움을 통하여 미인을 회상하며 溫情에 든 詩心이 깃들어 있다. 한편 설능의 禪詩는 그 자신의 佛心과 有關하다. 그의 시에서 禪詩가 27수나 되고 그 시 자체가 超脫的 隱逸感을 주는 데에서 설능 시의 二律的인 요소를 보게 된다. 「贈隱者」를 보면,

> 고상하고 한가한 성품으로,
> 평생 북쪽 누대 향해 살아 왔다네.
> 달빛 비친 못엔 구름의 그림자가 끊겨 있는데,

산 속의 나뭇잎에선 빗소리가 가지런하네.
정원수엔 사람들 둘러앉아 글씨를 쓰고,
목란 꽃엔 새들 낮게 앉아 있다네.
머물러서 길이 잊지 말자며,
밤 지새워 붉은 계단에서 이야기하네.
自得高閑性, 平生向北樓.
月潭雲影斷, 山葉雨聲齊.
庭樹人書匝, 欄花鳥坐低.
相留永不忘, 經宿話丹梯.

여기에서 淸新한 淡白美를 느낀다. 俗世가 아니라 자연 그대로이다. 자연과 '나'의 一致이며 음지가 보이지 않는 평화 자체이다.「贈禪師」를 보면,

욕심은 본디 천성에 없으니,
이 삶은 오래 선에 있다네.
구주에는 공연히 길이 있으니,
방에서 홀로 여러 해 지냈다네.
경쇠 울려 속세의 먼지 떨쳤고,
항아리 옮겨 습한 땅 도톰하게 하였네.
서로 찾아 같이 어울려 지내다가,
별과 달 속에 앉아 있다가 잠도 잊었네.
嗜慾本無性, 此生長在禪.
九州空有路, 一室獨多年.
鳴磬微塵落, 移缾濕地圓.
相尋偶同宿, 星月坐忘眠.

이 세계는 禪理와 禪跡의 표상이다. 시인의 심리가 이렇거늘 어찌 후인이 〔너무 평용하다.(妄庸)〕(『後村詩話』卷1)느니, 〔자부심이 너무 높다.(自負甚高)〕(『唐詩談叢』卷1)느니, 〔경박하다.(佻務相類)〕(『全唐詩說』)느니 하는 편견을 가할 수 있을지 의심스럽다. 설능의 인격이 이 선시에서 다 표현된 것이거늘, 대국적 측면에서 직설적으로 논하였다는 의미로 해석해야 할 것이다. 이러한 설능의 詩心은 다음「贈普恭禪師」에서 脫俗과 禪境의 坐忘에 드는 것이다. 살아도 살지 않는(生而不生) 듯한 入神界가 여기에 보인다.

해가 높이 오르면 매양 한 끼 먹지만,
내 마음 굽히기 어렵고 나 또한 어려움 없네.
남쪽 처마 아래 시월에 새끼를 맨 의자 따스한데,
불경을 외우면서 해를 쳐다보노라.
一日迢迢每一飡, 我心難伏我無難.
南簷十月繩牀暖, 背卷眞經向日看.

  이 시에는 禪語 한 자 없는 無慾의 의식을 보인다. 먹지 않고 움직이지 않고 하늘을 향한 地界를 탈출하고픈 의식세계가 드러난다. 시에는 다양한 애매성이 겹쳐 있고 누구나 공통적으로 지닌 특성 속에서 그 만이 지닌 개성을 추출하기가 쉽지 않다. 설능의 시도 그 하나로서 酷評 하에서도 이어온 그의 시이기에 그의 生涯만큼이나 다양하다.

107. 論古人詩句 고인의 시구

〔廣武城邊逢暮春〕1), 不如〔洛陽城裏見秋風〕2)。〔落葉滿長安〕3), 不如〔落葉滿空山〕4)。〔亭皐5)木葉下〕6), 不如〔無邊落木蕭蕭7)下〕8), 若〔洞庭波兮木葉下〕9), 則又超出一等矣。

〔광무성 옆에서 늦봄을 맞네〕구는 〔낙양성에서 가을바람을 보네〕구만 못하다. 〔낙엽이 장안에 가득하네〕구는 〔낙엽이 텅 빈 산에 가득하네〕구만 못하다. 〔우뚝 솟은 언덕에 나뭇잎 지네〕구는 〔끝없이 나뭇잎이 쓸쓸히 지네〕구만 못하고, 〔동정호에 물결이 일고 낙엽이 지네〕구는 또다시 한 등급을 초탈한 것이다.

◎ 해설

인용된 시구가 모두 季節感覺을 표현하고 있다. '洞庭'구는 屈原의 『九歌』 중 「湘夫人」에서 인용하고, '亭皐'구는 梁代 柳惲(유운)의 「擣衣詩」의 시구에서 인용한 것 외에는, 唐詩에만 치중되어 있어서 이동양의 尊唐의식을 새삼 알 수 있다. 시구로서 '無邊'구는 杜甫의 「登高」 시에서 인용하는 등 주로 盛中唐 시인의 詩句를 選好하고 있다. '廣武'구는 王維의 「寒食汜上作」 시구로서 그의

---

1) 廣武句 : 王維 「寒食汜上作」
2) 洛陽句 : 張籍 「秋思」
3) 落葉句 : 賈島 「憶江上吳處士」
4) 落葉滿空山句 : 韋應物 「寄全椒山中道士」
5) 亭皐(정고) : 우뚝 솟은 언덕.
6) 亭皐句 : 梁 柳惲 「擣衣詩」
7) 蕭蕭(소소) : 쓸쓸하다
8) 無邊句 : 杜甫 「登高」
9) 洞庭句 : 屈原 「九歌」 湘夫人

「送元二使安西」즉「陽關三疊曲」과 함께 人口에 膾炙하는 시인데 계절적으로 暮春을 노래하고 있다. 明代 謝榛은 이 시를 두고〔시인의 빼어난 소리이다. (風人之絶響也.)〕(『詩家直說』卷4)라고 하였다. 그 외에 인용된 시구는 전부 晩秋를 노래하고 있으니 '洛陽'구는 張籍의「秋思」시구로서 元代 楊士弘은〔평상의 언어로 묘사를 다하고 생각을 다 담았다.(常言常語, 寫得思盡.)〕(『唐音』卷7)라고 평하였고, '落葉滿長安'구는 賈島의「憶江上吳處事」시구로서 明代 陸時雍은『唐詩鏡』(卷48)에서〔추풍이 위수에 부니 낙엽이 장안에 가득하네. 말하기를 : 3, 4구는 흥취가 자연스럽다.(秋風吹渭水, 落葉滿長安. 曰 : 三四興致自然.)〕라고 평하였다. 그리고 '落葉滿空山'구는 韋應物의 古詩「寄全椒山中道士」시구로서 宋代 洪邁는 이 시구에 대해서 평하기를,〔그 묘사가 고묘하고 초탈하여 진실로 과장되게 말하지 않고 있다. 그리고 결미구 2구는 다시 어사와 사색이 더 이상 이룰 수 없는 경지이다.(其爲高妙超詣, 固不容詩說. 而結尾兩句, 非復語言思索可到.)〕(『容齋隨筆』卷14)라고 하여 자연스레 묘사된 天賦的인 재능에 의한 感興의 産物이라고 극찬하고 있다.

108. 『李太白集』七言律止二三首 『이태백집』의 칠언율시

『李太白集』七言律止二三首, 『孟浩然集』止二首, 『孟東野[1]集』 無一首, 皆足以名天下傳後世. 詩奚必以律爲哉?

『이태백집』에는 칠언율시가 두세 수뿐이고, 『맹호연집』에는 두 수뿐이며, 『맹동야집』에는 한 수도 없는데, 모두 천하에 명성을 떨치고 후세에 전해졌다. 시를 어찌 반드시 율시로 따질 일이겠는가?

❋ 해설

이동양은 律詩에 대해서 적지 않은 論調를 펴고 있으니 제2, 21, 30, 33, 63칙에서 律詩의 起源, 律詩의 對偶, 律詩의 起承轉合, 그리고 律詩의 轉語 등 다양하게 서술하고 있다. 그 이유는 이동양은 시의 음악성을 매우 중시하기 때문이다. 본문도 이런 각도에서 이해할 필요가 있다. 李白 시에 칠언율시가 두세 수뿐이라 하였지만 현재는 「別匡山」, 「送賀監歸四明應制」, 「贈郭將軍」, 「述德兼陳情上哥舒大夫」, 「寄崔侍御」, 「題雍丘崔明府丹竈」, 「別中都明府兄」, 「題東溪公幽居」, 「登金陵鳳凰臺」, 「鸚鵡洲」 등 10수가 전해진다. 이 점에 대해서 明代 王世貞은 杜甫와 함께 그 단점을 지적하여 〔태백의 칠언율시와 자미의 칠언절구는 모두 변체로서 간혹 가능하지만 많이 본받기엔 족하지 않다.(太白之七言律, 子美之七言絶, 皆變體, 間爲之可耳, 不足多法也.)〕(『藝苑巵言』 卷4)라고 평하였고, 淸代 翁方綱은 〔태백을 논하자면 : 감흥을 기탁한 것이 매우 미묘한데 오언은 사언만 못하고, 칠언은 없다. 소위 칠언이 없다는 것은 오로지 칠언율

---

1) 孟東野 : 孟郊

시를 가리키는 것이니, 따라서 그 칠언율시는 공교롭지 않다.(太白之論 : 寄興深微, 五言不如四言, 七言又其靡也. 所謂七言之靡, 殆專指七言律耳, 故其七律不工)」『石洲詩話』卷1)라고 하여 이동양의 논리를 뒷받침하고 있다. 그리고 孟浩然 시에는 2수밖에 없다고 하였지만 사실은 「登安陽城樓」, 「歲除夜有懷」, 「登萬世樓」, 「春情」 등 4수가 전해진다. 『四庫全書總目提要』(卷162)에서 〔맹호연과 위응물은 오언시로 오랜 세월을 압도하였지만 칠언시는 모두 공교롭지 않다.(孟浩然韋應物以五言籠罩千古, 而七言則皆不工)〕라고 평하였고, 孟郊의 시에는 칠언율시가 한 수도 전해지지 않은 것은 古詩와 樂府에 專念한 결과라 본다.

참고로 李白의 七言律詩 중에서 崔顥의 「黃鶴樓」를 次韻한 「登金陵鳳凰臺」를 본다.

   봉황대 위에서 봉황이 놀다가
   봉황은 떠나가고 누대는 공허한데 강은 절로 흐른다.
   오궁의 화초는 그윽한 오솔길을 묻었고
   진대의 고관들은 옛 언덕이 되었구나.
   세 산이 반쯤 푸른 하늘 저 밖에 드리워 있고
   두 강물은 백로주가 나뉘었네.
   항상 뜬 구름이 해를 가릴 수 있거늘
   장안이 보이지 않으니 수심에 차누나.
   鳳凰臺上鳳凰遊, 鳳去臺空江自流.
   吳宮花草埋幽徑, 晉代衣冠成古丘.
   三山半落青天外, 二水中分白鷺洲.
   總爲浮雲能蔽日, 長安不見使人愁.

이 시 頷聯의 平仄과 首聯의 平仄이 相同하니 제3구의 平仄과 제4구의 平仄이 對換하여 七言律詩의 平起格의 正式 形式을 지닌다. 이것은 失對와 失黏의 現象으로서 拗對와 拗黏이 된다. 元代 方回는 『瀛奎律髓』에서 이 시를 評하기를,

   태백의 이 시는 최호의 황학루와 비슷하니 격율과 기세가 우열을 가리
   기 쉽지 않다. 이 시는 봉황대를 제목으로 하여 봉황대를 읊은 것은 단지

기어의 두 구에서 이미 다 표현하였다. 아래 여섯 구는 곧 누대에 올라서 그 경치를 관망하는 것이다. 제3, 4구는 고인이 보이지 않음을 그리워한다. 제5, 6, 7, 8구는 오늘의 경치를 읊어서 서울을 볼 수 없음을 개탄한다. 누대에 올라서 바라보니 소감이 깊다.

  太白此詩, 與崔顥黃鶴樓相似, 格律氣勢未易甲乙. 此詩以鳳凰臺爲名, 而詠鳳凰臺, 不過起語兩句已盡之矣. 下六句乃登臺而觀望之景也. 三四懷古人之不見也, 五六七八, 詠今日之景, 而慨帝都之不可見也. 登臺而望, 所感深矣.

라고 상세하게 감상하였고 高步瀛은 『唐宋詩擧要』에서 〔태백의 이 시는 전체가 최호의 황학루를 모의하여 최호 시의 초묘함을 따르지 못하는데 오직 결구의 용의만은 뛰어난 듯하다.(太白此詩全摹崔顥黃鶴樓, 而終不及崔詩之超妙, 惟結句用意似勝)〕라고 평한 바, 시에서 言外之音을 貴히 여김을 이 시를 통해서 알 수 있다.

109. 太白天才絶出 태백의 천재성

太白¹⁾天才絶出, 眞所謂〔秋水出芙蓉²⁾, 天然去雕飾³⁾.〕⁴⁾ 今所傳石刻〔處世若大夢〕⁵⁾一詩, 序稱:〔大醉中作, 賀生爲我讀之.〕⁶⁾ 此等詩, 皆信手縱筆而就, 他可知已. 前代傳子美〔桃花細逐楊花落〕⁷⁾, 手稿有改定字. 而二公⁸⁾齊名並價, 莫可軒輊⁹⁾. 稍有異議者, 退之¹⁰⁾輒有〔世間羣兒愚, 安用故謗傷.¹¹⁾〕¹²⁾之句. 然則詩豈必以遲速¹³⁾論哉?

태백은 타고난 재능이 특출하니, 진정〔가을 물에 연꽃이 솟아나서, 자연스러이 다듬어 꾸며있네.〕라고 말한 대로이다. 이제 돌에 새겨서 전해지는 것으로〔세상에 사는 것이 큰 꿈과 같네〕라는 시의 서문에는〔크게 술에 취하여 지으니, 하생이 나를 위해 읽는다.〕라고 적고 있다. 이런 시는 모두 손 가는 대로 붓을 휘둘러 지은 것이며 다른 작품도 미루어 알 수 있다. 전대에 전해지는 자미의〔복사꽃이 잔잔히

---

1) 太白 : 李白
2) 芙蓉(부용) : 연꽃
3) 雕飾(조식) : 꾸미다. 다듬다.
4) 秋水句 : 李白「經亂離後天恩流夜郞憶舊遊懷贈江夏韋太守良宰」
5) 處世句 : 李白「春日醉起言志」
6) 序稱句 : 元 王惲『秋澗先生大全集』卷94 : 李太白醉歸, 墨跡後自題云 : 吾頭懵懵試書此, 不能自辨, 賀生爲讀之.
7) 桃花句 : 杜甫「曲江對酒」
8) 二公 : 李白과 杜甫
9) 軒輊(헌지) : 높고 낮다. 우열을 가리다.
10) 退之 : 韓愈
11) 謗傷(방상) : 헐뜯어서 아프다.
12) 世間句 : 韓愈「調張籍」
13) 遲速(지속) : 이백은 즉흥적으로 시를 짓고, 두보는 오랜 시간 동안 고치고 다듬어서 시를 짓는 것을 말한다.

날리고 버들꽃은 지네]라는 손수 쓴 시에는 고친 글자가 있다. 이 두 분의 명성이 함께 높아서 우열을 가릴 수 없다. 좀 이의가 있는 것으로 퇴지에게 문득 [세상의 뭇 아이들 어리석은데, 어찌하여 이유를 들어 헐뜯어 아프게 하는가?]구가 있다. 그러니 시를 어찌 반드시 작시에 있어서의 느리고 빠른 것으로 논하겠는가?

❂ 해설

李白과 杜甫 시의 優劣논리는 천여 년을 두고 끊임없이 제기되고 있지만, 그 결론은 相互尊重의 칭찬으로 매듭지어 왔으니 어쩌면 당연한 歸結이라 할 것이다. 본문도 그 맥락에서 거론하고 있는데 한편 작시의 태도상 卽興詩인가 아니면 장시간 刻苦의 시인가에 따라서 시의 가치를 논하는 一角의 논리를 덧붙여서 否定하고 있다. 그리하여 그 예로 이백 시에서는 古詩「經亂離後天恩流夜郎憶舊遊懷贈江夏韋太守良宰」에서 '秋水'구와 「春日醉起言志」에서 '處世'구를 각각 인용하였고, 杜甫 시에서는 「曲江對酒」에서 '桃花'구를 인용하여 비교하고 있다. 본래 李杜優劣論을 처음 제기한 자는 中唐代 白居易와 元稹이라 할 것이니, 백거이는 「與元九書」에서 상호의 장점을 서술하기를,

> 시에서 호방한 것으로 세상에서 이백과 두보를 부른다. 이백의 시는 재기 있고 기특하여 사람이 따라가지 못한다. 그 풍아와 비흥의 면을 찾아보면 열에서 하나도 없다. 두보 시는 가장 많아서 전해지는 것이 천여 수나 된다. 고금을 다 꿰뚫어 포괄하여서 격율을 자세히 다듬고 공교하고 잘 지은 점에서 또한 이백보다 뛰어나다.
> 詩之豪者, 世稱李杜. 李之作, 才矣奇矣, 人不逮矣. 索其風雅比興, 十無一焉. 杜詩最多, 可傳者千餘首. 至於貫穿今古, 爾縷格律, 盡工盡善, 又過於李.
> (『白居易集』 卷28)

라고 하였으며, 원진은 「唐檢校工部員外郞杜君墓係銘幷序」에서 역시 두 시인의 풍격을 비교하기를,

진실로 생각하건대 할 수 없는 것을 할 수 있고 하지 않으면 안 되는 것을 안 해도 되는 것을 한 사람으로 시인이 있고부터 자미만한 사람이 아직 없다고 하겠다. 이 시기에 산동인 이백도 기이한 문장으로 칭찬을 받아서 그 때 사람들은 李杜라고 하였다. 내가 보건대 그 장대한 물결이 출렁이는 기풍은 구속을 벗어나서 사물을 묘사한 것과 악부시는 진실로 또한 자미에 비해 뛰어나다. 두보 시는 처음과 끝을 묘사해 나가는데 있어서 성운을 다듬고 수많은 말을 순서 있게 나열하고 지어나면서 어사의 기세가 호탕하고 뛰어나며 풍조가 맑고 심원하고 율격에 잘 대응하고 용렬함을 벗어버린 점에서는 이백이 아직은 그 울타리를 넘을 수 없을 것이니, 하물며 집안 즉 두보 시의 깊은 경지에 이를 수 있겠는가?

　苟以爲能所不能, 無可無不可, 則詩人以來, 未有如子美者. 是時山東人李白, 亦以奇文取稱, 時人謂之李杜. 余觀其壯浪縱恣, 擺去拘束, 模寫物象及樂府歌詩, 誠亦差肩於子美矣. 至若鋪陳終始, 排比聲韻, 大或千言, 次猶數百, 辭氣豪邁而風調淸深, 屬對律切而脫棄凡近, 則李白尙不能歷其藩翰, 況堂奧乎?(仇兆鰲『杜詩詳注』附編)

라고 하여 두보를 이백보다 다소 優位에 놓으려 하였다. 그리고 韓愈는 「調張籍」(『韓愈集』卷5)에서,

이백과 두보의 문장이 있는 곳에는
찬란한 빛이 만장만큼 길도다.
여러 아이들이 어리석은 줄 모르고
어찌 구실 삼아 헐뜯고 아프게 하나?
하루살이가 큰 나무를 흔들고 있으니
가소롭게도 스스로를 헤아리지 못 하도다.
李杜文章在, 光焰萬丈長.
不知群兒愚, 那用故謗傷.
蚍蜉撼大木, 可笑不自量.

라고 하여 李杜優劣을 논하기를 自制하려 하였다. 그러나 그 후에도 宋元代는 물론 한국의 조선시대에도 부단히 거론되어 왔으니, 宋代 蘇轍은 杜甫優位論(『欒城集』卷8)을, 宋代 劉攽은 李白優位論(『中山詩話』)을, 그리고 黃庭堅은 두보우위론(『預章黃先生文集』卷26)을 각각 주장하였으며, 嚴羽는 〔이

백과 두보 두 사람은 정말 우열을 따지지 못한다. 태백에는 한 둘의 오묘한 곳이 있어 자미가 말할 수 없으며, 자미에게도 한 둘의 오묘한 곳이 있어 태백이 지어낼 수 없는 것이다.(李杜二公, 正不當優劣. 太白有一二妙處, 子美不能道. 子美有一二妙處, 太白不能作.)〕(『滄浪詩話』詩評)라고 하여 李杜衡平論을 제기도 하였다.

여기에 참고로 宋代 張戒의 李杜優劣論과 淸代 反神韻論者 趙執信의 李杜詩觀, 그리고 한국 朝鮮 中期의 申欽의 李杜詩比較論을 살펴보기로 한다.

北宋에서 南宋 사이의 과도기를 살았던 張戒(?~1160)는 자는 定夫이며, 絳郡人이다. 『歲寒堂詩話』를 통하여, 吳可의 『藏海詩話』의 平淡에 의한 思潮를 기반으로 하는 소위 〔두보를 기본으로 삼고 소식과 황정견을 활용으로 한다. (以杜爲體, 以蘇黃爲用.)〕(『藏海詩話』 제23조)의 시관과 嚴羽의 『滄浪詩話』의 詩禪一致의 사상을 創出하게 하는 과정을 개관할 수 있다. 그리고 李東陽의 『懷麓堂詩話』와 王士禎의 神韻說, 그리고 淸代 沈德潛의 格調說로 맥락을 잇게 한 근거를 지니고 있다. 장계는 宋代의 시풍을 문제 삼아서 陶潛과 杜甫를 철저히 추숭하고 특히 시의 根幹을 『詩經』의 詩敎로까지 소급하는데 역점을 두었는데, 이것은 그의 시화의 기본논점인 동시에 시화의 주된 기준이 된다. 이 기준으로 시화는 시종일관 전개되고 中晩唐代의 唯美的인 풍조와 宋代 시단의 性情을 망각한 虛飾主義的인 風土를 통박한 것이다. 『시화』卷上 36조의 시론이 두보와 비교차원에서 품평하고 卷下 33조가 오직 두보 시를 논평하고 있음은 결코 우연이 아니니, 곧 장계의 치밀한 시 개혁정신과 연관시켜서 이해하는 것이 온당하다. 장계는 李杜詩의 상호 비교에 대해서 매우 신중하다. 장계 자신은 李杜의 優劣을 가릴 수 없다면서, 〔이백과 두보에 관해서는 더욱 가벼이 논할 수 없다.(至于李杜, 尤不可輕議.)〕(제2조)라 하여 優位比較를 기피하려 한 것이다. 그래서 장계는 〔한위대 이후부터 시는 조식에 이르러 묘오해지고 이백과 두보에 이르러 완성된 것이다.(自漢魏以來, 詩妙于子建, 成于李杜.)〕(제10조)라고 하여 성취도를 대등하게 보고, 또 〔조탁하는 나쁜 습관이 다 깨끗하게 되어야 비로소 조식과 유정, 그리고 이백과 두보의 시를 논할 수 있다.(鐫刻之習氣淨盡, 始可以論曹劉李杜詩.)〕(제10조)라고 하여 예술기법상의 가치도 동등하게 평가한 것이다. 이처럼 장계는 중국시가의 정통적 思潮 입장에서 李

杜관계를 제시하였다. 시화 제1조 서두에서,

> 건안칠자와 도잠, 완적 이전에는 시가 오로지 마음의 뜻을 드러내는 것이었고, 반악과 육기 이후에는 오로지 영물만을 일삼았다. 이 두 가지를 겸한 사람은 이백과 두보이다.
> 建安陶阮以前, 詩專以言志 : 潘陸以後, 詩專以詠物 : 兼有之者, 李杜也.

라고 하여 시화의 주된 내용에 이두를 그 대상으로 포함시키려 했음을 알수 있다. 그러면 李杜 양인에 대한 풍격상의 특징을 장계가 거론한 評句들을 다음에 열거한다. 먼저 李白 부분을 보면,

> ① 재능은 따라 갈 수 없는 사람이 있느니, 이백과 한유가 그러하다.
> 才子有不可及者, 李太白韓退之是也.(제4조)
> ② 이백의 '흰 치아 끝내 드러내지 않고 고운 마음 공허이 절로 얻도다.'구는 모두 『시경』의 국풍에 뒤지지 않는다.
> 李太白云 : 皓齒終不發, 芳心空自得. 皆無愧于國風矣.(제6조)

여기서 ①은 천부적인 재질의 우수성을, ②는 『詩經』의 전통적인 시풍을 계승함을 높이 평가하였다. 그리고 杜甫 부분을 보면,

> ① 두보의 시는 오로지 재기가 뛰어나다.
> 杜子美詩, 專以氣勝.(제1조)
> ② 세상 사람들은 두보 시를 다분히 거칠고 속되다고 보는데 거칠고 속된 어구가 시구 중에 쓰기가 가장 어려우니, 이는 곧 고아하고 고담한 것의 극치인 것이다.
> 世徒見子美詩多麤俗, 不知麤俗語在詩句中最難, 非麤俗, 乃高古之極也.(上同)
> ③ 두보의 시는 …… 웅혼한 자태가 걸출하다.
> 子美之詩,……雄姿傑出.(上同)
> ④ 시는 고사를 널리 사용하는 바, …… 두보에게서 극에 달하였다.
> 詩以用事爲博,……而極于杜子美(제3조)
> ⑤ 의기를 따를 수 없는 자로서 두보가 그러하다.
> 意氣不可及者, 杜子美是也.(제4조)

⑥ 고원한 맛을 다하는 모습과 기쁘고 놀라운 흥취는 초탈하고 탈속하여 따를 수가 없다.
窮高極遠之狀, 可喜可愕之趣, 超軼絶塵而不可及也.(제9조)
⑦ 그 사어가 곱고 우아하며 그 의취는 미묘하고 절도가 있어서 진정 시인의 맛을 얻은 자라고 말할 수 있다.
其詞婉而雅, 其意微而有禮, 眞可謂得詩人之旨者.(제13조)
⑧ 오직 두보만은 그렇지 않으니, 산림에 있으면 산림 그대로이며, 묘당에 있으면 묘당 그대로이고, 교묘한 데면 교묘하고, 졸렬한 데면 졸렬하고, 기이한 데면 기이하고, 속된 데면 속되고, 풀기도 하고 거두기도 하며, 새롭기도 하고 낡기도 하여서, 모든 사물과 모든 사실과 모든 의취가 시 아닌 것이 없다.
惟杜子美則不然, 在山林則山林, 在廊廟則廊廟, 遇巧則巧, 遇拙則拙, 遇奇則奇, 遇俗則俗, 或放或收, 或新或舊, 一切物, 一切事, 一切意, 無非詩者.(제35조)
⑨ 건안칠자와 육조, 그리고 당대와 근세의 여러 시인 중에 思無邪한 자는 오직 도연명과 두보뿐이며 나머지는 모두 뜻이 사악에 떨어짐을 면치 못한다.
自建安七子六朝有唐及近世諸人, 思無邪者, 惟陶淵明杜子美耳, 餘皆不免落思邪也(제36조)

위에서 장계가 두시의 성격을 규정한 것으로부터 그 要旨를 정리하면, 다음과 같다.

① 작시상의 재능, ② 평범 중의 高古味, ③ 시의 雄傑性
④ 用事의 우수성, ⑤ 意氣 중시, ⑥ 高遠과 超脫
⑦ 시어 구사의 高雅美, 意趣의 微妙와 도덕성
⑧ 詩聖의 경지에 도달한 탁월성
⑨ 『詩經』의 儒家的 평가인 思無邪의 境界

장계가 이러한 李杜詩의 풍격상의 장점을 각각 비교적 객관성 있게 거론하는데 대해 동감되는 바가 크다. 장계는 이두 시를 평가함에 있어서, 양적으로는 두보가 우세하지만, 이두 양인의 詩史上의 역할을 同等한 선에서 평가하려는 배려가 곳곳에 보이니, 다음 평구는 그 좋은 예문이라 하겠다.

① 이백, 두보는 모두 정감이 넘쳐서 차고 솟구친 후에 지어내는 자들이다.
　李杜皆情意有餘, 洶湧而後發者也.(제10조)
② 두보는 충의에 독실하고 경서의 학문에 깊은 고로 그 시가 웅혼하고 바르다. 이백은 의협을 좋아하고 신선을 좋아한 고로 그 시가 호방하고 준일하다.
　子美篤于忠義, 深于經術, 故其詩雄而正 : 李太白喜任俠, 喜神仙, 故其詩豪而逸.(제15조)
③ 재기가 이백과 두보의 웅혼하고 준결함만 못하다.
　才氣不若李杜之雄傑.(제22조)

여기서 ①은 이두 시가 모두 情誼가 넘침을, ②는 두보 시의 유가적이며 사실적인 正義感을, 이백 시의 道家的이며 초탈적인 豪放性을, 그리고 ③은 천재적인 才能의 傑出性을 각각 양인의 공통성과 독특성으로 나누어 서술하고 있음을 확인하게 된다. 그러나 장계의 立論이 두보에 注重되어 전개된 만큼, 비교우위적인 면에서 내면적으로 이백보다 높게 본 것은 사실이다. 그것은 장계가 기본적으로 두보를 통하여 타 시인을 논하는데 기준 삼은 점과, 그리고 장계의 시화에서 이백 시의 단점을 거론하여,

　　이런 구가 비록 기이하고 표일하지만, 이백 시중에서 단지 천박한 것이다.
　　此等句雖奇逸, 然在太白詩中, 特其淺淺者.(제2조)

라고 평한 것을 종합해 보면, 장계가 비록 [한유는 이백과 두보에 대해서 오직 극구 추존하여서 일찍이 우열을 가린 적이 없었다.(退之于李杜但極口推尊, 而未嘗優劣.)](제2조)라고 直言하였다고 하여도, 두보에 優位點을 준 것을 否認할 수 없다. 장계의 시화는 杜甫 一色으로 논술되었다고 해도 가할 것이다. 두보는 장계 시화의 근본이며 두보를 기준으로 해서 다른 시를 비교 평가하기 때문이다. 장계는 정통시학의 嫡孫으로 杜甫 이외에는 인정하려 하지 않았으니, 시화의 제1조를 보면,

　　조식과 유정이 죽고 지금까지 천년이나 되었는데 오직 두보만이 그들을 능히 감당할 만하다.
　　自曹劉死至今一千年, 惟子美一人能之

라고 하였고, 또 제2조를 보면,

> 원진은 말하기를 : 시인이 있고서부터 아직 두보만한 자가 없었으니 이
> 후로 이백도 미치지 못한다.
> 元微之謂 : 自詩人以來, 未有如子美者, 以後李太白爲不及.

라고 한 것에서 장계의 확고한 시관기준을 알 수 있다.

이런 기준이 淸代 시론에서 그 濃度가 자못 짙게 나타나서, 沈德潛의 格調 說에 대해 吳雷發이 『說詩菅蒯』에서 性靈說을 유도하는 反格調와 反文學退化 說을 주창하게 되고, 淸代 시학의 대맥인 王漁洋의 「神韻說」에 정면으로 반론 을 제기한 趙執信(1662~1744)의 '시에 그 사람이 들어 있다는 설(有人之說)' 등 은 가장 대표적인 문학이론의 논쟁이라 할 것이다. 그간에 심덕잠과 王士禎 두 대가의 이론에 盲從하면서 『詩經』의 '溫柔敦厚'적인 詩敎에 기본을 둔 심덕잠 과 司空圖와 嚴羽의 性情 위주에 바탕을 둔 왕사정의 주장을 가장 온전한 이 론으로 수용하려는 그 당시의 풍토에서 과감한 반론을 전개시킨 오뇌발과 조 집신은 등한시되고 비중이 卑下되어 지금까지 많은 淸代 시학 자료에서 거의 그에 대한 異論을 찾아내려는 관심을 보이지 않았던 것이 사실이다. 조집신은 『談龍錄』을 통해서 왕어양의 門下에서 나왔으면서도 虞山詩派의 馮班이나 吳 喬의 사실로 시를 짓는(以實求詩) 것에 동참한 것이다. 그런 조집신의 李白과 杜甫 詩에 대한 見解는 그의 시화 제17, 18조 두 항목에 한정하고 있다. 시화에 서 李白과 杜甫의 시를 형성한 淵源관계를 밝히고 宋末과 明代를 거치면서 지 나친 情感 위주에 흐르면서 俗情에 경도되는 조집신 당시의 시단을 비판하고 있는데 제17조를 본다.

> 이백은 완적과 사령운, 사조를 추숭하고 두보는 조식과 가까이 하며 도
> 잠, 사령운, 유신, 포조, 음갱, 하손 등을 칭찬하였으며 초당사걸을 가벼이
> 여기지 않았으니 그 어찌 문호의 성기에 대한 견식이 있어서 그러하겠는가,
> 오직 달고 쓴 것을 깊이 알고 있음이다. 송대에 이르러 비로소 전인에게
> 지나친 성정론이 있게 되었으나 명대 사람이 일체를 버리려한 것에 미치지
> 못한다. 지금은 곧 속정의 습관에 빠져서 옳고 그름이 없다. 후인이 다시

후인을 두려워하면 어떻게 될 건가?
　　靑蓮推阮公, 二謝, 少陵親陳王, 稱陶謝庾鮑陰何, 不薄楊王盧駱, 彼豈有門戶聲氣之見而然, 惟深知甘苦耳. 至宋代始於前輩有過情之論, 未若明人之動欲掃棄一切也. 今則直汩沒於俗情積習中, 非有是非矣. 後人復畏後人, 將於何底乎.

위에서 李白의 詩風은 竹林七賢의 하나인 阮籍의 詠懷詩와 謝靈運의 山水詩, 그리고 謝朓의 綺麗한 묘사법에서 형성되었고 杜甫는 曹植의 彫琢과 勉勵의 자세와 陶潛의 田園과 歸自然 의식, 그리고 六朝의 寫實主義 작가인 庾信과 鮑照의 고뇌, 나아가서 初唐代의 律絶의 형식 정착에 각각 힘입은 것이 크다는 것을 강조하고 있다. 그러므로 이백과 두보의 시가 본보기가 된 이유는 전대의 名詩人들을 철저히 표본 삼는 精神과 不斷한 成就의욕이 작용한 것을 확인한다. 특히 明淸代에 이르러 詩風의 正道를 잃고 世俗化된 것을 개탄하고 있다. 그리고 이백과 두보의 상호존중의식을 인정하는 다음 제18조를 보면,

　　청신하고 준일함은 두보가 중히 여기는 것이다. 시의 정취가 신묘하고 빼어나면 수식하지 않아도 된다. 그러나 이 시를 바르게 평가하는 立詩의 표준으로 보지 않고 있다. 훗날 이백을 칭찬한 것을 보면 말하기를, '붓이 떨어지니 비바람이 놀라고, 시를 지으니 귀신이 흐느낀다.'라 하고 그 스스로 자랑하여 말하기를, '말이 사람을 놀라게 하지 않으면 죽어도 쉬지 않는다.'라 하니 곧 그 유신과 포조 제현의 것도 모두 약간씩 들어 있다.
　　淸新俊逸, 杜老所重. 要是氣味神采, 非可塗飾而至. 然亦非以此立詩之標準觀其他日稱李, 又云: 筆落驚風雨, 詩成泣鬼神. 其自謝亦云: 語不驚人死不休則其於庾鮑諸賢, 咸有分寸在.

明代 楊愼의 『升菴詩話』에서 庾信 시를 杜甫가 [두자미는 그를 일컬어 淸新하다고 하였다.(杜子美稱之曰淸新.)]라고 평한 데에서 조집신은 '淸新俊逸'을 杜甫의 시 평가기준으로 서술하고 있는데 可當하다. 이 점에 있어서 조집신은 이백 시에도 적용하였으니 두보와 이백을 상호 존중한 것으로 본다.
　한편 韓國漢文學에서 韓中詩話의 비교적 입장에서 朝鮮中期 申欽의 唐宋詩風과 李杜詩에 대한 관점을 살펴보기로 한다. 조선 중기에 문학풍토가 宋詩風에서 唐詩風으로 전환되면서 시론전개도 독자성을 주창하게 되니 李晬光

의 『芝峰類說』, 許筠의 『惺叟詩話』, 梁慶遇의 『霽湖詩話』와 함께 조선 중기의 대표적인 시론서인 申欽(1566~1628)의 『晴窓軟談』은 한국의 시론을 객관성 있게 서술했을 뿐 아니라 중국시에 대해서 심도 있게 논술하고 있어서 한국인의 중국시에 대한 평가 자료로서 매우 유익하다고 본다. 신흠은 자가 敬叔, 호는 象村, 平山人이며, 20세에 生員과 進士에 합격하고 21세에 別試 丙科에 급제하여 27세에 良才察訪에 제수되고 30세에는 咸鏡道 巡按御使로 나갔다. 36세에는 홍문관 副提學이 되며 41세에는 병조판서와 예조판서를 동시에 제수 받으면서 國事에 전념하고 58세에 이조판서를 거쳐서 62세에 左議政과 領議政을 역임하는 최고위관직에 오르고 그 이듬해인 63세(1628)로 생을 마친다. 그의 저서 『晴窓軟談』 上·下 2권을 중심으로 서술된 중국시론은 당송시 부분이 주가 되어 신흠이 조선 중기의 朴淳과 李達 등 三唐詩人에 의해 주도된 문단의 唐風을 다량으로 수용하고 있는 점도 확인할 수 있다. 신흠은 唐詩와 宋詩의 차이점을 불교의 宗派에 비유하여 차별하고 있으니,

   당시는 남종과 같아서 한 번 돈오하니 곧 본래의 면목을 보이고 송시는
  북종과 같아서 점진적이다. 또한 성문과 벽지를 지니니 이것이 당송의 구
  별이다.
   唐詩如南宗, 一頓卽本來面目, 宋詩如北宗, 由漸而進. 尙持聲聞辟支爾, 此
  唐宋之別也.(『晴窓軟談』 卷上 제3조)

위에서 신흠은 唐詩를 南宗, 宋詩를 北宗에 비유하고 있다. 당시는 한 번의 '頓悟'를 통하여 본래 面目을 터득하는 南宗과 같으며 송시는 '漸修'를 통하여 단계를 나아가는 北宗과 같다는 것이다. 이 이론은 嚴羽의 『滄浪詩話』의 논리와 상통하는 것으로 남종은 大乘이며 북종은 小乘이니 宋詩를 小乘의 聲聞辟支와 비유하여 당시의 우위의식을 편 것이다. 그 기준으로 唐詩는 情感的 의미에서 보고 송시는 詩的인 鍛鍊이 바탕을 이룬다는 의미로 풀이한다. 그리하여 송시를 당시보다 平價切下시키고 있다. 신흠의 尊唐的 시관에 의해서 서술된 이 시화로부터 韓中詩論의 비교적 입장에서 접근하는 대상과 방법은 당연히 신흠이 갖고 있는 唐宋詩論에 초점을 맞추어지게 된다. 그의 詩學觀을 보면, 비교적 순탄한 관료생활이지만 그 과정에 남다른 심적 고초를 겪기도 하면서

그의 문학세계는 높은 경지에 이르고 그의 시관이 독자적인 성격을 형성하였다. 그의 『晴窓軟談』은 上·中·下 3권으로 구성되어 있으며 상권은 唐詩, 중권은 唐代에서 明代까지의 시를 서술하고 있다. 尊唐的 시관을 지닌 신흠으로서는 이 시화의 초점을 唐詩에 두고 있되, 宋詩와 明詩에 대해서도 긍정적인 가치 부여를 하고 있다. 따라서 시화를 편찬하면서 중국시를 인용·평가하는데 高棟의 『唐詩品彙』와 『唐音』을 가장 精細하다고 평가하여 크게 참고하였다. 그리하여 『唐詩品彙』의 작가와 작품은 물론, 編制上의 述語까지 借用하고 있으니, 初唐을 正始라 하고 晩唐을 餘響이라고 한 것이 그 예가 된다. 이 시화의 상권은 전부 唐詩에 대한 評語가 39개조로 구성되어 있으며 그 중에는 武元衡, 李德裕(文饒), 潘南, 崔魯 등 시가적 가치비중이 덜한 시인의 시도 거론한 것은 신흠의 심도 있는 당시에 대한 식견을 대변하는 것이라 하겠다. 중권은 41개조로 구성하여 唐, 宋, 元, 明代의 시를 淸氣와 豪放味에 근거하여 평가하고 있다. 杜甫, 東坡, 朱熹와 元代의 楊廉夫와 明代의 王世貞, 李夢陽, 李攀龍 등 擬古派이며 尊唐을 지향한 前後七子의 시를 주로 평가하고 있다. 하권은 68개조로 구성하여 주로 高麗, 朝鮮의 시를 논술하고 단지 제20조(曹植), 제30조(東坡), 제37조(陳與義), 제66조(白居易), 제67조(梁元帝), 제68조(宋徽宗) 등 6개조만 중국시를 논하고 있다. 韓國漢詩에 대한 평가 또한 唐風에 근거한 바, 제3조의 鄭知常시와 三唐詩人의 唐風, 제26조의 林悌의 杜牧詩風, 제49조의 權韠의 杜甫風, 제51조의 金玄成의 唐詩風 등이 그 예가 된다.

아울러 『晴窓軟談』에 서술한 신흠의 詩學觀을 보면, 먼저 '淸' 개념이다. 그는 시의 本色으로 '淸' 풍격을 내세워서 시가 구비해야 할 기본요건이라고 주장하고 기타 풍격들은 그 아래로 분류하고 있다. 여기서 기타란 '奇健, 險怪, 質實' 등으로 이들을 부정하지 않았으나 시의 本領 즉 '正覺'과 완전히 부합된다고 보지 않았다. '淸'풍에 대한 가치기준을 더욱 중시하였다고 할 것이다. '淸'에 대한 신흠의 논리를 다음 詩話 상권 제38조에서 본다.

> 고인이 말하기를 : 천지에는 맑은 기운이 있어 시인의 비장에 흩어져 들어가니 청(맑음)은 시의 본색이며 기이함은 건전함과 같아서 또한 제이의이다. 험괴하고 침착한 것도 실질적이나 시도와는 더욱 멀어서 맑은 즉 높고, 높은 즉 성색으로 구할 수 없다. 시는 반드시 무성의 성과 무색의 색을 얻

어야 하니 맑고 밝으며 깨끗하여 경치와 정신이 조화되면 정신과 붓이 응대하여 일어나서 그런 후에 들여우가 길밖에 있듯 거의 깨닫지 못하게 된다. 그러므로 지난 작가를 보면 한가로운 삶의 작품은 세속의 것보다 낫고 초야의 소리는 관청의 것보다 뛰어나니 대개 마음을 두어 의도적으로 지은 것은 자연에서 얻는 것보다 못한 것이다.

　　古人云：乾坤有淸氣。散入詩人脾, 淸是詩之本色, 奇若健, 猶是第二義也. 至於險也怪也沈着也質實也, 去詩道愈遠, 淸則高, 高則不可以聲色求也. 詩必得無聲之聲無色之色, 瀏瀏朗朗, 澹澹澄澄, 境與神會, 神與筆應而發之, 然後庶幾不作野狐外道. 故歷觀往匠, 閑居之作, 勝於應卒, 草野之音, 優於館閣, 蓋有意而爲之者, 不若得之於自然也.

　천지자연의 淸氣가 시인의 성정과 조화하여 높은 차원의 聲色을 얻어서 맑고 고운 韻致를 표현해야 한다고 보았다. 신흠은 '淸'의 풍격을 구현한 조선 문인으로 朴淳의 시에 대해서 '淸邵'하다고 하였고 鄭澈의 「金沙寺」 시를 인용하여 '淸惋'하다고 평하였으니, 이 시의 意境이 맑고 悲感이 어린 것을 지적한 것이다. 인용한 「金沙寺」의 제3연에서 자연스런 의경을 묘사한 것은 곧 '淸'의 '得之自然'에 기반을 둔 작시태도라는 것이다. 그리고 신흠은 다른 예로 宋翼弼의 詩才를 칭찬하여 '淸葩可貴'라 하여 이치도 갖추었음을 지적하였다. 이러한 시의 淸氣論은 唐風의 경지를 보여주는 것이다. '淸氣'는 脫俗의 情趣에 시의 자연미를 더하여 주므로 신흠은 이것을 '得之自然'이라고 표현한 것이다. 이 시의 자연미는 淸代 吳雷發이 '貴自然'의 창작관을 주창한 것과 맥락을 같이한다. 오뇌발은 시인마다 나름대로의 독창성을 발휘할 때 그다운 시를 창작할 수 있는데, 이것이 작시의 자연성이라는 것이다. 山水田園의 자연이 아니라, 感發하여 性情을 자유로이 읊는 것이다. 오뇌발은 『說詩菅蒯』에서 이르기를,

　　대지 중의 경물이 어찌 끝이 있겠는가, 마음에 맞게 되어 우연히 눈에 들어 읊게 되면 저절로 신령한 마음과 빼어난 흥취를 갖는다.
　　大塊中景物何限, 會心之際, 偶爾觸目成吟, 自有靈機異趣(제18조)

라고 하였는데 靈機는 독창적인 靈感이며, 模倣이나 强制가 아니라 風雨가 문득 일듯이 興寄 그 자체인 것이다. 心性의 발로가 內外的 동기와 무관하

게 가능한 것이다. 그래서 오뇌발은 작시의 극치를 '平淡'에 두고 '貴自然' 과 일치된 시적 영감으로 평가하고 있다. 이것은 신흠의 '淸氣'와 상관되고 자연미와 상통한다. 그리고 그의 시학에 있어 시의 '含蓄性'이다. 시에서 함축미는 自古로 중시되어 온 것인 만큼 신흠이 제시한 논리가 새로운 것이 아니다. 단지 시어와 시구가 길면 함축성이 결여될 수 있다는 점을 강조하였다. 이 함축성은 시에서 문자로 표현할 수 없는 내면의 心地가 어떠한 感興을 지니고 있는가를 추리하는 것이니, 이것을 '興趣'라고 말하였다. 이 흥취는 嚴羽의 주된 시론으로서, 『滄浪詩話』(詩辨)에서 밝히고 있다.

> 시라는 것은 감성을 읊은 것이다. 성당의 여러 시인은 오직 흥취에만 두어서 영양이 뿔을 걸어서 찾을만한 자취가 없다. 그러므로 그 오묘한 곳은 투철하고 영롱하여 머무를 수 없으니 마치 공중의 소리, 얼굴의 빛, 물속의 달, 거울 속의 모습과 같아서 말은 다 하였으나 뜻은 다함이 없다.
> 詩者吟詠性情也. 盛唐諸人惟在興趣, 羚羊掛角, 無跡可求. 故其妙處透徹玲瓏, 不可湊泊, 如空中之音, 相中之色, 水中之月, 鏡中之象, 言有盡而意無窮.

여기서 엄우는 흥취의 핵심을 겉으로 드러나 보이지 않으나 그 不可視한 상상력 속에 있는 감흥에 두고 있다. 신흠은 엄우의 興趣의식을 시의 함축성이라는 점과 연관시켜서 장편시의 단점으로 평가하고 있다.

> 시는 말은 다했으나 뜻은 다하지 않음을 귀히 여긴다. 배율을 짓는 자는 뜻이 이미 다했으나 말이 많아서 심한 것은 외부의 경물을 취하여 이어 놓음이 마치 음식을 늘어놓고 먹지 않음과 같이 의미 없는 문사를 늘어놓으니 의미가 없음이 괴롭다.
> 詩貴言盡而意不盡. 作排律者, 意已盡而言有多, 甚者鈎取外邊物色, 連綴如飣飿篩案, 苦無意味(『晴窓軟談』 卷上 28조)

신흠의 관점이 엄우를 계승한 것이지만 보다 구체적인 면이 보인다. 시의 함축미는 넓게는 문학에서 정감의 발로를 상징적으로 표현해 주는 특성이라 할 것이며 좁게는 시에서 작법상의 오묘한 묘사법이 된다. 위에서 배율 같은 장시는 홍취 즉 시의 함축미가 부족하기 쉽다는 점을 지적하고 있는데 신흠의 다음 서술은 장시의 단점을 밝히고 있다.

> 율시가 이미 단점이 드러났는데 또 길게 하여 배율을 짓고 두보가 백운을 지으니 시의 병폐이다.
> 律詩已病排矣, 又長之爲排律, 子美爲之百韻, 詩之病也(詩話 卷上 제28조)

시가 길어지면 수식이 가해지고 형식에 매이며 여운이 적어지면서 시의 正道에서 벗어나기 쉬운 점을 서술하고 두보의 시도 길면 단점을 노출시키고 있다고 지적하고 있다. 이어서 詩는 그 사람이라는 관점이다. 이 논지는 淸代 吳喬가 〔시 속에 모름지기 사람이 들어 있다.(詩之中須有人在)〕(『圍爐詩話』 卷1)라고 주장한 '詩有人說'과 그것을 추종한 趙執信(『談龍錄』 제9조)과 상통하는 이론으로서 이 또한 신흠이 이미 제시한 것은 주목이 된다. 이것은 '詩는 곧 人이다'라는 等式으로 보아야 한다. 시인이 心的인 眞性을 갖고 시를 짓느냐에 따라서 시의 가치를 평가할 수 있는 기준으로 삼아서 시 속의 사람을 거론하고 있으므로 이런 논지는 시학적 입장에서 매우 중시된다. 조집신은 誠心 즉 眞性에서 禮義의 正道가 세워지고 性情의 發露와 淨化가 가능하여진다는 의미를 제시하고 있어서 신흠이 의도하는 논조와 상통한다. 먼저 조집신의 논조를 보면,

> 단지 친구에 보낸 편지 한 통을 보았는데, 그 속에 '시 속에 그 사람이 있어야 한다.'는 말에 나는 감복하여 명언이라고 생각하였다. 후세 사람으로 하여금 그 시를 통해서 그 사람을 알게 하고 그 시대를 논할 수 있게 함이 예의의 큼이다.
> 獨見其與友人書一篇, 中有云;詩之中須有人在, 余服膺以爲名言. 夫必使後世因其詩以知其人, 而兼可以論其世, 是又興於禮義之大者也(『談龍錄』 7조)

라고 하여 시를 통하여 사람됨을 알고 세상을 논하며 窮極的으로 人性의 높은 境地인 禮義를 알 수 있다는 것이다. 시는 그 자체가 예의를 지니고 있다고 본 것이다. 이런 인식은 신흠의 다음 글에서 확인할 수 있으니 보건대,

성수종은 곧 청송 선생의 동생으로 기묘년의 명인이다. 일찍이 높은 과거에 뽑혔으나 관직이 깎여서 한가로이 지내면서 절구 한 수에 이르기를, '몇 겹의 푸른 산이 저잣가에 떨어져 있고 층을 이룬 성에는 저물녘에 바람이 일고 연기가 흩어지네. 그윽히 지내며 계곡을 가까이 하니 오는 이 적어서 홀로 국화꽃을 따며 돌밭에 앉는다.' 이것을 읊으면 그 사람이 생각난다.
成守琮, 卽聽松先生之弟也, 己卯名人. 早擢巍科, 被削閒居, 有一小絶曰, '數疊靑山落市邊, 層城日暮散風煙. 幽居近壑人來少, 獨採黃花坐石田.' 詠之, 可想其人.(『晴窓軟談』券下)

시인의 인격과 시가 相等關係에 있다는 것을 신흠은 강조하고 있다. 성수종의 인격을 언급하지 않고 한가로이 은거한다는 것만을 서술하면서 그 속에서 대상의 내면세계를 관찰하는 근거가 바로 작품이라고 본 것이다. 신흠은 唐宋詩에 대한 차별의식이 있었다. 신흠이 시화에서 시를 정의하기를 詩는 形而上인 것이고 반면에 文은 形而下인 것이라고 서술하고 있어서 시를 문학정신의 상위단계로 인식하고 있음을 알 수 있고 서문에서도 이미 서술한 바이지만 신흠은 嚴羽의 『滄浪詩話』의 '論詩如論禪'(詩辨)이라는 評法에 의거하여 불교종파를 인용하여 당시와 송시를 구별하고 있으니 시화 제4조를 보면 당시를 南宗의 頓敎, 송시를 北宗의 漸敎로 구분하였는데 당시는 直觀的 感興을 중시하고 송시는 理智的으로 詩作 鍛鍊을 중시한다는 점을 강조한 것으로 본다. 그렇다고 송시를 당시보다 가치가 덜하다는 排他的인 偏見을 警戒하는 매우 객관적 관점의 일면을 보여주기도 하니, 『詩話』(卷上) 제2조를 보면,

당나라가 쇠퇴하니 어찌 속된 악보가 없겠으며, 송나라가 흥성하니 어찌 우아한 소리가 없겠는가.
唐之衰也, 豈無俚譜, 宋之盛也, 豈無雅音.

라고 하여 시대의 구분의식에 의한 획일적인 평가를 부정적으로 보았다. 신흠은 송시에서 蘇軾 詩를 높이 평가하였는데『詩話』(卷中)에서 기술하기를,

소식의 시문은 모두 신의 경지이다. 세상에 당시를 배우는 자는 항상 그것을 헐뜯는데 만일 그 아름다운 것을 골라낸다면 대략 몇 권의 책이 될

것이니, 세상에 전해진 것이, 어찌 당나라 시인이 세상을 덮은 것만 못하겠는가.
> 東坡詩文, 俱神境也. 世之學唐者, 常訾之, 若簡摘其艶麗, 略爲數卷書, 行于世, 何渠不若唐家時世粧也.

라고 하여 소식의 시문이 당시를 배우는 자들에게서 비판을 받았지만, 오히려 神境에 들었음을 강조하고 있다. 신흠은 시화에서 소식 시를 두보에 비견하여 다음과 같이 서술하고 있다.

> 그의 「무산을 지나며」라는 시는 두보의 운을 쓰고 있는데 …… 너무도 두보에 가까워서, 제나라 요리사 역아의 입이 아니라면 치수의 물맛과 승수의 물맛을 분별하기 어렵듯이 그 시를 구별하기 어렵다.
> 其過巫山用杜子美韻……太逼杜家, 苟非易牙之口. 難辨其爲淄爲澠.(『詩話』卷中)

소식의 시가 두보에 근접하여서 구분하기 어려울 만큼 높은 경지의 창작을 했다는 점을 강조하고 있다.

이런 관점으로 신흠은 李白과 杜甫의 시를 비교하고 있다. 신흠도 이백과 두보를 중국 제일의 시인임을 인정하고 높이 추숭하고 있다. 이백에 대해서는 天仙의 자질을 가진 시인으로, 두보 시에 대해서는 周公이 지은 것이라고 그 탁월성을 인식하고 진실한 군자로 존경하고 있다. 먼저 이백을 논한 다음 評文을 보기로 한다.

> 태백은 신선이다. 문집에 실린 것이 흠 되는 것이 하나도 없으니 후에 흠 찾기 잘하는 자가 있더라도 그 석 자의 부리에서 나오는 장황한 말을 받아들이기 어렵다. 예컨대 「상운악」, 「보살만」, 「독록편」, 「천모음」 등 시는 모두 하늘이 내린 음율이니 어찌 세상의 재잘거리는 자가 닮을 수가 있겠는가?
> 太白, 仙人也. 集中所載, 無一可疵. 雖有後之善摘瘢者, 亦難容其三尺喙矣. 如上雲樂, 菩薩蠻, 獨漉篇, 天姥吟等作, 俱是鈞天帝律, 豈世間啁嗻者, 所彷佛耶.(『晴窓軟談』卷中)

신흠은 여기서 이백이 신선 같은 시인으로 완벽한 작품성을 지니고 있어서 「上雲樂」,「獨漉篇」,「夢遊天姥吟留別」 등의 시는 천부적인 재능으로 지어진 天上의 명작으로서 그 누구도 흉내 낼 수 없다고 확신하고 있다. 이것은 高棅이 이백을 正宗으로 추대하는 것과 맥락을 같이 한다. 예컨대,「獨漉篇」의 일단을 보면,

······
비단 장막이 펴지니
사람이 열어 놓은 듯하네.
밝은 달이 곧장 들어오니
무심하게 시기하네.
웅검을 벽에 거니
때때로 용이 우네.
끊어지지 않는 무소뿔과 상아에는
이끼 돋아 수놓았네.
나라의 수치를 설욕하지 못하면
무엇으로 명성을 이룰 건가.
신령한 매가 연못을 꿈꾸며
올빼미와 솔개를 돌아보지 않네.
님을 위해 한 번 발개 치니
붕새가 하늘을 치고 오르네.
······

羅幃書卷, 似有人開.
明月直入, 無心可猜.
雄劍挂壁, 時時龍鳴.
不斷犀象, 繡澁苔生.
國恥未雪, 何由成名.
神鷹夢澤, 不顧鴟鳶.
爲君一擊, 鵬搏九天.
······

위에서 첫 연에 대해서 '淡境玄理'(『唐詩廣選』)라고 평한 것처럼 담백한 경지에 깊은 이치를 담고 있으며 제3연 이하는 호방한 선비가 나라를 위해 수치를 설욕하고 명성을 이루어 붕새와 같이 웅대한 의지를 키울 것을 토로한다.

이것은 이백이 安祿山亂을 보면서 救國의 憂愁심정을 보여준다. 그리고 「夢遊天姥吟留別」의 일단을 보면,

……
번개가 치며 갈라지니
산언덕이 무너지네.
굴 앞의 돌문이 쾅 울리며 열리네.
푸른 하늘이 넓어 밑이 안 보이고
해와 달이 금은대를 비추네.
무지개로 옷을 삼고 바람으로 말을 삼아
구름신이 어지러이 내려오네.
호랑이는 가야금 타고
봉황은 수레 돌리니
신선들이 삼베처럼 줄 지어 있네.
……
　列缺霹靂, 邱巒崩摧.
　洞天石扉, 訇然中開.
　青冥浩蕩不見底, 日月照耀金銀臺.
　霓爲衣兮風爲馬, 雲之君兮紛紛而來下.
　虎鼓瑟兮鸞回車, 仙之人兮列如麻.
　……

이 시는 仙界의 광경을 묘사하는 듯 恍惚하면서 奇怪하다. 그래서 〔시어가 매우 기괴하다.(騷語奇奇怪怪)〕(『李杜詩選』)라고 하였고 沈德潛은 夢境이며 仙境이라고 평하고 특히 자연을 기틀로 삼아 俊逸하고 高暢한 풍격을 지녀서 홀연히 仙人의 心界에 들게 하여 「遠別離」와 함께 杜甫도 써낼 수 없다고 하였다. 신흠은 이들 시를 '천상의 운율(釣天帝律)'이라고 극찬한 것이니 신흠의 이백 시에 대한 애착은 거의 신앙적이라고 본다. 그리고 시화 제13조에서 이백의 「清平調」와 「行樂詞」, 「黃鶴樓」를 거론하기를,

　이백의 「청평조」, 「행락사」, 「황학루」는 모두 세상에 아직 없었던 말로서 5월에 천산에 눈 내리니 꽃은 없고 단지 춥기만 하다.
　太白之清平調, 行樂詞, 黃鶴樓, 皆世間未有之語, 如五月天山雪, 無花只有寒. 讀之令人飄然遐擧.

라고 하여 그 독특한 詩情을 칭찬하였고, 그리고 두보를 논한 신흠의 시화에서의 다음 評文을 본다.

> 두보 시는 고인이 주공의 작품에 비하는데 진실로 논할만하다. 후에 두보를 배우는 자는 잘못하면 세속에 빠지고 졸렬한 데로 흐르니 심하면 억지로 읽을 수 없다. 한유의 글도 그러하다.
> 杜詩, 古人比之周公制作, 誠的論也, 後之學杜者, 不善則陷於俗, 流於拙, 甚則木强不可讀. 韓文亦然(上同)

여기서 두보 시를 周易을 지은 周公과 불멸의 시인으로 비교한 옛사람들의 의견을 긍정하고 후대에 두보 시를 정통적으로 학습하지 못하는 경향이 일반화된 것을 비판하고 있다. 신흠의 이러한 논리는 宋代 張戒가 두보 시는 古今을 두루 포용하고 있어서 두보를 배우려면 國風과 屈原의 離騷를 알아야 시의 깊은 의미를 알 수 있으며 漢魏대의 시를 알아야 두보의 작시법을 이해할 수 있다는 주장과 연관된다. 신흠은 두보의 「早朝詩」를 가장 우수하다고 평가하고(시화 제13조), 시화 제25조에서는 두보의 「曲江」 제1수 시구를 인용하여 인생허무를 警策하는 교훈시로 제시하고 있는데 그 시를 보기로 한다.

> 한 조각 꽃이 날려 봄이 지나가고
> 바람이 건 듯 부니 온갖 것이 수심에 차게 하네.
> 또 보노라니 꽃이 눈앞을 어른대니
> 강가의 작은 집엔 비취새가 깃들고
> 꽃 옆 높은 무덤엔 기린이 누워 있네.
> 만물의 이치를 생각하며 즐거이 살지니
> 어찌 헛된 명예로 이 몸을 벗하리오?
> 一片花飛減却春, 風飄萬點正愁人.
> 且看欲盡花經眼, 莫厭傷多酒入脣.
> 江上小堂巢翡翠, 花邊高塚臥麒麟.
> 細推物理須行樂, 何用浮名伴此身.

신흠은 이 시에서 제3연을 인용하여 黃庭堅의 시구와 대비하면서 [이 말을 보여주어서 넘어져 죽는 것을 경계하지 못함을 한스러워한다.(恨不揭此語, 以

警顚冥也.)〕(시화 제25조)라고 하였는데 신흠의 이러한 評語는 평소에 高棅의 『唐詩品彙』의 체재에 얼마나 관심을 두었는지를 확인하게 한다. 신흠의 평어가 『唐詩品彙』에서 이 시를 품평한 다음 문구와 같기 때문이니 고병이 제3연을 평하기를 〔글이 매우 생동감이 있고 교훈적이면 마음이 감동하여 깨닫게 되니 단지 아름다운 시구만으로 남는 것이 아니다.(警策之至, 可以動悟, 不特麗句而已.)〕라고 하였다. 신흠의 두보를 추숭하는 자세가 매우 경건하고 도덕적인 점을 확인한다. 신흠은 그만큼 이백과 두보를 개별적으로 더할 수 없이 높이 극찬하면서도 양인의 시를 비교하는 데는 상당히 신중한 면을 보여주고 있으니 양인의 시에 대한 신흠의 견해를 다음 네 문장을 통하여 살피기로 한다.

  (A) 옛 논자는 두보가 사령문에서 나왔고, 이백은 포조에서 나왔다고 생각하였다. 두보는 진실로 형상에 의해서 서는 것이 있는데 이백 같은 자는 하늘의 신선으로 마치 공중에서 우담발화 같은 상상의 나무가 나타나듯 하니 특별히 그 자질은 포조와 비슷하다.
  古之論者, 以子美爲出於靈運, 太白爲出於明遠. 子美固有依形而立者,若太白, 天仙也. 如優曇鉢花變現於空中, 特其資偶與明遠相類爾.(『晴窓軟談』 卷上 제5조)

  (B) 두보와 북해의 시는 몹시 닮았다. 북해의 웅혼함은 두보보다 뛰어나다.
  子美和北海詩, 甚似北海. 北海之雄, 出子美上(上同 제6조)

  (C) 두보는 엄무의 「군성조추」 절구에 화창하였는데 엄무의 시가 났다. 지금 그것을 적어서 식견을 바르게 한다.
  杜子美, 和嚴武軍城早秋絶句, 嚴詩勝. 今並記之, 以正於具眼(上同 제31조)

  (D) 칠언고의에서 왕발의 「추야장」 「임고대」, 노조린의 「장안고의」, 낙빈왕의 「제경편」은 이백과 두보가 짓지 못한다. 이백으로 하여금 짓게 하면 족히 우수할 것이나, 두보는 아마도 한 수 질 것이다. 이들 작품은 모두 제량조이다.
  七言古意, 王勃之秋夜長, 臨高臺, 盧照隣之長安古意, 駱賓王之帝京篇, 李杜所未道. 使太白爲之, 足以優爲, 子美恐輸一籌也. 此等作皆齊梁調也.(上同 제15조)

위에서 (A)는 두보 시가 謝靈運에서 연원하고 이백 시는 鮑照에서 연원한다는 기존의 평가에 동의하고 있다. 신흠의 이런 견해는 중국 시 이론에서 이미 보편적인 논리로서 신흠이 위에서 '古之論者'라고 한 것은 진실되고 객관적인 자세이다. 두보의 경우를 보면 漢魏晉과 六朝의 작가의 영향을 받은 중에서 屈原과 曹植, 특히 謝靈運의 영향이 크니 그 근거를 제시하면 『艇齋詩話』에 이르기를,

> 두보 시에서 중배끼를 사용한 것은 초사 초혼의 '중배끼에는 엿이 있네'에서 나온 것이다.
> 老杜詩用粔籹, 出楚詞招魂粔籹蜜餌, 有餦餭些.

라 하여 楚辭와의 관계를 제시하였고, 조식과의 관계를 역시 『艇齋詩話』에서,

> 두보의 '주인은 나그네를 존경하고 사랑하네'구는 조식 시의 '공자가 나그네를 존경하고 사랑하네'에서 나왔다.
> 老杜主人敬愛客, 出曹子建詩公子敬愛客.

라 하여 시구의 차용을 밝혔으며, 더욱이 사령운과의 관계는 같은 시화에서,

> 두보는 '백발의 늙은이가 처량하네'구는 사령운 시의 '어진 이를 생각함이 또 처량하다'구에서 나왔다.
> 老杜白首淒其, 出謝靈運詩懷賢亦淒其.

라고 하여 그 상관성을 제시하고 있다. 그리고 이백과 鮑照의 관계를 보면, 『茗溪漁隱叢話』의 雪浪齋日記를 인용하여 서술하기를,

> 어떤 이가 말하기를, 이백 시는 그 연원이 포조에서 나왔으니 악부 같은 것은 백저가를 많이 쓰고 있다.
> 或云: 太白詩其源流出于鮑明遠, 如樂府多用白紵.

라고 하여 그 연원을 밝혔으며 陳繹曾의 『詩譜』에서는,

> 이백 시는 시경과 초사를 바탕으로 하여 한위대를 본받았고 포조, 서릉, 유신에까지 또한 때때로 활용하였다.
> 李白詩祖風騷, 宗漢魏, 下至鮑照, 徐, 庾, 亦時用之

라고 하여 그 영향을 이미 거론한 바, 신흠의 서술은 기존의 내용을 재서술한 정도로 평가된다. 특이한 것은 신흠이 두보 자체는 추숭하면서 이백과 상호비교에 있어서는 이백과 직접 대조하지는 않았으나 (A)에서 비중을 이백에 두어 서술한 면이라든가 (B)와 (C)에서 각각 北海와 嚴武의 시를 두보보다 뛰어나다고 한 것은 비록 신흠의 견해가 객관성은 없지만 이백과 비교하여 차등을 둔 논리라고 본다. 특히 (C)에서 〔嚴武의 시가 두보보다 낫다. (嚴詩勝)〕라는 평은 두보의 位相으로 볼 때 (D)와 함께 의외의 評語라고 할 것이다. 여기에 두 시인의 시들을 나열하여 직접 비교하기로 한다.

> 가을바람이 하늘하늘 높은 깃발을 흔드는데,
> 옥장막에서 활을 당겨 적진을 쏜다.
> 이미 적박의 구름 사이의 수자리를 접수하고
> 봉파의 눈 밖의 성을 뺏으려 한다.
> 秋風嫋嫋動高旌, 玉帳分弓射虜營.
> 已收滴博雲間戍, 欲奪蓬婆雪外城 杜甫 「奉和嚴鄭公軍城早秋」(仇兆鰲杜詩詳注 卷14)

> 어젯밤 가을바람이 한나라의 변방에 들더니
> 북방 구름가의 눈이 빈산에 가득 차네.
> 더욱 비장에게 교만한 적을 쫓게 하려니
> 사막의 말일랑 돌아오게 말지라.
> 昨夜秋風入漢關, 朔雲邊雪滿空山.
> 更催飛將追驕虜, 莫遣沙場匹馬還.(嚴武 「軍城早秋」, 『全唐詩』 卷261)

두보와 嚴武(726~765)가 친분이 깊었다는 점을 논외로 하고라도 위의 두 시에서 신흠이 의외의 평을 가한 근거를 찾아보자면, 두보 시는 仇兆鰲가 黃生의 평을 인용한 것에 의하면 시에서 '滴博', '蓬婆' 같은 지명을 활용한 것이 '雲間, 雪外' 등 시어를 통하여 거친 느낌을 조화시켜서 運用의 妙를 다했다고 하였지만 엄무 시를 놓고 張溍이 〔엄무 시는 호방하고 웅건하기가 비길 데 없어서 마땅히 『시경』의 품격으로 중히 여겨야 할 것이니 격조를 같이 한다고 하겠다.(嚴詩豪健無匹, 宜其以風雅重公, 可謂同調矣.)〕(『杜詩詳注』卷14)라고 평한 것과 비교할 때 엄무의 시를 호평할만하다고 하겠다. 더구나 〔식견이 바르다.(正於具眼)〕라고 부언한 것은 대단히 파격적이어서 두보 시를 폄하시키는 면도 있다고 본다. 그리고 (D)에서는 초당의 칠언고시 작품을 통하여 이백과 두보로 하여금 창작케 한다면 이백은 우수하지만 두보는 한 수 아래라는 내용인데 신흠이 과감하게 이와 같이 양인의 우열을 구분한 데에는 초당의 칠언고의가 전적으로 齊梁風이므로 두보의 작풍과 부합하지 않다는 기준으로 보는 것이 가할 것이다. 그러나 신흠이 아마도 한 수 질 것이다.(恐輸一籌)라고 차별 우위를 둔 평어는 역시 이백의 우월성을 암시한다고 하겠다. 신흠의 평어를 놓고 볼 때, 이두 시의 비교우열론은 道家風으로 분류하여서 이백을 敬遠하던 조선 문단의 두보에 대한 傾倒의식과는 대조적인 입장에 있다고 본다. 이같이 객관성 여부를 떠나서 두보를 비교차원에서 차등화한 것은 조선 문단에서 신흠만의 독자적인 견해라고 본다.

110. 作涼冷詩易 양냉시

作涼冷詩[1]易, 作炎熱詩[2]難; 作陰晦詩[3]易, 作晴霽詩[4]難; 作閒靜詩[5]易, 作繁擾詩[6]難。貧詩易, 富詩難; 賤詩易, 貴詩難。非詩之難, 詩之工者爲難也。

서늘하고 추운 계절의 시를 짓기는 쉽고, 덥고 뜨거운 계절의 시를 짓기는 어렵다. 흐리고 어두운 날씨의 시를 짓기는 쉽고, 밝고 개인 날씨의 시는 짓기가 어렵다. 한가롭고 고요한 풍치의 시를 짓기는 쉽고, 번화하고 소란한 시를 짓기는 어렵다. 빈곤한 내용의 시는 쉽고, 부귀한 내용의 시는 어렵다. 천한 시는 쉽고, 귀한 시는 어렵다. 시 짓기가 어려운 것이 아니라, 시를 뛰어나게 짓기가 어려운 것이다.

❋ 해설

시의 主題에 따라 作詩의 難易度에 차이가 있다. 시인의 興趣에 滿足과 幸福을 感知할 때보다 逆境과 불만이 강할수록 명작을 創出할 가능성이 많다. 詩聖 杜甫의 삶을 알면 그의 시의 偉大性을 파악할 수 있다. 본문에서 '難'(어렵다)의 의미는 차원 높은 창작력을 추구해야 함을 말한다. 이 이론은 韓愈가 말한〔화평한 소리는 담박하고, 수심어린 생각의 소리는 오묘하다. 기쁨의 어사는 공교하기 어렵고 고통의 언사는 쉽다.(和平之音淡薄, 而愁思之聲要妙. 歡愉

---

1) 涼冷詩(양냉시) : 秋冬 계절과 관련된 시
2) 炎熱詩(염열시) : 夏節과 관련된 시
3) 陰晦詩(음회시) : 雲雨의 기후와 관련된 시
4) 晴霽詩(청제시) : 청명의 기후와 관련된 시
5) 閒靜詩(한정시) : 은거하여 자연과 벗하며 지내는 것과 연관된 시
6) 繁擾詩(번요시) : 세상의 번잡과 어지러운 분위기와 연관된 시

之辭難工, 而窮苦之言易好也.)](『韓愈集』卷20 「荊譚唱和裴均楊憑詩序」)의 論旨와 宋代 歐陽修가 주장한 [대개 어려울수록 더욱 공교해지나, 시가 사람을 어렵게 할 수 있는 것이 아니니 거의 어려운 궁지에 이른 후에 시가 공교해진다.(蓋愈窮而愈工, 然則非詩之能窮人, 殆窮者而後工也.)](『歐陽文忠公文集』卷42 「梅聖兪詩集序」)의 作詩의식에서 근거하고 있다. 梅聖兪의 '詩窮而後工' 이론과 상통한다.

111. 族祖雲陽先生以詩名 왕운양의 시명

族祖¹⁾雲陽先生²⁾以詩名。其和王子讓³⁾詩曰：〔老淚縱橫憶舊京, 夢中歧路欠分明。天涯自信甘流落⁴⁾,　海內誰堪託死生。短策未容還故里, 片帆直欲駕滄瀛⁵⁾, 他年便作芙蓉主, 慚愧⁶⁾當時石曼卿。〕此洪武⁷⁾初寓永新時作也。他詩如曰〔諸葛⁸⁾有才終復漢, 管寧⁹⁾無計謾依遼〕¹⁰⁾, 『明妃』¹¹⁾詩曰：〔漢家恩深恨不早, 此身空向胡中老。妾身倘負漢宮恩, 殺盡靑靑原上草。〕¹²⁾ 皆淸激悲壯, 可詠可歎。『元詩體要』¹³⁾乃獨取五言二絶, 蓋未見其全集也。

재종조부 운양 선생은 시로 명성이 있었다. 그의 왕자양과 화답한 시에 말하기를：〔늙은이 눈물을 흘리며 옛 서울을 그리니, 꿈속에 갈림길이 희미하구나. 멀리 하늘 저 끝에서 절로 떠도는 신세이니, 세상에 누가 죽고 사는 일을 이기리오. 짧은 지팡이로 고향땅에 돌아가지 못하고 조각 돛대로 넓은 바다로 달리려 한다. 어느 해에 연꽃 주인

---

1) 族祖：祖父의 從兄弟. 再從祖父
2) 雲陽先生：元 李祁(1296~1373). 자는 一初, 호는 希蘧. 『雲陽集』. 李東陽의 五世祖.
3) 王子讓：李祁 次王子讓韻. 王子讓는 王禮. 자는 子尙, 호는 麟原. 『麟原文集』
4) 流落(유락)：유랑하다. 떠돌다.
5) 滄瀛(창영)：滄海, 큰 바다. 신선이 산다는 곳.
6) 慚愧(참괴)：부끄럽다.
7) 洪武：明代 太祖의 年號(1368-1398)
8) 諸葛：諸葛亮
9) 管寧：三國 魏나라 朱虛人. 字는 幼安, 漢末 黃巾賊亂에 遼東으로 피난하여 詩書를 강의하고 덕을 베풀어 칭송받음. 난이 평정된 후 귀향하여 조정의 청을 거절하고 은거함.
10) 諸葛句：李祁「和鍾德恭見寄」其二
11) 明妃：前漢 元帝의 妃. 王昭君의 별칭. 晉나라 때 文帝(司馬昭)의 諱를 피하여 明君이라 일컬었고 후에 明妃라고 불렸음.
12) 漢家句：李祁「昭君出塞圖」
13) 元詩體要：明 宋公傳이 元代 시를 편집한 시집.

되었거늘, 그 당시에 석만경에게 부끄러웠다네.〕이 시는 홍무 초년에 영신에 머물 때 지은 것이다. 다른 시로서 예컨대 말하기를 :〔제갈량은 재주 있어 끝내 한나라를 회복하고, 관영은 계책 없이 마음대로 요동에 머물렀네.〕구,「명비」시에 말하기를 :〔한왕가의 은혜 깊으나 원한이 오래니, 이 몸 공허이 오랑캐 땅에서 늙었네. 첩의 몸 한 왕궁의 은혜 저버리고, 죽어서 푸르른 초원의 풀이 되었네.〕이 모두가 맑고 격정적이며 비장하여 읊을수록 감탄할 만하다.『원시체요』에는 단지 오언절구 두 수만 수록하여서, 아직 그 전체 문집을 보지 못했다.

✱ 해설

이동양의 5세조인 李祁(1296?~1373?)의 시에 대해서 거론하고 있다. 이기는 字가 一初, 號는 希蘧로서 元代에 浙江儒學副提學을 지내고 元末에 永新(지금의 江西에 속함)에 은거하였고『雲陽集』이 있다. 본문에는 그의 시를 淸激悲壯하다고 하였는데 그의 시가 대부분 和平을 추구하면서도 憂國傷難의 풍격이 깃들어 있는 것은 元代 말엽의 時局과 상관된다. 그의 論詩관점은 시의 內容을 중시하여 그의「長留天地間集序」에〔인심과 세도의 큰 것에 관해서 단지 그 어사의 아름다움만을 취하지 않는다.(關於人心世道之大, 而非徒取其辭之美.)〕(『雲陽集』卷3)라고 하였다. 본문에 李祁의 '老淚'구는 「次王子讓韻」으로 王子讓은 곧 王禮이며 字가 子尙, 號는 麟原, 廬陵(지금의 江西 吉安)人이다. 元代 말기 廣東元帥府照磨를 지내고 明代에 들어서는 不仕하고『麟原文集』이 있다. 그리고 '諸葛'구는 「和鍾德恭見寄」제2수, '漢家'구는 「昭君出塞圖」이다. 明代 宋公傳가 편찬한『元詩體要』(제23칙 참고) 卷13에 이기의 5言絶句「白鷺」와「畫鷹」2수가 수록되어 있어서 본문에서 거론한 것과 일치한다.

112. 國初王子讓作「鐵拄杖歌」 명초 왕자양의 「철주장가」

國初廬陵[1]王子讓諸老, 作鐵拄杖[2]採詩山谷間。子讓乃雲陽先生同年進士, 而雲陽晚寓永新, 玆會也, 蓋亦預[3]焉。其曾孫臣[4]今爲廣西參政, 嚮在翰林時, 嘗爲予言, 予爲作『鐵拄杖歌』[5]。

명나라 초에 여릉 왕자양 등 원로들이 산골에서 쇠지팡이를 가지고 시를 모았다. 왕자양은 곧 운양선생과 같은 해에 진사급제 하였는데 운양선생이 만년에 영신에 머물렀으므로, 여기에서 만나서 또한 즐거이 놀았다. 그의 증손 왕신은 지금 광서참정인데 전에 한림에 있을 때에 일찍이 나에게 말하여서 나는 「철주장가」를 지었다.

❂ 해설

王禮는 李祁와 同年에 進士及第하고 평생 交分을 깊이 하였다. 이동양은 조상 어른인 이기와 인연이 있는 왕예의 후손인 王臣과의 친분을 유지하며 詩文으로 唱和하고 그의 부탁으로「鐵拄杖歌」를 짓기도 하였다. 王臣은 자가 世賞이며 廬陵(지금의 江西 吉安)人으로 翰林院編修, 侍講을 거쳐 弘治년간

---

1) 廬陵(여능) : 지금 江西 吉安.
2) 鐵拄杖(철주장) : 쇠지팡이. 拄杖은 行脚僧이 가지고 다니는 지팡이.
3) 預(예) : 놀다, 즐기다.
4) 曾孫臣 : 王子讓의 증손 王臣, 자는 世賞. 翰林院侍講을 역임하고 弘治년간에 廣西 左參政을 지냈다. 李東陽과 唱和詩가 많음.
5) 鐵拄杖歌 : 이동양의 시. '杖兮杖兮, 物雖去矣名猶存, 靑氈豈獨王家門. 願君節比杖兮心比鐵, 善保六尺千金軀.'

에는 廣西左參政을 지냈다. 이동양의 「鐵杖歌」(『李東陽集』 詩後稿 卷1)를 본다.

> 강서 물속의 한 조각 쇠붙이를
> 닦아서 빛을 내고 정련된 숫돌에 갈아 부절로 삼네.
> 강가의 문객이 시를 모아 돌아가니
> 맑은 구름과 산의 달을 두루 벗하네.
> 나의 문중 어른의 시인들이
> 명아주 지팡이로 호남 지방에서 왔네.
> 길에서 이 물건을 얻어 두드리고 쳐보니
> 쟁쟁하는 쇳소리와 옥소리가 서로 어울리네.
> 쇠의 정기가 용이 되어 강 속에 들어가매
> 고개 돌리니 시내 산이 오직 연기와 안개뿐이라.
> 문장이 빼어난 관리 중에 여러 후손을 만나니
> 그 당시의 시를 모은 곳을 가리키네.
> 지팡이야 지팡이야,
> 비록 물건은 떠나가도 이름은 여전히 남았으니
> 푸른 털요가 어찌 오직 왕실만의 것이겠는가.
> 바라건대 그대의 절개는 지팡이에 비하고 마음은 쇠에 비하여
> 육척의 천금 같은 귀한 몸을 잘 보존하기를.
> 江西水中一枝鐵, 磨光成精錯成節.
> 江頭詞客採詩還, 拄徧淡雲與山月.
> 吾宗遺老詩家流, 杖藜來自湖南州.
> 道逢此物兩叩擊, 鏗金戞玉聲相酬.
> 鐵精化龍入江去, 回首溪山但煙霧.
> 文章逸史見諸孫, 指點當年採詩處.
> 杖兮杖兮, 物雖去矣名猶存, 青氍豈獨王家門.
> 願君節比杖兮心比鐵, 善保六尺千金軀.

이 시의 序文을 보면, [명대 초에 여릉의 여러 기험을 좋아하는 원로들이 쇠지팡이를 쥐고 산천에서 시를 채집하였다. 인원 왕자양 선생은 대개 그 짝이었다. 내가 희거부군으로 있을 때 거하면서 그 사이를 왕래하였다. 자양의 후손 운남안찰부사 세상이 그 일을 말할 수 있다. 사물에 기탁하여 흥취를

부침으로써 대대로 사귀어온 집안의 의리를 표현하였다.(國初, 廬陵諸老好奇者持鐵拄杖採詩林谷. 麟原王子讓先生, 蓋其儔也. 我希蘧府君時以流寓還往其間. 子讓諸孫雲南按察副使世賞, 能道其事. 因託物寄興, 以著通家之義云.)](上同)라고 하여 王臣과의 각별한 情分을 나누는 사이였음을 알 수 있다.

113. 吳文定原博有詩名 오문정의 시명

吳文定原博[1]未第時, 已有能詩名, 壬辰春[2], 予省墓湖南, 時未始識也. 蕭海釣[3]爲致一詩曰:〔京華旅食[4]變風霜, 天上空瞻白玉堂[5]. 短刺[6]未曾通姓字, 大篇[7]時復見文章. 神遊汗漫瀛洲[8]遠, 春夢依稀[9]玉樹長. 忽報先生有行色, 詩成獨立到斜陽.〕[10] 予陛辭[11]日, 見考官彭敷五[12]爲誦此詩, 戲謂之曰:〔場屋中有此人, 不可不收.〕敷五問其名, 曰:〔予亦聞之矣.〕已而果得原博爲第一, 亦奇事也. 原博之詩, 醲鬱深厚[13], 自成一家, 與亨父鼎儀[14], 皆脫去吳中習尙[15], 天下重之.

오문정이 급제하기 전에 이미 시로 명성이 있었다. 임진년(1472) 봄에 내가 호남에 성묘하러 갈 때에 처음에는 그를 몰랐었다. 소해조가

---

1) 吳文定原博:吳寬(1435~1504) 字는 原博, 號는 匏菴. 『匏翁家藏集』. 그의 시는 深厚하고 醲鬱하여 일가를 이루었다.
2) 壬辰春:成化 8년(1472)
3) 蕭海釣:蕭顯 제37칙 참조
4) 旅食:타향에서 살다.
5) 白玉堂:白玉樓. 文士가 죽어서 올라간다는 天上의 높은 누각. 唐代 李賀가 죽으려 할 때 天帝로부터 天上世界에 있는 白玉樓의 記를 지으라는 명령을 받았다는 故事.
6) 短刺(단자):작은 명함
7) 大篇:큰 책
8) 瀛洲(영주):三神山의 하나. 東海의 신선이 산다는 곳.
9) 依稀(의희):어렴풋이 보임.
10) 京華句:吳寬 詩
11) 陛辭(폐사):官吏가 朝廷을 떠나면서 왕에게 드리는 告別인사.
12) 彭敷五:彭敎(1438~1480) 字는 敷五, 號는 東瀧.『東瀧遺稿』.
13) 醲鬱深厚(농울심후):매우 침울하고 매우 온후한 풍격.
14) 亨父·鼎儀:張亨父와 陸釴. 제8칙 참조.
15) 吳中習尙:長江 以南의 蘇州, 崑山, 常熟, 吳江, 嘉定, 松江 등 吳地方의 詩風. 晚唐風.

그의 시 한 수를 보내어 이르기를 : 〔서울의 타향살이에 세월이 변하니, 하늘에서 공허이 백옥당을 보네. 짧은 명함으로 아직 성함을 나눈 적이 없으나, 큰 책에서 때때로 다시 문장을 보네. 신선되어 멋대로 멀리 영주에서 놀고, 봄꿈이 희미한데 옥나무는 무성하네. 문득 선생에게 행색을 알리나니, 시를 지으며 홀로 서니 석양이 지도다.〕 내가 조정을 떠나던 날, 시험관 팽부오를 만났는데, 이 시를 읊어주니 웃으며 일러 말하기를 : 〔시험장에 이 사람이 있으니, 거두지 않을 수 없다.〕라 하고, 팽부오가 그 이름을 묻고서 말하기를 : 〔나도 들었다.〕라 하였는데, 과연 원박이 일등이 되었으니 또한 기이한 일이다. 원박의 시는 풍격이 침울하고 심원하여 스스로 일가를 이루어서, 형보, 정의와 함께 모두 오 지방의 기려한 만당 기풍을 벗었으니 세상이 중히 여기는 것이다.

❂ 해설

原博 吳寬(1435~1504) 字는 原博, 號는 匏菴, 諡號가 文定이다. 성화 8년(1472)에 會試를 거쳐 편수를 지내고, 예부상서에 이르렀고, 문집으로는 『匏翁家藏集』가 있다. 그의 시는 深厚하고 醲鬱하여 일가를 이루었고 이동양의 시론과 같은 입장에서 晩年에 깊은 交分이 있었다. 이동양이 湖南 茶陵에 省墓하러 간 시기에 맺은 문학동지의 관계를 보면, 吳寬이 이동양보다 나이가 10년 위이지만 成化 8년에 30이 훨씬 넘은 시기에 會試와 廷試에 一等으로 합격하니 文壇과 官路는 후배의 입장이다. 오관은 겸양하게 이동양을 文壇의 선배이며 茶陵派의 領袖로 받들어서 이동양도 남달리 오관을 애호한 것이다. 이동양이 성묘 간 일에 대해서 그의 「南行稿序」에 보면, 〔성화 임진년(1472) 2월 나는 다릉에 다녀올 것을 허락 받고, 아버지를 모시고 편수와 함께 떠났다. 이르러서 시조 주좌공과 고조 처사부군의 묘에 성표하였다. 이미 가족 순서대로 보고, 열여드렛 날을 한가히 머물다가 북으로 상경하여 8월 말에 조정에 들어가 알현하였다.(成化壬辰歲二月, 予得告歸茶陵, 奉家君編修君以行. 至則省始祖州

佐公及高祖處士府君之墓. 旣合族序, 燕居十有八日, 乃北返, 以八月末入見於朝.)](『李東陽集』卷1)라고 기술하고 있다. 海釣 蕭顯(제37칙 참조)의 詩題는 京華이며 彭敷五는 彭敎(1438~1480)로서, 字가 敷五, 號는 東瀧, 吉水人으로 天順 8년(1464)에 進士급제 후에 翰林院修撰과 侍講을 지냈고 『東瀧遺稿』가 있다. 본문에서 吳寬의 시를 평하여 亨父 張泰(제8칙 참조)와 鼎儀 陸釴(제8칙 참조)과 함께 '吳中習尙'을 탈피했다고 한 것은 長江 이남의 蘇州와 그 인근 지역의 詩風이 明代 馮時可가 [오 지방의 시는 가볍고 엷으며 연약하다.(吳詩輕淺而靡弱.)](王士禎 『居易錄』 卷19)라고 말한 것처럼 晩唐의 綺麗한 氣風을 답습한 점을 指稱한 것이다.

吳寬 시에 대해서 王鏊가 『震澤集』에서 推重하여 [포암은 시를 짓는데 전고 사용이 매우 천연스러워서 흔적이 보이지 않으니 근래에 유행하는 관습을 다 씻어냈다.(匏庵爲詩用事渾然天成不見痕迹, 洗盡近世尖新之習.)]라고 하였고 錢謙益은 [선생의 학문은 뿌리가 있어서 말에 잎가지가 없으며 소식의 학문을 가장 좋아하고 자구마다 또한 장공과 매우 흡사하니 그 시가 심후하며 농울하여 절로 일가를 이루고 있다.(先生學有根柢. 言無枝葉, 最好蘇學, 字亦酷似長公, 而其詩深厚醲鬱, 自成一家.)]라 하였으며 『四庫總目』에서는 [오관은 그 당시 관각의 거물로서 시문이 화평하고 우아하여 봉황이 옥을 찬 풍격을 지니고 있어서 따라서 다릉 이동양의 오른팔이다.(吳寬爲當時館閣鉅手, 詩文和平恬雅, 有鴻鸞佩玉之風. 以之羽翼茶陵.)]라고 하여 그의 詩格이 渾厚하고 高壯하며 詩句의 驅使가 沈着하고 用事가 切實하니 嘲風弄月의 語辭가 없다. 그리하여 淸代 朱承爵은 『存餘堂詩話』에서 오관의 「雪後入朝」 시를 거론하면서 [임금을 사랑하고 나라를 염려하여 시세를 느끼고 생각하는 마음이 온화하게 우러난다.(愛君憂國, 感時念物之情, 藹然可挹.)]라고 평하였으니 다음에 「雪後入朝」 시를 본다.

> 대궐문에 개인 눈빛이 조정 관리의 관에 비치는데
> 걸음이 힘들어 자주 백옥 난간에 기대네.
> 말한 후에 손잡이가 미끄러울지니
> 마침 높은 곳에 추위를 이기지 못할까 근심하네.

굶주린 까마귀는 대나무 사이로 다 먹고
길든 코끼리는 정원을 밟아 죽이네.
서울 사람에게 상서로운 길조를 자랑치 말지니
근교에 혹시 후한 충신 원안이 있을까 두렵도다.
天門晴雪映朝冠, 步澁頻扶白玉闌.
爲語後人須把滑, 正憂高處不勝寒.
饑烏隔竹餐應盡, 馴象當庭蹈又殘
莫向都人誇瑞兆, 近郊或恐有袁安.

李日剛은 그의 시를 李東陽 外에 當代의 으뜸가는 屈指라고 평하고 있다.
(李日剛『中國詩歌流變史』下冊 P.276)

114. 詩用倒字倒句法 시의 도자와 도구법

詩用倒字[1]倒句[2]法, 乃覺勁健[3]。如杜詩〔風簾自上鉤〕[4],〔風窓展書卷〕[5],〔風鴛藏近渚〕[6], 風字皆倒用。至〔風江颯颯亂帆秋〕[7], 尤爲警策[8]。予嘗效之曰:〔風江捲地山蹴空, 誰復壯遊如兩翁。〕[9] 論者曰:〔非但得倒字, 且得倒句。〕予不敢應也。論者乃擧予西涯[10]詩曰:〔不知城外春多少, 芳草晴烟已滿城。〕[11], 以爲此倒句非耶。予於是得印可[12]之益, 不爲少矣。

시에서 시어의 도치, 시구의 도치법을 쓰면 곧 웅건하게 느낀다. 예를 들면 두보 시〔발에 바람이 불어 절로 고리에 걸리네〕,〔창가에 바람 불어 책 두루마리가 펴지네〕,〔바람이 부니 원앙이 물가 가까이 숨네〕구는 風字를 모두 도치하고 있다.〔강에 바람이 쉭쉭 불어 가을 돛이 어지럽네〕구는 더욱 생동하는 중요한 문구이다. 나는 일찍이 그것을 본받아서 이르기를 :〔강에 바람이 일어 땅을 휘말고 산은 공중에 차오르니, 누가 다시 장쾌한 놀이에 두 노인만 하리오?〕논하는 자가 말하기를 :〔글자의 도치뿐 아니라, 시구의 도치도 되었다.〕라고 하니

---

1) 倒字 : 倒文. 시의 자를 도치하는 방법.
2) 倒句 : 시의 단어나 詞組를 도치하는 구식.
3) 勁健(경건) : 굳세고 건장한 시 풍격.
4) 風簾句 : 杜甫「月」
5) 風牀句 : 杜甫「水閣朝霽奉簡嚴雲安」
6) 風鴛句 : 杜甫「朝雨」
7) 風江句 : 杜甫「簡吳郎司法」
8) 警策(경책) : 문장 속에서 전편을 생동하게 하는 중요한 짧은 문구.
9) 風牀捲句 : 下句가 倒句. '誰如兩翁復壯遊'가 정상
10) 西涯 : 李東陽의 호
11) 不知句 :『李東陽集』卷5「重經西涯」
12) 印可 : 認可. 佛家에서 경전을 印證하여 認可하는 것을 말함. 여기서는 同意를 지칭한다.

나는 감히 답하지 못하였다. 논하는 자가 나의 「서애」 시를 들어서 말하기를, 〔성 밖에 봄이 어떤지를 몰랐는데, 향기론 풀과 밝은 아지랑이가 벌써 성에 가득하네.〕라고 하니, 이 시구의 도치는 맞지 않는다고 하였다. 나는 이에 더욱 동감되는 것이 적지 않다.

✲ 해설

詩語와 詩句의 倒置는 作詩에서 多用되는 句法으로 시 묘사에 勁健한 맛을 준다고 본문에 기록하고 있는데 이것은 시의 用韻과 밀접한 관계가 있다고 할 것이다. 清代 俞樾은 倒句의 사용에 대해서 〔시인의 어사는 반드시 운을 써야 하는데, 도구는 더욱 많다.(詩人之詞必用韻, 故倒句尤多.)〕(『古書疑義舉例』)라고 한 바, 이동양은 작시의 音樂性을 중시하였기에 用韻과 語句倒置法의 운용과 연관시키고 있다 할 것이다. 인용한 4개의 詩句 전부 杜甫詩로서 '風簾'구는 「月」, '風床'구는 「水閣朝霽奉簡嚴雲安」, '風駕'구는 「朝雨」, '風江'구는 「簡吳郎司法」 등의 시에서 인용하고 있다. 이동양의 「西涯」 시는 본래 詩題가 「重經西涯」(『李東陽集』 詩後稿 卷5)이다.

115. 嚴滄浪詩句 엄창랑의 시구

嚴滄浪[1] 〔空林木落長疑雨, 別浦風多欲上潮〕[2], 眞唐句也。

엄창랑의 〔텅 빈 숲에 낙엽이 지니 오래 비인가 하고, 외딴 포구에 바람이 잦으니 밀물이 오르려 하네.〕구는 정말 당시구이다.

❁ 해설

嚴羽는 시론가로서 『滄浪詩話』에서 第一義로 漢魏晉과 盛唐詩를 지적하면서도 그의 시 자체는 높이 평가되고 있지 않다. 그러나 이동양은 엄우의 「和上官偉長蕪城晚眺」(『滄浪集』卷2) 시구를 인용하면서 참된 '唐詩句'이라고 그의 시에서의 좋은 면을 칭찬한 것이다. 滄浪詩論에 경도된 이동양으로선 이런 평가가 필요했을 것이다. 문인의 詩觀과 創作은 一致하지도 그리고 一致할 수 없는 것이 곧 文學이 지닌 특성이다. 다음에 「和上官偉長蕪城晚眺」 시를 보기로 한다.

> 잡초 무성한 옛 성가퀴가 저녁에 쓸쓸한데
> 높은 데 기대어서 돌아가고픈 마음 은근히 사라지지 않네.
> 경구의 찬 연기는 올랐다가 밖으로 사라지고
> 역양의 가을빛에 기러기 멀리 떠간다.
> 맑은 강에 나뭇잎 지니 비인가 의심하고
> 어두운 물가에 바람 잦으니 조수가 오르려 하네.
> 실의에 찬 이 때 자주 멀리 바라보니
> 강남 강북으로 난 길이 멀리 나 있네.

---

1) 嚴滄浪 : 宋代 嚴羽
2) 空林句 : 嚴羽『滄浪集』卷2「和上官偉長蕪城晚眺」

平蕪古堞暮蕭條, 歸思憑高黯未消.
京口寒烟鴉外滅, 歷陽秋色雁邊遙.
晴江木落長疑雨, 暗浦風多欲上潮.
惆悵此時頻極目, 江南江北路迢迢.(『嚴羽集』卷1)

116. 謂其簡而盡 시의 간결성

〔南山與秋色, 氣勢兩相高〕[1], 不如〔千厓秋氣高〕[2]。〔野火燒不盡, 春風吹又生〕[3], 不如〔春入燒痕靑〕[4], 謂其簡而盡也。

〔남산과 가을 경치는 그 기세가 둘 다 서로 높구나.〕구는 〔온 언덕에 가을 기운이 높구나.〕구보다 못하다. 〔들불이 타서 꺼지지 않았는데, 봄바람이 불어와 또 일어나네.〕구는 〔봄이 오니 불탄 자국이 푸릇하다.〕구만 못하니 그 묘사가 간결하면서 여운이 다했음을 말한다.

❂ 해설

본문의 '南山'句는 唐代 杜牧의 「長安秋望」, '千厓'句는 杜甫의 「王閬州筵奉酬十一舅惜別之作」, '野火'句는 白居易의 「賦得古原兩相高」, 그리고 '春入'句는 宋代 釋惠崇의 「訪楊雲卿淮上別墅」에서 각각 인용하고 있다. 만당 두목의 시가 두보 시만 못한 것은 이동양의 盛唐詩 특히 杜甫를 推崇하는 茶陵派의 관점에서 나온 평가이며, 백거이 시를 宋代 스님의 시에 비해 못하다고 한 것은 宋代 胡仔의 〔내가 생각하기엔 유장경의 '봄이 오니 불탄 자국이 푸릇하다' 구만 못하니, 어사가 간결하나 시의가 쉽게 여운이 끊긴다.(余以爲不若劉長卿春入燒痕靑之句, 語簡而易盡)〕(『茗溪語隱叢話』 卷3)와 상통한 평가의식에서 기인한다. 胡仔와 魏慶之(『詩人玉屑』 卷16)가 '春入'句를 劉長卿의 시구로 기록한 근거는 어디에 있는지 不明하다.

李東陽이 本文에서 引用한 杜甫, 白居易, 杜牧의 시를 각각 살펴보기로 한

---

1) 南山句 : 杜牧 「長安秋望」
2) 千厓句 : 杜甫 「王閬州筵奉酬十一舅惜別之作」
3) 野火句 : 白居易 「賦得古原草送別」
4) 春入句 : 宋 釋惠崇 「訪楊雲卿淮上別墅」

다. 먼저 杜甫의「王閬州筵奉酬十一舅惜別之作」을 보면,

> 온 골짜기에 나무 소리 가득하고
> 온 언덕엔 가을 기운이 높다.
> 떠가는 배가 마을 성곽을 벗어나니
> 이별주를 강 물결에 부친다.
> 좋은 만남이 또 오래 가지 못하니
> 이 삶이 어찌도 이리 힘든가.
> 근심이 다만 뼈에 사무치니
> 뭇 도둑이 아직 털처럼 많다.
> 나의 외숙과 이별이 아쉬워서
> 당신이 추위에 입을 도포를 드린다.
> 모래톱에 저녁 황학이
> 짝을 잃고 또 슬피 운다.
> 萬壑樹聲滿, 千崖秋氣高.
> 浮舟出郡郭, 別酒寄江濤.
> 良會不復久, 此生何太勞.
> 窮愁但有骨, 群盜尙如毛.
> 吾舅惜分手, 使君寒贈袍.
> 沙頭暮黃鶴, 失侶亦哀號.

　이 시는 廣德 元年(763) 9월에 閬州로 가서 지은 시이다. 宋代 陳師道는『後山詩話』에서 이 시에 대해서 서술하기를,

> 세상에서 칭하기를 두목의 '남산과 가을 경치는 그 기세가 둘 다 서로 높구나.' 구는 두보의 '온 언덕엔 가을 기운이 높다.'구를 곧 한 구 인용하였는데 어사가 더욱 공교하다.
> 世稱杜牧之'南山與秋氣, 氣勢兩相高', 老杜云'千崖秋氣高', 纔用一句而語益工

라고 하였는데 이동양이 본문에서 擧論한 根據를 여기에서 찾을 수 있을 것이다. 그리고 宋代 黃鶴은『補注杜詩』에서〔기어가 매우 격정적이고 결구가 매우 슬퍼서 처음과 끝이 절로 서로 어울린다.(起語激厲, 結調悲惋, 首尾自相稱.)〕라 하고, 明代 王嗣奭은『杜臆』에서〔기어의 필력이 웅장하여 이별의

정경이 이미 처연함을 느낀다.(起語筆力雄壯, 而別景已覺凄然.)]라 하였으며, 清代 仇兆鰲는 『杜詩詳注』(卷120)에서 [이 시는 석별의 정을 서술한다. '良會' 두 구는 외숙을 가슴 아파한다. '窮愁' 두 구는 스스로 개탄한다. 외숙과의 이별의 시 속에 왕랑주로 겨울 도포를 주니 두 사람의 마음을 느낀다. '孤鶴'과 '哀號'는 이별 후의 처량한 상황을 비유한다.(此敍惜別之情. 良會二句, 傷舅. 窮愁二句, 自慨. 舅有分手之詩, 王有寒袍之贈, 兩感其意也. 孤鶴哀號, 比別後凄凉之況.)]라고 하여 이 시의 意趣를 정확하게 분석하고 있다.

다음으로 白居易의 「賦得古原兩相高」를 보면,

> 흩어진 들판의 풀은
> 한 해에 한 번 메마르고 무성하다.
> 들불이 다 타지 않았는데
> 봄바람이 불고 또 일어난다.
> 먼 데 향기가 옛 길에 스며들고
> 밝은 푸른 산기운이 황폐한 성내에 다가온다.
> 다시 귀한 분을 떠나보내니
> 이별의 정이 곱게 넘친다.
> **離離原上草, 一歲一枯榮.**
> **野火燒不盡, 春風吹又生.**
> **遠芳侵古道, 晴翠接荒城.**
> **又送王孫去, 萋萋滿別情.**

이 시에 대해서 『近體秋陽』에서는 [너무 소박하여 그 담긴 정이 고시 십구수에 들만하다.(渾朴, 其情當在十九首之間.)]라고 하여 漢代 「古詩十九首」에 비교하였고, 明代 唐汝詢은 『唐詩解』에서 보다 구체적으로 이 시를 평하기를,

> 위의 두 연은 사물간의 거리가 없는 심정을 묘사하고 아래 두 연은 풀빛에 대한 정감이다. 백낙천은 진솔함을 귀히 여겨서 아름다운 곳이 실로 적지 않은데 뽑히지 않은 시도 나름의 풍부한 격조를 지니고 있으니 골라서 장경의 한 형식으로 갖추고자 한다.
> 上二聯寫物生止無間, 下二聯是草色之關情. 樂天語尙眞率, 佳處固自不少, 要非入選之詩, 獨此豊格猶存, 故采以備長慶之一體.

라고 細析하고 있다. 그리고 杜牧의 「長安秋望」을 보면,

> 누대는 서리 낀 나무 밖에 기대어 있고
> 거울 같이 맑은 하늘에는 실털 하나 없다.
> 남산과 가을 경치는
> 그 기세가 둘 다 높구나.
> 樓椅霜樹外, 鏡天無一毫.
> 南山餘秋色, 氣勢兩相高.

이 시에 대해서 陳師道가 이미 杜甫의 詩句와 연관시켜 거론하여 名詩로 평가하였는데, 南宋代 陳知柔는 『休齋詩話』에서 오히려 이 시의 부족한 점을 具體的으로 評價하기를,

> 나는 처음에 두목의 '남산과 가을 경치는 그 기세가 둘 다 높구나.' 시구를 좋아하였는데, 이미 곧 두보의 '온 언덕엔 가을 기운이 높다.'구에서 나온 줄 알고 있었으니 무릇 한 마디 어구에서 가을빛을 다 느낀다. 그러나 두 시인은 바위 언덕의 가을 기운만을 말하고 있어서 강과 하늘, 어촌 등의 크고 넓은 기상을 다 묘사하지 못하고 있다.
> 予初喜杜紫微'南山與秋色, 氣勢兩相高'語, 已乃知出于老杜千崖秋氣高. 蓋一語領略盡秋色也. 然二家言岩崖間秋氣耳, 猶未及江天水國氣象宏闊處.

라고 하여 晩唐詩의 短點인 氣象의 柔弱한 부분을 지적하고 있다. 이동양의 觀點은 唐詩人 3人의 시 描寫上의 簡潔性을 강조하는 데 있고, 詩風의 高雅와 柔美의 차이점은 且置하고 있다고 본다.

476 | 懷麓堂詩話

117. 夢字詩中用者極多 시의 夢자 활용

　夢字, 詩中用者極多, 然說夢之妙者亦少。如〔重城不鎖還家夢〕[1], 〔一場春夢不分明〕[2], 〔夢裏還家不當歸〕[3], 乃覺親切。陳媿齋師召[4]在南京, 嘗有夢中詩寄予, 予戲答之曰：〔擧世空驚夢一場, 功名無地不黃粱[5]。憑君莫向癡人說[6], 說向癡人夢轉長。〕[7]以夢爲戲[8], 亦所謂不爲虐者也。

　'夢'자는 시에서 쓰는 것이 매우 많으나, 꿈의 오묘함을 말하는 것은 또한 적다. 예컨대 〔겹겹 성이 닫히지 않은데 집에 돌아가는 꿈꾸네〕, 〔한바탕 봄꿈이 흐릿하네〕, 〔꿈속에선 집에 돌아가나 진실로 못 가네〕구들은 곧 친근함을 느낀다. 진괴재 사소가 남경에 있을 때, 일찍이 몽중시를 나에게 부쳤는데 내가 놀이삼아 그에게 답하여 말하기를 : 〔온 세상이 공허이 한바탕 꿈에 놀라니, 노생의 메조밥 짓는 꿈에 부귀공명 누린 것처럼 공명이 덧없지 않은 것이 없네. 그대에 바라나니 어리석은 사람에게 꿈 이야기 하지 말고, 어리석은 사람에게 꿈이 더욱 길어진다고 말하라.〕 이것은 꿈으로 놀이 삼은 것으로서, 또한

---

1) 重城句 : 明 熊直 「薊門秋夕」
2) 一場句 : 唐 張泌 「寄人」 二首의 其二
3) 夢裏句 : 許渾 「臥疾」
4) 陳媿(괴)齋師召 : 陳音(1436~1494) 字 師召, 號 媿齋. 官은 南京太常寺卿
5) 黃粱 : 메조. 黃粱一炊夢 : 唐나라 盧生이 도사 呂翁의 베개를 빌어 잠을 잤더니 메조밥을 한 번 짓는 동안에 富貴功名을 다 누린 꿈을 꾸었다는 고사에서 부귀공명이 덧없음을 비유.
6) 癡人說夢 : 어리석은 사람에게 꿈 이야기 하다. 곧 하는 말이 황당하여 말이 조리가 없는 것을 말함.
7) 擧世句 : 李東陽 「戲答」
8) 以夢爲戲句 : 語源은 『詩經』 衛風. 「淇奧」 : 〔우스갯소리 잘하지만 지나치지 않네. (善戲謔兮, 不爲虐兮.)〕

소위 지나치지 않은 것이다.

❂ 해설

詩語에서 夢자의 多用은 시의 性情표현에 적절한 語義를 지닌 까닭이다. 그러나 그 활용의 眞實性이 없다면 遊戱語로 전락하게 됨을 경계하고 있다. 본문에 인용한 '重城'구는 明代 熊直의 「薊門秋夕」, '一場'구는 唐代 張泌의 「寄人二首」의 제2수, '夢裏'구는 唐代 許渾의 「臥疾」에서 각각 出典하고 있는데 묘사가 平凡하면서 寫實的인 점이 있어서 妙悟한 作法驅使가 부족하다. 이동양 자신도 동료문인이며 南京太常寺卿을 지낸 陳音(1436~1494)의 夢中詩에 和答한 시를 인용하여 그 實例로 제시하고 있다. 이 시의 題目을 「戱答」이라고 하지만 그의 문집에는 수록되어 있지 않다.

張泌은 生卒年이 不明한데 字는 子澄이며, 淮南人이다. 南唐에 出仕하여 監察御使, 考功員外郞 등을 지내고 그의 詩風은 婉麗하며『全唐詩』卷742에 19題 20首의 시가 收錄되어 있으며「寄人」과「洞庭阻風」시는 人口에 膾炙한다. 그의「寄人」제2수를 본다.

> 바람과 달이 정이 많음을 너무나 사랑하나니
> 봄이 돌아오니 이별의 한이 나누나.
> 기둥에 기대어 깊이 생각하니 슬픔이 더하니
> 한바탕 봄꿈이 아련하구나.
> **酷憐風月爲多情, 還到春時別恨生.**
> **倚柱尋思倍惆悵, 一場春夢不分明.**

118. 吳文定善蘇書 오문정의 소식서체

　吳文定1) 善蘇書2), 予嘗作簡戲效其體。文定作斑字般字韻詩戲予, 予和答之, 往復各五首。予斑字有曰:〔心同好古生差晚, 力欲追君鬢恐斑。〕3)〔搦遍吳箋4)猶送錦, 搦殘湘管5)半無斑。〕6)〔換羊價重街頭帖, 畫虎心勞紙上斑。〕7)〔雲間天馬誰爭步, 水底山雞自照斑。〕8) 般字曰:〔聊以師模9)歸有若10), 敢將交行比顔般。11)〕12)〔鄭師乍許三降楚13), 墨守14)終能九却般。〕15)〔文心捧處慚施女16), 筆陣圍時困楚般。17)〕18)文定詩大有佳句, 今失其藁, 求之未得也。

　오문정이 소식의 서법에 능한데 내가 일찍이 간단한 놀이시를 지어 오문정체를 본따서 썼다. 문정이 斑자와 般자 운을 쓴 시를 지어서 놀

---

1) 吳文定: 吳寬. 제113칙 참조.
2) 蘇書: 蘇軾의 書法
3) 心同句:「戲效原博坡書辱詩見遺因次韻」
4) 吳箋: 吳 지방에서 나오는 종이. 서신.
5) 湘管: 湘水에서 나오는 대나무로 만든 붓.
6) 搦遍句:「三疊韻答原博」
7) 換羊句:「原博詩來戲予還故步再次韻」
8) 雲間句:「原博詩有雪堂獨立語五疊韻謝之」
9) 師模: 師表
10) 有若: 孔子의 제자.
11) 顔般: 顔淵과 公輸般.
12) 聊以句:「戲效原博坡書辱詩見遺因次韻」
13) 三楚: 秦나라가 넓은 楚나라를 西楚, 東楚, 南楚로 구분하여 다스림.
14) 墨守: 墨翟이 守城을 잘하고 公輸는 공격을 잘하였다고 함.
15) 鄭師句:「原博和章不至四疊韻督之」
16) 施女: 越의 미인 西施.
17) 楚般: 春秋 匠人 公輸斑. 斑은 般과 통용.
18) 文心句:「三疊韻答原博」

『懷麓堂詩話』 136則 譯解 | 479

이삼아 나에게 주니, 내가 그에게 화답하여 각각 다섯 수를 왕래하였다. 나의 班자 운의 시에 말하기를 : 〔마음은 함께 옛것을 좋아한데 태어나기 좀 늦고, 힘은 그대를 따르고자 하나 귀밑털이 셀까 두렵네.〕, 〔오 지방 종이에 베껴서 비단에 싸서 보내고, 상수의 대나무 붓을 잡으니 거의 얼룩이 없네.〕, 〔양을 판 값이 크니 거리에 부치고 호랑이 그리느라 힘들어 종이 위에 얼룩지네.〕, 〔구름 새로 천마가 뉘와 걸음을 다투는가, 물 아래 산닭은 절로 얼룩 빛나네.〕 般자 시에 말하기를 : 〔무릇 사표로는 유약만 하고, 교유로는 감히 안연과 공수반에 견주네.〕, 〔정나라 군사 문득 초나라 모두를 항복시키고, 묵자가 성을 지켜서 끝내 아홉 번 공수반을 물리쳤네.〕, 〔글 쓰는 마음 모은 곳에 서시는 부끄러워하고, 붓을 움직일 때 공수반이 괴롭도다.〕 문정의 시에 매우 아름다운 시구가 있는데 지금 그 원고를 상실하여 찾을 수 없다.

❂ 해설

文定 吳寬과 이동양의 관계 및 詩風에 대해서 제113칙에서 서술되었는데, 본문에서 다시 오관과의 문학교류 관계를 상세히 기록한 점으로 보아 각별한 사이였음을 재확인하게 된다. 次韻에 의한 和答詩의 交往을 거론하고 있는데, 인용한 詩句의 出處를 보면, '心同'구는 「戲效原博坡書辱詩見遺因次韻」의 頷聯, '搨遍'구는 「三疊韻答原博」의 頷聯, '換羊'구는 「原博詩來戲予還故步再次韻」의 頷聯, '雲間'구는 「原博詩有雪堂獨立語五疊韻謝之」의 頷聯, '聊以'구는 「戲效原博坡書辱詩見遺因次韻」의 頸聯, '鄭師'구는 「原博和章不至四疊韻督之」의 頸聯, '文心'구는 「三疊韻答原博」의 頸聯 등을 각각 인용하고 있다.

119. 邵文敬善書 소문경의 서예

邵文敬[1]善書工碁, 詩亦有新意。如〔江流白如龍, 金焦雙角短。〕[2]之類。又有〔半江帆影落尊前〕[3]之句, 人稱爲邵半江。間變蘇書, 予亦以蘇書答之。跋云:〔戲效東曹新體。〕[4]邵誤以爲效其詩, 作依字韻詩抵予, 首句曰:〔東曹新體古來稀。〕[5] 予又戲其次韻曰:〔東曹新體古來稀, 此意茫然失所歸。字擬坡書聊共戲, 詩於崑法[6]敢相譏。休誇驃褭[7]才無敵, 未必葫蘆[8]樣可依。却問碁場諸國手, 向來門下幾傳衣。〕[9] 因相與大笑而罷。

소문경은 서예에 능하고 바둑을 잘 두며 시도 참신한 의취가 있다. 예컨대〔강이 흐르는 것이 희기가 용 같으니, 금빛 나는 두 뿔이 짧다.〕같은 것이다. 또〔강 가운데 돛 그림자가 술잔 앞에 드리우네〕구가 있어서 사람들은 '소반강'이라 불렀다. 간간이 소식 서체로 바꾸면 나도 소식 서체로 답하였는데 발문에 말하기를:〔놀이삼아 동조의 신서체를 본받았다〕라고 하였다. 소문경은 그 시를 본뜬 것을 잘못 생각하여 依자 운의 시를 지어 나에게 보냈는데, 첫구에서 말하기를:〔동조의 신체는 고래로 드물다〕고 하니 나도 놀이삼아 그 운을 빌려서 말하기를:〔동조의 신체는 고래로 드문데, 이 마음은 아득히 돌아갈

---

1) 邵文敬 : 邵珪, 字文敬. 成化5년(1469) 進士, 思南知府. 工小楷, 草書, 善棋. 半江集.
2) 江流句 : 不明
3) 半江句 : 不明
4) 戲效句 : 李東陽集에 無
5) 東曹句 : 不明
6) 崑法 : 晩唐의 西崑體
7) 驃褭(요뇨) : 준마의 이름. 하루에 일만 팔천 리를 달린다고 함.
8) 葫蘆(호로) : 조롱박
9) 東曹新體句 : 李東陽集에 없고 여기에만 있음.

곳을 잃었네. 글자는 동파의 서체를 본받아 잠시 함께 놀고, 시는 서곤체로 감히 서로 나무라네. 준마 요뇨의 재능을 당할 것이 없다고 자랑하지 말지니, 조롱박처럼 기댈 필요 없다네. 오히려 바둑장의 여러 국수에게 묻노니, 본래 문하에 얼마나 전하였는가?〕라고 하니, 서로 함께 크게 웃어버렸다.

❂ 해설

文友들과 文學으로 親交하며 서로 競爭과 激勵를 일삼는 興味로우면서 才致 넘치는 文壇의 一面을 본다. 文敬 邵珪는 字가 文敬이며 宜興(지금의 江蘇에 속함)人이다. 成化 5년(1469)에 進士급제하고 戶部主事를 거쳐 郎中을 지내다가, 嚴州知府와 思南知府를 역임하였다. 詩文은 藻思하며 邵牛江의 칭호를 들었고 『牛江集』이 있다. 明代 吳寬은 「祭邵文敬文」에서 그의 詩文과 長技를 기록하기를,

> 그대의 시는 당인으로 보면 가도와 맹교와 같아서 눈감고 깊이 생각하고 지극히 논리적이며, 담긴 뜻이 고달프고 맑아서 모두 읊을만하다. 그대의 서예는 진나라 사람으로 보면 꼭 왕희지 같은 대가는 아니어도 널리 본받고 닮아서 자취가 아름답고 기특하며 한편 초서에 공교하였다. 그대는 처음에 바둑을 잘 두었는데, …… 후에 이것이 벼슬아치로서 온당치 않다고 말하고서, 더욱 政事에 힘썼다.
> 君之於詩, 其視唐人, 則如賈孟, 冥搜極討, 思苦而淸, 皆可以詠. 君之於書, 其視晉人, 不必大令, 博倣旁摹, 跡麗而奇, 偏工草聖. 君初善弈,……後始謂此非仕所宜. 益務爲政.(『匏翁家藏集』 卷8)

라고 하여 詩文이 中唐 賈島와 孟郊의 古淡風을 지닌 것으로 평하고 있다. 본문에 인용한 李東陽과 邵珪의 詩句들은 전부 詩題와 全詩가 不明하다.

120. 趙子昂詩律亦淸麗 조자앙 시율

　　趙子昂[1]書畫絶出, 詩律亦淸麗。其「谿上」[2]詩曰：〔錦纜牙檣[3]非昨夢, 鳳笙龍管是誰家〕　意亦傷甚。「岳武穆墓」[4]曰：〔南渡君臣輕社稷, 中原父老望旌旗。[5]〕句雖佳, 而意已涉秦越。至「對元世祖」[6]曰：〔往事已非那可說, 且將忠赤報皇元。〕則掃地盡矣。其畫爲人所題者, 有曰　：〔前代王孫今閱老, 只畫天閑八尺龍。〕[7] 有曰：〔兩岸靑山多少地, 豈無十畝種瓜田。〕[8] 至〔江心正好看明月, 却抱琵琶過別船〕[9], 則亦幾乎罵矣。夫以宗室之親, 辱於夷狄之變, 揆之常典[10], 　固已不同。而其才藝之美, 又足以爲譏訾[11]之地, 才惡足恃哉？ 然南渡中原之句, 若使他人爲之, 則其深厚簡切, 誠莫有過之者, 不可廢也。

　　조자앙의 서화는 빼어나고 시율도 맑고 아름답다. 그의「계상」시에서 말하기를 :〔비단 닻줄과 상아 돛대는 어제의 꿈이 아닌데, 봉황 무늬 생황과 용 무늬 피리는 누구 집 것인가?〕구는 뜻이 또한 매우 가슴 아프다.「악무목묘」에서 말하기를 :〔남쪽으로 건너온 군신이 사직을 가벼이 여기고, 중원의 어른들은 깃발을 바라보네.〕구는 아름다우나

---

1) 趙子昻：趙孟頫(1245~1322) 字　子昻, 號　松雪道人. 官은　至翰林學士承旨, 封魏國公.『松雪齋集』.
2) 谿上詩：元 傅習『元風雅前集』卷2「書事四首贈孫思順」
3) 錦纜牙檣(금람아장)：비단의 닻줄과 상아의 돛대. 곧 隋煬帝의 호화스런 船遊.
4) 岳武穆墓：趙孟頫 詩. 武穆은 南宋 忠臣 岳飛의 諡號.
5) 旌旗(정기)：깃발
6) 對元世祖：趙孟頫 詩
7) 前代句：『桃園學古錄』卷4「天歷改元十月題子昻馬」
8) 兩岸句：不明
9) 江心句：「琵琶亭詩」
10) 常典：常例
11) 譏訾(기자)：욕하고 헐뜯다.

뜻이 이미 진과 월땅을 넘고 있다. 「대원세조」 시에서 이르기를 : 〔지난 일 이미 말할 수 없으니, 충성을 다해 천자께 보답하리라.〕구는 곧 땅을 다 휩쓸 만큼 뛰어나다. 그 사람됨을 제목으로 묘사한 것에서 이르기를 : 〔전대의 왕손이 지금은 재상이니, 오직 한가로운 팔 척 장대한 용만 그리네.〕구, 또 말하기를 : 〔두 언덕의 푸른 산에 땅이 얼마나 많은데 어찌하여 열 이랑의 오이 심을 밭도 없는가?〕구, 〔강 가운데 때마침 명월을 보노라니, 되려 비파를 안고 이별 배를 지나네.〕구는 곧 또한 거의 욕에 가깝다. 무릇 종실의 종친으로 오랑캐의 변고에 욕을 당하면서 그것을 상례로 여긴다면, 진실로 이미 같이 할 수 없는 것이다. 그 아름다운 재능으로 또한 족히 헐뜯는 바탕으로 삼는다면 재능을 어찌 믿을 수 있겠는가? 그러나 '南渡', '中原'구는 만약 남이 짓는다 해도 매우 온후하고 간결한 면에 있어서 진실로 위 구를 능가할만한 것이 없으니, 버릴 수 없다.

❂ 해설

子昂 趙孟頫(1245~1322)는 字가 子昂, 號는 松雪道人, 諡號는 文敏으로 湖州(지금의 浙江에 속함)人이며 『松雪齋集』이 있다. 宋末에 眞州司戶參軍을 제수받고, 元初에는 兵部郎中, 集賢直學士, 翰林侍讀學士, 翰林學士承旨를 거치고 魏國公에 봉해졌다. 宋代 文士의 身世로 元代 世祖와 仁宗의 총애를 받아서 고관을 지냈지만 叛子라는 비난을 면치 못하였기에, 그의 시는 元代에 친근한 면이 있으면서도 故國에 대한 思念과 自我譴責, 그리고 現實의 暗黑面을 표현하고 있다. 詩風이 淸麗하면서 情趣가 풍부한 풍격을 보인다. 이동양이 본문에 인용한 조맹부의 詩句를 보면, '往事'구는 元世祖 面前에서 지은 시로서 이 시로 인해 趙氏家族이 叛子로 비난받게 된 것이고, '江心'구는 詩題가 「陳平章席上題琵琶亭」(일명 琵琶亭)으로 이 시에 대해서 元代 劉壎은 〔어의가 깊고 고우니 진실로 아름다운 시구이며, 또 세상의 도리에 연관된다.(語意深婉, 信佳句也; 且有關於世道.)〕(『隱居通議』 卷10)라고 평하였다. 조맹부는 詩人으로서도

名家이지만, 書畵家로 더욱 그 藝術才能을 높이 평가받고 있다.

  趙孟頫의 시는 淸邃奇逸하여 飄飄出塵의 思潮를 지니고 있으니, 戴表元은 『松雪齋集』序文에서〔자앙의 고부는 우뚝하고 가지런하여 초한대의 풍격을 지니고 고시는 포조와 사령운의 기풍을 깊이 지니고 있으니 여러 작품이 고적과 이고를 업신여길만하다.(子昻古賦凌歷頓迅在楚漢之間, 古詩沈涵鮑謝, 自餘諸作, 猶傲睨高適, 李翶間云.)〕라고 평하였다. 조맹부는 宋代 운명과 밀접한 관계를 갖고 있으니 南宋 滅亡의 悲哀를 묘사한 「岳鄂王墓」를 보면,

    악왕의 무덤 위에 풀이 무성한데
    가을날 황량한 돌짐승이 우뚝 서 있네.
    남으로 천도한 군신이 사직을 가벼이 하니
    중원의 노인들이 깃발을 바라보네.
    영웅은 이미 죽으니 탄식한들 어찌 하리오
    천하가 나뉘어 마침내 버티지 못하도다.
    서호에서 이 곡조 부르지 말지니
    산천 경치가 슬픔을 이기지 못하리라.
    鄂王墳上草離離, 秋日荒凉石獸危.
    南渡君臣輕社稷, 中原父老望旌旗.
    英雄已死嗟何及, 天下中分遂不支.
    莫向西湖歌此曲, 水光山色不勝悲.

  그리고 田園생활을 노래한 農事詩 「題耕織圖」는 12月令에 맞춰서 敍寫가 生動하며 筆墨이 圓活하여 田家의 苦樂을 眞切하게 묘사하고 있는데 그 시의 「三月」을 보기로 한다.

    삼월에 누에가 마침 나니
    섬세함이 소털 같도다.
    아름다운 규수는
    고운 흰 손으로 금 칼을 잡네.
    잎을 잘라서 먹이고
    종이를 싸서 흩어 고르네.
    뜰의 나무에 꾀꼬리 우는데

그 소리 온화하고 아름답네.
누에가 주리면 뽕을 따야 하니
어느 겨를에 놀기를 일삼으랴.
농사철 인력이 적은데
장부가 마침 밭 갈아 씨 뿌리네.
이제 긴 가지를 끌어다가
광주리에 채우는데 아침에 다 하네.
몇 식구 춥지 않기를 바라나니
한 해 다 가도록 고생치 않기를.
三月蠶始生, 纖細如牛毛.
婉變閨中女, 素手握金刀.
切葉以飼之, 擁紙散周遭.
庭樹鳴黃鳥, 發聲和且嬌.
蠶饑當採桑, 何暇事遊遨.
田時人力少, 丈夫方耕苗.
相將挽長條, 盈筐不終朝.
數口望無寒, 能辭終歲勞.

121. 惟謝方石最得古意 사방석의 고의

近時作古樂府者, 惟謝方石最得古意. 如 「過河怨」[1]曰：〔過河過河不過河, 奈此中原何？〕 「夜半檄」曰：〔國威重, 空頭[2]敕. 相權輕, 夜半檄.〕皆警句也.

요즘 고악부를 짓는 사람으로는 오직 사방석이 가장 예스런 전통의 시 의취를 얻었다. 예를 들면 「과하원」에서 말하기를：〔강을 건너고 강을 건너다가 강을 건너지 못하니 이 중원을 어찌 하리오?〕「야반격」에서 말하기를：〔나라의 위세가 중한데 어리석은 자는 조심하네. 재상의 권세가 가벼우니 한밤에 격문이 나네.〕 모두 주목할 구절이다.

✿ 해설

謝鐸의 시에 대해서는 이미 앞에서 여러 번 거론되었는데 그의 古樂府 즉 악부시의 意趣도 수준에 올라 있어서 본문에서 중시하고 있다. 詩體부터 漢樂府를 모의한 형식을 취하여 唐代 新樂府와는 차별화된다. 인용된 「過河怨」은 雜言體인데 사탁의 『桃溪淨稿』(卷26)에는 '過河過河不過河' 구를 三言으로 하여 '生過河, 死過河, 不過河.'라 三言體로 하였고, 「夜半檄」은 三言體인데 시중에 '相權輕' 구를 『桃溪淨稿』(卷26)와 明代 田汝成의 『西湖遊覽志餘』(卷5)에는 '權姦橫'으로 실려 있다. 사방석의 「白楓河」를 보면,

> 백풍하여, 강물이 가득히 붉은 물결 흘러가니
> 바다에 흘러드는 파도 소리가 세차게 나네.

---

1) 過河怨：謝鐸『桃溪淨稿』卷26
2) 空頭：텅 빈 머리. 어리석은 사람. 空頭漢

뿔 없는 용이 밤에 흐느껴 울며 큰 자라와 악어를 걱정하니
아아! 장사는 어찌 할 것인가?
백골이 묻힌 양 언덕은 높이 우뚝 솟아 있네.
그대는 보지 못하는가, 강물이 깊기가 그지없는데
지금도 그 속에 한을 머금은 돌이 있는 것을.
白楓河, 河水滿地流紅波,
波聲入海爭盪摩.
蛟螭夜泣愁黿鼉.
嗚呼壯士可奈何?
白骨兩岸高峩峩.
君不見河之水, 深不極, 至今中有銜寃石.

　이 시에 대해서 『三台詩錄』에 記述하기를 〔원대 말 방씨의 난리에 진중광이 족인들을 거느리고 백풍하에서 방어하여 싸워서 이기지 못하고 분개하여 죽으니 공이 특별히 그를 밝혀 기린 것이다.(元季方氏之亂, 陳仲廣率族人禦戰白楓河不勝, 憂憤而卒, 世無知者, 公特表章之.)〕라고 하니 사방석의 古詩로서 그 作風이 高逸하고 雄壯하여 憂國心이 充溢하다.

122. 國朝武臣能詩者 명대 무신의 시

　　國朝武臣能詩者, 莫過定襄伯郭元登[1]。謫甘州時, 有「送蒙翁[2]歸朝」詩曰：〔靑海四年羈旅客, 白頭雙淚倚門親。〕[3]　　曰：〔莫道得歸心便了, 天涯多少未歸人。〕[4]　　又曰：〔甘州城南河水流, 甘州城北胡雲愁。玉關人老貂裘[5]敝, 苦憶平生馬少游。〕今有『聯珠集』行於世。予集蒙翁『類博稾』, 見舊草紙背翁親書「王母宮」[6]四律, 愛而錄之, 頗疑無改竄字, 與他草不類。久之見所謂『聯珠集』者, 乃知爲此老詩, 幸不誤錄也。

　　우리나라 무신으로 시에 능한 사람으로 정양백 곽원 등보다 나은 자는 없다. 감주에 유배 갔을 때 「송몽옹귀조시」가 있어 이르기를 :〔청해에서 4년간 나그네 되니, 백발에 두 줄기 눈물로 문에 가까이 기대네.〕 말하기를 :〔돌아가게 된 마음 좋다고 말 마오, 하늘 저 끝 멀리서 얼마나 많은 사람 돌아가지 못하였나.〕 또 말하기를 :〔감주성 남쪽에 황하 강물 흐르고 감주성 북쪽 오랑캐 구름이 수심에 차네. 옥문관의 노인 담비털옷 해어지니 평생을 말 타고 놀지 못함이 괴롭도다.〕 이제『연주집』이 세상에 전해진다. 나는 몽옹의『유박고』를 모아서 보니 옛 초고 뒤에 「왕모궁」율시 4편을 적어 놓았거늘 아껴서 기록하였는데 자못 고친 글자가 있어 다른 초본과 같지 않을까 의심하였다. 시

---

1) 定襄伯郭元登 : 郭登 字 元登 臨淮人, 博學强記, 善議論, 好談兵. 父 郭玘(각), 兄 郭武와『聯珠集』을 編纂. 定襄伯에 封함.
2) 蒙翁 : 岳正『類博稿』는 저서.
3) 靑海句 : 郭登 「送岳季方承命釋累回京」
4) 莫道句 : 郭登의 上同詩
5) 甘州句 : 郭登 「甘州詩」
6) 王母宮 : 岳正의 詩

간이 흐른 뒤에 소위 『연주집』을 보는 사람은 곧 이 노인의 시가 다행히 잘못 기록되지 않았음을 알게 될 것이다.

✪ 해설

郭登은 자가 元登, 臨淮(지금의 安徽 鳳陽)人이다. 博聞强記하여 議論을 좋아하고, 전쟁 애기를 좋아하였다. 景泰년간에 都督僉事로써 적군을 격파하여 定襄伯에 봉해지고 甘肅을 진압하여 總神機營이 되었다. 부친 郭珏, 형 郭武와 함께 『聯珠集』을 편찬하였다. 그의 시에 대해서 淸代 朱彝尊은 『靜志居詩話』(卷7)에서 〔정양은 힘써 북방의 유목민을 막아서 공적이 사직에 남아있는데 『연주집』은 아버지와 형을 이어서 시단에 이름을 떨쳤으니, 서애는 명초 무신 중에 으뜸이라고 여겼다. 곧 그 「산왕」과 「추수」 등 시는 기력이 이미 왕성하다. 「영효」 시에 있어서는 곧 장적, 왕건, 한유, 두목 등의 장점을 겸하고 있으니, 단지 무신이긴 해도 한 때 대각의 여러 문신들 중에 누가 그보다 뛰어나겠는가?(定襄力捍牧圉, 功存社稷, 聯珠一集, 繼父兄掉鞅詩壇, 西涯以爲明初武臣之冠, 卽其山王, 楸樹諸篇, 力已排奡. 至詠梟之作, 直兼張王韓杜之長, 豈惟武臣, 一時臺閣諸公, 孰出其右.)〕라고 하여 그의 시풍을 唐詩에 비견하였다. 蒙翁은 岳正으로서 제75칙에 상세히 기술하고 있으니 참고하기 바란다.

123. 維揚周岐鳳多藝能 주기봉의 예능

　維揚周岐鳳¹⁾多藝能, 坐事亡命, 扁舟野泊無錫²⁾。錢奕³⁾ 投之以詩, 有〔一身爲客如張儉⁴⁾, 四海何人是孔融⁵⁾。野寺鶯花⁶⁾春對酒, 河橋風雨夜推篷。〕⁷⁾之句。岐鳳得詩, 爲之大慟, 江南人至今傳之。

　유양 주기봉은 예능이 많은데 연좌된 일로 망명하여 쪽배로 무석에서 정박하였다. 전혁이 시를 지어 주었는데〔한 몸 나그네 되어 장검 같으니, 사해에 누가 공융인가? 들의 절간에 꾀꼬리 울고 꽃이 피는 봄날 술을 대하고, 강다리에 비바람 치는 밤에 거룻배를 타네.〕구가 있다. 기봉이 시를 받고 그로 인해 크게 통곡하였다. 강남 사람이 지금까지 전한다.

✿ 해설

　周岐鳳은 生卒이 未詳이며 初名은 鳳, 江陰 靑陽人(지금의 江蘇省에 속함)이다. 淸代 魏之琇의 『續名醫類案』(卷10)에〔천순년간에 주기봉이란 사람이 있었는데 몸에 백 가지 기예를 겸하고 있으며 도교의 방술에 전념하였다.(天順間, 有周岐鳳者, 身兼百技, 溺意方術.)〕라고 하여 才藝가 뛰어난 사람으로 詩文도

---

1) 周岐鳳 : 生卒未詳. 初名은 鳳, 江陰 靑陽人(江蘇).
2) 無錫 : 江蘇省의 地名
3) 錢奕 : 字允輝, 長熟人. 浙江都司, 『避菴集』.
4) 張儉 : 後漢人. 字는 元節. 中常侍 侯覽의 不正을 탄핵하다가 무고당하여 은둔.
5) 孔融 : 後漢 學者. 字文擧, 建安七子의 하나. 『孔北海集』. 漢王室을 回復하려다가 曹操에 피살.
6) 鶯花(앵화) : 꾀꼬리 울고 꽃피는 봄날의 경치.
7) 一身 句 : 錢奕 「贈澄江周岐鳳」

볼만하다고 하였다. 錢奕에 대해서 朱彝尊의 『明詩綜』(卷23)에 〔자는 윤휘이며 장숙인으로 절강도사를 지내고 피암집이 있다.(字允輝, 長熟人, 浙江都同經歷, 有避菴集.)〕라고 하였고 본문에 인용한 '一身爲客'구는 「贈澄强周岐鳳」 시의 제2연과 제3연이다.

124. 莊定山評詩句 장정산의 시평

莊定山¹⁾嘗有書曰：〔近見'冉冉²⁾月墮水'³⁾之句。〕 予南行時誠有之, 但〔蒼蒼霧連空〕⁴⁾上句, 殊未穩耳.

장정산이 일찍이 글에 말하기를：〔떠가는 달이 강물에 떨어지네'의 구를 가까이 본다.〕라고 하였다. 내가 남방으로 갈 때 정말 그런 일이 있었는데, 그러나 〔푸른 안개는 하늘에 이어있네〕의 위 구는 그다지 좋다고 보지 않는다.

✪ 해설

莊昶은 제71칙에 상세히 기술하였다. 본문은 이동양이 장창과 문인으로서 깊은 交分관계를 보여준다. 장창이 이동양의 「夜過邵伯湖」 시(『李東陽集』雜記南行稿)의 제2구를 인용하면서 書信을 보낸 好意에 대해서 자신의 시에 대한 淡白한 自評을 가하여 謙讓하는 友誼를 본다.

---

1) 莊定山：莊昶 제71칙 참조
2) 冉冉(염염)：세월이 가는 모양.
3) 冉冉句：『李東陽集』「夜過邵伯湖」
4) 蒼蒼句：上同.

125. 予北上時得句 이동양의 시구

予北上時得句曰:〔山色畫濃澹。〕[1] 兩日不能對。忽曰:〔鳥聲歌短長。〕羅冰玉[2] 殊不首肯, 曰:〔對似未過。〕然竟不能易也。

내가 북방으로 갈 때, 시구를 지어 말하기를 :〔산의 경치가 그림처럼 짙고 맑네.〕라 하고서, 이틀 동안 대구를 찾을 수 없었다. 문득 말하기를 :〔새 소리가 노래처럼 길고 짧네〕라 하였다. 나빙옥이 별로 동감하지 않다가 말하기를 :〔대구가 좋은 것 같지 않다〕고 하였으나 결국은 바꾸지 못했다.

❂ 해설

作詩의 반복된 수정작업은 詩人의 고유한 領域이며 좋은 시 창작의 기본자세일 것이다. 杜甫의 詩聖 칭호가 우연히 命名된 것이 아님은 古今의 傳來되는 周知의 사실이다. 이동양이 시 한 구의 對句를 붙이는 데 이틀이나 걸렸다 함은 작시상의 專一精神을 강조한 것으로 본다. 羅冰玉은 羅璟(1432~1503)으로 字는 明仲, 號가 冰玉이다. 泰和人(지금의 江西에 속함)으로 進士급제 후에 修撰을 거쳐, 南京國子祭酒를 지냈으며『北上稿』가 있다.

---

1) 山色句:『李東陽集』卷1「晚望」
2) 羅冰玉 : 羅璟(1432~1503) 字 明仲, 號 冰玉.『北上稿』

126. 王介甫點景處 왕개보의 경물시

王介甫¹⁾點景處, 自謂得意, 然不脫宋人習氣²⁾。其詠史絶句³⁾, 極有筆力, 當別用一具眼觀之。若「商鞅」⁴⁾詩, 乃發洩不平語, 於理不覺有礙耳。

왕개보가 경치를 묘사한 것을 스스로 마음에 든다고 말하지만, 송대 사람의 풍격을 벗지 못하고 있다. 그의 영사 절구시는 매우 문장의 힘이 있어서 특별히 시 창작의 안목을 가지고 보아야 한다. 「상앙시」 같은 것은 곧 평범하지 않은 시어를 표현하고 있으며 이치상으로 답답하게 느껴지지 않는다.

❂ 해설

介甫 王安石(제3칙 참조)은 景物 묘사에 佳句가 많다. 그래서 宋代 後人은 〔형공이 산림에 거처한 후의 시는 정밀하고 심오하며 화려하고 오묘하다.(荊公定林後詩, 精深華妙.)〕(『漫叟詩話』)라고 하여 경물시의 極致라고 평하였고, 한편 楊萬里는 그의 경물시를 唐詩와 비교하여 「讀唐人及半山詩」에서 이르기를,

> 당인과 반산을 분간하지 못하겠나니,
> 뜻밖에 시단을 완전히 장악하였네.
> 반산은 곧 깊이 스며드는 맛을 주니,

---

1) 王介甫 : 王安石
2) 宋人氣習 : 宋詩風. 比興이 缺乏, 議論이 多, 用典이 多, 情韻이 不足.
3) 詠史絶句 : 王安石의 詠史絶句詩는 110餘 首.
4) 商鞅詩 : 王安石의 絶句詩. 商鞅 : 戰國時代 정치가. 衛人. 姓은 公孫氏, 刑名學을 택하여 秦 孝公을 섬겨 宰相이 되어 富强策을 추진. 법을 중시하여 貴戚의 원망을 사서 孝公 사망 후 車裂의 형벌을 받음. 호는 商君, 저서 『商子』가 있음.

마치 당인의 관건을 지닌 것 같네.
不分唐人與牛山, 無端橫欲割詩壇.
牛山便遣能參透, 猶有唐人是一關.(『誠齋集』 卷8)

라고 하였고, 嚴羽는〔공의 절구는 격조가 가장 높아서 그 뛰어난 곳은 소식, 황정견, 진사도 위에 높이 올라 있으나, 당인과는 아직 문빗장 하나 차이가 난다.(公絶句最高, 其得意處高出蘇黃陳之上, 而與唐人尙隔一關.)〕(『滄浪詩話』 詩體)라고 하여 이동양이 본문에서 '宋人習氣'를 벗지 못하고 있다고 평한 論調와 상통한다. 王安石의 詠史絶句는 백여 수가 넘고 古人을 제재로 한 시가 오십 수에 달하며 人物의 사건을 直說的으로 묘사하고, 客觀的인 공평한 품평을 가하고, 愛憎이 선명하여 創新한 면모를 보여주고 있다. 詠史에 있어 때론 자신을 비유하기도 하고 憂國憂民의 정서와 富國强兵의 원대한 抱負를 寄託하기도 하였다. 淸代 顧嗣立은 그의 시를 평가하기를,〔증산은 왕반산의 영사절구를 가장 좋아하여, 번안법을 많이 사용하여 옥계생의 필치를 깊이 얻었다고 여겼다. …… 송인의 기풍에 점점 물들었는데, 시 중에는 부가 많고 비흥이 적으며 의논이 많고 전고의 인용도 많으나 정감이 부족한 작품이 있다.(證山最喜王半山詠史絶句, 以爲多用翻案法, 深得玉溪生筆意.……受宋人習氣浸染, 亦不乏賦多比興少, 議論多, 用典多, 情韻不足之作.)〕(『寒廳詩話』)라고 하여 영사절구의 장단점을 적절히 서술하고 있다. 이동양은 본문에서 영사절구의 대표적인 예로 왕안석의 「商鞅」(『王文公文集』 卷73) 시를 제시하고 있다.

예부터 백성을 신실하게 인도하여
말 한 마디 중히 여기고 백금을 가벼이 하였네.
지금 사람이 상앙을 나무랄 수 없나니,
상앙은 정치를 행하여 반드시 이루었네.
自古驅民在信誠. 一言爲重百金輕.
今人未可非商鞅. 商鞅能令政必行.

이 시는 王安石이 戰國시기 정치개혁가인 商鞅(BC 390~338)을 자신에 비유하고 있다. 상앙이 變法으로 백성에게 信義와 강력한 權力을 얻으려 하였는데 왕안석 자신이 新法으로 정치개혁을 실현하는 典範으로 삼고자 한 것이다. 상앙은 어려서 刑名學을 좋아하여 李悝와 吳起 등의 영향을 받아 秦孝公 시기에 (BC 359) 變法을 진행하여 軍功爵을 개혁하고 世卿世祿을 폐지하였으며 井田制를 폐지하고 度量衡을 통일하는 대혁신을 감행한 인물이다. 왕안석은 상앙을 본받고자 한 것이다.

그리고 이동양은 창작의 안목을 '具眼'이라 하였는데 그중에 중요한 안목이 字眼이다. 이 字眼에 대한 嚴羽의 논지를 보면, 그의 시화에서 〔그 기교를 쓰는 데에 셋이 있으니, 말하자면 기결, 구법, 자안이다.(其用工有三, 曰起結, 曰句法, 曰字眼.)〕(『滄浪詩話』 詩辨)라 한데, '字眼'이란 用字가 脫俗하고 여운을 귀히 여겨야(貴響)한다는 요건을 말하는 것으로, 明代 陶明濬은 말하기를,

　　자구를 쓰는 법은 메아리를 귀히 여기니 그 소리가 있음을 말하고, 미려를 귀히 여기니 그 색채가 있음을 말하고 절실을 귀히 여기니 한 글자라도 혼백을 실린다. 정밀을 귀히 여기니 확실히 밝은 구슬 같고 우뚝이 장성 같다.
　　下字之法, 貴乎響, 言其有聲也. 貴乎麗, 言其有色采. 貴乎切, 一字可以追魂攝魄也. 貴乎精, 的然如明球, 屹然如長城也.(『詩說雜記』 卷7)

라고 하여 '貴響'은 물론 '麗·切·精'도 用字에 필수적이며 여기에서 俗字의 사용도 극복할 수 있음을 알게 된다.

127. 凡聯句推長者爲先 연구

凡聯句¹⁾推長者爲先。同年惟羅冰玉²⁾最長。羅以詩自許，每披襟³⁾當之。嘗有句曰：〔磊磈⁴⁾銅盤蠟。〕⁵⁾ 坐客疑之，輒奮然曰：〔此吾得意句，斷不可易。〕 陸靜逸⁶⁾嘗曰：〔喑嘿⁷⁾隱滅霎〕⁸⁾，亦然。謝方石⁹⁾嘗曰：〔靦然¹⁰⁾一笑出門去，燈火滿天驚飛鳥。〕¹¹⁾ 尤覺奮迅。是譬如周菹屈芰¹²⁾自好之不厭，予未之知也。

무릇 연구는 연장자를 먼저 내세운다. 같은 해 급제한 사람 가운데 나빙옥이 가장 연장자였다. 나빙옥이 시로 자부하여 매양 흉금을 터놓고 참여했다. 일찍이 시구에 이르기를 : 〔소복히 구리접시에 밀랍이 쌓여 있네.〕라 하니, 좌객이 그것을 의아하게 여겨 벌떡 일어나며 말하기를 : 〔이것은 나의 마음에 드는 시구이거늘 절대로 바꿀 수 없다.〕라고 하였다. 육정일이 일찍이 말하기를 : 〔입 다물고 순식간에 사라지

---

1) 聯句 : 제101칙 참조.
2) 羅冰玉 : 羅璟.
3) 披襟(피금) : 옷깃을 열어 제치다. 흉금을 터놓다.
4) 磊磈(뇌외) : 돌이 많이 쌓인 모양. 가슴 속에 불평이 쌓인 모양.
5) 磊磈句 : 李東陽 編『聯句錄』에 실린「齋居寄答鼎彝」詩
6) 陸靜逸 : 陸釴.
7) 喑嘿(음금) : 입 다물다.
8) 喑嘿句 : 上同의「效齋夜坐詩」.
9) 謝方石 : 謝鐸.
10) 靦然(천연) : 껄껄 웃는 모양.
11) 靦然句 : 謝鐸『桃溪淨稿』卷1「元夕柱諸寮友燕坐分韻得吾字」
12) 周菹屈芰(주저굴기) : 周菹楚芰. 周나라의 절인 채소(菹), 楚나라의 마름풀(芰). 李東陽의「贈王提學雲鳳」: 〔주나라 절인 채소와 초나라 마름풀이 마음에 절로 달아서 가져다가 말하는 것이 마치 밀랍을 씹는 것 같네.(周菹楚芰心自甘, 持以語人如嚼蠟.)〕

네.]라 하니, 역시 마찬가지였다. 사방석이 일찍이 말하기를 : 〔껄껄 한 바탕 웃으며 문을 나서니, 등불이 하늘에 가득하여 새들이 놀라서 나네.〕라 하니 더욱 기세등등하여 일어났다. 이것은 비유하자면 마치 주나라 김치와 초나라 마름풀을 싫어하지 않고 즐기는 것과 같으니, 나는 아직 이를 이해 못한다.

❂ 해설

시에서 聯句는 詩會 등을 통하여 시 한 구씩을 지어서 對聯을 이루게 하는 형식을 말한다.(자세한 내용은 제101칙 참조) 明代에 詩社가 성행하여 시인들이 集會하는 기회가 적지 않아서 聯句가 유행하였다. 이동양과 進士급제 同年인 冰玉 羅璟(1432~1503)은 (제125칙 참조) 이동양(1447~1515)보다 십여 년이나 年長者이고 方石 謝鐸(1435~1510)과 靜逸 陸釴(1439~1489)보다도 生年이 빨라서 聯句 詩會에 연령순으로 作詩하는 慣例대로 나경이 먼저 읊으니, 이어서 사탁이 잇고, 다음으로 육익이 참여했을 것이며 이동양은 茶陵派의 영수이며 高官이지만 시회에서는 年少하므로 차례가 늦었을 것이다. 이 모임에서 文學을 논하는 人間味 넘치는 聯句 吟詠會가 열리니 이동양이 그 興趣를 본문에 적었다고 본다. 본문의 장면을 기록한 이동양의 「聯句錄序」의 다음 일단은 그 믿을만한 증거라 할 것이다.

나와 같은 해에 진사가 된 사람으로 한림에 있는 자들이 십여 명인데 무릇 식사하고 지내고 연회하며 재미있게 놀면서 문득 시를 짓기도 했다. 시는 연구가 많은데 일찍이 적고 많은 것을 세지 않고 공교하거나 졸렬한 것을 논하지 않았다. 무릇 차례로 서로 터놓고 이야기하고, 진심을 통하며 일시를 기록하여 만나고 헤어지는 마음을 담고서 경계하여 바로 잡을 뜻을 펴기만 하면 될 뿐이었다. 그러나 가끔 호방하고 기험한 기풍을 드러내도 막지 않았다. 예를 들어서 명중이 이르기를 : 〔소복히 구리접시에 밀랍이 쌓여 있네.〕라는 시구를 짓고, 정의가 이르기를 : 〔입 다물고 순식간에 사라지네.〕라는 시구를 지었을 때, 모두들 책상을 어루만지며 눈을 휘둥그렇게 하고 앉아서 치고 두드리며 쟁그랑 소리내기를 그치지 않았고 유모어린 말을 서로 하면서 옛이야기도 했다. 그 흥취가 무르익으면 모두 같을 수도 없고, 또 모두 같을 필요도 없었다.

　　予同年進士, 在翰林者十餘人, 凡齋居遊燕輒有詩. 詩多聯句, 未嘗校寡多, 論工與拙. 凡以代晤語, 通情愫, 標記歲月, 存離合之念, 申箴規之義而已. 然時出豪險, 亦不之禁. 如明仲有云：〔磊碨銅盤蠟.〕鼎儀有云：〔喑嘿隱滅霙.〕得句時, 皆撫几矍坐, 擊拍節鏗鏘不休, 談諧相傳, 至爲故事. 要其興之所至, 不能皆同, 亦不必皆同.

여기서 會合의 분위기와 文學을 존중하고 詩興에 心醉하는 문인들의 의식을 實感할 수 있다.

128. 閉戶作詩 작시의 자세

曩時¹⁾諸翰林齋居²⁾, 閉戶作詩。有僮僕窺之, 見面目皆作靑色。彭敷五³⁾以靑字韻嘲之, 幾致反目。予爲解之, 有曰:〔擬向麻池爭白戰, 瘦來雞肋⁴⁾豈勝拳〕⁵⁾, 聞者皆笑。界畫有金碧⁶⁾, 要不必同, 只各成家數耳。劉須谿⁷⁾評杜詩〔楚江巫峽牛雲雨, 淸簟疎簾看奕碁⁸⁾〕⁹⁾, 曰:〔淺絳色畫〕, 正此謂耳。若非集大成手, 雖欲學李杜, 亦不免不如稊稗¹⁰⁾之誚。他更何說耶？

예전에 여러 한림학사들이 한가로이 지내며 문을 닫고 시를 지었다. 어떤 어린 종이 그것을 엿보는데, 얼굴을 보니 모두 푸른빛을 짓고 있었다. 팽부오가 靑자운으로 놀리니, 거의 눈을 흘기며 사이가 좋지 않았다. 내가 그것을 화해하려고 시구를 지어 말하기를:〔삼베 연못에서 육박전을 하는데, 메마른 닭갈비로 어찌 주먹을 이길 건가?〕라 하니 듣는 자가 모두 웃었다.

그림을 그리는 데는 노란빛과 푸른빛의 고운 색채가 있는데 반드시 같지는 않으며 단지 각각 나름의 일가를 이루고 있다. 유수계가 두보의 시〔초강의 무협에 비구름이 드리우고, 맑은 대자리와 성근 발에

---

1) 曩時(낭시): 옛날
2) 齋居: 한가로이 지내다.
3) 彭敷五: 彭教 제113칙 참조.
4) 雞肋(계륵): 닭갈비
5) 擬向句: 詩題不明
6) 金碧: 노란빛과 푸른빛. 고운 색채.
7) 劉須谿: 元 劉宸翁
8) 奕碁(혁기): 바둑
9) 楚江句: 杜甫「七月一日題終明府水樓」
10) 稊稗(제패): 돌피

바둑을 보네.]구를 평하기를 [연붉은색의 그림이다]라고 하니 정말 이를 두고 한 말이다. 만약 대시인이 아니라면 비록 이백과 두보를 배웠다 해도 또한 돌피만 못하다는 비난을 면치 못 했을 것이니 그가 또한 무슨 말을 할 것인가?

✪ 해설

翰林院은 文士들의 집합소로서 當代의 문인이면 거의 한림원을 거쳐서 활동하였다. 이들이 閉戶作詩하는 수련과정을 통하여 문학의 경지를 터득하여 후세에 문집을 남기는 힘든 硏磨를 自任하였다. 敷五. 彭敎가(제113칙을 참조) 지은 靑字韻 시는 「戲東齋居諸僚友」(『東瀧遺稿』 卷4)로서 다음에 본다.

> 여섯 사람이 동단에서 지은 삼십운시는
> 낭떠러지처럼 기험하고 화산의 산비탈이네.
> 화로를 껴안고 지내니 새우는 소리 괴롭고
> 창문을 엿보니 어렴풋이 안색이 파랗네.
> 맛이 곰발바닥 같아서 손가락으로 맛을 보고
> 몸은 매미허물처럼 이미 형체만 남았네.
> 노비는 모두 양을 잃은 나그네이니
> 팔짱 끼고 바람 부는 처마에서 저녁별을 보네.
> 六子東壇三十韻, 巉巖險絶華山陘.
> 擁爐營度鳴聲苦, 窺牖依稀面色靑.
> 味似熊蹯思染指, 身如蜩甲已遺形.
> 穀臧俱是亡羊客, 袖手風簷看晚星.

이 시에서 宋元詩風을 벗은 中唐代 韓愈의 奇險風을 닮고 있어 雄渾한 氣風을 보여준다. 그러나 시의 말연에서 학문의 길이 어려워서 탄식하는 亡羊之歎과 같은 의식 속에서 문학을 수련하는 선비들의 切磋琢磨하는 不斷한 意志를 읽을 수 있다. 그리고 인용된 이동양의 두 시구는 詩題와 出處가 不明하다.

이동양은 詩論과 畫論을 같은 線上에서 展開하고 있다.(제12칙 참조) 이런 이론은 蘇軾의 詩畵同論的인 立場에 근거한다. 소식은 「書鄢陵王主簿所畵折枝」 제1수에서 〔시와 그림은 본래 같은 율격이니 타고난 기교와 청신함이다.(詩畵本一律, 天工與淸新.)〕(『蘇東坡全集』 卷5)라고 하였고, 이 이론을 긍정적으로 보충하여 元代 楊維禎은 「無聲詩意序」에서 〔동파는 시를 소리가 있는 그림이라 하고 그림을 소리가 없는 시라고 하였으니, 대개 시는 마음의 소리이며, 그림은 마음의 그림이어서 둘이 같은 몸이다.(東坡以詩爲有聲畵, 畵爲無聲詩, 蓋詩者心聲, 畵者心畵, 二者同體也.)〕(『東維子文集』 卷11)라고 하였다. 元代 劉辰翁(제26칙 참조)이 杜甫의 「七月一日題終明府水樓」 제2수의 尾聯을 인용하여 畵論的 眼目으로 평가한 것은 역시 蘇軾이 杜甫의 이 詩句를 두고 〔이 시구는 그릴 수 있으나 다만 그림이 잘 안 될까 두렵다.(此句可畵, 但恐畵不就爾.)〕(『東坡詩話』)라고 서술한 데에서 연유했다고 본다.

129. 古雅樂不傳 고아악

古雅樂¹⁾不傳, 俗樂²⁾又不足聽。今所聞者, 惟一派中和樂耳。因憶詩家聲韻, 縱不能髣髴賡歌³⁾之美, 亦安得庶幾⁴⁾一代之樂也哉!

고아악은 전해지지 않고 속악은 또한 들을 수 없으니 지금 듣는 것은 오직 한 부류의 중화악뿐이다. 그래서 시인의 성운(聲韻)을 생각하면, 비록 갱가의 미려함을 닮을 수는 없겠지만, 어찌하면 다시 한 시대의 음악에 가까워질 수 있겠는가?

❂ 해설

이동양은 始終一貫 시의 音樂性을 강조하고 있다. 周代 郊社와 宗廟, 宮廷儀禮, 그리고 射饗 등에 사용하던 樂舞이며『詩經』의 주체인 古雅樂이 사라지고 周代 鄭衛之音을 비롯한 고대 각종 민간 음악인 俗樂마저 듣기 힘든 明代의 風潮에서 시의 本領인 음율을 作詩에서 경시하는 경향을 개탄하고 있다. 「賡歌」(갱가)는 舜과 皐陶의 賡歌를 지칭한다. 이동양이 전설적인 古歌인 賡歌를 거론하여 시의 음악성을 재인식시킨 이유는 시의 원천이 곧 갱가이기 때문이다. 갱가를 시의 뿌리로 記述한 자료들을 보면, 宋代 黎靖德이 편찬한『朱子語類』에〔시사 중에 있는 사람이 시를 말하는데, 모두 갱가에서 근원한다.(詩社

---

1) 古樂府 : 周代의 郊社, 宗廟, 宮廷儀禮, 射饗, 軍事大典 등 禮樂制度에 쓰인 樂舞. 漢樂府와 差別.
2) 俗樂 : 雅樂에 相反되는 古代 各種 民間音樂. 周代 鄭衛의 음이 대표적 俗樂. 禮記 樂記 : 鄭衛之音, 亂世之音也.
3) 賡歌(갱가) : 舜, 皐陶의 賡歌를 지칭. 賡은 이어 가다의 뜻, 남과 和唱하는 시.
4) 庶幾(서기) : 가깝다, 바라다, 원하다.

中人言詩, 皆原於賡歌.)](卷140)라 하고, 宋代 時瀾은 〔순과 고요의 갱가는 『시경』 삼백 편의 시조이다.(舜皐陶之賡歌, 三百篇之祖也.)](『增修東萊書說』 卷4)라고 하고, 宋代 葉適은 〔순과 고요의 갱가는 국풍의 정도이다.(舜皐陶賡歌, 風之正也.)](『習學記言序目』 卷6)라 하고, 그리고 宋代 王應麟은 〔우순의 갱가와 하나라의 오자가, 이것들은 『시경』 삼백 편의 기초이다.(虞之賡歌, 夏之五子之歌, 此三百篇之權輿也.)](『困學紀聞』 卷2)라 하고, 宋代 張鎡는 〔시는 순과 고요의 갱가에서 시작되었다.(詩者, 始於舜皐之賡歌.)](『仕學規範』 卷37)라고 각각 기록하고 있으니, 이동양도 이들 근거에 의해 賡歌를 제시하였을 것이다.

130. 矯枉之過 작시의 교정

　矯枉之過, 賢者所不能無。靜逸¹⁾之見, 前無古人, 而歎羨王梅谿²⁾詩, 以爲句句似杜。予嘗難之, 輒隨手指摘, 卽爲擊節³⁾, 以信其說, 此猶可也。讀僧契嵩⁴⁾『鐔津集』, 至作詩以賞之。初豈其本心哉? 亦有所激而云爾。

　틀린 것을 바로 잡는데 있어서의 실수는 현명한 사람이라도 없을 수는 없다. 정일의 견해는 전에 고인은 없다고 하여 왕매계의 시를 감탄하고 부러워하여 구구절절이 두보를 닮았다고 생각하였다. 나는 일찍이 그것에 의문을 가졌는데, 문득 손 가는 대로 지적하다 곧 무릎을 치며 칭찬하며 그 말을 믿었으니 이것은 그래도 괜찮다 할 것이다. 스님 설숭의 『심진집』을 읽다가, 시를 지어 칭찬하기까지 했는데 처음 어찌 본심이겠는가? 또한 감정이 격했을 뿐이다.

✿ 해설

　靜逸 陸釴은 當代의 名詩人으로 그의 견해로는 先賢의 작품은 詩才가 탁월하여 특별한 수정작업이 없이 창작된 것으로 추앙하는 의식이 있어서 王十朋(1112~1171)의 시를 杜甫에 近似하다고 평가하였는데, 作詩에서 원고를 推敲

---

1) 靜逸 : 陸釴
2) 王梅谿 : 王十朋(1112~1171) 字 龜齡, 謚 文忠.『梅谿集』. 其詩除傷時感懷, 遊覽記勝, 讚美先賢 등과 愛民, 憂國의 시가 많다.
3) 擊節 : 擊節嘆賞- 무릎이나 궁둥이를 치면서 탄복하여 칭찬함.
4) 契嵩(설숭 1007~1072) 俗姓 李, 字 仲靈, 自號 潛子.『鐔(심)津集』

하는 자세가 바람직한 작가의 正道일 것이다. 天才詩人도 例外는 아닐 것이다. 王十朋의 詩風에 대해서 朱熹는「王梅溪文集序」에서 평하기를, 〔온후하고 질박하고 진정으로 측은히 여기는 마음이 드러나서 마치 그 사람됨과 같다.(渾厚質直, 懇惻條暢, 如其爲人.)〕(『晦菴先生朱文公文集』卷75)라고 하였고, 詩僧 契嵩(1007~1072)의 詩風에 대해서는 懷悟가 설숭의 文集인「鐔津文集序」에서 〔그 지은 시는 비록 그리 농염하고 화려하지 않으나, 그 풍조가 높고 예스러우며 우아하고 담백하여 속세를 멀리 하여 구름을 넘나드는 기풍을 지니고 있다.(其所爲之詩, 雖不甚豊濃華麗, 而其風調高古雅淡, 至其寫志舒懷, 有邁世凌雲之風.)〕(『鐔津文集』卷22)라고 하여 僧詩의 풍격을 유지하고 있음을 알 수 있다.

131. 僧最宜詩 승려의 시

僧最宜詩, 然僧詩故鮮佳句。宋九僧[1]詩, 有曰：〔縣古槐根出, 官淸馬骨高。〕[2] 差强人意。齊己[3]湛然[4]輩, 畧有唐調。其眞有所得者, 惟無本[5]爲多, 豈不以讀書故耶?

스님이 가장 시 짓기에 알맞지만 그러나 스님의 시는 본래 아름다운 시가 적다. 송대 아홉 스님의 시에서 이르기를 :〔현의 늙은 홰나무는 뿌리가 나오고, 관리는 맑고 말뼈는 높다.〕구는 거의 억지로 사람의 의취를 끌어낸다. 제기, 잠연 등은 대개 당대 격조를 지니고 있다. 그 참된 당시 격조를 얻은 자는 오직 무본 가도가 으뜸이다. 어찌 독서 때문이 아니겠는가?

✲ 해설

僧侶는 世俗을 超脫한 삶을 추구하며 參禪을 통해 靈的 정화를 구하는 修道者여서 고아한 詩境을 묘사하기에 적절하므로,「宋九僧詩」를 인용하여 예증하고 있다. 본문에서 '僧最宜詩'란 嚴羽의 소위 '以禪入詩'의 性情으로 작시에 접근할 수 있는 승려의 시심을 염두에 둔 표현이다. 엄우가 〔시를 논함은 선을 논함과 같음(論詩如論禪)〕이라 하여 시의 정신세계를 선의 경지에 비유한 것은 만당의 司空圖를 추숭하고 江西派詩人에서 힌트를 받아 구체화시킨 이론이긴

---

1) 宋九僧：宋初 詩僧은 希晝, 保暹(섬), 文兆, 行肇(조), 簡長, 惟鳳, 惠崇, 字昭, 懷古.
2) 縣古槐句：出處未詳
3) 齊己(864~937)：俗姓은 胡, 名은 得生, 自號는 衡嶽沙門. 明 胡震亨『唐音癸籤』卷 8：齊己詩淸潤平淡, 亦復高遠冷峭.
4) 湛然(782~853)：俗姓은 戚氏, 常州人. 號는 荊溪禪師. 齊己와 詩風 상통.
5) 無本：賈島

해도 엄우에 이르러 시론으로 정립시켰다고 하겠다. 선이 철학적, 종교적 신비성을 지녔다면 시는 문학영역으로 성정의 표출에 근거하여 서로 속성이 다르지만 감각의 직관을 중시한다는 면에서는 상통한다. 이런 관계를 郭紹虞는 다음과 같이 논증하고 있다.

> 선으로 시를 조정하는데 곧 선의와 시교가 관련이 있으면서 분별이 있다. 단지 그 다른 것을 보면 선은 그 자체가 선이며 시는 그 자체가 시이어서 각기 경지에 들지 않음을 볼 수 있으나 당연히 같이 논하기는 어렵다. 예컨대 그 통함을 보면 시교와 선의가 같지 않음이 얼음과 석탄, 물과 젖과 같은데도 보는데 아무렇지 않아서 모순이 없다.
> 以禪衡詩, 則禪義與詩敎, 有關聯也有分別. 僅見其異, 則禪自禪而詩自詩, 可以看作各不相入, 當然難以幷論. 如見通, 則詩敎禪義非同氷炭而類水乳, 也不妨看作, 更無矛盾.(『滄浪詩話校釋』「詩辨」)

禪과 詩는 그 자체일 뿐 相立하거나 幷論되기 어려워서 얼음과 연탄(氷炭)이나 물과 젖(水乳)같이 다르나, 모순 없이 입론상의 지평이 가능한 것은 직관 때문이다. 禪의 목적은 證悟 즉 悟得을 證驗함에 있는 것이지 理悟 즉 오득을 따짐에 있지 않으니 그 전체의 意境을 다음 佛典에서 밝히고 있다.

> 진여법계는 자신도 없고 남도 없어서 서로 어울리려면 오직 둘이 아님을 말함이니 둘이 아니고 모두 같으니 포용하지 않음이 없다 …… 극히 작은 것은 큰 것과 같아 경계를 잊고 극히 큰 것은 작은 것과 같아서 가를 보지 못하니 있음은 곧 없음이요 없음은 곧 있음이다.
> 眞如法界, 無自無他. 要言相應, 惟言不二, 不二皆同, 無不包容……極小同大, 忘絶境界, 極大同小, 不見邊表, 有卽是無, 無卽是有.(『三祖中峯和尙信心銘』)

이것은 三祖僧璨의 글로서 法界의 자성의 묘체(自性之妙體)에 대한 경계를 설명하고 있다. 시는 심지에 연유하여 성정을 사출할 때, 그 시도는 바로 심득의 묘오에 있는 것이며, 이는 불도가 道得의 妙悟에 있는 것과 같다. 그리고 엄우가 그의 시화에서 핵심의 하나로 내세운 것이 [선도는 오직 묘오에 있고 시도도 묘오에 있다.(禪道惟在妙悟, 詩道亦在妙悟.)]의 논리인데, 그는 맹호연을 한유보다 시의 묘오란 면에서 시의 가치를 높게 본다는 관점에서 이 점을 부각시켰다. 그의 시화의 詩辨에서 妙悟와 관련된 부분은 [들여우의 외도인 것이니, 그 참된 지식을 가리워 버리면 약을 구할 수 없어서 끝내 깨달음을 얻지 못한다.(野狐外道, 蒙蔽其眞識, 不可救藥, 終不悟也.)]구, [가슴속에 뜸들여 오래되면 자연히 깨달아 든다.(醞釀胸中, 久之自然悟入.)]구, 그리고 [그 묘한 곳은 꿰뚫어 영롱하여 모아 놓을 수 없다.(其妙處透徹玲瓏, 不可湊泊.)]구 등이 되겠는데 詩道가 묘오에 있다는 논법이다. 한편으로 明代 胡應麟은 『詩藪』에서,

> 선은 필히 깊이 수련되고 난 후에 깨달을 수 있고 시는 깨달은 후에야 이어 모름지기 깊이 창작된다.
> 禪必深造而後能悟, 詩雖悟後, 仍須深造.(『內編』 卷2)

라 하여 悟는 시가 거쳐야 할 한 가지 필수적인 노정으로 보아서, 선의 지경이 悟라면 시는 그 이상의 상태에 몰입한 차원까지 상승해야 한다는 시의 경계를 밝혔고, 근인 錢鍾書도 [도를 배우고 시를 배우는데 깨닫지 않고서는 진전하지 못한다.(學道學詩, 非悟不進.)](『談藝錄』 p.115)라고 하여 悟를 통한 學詩를 역설하였다.

이런 엄우의 시론 근거에 의해서 이동양의 본문을 확대해석하면, 엄우의 소위 以禪入詩의 성정으로 작시에 접근할 수 있는 승려의 詩心을 염두에 둔 것임을 알 수 있다. 이런 詩心의 단계는 禪典, 禪跡, 禪趣, 禪理 그리고 禪境의 境地까지 도달할 수 있는 것이다. 作詩에서 禪典의 단계란 佛家의 經典과 梵語를 詩語로 활용하는 경지이다. 宋代 魏慶之는 『詩人玉屑』에서 [고인이 시를 짓는데는 방언을 많이 사용하였고, 지금 사람이 시를 짓는데 다시 선어를 사용하는데 대개 이것은 낡은 것을 싫어하고 새로운 것을 좋아해서인 것이다.(古人作詩, 多用方言, 今人作詩, 復用禪語, 蓋是厭塵舊而欲新好也.)]라고 하여 禪語의 활용을 긍정적으로 보았고, 禪跡의 단계는 梵僧의 行蹟, 居處, 友情, 贈答 등을 작시에 典故로 활용하는 것으로 王維의 「飯覆釜山僧」을 보면,

풀밭에 기대어 솔가루 먹고
　　향을 피우며 도교서를 읽노라.
　　연등이 낮에 다 지려하고
　　인경이 울리니 밤이 마침 드는구나.
　　藉草飯松屑, 焚香看道書.
　　燃燈晝欲盡, 鳴磬夜方初.

　여기서 승려의 蔬食과 修道생활을 묘사하여 脫俗의 경지를 대변해주는 상황을 인식케 한다. 그리고 作詩에서 禪理, 禪趣 그리고 禪境의 단계는 心靈의 感受에 의한 추상적인 玄妙의 심리관념으로서, 禪理는 參禪의 이치를 시에 적용하는 禪理詩를 창작하게 하니, 王維의 「登辨覺寺」를 보면,

　　대나무 오솔길 따라 산길을 시작하여
　　산봉우리 이어가니 절간이 나오네.
　　창가에는 초땅이 다 지나고
　　숲 밖에는 구강이 평평히 흐르네.
　　부드러운 풀에 다리 겹쳐 앉으니
　　긴 소나무에 불경소리 울리네.
　　공허이 구름 속에 거하면서
　　세상을 보니 생사를 초월한 무생의 마음이 드는구나.
　　竹徑從初地, 連峰出化城.
　　窓中三楚盡, 林外九江平.
　　軟草承趺坐, 長松響梵聲.
　　空居法雲中, 觀世得無生.

　이 시에서 首句는 將登, 次句는 正登, 제2연은 旣登의 過程을 묘사하여 寺刹에서의 修道를 登寺의 길을 빌려서 비유하고 있다. 이것은 소위 菩薩十地의 첫 걸음을 상징한다. 그리고 禪趣는 득도의 단계에서 정신적 승화를 추구하여 소위 淸代 李重華가 말한 〔참선의 절경에 들다.(入禪絶境)〕(『貞一齋詩說』)라 하여 〔어사는 다 표현했으나 의취는 그지없다.(言有盡意無窮)〕라는 妙悟에 들어가서 作詩묘사가 淸靜하게 된다. 그리하여 禪境의 단계에는 翁方綱이 王維의 시를 두고 〔우승의 오언시는 신성한 초탈의 경지가 외적인 모습 밖에 있어서

반드시 말로 할 수 없다.(右丞五言, 神超象外, 不必言矣.)〕(『石洲詩話』)라고 평한 경지에 들어간다. 이 경지는 脫俗하여 忘我하고 마침내 入神의 정신세계에서 絶頂의 創作力을 발휘하는 것이다.(이상은 拙著『王維詩比較硏究』第五章 王維詩與禪悟之關係 부분을 참고. 北京京華出版社, 1999)

본문에서 唐代 詩僧인 齊己(860?~937?)를 거론하였는데, 그의 姓은 胡요, 名은 得生인데, 袁州 지방에서 大文人 鄭谷과 詩友가 되어 詩風 또한 그에 상통하여, 辛文房의『唐才子傳』(卷9)을 보면,

> 정곡의 시는 맑고 곱고 밝으며 속되지 않고 절실하여 설능과 이빈에게 상찬 받았다.
> **谷詩淸婉明白, 不俚而切, 爲薛能, 李頻所賞.**

라고 하여 鄭谷의 시풍을 淸明하고 俗되지 않다고 한 바, 齊己의 시도 같은 맥락으로 본다. 그래서『五朝詩善鳴集』의 評에〔제기의 정신과 역량은 작고 큰 것 다 지니고 있어서 지니지 않은 것이 없다.(己公精神力量, 細大不捐, 無所不有.)〕라고 하여 제기의 才能을 평가하였고, 孫光憲의『白蓮集』序에서는〔스승의 취향은 고독하고 정결함을 취하여서 사운이 맑고 윤택하고 평담하면서 뜻이 원대하고 차고 높다.(師趣尙孤潔, 詞韻淸潤, 平淡而意遠, 冷峭而.)〕라 하고『唐音癸籤』에서도〔제기의 시는 맑고 윤택하고 평담하며 또 고원하고 냉초하다.(齊己詩淸潤平淡, 亦復高遠冷峭.)〕라고 하였다. 齊己의 시가 俗되지 않고 淸明한 禪風을 추구하여 新羅僧과 交流하면서 지은 다음 시들은 그 풍격을 강하게 제시해 준다.「送僧歸日本」(『全唐詩』卷826)을 보면,

> 해는 동쪽에서 나와 서쪽에서 노니는데,
> 한 탁발로 한가로이 구주를 편력했네.
> 오히려 계림의 본사 그리워서
> 돌아가려고 바닷바람이 가을이기를 기다리네.
> **日東來向日西遊, 一鉢閑尋徧九州.**
> **却憶桂林本師寺, 欲歸還待海風秋.**

여기서 제1연은 僧侶의 求法旅程을, 제2연에서 고향을 잊지 못해 여름 장마와 태풍이 지나 바다가 잠잠할 가을 時期를 기다리는 狀況을 寫實的으로 각각 묘사하였는데 이것이야말로 시가 平淡하면서 意遠한 깊은 友情을 알게 한다. 그래서 이 시는 『唐詩評選』에서〔성정을 가까우나 어사는 절로 멀다.(近情語自遠.)〕라는 評에 근접하고 있다. 그리고「送高麗二僧南遊」를 보면,

동쪽 해 뜨는 고향에서 떠나온 지 오래인데
중국의 신령한 불교 고적을 두루 찾으려 했네.
어디 푸른 산에서 어른을 만날까
밝히 대사의 마음을 알겠노라.
日邊鄕井別年深, 中國靈跡欲徧尋.
何處碧山逢長老, 分明認取祖師心.

이 시는 直說的인 표현과 間說的인 意趣가 前後 聯句로 묘사되어 시의 超脫의식이 더욱 돋보인다. 그래서 『唐詩矩』에서〔시 전체가 직접적인 서술을 한 격식이다. 시를 처음 시작하는 기법이 온통 준엄하며 울려나서, 만당에서 다시 많이 얻을 수 없다. …… 마침 처사의 인품이 말하지 않아도 절로 드러나서 시의 뜻이 남보다 열배는 높다.(全篇直敍格. 起法渾峭而響, 在晚唐亦不多得…… 方處士之人品不言而自見, 筆意高人十倍.)〕라고 한 評句와 의미 상통하니 시의 묘사가 平凡한 듯하나 담긴 뜻은 言外的이다.

湛然(잠연)(782~853)은 俗姓이 戚, 본래 晉陵의 荊溪에 거주하여 荊溪禪師라 불렸다. 天寶 초년에 승려가 되어 그의 시는 法照, 無可, 靈一, 齊己, 貫休 등과 함께 詩名이 있었다. 無本는 중당시인 賈島를 지칭한다.

132. 予嘗有詩 이동양의 시

予嘗有詩曰〔鸚鵡籠深空望眼〕[1], 或欲易爲〔空昨夢〕。又曰〔翠籠鸚鵡空愁思〕[2], 或欲易爲〔空毛羽〕。予不能辯, 姑以俟諸他日, 更與商之。

나에게 일찍이 시가 있어 말하기를 :〔앵무새 새장이 깊어 공허이 눈을 보네〕구를 어떤 이는〔공허이 어제 꿈꾸었네〕라고 바꾸려 하였다. 또 말하기를 :〔푸른 새장의 앵무새가 공허이 수심에 잠기네〕구를 어떤 이는〔공허이 깃털을 터네〕라고 바꾸려 하였다. 나는 판단이 안서서 잠시 후일을 기다렸다가 다시 의논하려 한다.

✿ 해설

作詩의 修正문제는 시인의 本分이다. 切磋琢磨의 精鍊단계를 통하여 비로소 完整한 한 수의 시가 창작된다. 본문은 그 과정의 중요성을 강조한다. 인용된 이동양의 詩句로 '鸚鵡'구는 「世賞席上次韻夏提學」(『李東陽集』 詩後稿・卷15)의 제5구, '翠籠'구는 「春興八首」(上同 卷5)의 제3수 제5구이다.

---

1) 鸚鵡句:『李東陽集』卷15「世賞席上次韻夏提學」
2) 翠籠句:上同 卷5「春興」8首

133. 杜甫集詩家之大成者 집대성가로서의 두보

杜詩淸絕如〔胡騎中宵堪北走, 武陵一曲想南征。〕[1] 富貴如〔旌旗日煖龍蛇動, 宮殿風微燕雀高。〕[2] 高古如〔伯仲之間見伊呂[3], 指揮若定失蕭曹[4]。〕[5] 華麗如〔落花遊絲[6]白日靜, 鳴鳩乳燕靑春深。〕[7] 斬絕如〔返照入江翻石壁, 歸雲擁樹失山村。〕[8] 奇怪如〔石出倒聽楓葉下, 櫓搖背指菊花開。〕[9] 瀏亮如〔楚天不斷四時雨, 巫峽長吹萬里風。〕[10] 委曲如〔更爲後會知何地, 忽漫相逢是別筵。〕[11] 俊逸如〔短短桃花臨水岸, 輕輕柳絮點人衣。〕[12] 溫潤如〔春水船如天上坐, 老年花似霧中看。〕[13] 感慨如〔王侯第宅皆新主, 文武衣冠異昔時。〕[14] 激烈如〔五更鼓角聲悲壯, 三峽星河影動搖。〕[15] 蕭散如〔信宿漁人還汎汎, 淸秋燕子故飛飛。〕[16] 沉著如〔艱難苦恨繁霜鬢, 潦倒眞停濁酒杯。〕[17] 精鍊如〔客子入門月皎皎, 誰家擣練風淒淒。〕[18] 慘戚如〔三年

---

1) 胡騎句: 杜甫 「吹笛」
2) 旌旗句: 杜甫(이하 모두 杜甫詩句) 「奉和賈舍人早朝大明宮」
3) 伊呂(이여): 殷나라의 명상 伊尹과 周나라의 명상 呂商, 곧 太公望.
4) 蕭曹(소조): 漢高祖의 功臣인 蕭何와 曹參.
5) 伯仲句: 「詠懷古跡」五首의 제5수
6) 遊絲(유사): 아지랑이
7) 洛花句: 「題省中壁」
8) 返照句: 「返照」
9) 石出句: 「送李八秘書赴杜相公幕」
10) 楚天句: 「暮春」
11) 更爲句: 「送路六侍御入朝」
12) 短短句: 「十二月一日」三首의 제3수
13) 春水句: 「小寒食舟中作」
14) 王侯句: 「秋興八首」의 제4수
15) 五更句: 「閣夜」
16) 信宿句: 「秋興八首」의 제3수
17) 艱難句: 「登高」
18) 客子句: 「暮歸」

笛裏關山月, 萬國兵前草木風。]19) 忠厚如〔周宣漢武今王是, 孝子忠臣後代看。]20) 神妙如〔織女機絲虛夜月, 石鯨鱗甲動秋風。]21) 雄壯如〔扶持自是神明力, 正直元因造化功。]22) 老辣如〔安得仙人九節杖, 拄到玉女洗頭盆。]23) 執此以論, 杜眞可謂集詩家之大成者矣。

두보 시는 매우 맑으니(淸絶), 〔오랑캐 기마는 한밤에 북으로 달리니, 무릉 한 곡은 남쪽 원정을 생각케 하네.〕구 같은 것이다. 부귀하니(富貴), 〔날 따뜻한데 깃발이 용뱀처럼 펄럭이고, 궁전에 산들바람 이니 제비 참새가 높이 나네.〕구 같은 것이다. 고고하니(高古), 〔이윤과 여상과 맞먹을만하고, 지휘력은 소하와 조참보다 낫도다.〕구와 같은 것이다. 화려하니(華麗), 〔꽃 지고 아지랑이 자욱한데 밝은 해는 고요하고, 비둘기와 어린 제비 우는데 푸른 봄이 깊구나.〕구와 같은 것이다. 벤 듯 산뜻하니(斬絶), 〔되비치어 강에 들어 돌벽에 날리고, 돌아가는 구름이 나무를 안고 산마을에 드네.〕구와 같은 것이다. 기괴하니(奇怪), 〔돌이 솟은 곳에 단풍잎이 지는 소리 들리고, 배 노가 등을 흔드는데 국화가 피누나.〕구와 같은 것이다. 맑고 밝으니(瀏亮), 〔초땅 하늘에 끊임없이 사계절 비 내리고, 무협에는 길게 만 리 바람이 부네.〕구와 같은 것이다. 섬세하니(委曲), 〔다시 뒤에 만남에 어디인지 알지니, 문득 만남이 이별 자리로다.〕구와 같은 것이다. 준일하니(俊逸), 〔짧은 복사꽃이 강 언덕에 서 있고, 가벼운 버들 솜은 옷을 건드네.〕구와 같은 것이다. 온화하고 윤택하니(溫潤), 〔봄물에 배는 하늘 위에 앉은 것 같고, 노년에 꽃을 안개 속에 보는 것 같네.〕구와 같은 것이다. 감개하니(感慨), 〔왕후의 집에는 모두 새 주인이요, 문무의 의관은 옛날과 다르네.〕구와 같은 것이다. 격렬하니(激烈), 〔오경의 북과 피리 소리 비장

---

19) 三年句:「洗兵馬」
20) 周宣句:「承聞河北諸道節度入朝歡喜口號絶句」십이수의 제2수
21) 織女句:「秋興八首」의 제7수
22) 扶持句:「古柏行」
23) 安得句:「望嶽」

한데, 삼협의 은하수 그림자는 흔들거리네.]구와 같은 것이다. 쓸쓸하니(蕭散), 〔멋대로 자는 어부는 둥둥 떠 있고, 맑은 가을의 제비는 빙빙 나네.]구와 같은 것이다. 침착하니(沈著), 〔어렵게 고생하여 짙게 서리 낀 귀밑털을 원망하니, 늙어 느리게 막걸리 잔을 드네.]구와 같은 것이다. 잘 다듬어지니(精鍊), 〔나그네 문에 드니 달이 밝은데, 누구 집 비단 다듬이 소리에 바람이 쓸쓸하네.]구와 같은 것이다. 비참하니(慘戚), 〔삼년 피리 속에 관산에 달이 뜨고, 온 나라 병사 앞 초목에 바람 부네.]구와 같은 것이다. 충실하고 중후하니(忠厚), 〔주의 선왕과 한의 무왕은 지금의 왕의 지침이며, 효자와 충신은 후대에 본보기라네.]구와 같은 것이다. 신묘하니(神妙), 〔직녀의 베틀 실은 달밤에 텅 비고, 돌고래의 비늘은 추풍에 움직이네.]구와 같은 것이다. 웅장하니(雄壯), 〔몸을 부추기니 절로 신명이 나니, 마침 조화옹의 공 때문이네.]구와 같은 것이다. 노련하니(老辣), 〔어찌해야 신선의 구절 지팡이를 얻어서, 부추겨 옥녀의 머리 감는 동이에 이를 건가?]구와 같은 것이다. 이런 것들로 논하자면, 두보는 진정 시가의 집대성이라고 말할 수 있다.

❂ 해설

杜甫를 詩家의 집대성이라고 평가하는 근거는 다양한 격식과 풍격을 포괄하는 詩聖다운 詩格을 지니고 있기 때문이다. 中唐代의 元稹은 이미 杜甫를 尊崇하여 「唐故工部員外郎杜君墓係銘並序」(『元稹集』卷56)에서 논하기를,

> 자미에 이르러서, 대개 소위 위로는 국풍과 이소를 가까이 하고 아래로는 심전기와 송지문을 두루 갖추었으며, 예로 소무와 이릉을 옆에 두고, 기풍은 조식과 유정을 머금고, 안연지와 사령운의 고고함을 덮었으며 서릉과 유신의 유려함을 섞어서 고금의 체세를 다 얻고 지금 사람의 독창적인 것을 겸비하였다.
> 至於子美, 蓋所謂上薄風騷, 下該沈宋, 古傍蘇李, 氣吞曹劉, 掩顔謝之孤高, 雜徐庾之流麗, 盡得古今之體勢, 而兼今人之所獨專矣.

라고 하여 두보 시를 시대를 아우르는 詩史的 위상에 놓았고, 嚴羽는 두보 시를 직접 시의 집대성자라고 평가하여 『滄浪詩話』 詩評에서 논하기를,

> 소릉의 시는 한위대를 본받고 육조에서 제재를 얻어 그 자신만이 터득한 오묘한 경지에 이르러서 전대의 사람들의 것을 소위 집대성한 사람인 것이다.
> 少陵詩, 憲章漢魏, 而取材於六朝, 至其自得之妙, 則前輩所謂集大成者也.

라고 하였다. 그리고 明代의 張宇初도 〔집대성한 사람은 반드시 소릉 두씨라고 말할 것이다.(集大成者, 必曰少陵杜氏.)〕(『峴泉集』 卷2 雲溪詩集序)라고 다시 강조하고 있다. 본문에서 두보 시의 風格을 20종류로 구분하여 詩句를 하나씩 인용하여 제시하고 있는데 그 인용시의 다음 역대 평가내용을 통하여 상호 비교하여 보기로 한다. 風格用語, 引用詩題, 歷代 詩評의 순으로 열거하여 본다.

1. 청절(清絕) : 「吹笛」. 元代 方回 『瀛奎律髓』(卷12) : 〔의분에 흥분하고 비애하고 원망하니 이것은 일종의 풍격이다.(慷慨悲怨, 是一種風味)〕 청대 仇兆鰲 『杜詩詳注』(卷17) : 〔이 시는 매구마다 처량하고 원대하여 사물을 읊은 것이 빼어난 작품이다.(此詩句句淒遠, 詠物絕調.)〕

2. 부귀(富貴) : 「奉和賈舍人早朝大明宮」. 명대 陸時雍 『唐詩鏡』(卷26) : 〔경물이 조화를 이루고 궁궐이 엄숙하고 온화한 것이 여기에 비추어 드러난다.(景色融和, 宮宇肅穆, 於此照出.)〕

3. 고고(高古) : 「詠懷古跡」 五首의 제5수. 명대 唐元竑 『杜詩攟(군)』(卷3) : 〔논리가 이미 탁월하고 시의 격조가 빼어나서 절로 명구로서, 세상에서 같이 풍자한 것이다. 나는 말하노니 이 시는 논단으로서 단순한 시가 아니라 할 것이다.(議論既卓, 格力矯然, 自是名句, 世所同諷. 吾謂此詩論斷, 非詩也.)〕

4. 화려(華麗) : 「題省中壁」. 『唐詩鏡』(卷26) : 〔3, 4구는 필체가 노련하고 고매하고 또 절경을 맑게 비치어 주니, 이것은 황금말 타고 옥집에 사는 귀한 사람의 말인 것이다.(三四筆老而高, 且清映絕色, 是金馬玉堂人語.)〕

5. 참절(斬截) : 「返照」. 송대 孫奕『示兒編』(卷10) : 〔모두 칠언 전체 구가 잘 다듬어져 있다.(皆練得七言全句好也.)〕

6. 기괴(奇怪) : 「送李八秘書赴杜相公幕」. 『杜詩詳注』(卷19) : 〔첫구의 시어가 경쾌하고 수려하며 이어지는 시구는 용맹하고 웅건하며, 3, 4구는 더욱 기험하다.(起語輕秀, 接句猛健, 三四更奇險.)〕

7. 유량(瀏亮) : 「暮春」. 『杜詩詳注』(卷18) : 〔초땅의 하늘, 무협에서 손바닥을 모두는 마음이 절로 우러난다.(楚天, 巫峽, 不免合掌.)〕

8. 위곡(委曲) : 「送路六侍御入朝」. 『御選唐宋詩醇』(卷16) : 〔교묘하게 도치법을 사용하여 앞의 4구가 참으로 대단한 섬세하고 다양한 변화를 지니고 있다.(妙用倒敍法, 前四句藏多少曲折.)〕

9. 준일(俊逸) : 「十二月一日」 三首의 제3수. 『御選唐宋詩醇』(卷16) : 〔겨울에 지은 시인데 제비, 꾀꼬리, 복숭아, 버드나무 등의 어구가 있으니 대개 그 사실을 뒤바꾸어서 말하고 있다.(詩作於冬, 而有燕子, 黃鸝, 桃, 柳之句, 蓋逆道其事.)〕

10. 온윤(溫潤) : 「小寒食舟中作」. 명대 楊愼『丹鉛餘錄』(卷19) : 〔비록 두 구의 글자를 사용하였지만, 웅장 미려함이 배나 되니 환골탈태의 오묘함을 얻었다고 말할 수 있다.(雖用二句之字, 而壯麗倍之, 可謂得奪胎之妙矣.)〕

11. 감개(感慨) : 「秋興八首」의 제4수. 『杜詩詳注』(卷17) : 〔제4장은 장안을 회상하며 그 떠돌며 난리에 상심한 것을 탄식한다. 윗4구는 조정의 변화를 가슴 아파하고, 아래 구들은 변방의 침략을 근심하고 있다.(四章回憶長安, 歎其泝經喪亂也. 上四傷朝局之變遷, 下是憂邊境之侵逼.)〕

12. 격렬(激烈) : 「閣夜」. 송대 胡仔『苕溪漁隱叢話』(卷10) : 〔이후에 적막하여 들리는 것이 없다.(爾後寂寥無聞焉.)〕 송대 葉少蘊『石林詩話』(卷下) : 〔칠언시는 기상이 웅혼하기가 어려운데, 시구 중에 힘이 있고 서서히 표현된 어사 밖의 의취를 잃지 않고 있다.(七言難於氣象雄渾, 句中有力, 而紆徐不失言外之意.)〕

13. 소산(蕭散):「秋興八首」의 제3수. 청대 吳景旭『歷代詩話』(卷40):〔이것은 모두 기연의 두 구의 뜻에 맞고, 또 무료한 감흥을 기탁하고 있다.(此皆應起聯二句之意, 而亦託興於無聊.)〕

14. 침착(沈著):「登高」. 명대 胡應麟『詩藪』(卷5):〔두보의 바람이 세고 하늘이 높다는 이 시 56자는 마치 바다 밑의 산호처럼 가늘면서 굳어 이름하기 어렵고 너무 깊어서 헤아릴 수 없으니, 밝은 빛이 만 길이요, 강대한 힘이 만 근이나 되는 것 같다.(杜風急天高一章五十六字, 如海底珊瑚, 瘦勁難名, 沈深莫測, 而精光萬丈, 力量萬鈞.)〕

15. 정련(精鍊):「暮歸」.『瀛奎律髓』(卷15):〔절로 일종의 골격이 있는 풍조이며 또 일종의 비장하며 애처로운 풍격이 있다.(自是一種骨格風調, 又是一種悲壯哀慘.)〕『唐詩鏡』(卷26):〔3, 4구는 어사가 초사 이소의 의취가 들어 있다.(三四語入騷意.)〕

16 : 참척(慘戚):「洗兵馬」. 명대 王嗣奭『杜臆』(卷3):〔안록산의 반란이 삼 년이 지나고 피난하여 고향을 떠난지 또한 삼 년이어서 그러므로 삼 년의 피리 속에 관산에 달이 뜨고라고 말하였으니, 슬퍼진다.(祿山反經三年矣, 避亂離鄉者亦三年, 故云三年笛裏關山月, 悲之也.)〕『杜詩詳注』(補注卷下):〔'삼 년의 피리 속에 관산에 달이 뜨고, 온 나라 병사 앞 초목에 바람 부네.'구는 웅대하면서 비장하다.(三年笛裏關山月, 萬國兵前草木風, 雄亮悲壯.)〕

17. 충후(忠厚):「承聞河北諸道節度入朝歡喜口號絶句」십이수의 제2수. 송대 郭知達『九家集注杜詩』(卷28):〔이 시에서 여러 절도사의 충성심을 본다.(此篇望諸節度之忠孝也.)〕,『集千家注杜工部詩集』(卷16):〔감동하여 읊는 마음이 충성되고 아름답다.(感諷忠婉.)〕

18. 신묘(神妙):「秋興八首」의 제7수. 명대 楊愼『升菴集』(卷57):〔이 시를 읽으면 황량한 안개 낀 들판의 풀의 비애감이 표현된 어사 밖에 드러난다.(讀之則荒煙野草之悲見於言外矣.)〕

19. 웅장(雄壯):「古柏行」.『集千家注杜工部詩集』(卷14):〔시의 원기가 여기에 있는 것이다.(詩之元氣在此.)〕

20. 노랄(老辣) : 「望嶽」. 『杜詩詳注』(卷6) : 〔능히 속된 것을 아름답게 할 수 있으며 구법이 더욱 높이 빼어나서 진정으로 척미단사 즉 아름답고 가치 있는 어사를 구사하는 기교를 지니고 있다.(能化俗爲姸, 而句法更覺森挺, 眞有擲米丹砂之巧.)〕

이상의 評語들이 이동양이 분류한 풍격과 일치하는 면도 있지만, 상호 연관된 관점에서 서술된 것이라고 보아서 직간접적인 상통점을 찾을 수 있다. 이같이 두보 시는 集大成者로서의 위대한 風格을 지녔기에 중국문학의 詩聖으로 평가받고 古今東西의 詩家中 詩家로 추앙된다. 그래서 明代 胡應麟은 『詩藪』(內編 卷4)에서 집약된 결론을 내리고 있으니,

> 성당시의 맛은 수려하고 웅혼하다. 두보 시는 정련한가 하면 거칠기도 하며, 큰가 하면 세밀하기도 하며, 기교로운가 하면 졸렬하기도 하며, 신선한가 하면 진부하기도 하며, 기험한가 하면 평이하기도 하며, 옅은가 하면 깊기도 하며, 짙은가 하면 담백하기도 하며, 살찐가 하면 메마르기도 하여, 다 갖추지 아니 한 것이 없으니, 그 격조에 다 맞아서 진실로 성당의 다른 시인들과 크게 구별된다. 그 능히 전의 사람들의 시 풍격을 여기에 다 모을 수 있고, 처음으로 후세의 시인들의 풍격도 여기에 다 들어 있을 것이다. 또한 언사의 이치가 경서에 가까우니, 더욱 시인이 우러러 바라보는 것이다.
> 盛唐一味秀麗雄渾, 杜則精粗, 鉅細, 巧拙, 新陳, 險易, 淺深, 濃淡, 肥瘦, 靡不畢具, 參其格調, 實與盛唐大別. 其能會萃前人在此, 濫觴後世亦在此. 且言理近經, 敍事兼史, 尤詩家絶覩.

라고 하여 두보만이 시를 통하여 인간과 자연의 진면목을 입체적으로 투사하고 있다는 점을 지적하고 있다.

134. 張式之詩 장식지의 시

張式之[1]爲都御史, 在福建督軍務, 作詩曰:〔除夜不須燒爆竹, 四山烽火照人紅。〕[2] 爲言者所劾而罷, 詩體不可不愼也。

장식지가 도어사가 되어 복건도독부에서 복무하면서 시를 지어 말하기를:〔제야에 폭죽을 터트려서는 안 되나니, 네 산의 봉화불이 붉게 비추네.〕라 하니 말하는 사람에 의해서 탄핵되어 파면되었다. 시의 형식은 조심하지 않으면 안 된다.

❂ 해설

式之 張楷 시에 대한 내용은 제43칙을 참조하기를 바란다. 張楷의 筆禍사건에 대해서 淸代 姚之駰의 『元明事類鈔』(卷3)에 기록하기를:

명대 장식지시에〔제야에 폭죽을 터트려서는 안 되나니, 네 산의 봉화불이 붉게 비추네.〕라 하니, 생각컨대, 장해가 이 시기에 팔민의 도독으로 군무하면서 이 시를 지어 탄핵 받아 파면되었다.
明張式之詩:〔除夜不須燒爆竹, 四山烽火照人紅〕按, 楷是時提督八閩軍務, 賦此詩爲言者所劾而罷.

라고 한 바, 탄핵된 시는 단지 이 2구만 전해지니, 내용이 선동적이고 민심을 혼란케 할 소지가 있다는 것이겠다.

---

1) 張式之 : 張楷
2) 除夜句 : 張式之 詩. 詩題不明. 단지 2구만 남았음.

135. 巧遲不如拙速 작시의 교지와 졸속

〔巧遲不如拙速〕1), 此但爲副急者道。若爲後世計, 則惟工拙好惡是論, 卷帙中豈復有遲速之迹可指摘哉? 對客揮毫之作, 固閉門覓句2)者之不若也。嘗有人言:〔作詩不必忙, 忙得一首後, 剩有工夫, 不過亦是作詩耳, 更有何事?〕3) 此語最切。

〔기교 있고 느린 것은 졸렬하면서 빠른 것만 못하다〕라는 말은 단지 성급한 자에 맞추어서 하는 말이다. 만약 후세를 도모한다면 단지 기교와 졸렬함, 좋고 나쁜 것만을 따질 것이니 책 속에서 어찌 다시 느리고 빠른 자취를 지적할 수 있겠는가?〔손님을 대하고 붓을 잡는다〕라는 작품은 진실로 문을 닫고 시구를 찾는 것만 못한 것이다. 일찍이 어떤 사람이 말하기를:〔시를 짓는 데 결코 바빠서는 안 되며 바쁘게 시 한 수를 얻은 후에 틈이 있어도 단지 이런 시를 지을 뿐이니 더 무슨 일이 있겠는가?〕라고 하였는데 이 말은 가장 적절하다.

✪ 해설

시를 짓는 시인의 창작태도에 있어서 시간이나 의식의 遲速문제는 作詩에 있어서 시의 優劣을 가리는 객관적인 근거가 안 된다. 그러나 이동양은 작시의 遲速문제에 대해서 매우 편중된 의식을 지니고 있으니, 본시화의 제109칙에서 이백과 두보의 창작태도를 예로 들어 전자는 速作, 후자는 遲作의 경우라는 遲

---

1) 巧遲句: 출처는 宋 李昉『太平御覽』卷132
2) 對客揮毫: 黃庭堅「荊江亭卽事」:〔문을 닫고 시구를 찾는 사람은 陳無己이며, 손님을 대하고 붓을 잡는 사람은 秦少游이다.(閉門覓句陳無己, 對客揮毫秦少游.)〕
3) 作詩句: 作者 不明.

速論을 제기하고 있다. 본문의 '巧遲不如拙速'구는 宋代 李昉의 『太平御覽』(卷 132)의 「梁書曰……巧遲不如拙速」에서 인용한 것이고, '對客揮毫'구는 黃庭堅의 「荊江亭卽事十首」 중 제1수의 〔문을 닫고 시구를 찾은 사람은 진무기이며, 손님을 대하고 붓을 잡은 사람은 진소유로다.(閉門覓句陳無己, 對客揮毫秦少游.)〕구에서 인용하였으며, '作詩不必忙'구는 出處가 不明하다. 이동양이 제기하는 작시상의 지속론의 근거를 찾자면 먼저 『西京雜記』(卷3) 文章遲速篇의 〔매고는 문장을 지음이 매우 민첩하고 장경은 글을 지음이 매우 느린데 모두 한 시대의 명예를 다 누렸다. 그런데 장경의 글은 온화하고 미려한데 매고의 글은 때때로 쓸데없이 중첩된 구가 있다. 그러므로 빨리 가는데 좋은 자취가 없음을 알겠다.(枚皐文章敏疾, 長卿制作淹遲, 皆盡一時之譽. 而長卿溫麗, 枚皐時有累句. 故知疾行無善跡矣.)〕에서 연유하지 않았나 보는데 이동양은 작시의 彫琢과 吟味를 중시하고 있다.

136. 元詩所謂簡板對耳 원대 시에 대한 평가

元詩:〔山中烏喙⁴⁾方嘗膽⁵⁾, 臺上蛾眉⁶⁾正捧心。〕⁴⁾〔空懷狗監知司馬⁵⁾, 且喜龍門⁶⁾識李膺。⁷⁾〕⁸⁾〔生藏魚腹不見水, 死挽龍髥⁹⁾直上天。〕¹⁰⁾皆得李義山¹¹⁾遺意。至　〔戲爾築壇登大將¹²⁾, 危乎操印立眞王〕¹³⁾,〔自是假王先賈禍¹⁴⁾, 非關眞主不憐才〕¹⁵⁾, 直世俗所謂簡板對¹⁶⁾耳, 不足以言詩也。

원대 시에서〔산 속의 까마귀는 부리로 때마침 쓸개를 맛보고, 누대 위의 미인은 마침 마음을 다 바치네.〕구,〔공허이 구감이 사마상여를

---

4) 烏喙(오훼): 까마귀의 부리와 같은 입. 까마귀는 욕심이 많은 새이므로 욕심이 많은 사람을 비유.
5) 嘗膽(상담): 臥薪嘗膽. 越王 勾踐이 吳王 夫差에게 복수할 마음으로 노심초사하며 쓸개를 맛보았다는 고사. 오왕이 伍子胥의 시신을 강 속에 던지니 강물이 격동하였다는 고사.(『吳越春秋』夫差內傳)
6) 蛾眉(아미): 누에나방의 촉수처럼 털이 짧고 초승달 모양으로 길게 굽은 아름다운 눈썹. 미인의 눈썹. 미인.
4) 山中句: 瞿佑「題伍胥墓」. 瞿佑는 元末明初人.
5) 狗監(구감): 漢武帝가「子虛賦」를 읽고서, 작가와 같이 못함을 개탄하니 수렵견을 관장하는 관리 狗監 楊得意가 同鄕인 司馬相如가 지은 것이라 하여 사마상여가 출세하였다는 故事(『史記』司馬相如列傳). 후에 人才를 추천하는 사람으로 칭함.
6) 龍門:『史記』의 저자 司馬遷이 용문인이므로 歷史 또는 史家의 별칭.
7) 李膺(이응): 後漢 때의 襄城 사람. 字는 元禮. 靈帝 때에 黨錮를 만나 피살당함.
8) 空懷句: 元 成廷珪「送李唐臣調山南憲幕」
9) 龍髥(용염): 임금의 수염
10) 生藏句: 元 姚燧「送陸秀夫抱惠王入海圖」
11) 李義山: 李商隱
12) 大將: 漢 高祖의 功臣 韓信. 淮陰侯에 封爵.
13) 戲爾句: 元 陳孚「淮陰侯廟」
14) 賈禍(가화): 화를 얻음. 韓信이 帝王으로 被封되었으나 뒤에 楚王과 淮陰侯로 貶封되고 마침내 呂侯와 蕭何의 謀計로 잡혀 謀叛罪로 滅族됨.
15) 自是句: 元 錢士龍「淮陰侯」
16) 簡板對: 율시의 首聯과 頷聯에 對句를 쓰는 것이 마치 간판을 대하는 것 같다고 해서 부른다.

알던 것 생각하고, 또 용문이 이응을 아는 것을 기뻐하네.〕구,〔살아서 물고기배에 숨으니 물이 보이지 않고, 죽어서 용수염을 당기니 곧장 하늘에 솟네.〕구는 모두 이의산의 남긴 뜻을 얻은 것이다.〔아아! 단을 쌓아 대장에 올라서, 우뚝 지조 지켜 참된 왕을 세웠네.〕구와〔이로부터 왕을 가칭하다가 먼저 화를 당하니, 참된 왕이 재능을 아끼지 않음이 아니로다.〕구에 이르러서는 다만 세속에서 이른바 평범한 대구일 따름이니, 시를 말하기에는 부족하다.

✲ 해설

이동양은 元代 詩를 논하여 晩唐의 唯美詩風이나 平庸한 풍격에 지나지 않아서 모두 詩格上 第二義類에 속한다고 하였다. 그가 인용한 瞿佑의 '山中'句는 詩題가「題伍胥廟」, 成廷珪의 '空懷'句는 시제가「送李唐臣調山南憲幕」, 姚燧의 '生藏'句는 시제가「送陸秀夫抱惠王入海圖」, 그리고 陳孚의 '戲爾'句는 시제가「淮陰侯廟」, 錢士龍의 '自是'句의 시제는「淮陰侯」로서, 모두 원대 시의 전형적인 유형이다. 다음에 위의 元代 세 詩人의 시를 보기로 한다. 瞿佑(1227-1310)는 字가 宗吉, 錢塘人이다, 관직은 宜陽訓導를 지냈고 文集은『存齋樂全集』과『香臺百詠』이 있다. 그의 시「伍胥廟」를 보면,

숲속 사당을 지나면서 눈물이 옷소매에 가득하니
영웅은 자고로 아는 이가 적도다.
강변에서 적국이 마침 와신상담하는데
누대에선 미인이 때마침 마음 모아 받드네.
영 지방에 드니 모두 원수 설욕을 알고
오 지방 못에서 누가 한이 더욱 깊은 것을 알리오.
흰 수레에 백마는 끝내 무슨 이익이 있는가,
월나라 도주가 황금을 녹임만 못하네.
一過叢祠淚滿襟, 英雄自古少知音.
江邊敵國方嘗膽, 臺上佳人正捧心.
入郢共知讐已雪, 沼吳誰識恨尤深.
素車白馬終何益, 不及陶朱像鑄金.

錢謙益은 瞿佑의 시에 대해서 〔종길은 풍격은 미려하고 준일하고 악부가사는 청홍색의 고운 시어가 많아서 그 당시에 전송되었다.(宗吉風情麗逸, 樂府歌詞多偎紅倚翠之語, 爲時傳誦.)〕라 하고 徐子元은 『詩談』에서 〔종길의 시 구성이 공교하고 미려하여 만당의 온정균 유파이다.(宗吉組織工麗, 其溫飛卿之流乎.)〕라고 평하고 있다.

成廷珪의 字는 原常, 揚州人으로 元順帝 至元 년간에 在世하였으며 『居竹軒集』이 있다. 그의 「登望江亭」 시를 보면,

    장강은 그지없는데
    두건을 벗고 홀로 정자에 오르네.
    조수는 정말 절로 조석으로 오고
    산 경치는 고금이 따로 없네.
    비석 정자의 흐르는 물은 마르고
    가마 길에는 이끼가 깊이 쌓였네.
    흥망의 한을 적으려니
    서풍에 온갖 잎이 울고 있네.
    長江不可極, 岸幘獨登臨.
    潮信自朝暮, 山光無古今.
    碑亭流水涸, 輦路積苔深.
    爲寫興亡恨, 西風萬葉吟.

劉欽은 成廷珪의 시에 대해서 〔정규의 오언시는 자연스러움을 힘써서 조탁을 일삼지 않았으며 칠언율시는 가장 공교하여 唐代 시인의 체재에 매우 맞는다.(廷珪五言務自然, 不事雕劇, 七言律最爲工, 深合唐人之體.)〕라고 평하고 있다.

陳孚(1240~1303)의 字는 剛中, 天台臨海人으로 翰林國史院編修官, 禮部郎中을 지내고 『觀光藁』, 『交州藁』, 『玉堂藁』가 있다. 그의 시 「遠浦歸帆」을 보면,

    해 지니 소와 양이 돌아오고
    나루에는 나루 북을 울린다.
    안개 자욱하여 사람은 보이지 않고
    삐거덕 노 젓는 소리 나네.
    물결이 문득 놀란 듯 출렁이니

큰 물고기 어지러이 뛰며 춤추네.
북풍이 어찌도 세찬가
돛대 날리며 남포를 지나네.
日落牛羊歸, 渡頭動津鼓.
煙昏不見人, 隱隱數聲櫓.
水波忽驚搖, 大魚亂跳舞.
北風一何勁, 帆飛過南浦.

  陳孚의 시에 대해서 葉盛은『水東日記』에서〔시와 문이 조금 다르니 시는 흥취를 겸하고 있으며 감개와 조롱이 담겨 있다. …… 전에 원대 시인 진강중의 문집 속의 가행은 모두 이런 체제를 사용하니 보는 자는 알 것이다.(詩與文稍異者, 以詩兼興趣, 有感慨調笑, 風流脫洒處……前元詩人陳剛中集中歌行則全用此體, 觀者審之云云.)〕라고 평하고 있다.

跋 Ⅰ

　麓堂詩話, 實涯翁¹⁾所著, 遼陽王公²⁾始刻於維揚。余家食時, 手鈔³⁾一帙, 把玩久之。雖然, 予非知詩者, 知其有益於詩敎爲多也。將載刻以傳而未果。玆欲酬斯初志, 適匠氏自坊間來, 予同寅松溪葉子坡南, 長洲陳子棐庭咸贊成之, 迺相與正其訛舛⁴⁾, 翻刻於縉庠⁵⁾之相觀庭, 爲天下詩家公器焉。時嘉靖壬寅十一月旣望⁶⁾, 番禺後學負暄陳大曉景曙父跋。

　녹당시화는 진실로 서애 옹이 지었고 요양의 왕공이 비로소 유양에서 인쇄하였다. 나의 집에서 식사할 때마다 손수 베낀 책 한 권을 들어 오래도록 애독하였다. 비록 내가 시를 모르는 사람이지만 그것이 시교에 많이 유익할 것이라는 것은 알고 있다. 장차 인쇄하여 전해야겠다고 하면서도 아직까지 실행하지 못하다가, 이제 이런 초지를 펴고자 하는데 마침 장인이 동네에서 오매, 나의 동료인 송계 섭파남, 장주 진비정이 모두 출간에 찬성하니, 이에 서로 더불어 그 틀리고 어긋난 것을 바로 잡아서 관리학교의 상관정에서 본래와 똑같이 다시 각인하여 천하의 시인들에게 바른 그릇으로 삼고자 한다. 가정 임인년 십일월 보름 다음날, 반우(광동성 지역)에서 후학으로 양지에서 햇볕 쬐며 한가로이 지내는 진대효가 발문을 쓰다.

---

1) 涯翁 : 西涯 李東陽
2) 遼陽王公 : 王鐸
3) 手鈔 : 손으로 베낀 책.
4) 訛舛(와천) : 틀리고 어긋남.
5) 縉庠(진상) : 관리학교.
6) 旣望 : 음력 16일.

❂ 해설

　이 시화 서문이 王鐸에 의해 지어지고 초판을 주도하였음은 주지의 사실이다. 그의 안목과 결단이 아니면 중국시론의 중요한 맥락인 『懷麓堂詩話』가 적기에 빛을 보지 못했을 것이다. 陳大曉가 跋文을 지은 시기는 明代 世宗 嘉靖 21년(1542)으로서 본시화를 간행하는 목적을 분명하게 밝히고 있다.

跋 Ⅱ

　李文正1)公以詩鳴成弘間2), 力追正始3), 爲一代宗匠4)。所著懷麓堂集, 至今爲大雅5)所歸。詩話一編, 折衷議論, 俱從閱歷甘苦中來, 非徒游掠光影娛弄筆墨而已。仁和倪君建中, 手鈔見贈, 亟爲開雕。俾與滄浪詩法6)白石詩說7)鼎峙8)騷壇9), 爲風雅10)指南云。乾隆乙未仲秋上浣11)知不足齋後人鮑廷博12)識。

　이문정 공은 성화 홍치년간에 시로 명성이 있었으니 올바른 시법을 힘써 추구하여 한 세대의 출중한 사람이 되었다. 지은 『회녹당집』은 오늘에 이르러 大雅에 오르게 되었고 시화 한 권은 의논이 공평하여 모두 본래 고락을 겪으면서 나온 것이니, 단지 세월을 보내며 놀면서 필묵을 휘둘린 것만이 아니다. 인화 예건중이 손수 베낀 초본을 보내

---

1) 文正 : 李東陽의 諡號.
2) 成弘間 : 成化와 弘治년간. 成化는 明代 憲宗의 연호(1465~1487), 弘治는 孝宗의 연호(1488~1505)
3) 正始 : 올바른 詩法, 詩道.
4) 宗匠 : 道德과 學藝가 出衆한 사람.
5) 大雅 : 『詩經』의 大雅로서 여기서는 이동양의 문집을 『시경』의 경지로 높이 평가한 말.
6) 滄浪詩法 : 嚴羽의 『滄浪詩話』의 詩論.
7) 白石詩說 : 宋代 姜夔의 『白石道人詩說』의 詩論.
8) 鼎峙(정치) : 솥발과 같이 세 곳에 나누어 세움. 鼎立
9) 騷壇(소단) : 文壇, 詩壇.
10) 風雅 : 『詩經』같이 올바르고 모범적인 詩歌.
11) 乾隆乙未 : 淸代 高宗 乾隆 40年(1775). 上浣(상완) : 上旬
12) 鮑廷博 : 淸代 歙(흡)人. 字는 以文, 號는 淥飮. 桐鄕의 鄔鎭에 거하며 藏書가 많아서 四庫館을 열고 『知不足齋叢書』 30集을 校刊하였다. 『花韻軒咏物詩存』이 있다.

오매, 급히 다듬어 간행하게 되었다. 창랑시법 및 백석시설과 함께 문단의 세 곳에 우뚝 세워서 풍아의 지침으로 삼는다. 건융 을미 중추 상순 지부족재 후인 포정박이 쓰다.

✿ 해설

『懷麓堂詩話』는 宋代 嚴羽의 『滄浪詩話』와 宋代 姜夔의 『白石道人詩說』과 함께 三大 詩論書로서 추앙된다. 이들 시화는 淸代 四大 詩論인 王士禎의 神韻, 袁枚의 性靈說, 沈德潛의 格調說 그리고 翁方綱의 肌理說 등을 낳게 한 기본 시론서로서 그 평가와 가치는 이미 검증되었다. 鮑廷博은 이 시화의 중요성을 인식하여 淸代 乾隆 40년(1775)에 跋文을 짓고 『知不足叢書』에 列入하여 출간한 것이다.

『懷麓堂詩話』譯解의 主要參考資料 目錄

　　＊本目錄은 筆者가 譯解를 위해 직접 參考했던 資料目錄과 필자 자신의 著述
中에서 參考한 書目을 合하여 別途 參考資料를 합하여 작성하였다.

Ⅰ. 基本原典 및 李東陽生平資料

明 李東陽『懷麓堂詩話』,『歷代詩話續編』臺灣藝文印書館, 1975
明 李東陽著, 李慶立校釋『懷麓堂詩話校釋』, 人民文學出版社, 2009
明 楊一淸「特進光祿大夫左柱國少師兼太子太師吏部尙書華蓋殿大學士贈太師諡文正
　　　李公東陽墓誌銘」(明 焦竑編『獻徵錄』卷14)
明 廖道南『殿閣詞林記』卷2 華蓋殿大學士李東陽
明 項篤善『今獻備道』卷41 李東陽
淸 張廷玉等『明史』卷181 李東陽傳
淸 法式善 纂輯 唐仲冕 增補「明李文正公年譜」(『李東陽集』第3卷 附錄)
錢振民『李東陽年譜』復旦大學出版社 1995

Ⅱ. 經子史書類

宋 朱熹『詩集傳』, 中華書局 1992, 宋 朱熹『論語集注』, 齊魯書社 1992
漢 班固『漢書』, 中華書局 1987, 梁 沈約『宋書』, 中華書局 1974
唐 魏徵『隋書』, 中華書局 1982, 宋 歐陽修, 宋祁『新唐書』, 中華書局 1975
元 脫脫『宋史』, 中華書局 1985, 元 脫脫『元史』, 中華書局 1987
淸 張明玉等『明史』, 中華書局 1997, 宋 鄭樵『通志略』, 上海古籍出版社 1990

Ⅲ. 詩文集類

『全唐詩』, 中華書局 1992, 宋 王應麟『詩考』,『叢書集成』初編本,
明 朱朝瑛『讀詩略記』,『文淵閣四庫全書』本,

朱自清『詩言志辨』, 華東師範大學出版社 1996,
傅璇琮 主編『唐才子傳校箋』, 中華書局 1987,
明 焦竑『獻徵錄』, 上海書店 1987,
清 錢謙益『列朝詩集小傳』, 上海古籍出版社 1983
清 黃宗羲『明儒學案』, 明文書局 1991
明 田汝成『西湖遊覽志餘』, 浙江人民出版社 1980
宋 晁公武『衢本郡齋讀書志』, 江蘇古籍出版社 1988
宋 陳振孫『直齋書錄解題』, 上海古籍出版社 1987
清 永瑢等『四庫全書總目提要』, 河北人民出版社 2000
宋 黎靖德 編『朱子語類』, 文淵閣四庫全書本
清 李光地『榕村語錄』, 中華書局 1995
唐 張彥遠『歷代名畫記』, 上海人民美術出版社 1964
宋 無名氏『宣畫書譜』, 文淵閣四庫全書本
宋 沈括『夢溪筆談』岳麓書社 2002
宋 王觀國『學林』, 文淵閣四庫全書本
宋 王楙『野客叢書』, 上海古籍出版社 1991
宋 王應麟『困學紀聞』, 遼寧教育出版社 1998
宋 蘇軾『東坡志林』, 文淵閣四庫全書本
宋 何薳『春渚紀聞』, 中華書局 1983
宋 費袞『梁谿漫志』, 上海書店 1990
宋 羅大經『鶴林玉露』, 中華書局 1983
明 楊慎『丹鉛餘錄』, 文淵閣四庫全書本
明 徐火勃『徐氏筆精』, 文淵閣四庫全書本
明 胡應麟『少室山房筆叢』, 上海書店 2001
明 張綸『林泉隨筆』, 叢書集成初編本
清 王士禎『池北偶談』, 中華書局 1982
清 王士禎『古夫于亭雜錄』, 中華書局 1988
清 顧炎武『日知錄』, 甘肅民族出版社 1979
清 何焯『義門讀書記』, 中華書局 1987
宋 李昉等『太平御覽』, 四部叢刊三編本
宋 歐陽修『歸田錄』, 上海書店 1990
宋 吳處厚『青箱雜記』, 中華書局 1985
宋 王讜『唐語林』, 學苑出版社 1998
元 陶綜儀『南村輟耕錄』, 遼寧教育出版社 1998
明 陸容『菽園雜記』, 中華書局, 1985
清 紀昀『閱微草堂筆記』, 上海古籍出版社 2005
宋 釋惠洪『禪林僧寶傳』, 文淵閣四庫全書本
宋 朱熹『楚辭集注』, 上海古籍出版社 1979
宋 洪興祖『楚辭補注』, 中華書局 1983

唐 陳子昂『陳拾遺集』, 上海古籍出版社 1992
淸 趙殿成『王右丞集箋注』, 上海古籍出版社 1982
淸 王琦『李太白全集』, 中華書局, 1977
宋 黃鶴『補注杜詩』, 文淵閣四庫全書本
明 元竑『杜詩攟』, 文淵閣四庫全書本
明 王嗣奭『杜臆』, 上海古籍出版社 1983
淸 仇兆鰲『杜詩詳注』, 中華書局 1992
淸 浦起龍『讀杜心解』, 中華書局 1978
唐 韓愈『韓愈集』, 岳麓書社 2000
唐 柳宗元『柳河東全集』, 中國書店 1991
唐 劉禹錫『劉禹錫集』, 中華書局, 1990
齊文榜『賈島集注』, 人文文學出版社 2001
王友勝等校注『李賀集』, 岳麓書社 2002
唐 白居易『白氏長慶集』, 文學古籍刊行社 1955
唐 齊己『白蓮集』, 四部叢刊初編本
宋 蘇舜欽『蘇舜欽集』, 中華書局 1961
宋 梅堯臣『宛陵集』, 四部叢刊初編本
宋 歐陽修『歐陽文忠公文集』, 四部叢刊初編本
宋 王安石『臨川先生文集』, 四部叢刊初編本
宋 蘇軾蘇『東坡全集』, 燕山出版社 1998
宋 蘇轍『欒城集』, 上海古籍出版社 1987
宋 黃庭堅『豫章黃先生文集』, 四部叢刊初編本
宋 陳師道撰, 任淵注『後山詩注』, 叢書集成初編本
宋 呂本中『東萊先生詩集』, 四部叢刊草編本
宋 王十朋『梅溪集』, 四部叢刊初編本
宋 楊萬里『誠齋集』, 四部叢刊初編本
宋 陸游『劍南詩稿』, 上海古籍出版社 1985
宋 嚴羽『滄浪集』, 文淵閣四庫全書本
宋 劉克莊『後村先生大全集』, 四部叢刊初編本
金 王若虛『滹南遺老集』, 四部叢刊初編本
元 王奕『玉斗山人集』, 文淵閣四庫全書本
元 王惲『秋澗先生大全集』, 四部叢刊初編本
元 虞集『道園學古錄』, 四部叢刊初編本
元 李祁『雲陽集』, 文淵閣四庫全書本
元 楊維禎『鐵崖先生古樂府』, 四部叢刊初編本
明 劉基『誠意伯劉文成公文集』, 四部叢刊初編本
明 高啓『鳧藻集』, 文淵閣四庫全書本
明 貝瓊『淸江貝先生集』, 四部叢刊初編本
明 楊基『眉菴集』, 四部叢刊三編本

明 徐賁『北郭集』, 臺灣學生書局 1970
明 林鴻『鳴盛集』, 文淵閣四庫全書本
明 解縉『文毅集』, 文淵閣四庫全書本
明 楊士奇『東里集』, 文淵閣四庫全書本
明 陳獻章『陳白沙集』, 文淵閣四庫全書本
明 岳正『類博稿』, 文淵閣四庫全書本
明 李東陽『懷麓堂集』, 岳麓書社 1984
明 彭教『東瀧遺稿』, 江西省圖書館藏鈔本
明 吳寬『匏翁家藏集』, 四部叢刊初編本
明 王鏊『震澤集』, 文淵閣四庫全書本
明 邵寶『容春堂續集』, 文淵閣四庫全書本

Ⅳ. 詩話와 文學理論類

魏 曹丕『典論論文』, 蕭統『文選』, 中華書局 1977
明 陳懋『文章緣起注』, 中華書局 1985
曹旭集注『詩品集注』, 上海古籍出版社 1994
宋 歐陽修『六一詩話』, 人民文學出版社 1983
宋 胡仔『苕溪漁隱叢話』, 人民文學出版社 1962
宋 姜夔『白石詩說』, 人民文學出版社 1962
宋 何汶『竹莊詩話』, 中華書局 1984
宋 魏慶之『詩人玉屑』, 上海古籍出版社 1982
宋 葉少蘊『石林詩話』, 清 何文煥輯『歷代詩話』本, 中華書局 1981
宋 司馬光『溫公續詩話』, 上同
宋 劉攽『中山詩話』, 上同
宋 陳師道『後山詩話』, 上同
宋 魏泰『臨漢隱居詩話』, 上同
宋 呂本中『紫微詩話』, 上同
宋 許顗『彥周詩話』, 上同
宋 張表臣『珊瑚鉤詩話』, 上同
宋 葛立方『韻語陽秋』, 上同
宋 周紫芝『竹坡詩話』, 上同
宋 尤袤『全唐詩話』, 上同
元 楊載『詩法家數』, 上同
元 范德機『木天禁語』, 上同
明 王世懋『藝圃擷餘』, 上同
唐 張爲『詩人主客圖』, 丁福保輯『歷代詩話續編』本 中華書局 1983
唐 孟棨『本事詩』, 上同
宋 吳可『藏海詩話』, 上同

宋 曾季貍『艇齋詩話』, 上同
宋 張戒『歲寒堂詩話』, 上同
宋 陳巖肖『庚溪詩話』, 上同
宋 楊萬里『誠齋詩話』, 上同
宋 范稀文『對床夜語』, 上同
金 王若虛『滹南詩話』, 上同
元 吳師道『吳禮部詩話』, 上同
元 陳繹曾『詩譜』, 上同
明 都穆『南濠詩話』, 上同
明 楊愼『升菴詩話』, 上同
明 俞弁『逸老堂詩話』, 上同
明 顧起綸『國雅品』, 上同
明 陸時雍『詩鏡總論』, 上同
明 瞿佑『歸田詩話』, 上同
宋 王直方『王直方詩話』, 郭紹虞『宋詩話輯佚』本, 中華書局, 1980
宋 范溫『潛溪詩眼』, 上同
宋 蔡居厚『蔡寬夫詩話』, 上同
宋 洪芻『洪駒父詩話』, 上同
明 胡應麟『詩藪』, 上海古籍出版社 1979
明 胡震亨『唐音癸籤』, 上同 1981
明 徐師曾『文體明辨序說』, 人民文學出版社 1982
明 許學夷『詩源辯體』, 上同 1998
淸 馮班『鈍吟雜錄』, 丁福保輯『淸詩話』, 上海古籍出版社 1978
淸 徐增『而菴詩話』, 上同
淸 張泰來『江西詩社宗派圖錄』, 上同
淸 趙執信『聲調譜』, 上同
淸 李重華『貞一齋詩說』, 上同
淸 馬位『秋窓隨筆』, 上同
淸 黃子雲『野鴻詩的』, 上同
淸 袁枚『續詩品』, 上同
淸 施補華『峴傭說詩』, 上同
淸 賀裳『載酒園詩話』, 郭紹虞編選『淸詩話續編』 上海古籍出版社 1983
淸 吳喬『圍爐詩話』, 上同
淸 賀貽孫『詩筏』, 上同
淸 錢木菴『唐音審體』, 上同
淸 方世擧『蘭叢詩話』, 上同
淸 李調元『雨村詩話』, 上同
淸 潘德輿『養一齋詩話』, 上同
淸 朱庭珍『筱園詩話』, 上同

清 朱彝尊『靜志居詩話』, 人民文學出版社 1990
清 沈德潛『說詩晬語』, 上同 1979
清 袁枚『隨園詩話』, 上同 1982
清 趙翼『甌北詩話』, 上同 1963
清 翁方綱『石洲詩話』, 上同 1981
清 方東樹『昭昧詹言』, 上同 1984
郭紹虞『宋詩話考』, 中華書局 1985
朱光潛『詩論』, 上海古籍出版社 2005
郭紹虞『中國文學批評史』, 上海古籍出版社 1979
羅根澤『中國文學批評史』, 上海古籍出版社 1984
成復旺等『中國文學理論史』, 北京出版社 1987
蔣祖怡,『中國詩話辭典』, 北京出版社 1996
劉德重,『詩話概說』, 安徽教育出版社 2009
蔣寅,『清詩話考』, 中華書局, 2005
蔡鎮楚,『比較詩話學』, 北京圖書館出版社, 2006
吳宏一,『清代詩學初探』, 牧童出版社, 1978
周裕鍇,『宋代詩學通論』, 巴蜀書社 1997
胡鑑,『滄浪詩話注』, 廣文書局, 1978
郭紹虞,『滄浪詩話校釋』, 正生書局, 1973
陳應鸞,『歲寒堂詩話校箋』, 巴蜀書社, 2000
鄔國平,『竟陵派與明代文學批評』, 上海古籍出版社 2004
李曰剛,『中國詩歌流變』, 臺灣文津出版社, 1987
蔣寅,『大歷詩人研究』, 中華書局, 1995
朱光潛,『詩與畫的界限』, 臺灣元山書局, 1985
祖保泉,『司空圖詩文研究』, 安徽教育出版社, 1998
陳伯海,『唐詩彙評』, 浙江教育出版社, 1995
陳良運,『中國詩學批評史』, 江西人民出版社, 2007

V. 譯解者 著書中 關聯書目

『中國王維詩與李朝申緯詩之比較研究』, 亞細亞文化社, 1980
『王維詩研究』, 臺灣 黎明出版公司 1987
『楚辭選注』, 螢雪出版社, 1989
『中國唐詩選註』, 松山出版社, 1991
『楚辭』, 惠園出版社 1992
『中國詩와 詩論』(共), 玄岩社, 1993
『中國唐詩研究』(上·下), 國學資料院 1994
『唐詩論考』, 北京中國文學出版社 1994
『中國詩歌研究』, 新雅社 1997

『中國詩와 詩人—唐代篇』(共), 사람과 책, 1998
『淸詩話硏究』, 國學資料院 1999
『王維詩比較硏究』, 北京京華出版社 1999
『唐詩選註解』, 푸른사상 2001
『唐代 後期詩 硏究』, 푸른사상 2001
『唐代 大曆才子詩 硏究』, 韓國外大出版部 2002
『初唐詩와 盛唐詩 硏究』, 國學資料院 2001
『王維詩選』, 민미디어. 2001
『楚辭屈原賦註』, 新雅社 2001
『楚辭選』, 文以齋. 2001
『韓國漢詩와 唐詩의 比較』, 푸른사상 2002
『王維詩選』, 文以齋. 2002
『中國 詩歌論의 展開』, 韓國外大出版部 2003
『中國 初唐詩論』, 푸른사상 2003
『中國 盛唐詩論』, 푸른사상 2003
『中國 中唐詩論』, 푸른사상 2003
『中國 晚唐詩論』, 푸른사상 2003
『中國 詩話의 詩論』, 푸른사상 2003
『中國詩의 傳統과 摸索』(共), 新雅社 2003
『中國詩와 詩人—宋代篇』(共), 亦樂出版社 2004
『『詩經』選注』(共), 푸른사상. 2004
『錢謙益詩選』, 문이재 2004
『中韓詩學硏究的歷程』, 新星出版社 2005
『中唐詩와 晚唐詩 硏究』, 푸른사상 2005
『中國詩歌和韓國漢詩的交融』, 香港東亞文化出版社 2005
『中國詩學의 理解』, 新雅社 2005
『唐詩와 漢詩의 어울림』 新星出版社 2005
『唐詩의 作家論的 理解』, 新雅社 2006
『中國詩話의 理解』, 현학사 2006
『初唐詩와 詩人』 新星出版社 2007
『中唐詩의 理解』 新星出版社 2007
『盛唐詩와 詩人』 新星出版社 2007
『晚唐詩와 詩人』 新星出版社 2007
『淸詩話와 朝鮮詩話의 唐詩論』, 푸른사상 2008
『新羅와 渤海 漢詩의 唐詩論的 考察』, 푸른사상 2009

索 引

■ 인명

(ㄱ)

柯九思　79
賈島　101, 121
姜夔　47, 104
揭傒斯　78
桂天祥　170
高啓　37, 143
顧起綸　147
顧祿　242
高棅　62, 68, 70, 157, 187
高步瀛　157, 434
顧嗣立　34, 496
顧炎武　254
顧雲　186
高適　85, 101, 189
高仲武　157, 173
郭登　490
郭茂倩　24, 130, 160
郭璞　277
郭紹虞　107, 208, 509
郭受　224
貫休　83, 186
皎然　248
喬維翰　72

歐陽棐　304
歐陽修　97, 102, 137, 164, 321
瞿佑　122, 526
仇兆鰲　58, 181, 362, 424
屈原　198
金可紀　83
金立之　83
金聖嘆　125
金雲卿　83, 186
金昌緖　193
紀昀　332

(ㄴ)

羅璟　494
羅公福　238
羅大經　331
羅隱　186
駱賓王　188
盧仝　421
盧綸　190
盧照隣　144, 188

(ㄷ)

湛然　513
譚元春　142

唐汝詢　157
唐元竑　424, 518
戴復古　122
戴表元　70, 485
陶明濬　105, 210
都穆　37, 275
陶淵明　111
杜牧　190, 473
杜甫　16, 28, 32, 82, 103, 271, 436, 473, 474, 517
杜荀鶴　190
杜審言　188

(ㅁ)

馬令　37, 114
馬仲錫　42
梅聖兪　137
梅堯臣　228, 321
孟郊　190, 321
孟浩然　16, 82
毛奇齡　112
毛張健　167
冒春　267

(ㅂ)

朴仁範　83, 186

索引 | 541

班固　129
潘德輿　18, 62, 244, 349, 393
潘辰　397
方東樹　62
方世舉　406
方回　78, 102, 148, 220, 433
白居易　29, 133, 258, 473
范德機　21
范成大　24
范稀文　324
卞榮　355
費誾　72

（人）

司空圖　508
謝靈運　58, 282, 443
謝朓　443
謝榛　91, 149, 170, 247, 431
謝鐸　42, 43, 80, 262, 366, 391, 392, 487, 499
謝翱　238
謝朓　58
上官儀　188
商鞅　34
徐堅　24, 160
徐本　275
徐賁　143, 147
徐師曾　410
徐衍　166
徐庸　355
徐增　419
徐泰　42, 196, 261, 371
石延年　228, 410
釋智匠　130
釋惠洪　258
薛能　424

薛雪　122, 345
薛蟠　186
成廷珪　526
蕭慤　105
邵珪　482
蘇味道　188
邵博　322
邵寶　47, 366
蘇舜欽　228
蘇軾　16, 64, 72, 92, 95, 217, 271, 376
邵雍　105
蘇轍　30, 304
蕭統　99
孫光憲　512
宋濂　141
宋方鳳　100
宋玉　198
宋之問　188
施補華　104, 377
辛文房　121, 164
申欽　443
沈括　410
沈德符　144
沈德潛　39, 47, 71, 442
沈約　24
沈佺期　188

（○）

岳正　309
安磐　313, 375
顏延之　282
梁慶遇　444
楊基　37, 143, 146
楊萬里　33, 217, 325
楊士奇　306
楊守陳　374
楊慎　122, 443, 519
楊寓　275

楊維禎　79, 95, 127
楊一清　42
楊載　21
楊炯　188
楊奐　78
楊慎　42, 111, 141
嚴武　224, 456
嚴嵩　164
嚴羽　30, 47, 52, 105, 151, 204
呂居仁　206
葉夢得　321
葉盛　222
葉少蘊　62, 104, 135
葉適　505
令狐楚　157
倪瓚　79, 219
吳可　230, 438
吳景旭　235
吳寬　42, 263, 466
吳喬　203, 226, 442
吳起　34
吳雷發　442
吳文治　47
吳之振　35, 151
吳處厚　292
吳沆　253
溫庭筠　96
雍陶　162
翁方綱　47, 326
王巨仁　83, 186
王觀國　421
王國維　379
汪端　146
王文祿　65
王磐　78
王勃　144, 188
王嗣奭　172
王士禛　53, 98

王世貞　43, 147, 161, 203, 265, 352
王十朋　506
王安石　33
王若虛　133
王叡　249
王禮　462
王鏊　169, 467
王維　16, 82, 83, 95, 416
王定保　163
王佐　365
王鐸　45, 52, 530
姚燧　526
姚之駰　522
虞炎　284
虞集　79, 253
袁凱　38, 40, 118
元結　190
袁枚　47, 62
元稹　29, 32, 83, 137
元好問　352
魏慶之　70, 329, 510
韋縠　157
韋應物　158, 219
韋迢　224
魏泰　321
劉克莊　21, 122, 233, 413
劉瑾　15
劉攽　30, 294, 437
俞弁　134
劉溥　240
劉辰翁　140
劉晏　178
劉永濟　169
劉禹錫　130, 251
劉因　78, 79
劉定之　263, 305, 312
柳宗元　64, 227
劉昌　265

劉勰　98, 406
劉壎　484
劉欽　527
陸侃如　99
陸時雍　108, 157, 431, 518
陸深　158
陸游　326
陸鑒　18
陸釴　41, 196, 399, 499, 506
殷璠　157
李光地　318
李嶠　188
李祁　461
李東陽　15, 45, 71
李夢陽　16, 41, 72, 119
李攀龍　70, 157
李昉　524
李白　16, 28, 82, 436
李商隱　97, 134, 190
李善　138
李涉　83, 186
李晬光　444
李日剛　39, 79
李兆先　370
李重華　342
李賀　255, 420
李漢　303
李懷民　167, 169
李悝　34
任昉　248
林子羽　116
林逋　362
林鴻　38, 117

(ㄘ)
岑參　189
張戒　75, 133, 438
張喬　163

張九齡　86, 188
張寧　357
張來儀　147
張綸　277
章懋　357
張性　275
張式之　222
張說　189
張羽　143
張宇初　33
張為　233
張籍　83, 186, 251
張廷玉　15
莊昶　299, 493
張泰　41, 80, 392, 399
張弼　42, 371
張泌　478
張楷　522
錢謙益　112, 144, 241
錢起　173, 190
田汝成　487
錢鍾書　187, 385
鄭谷　83, 163, 186, 512
諸葛亮　198
齊己　512
趙孟頫　484
趙秉文　91
曹植　97, 280, 443
趙翼　319
趙執信　315, 442
曹學佺　372
鍾惺　142
鍾嶸　27, 125
周岐鳳　491
朱承爵　467
周昂　92
周維德　47
朱彝尊　40, 118, 307
朱載堉　112

周弼　158
朱熹　26, 35, 150
曾季貍　193, 420
摯虞　248
陳僅　269
陳大曉　45, 530
陳孚　526
陳師道　100, 219, 231, 328, 474
陳尙君　224
陳善　100
陳巖肖　138, 324
陳與義　330
陳繹曾　218
陳子昂　188
陳長方　318
陳知柔　476
陳獻章　297

(ㅊ)

崔珏　135
崔融　188
崔致遠　83, 186
鄒浩　292
祝堯　138

(ㅍ)

貝瓊　70
彭民望　368, 395
浦源　37, 114
鮑廷博　46, 532
鮑照　281, 443
馮班　22, 107, 155, 208, 442
皮日休　83, 186

(ㅎ)

何景明　16, 40, 71
何汶　131

賀裳　163, 339
何義門　284
夏寅　265
賀知章　189
何遠　421
韓偓　127
韓愈　16, 30, 72, 303, 437
解縉　305
許筠　444
許文雨　157
許中麗　355
許學夷　210
許渾　121, 400
許顗　108, 406
嵆康　280
胡廣　235
胡應麟　100, 112, 132, 238, 336, 510
胡仔　399, 519
洪邁　194, 431
黃生　170
黃叔燦　170
黃庭堅　132
黃宗羲　300
黃鶴　474

■ 작품

(ㄱ)

『居竹軒集』　527
『劍南詩稿』　326
『擊壤集』　105
『庚溪詩話』　138, 324
『古今樂錄』　130
『古賦辨體』　138
『古夫于亭雜錄』　98
『古詩鏡』　108
『觀光槀』　527
『光岳英華』　355
『甌北詩話』　319
『歐陽文忠公文集』　97
『國雅品』　147
『歸田詩話』　122
『近思錄』　35
『近體秋陽』　85

(ㄴ)

『蘭叢詩話』　406
『南唐書』　37
『南濠詩話』　114, 275
『冷齋詩話』　258
『論語』　25

(ㄷ)

『丹鉛餘錄』　519
『談龍錄』　71
『澹菴集』　235
『談藝錄』　187, 385
『唐歌詩』　157
『唐宋詩擧要』　85, 157, 434
『唐詩鏡』　157, 431, 518
『唐詩選』　157
『唐詩摘鈔』　170
『唐詩箋注』　170

『唐詩集解』 157
『唐詩品彙』 62, 68, 157, 187
『唐詩解』 157
『唐人絕句精華』 169
『唐才子傳』 121, 164
『唐摭言』 163
『唐體餘編』 167
『大明會典』 15
『對床夜話』 324
『道園學古錄』 253
『道鄉集』 292
『童蒙詩訓』 206
『東維子文集』 95
『東坡詩話』 217
『東坡志林』 92
『杜詩詳注』 30, 181, 362
『杜詩攟』 518
『杜臆』 173

(ㄹ)
『欒城集』 30, 305

(ㅁ)
『萬曆野獲編』 144
『漫叟詩話』 33
『梅聖俞詩集』 137
『明三十家詩選』 146
『鳴盛集』 116
『明詩紀事』 241
『明詩別裁』 39, 71
『明詩綜』 40, 118
『明詩評』 161
『明詩話全編』 47
『明儒學案』 300
『木齋有學集』 113
『夢溪筆談』 410
『聞見後錄』 322
『文選』 99

『捫蝨新話』 100
『文心雕龍』 379
『文章緣起』 248
『文章流別論』 248
『文體明辨』 410
『問花樓詩話』 18

(ㅂ)
『方洲集』 357
『白居易集』 29
『白石道人詩說』 47
『卞郞中集』 355
『步里客談』 318
『補注杜詩』 474
『批點唐詩正聲』 170

(ㅅ)
『四庫全書總目提要』 141
『四溟詩話』 170
『三體唐詩』 158
『西湖遊覽志餘』 487
『石林詩話』 62, 104, 135, 321
『石洲詩話』 326
『石倉歷代詩選』 372
『說詩晬語』 442
『惺叟詩話』 444
『誠齋詩話』 217
『誠齋集』 325
『歲寒堂詩話』 75, 133
『蘇東坡全集』 95
『昭昧詹言』 62
『少室山房集』 112
『續詩品』 62
『松雪齋集』 484
『宋詩紀事』 141
『宋詩鈔』 151
『宋元學案』 141
『水東日記』 222

『習學記言序目』 505
『升菴詩話』 122, 443
『升菴集』 42, 111
『詩家直說』 149, 247, 431
『詩境淺說續編』 133
『詩經』 25
『詩談』 42, 196, 371
『詩筏』 85
『詩法家數』 21, 153
『詩譜』 218
『詩說雜記』 106, 251
『詩藪』 100, 132, 238, 336, 510
『詩源辯體』 210
『詩議』 248
『詩人玉屑』 70, 329, 510
『詩人主客圖』 233
『詩的』 65
『詩集傳』 26
『詩品』 27, 125
『甚原詩說』 267

(ㅇ)
『樂記』 88
『樂律全書』 112
『樂府詩集』 24, 130, 160
『養一齋詩話』 18, 62, 244, 349, 393
『御選唐宋詩醇』 155
『彥周詩話』 108, 406
『儼山集』 158
『歷代詩話』 235
『歷代通鑑纂要』 15
『瀛奎律髓』 102, 148, 220, 332, 433
『藝苑卮言』 121, 147, 203, 265, 352
『容齋隨筆』 194, 431
『榕村語錄』 318

索引 | 545

『容春堂集』 366
『雲臺編』 164
『雲陽集』 461
『元明事類鈔』 522
『元氏長慶集』 137
『圍爐詩話』 226
『類博稿』 309
『六一詩話』 102, 164
『隱居通議』 484
『頤山詩話』 313, 375
『而菴詩話』 419
『逸老堂詩話』 134
『日知錄』 254
『一瓢詩話』 122, 345
『林泉隨筆』 277
『臨漢隱居詩話』 321

(ㅈ)

『炙轂子詩格』 249
『藏海詩話』 230, 438
『才調集』 157
『載酒園詩話』 163, 339
『全唐詩補遺』 224
『全唐詩』 121
『全明詩話』 47
『貞一齋詩說』 342
『艇齋詩話』 193, 420, 455
『靜志居詩話』 111, 307
『霽湖詩話』 444
『存雅堂遺稿』 100
『存餘堂詩話』 467
『竹林答問』 269
『竹莊詩話』 131, 219
『中國詩史』 99
『中山詩話』 30, 294, 437
『重訂中晚唐詩主客圖』 167
『中州集』 352
『中興間氣集』 157, 173

『震澤長語』 169
『震澤集』 467

(ㅊ)

『滄浪詩話校釋』 107
『滄浪詩話』 34, 47, 74, 101, 187, 204, 288
『滄州集』 42
『鐵崖先生古樂府』 127
『清江集』 70
『晴窓軟談』 444
『苕溪漁隱叢話』 399, 455, 519
『楚辭集注』 35
『草窓集』 241
『初學記』 24, 160
『春雨堂稿』 43, 261
『春渚紀聞』 422

(ㅌ)

『太平御覽』 524

(ㅍ)

『匏翁家藏集』 263, 466
『楓山語錄』 357
『風騷要式』 166

(ㅎ)

『河岳英靈集』 157
『學林』 421
『漢書』 129
『寒廳詩話』 34, 496
『海叟集』 40
『香臺百詠』 526
『峴傭說詩』 104, 377
『峴泉集』 33
『潭南詩話』 134
『湖海耆英』 355
『和靖詩集』 362

『環溪詩話』 253
『懷麓堂續稿』 15
『懷麓堂詩話』 15, 45
『懷麓堂集』 15
『後山詩話』 231, 474
『後村詩話』 233, 413
『休齋詩話』 476

譯解者 後記

　　年齡이 쌓일수록 시간의 흐름이 加速的으로 느껴지는 것은 단지 나 혼자만의 感情은 아닐 것이다. 내가 2008년 8월말에 긴 歲月을 몸 담았던 학교를 떠나서 자연인으로 돌아왔다고 하지만, 마음은 學人이어서 여전히 어디엔가 매여 있는 생활에서 완전히 벗어나지 못하고 있다. 평생을 그렇게 살아온 습관을 停年退任하고서, '人生若寄'러니 얼마 안 남은 이 여생을 좀 새롭게 꾸려 보자고 해서 하루아침에 그리 쉽게 方向轉換시킬 수 없었기 때문일 것이다. 그리하여 은퇴하고서 於焉間 3년 반이란 세월을 마치 陶淵明이나 된 것처럼 浪人的 意識을 追求한답시고 漢江邊을 거닐며 '延目中流'하면서 이것도 아니고 저것도 아닌 소위 어설픈 隱者的 자세를 取하다가 나날이 늘어만 가는 갖가지 疾病만 거느리면서 지내온 신세가 된 것이다. 길다면 길고 아닐 수도 있는 時流이지만, 노년의 여생을 보내는 나로서는 상당히 긴 시간을 무엇인가 아쉽게 여기면서 오늘까지 이렇게 걸어온 것이다. 그러나 이제부터라도 陶淵明「榮木」시의 "匪道曷依, 匪善奚敦."(도리가 아니라면 어찌 의지할 것이며 선이 아니라면 어찌 힘쓸 것인가?)라는 詩句처럼 사는 날까지 精神 가다듬고 반듯하게 살고 싶은 심정이다.

　　그간에 큰 病도 걸려 보았고, 2010년과 2011년 春季 학기에 중국 吉林大學의 招請으로 '韓中詩歌比較硏究'라는 주제를 가지고 강의도 하고 博

士論文들도 심사하고, 강연도 하면서, 그래도 隱退 後의 연구활동을 持續하느라고 多少 東奔西走한 기분이 들지만, 나로서는 삶의 本分을 지킨다는 의미에서 보면 그렇게 만족하게 느끼지 않고 있다. 그 理由는 먼저 每日 徹底한 學問研究의 目標와 그를 위한 日程表를 具體的으로 設定할만한 動機賦與가 不足하였고, 다음은 健康上의 문제로 긴장된 연구 시간의 엄격한 遵守가 불가능하였기 때문이다. 이것이 나의 隱退 前과 그 後의 日常生活上의 큰 差異點이기도 하다. 그런 中에 平素 하던 習慣대로 이 책 저 책 뒤지면서 간간이 메모한 자료 분석을 토대로 하여 2008년 가을에는 『淸詩話와 朝鮮詩話의 唐詩論』, 2009년에는 『新羅와 渤海 漢詩의 唐詩論的 考察』 등을 출간하고, 작년에 한국외국어대학교 대학원의 '詩話專題特講' 강좌 내용으로 採擇하여 비교적 시간적 여유를 가지고, 明代 李東陽의 『懷麓堂詩話』를 譯解하면서 그나마 나의 은퇴 후의 虛全한 마음에 얼마간의 自慰거리로 삼게 된 것이다.

이 譯解本이 나에게 있어서 몇 가지 의미를 賦與하고 싶은 感懷를 갖게 한다. 첫째는 半世紀 以上 一以貫之하며 오직 古典詩歌의 연구에 專心盡力해온 나로서는 항상 中國詩論의 확고한 논리적 정립이 부족하다고 自評해온 입장에서 지금이라도 그 보충 작업을 실행해야 하겠다는 一念이 있다는 것이다. 둘째는 現在 한국의 中國文學界가 語學과 現代文學 연구에 人才의 쏠림 현상을 目睹하면서 과연 학문의 本領을 어디에 두어야 할 것인가에 대한 나 자신의 책임과 후배들의 自省을 촉구하고 싶은 率直한 心情이 있는 것이다. 그리고 셋째는 隱退 後에 내가 接近 할 수 있는 力量上의 한계로 보아 나의 主專攻 분야 중에서 지금 學界에서 가장 必要로 하는 부분 중의 하나가 詩歌와 관련된 중요자료의 譯注 작업이라고 판단한 것이다.

내가 詩話를 연구하게 된 동기는 1991년 7월부터 1년간 미국 Harvard 대학에 체류하면서 명색이 '중국시연구가'인데 詩學理論이 부족하다는 점을 切感하고, 그 보충을 詩話에서 찾기로 方向設定을 한 것이다. 그 후 지금까지 『淸詩話研究』(1999년)를 비롯하여 『中國詩話의 詩論』(2003년), 『中國詩話의 이해』(2005년), 『淸詩話와 朝鮮詩話의 唐詩論』(2008년) 등을 出刊하면서 한편으로는 東方詩話學會의 이사와 회장 등으로(2005~2009년) 십여 년간 학술활동에도 깊이 참여해 왔다. 이제 停年退任을 한 후, 평소에 계획했던 연구범위에 詩話의 譯註作業을 넣어서 가능하다면 宋明淸代의 중요한 시화들을 叢書形式으로 정리하고 싶었는데, 그 계획의 첫 단계로 이번에 明代 李東陽의 『懷麓堂詩話』를 우리말로 옮기고 비교적 상세하게 詩論的으로 解說을 붙여서 펴내게 된 것이다.

『懷麓堂詩話』의 내용은 내가 시를 연구하면서 자주 各種 論著의 분석 근거로 인용하곤 하였지만, 그래도 本詩話의 나와의 인연은 20여 년 전에 서울대학교 대학원에서 강좌 교재로 학생들과 같이 분석한 것이 본격적인 관심의 계기가 되었다. 그리고 실질적인 譯解作業의 시도는 2009년 가을에 北京에서 마침 출간된 李慶立 교수의 『懷麓堂詩話校釋』(人民文學出版社 2009)를 구독하고서 이 자료를 근거로 나의 詩學的 견해를 보충하여 韓譯과 註解를 加하기로 결심한 것이다. 이 과정에 두 해에 걸친 中國에서의 講座로 因해 분주한 일정이 있었고, 무엇보다도 疾病으로 因한 傷心과 治療의 試鍊이 있었기에, 비록 原文은 총 136則과 序跋文 등 많은 분량이 아니지만, 내용상의 難解 부분이 있고 참고상 각종 引用자료에 대한 확인이 필요하였기 때문에 일찍이 草稿의 脫稿를 완료하고서도 상당 기간을 猶豫하면서 나름의 愼重을 期하고자 하였다. 여기에 特記할 것은 나의 스승인 二弗 金學主 선생님의 각별하신 指正과 激勵, 그리고 나의 弟子인 漢學者 金奎璇 교수의 原文韓譯에 대한 校正으로서, 이 자리를 빌어서 부끄러운 마음으로 삼가 二弗 선생님의 가르치심에 깊이 感謝드리며 金 博士의 노고에 謝意를 表한다.

本譯解를 통하여 나는 새삼 淺學菲才한 書生에 不過하다는 점을 切感하는 동시에, 數多한 誤謬를 認定하면서 讀者 諸賢의 忌憚없는 叱正을 懇曲히 부탁드리며 출판상의 여러 어려움을 堪耐하면서 항상 나의 하찮은 冊들을 不平 한 마디 없이 펴내어준 韓鳳淑 社長의 厚意에 고맙다는 말을 전한다.

2012년 4월 東軒에서
柳晟俊 삼가 씀

● 譯解者 柳晟俊

1943년 출생하여 서울대학교 中文科 졸업, 서울대학교 大學院 中文科 文學碩士,
國立 臺灣師範大學 國文硏究所 文學博士
空軍士官學校 助敎授, 啓明大學校 中國學硏究所 所長
韓國外國語大學校 言語硏究所 所長, 미국 Harvard 대학교 Visiting Scholar
韓國中語中文學會 會長, 韓國外國語大學校 東洋學大學 學長
韓國外國語大學校 中國硏究所 所長, 韓國外國語大學校 大學院 院長
東方詩話學會 會長
現在:韓國外國語大學校 名譽敎授

著書:『申緯作品集』,『唐詩選注』,『王維詩比較硏究』,『楚辭』,『中國唐詩硏究』,『唐詩論考』,『中國詩歌硏究』,『中國 現代詩의 理解』,『淸詩話 硏究』,『初唐詩와 盛唐詩 硏究』,『韓國漢詩와 唐詩의 比較』,『中唐詩와 晚唐詩 硏究』,『中國詩話의 理解』,『淸詩話와 朝鮮詩話의 唐詩論』等 100餘 卷

懷麓堂詩話(회록당시화)

2012년 5월 17일 초판 1쇄 인쇄 | 2012년 5월 24일 초판 1쇄 발행

著　者•李　東　陽
譯解者•柳　晟　俊
펴낸이•한　봉　숙
펴낸곳•푸른사상사
주간•맹문재 | 편집•김소영 | 마케팅•박강태

등록 제2-2876호
서울시 중구 초동 42번지 아시아미디어타워 502호
대표전화 02) 2268-8706(7) 팩시밀리 02) 2268-8708
메일 prun21c@yahoo.co.kr / prun21c@hanmail.net
홈페이지 http://www.prun21c.com

ⓒ 류성준, 2012
ISBN 978-89-5640-915-3　93820

값 38,000원

☞ 저자와의 합의에 의해 인지는 생략합니다.
　이 책의 전부 또는 일부 내용을 재사용하려면 사전에 저작권자와 푸른사상사의
　서면에 의한 동의를 받아야 합니다.
　이 도서의 국립중앙도서관 출판시 도서목록(CIP)은 e-CIP 홈페이지(http://www.nl.go.kr/cip.php)
　에서 이용하실 수 있습니다.(CIP제어번호 : CIP2012002262)